Sefer HaChinukh

Part A Mitzvahs 1-207

ספר החינוך

חלק א מצוות 1-207

לשון הקודש עם תרגום לאנגלית

Hebrew with English translation

SimchatChaim.com

There is no known book without mistakes. Therefore, I ask in every language of application if anyone has any questions, comments, clarifications, corrections, please send to: simchatchaim@yahoo.com

All material used in this section may not be used for commercial purposes, but only for study and teaching.

To get this book or books and information Email me at:

simchatchaim@yahoo.com

Copyright©All Rights Reserved to

www.simchatchaim.com

Itzhak Hoki Aboudi ©All rights reserved to the Editor

מהדורה שניה תשפ"ד
Second edition 2024

ספר החינוך Sefer HaChinukh

בס"ד

ירפא **ה**מאציל ויושיע **ה**בורא את כל חולי בני ישראל, וישלח להם רפואה שלימה, רפואת הנפש ורפואת הגוף, בכל אבריהם ובכל גידיהם לעבודתו יתברך.

בי"ב במנחם אב תשס"ה, הובהלתי לבית החולים, הרופאים לא נתנו לי סיכוי לחיות יותר מכמה שעות בגלל מספר תסבוכות. עם כל זאת בזכות התפילות של בני ישראל הקדושים, ברחמיו הרבים, ריחם עלי הקדוש ברוך הוא, ונשארתי בחיים.

עם כל זאת, הובחנה אצלי מחלה קשה בכליות, ונאמר לי שהצטרך למכונת דיאליזה. בשבילי זה היה שוק!!! אף פעם לא הייתי אצל רופא, או בבית חולים. כך בעל כרחי התחברתי למכונת דיאליזה, ומכונה זאת הייתה קשורה בי ככלב במשך שמונים חודשים בדיוק, כמניין יסוד, במשך 10-12 שעות ביום.

בשבת פרשת ויחי יעקב י"ב טבת תשע"ב, בזכות בני ישראל, שכולם אהובים כולם ברורים כולם גיבורים כולם קדושים... וכולם פותחים את פיהם באהבה שלוש פעמים ביום, ואומרים - ברוך אתה... רופא חולי עמו ישראל, וכללותם כל האברכים, תלמידי הישיבות, רבנים וחכמים, חסידים, מקובלים עם תינוקות של בית רבן, זקנים עם נערים, בחורים וגם בתולות, בארץ הקודש ובעולם.

ומצד שני בנות ישראל היקרות מפז, שהתפללו וקבלו עליהם כל מיני קבלות, מהפרשת חלה עד צניעות וכיסוי הראש, עם הרבנים, המנהלים, המורים, המורות והתלמידות של בית יעקב דטורונטו שכל יום התפללו, וכללו בתפילתם שבקעה את כל הרקיעים אותי, ונושעתי אני הקטן. הושתלה בי כליה. והתנתקתי ממכונת הדיאליזה.

אמר המלך דוד - לולי תורתך שעשעי אז אבדתי בעניי. מה שנתן לי חיות היא התורה הקדושה, בשעות הרבות שהיתי מחובר למכונת הדיאליזה)כ12 שעות ביום(, ערכתי סדרתי, וכתבתי, פצחתי את ראשי התיבות וניקדתי]חלק מהספרים[במחשב את קונטרסים שלמדתי במשך שנים. וקונטרסים אלו הפכו לחיבורים, ואחרי התלבטויות ובקשות מבני גילי, החלטתי בעזרתו יתברך להדפיס קונטרסים אלו.

בברכה והצלחה בלימוד התורה הקדושה.
ובעיקר בפנימיות התורה, ותורת ספר החינוך

ורפואה שלימה לכל חולי ישראל.

היב"ש

Sefer HaChinukh ספר החינוך

ספר החינוך
על תרי"ג מצוות התורה

ספר החינוך הוא ספר המתאר את כל תרי"ג (613) המצוות שמופיעות בתורה על פי מניינו של המחבר. הספר נכתב בשלהי המאה ה-13 בהמשך למסורת רחבה של מוני מצוות, ביניהם הספרים ספר המצוות לרמב"ם, ספר מצוות גדול וספר מצוות קטן.

שלא כקודמיו, מתאר בעל ספר החינוך גם את טעם המצווה (בלשונו: "שורש המצווה"), דיניה, העונש המוטל על מי שלא מקיים אותה ופרטים נוספים. ישנן שיטות אחדות לברירת ציוויי התורה שמוגדרים כ"מצוות", וספר החינוך בחר כמקור עיקרי את מניין המצוות של הרמב"ם. בחלק מהמצוות שהרמב"ן משיג עליהן ומציע לא למנותן או למנותן באופן אחר, משלב המחבר את דעת הרמב"ן ואת נימוקיו.

מחברו של ספר החינוך **בחר להעלים את זהותו**, ומתאר את עצמו, בהקדמתו לספר, רק כ"איש יהודי מבית לוי ברצלוני". בדבריו במצווה שט"ו, יש רמז לכך שכתב פירוש על מסכת ביצה, אך לא נמצא חיבור מעין זה.

בכל מצווה בספר מופיעים:

מקור המצווה: כיצד היא נלמדת מהפסוק, היכן מופיעה בדברי חז"ל ואופן קיומה באופן כללי. חלק זה של ספר החינוך מבוסס על ספר המצוות של הרמב"ם.

שורשי המצווה: טעמים לקיום המצווה.

פרטי המצווה: דינים נוספים השייכים למצווה.

גבולות חלות המצווה: על מי המצווה חלה ומתי - זכרים או גם נקבות, גדולים או גם קטנים, בתקופת בית המקדש או בכל עת ועוד.

עונשו של מי שעובר על הציווי, על פי עקרונות שמוסברים במצוות אחדות

ספר החינוך Sefer HaChinukh

תוכן הספר

א. מצות פריה ורביה
ב. מצות מילה
ג. שלא לאכל גיד הנשה
ד. מצות קדוש החדש
ה. מצות שחיטת הפסח.
ו. מצות אכילת בשר הפסח.
ז. שלא לאכל הפסח נא ומבשל.
ח. שלא להותיר מבשר הפסח.
ט. מצות השבתת החמץ.
י. מצות אכילת מצה.
יא. שלא ימצא חמץ ברשותנו בפסח.
יב. שלא לאכל מכל דבר שיש בו חמץ.
יג. שלא נאכיל מן הפסח לישראל משמד.
יד. שלא נאכיל מן הפסל לגר ותושב.
טו. שלא להוציא מבשר הפסח חוצה.
טז. שלא לשבר עצם מן הפסח.
יז. שלא יאכל ערל מן הפסח.
יח. מצות קדוש בכורות בארץ ישראל.
יט. שלא לאכל חמץ בפסח.
כ. שלא יראה לנו חמץ בפסח.
כא. מצות ספור יציאת מצרים.
כב. מצות פדיון פטר חמור.
כג. מצות עריפת פטר חמור.
כד. שלא נלך בשבת חוץ לתחום.
כה. מצות האמנה במציאות השם.
כו. שלא נאמין באלה בלתי ה' לבדו.
כז. שלא לעשות פסל.
כח. שלא להשתחות לעבודה זרה.
כט. שלא לעבוד ע"ז במה שדרכה להעבד.
ל. שלא לשבע לשוא.
לא. מצות קדוש שבת בדברים.
לב. שלא לעשות מלאכה בשבת.
לג. מצות כיבוד אב ואם.
לד. שלא להרג נקי.
לה. שלא לגלת ערות אשת איש.
לו. שלא לגנב נפש מישראל.
לז. שלא להעיד בשקר.
לח. שלא לחמד.
לט. שלא לעשות צורת אדם אפילו לנוי.
מ. שלא לבנות אבני גזית.
מא. שלא לפסע על המזבח.
מב. מצות דין עבד עברי.
מג. מצות יעוד של אמה העבריה.
מד. מצות פדיון אמה העבריה.
מה. שלא ימכר אמה עבריה הקונה אותה מיד האב.
מו. שלא לגרע שאר כסות ועונה.
מז. מצות בית דין להרג בחנק המחיב.
מח. שלא להכות אב ואם.
מט. מצות דיני קנסות.
נ. מצות בית דין להרג בסיף המחיב.
נא. מצות בית דין לדון נזקי בהמה.
נב. שלא לאכול בשר שור הנסקל.

Sefer HaChinukh ספר החינוך

נג. מצות בית דין לדון בנזקי הבור.
נד. מצות בית דין לדון גנב.
נה. מצות בית דין לדון בנזקי הבער.
נו. מצות בית דין לדון בנזקי האש.
נז. מצות בית דין לדון בדין שומר חנם.
נח. מצות בית דין לדון בדין טוען ונטען.
נט. מצות בית דין לדון בדין נושא שכר ושוכר.
ס. מצות בית דין לדון בדין השואל.
סא. מצות בית דין לדון בדין מפתה.
סב. שלא להחיות מכשפה.
סג. שלא להונות הגר בדברים.
סד. שלא להונות הגר בממון.
סה. שלא לענות יתום ואלמנה.
סו. מצות הלואה לעני.
סז. שלא נתבע חוב מעני שאין לו במה לפרע.
סח. שלא נשית יד בין לוה למלוה ברבית.
סט. שלא לקלל הדין.
ע. לאו דברכת השם.
עא. שלא לקלל הנשיא.
עב. שלא להקדים חקי התבואות.
עג. שלא לאכול טריפה.
עד. שלא לשמע טענת בעל דין שלא בפני בעל דין חברו.
עה. שלא יעיד בעל עברה.
עו. שלא לנטות אחרי רבים בדיני נפשות בשביל אחד.
עז. שלא ילמד חובה מי שלמד זכות תחלה בדיני נפשות.
עח. מצות הטיה אחרי רבים.
עט. שלא לרחם על עני בדין.
פ. מצות פרוק משא.
פא. שלא להטות משפט רשע.
פב. שלא לחתוך הדין באמד הדעת.
פג. שלא לקח שחד.
פד. מצות שמטת קרקעות.
פה. מצות שביתה בשבת.
פו. שלא לשבע בעבודת אלילים.
פז. שלא להדיח בני ישראל אחר העבודת אלילים.
פח. מצות חגיגה ברגלים.
פט. שלא נשחט שה הפסח בארבעה עשר בניסן בעוד החמץ ברשותנו.
צ. שלא להניח אמורי הפסח לפסל בלינה.
צא. מצות הבאת בכורים.
צב. שלא לבשל בשר בחלב.
צג. שלא לכרת ברית לשבעה עממים וכן לכל עובד עבודת אלילים.
צד. שלא לשכן עובדי אלילים בארצנו.
צה. מצות בנין בית הבחירה.
צו. שלא להוציא בדי הארון ממנו.
צז. מצות סדור לחם הפנים ולבונה.
צח. מצות עריכת נרות במקדש.
צט. מצות לבישת בגדי כהנים.
ק. שלא יזח החשן מעל האפוד.
קא. שלא לקרע המעיל של כהנים.
קב. מצות אכילת בשר חטאת ואשם.
קג. מצות הקטרת קטרת.
קד. שלא להקטיר ולהקריב על מזבח הזהב.
קה. מצות נתינת מחצית השקל בשנה.
קו. מצות קדוש ידים ורגלים בשעת עבודה.
קז. מצות משיחת כהן גדול ומלכי בית דוד בשמן המשחה.
קח. שלא יסוך זר בשמן המשחה.

קט. שלא לעשות במתכנת שמן המשחה.
קי. שלא לעשות במתכנת הקטרת.
קיא. שלא לאכל ולשתות תקרבת עבודת אלילים.
קיב. מצות שביתת הארץ בשנת השמטה.
קיג. שלא לאכל בשר בחלב.
קיד. שלא יעשו בית דין משפט מות בשבת.
קטו. מצות מעשה העלה.
קטז. מצות קרבן מנחה.
קיז. שלא להקריב שאר או דבש.
קיח. שלא להקריב קרבן בלא מלח.
קיט. מצות מליחת הקרבן.
קכ. מצות קרבן בית דין אם טעו בהוראה.
קכא. מצות קרבן חטאת ליחיד ששגג במצות לא תעשה שחיבין עליה כרת.
קכב. מצות עדות.
קכג. מצות קרבן עולה ויורד.
קכד. שלא להבדיל בחטאת העוף.
קכה. שלא לתן שמן זית במנחת חוטא.
קכו. שלא לתת לבונה במנחת חוטא.
קכז. מצות תוספת חמש לאוכל מן ההקדש או מועל בו.
קכח. מצות קרבן אשם תלוי.
קכט. מצות קרבן אשם ודאי.
קל. מצות השבת גזל.
קלא. מצות הרמת הדשן.
קלב. מצות הדלקת אש על המזבח בכל יום.
קלג. שלא לכבות אש מעל המזבח.
קלד. מצות אכילת שירי מנחות.
קלה. שלא לעשות שירי מנחות חמץ.
קלו. מצות קרבן מנחה של כהן גדול בכל יום.
קלז. שלא לאכול מנחת כהן.
קלח. מצות מעשה החטאת.
קלט. שלא לאכל מבשר חטאות הנעשין בפנים.
קמ. מצות מעשה האשם.
קמא. מצות מעשה זבח השלמים.
קמב. שלא להותיר מבשר קרבן התודה.
קמג. מצות שרפת נותר הקדשים.
קמד. שלא לאכל פגול.
קמה. שלא לאכל בשר קדשים שנטמא.
קמו. מצות שרפת בשר קדש שנטמא.
קמז. שלא נאכל חלב.
קמח. שלא נאכל דם בהמה חיה ועוף.
קמט. שלא יכנסו הכהנים למקדש מגדלי שער.
קנ. שלא יכנסו הכהנים למקדש קרועי בגדים.
קנא. שלא יצאו הכהנים מן המקדש בשעת עבודה.
קנב. שלא להכנס שתויי יין במקדש וכן שלא יורה שתוי.
קנג. מצות בדיקת סימני בהמה וחיה.
קנד. שלא לאכל בהמה וחיה טמאה.
קנה. מצות בדיקת סימני דגים.
קנו. שלא לאכל דג טמא.
קנז. שלא לאכל עוף טמא.
קנח. מצות בדיקת סימני חגבים.
קנט. מצות טמאת שמנה שרצים.
קס. מצות ענין טמאת אכלין.
קסא. מצות ענין טמאת נבלה.
קסב. שלא לאכל שרץ הארץ.
קסג. שלא לאכל מיני שרצים דקים הנולדים בזרעים ובפרות.
קסד. שלא לאכל משרץ המים.

Sefer HaChinukh ספר החינוך

קסה. שלא לאכל מן השרצים המתהוים מן העפוש.
קסו. מצות ענין טמאת יולדת.
קסז. שלא יאכל טמא מן הקדשים.
קסח. מצות קרבן יולדת.
קסט. מצות ענין טמאת מצרע.
קע. שלא לגלח שער הנתק.
קעא. הנהגת המצרע וכל מטמאי אדם בפריעה ופרימה.
קעב. מצות ענין נגעי בגדים.
קעג. מצות הטהרה מן הצרעת שתהיה במינים ידועים.
קעד. מצות תגלחת מצרע ביום השביעי.
קעה. מצות טבילה לטמאים.
קעו. מצות קרבן מצרע כשיתרפא מצרעתו.
קעז. מצות ענין טמאת בית שיהיה בו נגע.
קעח. מצות ענין טמאת זב להיות טמא ומטמא.
קעט. מצות קרבן זב כשיתרפא מזובו.
קפ. מצות ענין טמאת שכבת זרע שהוא טמא ומטמא.
קפא. מצות ענין טמאת נדה שטמאה ומטמאה.
קפב. מצות ענין טמאת זבה שטמאה ומטמאה.
קפג. מצות קרבן זבה כשתתרפא מזובה.
קפד. שלא יכנסו הכהנים בכל עת במקדש וכל שכן זרים.
קפה. מצות עבודת יום הכפורים.
קפו. שלא לשחט קדשים חוץ לעזרה.
קפז. מצות כסוי הדם.
קפח. שלא להתחתן באחת מכל העריות.
קפט. שלא לגלות ערות אב.
קצ. שלא לגלות ערות אם.
קצא. שלא לגלות ערות אשת אב ואף על פי שאינה אמו.
קצב. שלא לגלות ערות אחותו בכל צד שהיא אחותו.
קצג. שלא לגלות ערות בת הבן.
קצד. שלא לגלות ערות בת הבת.
קצה. שלא לגלות ערות הבת.
קצו. שלא לגלות ערות אחותו מן האב והיא בת אשת אביו.
קצז. שלא לגלות ערות אחות אב.
קצח. ערות אחות אמך לא תגלה.
קצט. ערות אחי אביך לא תגלה.
ר. ערות אשת אחי אביך לא תגלה.
רא. ערות כלתך לא תגלה.
רב. ערות אשת אחיך לא תגלה.
רג. ערות אשה ובתה לא תגלה.
רד. ערות אשה ובת בנה.
רה. שלא לגלות ערות אשה ובת בתה.
רו. ערות אשה ואחותה.
רז. שלא לבוא על אשה נדה.

הקדמת המחבר

הקדמת הרב המחבר ספר החינוך

האמת הברור במין האנושי הוא מה שהסכימה עליו דעת רוב בני אדם שבעולם וכבר הסכימה דעת כולם להאמין עדות אנשים וברבות המעידים על הדבר שיעידו עליו אז יתאמת הענין יותר בעיני שומעיו ובהיות המעידים מועטים יפול קצת ספק בדבר לפקחים והענין הזה נתחזק כל כך אצל בני אדם עד שקבעו בנימוסיהם כל אומה ואומה להמית איש אחד על פי שנים עדים או שלשה. ואם מן השלשה הכי נכבד גם תורת משה השלימה צותה כן. וגם כן הסכימה דעת הכל מטעם זה לקבל מפי אבותיהם זקניהם עדותם במה שמספרים להם שאירע בימיהם או בימי אבותיהם או בימי אבות אבותיהם ואין ספק כי בהיות אבות המעידים רבים ואותן שאירע בימיהם המעשה וראו אותו בעיניהם רבים יתחזק הדבר בלב הבנים השומעים על כן כשרצה האלהים לתת תורה לעמו ישראל נתנה להם לעיני שש מאות אלף אנשים גדולים מלבד טף ונשים ורבים להיות כולם עדים נאמנים על הדברים גם למען תהיה העדות יותר חזק ונאמן זכו כולם למעלת הנבואה לפי שאין במה שיודע מצד הנבואה נופל ספק לעולם וזה שאמר השם למשה בעבור ישמע העם בדברי עמך וגם בך יאמינו לעולם כלומר הם ובניהם לעולם יאמינו בך ובנבואתך כי אז ידעו ידיעה נאמנה כי ידבר אלהים את האדם וחי ושכל נבואתך אמת ולולי שזכו לנבואה בכל האותות שעשה משה לעיני פרעה ולעיניהם היה יכול בעל דין לחלוק ולומר מי יודע אם עשה הכל בתחבולות חכמת השדים או בכח שמות המלאכים ואע"פ שחכמי מצרים וכל חרטומיה שהיו בקיאים בחכמת השדים והכישוף יותר מכל שאר העולם הודו בעל כרחם למשה ואמרו לפרעה כי בכח השם עשה כמו שכתוב אצבע אלהים היא אעפ"כ הרוצה להתעקש יאמר ביתרון חכמתו מהם עשה והודו לו. אבל אחרי הנבואה לא נשאר להם שום צד פיקפוק בענין וידעו בבירור כי כל המעשים נעשו במצות אדון העולם ומידו הגיע אליהם הכל והם שראו בעיניהם וידעו הדבר ידיעה אמתית שאין לבני אדם אמת חזק יותר מזה העידו לבניהם אשר ילדו אחר כן כי כל דברי התורה אשר קבלו ע"י משה מב' בראשית עד ל' לעיני כל ישראל אמת וברור בלי שום ספק בעולם ובניהם העידו לבניהם גם כן ובניהם לבניהם עדינו. נמצאת תורתינו בידינו תורת אמת מפי שש מאות אלף עדים נאמנים שהוא חשבון הכולל כל דיעות בני אדם מלבד טף ונשים. ועתה אם יטעון עלינו מסית אשר לבבו פונה מעם יי אלהינו ויאמר מה לך איש יהודי וקבלתך ומה לך לשאול אביך וזקניך חקור ודרוש בדעתך היטב והעמד סברותיך פקח עיניך וראה מה בעולמך תנועת הגלגל וארבע היסודות שבאדמה מהם תראה ותבין תעלומות חכמה ובשכלך חקור ותלמוד האחד איך יחד. נשיב אליו כי מצד חקירתינו

לא נוכל להשיג לעולם בדבר אלהים כלום כי גם בענייני העולם השפל לא יכלו כל חכמי הטבע לבוא עד תכלית כי מי יגלה בחכמת המחקר סגולת העשבים והפירות וסגולת אבנים טובות ויקרות וסבת תנועת הברזל באבן תחתיות כי שם עמדו מתמיהים כל חכמי הטבע וכל אנשי תבונות אף כי נאמר להבין מהם חכמות נכבדות ודעת אלהים נמצא. חלילה לנו חלילה לבוא אחרי המלך בגבהינו ולהרים יד ולחשוב מחשבות ממה שלמעלה ממחשבתינו ואין צורך אלינו כי הנה אבותינו ז"ל המה סדרו שלחן לפנינו הם העמיקו שאלה ובאו אל תכלית הידיעה האמתית השיגו לדעת כי ידבר אלהים את האדם וחי ומה לנו אחרי זאת לחקור ולחטט אחר דבריהם האמת אתם רק לשתות בצמא את דבריהם ככתבם וכלשונם. והמשל בזה מי שהעידו לו אלפי אלפים אנשים שלא לשתות ממימי נחל אחד לפי שראו אותן המים ממיתים שותיו וניסו דבר זה אלף פעמים בזמנים שונים ובאישים מוחלקים בארצות. ואמר אליו חכם אחד רופא מובהק אל תאמן לכלם כי אני מודיעך מצד חכמה שאין אותן המים ראויים להמית לפי שהן זכים וקלים והעפר שעוברים עליו טוב שתה מהם כנפשך שבעך. הטוב לזה להניח עדות הכל המפורסם ולעשות כדבר החכם. באמת לא טוב הדבר ואיש משכיל לא ישמע אליו וכדבריו לא יעשה. הוא הדבר אשר הקדמנו כי אמתת ענייני העולם נודע מפי רבוי בני אדם המעידים אותם על אמת יותר מהמוכיחים דבריהם מצד שכלם וחקירתם כי בהיות האדם חסר השלמות אין שכלו משיג אל תכלית הדברים ועל כן הדרך הנבחר לאדם לעשות ככל דברי התורה המקובלת מן העדים הנאמנים אשר נתן אדון החכמה לבני אדם ובה נכלל כל דעת יקר וכל חכמה מפוארת. **ואם** ישאל שואל מהו הענין שנתן השם תורה יקרה כזו לבני אדם הלא לשם ברוך הוא הכל ולמעלתו ולכבודו אין שיעור ובידיעת בני אדם כח מעשיו אין תוספת לכבודו כי לתכלית הכבוד וההוד לא יהיה תוספת וגרעון בשביל דבר. תשובתו של זה פשוטה שאין דעת בני אדם משיג בדרכי יוצרו לדעת טעם מעשיו למה כי גבהו דרכיו מדרכיהם ומחשבותיו ממחשבותיהם. ואף על פי שאין טעם הדבר נגלה לנו יש לנו להאמין כי אב החכמות אדון הכל כל אשר עשה לצורך עשה ולענין מחויב ומכל מקום אפשר לנו למצוא בדבר קצת טעם ולומר כי ידיעת בני אדם דרכי השם מחוייבת למעלתו ית' שאחר שעלה במחשבה לפניו לבראות עולם ראוי להיותו בתכלית השלימות כי השלם כל מעשיו שלמות וכן הוא האמת כי ב"ה השלימו בכל כי לא חסר ממנו דבר שיהא אדם יכול לומר עליו למה לא עשה בעולמו כן שיודע ממנו יתרון חכמה. כי הנה ברא בעולמו שכלים נבדלים והם המלאכים. וכן ברא שכלים בגוף קיים והם השמים וכל צבאם וברא בארץ בריות גופניות בלי שכל כלל והם הבהמות והעופות ושאר המינין שכיוצא בם ועוד ברא בארץ בריות גופניות בשכל והוא מין האדם להודיע כי לא נמנע לפניו כל דבר. שאף על פי שהחומר והשכל הפכים גמורים ערבם יחד בגודל חכמתו ועשה בהם את

האדם. ואם כן על כל פנים יתחייב שיהא אותו שכל המעורב בחומר והוא האדם יודע יוצרו ומכירו כדי להשלים הכוונה בבריאתו. ואם לא התורה שנתן לו ימשך השכל אחר החומר בכל תאותיו לגמרי ונמשל כבהמות נדמו ובכן לא תשלם המלאכה לפי שיהיה גוף האדם וגוף הבהמה אחד בענין אע"פ שאינו אחד בצורה ונמצא ביצירה חסרון. נמצא לפי דברינו שנתינת התורה להשכיל לבות בני אדם מחוייבת לתשלום היצירות. ואם ישאל עוד אחר שהיא תשלום היצירות למה נתנה לעם אחד מעמי העולם ולא לכולם. גם בזה היתה תשובתו פשוטה להשיב שאין דעת הנוצר משיג כוונת יוצרו אבל מ"מ גם לזה אפשר למצוא בו קצת טעם לפי מנהגו של עולם. הלא ידוע כי בכל דברי העולם השפל פסולת מרובה בו על העקר גם בעקר חלק ממנו נבחר בו מן הכל כאלו תאמר רוב קרקע שבעולם אינם עידית אלא מיעוטם וגם בעידית חלק ממנו עידי עידית וכן הדבר גם בפירות העולם ובמיני הבהמות והעופות וא"כ גם במין האנושי נהיה הדבר כן לדמותו למיני העולם השפל אחר שהוא משותף עמו בקצתו שהוא בעל גוף נפסד כהם אין תימה בדבר וע"כ נבחר ממין האדם חלק א' והוא ישראל והוא המעט מכל העמים וברוך השם היודע כי הם מבחר המין האנושי ובחרם להיות נקראים עמו ונתן להם כל עיקרי החכמה ואולם גם לכל שאר מין האדם נתן דרך להבדילם מן הבהמות והם ז' מצות שנצטוו בהם כל בני העולם בכלל כמו שנכתוב על כל אחד מהם בע"ה. וגם בעם ישראל בעצמו חלק מהם נבחר יותר והוא שבט הלוי שנבחר לעבודתו תמיד. וכן הדבר ג"כ בכדור הארץ שיש בה חלק נבחר מן הכל וידע השם כי המובחר שבה היא א"י והי' רצונו להושיב בה מבחר מין האדם גם באותו הטוב שבו הוא ירושלים וע"כ נבחרה להיות משכן התורה ומקום העבודה וממנה יתברך כל כדור הארץ כי שם צוה י"י את הברכה. ואם ישאל עוד אחר שאמרתי עקר הכל והחלק הנבחר הם עם ישראל איך הדבר שהם סובלי הגלות והצרות מעולם. התשובה ידוע הדבר ומפורסם בין בני העולם כי אדון הכל ברא ב' עולמות עולם הגופות ועולם הנשמות. ועולם הגופות כאפס ותוהו נחשב כנגד עולם הנשמות שזה כצל עובר וזה קיים לעדי עד וע"כ בהיות הנפש עיקר האדם והדבר הקיים שבו ונשאר לעדי עד והגוף כלי לנפש משמש אליה זמן מועט ואח"כ נפסד ונאלח הנחיל השם לעמו עולם הנשמות שהוא עולם נצחי ולתענוג שבו אין שיעור. ואם ישאל השואל עוד ולמה לא נתן האל לעמו אשר בחר שני מנות תענוג עולם הגופות ועולם הנשמות. התשובה כי ידוע לכל בעל שכל שא"א לבעל חומר בעולם מבלי שיחטא וממדות האל ב"ה הקבועות עדי עד היא מדת הדין והיא תחייב כל בעל שכל ללכת בדרך השכל ובנטותו להתחייב למלך ואחר שחייבה מדה"ד לפטור בלא כלום א"א שכבר יצא חייב מבית מדה"ד וע"כ מחסדי השם עלינו שם חלקינו לצרף החטא ממנו בעולם הזה הנפסד להיות נפשותינו נקיות וקיימות לעולם הנשמות שיפה שם שעה אחת מכל חיי העה"ז ואולם יש להאמין שיגיע זמן שנזכה לשני המנות והם ימות

המשיח והטעם כי אז בימים ההם לא נהיה צריכים לצירוף הגופים כלל כי יבטל ממנו יצר הרע כדכתיב והסירותי את לב האבן וגו' ואם גם בעת ההיא מעט סיג החטא ישאר יפול החיוב על ראש השעיר כאשר בתחלה וזהו שכתב בתורה אם בחוקותי תלכו אנחיל אתכם טוב העה"ז כלומר אם תהיו שלימים ולא תהיו צריכים לצירוף הגוף תזכו אף לטובת העולם הזה וזהו שכתב באברהם אבינו ע"ה שברכו השם בכל אף בטובת העה"ז שלא נצטרך בעת ההיא לצירוף הגוף כלל. ואחרי זאת אין לתמוה בצערן של ישראל בגליות יותר מכל האומות כי הכל לטובתם ולכבודם. ואתה השואל תן עיניך ולבך על זה כי דבר גדול הוא לא יבינו אותו כל רשעים והמשכילים יבינו כי הרבה מן היהודים עניים ברוב הצרות הגדולות אשר תכפום בגליות והם לא ידעו לא הבינו את טוב עולם הנשמות כמעט נטיו רגליהם ברוב הדאגות ולבם לא נכון עמם ברוב רעיונות השם בחסדיו יעביר מלבנו מחשבות און וישפיע עלינו שכל טוב ודעות נכונות להשלים חפצו אמן כן יעשה. ואם ישאל עוד אחר שאמרת שעיקר הכל היא עולם הנשמות וסוף שכר המצות בו למה לא יזכירנו בתורה ויאמר בעשותכם מצותי אנחילכם העה"ב. תשובה מפני שענין העה"ב ידוע ונגלה לכל בעל שכל וברור כשמש אין כל אומה ולשון שלא יסכימו כי יש לנפשות השארות אחר כלות הגופים ואין חולק ג"כ כי לפי טובתה של נפש וחכמתה וכושר פעליה תענוגה יתר כי מחצב הנפש השכלית ממוצא השכל וכל המתקרב יותר אל טבעו מקום שחוצב ממנו תענוגו יתר אלה הדברים אין צריכין חיזוק בראיות ועדים הן הן עידיהן וראיותיהן מושכל ראשון הן וע"כ לא תאריך התורה לעולם במה שהוא ידוע מן הסברא האנושית וזהו אמרם בכ"מ ז"ל סברא הוא כלומר וא"צ קרא במה שהסברא נותנת וע"כ הבטיחתנו התורה בקיום המצות בעה"ז לומר שלא נהיה טרודים במזונות ובמלחמות האויבים ונוכל להשתדל בעבודות האל ונשיג רצונו ואין צורך להאריך עוד ולומר וכשתשיגו רצונו תזכו לתענוג העולם הבא כי ידוע הדבר מאליו שכל נברא אשר ישיג רצון בוראו יתעלה יתקרב אליו ויתענג בזיוו. ועוד טעם אחר שאילו הבטיחה התורה בגמול העולם הבא ולא בזה לא תהיה ההבטחה נראית בחיים והיה אולי לב קטני אמנה נוקף בדברים. **והתורה** הזאת שאמרנו שנתן השם לעמו ע"י משה נביאו מעיקריה לדעת כי יי האלהים אשר בשמים ממעל שנתן את התורה לישראל הוא המצוי הראשון שאין התחלה ותכלית למציאותו ב"ה ושהוא המציא וברא ברצונו וביכלתו יש מאין כל הנברא ושיעמוד קיים כל מה שברא בזמן שירצה הוא ולא יותר אפילו רגע ושאין נמנע לפניו לעשות כל דבר ולהאמין כי הוא אחד בלי שום שיתוף בעולם ולהאמין כי בקיים האדם מה שכתוב בה תזכה נפשו לתענוג גדול לעולמים ולהאמין כי האל משגיח במעשי בני אדם ויודע כל פרטי מעשיהם ומשלם לכל אחד כפי פעולתו. ומעיקרי התורה גם כן להאמין כי פירוש התורה האמתי הוא הפירוש המקובל בידינו מחכמי ישראל הקדמונים וכל שיפרש בה דבר הפך

כונתם הוא טעות ודבר בטל לגמרי לפי שחכמינו קבלו פי' התורה ממשה רבינו ע"ה שקבלו מאת השם ב"ה כשעמד בהר מ' ימים. ואע"פ שבזמן מועט מזה היה אפשר ללמוד בכח המלמד רצה השם לרמוז ללומדים שילמדו במתון והפירוש האמתי שכתבנו הוא הפירוש הכתוב בגמ' הבבלי' וירושלמי' שחברו חכמינו הקדמונים שקבלוהו דור אחר דור ממשה רבינו ע"ה והבבלי הוא יותר ארוך ומבואר ועליו אנו סומכים יותר והוא עשוי לששה סדרים ויש בו ס' מסכתות לפי חלוק העניינים סימנם ששים המה מלכות. ותקכ"ב פרקים. וכן יתבאר פירוש התורה האמתי מספרים אחרים שחברו קצת מחכמינו הקדמונים ונקראים ספרא וספרי ותוספתא ומכילתא כל אלה ספרים שכל ישראל מאמינים בהם וסומכים על דבריהם במה שיהיה שם בלי מחלוקת ובמה שיש בו מחלוקת כבר פירשו הם גם כן ההכרע שנקח מהם הכל מבואר יפה בלי שום ספק ועירבוב למבינים וכל מי שלבו נוקפו בעניינים אלה איננו בכלל עם הקדש לפי שמפשט כתובי התורה בלתי פירושיהם וקבלתם האמתית לא נסכים אל האמת לעולם כי יש כמה כתובים בתורה נראים כסותרים זה את זה ויודע פירושם יבין ויראה כי ישרים דרכי השם. הרי שכתוב בתורה ומושב בני ישראל וגו'. ומצינו בקהת בן לוי שהיה מיורדי מצרים ואם אתה מונה כל ימי חייו ושני חיי עמרם בנו ושמונים שנה של משה שהיה בן שמונים בעמדו לפני פרעה לדבר אליו להוציא את בני ישראל ממצרים לא יעלו כולם כי אם ש"נ שנה אלא שבא הפירוש על זה דמשעה שנאמר לאברהם כי גר יהיה זרעך מתחיל חשבון הת"ל שנה ופירוש הפסוק כן ומושב בני ישראל אשר ישבו במצרים ובשאר ארצות כלומר שהתחילו לגלות ת"ל שנה דמשעה שנאמר לו לאברהם כי גר יהיה זרעך התחיל עליו הצער ומשם התחלת החשבון. ואל יקשה עליך אומרו בני ישראל שהרי אמרו במדרש אברהם נקרא ישראל שנאמר ומושב בני ישראל. ומה שאמר בני ישראל ר"ל בנ"י וישראל אבל מפני שהתחיל הצער לאב בבשורת גלות הבנים הוציאו הכתוב בלשון זה. ומה שאמר במצרים גם כן לאו דוקא אלא כלומר בגלות. ומה שהוציא הכל בלשון מצרים לפי ששם היה עיקר הגלות ואחר העיקר הכל הולך ועליו נקרא לעולם. וכן כתיב בתורה בשבעים נפש ירדו אבותיך מצרימה וכשאתה מונה פרטן תמצא ס"ט נפשות. אלא שבא הפירוש שיוכבד נולדה בין החומות ולא נחשבה בפרט. וכ"כ כתוב אחד אומר שבעת ימים תאכל מצות. וכתוב אחד אומר ששת ימים. וכאלה רבים לא יתבארו לעולם כי אם בפירוש התורה ממקובל בידינו ממשה רבינו שנתנה לנו. **ועתה** דע לך לפי מה שקבלנו מחכמינו ז"ל ומפירושיהם כי חשבון המצות הנוהגות לדורות שנכללו בספר התורה שנתן לנו השם עולה תרי"ג מצות בין אותן שצוה לנו לעשות ואותן שהזהירנו שלא לעשות כי הכל נקראים מצוה ואותן שצוה לעשות עולה רמ"ח ושלא לעשות שס"ה. ומהן שחייבין בהן כל ישראל בכללם זכרים ונקבות בכל מקום ובכל זמן. ומהן שאין חייבין בהן אלא ישראלים בכל מקום ובכל זמן

ולא כהנים ולוים. ויש שאין חייבין בהן אלא לוים בלבד. ויש שאין חייבין בהם אלא כהנים בלבד בכ"מ ובכ"ז ויש שאין חייב בהן אלא מלך ישראל. ויש שאין חייבין בהן יחיד לבד אלא הציבור כולם. ומהן מצות שאין חייבין בהן ישראל אלא במקום ידוע ובזמן ידוע והוא ארץ ישראל ובזמן שרוב ישראל שרויין שם. ובאותו מקום ובאותו זמן יש חילוק ג"כ במצות ידועות בין אנשים לנשים ובין ישראלים לכהנים ולוים ומן המצות אילו שאדם חייב בהם לקום לעשותן בהתמדה כגון מצות אהבת השם ויראתו וכיוצא בה. ויש שחייב לקום ולעשותן בזמן ידוע ולא קודם לכן. כגון מצות סוכה ולולב ושופר ושביתת מועדים וקריאת שמע וכל כיוצא בהם שיש להם זמן קבוע לעשותן בשנה או ביום. ויש מהן שאין אדם חייב לעשותן לעולם אלא א"כ תהיה סבה שתבא לידו ענין שיצטרך לעשות בו אותה מצוה הראוייה לאותו ענין כאלו תאמר שנתינת שכר שכיר בזמנו מצוה אחת. ובוודאי אין אדם חייב לשכור פועלים כדי לקיים מצוה זו. וכן קצת כיוצא בה כמו שנברר הכל בע"ה על כל מצוה שנכתוב. ואחת מן המצות והיא עקר ויסוד שכולן נשענות עליו היא מצות לימוד התורה כי בלימוד ידע האדם את המצות ויקיים אותן. ועל כן קבעו לנו חכמינו ז"ל לקרות חלק אחד מספר התורה במקום קיבוץ העם שהוא בית הכנסת לעורר לב האדם על דברי התורה והמצות בכל שבוע ושבוע עד שיגמרו כל הספר. ולפי מה ששמענו רוב ישראל נוהגים היום לקרותו כולו בשנה אחת. ועוד חייבונו חכמים ז"ל לקרותו כל אחד מישראל בביתו בכל שבוע ושבוע כמו שקורין אותו במקום הקיבוץ וזהו אמרם ז"ל לעולם ישלים אדם פרשיותיו עם הציבור כדי שישכיל בדברים יותר בקרותו אותם בביתו. ועתה בהיות תרי"ג מצות שבספר מפוזרות בתוכו הנה והנה בתוך ספורים אחרים שנכתבו בספר לעיקר גדול ולצורך שיש למצות בהם אולי לא יתן לבו הקורא בסדר לראות כמה מצות קרא באותו שבוע ולא יעיר לבו לזרז עצמו בהן. על כן ראיתי טוב אני הדל באלפי תלמיד התלמידים שבזמני איש יהודי מבית לוי ברצילונו לכתוב המצות על דרך הסדרים וכסדר שנכתבו בתורה זו אחר זו לעורר לב הנער בני והילדים חביריו בכל שבוע ושבוע אחר שילמדו אותו הסדר בחשבון המצות ולהרגיל אותם בהם ולהתפיס מחשבתם במחשבת טהרה וחשבון של עיקר טרם שיכניסו בלבם חשבונות של שחוק ושל מה לך ומה בכך וגם כי יזקינו לא יסורו ממנו ודעתי לכתוב על כל אחת רמז אחד משרשי המצוה הנגלה בכתוב אכתוב כמו שהוא ובסתום אגיד מה ששמעתי בו מפי חכמים ומה שאבינה בדברים ואינני חושב וגוזר להגיע אל האמת על כל פנים כי מי כמוני תולעת ולא איש שלא ראה מאורות חכמה כל הימים להרים יד במה שלא השיגו חכמים מחוכמים אמנם כי לא חסרתי דעת כי הנמלים לא יוכלון שאת משא הגמלים. וקטן שאינו יודע למי מברכין לא ידרוש מעשה מרכבה וסוד חשמלים אלא שרוב חשקי לטבול קצה המטה ביערת דבש המצות דחקני ליכנס ביער שאין לו תחומין עם דעתי שהרבה

גדולים נכנסו שם והוציאו פחמין. אך אמרתי מי יתן ותהי מחשבתי נטרדת בזה כל הימים ולא תפסל ולא תפגם במזמות עמל ואון כמו רשעים אשמים וכחותם על יד ימיני אשים אותן. וכל מעייני אשית כל היום בעבודתן אעשה בלבבי בית נאמן מושב איתן. ויתר מעשיי כולן אכילה ושתיה ועסק אנשים ונשים דיין שעתן. הלא כולן צרופות וטהורות כל אבן יקרה משוכתן ואם במה שיכתב בפירושן פסולת נמצא לעתים יתברר האוכל מתוכו לשמן והוא חוזר לבית הבעלים והרוצה לסעוד אצלי יאכל הבשר ויניח בשלחן עצמות וקליפין. וראש דברי אני מזכיר לזכות עלי כל מה שאמרו רבותיי כל פטטיא בישין פטטיא דאורייתא טבין. ועוד דרשו ז"ל לחזק לב הלמד. ודגלו עלי אהבה. לגלוגו עלי אהבה. ואלה סדרי השנה שהמצות בהן לפי חשבון הרב הגדול נודע לרוב חכמה ומעלה בעמו הרמב"ם זצ"ל:

אגרת המחבר ספר החינוך

אולי יחשוב מעיין בספר זה שהמחברו קבץ כל דיניו ביגיעו וטוב עיונו מדברי התנאים והאמוראים. ואילו כן היה יתחייב להיות המחבר בקי בכל פנות גמרתנו בבלית ירושלמית וספרא וספרי ותוספתא. לכן הוא היודע עצמו וחכמת מה לו. ראוי לפרסם האמת לכל השומע קולו. ואל יעשה מלאכת השם תמימה כקשת רמיה בצדיה וערמה. כמתהדר בילדי נכרים. כחלש מזדיין בשלטי הגבורים. וכשפל אנשים מתעטר בכתרי המלכים. הנה הוא קורא ממקומו מודיע ומעיד עדות נאמנה לכל קורא בו שרוב דברי הספר נלקטים מספרי עמודי הארץ המפורסמים במעלה וחכמה בכל הגוים הרב רבי יצחק אלפסי והרב רבי משה בר מיימון לטובה זכורים. להם משפט הבכורה ההוד והגדולה בחבור זה. ואל החוט המשולש בחכמה בתבונה ובדעת הרב רבי משה בר נחמן ז"ל הוא חבר ספר נכבד מאד בחשבון המצות. לבד כמה וכמה חבורים יקרים. אלה הגבורים אשר מעולם שהוציאו רוב זמנם לברר דברי חכמים לברכה זכרם. צללו במים אדירים והעלו מדברי הגמרא פנינים בידם. ויום בואנו אל בית מקדשם ואל חדר הוראתם. מצאנו שם באר מים חיים. גנות ופרדסים. גלוסקאות וכלי מילת לפנינו ערוכים. אמרתי במה אתרצה לבוא לשמש לפני הגבורים. וכבר בררו לנו הם כל הדברים. הלא בסדר תרי"ג מצות על דרך הסדרים. אולי יתעוררו יותר בהן מתוך כך הנערים. ישימו לב בהם בשבתות ובחגים. וישובו מהשתגע ברחוב הערים. לאור באור החיים. איש אל רעהו הילדים רכים. ישאלו מצות שבת זו כמה. ומלאה הארץ דעת ומזמה. והנה פירוש כל אחת נכון לפניהם. ומבלי יגיעה ימצאו דברי חפץ בסימניהם. זרע קדש יתברכו מאל הם ובניהם וכל אשר להם. בכל מקומות מושבותיהם. ואני בכלל הברכה עמהם. ומשביע אני בשם המיוחד לכל מעתיקו שיכתוב אגרת זו בראשו. והחיים והשלום יהיו אתו. למען יתנו הכל הודו ותפארתו. ליולדו ולהורתו. והמתקן בו כל שגיאה אחר העיון המכוון מאל שדי תהיה שלימה

משכורתו. ושלום על ישראל אמן: **יש** מצות הנוהגות בזמן הזה והם בין כולם ג' מאות ששים ותשעה. ויש מאלו הנוהגות שלא יתחייב בהן האדם כי אם בסבה ופעמים שלא תבא הסבה לו לאדם בכל ימיו ונמצא שלא יעשה אותה לעולם כגון מצות נתינת שכר שכיר ביומו שיש מבני אדם שלא ישכור שכיר בימיו וכל כיוצא בה. וכן מן הלאוין יש קצת מהן שלא יתחייב עליהן האדם כי אם מרצונו ועל ידי סבת מעשיו ובהמנעו מאותו המעשה לא יהיה עליו חטא ולא יחסר אליו דבר כגון מוציא שם רע שלא יגרש אשתו לעולם שהוא הגורם על עצמו להתחייב בלאו הזה כי הוא הוציא שם רע וכן לאו דלא תאחר בנדרים הוא ג"כ גורם אותו ומי שיחדל לנדור לא יהיה בו חטא וכן כל כיוצא בזה והם בין כולם תשעה ותשעים מהן שמנה ושבעים עשה ואחד ועשרים לא תעשה. אבל אותם מצות שחייבין בהם כל אדם מישראל מבלי שיתחדש בו סבה בעולם הם בין כולם מאתים ושבעים וסימנם אני ישנה ולבי ע"ר. מהם שמונה וארבעים עשה ושנים ועשרים ומאתים לאוין ותמצא כל אחת בסדר שלה בתוך הספר והחיוב של אלו לעשותן אינו בכל עת רק בזמנים ידועים מהשנה או מן היום חוץ משש מצות מהן שחיובן תמידי לא יפסק מעל האדם אפי' רגע בכל ימיו. ואלו הם. א' להאמין בשם. ב' שלא להאמין לזולתו. ג' ליחדו. ד' לאהבה אותו. ה' ליראה אותו. ו' שלא לתור אחר מחשבת הלב וראיית העינים. סימנם שש ערי מקלט תהיינה לכם:

Sefer HaChinukh

Author's Introduction

Introduction of the Rabbi, the author of the Sefer Hachinukh

The clear truth in the human species is that which most people in the world have agreed about - and the opinion of all people has already agreed with it - to believe the testimony of people. And with the proliferation of those testifying about a thing about which they are testifying, the thing is more established in the eyes of its hearers. And in those testifying being few, a bit of doubt develops in the thing for those that are sharp. And this matter has become so strong among people to the point that they fixed it in the practices of each and every nation to kill a man according to the testimony of two or three witnesses. And since three is more honored [than two], the perfect Torah also [mentioned it]. And from this reason also did the opinion of all agree to accept from the mouths of the testimony of their fathers, their elders, about that which they tell

ספר החינוך Sefer HaChinukh

them that happened in their days or in the days of their fathers or in the days of the fathers of their fathers. And there is no doubt that in the fathers testifying being many - and in the ones that the event happened in their days being many - the thing is strengthened in the hearts of the children that hear [it]. Therefore, when God wanted to give the Torah to His people, Israel, He gave it to them in the eyes of six hundred thousand adult men, besides the many infants and women, that they all be believable witnesses about the things. Also, in order that the testimony, be stronger and more believable, they all merited prophecy [at that time]. As doubt never develops about that which one knows by way of prophecy. And that is [the meaning of] that which God said to Moshe, "in order that the people hear My speaking to you, and they also believe in you forever" (Exodus 19:9) - meaning to say, they and their children will believe in you and your prophecy forever. As they will then know [with] a trustworthy knowledge that God speaks with a man and he can live, and that all of your prophecy is true. And had it not been that they merited prophecy, a claimant could have argued about all of the signs that Moshe did in the eyes of Pharaoh and in their eyes and said, "Who knows if he did it with machinations of the wisdom of demons or with the power of the names of the angels. And even though the wise men of Egypt and all of its magicians, who were more expert in the wisdom of demons and magic than all the rest of the world, conceded to Moshe against their will and said to Pharaoh that it it was through the power of God that he did [it] - as it is written (Exodus 8:15), "it is the finger of God" - nonetheless, one who wants to be stubborn will say it was from his greater wisdom that he did it and they conceded to him. But after the prophecy, no type of hesitation remained about the matter. And [so] they knew clearly that all of the events were done by the command of the Master of the world, and that everything come to them from His hand. And they - who saw with their eyes and knew the thing with a true knowing that people do not have any stronger truth than this - testified to their children that were born afterwards that all the words of the Torah, from the [first letter] bet of the [first word], Bereshit to the lamed [at the end of the final words] le'einei kol Yisrael, that they received from Moshe in the eyes of all of Israel were true and clear without any hesitation in the world. And their children also testified to their children and their children to their children until [it reached] us. It comes out that the Torah that is in our hands is a true Torah according to six hundred thousand believable witnesses

ספר החינוך Sefer HaChinukh

- which is the tally that includes all the opinions of the men, besides the infants and the women. And now if a seducer, 'whose heart turns away from the Lord, our God,' would claim to us and say, "What is it with you, Jew-man, and your tradition? And what is with you to 'ask your father and your elder?' Investigate and search well with your intellect and establish your reasoning. 'Open your eyes and see' what is in your world - the movement of the sphere and the four basic elements of the land. From them you will you will see and understand the hidden things of wisdom. And investigate with your reason and you shall learn how the One unified"; we would [then] respond to him: From the angle of our investigation, we could never grasp anything of the word of God. As even in matters of the lowly world, all the wise men of science have not been able to come to fullness [of understanding]. As through the wisdom of investigation, who will reveal the mystery of the grasses and the fruit, the mystery of precious stones and vegetables and the cause of the movement of iron with magnetic rocks? As all of the wise men of science and all the men of understanding have stood wondering [about these things]. Even more [would they not be helpful] if we would say to understand from them the glorious wisdoms and the knowledge of God's existence. God forbid for us, God forbid, to come behind the King in our arrogance and to raise our hand and to think thoughts from that which is above our thoughts and for which we have no need. As behold our ancestors, may their memory be blessed, set up a table in front of us - they probed deeply and they come to the fullness of true knowledge. They grasped knowing that God speaks to a man and he can live. And [hence] what is it to us after this to investigate and to examine if the truth is with them? Rather [it is] for us to drink their words with thirst, according to their words and according to their expressions. And the parable for this is one to whom it has been testified by thousands of thousands of people to not drink from the waters of a river, because they have seen these waters kill its drinkers. And the thing was experienced a thousand times at different time periods and with people [from] different lands. And a sage expert physician said to him, "Do not believe all of them, as I am informing you from the perspective of wisdom that these waters are not fitting to kill, since they are clear and light and the dirt that goes through them is goodly. Drink them until your soul is satiated." Would it be good for this one to leave the famous testimony of all and to do like the words of the sage? Truly the matter is not good and an intelligent person will not listen to

ספר החינוך Sefer HaChinukh

him and will not do like his words. This is the matter that we have prefaced - that the truth of matters of the world is known by the multitude of people that testify about it more than by those that prove their words from the angle of their intellect and investigation. Since because man is lacking perfection, his intellect does not grasp the fullness of things. And therefore, the chosen path is for a man to fulfill all the words of the Torah, which was received by trustworthy witnesses, which the Master of wisdom gave to people. And in it is included all precious knowledge and all glorious wisdom. **And** [maybe] one would ask, "What is the matter that God gave such a precious Torah to people? Does not God have everything, and there is no measure to His elevation and to His glory? And there is no addition to His glory from the knowing of men of the power of His deeds; as there can be no addition or subtraction to complete glory and majesty on account of something [else]. The answer to this is obvious: That the mind of people does not grasp the ways of his Creator to know what is the reason for His deeds; as higher are 'His ways than our ways and His thoughts than our thoughts.' And even though the reason for the thing is not revealed to us, we should believe that the Father of wisdoms, the Master of all, does everything that He does for a purpose and for a positive matter. And nonetheless it is possible for us to find a little reason and to say that people's knowledge of the ways of God is necessitated by His loftiness, may He be blessed. As since it came up in His thought in front of Him to create the world, it is fitting that it be with complete perfection - since all of the acts of the Perfect One are perfect. And this is the truth, since Blessed be He was perfect in everything, as nothing is lacking from Him, such that a man could say, "Why did He not do this in His world?" As he knows His advantage over him in wisdom. As behold, He created separated intellects in His world - and they are the angels. And He also created intellects in permanent bodies - and they are the heavens and all of their hosts. And He created physical bodies without any intellect at all in the world - and they are the beasts and the birds and the other species that are similar to them. And he also created physical creatures with intellect - and that is the human species - to make known that that nothing is prevented from Him (He can do anything). As even though the physical and the intellect are complete opposites, He mixed them together in the greatness of His wisdom and made man with them. And if so, it was nonetheless necessary that this intellect mixed with the physical - and that is man - know his Creator and

ספר החינוך Sefer HaChinukh

recognize Him, so as to fulfill the intention of his creation. And if it were not for the Torah that He gave him, the intellect would be completely drawn to the physical in all of its desires, and he would be 'compared in similarity to beasts.' And as such, the work would not be perfected, since the body of a man and the body of a beast would be one in the matter - even if they are not one in their form - and it would come out that there is a lack in the creation. And it comes out according to our words that the giving of the Torah to educate the hearts of men is necessitated for the perfection of the designs. And [perhaps] one might ask further, "Since it is the perfection of the designs, why was it given to one people from the peoples of the world, and not to all of them?" In this also would it be an obvious answer to respond that the intellect of the one designed will not grasp the intention of his Designer. But nonetheless with this too is it possible to find a little reason according to the way of the world: Is it not known that in all the things of the world, the chaff is greater than the core? And even in the core, there is a part of it that is more select in it than the whole. It is as if you would say most of the land in the world is not prime, but rather only its minority. But even in the prime, part of it is the prime of the prime. And so is the matter also with the fruits of the world and with types of beasts and fowl. And, if so, also with the human species shall the thing be like this, to make it similar to the lowly world. Since it shares some of itself with it - as it has a finite body like them - it is no wonder about the thing. And so, one part of the human species was chosen - and that is Israel, and it is the 'smallest from all the nations.' And blessed is God who knows that they are the choicest of the human species and chose them to be called His people and gave them all the main parts of wisdom. However even with the rest of the human species, He gave them a way to distinguish themselves from beasts - and that is the seven commandments that all the people of the world were commanded as a whole, as we shall write about each one of them, with God's help. And also, with the people of Israel itself - part of them are more choice, and that is the tribe of Levi, which was chosen for His permanent service. And so [too,] is the thing with planet Earth, that there is a part of it that is choicest from all of it and God knew that the choicest in it is the Land of Israel. And [so] His will was to settle the choicest of the Human species in it. Also, in it, the best in it was Jerusalem. And so, it was chosen to be the dwelling of the Torah and place of his Service. And from it is the entire planet of the earth blessed, as God commanded blessing to be there. And

ספר החינוך Sefer HaChinukh

perhaps one would ask further - since I said that the essence of all, and the chosen portion, is the people of Israel - how is the thing that they always suffer exile and troubles? And the answer is that it is well-known and famous among the people of the world that the Master of all created two worlds - the world of bodies and the world of souls. And the world of bodies is considered like nothing and emptiness in contrast to the world of souls. As this one is like a passing shadow, whereas that one remains forever and ever. And the body serves as a vessel for the soul for a short time, and afterwards it decomposes and becomes vile. [Accordingly,] God bequeathed to His people the world of souls, which is the eternal world and the enjoyment of which has no measure. And perhaps one who asks would ask further, "And why did God not give to His people, that He chose, two portions of enjoyment - the world of bodies and the world of souls?" The answer is that it is well-known to every intelligent person that it is impossible for a physical being to be in the world without sinning. And among the fixed traits forever and ever of God, blessed be He, is the trait of justice; and it obligates every intelligent person to go in the way of the intellect and to be liable when he veers [from it]. And once the trait of justice has made him liable, it is impossible for him to be exempted without any [punishment]; since he left the court of the trait of justice [with a] guilty [verdict]. And hence it is from the kindnesses of God to us that He placed our share to have sin purged from us in this finite world, [so that] our souls be clean and survive to the world of souls; as one hour there is better than all of the life in this world. However, we should believe that a time will come that we will merit the two portions, and that is the days of the messiah. And the reason is that in those days, we will not need the purging of the bodies at all, since the evil impulse will be nullified from us; as it is written (Ezekiel 36:26), "and I will remove the heart of stone, etc." And also, if a little dross of sin remains at that time, it will fall on the goat (sacrificed scapegoat), as at the beginning. And this is what is written in the Torah (Leviticus 26:4), "If you will go in My ways," I will bequeath the good of this world to you - meaning to say, if you will be whole and not require purging of the body, you will also merit the good of this world. And that is what is written about our father, Avraham - peace be upon him - that God blessed him, even with the good of this world. As he did not need purging of the body at all at that time. And after this, there is no [cause] to wonder about the pain of Israel in the exiles more than all of the nations; as it is all for their good and for their glory. And

ספר החינוך Sefer HaChinukh

you who asks - place your eyes and your heart to this as it is a big thing that all of the evildoers will not understand, but the intelligent will understand. As many of of the Jews are destitute from the many great troubles that follow [one another against] them in the exiles and they do not know nor understand the good of the world of souls - their 'feet almost strayed' from the many worries, and 'their hearts were not constant with them' from the many ruminations. May God, in His kindnesses, remove thoughts of wickedness and impart upon us proper intellect and correct opinions to fulfill His desire - amen, may He do so. And he may ask further, "Since you said that the essence of all is the world of the souls and the final reward of commandments is in it, why did the Torah not mention it and state, 'When you do My commandments, I will bequeath you the world to come.'" The answer is because the matter of the world to come is well-known and revealed to all intelligent people and clear as the sun. There is no people nor language that do not agree that there is permanence to souls after the termination of the bodies. And there is also no one that disagrees that it is according to the good of the soul, its wisdom and the propriety of its actions, that its enjoyment will be greater. As the source of the intellectual soul from which it is extracted is the Intellect, and anyone that comes closer to its nature - the place of its extraction - will have greater pleasure. These words do not require support with proofs and witnesses - they are their own witnesses and their proofs are basic knowledge. And so, the Torah never elaborates about that which is well-known from human logic. And this is [the meaning] of their, may their memory be blessed, saying in every place, "It is logical" - meaning, there is no need for a verse about that which logic reveals. And hence the Torah promised us with the fulfillment of the commandments in this world to say that we not be preoccupied with sustenance and with wars [against] the enemies and that we be able to put efforts into the service of God and fathom His will. And there is no need to elaborate further and to say, "And when you accomplish His will, you will merit the pleasure of the world to come" - since the thing is self-evident that any creature that accomplishes the will of his Creator, may He be elevated, approaches Him and will enjoy from His radiance. And another reason [for this] is that if the Torah had promised about the reward of the world to come and not this one, the promise would not have been seen while [people are still] alive; and the heart of those of little faith may have disturbed [them] with words. **And** from the fundamentals of this Torah that

ספר החינוך Sefer HaChinukh

we said that God gave to His people through Moshe, His prophet, is to know that the Lord God in the Heavens that gave the Torah to Israel is the First Being - such that there is no beginning nor end to His being, may He be blessed - and that He made exist and created from His will and His power all that was created, ex nihilo. And [likewise] that He keeps in existence everything that He created the whole time that He wishes, but no longer - [not] even an instant. And that He is not prevented from doing anything. And [also from the fundamentals is] to believe that He is one without any conjunction; to believe that in a man fulfilling that which is written in [the Torah], his soul will merit great enjoyment forever; and to believe that God oversees the actions of people and knows all the details of their deeds and repays everyone according to his action. And also, from the fundamentals of the Torah is to believe that the true explanation of the Torah is the traditional received explanation that is in our hands from the early Sages of Israel. And anyone who explains about it something that is the opposite of their intention is [expressing] a mistake and a completely void thing. As our Sages received the explanation of the Torah from our teacher, Moshe - peace be upon him - who received it from God, blessed be He, when he stood on the mountain forty days. And even though it was possible to learn [it] in less time than this due to the power of the Teacher, God wanted to hint to the learners that they learn it with deliberation. And this true explanation that we wrote is the explanation that is written in the Babylonian and Jerusalem Talmuds (Gemara), which [was] composed [by] our early Sages, who received it one generation after another from our teacher Moshe, peace be upon him. And the Babylonian is lengthier and more elucidated, and [so] we rely upon it more. And it is made up of six orders, and there are sixty tractates in it, according to the division of the contents. Their mnemonic is 'there are sixty queens.' And there are five hundred and twenty-two chapters. And the true explanation of the Torah is likewise elucidated from other books that some of our early Sages composed. And [these books] are called Sifra, Sifrei, Tosefta and Mekhilta. All of these are books that all of Israel believe and [they] rely upon the words of theirs which are there without a disagreement. And about those that there is a disagreement, they have already also explained the ruling that we should take from them. Everything is nicely elucidated without any doubt or confusion to those that understand. And anyone whose heart troubles him about these matters is not included in the holy

ספר החינוך Sefer HaChinukh

(Jewish) people - since we would never agree about the truth from the simple understanding of the verses of the Torah without their explanations and their true tradition. As there are several verses in the Torah that appear to contradict one another. But the one who knows their explanation understands and sees that the ways of God are straight: Behold it is written in the Torah (Exodus 12:40), "And the inhabitation of the Children of Israel [which they dwelt in Egypt was four hundred and thirty years]." And [yet] we found that Kehat the son of Levi was from those that went down to Egypt; and if you count the days of his life and the years of the life of Amram, his son, and the eighty years of Moshe - as he was eighty in his standing in front of Pharaoh to speak to him to take out the Children of Israel from Egypt - they all only add up to three hundred and fifty years. However, the explanation of this is that the tally of four hundred and thirty begins from the time that it was stated to Avraham, "that your seed will be a stranger" (Genesis 15:13). And the explanation of the verse is thus: "And the inhabitation of the Children of Israel which they dwelt in Egypt" and other lands - meaning that they began to be exiled - "was four hundred and thirty years." As from the time that it was stated to Avraham, "that your seed will be a stranger," did the distress begin for him - and [so] the beginning of the tally is from there. And do not let its stating, "the Children of Israel," be difficult for you - as behold they said in the Midrash (Bereshit Rabbah 63:3), "Avraham is called Israel, as it is stated, 'And the inhabitation of the Children of Israel.'" And that which it states, "the Children of Israel" is meaning to say the Children of Israel and Israel (referring to Avraham); but Scripture expressed it in this language since the distress began to the father with the proclamation of the exile of the children. And that which it is stated, "Egypt," is also not specific, but rather meaning to say in exile. And that which it expressed it all with the [word,] Egypt, is because the core of the exile was there; and everything goes according to the core, and it is always called by it. And so [too,] is it written in the Torah (Deuteronomy 10:22), "With seventy souls did your forefathers go down to Egypt." But when you count their enumeration, you find [only] sixty-nine souls. But rather the explanation (Bava Batra 123b) comes that Yocheved was born 'betwixt the walls' (of Egypt, though she was conceived before they arrived), and [so] was not counted in the enumeration. And likewise, one verse (Exodus 12:15) states, "Seven days shall you eat matsot" and one verse (Deuteronomy 16:8) states, "Six days." And many like this would

ספר החינוך Sefer HaChinukh

not be elucidated without the traditional explanation that is in our hands, that was given to us from our teacher, Moshe. **And** now, you should know that according to what we have received from our Sages, may their memory be blessed and from their explanations, the tally of commandment that are practiced for [all of] the generations that are included in the Book of the Torah that God gave to us adds up to six hundred and thirteen commandments - between the commandments that it commanded us to do and those that it warned us not to do, as they are all called commandment[s]. And those that it commanded us to do add up to two hundred and forty-eight; and to not do, three hundred and sixty-five. And some of them are [those] that all of Israel are obligated - including males and females - at all times and in every place. And some of them are [those] that only Israelites are obligated in every place and at all times, but not priests and Levites. And some of them are [those] that only Levites alone are obligated; and some of them are [those] that only priests alone are obligated - in every place and at all times. And among the commandments, there are those that a person is obligated to do constantly, such as the commandment of loving God, and fearing Him, and that which is similar to it. And there are some that he is obligated to do at a specific time and not before then - such as the commandment of sukkah (dwelling in a hut), lulav, resting on the holidays, recitation of Shema and all that is similar to them - that have a set time to do them in the year or in the day. And there are some of them that a person is never obligated to do unless he is caused by a matter that comes to his hand that requires that commandment that is fitting for that matter. Such that you can say that giving the wage of a wage-worker in its time is a commandment, while a man is certainly not obligated to hire workers in order to fulfill this commandment. And so [too,] some that are like this - as we shall clarify it all, with God's help, about every commandment that we write. And one of the commandments is the root and principle that all lean upon - and that is Torah study - as through study will a person know the commandments and fulfill them. And hence our Sages, may their memory be blessed, fixed for us to read a portion of the Book of the Torah each and every week in the place of the gathering of people - which is the synagogue - to arouse the heart of a man about the words of the Torah and the commandments, until they finish the whole Book. And according to that which we heard, most of Israel today practices reading it all in one year. And the Sages, may their

ספר החינוך Sefer HaChinukh

memory be blessed, further obligated us that every one of Israel read it in his home each and every week in the way that we read it in the place of gathering. And that is [the meaning of] their, may their memory be blessed, saying (Berakhot 8a), "A person should always finish his sections with the community" - so that he understands things better with his reading them at home. And now since the six hundred and thirteen commandments are dispersed in the Book, scattered in it, here and there, in different stories that are written in the Book - for a great principle or for the need that is to be found in it - the reader will perhaps not place his heart in the [weekly reading] to see how many commandments he read that week; and he will not arouse his heart to urge himself about them. Hence I - 'the poorest of my thousand,' a student of the students in my time, a Jew from the House of Levi in Barcelona - saw it good to write the commandments by way of the [weekly] orders and in the order that they are written in the Torah, one after the other. [This is] to arouse the heart of the youth - my son and his friends - each and every week about the tally of the commandments after they study that [reading]. And [this is also in order] to accustom them to [the commandments] and to attach their thoughts to the thought of purity; and to the calculation of the essential, before they put in their hearts, calculations of joking and 'what is it to you,' and of 'what is the point.' And [so] 'even when they age, it will not depart from them.' And my [thought] is to write about each one a hint of the roots of (reason for) the commandment - when it is revealed in Scripture, I will write it as it is; and when it is hidden, I will say what I have heard about it from the mouth of sages and that which I understand about the things. And I do not think and insist to get to the truth regardless - as who 'is a worm and not a man,' like I, who did not see the lights of wisdom all of the days, to raise the hand about that which wizened sages have not grasped. I have not, however, lacked intelligence to know that ants cannot carry the load of camels; and [that] a 'child that does not know to Whom we recite blessings' should not expound about the 'Story of the Chariot,' and the secret of the chasmalim. Except that the greatness of my desire 'to dip the tip of the staff into the honeycomb' of the commandments has pushed me to enter the forest that has no limits, with my awareness that many great ones who entered there brought out [only] charcoals. However I said, "Who will give that my thought be preoccupied with this all of the days - and not be disqualified and not rendered defective by the intrigues 'of travail and sorrow,' like the guilty evildoers - and that

ספר החינוך Sefer HaChinukh

I place them 'as a signet ring upon my right hand,' and that I put all of my wellsprings all of the day in their work. I shall make a faithful house in my heart, a strong dwelling. And the rest of all my deeds - eating, drinking and the occupation of men and women - their time is enough for them. Are [the commandments] not all refined and pure - 'every precious stone is their adornment.' And if there sometimes be sediment in that which is written in their explanation, the food should be separated from it for oil, and [sediment] returned to the house of the owners. And let the one who wants to eat with me, 'eat the meat and leave the bones and peels on the table.'" And at the beginning of my words, I mention as a merit for me that which my teachers said, "All chatter is bad, [but] Torah chatter is good." And they, may their memory be blessed, further expounded to strengthen the heart of the learner, "His skipping is love to Me, his stuttering is love to Me" (Shir HaShirim Rabbah 2:4). And these [readings] of the year in which the commandments are [found] is according to the calculation of the great Rabbi, known for his great wisdom and stature among his people, Rambam - may the memory of the righteous be blessed.

Opening Letter by the Author

A letter from the author of the Sefer HaChinukh

Perhaps one who delves into this book will think that its author gathered all of its laws in his effort and his good research from the words of the Tannaim (early Talmudic sages) and the Amoraim (later Talmudic sages). And if this were so, it would require that the author be an expert in all of the corners of our Gemara - the Babylonian and the Jerusalem [Talmuds], the Sifra, the Sifri and the Tosefta. Hence, he who knows himself and what wisdom he has is fitting to publicize the truth to all who listen to his voice. And he should not make the unblemished craft of God into 'a bow of duplicity' and trickery, as one who is glorified 'by the children of foreigners,' as a weak one that arms himself with 'the shields of the mighty,' as a lowly one among men who crowns himself with the crowns of kings. Behold he calls - from his place he informs and testifies with trustworthy testimony to all readers that the majority of the words of the book are taken from the books of the pillars of the world that are famous in stature and wisdom from all of the nations: Rabbi Yitschak Alfasi (Rif) and Rabbi Moshe bar Maimon (Rambam), they should be remembered for the good. 'The

ספר החינוך Sefer HaChinukh

statute of the first-born,' the glory and the greatness in this book is theirs. And [also] upon the 'three-fold string' in wisdom, understanding and knowledge is Rabbi Moshe bar Nachman, may his memory be blessed. He composed a very esteemed book about the tally of the commandments besides several, several precious compositions. These are the 'mighty ones from yore' who spent most of their time clarifying the words of the Sages, blessed is their memory. They 'plunged into the powerful waters' and brought up pearls in their hands from the words of the Gemara. And the day that we came to their sanctuary and to the room of their instruction, we found 'a well of living waters,' gardens and orchards, loaves and vessels of cloth' set up there. I said, "With what would it be pleasing to serve in front of the mighty ones, as they have already clarified all the things for us? Would it not be in ordering the six hundred and thirteen commandments according to the [weekly readings]? Perhaps the youths will be more stimulated in them from this; they will put their hearts into them on Shabbat and holidays; and return from going crazy in the plaza of the cities, 'to the light of the living light.' The delicate children will ask, 'one to his neighbor,' 'How many are the commandments of this Shabbat,' and the land will be full of 'knowledge and foresight.' And behold the explanation of each one is arranged in front of them, and without toil will they find pleasing words in their listings. The holy seed will be blessed from God - 'they and their children and all that they have in all of the places of their dwellings.' And I will be included in the blessing with them." And I bring an oath with the ineffable name [of God] upon any transcriber [of this book], that he write this letter at its beginning - and [so] life and peace shall be with him - in order that all will give its splendor and its glory to its bearer and its parent. And may one who corrects any error after concentrated investigation receive his full compensation from the Omnipresent God. And let there be peace upon Israel, amen. **There** are commandments that are practiced today and, all counted, they are three hundred and sixty-nine. And from these that are practiced, there are some that a person only be obligated in them by a cause. And sometimes the cause will never come to a person all of his days, such that it will come out that he never do [that commandment] - such as the commandment of giving the wage to a wage-worker on its day, and that which is similar to it; as there are people that will never employ a wage-worker [all] their days. And so [too,] from the negative commandments, there are some of them that a person not be obligated without his will, and

ספר החינוך Sefer HaChinukh

through the cause of his deeds. And with his avoiding that deed, there will not be any sin to him and nothing will be lacking from him. For example, one who puts out a bad name [on his wife], that he may never divorce his wife - as he caused it to himself to be obligated in this negative commandment, as he is the one who put out a bad name. And so [too,] with the negative commandment of "do not delay" with vows, it is also he who causes it. And one who refrains from vowing will not have a sin. And so, all that is similar to this. And, all counted, they are ninety-nine, from which there are seventy-eight positive commandments and twenty-one negative commandments. But the commandments that every man of Israel is commanded without his creating a cause for it in the world are, all counted, two hundred and seventy. And the mnemonic is "I am sleeping, but my heart is awake (the numerical equivalent of its letters being two hundred and seventy). Forty-eight of them are positive commandments and two hundred and twenty-two are negative commandments. And you will find each one in its [weekly reading] in the book. And the obligation with them is not at all times, but rather at specific times of the year or of the day - except for six commandments, the obligation of which is constant. It does not cease from being upon a man even an instant in all of his days. And these are them: 1) to believe in God; 2) to not believe in anything besides Him; 3) to conceive of His oneness; 4) to love Him; 5) to fear Him; and 6) to not wander after the thought of the heart and the vision of the eyes. Their mnemonic is 'six cities of refuge shall there be for you.'

Sefer HaChinukh ספר החינוך

מצוה א

מצות פריה ורביה - בראשית יש בה מצות עשה אחת, והיא מצות פריה ורביה, שנאמר:)בראשית א כח(ויברך אותם אלהים ויאמר להם אלהים פרו ורבו. **משרשי** מצוה זו, כדי שיהיה העולם מישב)גיטין מא, ב במשנה(, שהשם ברוך הוא חפץ בישובו, כדכתיב:)ישעיהו מה יח(לא תהו בראה לשבת יצרה. והיא מצוה גדולה שבסבתה מתקימות כל המצות בעולם, כי לבני אדם נתנו ולא למלאכי השרת)ברכות כה, ב(. **דיני** המצוה, מתי חיב אדם לעסק בה, וכמה בנים יהיה לו ויפטר, ומאיזו מצות הוא פטור בעסקו בזו, ויתר פרטיה מבוארים ביבמות בפרק ו')דף סא, ב וסב, ב(ובברכות)דף טז, א(.)שו"ע אבן העזר סימן א ואו"ח סימן ע סעיף ג(. **ונוהגת** בכל מקום ובכל זמן)קדושין לו, ב(וחיב אדם להשתדל בה משהוא ראוי לה, והוא הזמן שנתנו חכמים ז"ל)אבות פ"ה מכ"א(לשא אשה. ומצוה זו אינה מוטלת על הנשים, והמבטלה בטל עשה וענשו גדול מאד,)קדושין כט, ב(שמראה בעצמו, שאינו רוצה להשלים חפץ השם לישב עולמו.

Mitzvah 1

The commandment of procreation: [Parshat] Bereshit has one positive commandment and that is the commandment of procreation, as it is stated (Genesis 1:28), "And God blessed them and told them to procreate." **It** is from the roots of this commandment (i.e the reason behind this commandment) that the world should be settled (Gittin 41b) because God wants the world to be settled, as it says (Isaiah 45:18), "I did not create it for naught, but [rather] formed it for habitation." This is a great commandment, through which all the commandments are observed, as [the Torah] was given to people and not to the ministering angels (Berakhot 25b). **The** laws of this commandment - when a man is obligated to be involved with it; how many sons he needs to have; what other commandments he is exempt from due to his involvement in procreation; and the rest of its details - are [all] explained in the sixth chapter of Yevamot and in Berachot. (see Shulchan Arukh Even HaEzer 1 and Orach Chaim 70:3) **And** [it] is practiced in every place and at all times (Kiddushin 36b), and a person is obligated to be involved with it from when it is fitting for him, and this is the age which the sages (Avot 5:21) designated to marry a woman. And this commandment is not incumbent upon women. And one who negates it violates a positive commandment; and his punishment is very great (Kiddushin 29b), as he shows that he does not want to fulfill God's will to settle His world.

מצוה ב

מצות מילה - לך לך יש בה מצות עשה אחת, והיא מצות מילה, שנאמר)בראשית יז י(זאת בריתי אשר תשמרו ביני וביניכם ובין זרעך אחריך המול לכם כל זכר. ונכפלה בסדר אשה כי תזריע, דכתיב)ויקרא יב ג(, וביום השמיני ימול בשר ערלתו. והרבה מצות נכפלו במקומות הרבה בתורה, וכלן לצרך כמו שפרשום חכמינו ז"ל)שבת קלב, א קלה, א(. וענין מצוה זו, הוא שחותכין הערלה המחפה ראש הגויה ופורעין קרום רך שלמטה ממנה, כדי שתתגלה ראש העטרה שבאותו איבר, כידוע למבינים שתשלום צורת האדם בהסיר ממנו אותה ערלה, שהיא תוספת בו. **משרשי** מצוה זו, לפי שרצה השם יתברך לקבע בעם אשר הבדיל להיות נקרא על שמו, אות קבוע בגופם, להבדילם משאר העמים בצורת גופם, כמו שהם מבדלים מהם בצורת נפשותם, אשר מוצאם ומובאם איננו שוה. ונקבע ההבדל בגלת הזהב, לפי שהוא סבה לקיום המין, מלבד שיש בו תשלום צורת הגוף, כמו שאמרנו. והעם הנבחר חפץ השם יתברך להשלים תכונתו, ורצה להיות ההשלמה על ידי האדם ולא בראו שלם מבטן, לרמז אליו כי כאשר תשלום צורת גופו על ידו, כן בידו להשלים צורת נפשו בהכשר פעלותיו. **דיני** המצוה על מי מוטלת מילת הקטנים, וכן מילת העבדים, יליד בית)עבד כנעני שילדתו השפחה בבית ישראל(ומקנת כסף)פי' עבד כנעני שקנאו משנולד(, והחלוק שביניהם ובאיזה ענין דוחין בשבילה שבת ויום טוב, ואיזה קטן משהין מילתו יותר משמונה ימים, ויתר פרטיה מבוארים בפרק י"ט משבת)דף קלז, ב(ובפרק ד' מיבמות)דף עא, א(. ושם בשבת נתבאר כי המל מברך ברוך אתה יי אלהינו מלך העולם אשר קדשנו במצותיו וצונו על המילה. ואבי הבן או בית דין במקום שאין אב מברכין ברוך אתה יי, אלהינו מלך העולם, אשר קדשנו במצותיו וצונו להכניסו בבריתו של אברהם אבינו. והעומדים שם עונין, כשם שזכה לברית, כן יזכהו האל לתורה ולחפה ולמעשים טובים.)י"ד מסי' ר"ס עד רס"ו(. **ונוהגת** בכל מקום ובכל זמן. ואין הנשים חיבות במילת בניהן,)קדושין כט, א(אלא האב, או בית דין במקום שאין אב. והעובר על מצוה זו ולא מל עצמו משהגיע לכלל ענשין, שהוא שלש עשרה שנה ויום אחד]בכל יום שיעבור עליו משיגדל, ולא ימול עצמו מבטל מצות עשה. ואם מת והוא ערל, במזיד[חיב כרת. אבל אין לאב חיוב כרת במילת בנו)שבת קלג, א(, אלא שעובר על מצות עשה. ואין בכל התורה מצות עשה שחיבין על בטולה כרת.)כריתות ב, א(, כי אם זו ושחיטת הפסח.

Mitzvah 2

The commandment to circumcise: Parshat Lekh Lekha [has] positive commandment, and that is the commandment to one circumcise; as it is stated (Genesis 17:10), "This is My covenant

ספר החינוך Sefer HaChinukh

which you shall keep, between you and I, and with your descendants after you, circumcise all males." And [the commandment] is repeated in the Order of Eesha ki Tazria, as it is stated (Leviticus 12:3), "And on the eighth day circumcise the flesh of his foreskin." There are many commandments which are repeated in many places in the Torah; and all of them are necessary as the sages explained (Shabbat 132a and Shabbat 135a). And the content of this commandment is that we cut the foreskin that covers the head of the member and then tearing the sorting skin which is below it so that the glans of the member will be exposed. As is known to those that understand, the completion of the form of man comes with the removal of this foreskin which is extraneous. **It** is from the roots of this commandment [that it is] because God wanted to establish in His nation, that He separated to be called by His name, a permanent sign on their body; to separate them from the other nations in the form of their bodies just like they are separated from them in the form of their souls, the going out and coming in of which are not similar. He established this difference in the 'golden fountain,' because this is the reason for the existence of people, besides being a completion of the physical body as we mentioned. God wanted to complete His plan with the chosen nation. He wanted men to complete the creation of his body, as He did not create him complete from the womb; [so as] to hint to him that just like the completion of the form of his body is through him, so [too] is it in his hand to complete the form of his soul, by refining his actions. **The** laws of the commandment - upon whom is the circumcision of infants incumbent, as well as the circumcision of slaves, the homeborn (a Canaanite slave that a maidservant gave birth to in the house of a Jew) and those acquired with money (which means a Canaanite slave that was acquired from when he was born), and the difference between them; in which way is Shabbat and holidays pushed off for him; which infant has his circumcision delayed for more than eight days; and its other details - are [all] elucidated in Chapter Nineteen of Shabbat and in Chapter Four of Yevamot. And there in Shabbat, it is elucidated that the one who circumcises recites the blessing, "Blessed are You, Lord our God, King of the universe, who has sanctified us with Your commandments, and commanded us concerning the circumcision." And the father of the child - or the court when there is no father [present] - recites the blessing, "Blessed are You, Lord our God, King of the universe, who has sanctified us with Your commandments, and commanded us to bring him into the covenant of Avraham, our father." And the ones standing there respond, "Just as he had merit for the circumcision, may God let have him merit for the wedding canopy and for good deeds" (see Shulchan Arukh Yoreh Deah 260-266). **And** [it] is practiced in every place and at all times. And women are not obligated regarding the circumcision of their sons (Kiddushin 29a); just the father - or the court when there is no father [present]. And one who transgresses this commandment and does not circumcise himself when he reaches the category of [those who can receive] punishments - which is thirteen year and a day - [each day, that he transgresses it from when he is grown and does not circumcise himself, violates a positive commandment. And if he dies and was uncircumcised by volition,] he is liable for excision. But the father is not liable for excision for the [lack of] circumcision of his son (Shabbat 133a), but he does transgress a positive commandment. And there is no positive commandment in all of the Torah the negation of which makes one liable for excision besides this and the slaughtering of the Pesach sacrifice (Keritot 2a).

מצוה ג

שלא לאכל גיד הנשה - וישלח יעקב יש בה מצות לא תעשה אחת, והיא אזהרת גיד הנשה, שנאמר:)בראשית לב:לג(על כן לא יאכלו בני ישראל את גיד הנשה. והאי לא יאכלו לא נאמר על דרך ספור, כלומר מפני שאירע דבר זה באב, נמנעים הבנים מלאכל אותו הגיד, אלא אזהרת השם יתברך שלא יאכלוהו. **משרשי** מצוה זו, כדי שתהיה רמז לישראל, שאף על פי שיסבלו צרות רבות בגלות מיד העמים ומיד בני עשו, יהיו בטוחים שלא יאבדו, אלא לעולם יעמד זרעם ושמם, ויבא להם גואל ויגאלם מיד צר. ובזכרם תמיד ענין זה על יד המצוה שתהיה לזכרון, יעמדו באמנתם ובצדקתם לעולם. ורמז זה הוא לפי שאותו מלאך שנלחם עם יעקב אבינו, שבא בקבלה)בר"ר עח(שהיה שרו של עשו, רצה לעקרו ליעקב מן העולם הוא וזרעו ולא יכול לו,)שם לב כו(וצערו בנגיעת הירך. וכן זרע עשו מצער לזרע יעקב, ולבסוף תהיה להם תשועה מהם. וכמו שמצינו)שם שם לב(באב שזרחה לו השמש לרפאתו ונושע מן הצער, כן יזרח לו השמש של משיח וירפאנו מצערנו ויגאלנו במהרה בימינו, אמן. **דיני** המצוה זו מהו הגיד האסור, והחטוט שאנו חיבים לחטט אחריו, ובאי זו בהמה נוהג, ומי נאמן על נקורו ויתר פרטיה מבוארים בפרק ז' מחלין)פט, ב( )י"ד סי' ס"ה(. ונוהגת מצוה זו בכל מקום ובכל זמן, בזכרים ובנקבות. והעובר עליה ואכל גיד אחד, אפילו הוא פחות מכזית או שאכל כזית מגיד הנשה גדול, לוקה.)עי' חולין צו, א(. **מכאן עד סוף ספר בראשית אין בו מצוה.**

ספר החינוך Sefer HaChinukh

Mitzvah 3

Not to eat the sciatic nerve: Parshat Vayishlach has one negative commandment, and it is the prohibition of [eating] the sciatic nerve; as it is stated (Genesis 32:33), "Therefore the Children of Israel shall not eat the sciatic nerve." And this [phrase] "they shall not eat" is not to be taken as part of the story, to mean that because this event occurred to [our] forefather, [we, his] descendants refrain from eating that nerve. Rather, it is a warning (prohibition) of God that they shall not eat it. **It** is from the roots of this commandment [that it is to serve as] a hint to Israel that though they will suffer many troubles in the exile by the hand of the nations and by the hand of the [descendants] of Esav [the Jews] should trust that they will not perish, but rather that their descendants and name will stand firm forever, and that their redeemer will come and redeem them from their oppressor. And in continually remembering this idea through the commandment that serves as a reminder, they will stand firm in their faith and righteousness forever. And this hint [stems from the fact that] that the angel who fought with Yaakov our forefather - who according to tradition (Bereshit Rabbah 78) was the guardian angel of Esav - wished to eliminate Yaakov from the world, he and his descendants; but he could not [get the better] of him, (Genesis 32:26) but anguished him in injuring his thigh. Likewise, Esav's seed anguishes the seed of Yaakov; but in the end, [the latter] will be saved from them. As we find (Genesis 32:32) with respect to [our] forefather that the sun shone to heal him and he was saved from pain, so will the sun of the messiah shine and he will heal us from our pain and redeem us speedily in our days, amen! **The** laws of this commandment - which sinew is prohibited; the clearing out, that we are obligated to clear out [its area] after it; with regards to which beast it applies; who is trustworthy regarding its removal; and the rest of its details - are explained in the seventh chapter of Chullin (see Tur, Yoreh Deah 65.) **And** [it] is practiced in every place and at all times by males and by females. And one who transgresses it and eats a [whole sciatic nerve], even if it is less than an olive's-worth - or eats a kazayit (the size of a large olive) from a large sciatic nerve - is lashed (see Chullin 96a). **From** here until the end of Genesis there are no commandments. **The** Book of Genesis is complete.

מצוה ד

מצות קדוש החדש - לקדש חדשים ולעבר שנים בבית דין גדול בחכמה סמוך בארץ, ולקבע מועדי השנה על פי אותו קדוש, שנאמר)שמות יב ב(החדש הזה לכם ראש חדשים, כלומר כשתראו חדושה של לבנה, תקבעו לכם ראש חדש, או אפילו לא תראוה, מכיון שהיא ראויה להראות על פי החשבון המקבל. וכן תכלל מצוה זו מצות עבור השנה, לפי שיסוד מצות קדוש החדש, כדי שיעשו ישראל מועדי השם במועדם. וכמו כן מצות עבור השנה מזה היסוד היא. ואולם מלבד זה המקרא באו הערות בכתובי התורה יורו על מצות העבור, והוא מה שכתוב)שם יג י(ושמרת את החקה הזאת למועדה. וכן)דברים טז יא(שמור את חדש האביב. **וענין** המצוה, שבאים שני ישראלים כשרים לפני הבית דין ומעידים לפניהם שראו הלבנה בחדושה, וקובעים ראש חדש על פיהם, שאומרים, היום מקדש. וטעם שאין מצוה זו אלא בסמוכין, לפי שבא בפרוש החדש הזה לכם גדולים וסמוכין כמותכם,)ר"ה כב, א(כי למשה ואהרן נאמר. ועוד דרשו הדבר, מדסמך לו דברו אל כל עדת בני ישראל, כלומר שיהא להם לאותן שיקדשו החדש, רשות כל ישראל, כלומר חכמים גדולים שבישראל, כגון בית דין הגדול. וכן כל מי שהוא חכם גדול בישראל ונסמך בארץ ישראל, והסמיכות ידוע איך עושין אותו, יש לו רשות לעשות מצוה זו אפילו בחוצה לארץ, והוא שלא הניח כמותו בארץ, וכן מצינו)ברכות כג, א(שעשו כן חנניה בן אחי רבי יהושע ועקיבא בן יוסף שהיו בענין זה. אבל בלתי תנאים אלו אין רשות לשום אדם מישראל לקבע חדשים ולעבר שנים. ואם תשאל, אם כן היאך אנו עושין היום, שאין לנו חכמים סמוכין? דע שכך קבלנו שר' הלל הנשיא בנו של ר' יהודה הנשיא, שהיה גדול בדורו ונסמך בארץ, והוא החכם שתקן לנו חשבון העבור, הוא קדש חדשים ועבר שנים העתידים לבוא עד שיבא אליה, ועל זה אנו סומכין היום. זה שאמרנו הוא על דעת הרמב"ם ז"ל. והרמב"ן ז"ל)בספה"מ מ"ע קנג(יחשב קדוש החדש מצוה אחת ועבור שנים מצוה אחת. וראיותיו בספר המצות שלו. וכן בעל הלכות גם כן. והפסוק המורה על מצות העבור, כלומר שנחשב התקופות כדי שנעשה המועדים בזמן הקבוע להם, ושמרת את החקה הזאת למועדה)שמות יג י(. וכן שמור את חדש האביב)דברים טז יא(. כמו שכתבנו. **משרשי** מצוה זו, כדי שיעשו ישראל מועדי השם בזמנם, שהשם יתברך צוה לעשות פסח בזמן שהתבואה באביב כמו שכתוב שמור את חדש האביב ועשית פסח. וחג הסכות בזמן האסיף, כמו שכתוב)שמות לד כב(וחג האסיף תקופת השנה. ואלולי עבור השנים, יבאו המועדים שלא בזמנים אלו, לפי שישראל מחשבים חדשיהם ומועדיהם לימות שנת הלבנה, שהם שנ"ד יום ח' שעות תתעו חלקים, והיא חסרה משנת החמה י' ימים, כ"א שעות, ר"ד חלקים, סימן י' כ"א ר"ד. ובשול התבואות והפרות בכחה של חמה, נמצא שאלולי העבור, שאנו משוים בו שנות הלבנה בשנות החמה, לא יבא הפסח בזמן האביב והסכות בזמן האסיף.

ספר החינוך Sefer HaChinukh

ונתקן הדבר להעשות בגדולי הדור, לפי שהוא ענין חכמה גדולה, גם יאמרו כי ממנו יודע מקרה השנה בתבואות, ואין ראוי למסרו אלא לגדולים וחסדים. **דיני** המצוה, כגון חקירת עדות החדש, ואיום העדים לפעמים, ודין חלול שבת בעדות זו כיצד, ועל מה מעברין את השנה ועל מה אין מעברין אותה, ואי זה חדש היו מעברין והוא אדר, וכמו שדרשו ז"ל: ושמרת את החקה הזאת למועדה מלמד, שאין מעברין את השנה אלא בפרק הסמוך למועד. ועוד דרשו ז"ל)סנהדרין י, ב(בפסוק זה מנין שאין מעברין את החדש אלא ביום תלמוד לומר, מימים ימימה. ועוד דרשו ז"ל)מגילה ה, א(לחדשי השנה חדשים אתה מחשב לשנה ואי אתה מחשב ימים. ועוד אמרו בענין זה)מגילה שם(חדש ימים, ימים אתה מחשב לחדש ואי אתה מחשב שעות, ויתר פרטיה מבוארים במסכת ראש השנה)כה, ב(ובפרק א' של סנהדרין)יא, ב(ובברכות כמו כן.)רמב"ם פ"א מהלכו' קדוש החדש(.

ונוהגת בכל מקום ובכל זמן שיהיו לנו חכמים סמוכים בתנאים שכתבנו, ועובר עליה ולא עשאה, אם הוא חכם שראוי לה, בטל עשה וענשו גדול מאד, שגורם קלקול המועדות, ועכשיו, בעונותינו, שאין אנו מעברין שנים על פי סמוכים, אנו סומכים בחשבוננו על החשבון המקבל מרבי הלל, כמו שאמרנו.

Mitzvah 4

The commandment of sanctifying the new month: To sanctify months and intercalate [months into] years in the court [whose members are the] great in wisdom and ordained in the Land of Israel, and to establish the year's holidays according to that sanctification; as it is stated (Exodus 12:2), "This month shall be to you the first of months." This means, when you see the renewal of the moon, establish for yourselves the new month - or even if you do not see it, since it is appropriate for [the moon] to appear according to the accepted calculation. Likewise, this commandment includes the commandment of intercalation, since the basis of the commandment to sanctify the month is for Israel to observe God's holidays at their appointed times. And the commandment of intercalation has the same basis. However, beyond this verse are more Torah passages concerning the commandment of intercalation, and that is what is written (Exodus 13:10), "You shall observe this commandment in its proper time"; and likewise, "Observe the month of Spring" (Deuteronomy 16:11). **The** content of the commandment is that two Jews fit to testify come before the court and testify before them that they saw the renewed moon. [The judges then] establish the new month on the basis of their [testimony] and say, "Today has been sanctified."

ספר החינוך Sefer HaChinukh

The reason why this commandment applies only with ordained judges is because it came with the explanation [of the verse], "This month shall be for you" - great [in Torah] and ordained, like you (Rosh Hashanah 22a), since it was said to Moshe and Aharon. This matter was further expounded, as it is juxtaposed to "speak to the entire congregation of the children of Israel," meaning that they who sanctify the month must have the assent of all Israel, meaning the wisest men of Israel, such as the Great Court (the Sanhedrin). And so [too] any great sage in Israel who was ordained in the Land of Israel. And since ordination is no longer practiced, as is known, [the sage] has permission to perform this commandment even outside the Land of Israel, so long as there is no one of his stature in the Land of Israel. And so we find that Chananiah ben Achai, Rabbi Yehoshua, and Akiva ben Yosef did so in this regard (Berakhot 23a). But without these conditions, no one of Israel is permitted to establish the months or intercalate. And perhaps you will ask, "If so, how do we conduct ourselves today, when we lack ordained sages?" Know that so have we received it; since Rabbi Hillel the Prince, son of Rabbi Yehudah the Prince, who was the greatest of his generation and ordained in the Land of Israel - he was the sage who fixed for us the calculation of intercalation, sanctified future months, and intercalated future [months into] years until the coming of Eliyahu, and it is upon this that we rely today. That which we have said all follows the opinion of Rambam. However, Ramban (in the Sefer HaMitzvot LaRambam, Mitzvot Ase 153), considers the sanctification of the month as one commandment and intercalation a separate commandment. His proofs (for dividing these into two separate commandments are) in his Book of Commandments. And so [too] the Ba'al Halakhot (considers these separate commandments). And the verse that teaches about the commandment of intercalation, that is, that we calculate the seasons in order to make the holidays in their (proper,) established times, is "You shall observe this commandment in its proper time," (Exodus 13:10) and so, "Observe the month of Spring," (Deuteronomy 16:11) as we have written. **It** is from the roots of this commandment [that it is] so that Israel shall make God's holidays in their (proper) times, as God commanded that we make Pesach in the time that the produce is in [bloom], as it is written (Deuteronomy 16:1), "Observe the month of Spring, and you shall offer the Pesach sacrifice." And the holiday of Sukkot is [to fall] at the time of the harvest, as is written, "And the holiday of the harvest at the turn of the year." (Exodus

ספר החינוך Sefer HaChinukh

34:22) And were it not for intercalation, the holidays would come not at these times, since Israel calculates their months and festivals according to the lunar year, which has three hundred and fifty-four days, eight hours, and eight hundred and seventy-six parts, which is less than the solar year by ten days, twenty-one hours and two hundred and four parts - its mnemonic is ten, twenty-one, two hundred and four. Due to the ripening of the produce and fruit from the power of the sun, it turns out that but for intercalation - by which we align the lunar and solar years - Pesach would not come in the Spring, nor Sukkot at the time of the harvest. And this matter is to be fixed by the greatest [sages] of the generation, since it is a matter requiring great wisdom. And since it is also said that from this [calculation, one comes to know] the agricultural happenings of the year, it is appropriate to give [this task] only to great and pious men. **The** laws of the commandment - for example, interrogating [those who offer] testimony concerning the new month; instilling fear in the witnesses on occasion; the law concerning circumstances under which the Shabbat may be desecrated for this testimony; for what [considerations] we do or do not intercalate; which month they would intercalate, i.e. Adar, as they, may their memory be blessed, expounded, "'You shall observe this commandment in its proper time' (Exodus 13:10), this teaches that we only intercalate at the time near the holiday"; and they, may their memory be blessed, further expounded on this verse, "From where do we know that we only intercalate the month during daytime? [We learn this from the] verse, [which] states, 'from year to year' (yamim yemima, literally from day to day) (Sanhedrin 10b); and they, may their memory be blessed, further expounded, "'For the months of the year' (Exodus 12:2) - it is months you calculate towards the year, not days" (Megillah 5a); furthermore did they say on this matter, "'A month of days' (Numbers 11:20), it is days you calculate towards the month, not hours" (Megillah 5a); and the rest of its details - are [all] elucidated in Tractate Rosh Hashanah, and in the first chapter of Sanhedrin, and similarly in Berakhot (see Mishneh Torah, Laws of Sanctification of the New Month 1). **And** [it] is practiced in every place and at all times when we have ordained sages, according to the aforementioned conditions. One who transgresses it and does not [sanctify the new month or intercalate the month] - if he be a sage for whom it is appropriate - has violated a positive commandment; and his punishment is very great since he causes the ruining of the holidays. And now that – due to our iniquities -

we do no intercalate by ordained [sages], our calculation relies on the accepted calculation from Rabbi Hillel, as we have said.

מצוה ה

מצות שחיטת הפסח - לשחט ביום ארבעה עשר בניסן בין הערבים שה תמים זכר בן שנה, או גדי בבית הבחירה, וזה נקרא קרבן הפסח, שנאמר)שמות יב ו(ושחטו אתו כל קהל עדת ישראל בין הערבים. וענין המצוה הוא, שמתקבצים אנשים מישראל לחבורות ולוקחין מן השוק או מביתם גדי אחד או שה תמים זכר בן שנה, ושוחטין אותו בעזרת בית המקדש ביום י"ד בניסן בין הערבים, ואחר כך לערב אוכלין אותו בין כלם אחר מאכלם, שמצותו לאכלו על השבע.)פסחים ע, א(.**משרשי** מצוה זו, כדי שיזכרו היהודים לעולם הנסים הגדולים שעשה להם השם יתברך ביציאת מצרים. דיני המצוה, כגון זמן שחיטתו ביום אימת,)שם נח, א(ושהוא נשחט בשלש כתות בעזרה,)שם סד, א(וכי דוחין שבת עליו,)שם סה, ב(ודיני מנויין, וקריאת ההלל עליו, ותקיעת חצוצרות, ויתר פרטיה מבוארים במסכת פסחים.)עי' רמב"ם הלכות קרבן פסח א יב(. **ונוהגת** בזכרים ובנקבות בזמן הבית. והעובר עליה במזיד ולא עשה פסח, חיב כרת. בשוגג אינו מביא קרבן, לפי שזה הוא אחד משלשה חטאים שבזדונן כרת ואין בשגגתן חטאת, והן זה, מגדף ומבטל מילה.

Mitzvah 5

The commandment to slaughter the Pesach sacrifice: To slaughter on the day of the fourteenth of Nissan in the late afternoon an unblemished one-year-old male lamb, or kid, in the Chosen House (Temple), and this is called the Pesach (Passover) sacrifice, as it is stated (Exodus 12:6), "The entire assembly of the congregation of Israel shall slaughter it in the afternoon." The content of this commandment is that all the people of Israel divide into assemblages, take from the market or from their houses an unblemished one-year-old male kid or lamb, and slaughter it in the courtyard of the Temple on the fourteenth day of Nissan in the afternoon. Afterwards in the evening, they eat it, [dividing it up] amongst themselves, after [eating their other] food; since its commandment is that it should be eaten while satiated (Pesachim 70a). **From** the roots of this commandment are so that the Jews will remember forever the great miracles that God performed for them during the exodus from Egypt. **The** laws of this commandment - for example, the time of slaughter (Pesachim 58a); that it is slaughtered in three groups in the Temple courtyard (Pesachim 64a); that it supersedes the Sabbath (Pesachim 65b); the

Sefer HaChinukh ספר החינוך

laws of its designating [the members of the assemblage]; the recitation of Hallel over it; the blowing of the trumpets; and the rest of its details - are explained in Tractate Pesachim (see Mishneh Torah, Laws of Paschal Offering 1:12). **And** [it] is practiced by males and by females at the time of the [Temple]. And one who transgresses it volitionally and does not offer the Pesach sacrifice is liable for excision. [One who transgresses] inadvertently does not bring a sacrifice, since this [commandment] is one of three sins whose volitional transgression is punishable by excision, but whose inadvertent transgression does not [mandate bringing] a sin-offering. And they are this one, one who blasphemes and one who negates circumcision.

מצוה ו

מצות אכילת בשר הפסח - לאכל בשר הפסח בליל חמשה עשר בניסן על פי תנאים שבכתוב, שנאמר (שמות יב ח) ואכלו את הבשר בלילה הזה. **משרשי** מצוה זו, מה שכתבנו בשחיטתו (מצוה ה) כדי לזכר הנסים הגדולים שעשה לנו האל שהוציאנו מעבדות. **דיני** המצוה, כמה חיב כל אחד לאכל ממנו לכל הפחות, (פסחים סט, א) והנמנין עליו איך יתנהגו עד שיאכלוהו, שלא לצאת מן החבורה (שם סו, א במשנה) ושלא ישנו (שם קכ, א) ויתר פרטיה, מבוארים בפסחים (הלכות קרבן פסח פרק א'). **ונוהגת** בזכרים ובנקבות, והעובר עליה בטל עשה. וכלל גדול בכל התורה לכל שאומר שיבטל מצות עשה שכופין אותו בית דין, אם יש כח בידם, עד שיקימנה. (כתובות פו, א חולין קלב, ב).

Mitzvah 6
The commandment of eating the meat of the Pesach sacrifice: To eat the meat of the Pesach sacrifice on the fifteenth night of Nissan, according to the specifications of the verse, as it is stated (Exodus 12:8), "And they shall eat the meat on this night." **That** which we wrote about its slaughtering (Sefer HaChinukh 5) is from the roots of this commandment - so as to remember the great miracles which God did for us when He took us out of slavery. **The** laws of this commandment - what is the minimum amount required to be eaten by each person (Pesachim 69a); how he should act before he eats it; that he should not leave his assemblage (Pesachim 66b in the Mishnah); that he should not sleep (Pesachim 120a); and the rest of its details - are [all] explained in Pesachim (See Mishneh Torah, Laws of Paschal Offering 1). **And** [it] is practiced by males and females. One who transgresses it has negated a positive commandment. An important principle in the

entire Torah about anyone who says that he will negate a positive commandment is that he is coerced by the court (a beit din) - if they have the power in their hands - until he fulfills it (Ketuvot 86a, Chullin 132b).

מצוה ז

שלא לאכל הפסח נא ומבשל - שלא לאכל מבשר הפסח נא ובשל כי אם צלי אש, שנאמר)שמות יב - ט(אל תאכלו ממנו נא ובשל מבשל במים כי אם צלי אש. הענין הזה, שלא יאכל אותו קדם גמר בשולו אפילו בצלי, וזהו פרוש נא,)פסחים מא, א(שהבשר שהתחיל בו מעשה האור ונצלה מעט ואינו ראוי לאכילת אדם, עדין נקרא נא. אבל כשהוא חי לגמרי שלא התחיל בו האור כלל, אין בכלל לאו דנא ללקות עליו משום אל תאכלו ממנו נא. אבל אסור מדאוריתא, שכל שאינו צלי אש, אסרה התורה דרך כלל. ופרוש בשל שבשלו במים או בכל משקה או במי פרות, שנאמר ובשל מבשל, רבה הכל. **משרשי** מצוה זו, מה שכתוב בשחיטתו, לזכור נס יציאת מצרים. וזהו שנצטוינו לאכלו צלי דוקא, לפי שכך דרך בני מלכים ושרים לאכל בשר צלי, שהוא מאכל טוב ומטעם, אבל שאר העם אינם יכולים לאכל מעט בשר שתשיג ידם, כי אם מבשל, כדי למלא בטנם. ואנו שאוכלים הפסח לזכרון שיצאנו לחרות להיות ממלכת כהנים וגוי קדוש, ודאי ראוי לנו להתנהג באכילתו דרך חרות ושרות, מלבד)עי' מורה נבוכים ח"ג פמ"ו(שאכילת הצלי יורה על החפזון שיצאו ממצרים ולא יכלו לשהות עד שיתבשל בקדירה. **דיני** המצוה, כגון אם עשהו צלי קדרה, או סכו במשקים, או במי פירות או במים, או בשמן תרומה מה דינו ויתר הפרטים, מבואר בפסחים)מ ב הל' קרבן פסח פ"ח(. **ונוהגת** בזכרים ובנקבות בזמן הבית, והעובר עליו ואכל נא או מבשל לוקה. וכן אם אכל שניהם כאחד לוקה מלקות אחת, ששניהם לאו אחד לדעת הרמב"ם ז"ל.)שם ה"ד וסהמ"צ שורש ט(והרמב"ן ז"ל)שם בשורש ט ד"ה המין השלישי(מנה אותן שני לאוין וכתב, שלוקין עליהן על כל אחד ואחד. דכיון דכתיב לא תאכלו כי אם צלי אש "נא ומבשל" למה לי? שמע מנה, ללקות על כל אחד ואחד מן הפרטים. ואמרו ז"ל כי בכל המצות יהיה המנין כן, שכל הנפרטים בתורה אחד אחד והם דברים חלוקים, נמנה כל אחד למצוה אחת בחשבון המצות, כגון זה דנא ומבשל, וכן אתנן ומחיר ושאור ודבש וזלתם. **ואמנם** בענין המלקות יש חלוק בהם, שכל הנפרטים בלאו אחד, אין לוקין עליהם אלא מלקות אחד, כגון אתנן זונה ומחיר כלב, ושאור ודבש, משפט גר יתום וכיוצא בהן כלן. אבל הלאוין שיש בהן כלל ופרטן בתחלה או בסוף, כגון זה הלאו שפרט נא ומבשל וכולל אל תאכלו כי אם צלי אש, וכן בנזיר כולל)במדבר ו ד(מכל אשר יצא מגפן היין לא יאכל, ואחר כך פורט חרצנים וזג וענבים לחים ויבשים, באלו וכיוצא בהם לוקין עליהן על כל אחד ואחד, כי רבוי הפרט שלא היה צריך,

יורה על המלקות על כל אחד ואחד כמו שאמרנו. והרבה הרב ראיותיו על זה בעיקר התשיעי בספר המצות שלו, שאין חשבון הלאוין כחשבון המלקות. וזה שאמרתי שהרמב"ן ז"ל ימנה כל הנפרטים בשמם אחד אחד מצוה בפני עצמה דוקא כשהם חלוקים בענין כמו שכתבנו, כגון שאור ודבש, אתנן ומחיר. אבל במקום שהענין אחד, אף על פי שנפרטין בשמות חלוקים, לא נמנה זה כי אם מצוה אחת, כגון)דברים טו יט(כל הבכור אשר יולד בבקרך ובצאנך שאין זה אלא צווי אחת להקדיש כל הבכור, והפרט אינו אלא צואה אחת. וכן)ויקרא כז לב(כל מעשר בקר וצאן שאין זה אלא צווי אחת להפריש לתת מעשר מבהמות אלו. וכן)דברים טז יח(שופטים ושוטרים שאין זה אלא שנעשה דין על פי אנשים אלה וצווי אחד הוא. וכן)ויקרא יט לו(מאזני צדק אבני צדק איפת צדק והין צדק. שהכל צווי אחד, שלא נשקר המדות.

Mitzvah 7

To not eat the Pesach sacrifice uncooked or boiled: To not eat from the meat of the Pesach sacrifice uncooked or boiled, but rather roasted with fire, as it is stated (Exodus 12:9), "Do not eat any of it raw (na), or surely boiled with water, but only roasted with fire." The content of this is not to eat it before it is completely cooked, even if roasted. And this is the explanation of na (Pesachim 41a) - as the meat that the process of heating has begun upon and is roasted a bit but is not [yet] fit for a person to eat is still called na. But when it is completely raw - whereby the heating process has not begun upon it at all - it is not included in the prohibition of na; such as to administer lashes, because of "Do not eat any of it na." But [it] is [still] prohibited by the Torah, as the Torah prohibited more generally anything that is not roasted with fire. And the explanation of "boiled" (literally, cooked) is that it is boiled in water or in any liquid or fruit juice; as it is stated, "surely boiled" - [to] include all [of these]. **That** which we have written about its slaughtering (Sefer HaChinukh 5) is from the roots of this commandment - to remember the miracle of the exodus from Egypt. And that which we have been commanded to specifically eat it roasted is because such is the way of the children of kings and ministers, to eat roasted meat - as it is a good and tasty food. And the rest of the people only eat the little meat that they [are able to acquire] boiled, in order to fill their stomachs. And it is certainly fitting for us - that eat the Pesach sacrifice [to remember] that we went out into freedom to be a nation of priests and a holy nation - to behave in a manner of freedom and lordship in its eating. [This

ספר החינוך Sefer HaChinukh

is] besides (Guide for the Perplexed 3:46) that the eating of roast indicates the haste [with] which they left Egypt and could not delay, that it should cook in a pot. **The** laws of the commandment - for example, what is its law if one made it as a pot roast, or [roasted it basted] with fruit juices or water or with tithed oil; and the rest of its details - are elucidated in Pesachim (See Mishneh Torah, Laws of Paschal Offering 8). **And** [it] is practiced by males and females at the time of the [Temple]. And one who transgresses it and eats it uncooked or boiled is lashed. And so, if he ate both of them, he is lashed one [set of] lashes - since both of them are [the same] negative prohibition, according to the opinion of Rambam (Mishneh Torah, Laws of Paschal Offering 8:4 and Sefer HaMitzvot LaRambam, Shorashim 9). But Ramban, may his memory be blessed, (on Sefer HaMitzvot LaRambam, Shorashim 9, s.v. hamin hashlishi) counted them as two [separate] negative commandments and wrote that one receives lashes for each one [of them]. As since it is written, "Do not eat [...] but only roasted with fire," why do I [need] "raw and boiled?" It is understood from it that we should give lashes for each one of the components. And he, may he blessed, said that the count is like this with all of the commandments - that any that are specified individually, which are two separate things, are each counted in the tally of the commandments. [An] example is this of 'uncooked and boiled'; and so [too], 'the wage and the price'; and 'leaven and honey,' and others [besides them]. **However**, regarding the matter of lashes, there is a difference between [the examples]. As all those [simply] specified in one negative commandment only receive one [set of] lashes - for example, "the wage of a harlot and the price of a dog" (Deuteronomy 23:19); and "leaven and [...] honey" (Leviticus 2:11); "the case of a stranger [or] an orphan" (Deuteronomy 24:17), and all that is similar to them. But the negative commandments that [also] have a general category and are specified at the beginning or end [of the category] - for example, this negative commandment that specified "uncooked and boiled" and is [then] generalized, "Do not eat [...] but only roasted with fire"; and so [too], with a nazerite (Numbers 6:4), "from anything that is obtained from the grapevine [...] may he not eat," and afterwards it specifies, "seeds [...] or skin," ('and grapes wet and dry,' Numbers 6:3) - with these and those similar to them, we give lashes for each and every one. [This is] because the inclusion of the specification that was not needed, indicates lashes for each one [of them], as we have said. And the teacher was prolific in his proofs about this in the ninth shoresh in his Book of the Commandments - that the calculation of commandments is not the same as the calculation of [which commandments require] lashes [independently]. And that which I have said that Ramban, may his memory be blessed, will count each of the ones specified by their names individually - each one by itself - only when they are separate in their content, as we have written; [it] is, for example, [in the case of] 'leaven and honey,' [and] 'the wage and the price.' But in a case where it is the same content - even if they are specified by different names - they are only counted as one commandment. For example, "All male first-borns that are born in your herd and in your flock" (Deuteronomy 15:19) is only one commandment to sanctify all of the first-borns; and the specification is [also] only one commandment. And so [too], "All tithes of the herd or flock" (Leviticus 27:32) is only one commandment to separate to give the tithes of these animals. And so [too], "Judges and officers" (Deuteronomy 16:18) is only that we should establish justice through these people and it is one commandment. And so [too], "An honest balance, honest weights, an honest ephah, and an honest hin " (Leviticus 19:36) is all one commandment, that we should not lie about measures.

<u>מצוה ח</u>

שלא להותיר מבשר הפסח - שלא להותיר כלום מבשר הפסח למחרתו, שהוא יום חמשה עשר בניסן, שנאמר)שמות יב י(ולא תותירו ממנו עד בקר. **משרשי** מצוה זו, מה שכתוב בשחיטתו לזכר נסי מצרים. וזה שנצטוינו שלא להותיר ממנו, הענין הוא כדרך מלכים ושרים, שאינם צריכין להותיר מתבשילין מיום אל יום, ועל כן אמר, שאם יותר ממנו, שישרף כדבר שאין חפץ בו, כדרך מלכי אדמה. וכל זה לזכר ולקבע בלב, שבאותו זמן גאלנו השם יתברך ונעשינו בני חורין וזכינו למלכות ולגדלה. דין המצוה בפסחים)הלכות קרבן פסח פרק ט'(**ונוהגת** בזכרים ובנקבות בזמן הבית. והעובר עליה והותיר, עבר על לאו. ואין לוקין על לאו זה לפי שהוא נתק לעשה)רמב"ם שם י, יא(, שנאמר)שם(והנותר ממנו עד בקר באש תשרפו. והלכה היא לאו שנתק לעשה אין לוקין עליו.

Mitzvah 8

To not leave from the meat of the Pesach sacrifice: To not leave any of the meat of the Pesach sacrifice to the next day (overnight), which is the fifteenth of Nissan, as it is stated (Exodus 12:10), "You shall not leave any of it over until morning." **That** which is

Sefer HaChinukh ספר החינוך

written about its slaughter (Sefer HaChinukh 5) is from the roots of this commandment - to remember the miracles of Egypt. And the essence of that which we were commanded to not leave over from it, is that it is in the way of kings and ministers who do not need to leave over from their meals from one day to the next. And therefore, it states that if there remains from it, one should burn it like something that he does not desire, in the way of the kings of the land. And all of this is to remember and establish in our hearts that at this time, God, may He be blessed, redeemed us and we became free and merited majesty and greatness. **The** law of this commandment is in Pesachim (See Mishneh Torah, Laws of Paschal Offering 9). **And** [it] is practiced by males and females at the time of the [Temple]. And one who transgresses it and leaves [it] over violates a negative commandment. And we do not give lashes for this negative commandment, since it is rectifiable by a positive commandment (Mishneh Torah, Laws of Paschal Offering 10:11) - as it is stated (Exodus 12:10), "and that which remains until the morning, you shall burn with fire." And it is a law that we do not give lashes for [the transgression of] a negative commandment that is rectifiable by a positive commandment.

מצוה ט

מצות השבתת החמץ - להסיר כל לחם חמץ ממשכנותינו ביום ארבעה עשר בניסן, שנאמר (שמות יב) טו(אך ביום הראשון תשביתו שאור מבתכם. ופרושו "הראשון", קדם לפסח. **משרשי** מצוה זו, כדי שנזכר הנסים במצרים, כמו שכתוב בקרבן פסח. **דיני** המצוה, כגון שעת ביעורו מן היום מתי, ומה היא השבתתו,)פסחים כא, א(ובאי זה מקום צריך לחפשו,)שם ה, א(ובאי זה מקום אינו צריך, ומאימתי מוטלת המצוה עליו אם יוצא לדרך,)שם ו, א(ואם חל ארבעה עשר בניסן בשבת איך יהיה דינו,)שם מט, א(והבטול בפה)שם ו, ב(שצריך לעשות נוסף על הבעור, ויתר פרטיה, מבוארים בפסח ראשון)או"ח מסי' תל"א עד ת"מ(. **ונוהגת** בכל מקום ובכל זמן בזכרים ונקבות. ועובר עליה ולא השביתו, בטל עשה דתשביתו. ואם יש חמץ במשכנותיו עובר גם כן על לא תעשה, שנאמר: שאור לא ימצא בבתיכם. אבל אין לוקין על לאו זה, אם לא עשה בו מעשה, שהלכה היא, לאו שאין בו מעשה, אין לוקין עליו.

Mitzvah 9

The commandment of disposing of chamets: To remove all leavened bread from our dwellings on the fourteenth day of Nissan, as it is stated (Exodus 12:15), "but on the first day, you

Sefer HaChinukh ספר החינוך

shall dispose of leaven from your homes" - and the understanding of "first" is before Pesach. **It** is from the roots of this commandment [that it is] in order that we should remember the miracles in Egypt, as it is written with the Pesach sacrifice (Sefer HaChinukh 5). **The** laws of this commandment - for example what time of the day is its destruction; what is its disposal (Pesachim 21a); in which place one needs to search for it (Pesachim 5a) and in which place one does not need; from when the commandment is incumbent upon him if he goes on the road (Pesachim 6a); how is its law if the fourteenth of Nissan falls out on Shabbat (Pesachim 49a); the oral negation that he needs to do in addition to the destruction (Pesachim 6b); and the rest of its details - are [all] elucidated in [the] first [section of] Pesach[im] (see Tur, Orach Chaim 431-440). **And** this commandment is practiced in every place and at all times by males and females. And one who transgresses it and does not dispose of [his chamets], has violated the commandment of 'you shall dispose of it.' And if there is chamets in his dwellings, he also transgresses a negative commandment - as it stated (Exodus 12:19), "leaven is not to be found in your homes." But we do not administer lashes for this negative commandment, if he has not done an act - as it is the law that we do not administer lashes for a negative commandment that does not have an act [involved] with it.

מצוה י

מצות אכילת מצה - לאכל לחם מצה בליל חמשה עשר בניסן העשוי ממין דגן,)פסחים לה, א(שנאמר)שמות יב יח(בערב תאכלו מצות. ופרושו ליל חמשה עשר בניסן בין בזמן שיהיה שם פסח, או בזמן שלא יהיה שם. **משרשי** מצוה זו, מה שכתוב בקרבן הפסח. **דיני** המצוה, כגון שמור הצריך למצות,)שם מ, א(וענין לישתן,)שם מב, א(ובאיזה מים נלושות, ושעור אכילתן לכל הפחות, ויתר פרטיה, מבוארים בפסח ראשון)אורח חיים תנ"ג עד תס"ו(. **ונוהגת** בכל מקום ובכל זמן בזכרים ונקבות, והעובר עליה, בטל עשה. וכבר אמרנו, שבית דין כופין על בטול עשה.

Mitzvah 10

The commandment of eating matsah: To eat matsah-bread that is made from a species of grain on the night of the fifteenth of Nissan (Pesachim 35a), as it is stated (Exodus 12:18), "in the evening, you shall eat matsot." And the understanding [of "evening"] is the night of the fifteenth of Nissan - whether it be at a time when the Pesach sacrifice is present or whether it be at a time that it is not present. **That** which is written about the Pesach sacrifice (Sefer HaChinukh 5) is from the roots of this commandment. **The** laws of the commandment - for example, the guarding needed for the matsah (Pesachim 40a); the matter of their kneading (Pesachim 42a); with which water they are kneaded; the minimal amount of time for their eating; and the rest of its details - are elucidated in [the] first [section of] Pesach[im] (see Tur, Orach Chaim 453-466). **And** it is practiced in every place and at all times by males and females. And one who transgresses it violates a positive commandment. And we have already said that the court enforces [observance, in the case of the] negation of a positive commandment.

מצוה יא

שלא ימצא חמץ ברשותנו בפסח - שלא ימצא חמץ ברשותנו כל ימי הפסח, שנאמר (שמות יב יט) שבעת ימים שאור לא ימצא בבתיכם. ובארו חכמינו זכרונם לברכה (פסחים ה, ב) לאו דוקא ביתו, אלא כל שברשותו. ולאו דוקא שאור שהוא מחמץ, דהוא הדין לחמץ. דשאור וחמץ חד הוא לענין אסורו. (ביצה ז, ב) **משרשי** המצוה, כדי שנזכר לעולם הנסים שנעשו לנו ביציאת מצרים, כמו שכתוב בשה הפסח. ונזכר מה שארע לנו בענין זה, שמתוך חפזון היציאה אפינו העסה מצה, כי לא יכלו להתמהמה עד שיחמיץ, כמו שכתוב (שמות יב לט) ויאפו את הבצק וגו'. **דיני** המצוה, כגון אם הפקיד חמצו ביד אחרים מה דינו או אחרים בידו, וכן חמץ הקדש בידו, או של גוי באחריות ושלא באחריות, ודין עכו"ם אלם שהפקיד לו חמץ, ודין תערבת חמץ אם עוברים עליו. והפת שעפשה מה דינה, (שם מה, ב) ויתר פרטיה, מבוארים בפסח ראשון (אורח חיים ת"מ תמ"א תמ"ב). **ונוהגת** בזכרים ונקבות בכל מקום ובכל זמן. והעובר עליה ונמצא חמץ ברשותו במזיד, עבר על שני לאוין משום בל יראה ובל ימצא, ולוקה כל זמן שעשה בו מעשה, כגון שחמץ עסה והניחה בביתו, או שלקח חמץ והצניעו בביתו. אבל אם לא עשה בו שום מעשה, אלא שנשאר בבית מקודם הפסח, אין לוקה עליו, שהלכה היא (רמב"ם חו"מ א, ג), לאו שאין בו מעשה אין לוקין עליו, כמו שאמרנו.

Mitzvah 11

That chamets not be found in our possession on Pesach: That chamets not be found in our possession on all the days of Pesach, as it is stated (Exodus 12:19), "Seven days shall leaven not be found in all of your homes." And our Sages, may their memory be blessed, elucidated (Pesachim 5b) that it is not specifically one's home, but rather anything that is in his possession; and not specifically leaven which makes rise, but the same is true of [any grain product] that has risen - as leaven and leavened grain products are one [and the same] concerning the matter of its prohibition (Beitzah 7b). **It** is from the roots of the commandment [that it is] so that we should always remember the miracles that were done for us in the exodus from Egypt, as is written with the lamb of the Pesach sacrifice (Sefer HaChinukh 5). And we should remember that which occurred to us with this matter - that as a result of the haste of the exodus, we baked the dough [into] matsah. As they could not wait until it rose, as it is written (Exodus 12:39), "And they baked the dough, etc." **The** laws of this commandment - for example if he deposits his chamets in the hand of others or [that of] others [is deposited] into his hand, and also chamets that is sacred property that is in his hand or that of a gentile, with responsibility or without responsibility, and the law of a violent [gentile] that deposited chamets with him; the law of whether one transgresses for a mixture that includes chamets; what is the law of bread that has rotted (Pesachim 45b); and the rest of its details - are elucidated in [the] first [section of] Pesach[im] (See Tur, Orach Chaim 440-442). **And** [it] is practiced by males and females in every place and at all times. And one who transgresses it and chamets is volitionally found in his possession violates two negative commandments, on account of 'that it not be seen and it not be found.' And he is lashed anytime he does an act with it - for example [if] he had dough rise and left it in his home, or he purchased chamets and stored it in his home. But if he did not do any act, but it [just] remained at home from before Pesach, he is not lashed (Mishneh Torah, Laws of Leavened and Unleavened Bread 1:3). As it is the law that we do not administer lashes for a negative commandment that does not have an act [involved] with it, as we have said.

מצוה יב

שלא לאכל מכל דבר שיש בו חמץ - שלא לאכל מדברים שיש בהם חמץ, ואף על פי שאין עקר הדבר חמץ, כגון כותח הבבלי וכיוצא בו, שנאמר: (שמות יב:כ) כל מחמצת לא תאכלו. ופרשו זכרונם לברכה (פסחים מג, א) שענין הכתוב הזה יורה בזה, שכך קבלו הפרוש בו. ודעת הרמב"ם ז"ל, (סהמ"צ ל, ת קצח) שאם יש במאכלים אלו כזית חמץ בכדי אכילת פרס, אסור מן התורה בלאו, כלומר למלקות אבל לא לכרת, מכיון שנתערב ברב. ואם לא יהיה בהם כזית חמץ בכדי אכילת פרס, לא יהיה בו מלקות, אלא מכת מרדות, לפי שאינו אסור מן התורה אלא מדרבנן, וכן כתוב בחיבורו

הגדול.)חמו"מ פ"א ה"ו(. ואם כן לדעתו יבא הלאו זה דכל מחמצת להיכא שנתערב כזית חמץ בכדי אכילת פרס, שיהיה בו לאו. כלומר מלקות ולא כרת. והרמב"ן ז"ל כתב)בסהמ"צ שם(הפך מזה ואמר, שהלאו הזה איננו נחשב בכלל הלאוין, אלא שהוא מן הלאוין הרבים שבא בחמץ ובשאור. וזה הלאו בא להורות על מה שאמרו חכמינו ז"ל בגמרא)פסחים כח, ב(אין לי אלא שנתחמץ מאליו, חמצו על ידי דבר אחר מנין? תלמוד לומר כל מחמצת. אבל בענין חמץ שנתערב, כל זמן שיהיה בו כזית בכדי אכילת פרס בזה אין צריך לאו בפני עצמו, דהרי הוא כאלו הוא בעין ויש בו כרת. כמו בכל חמץ שהוא בעין. ואם לא יהיה בתערבת כזית בכדי אכילת פרס, האוכלו פטור, אבל אסור, שהלכה כדברי חכמים שאמרו)שם מג(על חמץ דגן גמור ענוש כרת. וכל שהוא כזית בכדי אכילת פרס, דגן גמור נקרא, ועל ערובו, כלומר שהוא פחות מכזית בכדי אכילת פרס, ולא כלום. ודלא כר' אליעזר דפליג עליהו בגמרא ואמר על ערובו בלאו. **משרשי** מצוה זו, מה שכתבנו בשאור. ואולם לחזק הדבר בלבנו, הרחקתנו התורה כל כך. **דיני** המצוה, כגון הדברים שנכללו באסור זה, מה הן, ומה שמם, ויתר פרטיה, בפסחים)מב, א( )א"ח תמ"ו(. **ונוהגת** בזכרים ונקבות, בכל מקום ובכל זמן. והעובר עליה לוקה, ובתנאי שיהיה בהם כזית בכדי אכילת פרס, כמו שאמרנו, אבל אין בו כרת. לדעת הרמב"ם ז"ל ולדעת הרמב"ן ז"ל יש בו כרת. ואם אין בו כזית בכדי אכילת פרס, אין בו חיוב מלקות, אלא דינו כדין חצי שיעור שאסור מן התורה, ואין לוקין עליו. ובזה יורו שניהם ז"ל.

Mitzvah 12

To not eat from anything that has chamets in it: To not eat from things that have chamets in them, even though the main part is not kutach (a type of a chamets product - for example, Babylonian bread pudding) and similar to it. As it is stated (Exodus 12:20), "All that is leavened shall you not eat" - and they, may their memory be blessed, explained (Pesachim 43a) that the subject of the verse instructs about this; as so did they receive the understanding about it. And the opinion of Rambam (Sefer HaMitzvot LaRambam, Mitzvot Lo Taase 198), may his memory be blessed, is that if there is in these foods a kazayit (the size of a large olive) of chamets [that is eaten] in the time it takes to eat a peras (a half-loaf of bread), it is forbidden by the Torah as a negative commandment - meaning to say for lashes, but not for excision, since it is mixed with a majority [of non-chamets products]. But if there is not in them a kazayit of chamets [that is eaten] in the time it takes to eat a peras, there are no [formal] lashes, but rather [just] lashes of rebellion - as it is only prohibited rabbinically. And so is it written in his great essay (Mishneh Torah,

ספר החינוך Sefer HaChinukh

Laws of Leavened and Unleavened Bread 1:6). And if so - according to his opinion - this prohibition of "All that is leavened" comes when a kazayit of chamets [that is eaten] in the time it takes to eat a peras, is mixed in. [This is such] that there should be a negative commandment - meaning to say [for] lashes, not excision. And Ramban, may his memory be blessed, wrote the opposite of this (on Sefer HaMitzvot LaRambam, Mitzvot Lo Taase 198) and said that this negative commandment is not considered [a separate commandment] among the negative commandments, but rather is one of the many negative commandments [included in the prohibition] of leaven and chamets. And this prohibition (of "All that is leavened") is coming to teach about that which the Sages, may their memory be blessed, said in the Gemara (Pesachim 28b), "I only have if it became leavened on its own. From where [do I know] if it became leavened due to another substance? [Hence] we learn to teach, 'All that is leavened.'" But concerning chamets that is mixed, anytime there is a kazayit of chamets [that is eaten] in the time it takes to eat a peras, there is no need for a separate negative commandment about it - as behold, it is as if it is intact, and it [comes with] excision. And if there is not a kazayit of chamets [that is eaten] in the time it takes to eat a peras, one who eats it is exempt [from the prohibition], but [still doing something] forbidden. As the law is like the words of the sages (Pesachim 43a) that said [that] on complete leavened grain products, one is punished with excision. And anything that is a kazayit of chamets [that is eaten] in the time it takes to eat a peras is called a complete leavened grain product. And about its mixture - meaning less than a kazayit of chamets [that is eaten] in the time it takes to eat a peras - [there] is no [prohibition]. And [the law] is not like Rabbi Eliezer who disagrees with them in the Gemara and said that its mixture is a negative commandment. **From** the roots of this commandment is that which we have written about leaven. However, the Torah distanced it from us so much in order to strengthen the matter in our hearts. **The** laws of the commandment - for example, what are the things that are included in this prohibition; what are their names; and the rest of its details - are in Pesachim (See Tur, Orach Chaim 446). **And** [it] is practiced by males and females in every place and at all times. And one who transgresses it is lashed - and on condition that there be in it a kazayit of chamets [that is eaten] in the time it takes to eat a peras, as we have said - but there is no excision for it. [This is] according to the opinion of Rambam. But according to the opinion of Ramban, may his memory be blessed, there is excision. But if there is not in it a kazayit of chamets [that is eaten] in the time it takes to eat a peras, there is no liability for lashes. Rather is is like the law of a half size [of something prohibited], which is forbidden by the Torah, but we do not give lashes for it. And about this they, may their memories be blessed, both [agreed].

מצוה יג

שלא נאכיל מן הפסח לישראל משמד - שלא נאכיל מן הפסח לישראל מומר לעבודה זרה, שנאמר:)שמות יב מג(כל בן נכר לא יאכל בו, ובא הפרוש עליו,)מכילתא שם(בן ישראל שנתנכרו מעשיו לאביו שבשמים, וכן תרגם אונקלוס. **משרשי** מצוה זו, כמו שכתוב בשחטתו, לזכר נסי מצרים, ועל כן ראוי שלא יאכל בו מומר)משמד(, מאחר שאנו עושין אותו לאות ולזכרון שבאנו באותו הזמן לחסות תחת כנפי השכינה ונכנסנו בברית התורה והאמונה, אין ראוי שנאכיל ממנו למי שהוא הפך מזה שיצא מן הכלל וכפר באמונה. ועל כיוצא בזה נאמר בגמרא לפעמים: סברא הוא, כלומר ואין צריך ראיה אחרת)פ"ט מהלכות קרבן פסח(**ונוהגת** בזכרים ונקבות בזמן הבית שיש שם פסח. ועובר עליה והאכיל ממנו לבן נכר עובר על לאו. ואין בו מלקות לפי שאין בו מעשה.)רמב"ם שם ה"ז(.

Mitzvah 13

That we not feed of the Pesach sacrifice to an apostate Jew: That we not feed of (allow to eat from) the Pesach sacrifice to a Jew that is a habitual sinner of idolatry, as it is stated (Exodus 12:43), "no foreigner shall eat of it." And the understanding (Mekhilta DeRabbi Shimon Bar Yochai 12:43) comes upon it that [this 'foreigner'] is a Jew whose actions have become foreign to his Father in Heaven. And so, did Onkelos translate. **From** the roots of this commandment is like that which is written about its slaughter (Sefer HaChinukh 5) - that it is to remember the miracles of Egypt. And therefore, it is fitting that a habitual sinner (apostate) not eat from it. Since we are doing it as a sign and as a memory device that we came at that time to take refuge under the wings of the Divine Presence and that we entered into the covenant of Torah and faith, it is not fitting that we feed him - someone who is the opposite of this and went out from the group and denied the faith - of it. And sometimes it is said in the Gemara about things similar to this, "It is logical" - meaning to say that there is no need for a [further] proof (Mishneh Torah, Laws of Paschal Offering 9). **And** [it] is practiced by males and females at the time of the

[Temple], where there is a Pesach sacrifice. And the one who transgresses it and feeds a 'foreigner' from it violates this negative commandment. And there are no lashes for it, since there is no act [involved] with it (Mishneh Torah, Laws of Paschal Offering 9:7).

מצוה יד

שלא נאכיל מן הפסח לגר ותושב - שלא להאכיל מבשר הפסח לגר ולתושב, שנאמר: (שמות יב מה) תושב ושכיר לא יאכל בו. והתושב הוא אדם מן האמות שקבל עליו שלא לעבד עבודה זרה ואוכל נבלות. ושכיר הוא גר שמל ולא טבל, שכן פרשו חכמינו ז"ל. (יבמות עא א). **משרשי** מצוה זו. מה שכתבנו באחרות לזכר יציאת מצרים. ובעבור שקרבן זה לזכר חרותנו ובואנו בברית נאמנה עם השם יתברך, ראוי שלא יהנו בו רק אותם שהשלימו באמונה, והם ישראלים גמורים ולא אלו שעדין לא באו עמנו בברית שלם. וענין הרחקת הערל מאכילתו, גם כן מזה השרש (שם). **ונוהגת** בזמן הבית בזכרים ונקבות. ועובר עליה והאכיל לאלו עובר על לאו, ואין לוקין עליו, שאין בו מעשה.

Mitzvah 14

That we not feed of the Pesach sacrifice to a stranger or a resident: To not give (allow) to eat from the meat of the Pesach sacrifice to a stranger or resident, as it is stated (Exodus 12:45), "The resident or wage-worker shall not eat it." And a "resident" is a man from the [other] nations who takes upon himself not to worship idolatry, but eats carcasses. And a "hired laborer" is a convert who has circumcised himself but not immersed [in a mikveh] - as so did our Sages, may their memory be blessed, explain (Yevamot 71a). **From** the roots of this commandment is that which we have written in others [about Pesach above] - to remember the exodus from Egypt. And because this sacrifice is to remember our freedom and our coming into the steadfast covenant with God, may He be blessed, it is fitting that only those that have completed the faith benefit from it - and those are complete Jews; not those that have not yet come together with us in the complete covenant. And the content of the distancing of the uncircumcised from its eating is also from this root (Yevamot 71a). **And** [it] is practiced at the time of the [Temple] by males and females. And one who transgresses it and gives these to eat [it], transgresses a negative commandment. **But** we do not administer lashes for it, as it does not have an act.

<u>מצוה טו</u>

שלא להוציא מבשר הפסח חוצה - לא להוציא מבשר הפסח ממקום החבורה,)פסחים פה, ב(שנאמר)שמות יב מו(לא תוציא מן הבית מן הבשר חוצה. **משרשי** מצוה זו. מה שכתבנו לזכר נסי מצרים. ומפני שנעשנו בני חורין ואדונים באה המצוה עליו שיהא נאכל במקום החבורה ולא נוציאהו לחוץ, כדרך מלכי ארץ, שכל המוכן להם נאכל בהיכלם ברב עם שלהם. ודלת הארץ בעת יכינו סעדה גדולה, ישלחו ממנה לחוץ מנות לרעיהם, לפי שהוא חדוש אצלם. **דיני** המצוה, כגון זה, מה דינו של בשר כשיוצא חוץ,)פסחים שם, א(וההקף שצריכה החבורה לעשות,)רמב"ם ק"פ ט, ג(ודין מחיצה שנפרצה בין החבורות,)פסחים ס, ב(ויתר פרטיה מבוארים בפסחים)שם(. **ונוהגת** בזמן הבית בזכרים ונקבות. ועובר עליה והוציא מן הבשר לחוץ, עבר על לאו ולוקין עליו, והוא שיעשה בה עקירה מן הבית והנחה לחוץ, כדין הידוע בהוצאה של שבת)פסחים שם(.

Mitzvah 15

Not to take out from the meat of the Pesach offering outside: Not to take from the meat of the Pesach offering out of the place of the assemblage (Pesachim 85b), as it is stated (Exodus 12:46), "you shall not take any of the meat outside the house." **From** the roots of this commandment is that which we have written - to remember the miracles of Egypt. And since we were made into free men and lords, this commandment came to us that we should eat [it] in the place of the assemblage and not take it outside - like the kings of the land. As everything that is prepared for them is eaten in their chambers with their large retinues. But when the poor of the land prepare a large meal, they send portions to their friends outside, since it is a novelty for them (to have a lavish meal). **The** laws of the commandment - for example, what is the law of [the] meat when he takes [it] out (Pesachim 85a); the border that they must make (Mishneh Torah, Laws of Paschal Offering 9:3); the law of a partition between two assemblages that is breached (Pesachim 60b); and the rest of its details - are [all] elucidated in Pesachim. **And** [it] is practiced at the time of the [Temple] by males and females. And one who transgresses it and takes of the meat outside violates a negative commandment. And we administer lashes for it - and that is when he dislodges [it] from the house and places [it] outside, like the well-known law about [carryingon] Shabbat (Pesachim 60b).

Sefer HaChinukh ספר החינוך

מצוה טז

שלא לשבר עצם מן הפסח - שלא לשבר עצם מכל עצמות הפסח, שנאמר (שמות יב מו) ועצם לא תשברו בו. **משרשי** המצוה. לזכר נסי מצרים כמו שכתבנו באחרות. וגם זה גזע מן השרש הנזכר, שאין כבוד לבני מלכים ויועצי ארץ לגרר העצמות ולשברם ככלבים, לא יאות לעשות ככה, כי אם לעניי העם הרעבים. ועל כן בתחלת בואנו להיות סגלת כל העמים ממלכת כהנים וגוי קדוש (שם יט ו), ובכל שנה ושנה באותו הזמן, ראוי לנו לעשות מעשים המראים בנו המעלה הגדולה שעלינו בה באותה שעה. ומתוך המעשה והדמיון שאנחנו עושין, נקבע בנפשותינו הדבר לעולם. ואל תחשב בני לתפש על דברי ולומר ולמה יצוה אותנו השם יתברך לעשות כל אלה לזכרון אותו הנס, והלא בזכרון אחד יעלה הדבר במחשבתנו ולא ישכח מפי זרענו? דע, כי לא מחכמה תתפשני על זה, ומחשבת הנער ישיאך לדבר כן. ועתה בני, אם בינה שמעה זאת, והטה אזנך ושמע (משלי כב יז), אלמדך להועיל בתורה ובמצות. דע, כי האדם נפעל כפי פעלותיו, ולבו וכל מחשבתיו תמיד אחר מעשיו שהוא עוסק בהם אם טוב ואם רע, ואפילו רשע גמור בלבבו וכל יצר מחשבות לבו רק רע כל היום, אם יערה רוחו וישים השתדלותו ועסקו בהתמדה בתורה ובמצות, ואפילו שלא לשם שמים, מיד ינטה אל הטוב, ומתוך שלא לשמה בא לשמה, ובכח מעשיו ימית היצר הרע, כי אחרי הפעלות נמשכים הלבבות. ואפילו אם יהיה אדם צדיק גמור ולבבו ישר ותמים, חפץ בתורה ובמצות, אם יעסק תמיד בדברים של דפי, כאלו תאמר דרך משל שהכריחו המלך ומנהו באמנות רעה, באמת אם כל עסקו תמיד כל היום באותו אמנות, ישוב לזמן מן הזמנים מצדקת לבו להיות רשע גמור, כי ידוע הדבר ואמת שכל האדם נפעל כפי פעלותיו, כמו שאמרנו. ועל כן אמרו חכמים ז"ל (מכות כג, ב) רצה הקב"ה לזכות את ישראל לפיכך הרבה להם תורה ומצות, כדי להתפיס בהן כל מחשבותינו ולהיות בהן כל עסקינו להטיב לנו באחריתנו. כי מתוך הפעלות הטובות אנחנו נפעלים להיות טובים וזוכים לחיי עד. ורמזו ז"ל על זה (מנחות מג, ב) באמרם כל מי שיש לו מזוזה בפתחו וציצית בבגדו ותפלין בראשו, מבטח לו שלא יחטא, לפי שאלו מצות תמידיות, ונפעל בהן תמיד. לכן אתה ראה גם ראה, מה מלאכתך ועסקך, כי אחריהם תמשך ואתה לא תמשכם. ואל יבטיחך יצרך לומר, אחרי היות לבי שלם ותמים באמונת אלהים, מה הפסד יש כי אתענג לפעמים בתענוגי אנשים, בשוקים וברחובות, להתלוצץ עם הלצים, ולדבר צחות, וכיוצא באלו הדברים שאין מביאין עליהן אשמות וחטאות, הלא גם לי לבב כמו הם, קטני עבה ממתניהם, ומדוע ימשכוני הם אחריהם? אל בני, השמר מפניהם, פן תלכד ברשתם. רבים שתו מתוך כך כוס תרעלתם, ואתה את נפשך תציל. ואחר דעתך זה, אל יקשה עליך מעתה רבוי המצות בענין זכירת נסי מצרים, שהם עמוד גדול בתורתנו, כי ברבות עסקינו בהם, נתפעל אל הדבר, כמו שאמרנו. **דיני** המצוה. כגון שובר עצם ממנו אפילו אחר זמן

אכילתו, ודין אם יש כזית בשר עליו מה דינו, ודין הסחוסים וגדים הרכים שסופם להתקשות, ויתר פרטיה, מבוארים בפסחים (פד, א). **ונוהגת** בזכרים ובנקבות בזמן הבית. והעובר עליה ושובר עצם בפסח טהור, לוקה.

Mitzvah 16

To not break a bone from the Pesach sacrifice: To not break any from all of the bones of the Pesach sacrifice, as it is stated (Exodus 12:46), "and a bone of it, you shall not break." **From** the roots of the commandment is to remember the miracles of Egypt, as we have written in the other [related commandments]. **And** this is also a trunk from the root mentioned: For it is not honorable for the sons of kings and the advisers of the land to drag the bones and break them like dogs. Except for the impoverished among the people and the starving, it is not a proper thing to do this. And therefore, as we began to become the chosen of all nations, 'a kingdom of priests and a holy nation' - and in each and every year at that time - it is fitting for us to do acts that show the great stature which we achieved at that hour, about us. And in the act and reenactment that we do, this thing is placed in our souls for eternity. My son, do not think to pounce upon my words and say, "Why would God, may He be blessed, command us to do all of these commandments to commemorate that miracle; would we not remember it with one commemoration, [such that] it not be forgotten from the mouth of our offspring?" You must know that it is not from wisdom that you would [question] me about this, and it is your youthful thoughts that lead you to this. And now, my son, 'If you have understanding,' 'incline your ear and hear,' and I will teach you to benefit from Torah and the commandments: You must know, that a man is acted upon according to his actions; and his heart and all his thoughts always follow after the actions that he does - whether good or bad. And even he who in his heart is a complete sinner and all the desires of his heart are only for evil; if his spirit shall be enlightened and he will put his efforts and actions to persist in Torah and commandments - even if not for the sake of Heaven - he shall immediately incline towards the good. And from that which is not for its own sake comes that which is for its own sake [as opposed to being for personal gain]; for the hearts are drawn after the actions. And even if a man is perfectly righteous and his heart is straight and innocent, desiring of Torah and the commandments; if he shall constantly deal with improper things, you could compare it to someone who was forced by the king to

ספר החינוך Sefer HaChinukh

work a wicked craft - if he constantly works in that wicked craft - eventually, from his righteousness, he shall have become completely evil. For it is known and true that every man is acted upon according to his actions, as we have said. And the Sages, may their memory be blessed, said about this (Makkot 23b), "God wanted to grant merits to Israel, therefore he gave them many laws and commandments," to occupy all of our thoughts and all our deeds, to benefit us at our end [i.e. in the world to come]. Because from the good actions we are acted upon to be good and merit eternal life. And the Sages hinted at this (Menachot 43b) with their statement that anyone who has a mezuzah on his door, tsitsit on his garment and tefillin on his head is promised that he shall not sin - for these are constant commandments, and [so] he is constantly acted upon by them. **Therefore**, surely observe what [you choose] to be your craft and your dealings, since you will be pulled by them and you will not pull them. And do not let your [evil] impulse assure you by saying, "Since my heart is complete and pure in the faith of God, what loss is there if I enjoy the pleasures of men in the markets and the plazas - to joke with the jokers and to speak finely and similar to these things that do not bring guilt and sins - do I not have a heart like them, 'my small finger is thicker than their loins,' and how would they pull me in behind them?" Do not [say this], my son. Guard yourself from them, lest you be trapped in their snare. Many have drunk the cup of poison from this, but you should save your soul. And once you know this, the multitude of commandments about the matter of remembering the miracles of Egypt will no longer be a challenge to you - as they are a great pillar in our Torah. Since by greatly engaging in them, we will be acted upon about by the matter, as we have said. **The** laws of the commandment - for example, the breaking of one of its bones even after the time of its eating; the law if there is a kazayit of meat upon it, what is its law; the law of cartilages and soft tendons that would ultimately harden; and the rest of its details - are elucidated in Pesachim. **And** [it] is practiced by males and females at the time of the [Temple]. And one who transgresses it and breaks a bone of a pure Pesach sacrifice is lashed.

מצוה יז

שלא יאכל ערל מן הפסח - שלא יאכל הערל מן הפסח, שנאמר (שמות יב מח) וכל ערל לא יאכל בו. והוא הערל שמתו אחיו מחמת מילה, ואין צריך לומר עברין (משמד) לערלות, ובו הוא דאינו אוכל אבל אוכל הוא במצה

ומרור, וכן תושב ושכיר גם כן. **משרשי** מצוה זו. מה שכתבנו בתושב ושכיר. **דיני** המצוה. כגון מילת בניו ועבדיו אם מעכבין אותו לשחט ולאכל הפסח, ויתר פרטיה מבוארים בפסחים)שם(. **ונוהגת** בזמן הבית. והעובר עליה, כגון ערל שאכל כזית ממנו, לוקה.

Mitzvah 17

That an uncircumcised man not eat from the Pesach sacrifice: That the uncircumcised man not eat from the Pesach sacrifice, as it is stated (Exodus 12:48), "and no uncircumcised man shall eat from it." And that is the uncircumcised man whose brothers have died because of circucision, and it is not necessary to say [also] the sinner (the apostate) regarding being uncircumcised. And it is "from it" that he shall not eat, but he shall eat from the matsah and the marror. And so [too], the [gentile] resident and wage-worker. From the roots of this commandment are that which we have written about a resident and a wage-worker. **The** laws of this commandment - for example, if the [need to administer the] circumcision of his children and his slaves prevents him from slaughtering and eating the Pesach sacrifice; and the rest of its details - are elucidated in Pesachim. **And** [it] is practiced at the time of the [Temple]. And one who transgresses it - for example, an uncircumcised man who eats a kazayit from it - is lashed.

מצוה יח

מצות קדוש בכורות בארץ ישראל - לקדש הבכרות, כלומר שיהיו כל הולדות הנולדים בראשונה, כלומר יוצא ראשון מרחם הנקבה, בין באדם, בין בבהמה הזכרים קדש לשם, שנאמר)שמות יג ב(קדש לי כל בכור פטר כל רחם בבני ישראל באדם ובבהמה לי הוא. ודוקא בהמה, דהינו שור וכבש ועז, אבל לא חיה. ומכל בהמה טמאה, חמור לבד במצוה זו.)בכורות י, א(וענין המצוה בבהמה טהורה כן, שמצוה על הבעלים להקדישו ולומר, הרי זה קדש, וחיבים לתת אותו בכור לכהנים, ויקריבו חלבו ודמו על המזבח, והם אוכלים הבשר בירושלים, ואינו נותנו לו מיד שיולד, אלא מטפל בו בבהמה דקה שלשים יום ובגסה חמשים יום.)שם כו, ב(ובחוצה לארץ, שאין לנו מקדש נועל דלת בפניו ומת מאליו, כדעת קצת המפרשים,)מרדכי ע"ז פ"א בשם רבי אליעזר ממיץ, רמב"ם בכורות א י(ומהם שאמרו שממתין לו לעולם. ואם נפל בו מום יאכל במום בכל מקום ולכל אדם שירצה הכהן לתנו, וכחלין)דכחלין(הוא נחשב, כמו שכתוב)דברים טו כב(הטמא והטהור יאכלנו כצבי וכאיל. וכן כתב הרמב"ן ז"ל בהלכות בכורות שלו)סוף פרק ה(. ובבכור אדם ופטר חמור, נפרש ענינם במצות הפדיה שבכל אחד, בעזרת השם, והם בסדר זה ובסדר ויקח קרח. **משרשי**

מצוה זו. שרצה השם יתברך לזכתנו לעשות מצוה בראשית פריו, למען דעת כי הכל שלו, ואין לו לאדם דבר בעולם רק מה שיחלק לנו השם יתברך בחסדיו. ויבין זה בראותו, כי אחר שיגע האדם כמה יגיעות וטרח כמה טרחים בעולמו, והגיע לזמן שעשה פרי, וחביב עליו ראשית פריו כבבת עינו, מיד נותנו להקב"ה ומתרוקן רשותו ממנו ומכניסו לרשות בוראו. ועוד לזכר הנס הגדול שעשה לנו השם יתברך בבכורי מצרים, שהרגם והצלנו מידם. **דיני** המצוה. באי זה מקום נשחט ונאכל, ועד אי זה זמן מצוה להם לאכלו, **וענין** הממין הפוסלין בו, ואי זה מום קבוע או מום עובר, והחלוק שביניהם, ומי נאמן על ממיו, ואם נפלו בו או נעשו בו לדעת, ואיזה חכם ראוי להורות בממיו, ודין בכור השתפים ישראלים או שתף גוי, ובאי זה ענין נפטרה הבהמה מן הבכורה או לא נפטרה, ובכור ספק מה דנו, וענין יוצא דפן, טמטום ואנדרגינוס, ויתר פרטיו, מבוארים במסכת בכורות (יט, א מא, א) (י"ד ש"ו עד ש"כ). **ונוהגת** מצוה של קדוש בכור בהמה טהורה מדאוריתא בארץ ישראל בלבד **בכל** זמן, וכמו שדרשו ז"ל (תמורה כא, ב) מדכתיב (דברים יד כג, ועי' רמב"ם בכורות א, ה) ואכלת לפני ה' אלקיך מעשר דגנך תירשך ויצהרך ובכורות בקרך, מקיש וכו'. ומדרבנן אף בחוצה לארץ ובזכרים ובנקבות בין ישראלים, בין כהנים ולוים. (בכורות יג, א) ואף על פי שהבכור שנולד לכהן שלו הוא, מכל מקום חיב להקריב חלבו ודמו ויאכל הבשר בתורת בכור. ובכור אדם ופטר חמור אינו נוהג בכהן ולוי, כמו שנכתב בעזרת השם, וזאת מן המצות שחיבה בסבת דבר.

Mitzvah 18

The commandment of sanctifying the first-born in the Land of Israel: To sanctify the first-born; meaning to say that all those that are born first, which is to say [that] come out first from the womb of the female - whether with people or with beasts - the males are holy to God; as it is stated (Exodus 13:2), "Sanctify for Me every first-born; the first issue of every womb among the Israelites - man and beast - is Mine." And specifically the beast (behamah) - which is an ox and and a sheep and a goat - but not a wild animal (chayah). And from the impure beasts, only the donkey is [included] in this commandment (Bekhorot 10a). And the content of the commandment with a pure beast is that it is a commandment upon the owners to sanctify it and say, "Behold this is holy." And they are obligated to give the first-born to the priests (Kohanim); and [the latter] offer its fat and its blood on the altar and eat the meat in Jerusalem. And he does not give it immediately when it is born, but rather takes care of it - with [sheep and goats] for thirty days; and with [cattle] for fifty days (Bekhorot 10a). And outside the Land, where we do not have a Temple - according to some

ספר החינוך Sefer HaChinukh

commentators (Mordechai in the name of Rabbi Eliezer MiMetz on Avodah Zarah, Chapter 1) - he locks the door in front of it and it dies on its own. But there are [others] of them (Mishneh Torah, Laws of Firstlings 1:10) that said we should always kill it. And if a blemish developed upon it, he can feed it to any man and in any place that the priest wants to give it to him. And it is considered like unsanctified meat (as it is like unsanctified meat) - as it is stated (Deuteronomy 15:22), "the impure and the pure shall eat it, like the gazelle and the deer." And so, wrote Ramban, may his memory be blessed, in his Laws of Firstlings (at the end of Chapter 5). And we shall explain the topics of the first-born of a man and the [first-born] of a donkey with the commandment of the redemption of each of them, with the help of God. And they are in this Order and in the Order of Vayikach Korach. **It** is from the roots of this commandment that God, may He be blessed, wanted to make us merit to do a commandment with the beginning of His fruit, in order that all should know that everything is His; and that man has nothing in the world, except that which God, may He be blessed, apportions to us, in His kindness. And he will understand this in his seeing that after a man exerted himself [with] many exertions and put himself through many troubles in His world and reached the time when it makes a fruit - and his first fruit is beloved to him like the [apple] of his eye - he immediately gives it to the Holy One, blessed be He, and empties his possession of it and of his properties [to put it] into the possession of his Creator. And it is also to remember the great miracle that God, may He be blessed, did for us with the first-born of Egypt - as He killed them and saved us from their hand. **The** laws of this commandment - in which place it is sacrificed and eaten; until which time is it a commandment to eat it; the matter of blemishes that disqualify it; which one is a fixed blemish or a passing blemish and the difference between them; who is [considered] trustworthy about the blemishes and if they developed on it or were made on purpose; which sage is fitting to judge his [own] blemishes; the law of a first-born of Jewish partners or of a gentile partner; and in what case a beast is, or is not, exempted from the [status of the] first-born; what is the law of a questionable first-born; the matter of a cesarean section; [a firstborn the sex of which is in doubt]; and the rest of its details -are [all] elucidated in Tractate Bekhorot (See Tur, Yoreh Deah 306-320). **And** the commandment of the sanctification of the first-born pure animal is practiced according to the Torah in the Land of Israel alone, at all times; and like the

Sefer HaChinukh ספר החינוך

rabbis expounded (Temurah 21b, and see Mishneh Torah, Laws of Firstlings 1:5), "From that which it is written (Deuteronomy 14:23), 'And you shall eat in front of the Lord, your God, the tithes of your new grain and wine and oil, and the first-born of your herds' - it compares, etc." And rabbinically even outside the Land and with males and females, whether [of] Israelites, [of] priests or [of] Levites (Bekhorot 13a). And even though a first-born that is born to a priest is his, nonetheless he is obligated to sacrifice its fat and its blood and to eat the meat according to the laws of first-borns. But the first-born of a man and the [first-born] of a donkey are not practiced with a priest or a Levite, as we will write with God's help. And this is from the commandments mandated as a result of something [that happened historically].

מצוה יט

שלא לאכל חמץ בפסח - שלא לאכל חמץ בפסח, שנאמר (שמות יג ג) ולא יאכל חמץ. **משרשי** מצוה זו. מה שכתבנו בשאר מצות הפסח. **דיני** המצוה. כגון מה הן הדברים שנאסר בהן משום חמץ, והן חמשה מיני דגן, ודין הלש במי פרות, ודין לתיתה, ותבשיל שנמצא בו חמץ, בחמין או בצונן, ויתר פרטיה מבוארים בפסחים (לה, א ב) (או"ח מסי' תמ"ו עד תס"ח). **ונוהגת** בכל מקום ובכל זמן, בזכרים ונקבות. ועובר עליה ואוכל כזית חמץ בפסח במזיד, חיב כרת. בשוגג חיב חטאת קבועה.

Mitzvah 19

To not eat chamets (leavened grain products) on Pesach: To not eat chamets on Pesach, as it is stated (Exodus 13:3), "no chamets shall be eaten." **That** which we have written about the other commandments of Pesach is from the roots of this commandment. **The** laws of the commandment - for example, which are the things that are forbidden because of chamets and they are five types of grain; the law of kneading with fruit juice; the law of soaking [grain kernels]; a cooked food within which chamets is found, while it is hot or while it is cold; and the rest of its details - are [all] elucidated in Pesachim 35 (See Tur, Orach Chaim 446-468). **And** [it] is practiced in every place and at all times by males and females. And one who transgresses it and eats a kazayit of chamets on Pesach volitionally is liable for excision. [And if it is] inadvertent, he is obligated a fixed sin-offering.

מצוה כ

שלא יראה לנו חמץ בפסח - שלא יראה חמץ בכל מושבתינו כל שבעת ימי הפסח, שנאמר)שמות יג ז(ולא יראה לך חמץ ולא יראה לך שאור בכל גבולך שבעת ימים. ואין אלה שני לאוין בשני ענינים, אבל הם בענין אחד, כמו שאמרו ז"ל)ביצה ז, ב(פתח הכתוב בחמץ וסים בשאור, לומר לך הוא חמץ הוא שאור, כלומר, אין הפרש בין החמץ עצמו ובין דבר המחמץ. **משרשי** המצוה. מה שכתבנו בשאר מצות הפסח. דיניה מבוארים בפסחים)שם תל"ד(. **ונוהגת** בכל מקום ובכל זמן, בזכרים ונקבות. והעובר עליה ולקח חמץ בפסח והניחו ברשותו, לוקה. אבל אם לא הוציאו מקדם הפסח מביתו אינו לוקה עליו לפי שאין בו מעשה. ואין לוקין עליו, כמו שאמרנו.

Mitzvah 20

That **chamets not be found to us on Pesach:** That chamets should not be seen in all of our dwellings all seven days of Pesach, as it is stated (Exodus 13:7), "and no chamets shall be seen with you, and no leaven shall be seen with you in all your territory (seven days)." And these are not two negative commandments about two topics, but rather one negative commandment; as they, may their memory be blessed, said (Beitzah 7b), "The verse opened with chametz and ended with leaven, to say to you that chamets is leaven" - meaning to say [that] there is no difference between chamets itself and something that causes it to become chamets. **That** which we have written about the other commandments of Pesach is from the roots of this commandment. Its laws are elucidated in Pesachim (See Tur, Orach Chaim 434). **And** [it] is practiced in every place and at all times by males and females. And one who transgresses it and buys chamets on Pesach and places it in his domain is lashed. But if he does not remove if from before Pesach from his house, he is not lashed, since there is no act [involved] in it. And [so] we do not administer lashes for it, as we have said.

מצוה כא

מצות ספור יציאת מצרים - לספר בענין יציאת מצרים בליל ט"ו בניסן, כל אחד כפי צחות לשונו, ולהלל ולשבח לשם יתברך על כל הנסים שעשה לנו שם. שנאמר)שמות יג ח(והגדת לבנך. וככר פרשו חכמים,)מכילתא בא שם(דמצות הגדה זו הוא בליל ט"ו בניסן בשעת אכילת מצה. ומה שאמר הכתוב לבנך, לאו דוקא בנו,)פסחים קטז, א(אלא אפילו עם כל בריה. **וענין** המצוה, שיזכר הנסים והענינים שארעו לאבותינו ביציאת מצרים, ואיך לקח האל יתברך נקמתנו מהם, ואפילו בינו, לבין עצמו, אם אין שם אחרים, חיב להוציא הדברים מפיו, כדי שיתעורר לבו בדבר, כי בדבור

יתעורר הלב (עי' סהמ"צ להרמב"ם מ"ע קנז). **משרשי** מצוה זו. מה שכתוב בקרבן הפסח. ואין מן התמה אם באו לנו מצות רבות על זה, מצות עשה ומצות לא תעשה, כי הוא יסוד גדול ועמוד חזק בתורתנו ובאמונתנו. ועל כן אנו אומרים לעולם בברכותנו ובתפלותנו זכר ליציאת מצרים, לפי שהוא לנו אות ומופת גמור בחדוש העולם, וכי יש אלה קדמון חפץ ויכול, פועל כל הנמצאות הוא ובידו לשנותם, כפי שיחפץ בכל זמן מן הזמנים, כמו שעשה במצרים, ששנה טבעי העולם בשבילנו, ועשה לנו אותות מחדשים גדולים ועצומים, הלא זה משתק כל כפר בחדוש העולם ומקים האמונה בידיעת השם יתברך, וכי השגחתו ויכלתו בכללים ובפרטים כלם. **דיני** המצוה. כגון הסדר שחיבין ישראל לעשות בלילה הזה בענין סעדתן, והכוסות של יין שחיבין לשתות, ושעורן, ומזיגתן, וסדורן. והנני כותב לך בני הסדר בקצרה, כאשר שמעתיו מפי חכמי הדור בדיוק. בתחלה מביאין מים ונוטלין יד אחת בשביל כוס של קדוש שצריכין לטל. והכי איתא בברכות בפרק כיצד מברכין, (ברכות מג, א) שבכוס מספיק נטילת יד אחת, ואין מברכין על נטילה זו. ואם רצה לטל שתי ידיו לכוס נוטל בלא ברכה. ואחר כך מברך על היין ומקדש ואינו מברך על היין לאחריו. ואחר כך נוטל שתי ידיו ומברך על נטילת ידים, ומטבל בירק (הירק בדפוס וילנא) ומברך עליו בורא פרי האדמה לפניו, ולאחריו אינו מברך בורא נפשות וכו', לפי שימתין עד שיאכל המרור ואז יברך בורא נפשות על המרור ועל הירק. ואין כל מה שעשה בנתים הפסקה, כמו שנפרש. ואחר שאכלו מן הירק בחרסת, מוזגין כוס שני, וקוראין ההגדה עם שני פרקים מן ההלל, ונוטלין היד אחת ומברך אשר גאלנו וכו' על כוס השני, ושותין אותו, ואין מברכין עליו פרי הגפן, ולא לאחריו על הגפן. ואחר ששתו כוס שני, נוטלין לידים ומברכין על נטילת ידים, ונוטלין חצי מצה ומניחין אותה על השלמה ומברכין על החצי המוציא ולאכל מצה. ונוטלין חזרת ומברכין לאכל מרור, ואוכלין ממנו בטבול בחרסת, ואין מברכין עליה בורא פרי האדמה, לפי שנפטר בברכה שברכו בירק תחלה, דהכי מכח בגמרא, (פסחים קג, ב) דלא הוי הפסקה לעולם, שנצטרך לחזר ולברך, אלא אם כן יש בדבר שני ענינים, שיעקר האדם דעתו מן הענין, כגון דאמרי הב לן ונברך, וכיוצא בזה. וכן שלא יהא באפשר לעשות שני הדברים ביחד, כגון מה שאמרו ז"ל (חולין פז, א ורש"י שם) משתי וברוכי בהדי הדדי לא אפשר. ואחר שאוכלין מן המרור בטבול, כורכין ממנו על גבי מצה ואוכלין. ואחר כך אוכלין סעדתן. ואחר כך אוכל כל אחד ואחד מעט מצה, זכר לפסח שהיה נאכל על השבע, ואין אוכלין עוד כל הלילה, שלא לסלק טעם המצה מן הפה. דכתיב (תהלים קיט קג) מדבש לפי, אבל מים ודאי שותין שאין המים מפגין הטעם. וכן שותין גם כן תרי כסי דמצוה, כי לא נדחה מצוה מטעם זה. ואחר כך נוטלין לידים ואין מברכין על נטילת ידים. ומוזגין כוס שלישי, ומברך עליו ברכת המזון ובורא פרי הגפן, אבל לא לאחריו על הגפן (עי' בעל המאור סוף ערבי פסחים). ואחר

Sefer HaChinukh ספר החינוך

כך מוזגין כוס רביעי וגומרין עליו את ההלל, ואין מברכין עליו בורא פרי הגפן, אבל אחריו מברכין על הגפן, והוא שלא יהא דעתו לשתות עוד כוס חמישי. נמצא לפי זה, שאין מברכין בורא פרי הגפן, אלא תרי זמני, על כוס של הקדוש, ועל כוס הברכה. ועל הגפן, פעם אחת אחד כל הכוסות. וארבע הכוסות ומצה דמצוה, צריכין הסבה. ויתר הפרטים מבוארים בסוף פסחים (א״ח מסי׳ תס״ט עד תפ״ב) **ונוהגת** בזכרים ונקבות (פסחים לו, א קטו, ב) בכל מקום ובכל זמן. והעובר עליה, בטל עשה.

Mitzvah 21

The commandment to recount the exodus from Egypt: To tell about the exodus from Egypt on the night of the fifteenth of Nissan (the first night of Pesach) - each person according to his own power of expression - to laud and to praise God, may He be blessed, for all the miracles He performed for us there, as it is stated (Exodus 13:8), "And you shall tell your son." [Although the verse doesn't specify when this should be done,] the Sages have already explained (Mekhilta d'Rabbi Yishmael 13:8) that this commandment of retelling is on the night of the fifteenth of Nissan - which is the time of the eating of the matsah. And that which the verse states, "[and you shall tell] your son," [does not mean] exclusively one's son; but rather even with any creature (Pesachim 116a). **The** content of the commandment is that one mentions the miracles and the [related] matters that happened to our forefathers during the exodus from Egypt, and how the Almighty, may He be blessed, exacted our revenge from [the Egyptians]. And even one who is by himself - if no other people are present - is obligated to verbally express these matters, so that his heart will be inspired in this matter; for the heart is inspired through verbal expression (see Sefer HaMitzvot LaRambam, Mitzvot Ase 157). **That** which we have written about the Pesach sacrifice (Sefer HaChinukh 5) is from the roots of this commandment. And it is no wonder if there are many commandments that came about this - positive commandments and negative commandments - since it is a great foundation and a strong pillar in our Torah and in our faith. And therefore we always say, "in memory of the exodus from Egypt," in our blessing and in our prayers" - since it is a sign and a total proof for the creation of the world and that there is a primordial God that has will [and] ability: He controls all of what exists and it is in His hand to change them according to what He desires at any time - as He did in Egypt when He changed the natural processes of the world for our sake, and made for us novel, great

ספר החינוך Sefer HaChinukh

and powerful signs. Does this not silence all that deny the creation of the world and support the faith with the knowledge of God, may He be blessed; and that His providence and power is upon all of the general categories [as well as upon] the particulars! **The** laws of the commandment - for example, the Order (Seder) that Israel is obligated to do on this night in the matter of their meal; the cups of wine, their measurements, their pouring and their order; and the rest of their details - are [all] elucidated at the end of Pesachim (See Tur, Orach Chaim 469-482). And behold, my son, I will write for you the Seder in short - exactly as I have heard it from the sages of the generation: In the beginning, we bring water and wash one hand for the sake of the cup of Kiddush which needs to be held. And this is how it is in Berakhot 43a in the Chapter [entitled] Keitsad Mevarkhin - that with the cup, washing one hand is sufficient. And we do not recite a blessing on this washing. And if he wants to wash two hands for the cup, he washes them without a blessing. And afterwards, he washes both hands and recites the blessing, "upon the washing of the hands," and dips with a vegetable (the vegetable, according to the Vilna edition) and recites the blessing, "who creates the fruit of the ground," before [eating it]. But he does not recite the blessing, "who creates souls, etc.," after it - since he waits until he eats the marror; and then he recites the blessing, "who creates souls," upon the marror and upon the vegetable. And everything that he did is not an interruption, as we will explain. And after they ate from the vegetable in charoset (a thick sweet dip), we pour a second cup and read the Haggadah with two chapters of Psalms and recite the blessing, "who has redeemed us, etc.," upon the second cup, and we drink it. And we do not recite the blessing, "who creates the fruit of the vine," upon it, nor "upon the vine," after it. And after they drink the second cup, we wash our hands and recite the blessing, "upon the washing of the hands." And [then] we take half of a matsah and we place it on the complete one and recite the blessing upon the half, "who brings forth" and "to eat matsah." And we take bitter herbs and we recite the blessing, "to eat marror," and eat from it dipped in charoset; but we do not recite the blessing, "who creates the fruit of the ground," upon it, since he is exempted by the blessing that he recited upon the vegetable at the beginning. As this is how it is concluded in the Gemara (Pesachim 103b) - that it is never [considered] an interruption unless there is [one of] two things: That he removes his thoughts from the matter - for example when they say, "Let us bless (say Grace after the Meal)," and similar to it. And also that [he be engaged in something else, such] that it not be possible to do the two things together - for example that which they, may their memory be blessed, said (Chullin 87a and Rashi there), "Drinking and blessing together is not possible." And after we eat from the marror with the dip, we wrap some of it on top of matsah and eat a little bit, in memory of the Pesach sacrifice that was eaten upon satiation. And we do not eat more the whole night, so as not to remove the taste of matsah from the mouth; as it is written (Psalms 113:103), "than honey to my mouth." But we can certainly drink water, since water does not spoil the taste. And we also drink the two cups of the commandment, as we do not push off the commandment [on account of] this reason. And afterwards, we wash our hands, but we do not recite the blessing, "upon the washing of the hands." And we pour the third cup and recite the Grace after the meals and "who has created the fruit of the vine" over it; but not "upon the vine," after it (see Baal HaMeor on the end of Arevei Pesachim). And afterwards, we pour the fourth cup and finish Hallel over it. And we do not recite the blessing, "who has created the fruit of the vine," upon it; but we do recite the blessing, "upon the vine," after it. And that is if he does not have in mind to still drink a fifth cup. It comes out according to this that we only recite the blessing, "who has created the fruit of the vine," twice - on the cup of Kiddush and on the cup of the Grace. And [we only recite the blessing,] "upon the vine," once, after all of the cups. And the four cups and the matsah of the commandment requires leaning. **And** [it] is practiced by males and females (Pesachim 36a and Pesachim 115b) in every place and at all times. And one who transgresses it violates a positive commandment.

<u>מצוה כב</u>

מצות פדיון פטר חמור - לפדות ולד חמר זכר שנולד ראשון, שנאמר)שמות יג יג(ופטר חמור תפדה בשה. ועניינה הוא שלוקח הישראל שה אחד ונותנו לכהן בפדיון בכור החמור שהוא לשם, מן הטעם שכתבנו למעלה, והוא, ברוך הוא, נתנו לכהן. ולפיכך פודהו הישראל ממנו, כי השם יתברך רצה שיהיה לו פדיון בשה. ואם אין לו שה, פודהו בדמי שה. ולפי שאין דמי השיות שוין, אמרו רז"ל)בכורות יא, א(עין יפה בסלע, עין רעה בחצי סלע, ובבונית בשלשה זזין. וזמן הפדיון, עד שלשים יום, והשה חלין ביד כהן, והחמור ביד ישראל. **משרשי** מצוה זו. כדי שיזכרו היהודים לעולם הנס שעשה להם האל ביציאת מצרים, שהרג כל בכוריהם, כמו שכתוב. **דיני** המצוה. כגון שתפות הנכרי או מקבל חמור ממנו להטפל בו, ודין גוי

שהפריש פטר חמור מה דינו, ודין חמור שילדה כמין סוס, ודין לוקח חמור מגוי, וענין ספק אם בכרה מה דינו, ודין נותן החמור בעצמו לכהן, ויתר פרטיה, מבוארים במסכת בכורות (ה, ב יא, א יב, א) (יו"ד סימן שכ"א). **ונוהגת** בכל מקום ובכל זמן, בזכרים ונקבות ישראלים, ולא בכהנים ולוים. והעובר על זה בטל עשה.

Mitzvah 22

The commandment of the redemption of a [first-born] donkey: To redeem the male offspring of a donkey that was born first, as it is stated (Exodus 13:13), "And the first-born of a donkey, you shall redeem with a sheep." And its content is that the Israelite takes one sheep and gives it to the priest as redemption for the first-born donkey, which is to God, for the reason that we wrote above. And He, blessed be He, gave it to the priest. And hence the Israelite redeems it from him, since God, may He be blessed, wanted that there should be a redemption for it with a sheep. And if he does not have a sheep, he redeems it with the money [value] of a sheep. And since the money of sheep is not the same [in all cases], the Rabbis, may their memory be blessed, said (Bekhorot 11a), "A good eye (a generous price) is a sela, a bad eye (a miserly price) is half a sela, an intermediate [one] is three zuz." And the time of the redemption is until thirty days. And the sheep is non-sanctified in the hand of the priest and the donkey is [likewise] in the hand of the Israelite. **It** is from the roots of this commandment [that it is] so that the Jews will always remember the miracle that God did for them during the exodus from Egypt - that He killed all of their first-born, as it is written. **The** laws of the commandment - for example, the partnership of a gentile or if he receives a donkey from him to take care of; the law of a gentile who separated out a [firstborn] donkey as to what is its law; the law of a donkey that gave birth to a type of horse; the law of one who buys a donkey from a gentile; what is the law in the matter of a doubt if it already gave birth to a first-born; the law of one who gives the donkey itself to the priest; and the rest of its details - are [all] elucidated in Tractate Bekhorot (See Tur, Yoreh Deah 221). **And** [it] is practiced in all places and at all times by Israelite males and females. but not by priests or Levites. And one who transgresses this violates a positive commandment.

מצוה כג

מצות עריפת פטר חמור - לערף פטר חמור אם לא רצה לפדותו, שנאמר)שמות יג יג(ואם לא תפדה וערפתו. ענינה, שהורג ולד החמור אם לא רצה לפדותו, וגזר השם שלא יהנה בו, מכיון שלא פדהו, ואפילו הנבלה אסורה לו בהנאה. **משרשי** מצוה זו. מה שכתוב בפדיה. **דיני** המצוה, מה שאמרו)בכורות יג, א(דמצות פדיה קודמת לעריפה, ושאסור בהנאה אם מת קדם פדיון ויקבר, וכי מצוה להרגו בקופיץ ולא בדבר אחר. ויתר פרטיה מבוארים גם כן בבכורות)שם בי"ד(. ונוהגת בכל כמו הפדיה.

Mitzvah 23

The commandment of beheading a [first-born] donkey: To behead a [first-born] donkey, if he does not want to redeem it, as it is stated (Exodus 13:13), "and if he does not redeem it, he shall behead it." Its content is that he kills the offspring of the donkey if he does not want to redeem it. And God decreed that he should not benefit from it, since he did not redeem it. And [this is such] that even the carcass is forbidden for him to benefit from. **That** which is written with redemption (in the previous commandment) is from the roots of this commandment. **The** laws of the commandment - that which they said (Bekhorot 13a) that the commandment of redemption takes precedence over beheading; that it is forbidden to benefit from it if it dies before the redemption and that it should [then] be buried; so [too,] that he should kill it with a kofits (a large knife), and not with something else; and the rest of its details - are elucidated in Bekhorot (See Tur, Yoreh Deah 221). And it is practiced like the redemption regarding everything.

מצוה כד

ויהי בשלח יש בה מצות לא תעשה אחת. שלא נלך בשבת חוץ לתחום - שנמנענו שלא ללכת בשבת חוץ לגבולים ידועים שנאמר)שמות טז כט(אל יצא איש ממקמו ביום השביעי. ובא הפרוש עליו)רמב"ם שבת כז א ב(שמקומו נקרא כל שאינו מרחיק יותר משלש פרסאות חוץ לעיר. והפרסה ארבעה מילין. והמיל אלפים אמה. ומודדין משפת הבית החיצון שבעיר, אפילו היתה גדולה כננוה. זהו לדין תורה, אלא שחכמים גדרו גדר ואסרו שלא לילך יותר מאלפים אמה חוץ לעיר. **משרשי** מצוה זו. שנזכר ונדע שהעולם מחדש לא קדמון, כמו שכתוב בפרוש במצות שבת)שם כ יא(כי ששת ימים עשה ה' את השמים ואת הארץ את הים ואת כל אשר בם וינח ביום השביעי. על כן לזכר הדבר ראוי שננוח במקום אחד, כלומר שלא נלך בדרך רחוק רק דרך טיול וענג. ובהליכת שנים עשר מילין אין בו טרח רב.

דיני המצוה, כגון שובת במדבר או במערה מה דינו,)עירובין סא, ב(וכן מי שיצא חוץ לתחום, לרצונו או לאנסו, או ברשות בית דין,)שם נב, ב(ואם הקף במחיצה בשבת מה דינו,)שם מב, א(ובית היוצא יותר משאר בתי העיר שבעים אמה ושירים, ובית הכנסת שיש בו דירה לחזנין ובית עבודה זרה שיש בה דירה לכמרים, ואוצרות שיש בהן דירה, ושלש מחיצות שאין עליהן תקרה ומעזיבה מה דינן עם העיר?)שם נה, ב(ועיר ארכה, מרבעת, עגלה, עשיה כמין גם או כקשת, מהיכן מודדין לה,)שם א(ובאי זה חבל מודדין, וכמה שעורו של חבל,)שם נג, ב(והגיע לגיא או להר או לכתל כיצד מודד בה, ובמי סומכין במדידה, ומי נאמן להעיד על התחמין, ויתר פרטיה, מבוארים במסכתא הבנויה על זה, והיא ערובין)שם()א"ח(. **ונוהגת** בכל מקום ובכל זמן בזכרים ונקבות. והעובר עליה והלך אפילו אמה אחת יותר משלש פרסאות לוקה, וכן אם הלך אפילו אמה אחת יותר חוץ לאלפים אמה סמוך לעיר, לוקה מכת מרדות דרבנן. והרמב"ן ז"ל כתב,)בסהמ"צ ל"ת שכא(כי מה שאמר הרמב"ם ז"ל בספר המצות שלו, דאסור תחמין דאוריתא הוא ביותר מאלפים אמה, וכן מה שאמר בחבורו הגדול,)שבת כז, א(שחזר מזה וכתב שהשעור של תורה הוא שלש פרסאות, כי הכל טעות, שאין לנו אסור תחומין דאוריתא כלל, וכן מתבאר במקומות הרבה מן הגמרא שלנו, שהיא גמרת בבל, שאנו סומכין עליה בכל דברינו. והרבה הרב ראיותיו על זה במצות שי"ג)צ"ל שכא(מן הלאוין. והוא יפרש אל יצא איש, כמו אל יוציא. כמו שיש במסכת ערובין)טז, ב(מאן דמשמע לה הכי.

Mitzvah 24

[Parshat] Vayehi Beshalach Pharaoh has one negative commandment in it. That we should not go outside of the boundary (techum) on Shabbat: That we have been prevented from going outside of the known boundaries on Shabbat, as it is stated (Exodus 16:29), "let no one leave his place on the seventh day." And the explanation comes about this that "his place" is called anywhere that is no further than three parsa from outside of the city (Mishneh Torah, Laws of Sabbath 27:1-2). And a parsa is four mil, and a mil is two thousand ells. And we measure it from the outermost house in the city, even if it is as large as Nineveh. This is according to the law of the Torah, but the Sages made a fence and forbade that one should walk more than two thousand ells outside of the city. **From** the roots of this commandment are that we should remember and know that the world is created and not primordial, as it is written explicitly about the commandment of Shabbat (Exodus 20:11), "For in six days the Lord made the heavens and the earth, the sea and all that is in them, and He rested on the seventh day." Hence to remember this thing, it is fitting that

ספר החינוך Sefer HaChinukh

we rest in one place; meaning to say that we not go to a faraway place, but rather only stroll and have delight [from our walks]. And the walking of [up to] twelve mil (the limit of what is allowed by the Torah) does not have much strain to it. **The** laws of the commandment - for example, what is the law about one who spends Shabbat in the wilderness or in a cave (Eruvin 61b); and so [too,] one who goes outside of the boundary - volitionally or inadvertently, or by permission of the court (Eruvin 52b); what is the law if he surrounded himself with a partition on Shabbat (Eruvin 42a); what are the laws regarding the city of a house that goes out more than the other houses of the city seventy ells and a bit, a synagogue that has a domicile for the sextons, a house of idolatry that has domiciles for priests, or storehouses that have domiciles or three barriers that do not have a roof or pitch (Eruvin 55b); and how one measures a long or square or round city, or one that is made like the shape of a gamma or like an arch (Eruvin 55a); and with which string do we measure; and what is the size of the string (Eruvin 53b); and how does one measure from one valley to [another] valley, or to a mountain or to a wall; and upon whom do we rely for the measurement; and who is [considered] trustworthy to testify about the boundaries; and the rest of its details - are [all] found in the tractate that is built upon it, and that is Eruvin. **And** [it] is practiced in every place and at all times by males and females. And one who transgresses and goes even one more ell than three parsa [outside of the city] is lashed. And so [too], if he goes even one more ell outside of the two thousand ells adjacent to the city, he is struck with rabbinic lashes for rebellion. And Ramban, may his memory be blessed, wrote (on Sefer HaMitzvot LaRambam, Mitzvot Lo Taase 321) that that which Rambam, may his memory be blessed, said in his Book of the Commandments (Sefer HaMitzvot) that the prohibition of boundaries is forbidden from the Torah past two thousand ells [from the city] - and so [too], what he said in his great composition (Mishneh Torah, Laws of Sabbath 27:1) that he recanted from this and wrote that the measurement of the Torah is three parsa - is all a mistake, since we do not have a prohibition of boundaries from the Torah at all. And so is it elucidated from many places in our Gemara, which is the Babylonian [Talmud] that we rely upon in all of our words. And the teacher (Ramban) gave numerous proofs for this on Commandment 313 (it should read, 321) of the negative commandments. And he understands, "let no one leave (yetseh)," to be like "let no one carry out (yotsee)" - [just] like there is an opinion in Tractate Eruvin 16b that understands it this way.

מצוה כה

מצות האמנה במציאות השם - להאמין שיש לעולם אלה אחד, שהמציא כל הנמצא ומכחו וחפצו היה כל מה שהוא ושהיה ושיהיה לעדי עד, וכי הוא הוציאנו מארץ מצרים ונתן לנו את התורה. שנאמר בתחלת נתינת התורה (שמות כ ב) אנכי ה' אלהיך אשר הוצאתיך מארץ מצרים וגו'. ופרושו כאלו אמר תדעו ותאמינו שיש לעולם אלה, כי מלת אנכי תורה על המציאות. ואשר אמר אשר הוצאתיך וכו' לומר, שלא יפתה לבבכם לקחת ענין צאתכם מעבדות מצרים ומכות המצרים דרך מקרה, אלא דעו שאנכי הוא שהוצאתי אתכם בחפץ ובהשגחה, כמו שהבטיח לאבותינו אברהם יצחק ויעקב. **שורש** מצוה זו אין צריך באור. ידוע הדבר ונגלה לכל כי האמונה הזו יסוד הדת, ואשר לא יאמין בזה כופר בעקר ואין לו חלק וזכות עם ישראל. וענין האמנה הוא שיקבע בנפשו שהאמת כן ושאי אפשר חלוף (בחלוף) זה בשום פנים. ואם נשאל עליו, ישיב לכל שואל שזה יאמין לבו ולא יודה בחלוף זה אפילו יאמרו להרגו, שכל זה מחזיק וקובע האמנת הלב כשמוציא הדבר מן הכח אל הפעל, רצוני לומר כשיקים בדברי פיו מה שלבו גומר. ואם יזכה לעלות במעלות החכמה ולבבו (ישעיהו ו י) יבין ובעיניו יראה במופת נחתך, שהאמנה הזאת שהאמין אמת וברור, אי אפשר להיות דבר בלתי זה, אז יקים מצות עשה זו מצוה מן המבחר. **דיני** מצוה זו, כגון מה שמחיב עלינו להאמין עליו שכל היכלת וכל הגדלה והגברה והתפארת וכל ההוד וכל הברכה וכל הקיום בו, ושאין בנו כח ושכל להשיג ולהגיד גדלו וטובו, כי לרב מעלתו והודו לא ישג רק לעצמו, ולשלל ממנו בכל כחנו כל חסרון וכל מה שהוא הפך כל שלמות וכל מעלה. והענינים היוצאים מזה, כגון לדעת שהוא נמצא שלם, בלתי גוף ולא כח בגוף, כי הגופים ישיגום החסרונות, והוא ברוך הוא לא ישגהו מין ממיני החסרון, כמו שאמרנו. ושאר דברים רבים הנאמרים בענין זה, כלם מבארים בספרי יודעי חכמת האלהות. אשרי הזוכים אליה, כי אז יקימו מצוה זו על בוריה (הל, יסודי התורה פ"א). **ונוהגת** בכל מקום ובכל זמן בזכרים ונקבות. ועובר עליה, אין לו חלק וזכות עם ישראל, כמו שאמרנו. וזאת מן המצות שאין להם זמן ידוע, שכל ימי האדם חייב לחיות במחשבה זו.

Mitzvah 25

The commandment of belief in God: To believe that the world has one God that caused all that exists, and that all that is, and was, and will be forever and ever, is from His power and His will; and that He took us out out of Egypt and gave us the Torah - as it is stated (Exodus 20:2), "I am the Lord, your God, who took you out

ספר החינוך Sefer HaChinukh

of the land of Egypt, etc." And its understanding is as if it said, "Know and believe that there is one God" - since the word, "I," indicates existence. And that which it stated, "who took you out, etc.," is to say that your hearts not seduce you to take the matter of your leaving the slavery of Egypt and the plagues of Egypt as the way of happenstance; but rather you should know that I am the One who took you out with will and providence - as He promised our forefathers, Avraham, Yitschak and Yaakov. **The** root of this commandment does not need elucidation. The matter is known and revealed to all that this belief is the foundation of the religion, and that one who does not believe in it denies a fundamental principle and has no share and merit with Israel. And the content of the belief is that he fix in his soul that such is the truth and that a change of (about a change of) this in any way be impossible. And if he be asked about it, he will respond to any enquirer that his heart believes this and he will not assent to a change in it, even if they say they will kill him [as a result]. As all of this - when he takes the thing from the potential to actuality, by which I mean to say when he puts into the words of his mouth what his heart decides - strengthens and fixes the belief of the heart. And if one merits to rise in the levels of wisdom, 'his heart will understand and his eyes will see' with a sealed proof that this belief that he believed is true and clear - it is impossible that there be something besides this - then he will fulfill this positive commandment [in the best way]. **The** laws of this commandment - for example, that which it obligates us to believe about Him that all power and all greatness and strength and glory and all majesty and all blessing and all existence are in Him, and that we do not have the power or the intellect to grasp and to speak out His greatness and goodness, since His great virtue and majesty is only grasped by Himself; to deny about Him with all of our strength any lacking and anything that is the opposite of all perfections and all virtues, and the matters that come out from this, for example, to know that He is a perfect Being, without a body and not a power of a body, since lackings effect bodies, whereas He, may He be blessed, is not effected by any type of lacking, as we have said; and all the many things about this matter - are all elucidated in the books of those that know the wisdom of theology. Happy are those that merit it, as they can then fulfill this commandment with clarity (Mishneh Torah, Laws of Foundations of the Torah 1). **And** [it] is practiced in every place and at all times by males and females. And one who transgresses it has no portion and merit with Israel, as we have said. And this is from the commandments that does not have a specific time, since a man must live with this thought all the days of his life.

מצוה כו

שלא נאמין באלה בלתי ה' לבדו - שלא נאמין אלהים זולתי השם יתברך לבדו, שנאמר)שמות כ ג(לא יהיה לך אלהים אחרים על פני, ופרושו, לא תאמין אלה אחר זולתי. וכתב הרמב"ן ז"ל)שם(לא תמצא לעולם שיאמר הכתוב אלהים אחרים רק על האמנת הלב, אבל על העשיה לא יאמר לעולם לא תעשה אלהים אחרים, כי לא תפל בלשון עשיה אחרים. ויפה דקדק ז"ל)קהלת י יב(דברי פי חכם חן. וזאת המצוה היא העקר הגדול שבתורה, שהכל תלוי עליו, כמו שאמרו ז"ל)ספרי במדבר טו כב(כל המודה בעבודה זרה, כאלו כפר בכל התורה כלה. ואחד המקבל באלה לשום דבר זולתי השם לבדו, או העובד אותו דבר כדרך עבודתו, כלומר כדרך שעובדין אותו המאמינים בו, או אפילו שלא כדרך עבודתו, אם יעבדנו בארבע עבודות ידעות שהן זבוח וקטור ונסוך והשתחויה, עבר על לא יהיה לך. ונסוך וזורק דבר אחד הוא, ומתחיבין בזריקה כמו בנסוך. **שורש** מצוה זו נגלה וידוע. פרטיה, כגון מה שאמרו, שאם קבל באלה אחר מכל הנבראים, ואפילו מודה שהקב"ה שולט עליו ועל אלהותו, עובר על לא יהיה, ומה הדבר שנקרא דרך עבודתו ושלא כדרך עבודתו, ואם עבדהו דרך בזוי ועבודתו בכך מה דינו, וארבע עבודות האסרות בכל האלהות, עד היכן מתפשט אסורן, כענין מה שאמרו ז"ל)ע"ז נא, א(דשובר מקל לפניה בכלל זובח הוא. וכן מה שאסרו ז"ל)שבת קמט, א(לקרות בספרי עבודה זרה המחברים בעניני עבודותיה, או בדברים)בענינים(אחרים שלה, כל שגורמין להאמין בה בשום צד, ואסור הרהור הלב אחריה, ודין ישראל שעבדה אפילו פעם אחת מה דינו, ואם קבלו לאלוה וחזר תוך כדי דבור, חיב,)ב"ב קכט ב(שלא נאמר בזה תוך כדי דבור כדבור, והוא הדין בענין קדושין. והעובדה מאהבה, שחבב אותה צורה לרב יפיה או מיראה שלא תרע לו ולא שיקבלה באלה, וכן העושה לה כבודים, כגון חבוק, נשוק, סך, מלביש, מנעיל מהו דין אסורו.)סנהדרין ס, ב סא, ב(ודיני בטולי עבודה זרה כיצד, והחלוק בין עבודה זרה דישראל לע"ז דעובד גלולים בענין בטולה, ואסורי הנאה של ע"ז עד היכן, והחלוק שבין תלוש הנעבד למחבר מעקרו, ומאמתי היא נעשית ע"ז, ודין משמשי ע"ז, ואם בטל היא מה יהא במשמשיה,)ע"ז נב, ב(ותקרבת שלה מה דינו)שם כט, ב(, וע"ז שהניחוה עובדיה, וההרחקה מעובדיה ביום עבודתה וסמוך לו, והדברים האסורים לנו למכר להם לעולם מפני חשש קלונה, והרחקת עיר שיש ע"ז בתוכה, ויתר רב פרטיה, מבוארים במסכתא הבנויה על זה, והיא עבודה זרה.)ב, א י, ב(**ונוהגת** בזכרים ונקבות בכל מקום ובכל זמן, והעובר עליה ועבד ע"ז כדרך עבודתה, או שלא כדרך עבודתה בארבע עבודות שכתבנו, בעדים והתראה נסקל,

ובשגגה חיב להביא חטאת קבועה. וזאת המצוה היא מכלל השבע מצות שנצטוו כל בני העולם בכללן.)סנהדרין נו, א(אבל מכל מקום, חלוקין יש בפרטיה בין ישראל לשאר האמות, והכל מבואר שם בעבודה זרה. ומן החלוקין שבין ישראל לשאר האמות בענין המצות המטלות על הכל הוא, שישראל לא יתחיב לעולם בלא עדים והתראה, ושאר האמות אין צריכין התראה. לפי שאין חלוק בהן בין שוגג למזיד. וכן יתחיבו גם כן בהודאת פיהם. מה שאין כן בישראל שצריך עדים. ועוד יש חלוק אחר, כי האמות בעברם על כל אחת ממצותם יתחיבו לעולם מיתה, וזהו שאמרו חז"ל)שם נז, א(אזהרתן זו היא מתתן, וישראל יתחיב פעמים קרבן, פעמים מלקות, פעמים מיתה, ופעמים אינו מתחיב בכל אלה, אלא שהוא כעובר על מצות מלך ונשא עונו.

Mitzvah 26

That we not believe in a god besides God alone: That we not believe in a god besides God, may He be blessed, alone, as it is stated (Exodus 20:3), "You shall have no other gods in front of Me." And its understanding is [that] you not believe in another god, except Me. And Ramban, may his memory be blessed wrote (Ramban on Exodus 20:3) [that] you will only find that Scripture states, "other gods," about belief of the heart. But concerning their making, it will never state, "do not make other gods," since the expression, "making," does not sit with others (since they cannot be made). And he, may his memory be blessed, was nicely precise [in this] - 'the words of the wise are grace!' And this commandment is the great fundamental principle of the Torah, as everything is dependent upon it - as they, may their memory be blessed, said (Sifrei Bamidbar 111:1), "Anyone who concedes to idolatry is as if he denied the whole entire Torah." And it is the same whether he accepts anything as a god besides only God, or whether he worships it according to its worship - meaning to say, in the way that those that believe in it worship it - or even not according to its worship, if he worships it according to the four well-known [forms of] worship, and they are sacrificing, bringing incense, pouring and bowing; he has transgressed upon "you shall have no." And pouring and sprinkling are one thing, and those that sprinkle are liable, [just] like those that pour. **The** root of this commandment is revealed and known. Its particulars - for example, that which they said that if one accepts any of the creations as a god, and even if he concedes that the Holy One, blessed be He, rules over him and over his god, transgresses upon "you shall have no"; what is the thing which is called, "according to the way of its worship," and

ספר החינוך Sefer HaChinukh

"not according to the way of its worship"; what is the law if he worships it by disgracing it and that is its [standard] worship; how far does the prohibition extend regarding the four worships forbidden with all of the gods, like the matter that they, may their memory be blessed, said (Avodah Zarah 51a) that one who breaks a stick in front of it is included in sacrificing; so [too], what they, may their memory be blessed, forbade (Shabbat 149a) to read from the books of idolatry written about matters of their worship or about other things (matters) of it, anything that causes belief in it in any way; the prohibition of meditation of the heart [to go] after it; what is the law about an Israelite that worshiped it even once; and that if he took it on as a god and recanted during the time of speech (immediately after the first speech), he is liable (Bava Batra 129b), since we do not say "during the time of speech is like the speech," about this and also regarding the matter of marriages; and worship from love, wherein one loves the shape due to its beautiful form, or from fear that it not harm him and it is not that he accepts it as a god; so [too], what is the law of prohibiting one who gives it honors such as hugging, kissing, anointing, clothing, shoeing (Sanhedrin 60b, Sanhedrin 61b); how are the laws of the negation of idolatry and the distinction between that of an Israelite and that of an idolater regarding its negation; how far does the law of benefit from idolatry go; the distinction between something disconnected [from the ground] that was worshiped and something that was originally connected; from when does it become an idol; the law of those objects that service the idolatry, and if he negated it, what happens with these objects (Avodah Zarah 52b); what is the law of that sacrificed to it (Avodah Zarah 29b); an idol that was abandoned by its worshipers; the distancing of its worshipers on the day of its worship and near to [that day]; the things that are always prohibited to sell to them, out of concern for disgrace; the distancing of a city that has idolatry in it; and the rest of its many details - are [all] elucidated in the tractate that is built upon it and that it is Avodah Zarah. **And** [it] is practiced by males and females in every place and at all times. And one who transgresses it and worshiped idolatry according to the way of its worship or - with the four worships that we wrote - [even] not according to the way of its worship, with witnesses and a warning, is stoned. And if it is inadvertent, he is obligated to bring a fixed sin-offering. And this commandment is included in the seven commandments that all the people of the world were commanded (Sanhedrin 56a). However, there are differences between Israel and the other nations in the details, and it is all elucidated there in Avodah Zarah. And among the differences between Israel and the other nations in the matter of the commandments that are incumbent upon all is that an Israelite will never be liable [for the death penalty] without witnesses and a warning, but the other nations do not require a warning, since there is no difference for them between inadvertent and volitional. And also, they can become liable with the admission of their [own] mouths, which is not the case with Israel, who requires witnesses. And there is yet another difference - as when the nations transgress one of their commandments, they are always liable for the death penalty; but Israel is sometimes liable for a sacrifice, sometimes lashes, sometimes the death penalty and sometimes not liable for any of these, but is [simply] like someone who transgresses the commandment of the King and he carries [the weight of] his iniquity.

מצוה כז

שלא לעשות פסל - שלא נעשה צלמים שיעבדו, אפילו לא עבדם העושה אותם, העשיה לבד אסורה, להרחיק המכשול. ואין הפרש בין שיעשה בידו או יצוה לעשות. שנאמר)שמות כ ד(לא תעשה לך פסל וכל תמונה. והמצוה לעשותה הוא הגורם העשיה, זהו דעת הרמב"ם ז"ל.)סהמ"צ ל"ת ד(ודעת הרמב"ן ז"ל)שם(שאין האזהרה בכאן, אלא שלא יעשה צלמים על דעת לעבדם. גם כתב, שאין לנו למנות לאו זה מן המקרא הזה, כי לא יזהיר בזה הכתוב רק באסור עבודה זרה שהוא במיתה, ובעשית צלמים, כל זמן שלא עבדם אינו חיב בדבר אלא מלקות. והוא ז"ל כתב, שכל פסוק זה דלא יהיה לך נחשב ללאו אחד, יזהיר שלא נודה האלהות לזולתו בין שיקבלנו לאלה, כלומר שיאמר לו אלי אתה, או שישתחוה לו, או יעבדנו באחת מארבע עבודות אסרות, או בעבודתו המיחדת לו. אבל המניעה בעשית הצלמים וקיומם, כתב הוא דנפק לו מפסוק)ויקרא יט ד(דאל תפנו אל האלילים ואלהי מסכה לא תעשו לכם. ותמה אני על הרמב"ם ז"ל שכתב שאין הפרש בין שיעשם בידו או יצוה לעשותם, שהרי מצוה משלח הוא, וקימא לן משלח פטור. **שורש** מצוה זו ידוע שהוא להרחיק האלילים)עבודה זרה(. **דיני** המצוה, כגון העושה צורות, אי זו צורה אסורה לעשות ואי זו מתרת. והחלוק שבין בולטת לשוקעת, ודין טבעת שיש עליה חותם, ויתר פרטיה, מבוארים במסכת עבודה זרה)מג, ב()י"ד קל"ט ק"מ קמ"א(. **ונוהגת** בכל מקום ובכל זמן בזכרים ונקבות. והעובר עליה ועשה צלמים הנעבדים, במזיד, לוקה.

Mitzvah 27

To not make a statue: To not make statues that will be worshiped; even if the one that makes them does not worship them, the making

Sefer HaChinukh ספר החינוך

is itself forbidden, [so as] to push off the stumbling block. And there is no difference between his making it with his hand or commanding someone else to make it, as it is stated (Exodus 20:4), "You shall not make for yourself a statue or any depiction." And the one who commands to make it is the one who causes its making - that is the opinion of Rambam, may his memory be blessed (Sefer HaMitzvot LaRambam, Mitzvot Lo Taase 4). And the opinion of Ramban, may his memory be blessed, (on that entry in Sefer HaMitzvot) it that there is no prohibition here except for not making idols with the intention of worshiping them. He also wrote that this negative commandment should not be counted from this scripture, as this verse only warns about the prohibition of idolatry which comes with the death penalty; but with the making of idols, the whole time that he does not worship them, the only thing he is liable for is lashes. And he, may his memory be blessed, wrote that this whole verse of "You shall have no," is considered one negative commandment [that] warns not to concede the divinity of anything besides Him; whether he accepts it as a god - meaning to say that he says to it, "You are my god" - or bows down to it, or worships it in one the four forbidden worships or worships it with the worship that is particular to it. Rather, he wrote that the [prohibition] of making idols and their preservation is extrapolated from the verse (Leviticus 19:4) of "Do not turn to idols or make molten gods for yourselves." And I wonder about that which Rambam, may his memory be blessed, wrote that there is no difference if he made it with his hand or if he commanded to make it - as behold, the one who commands is a dispatcher, and it is an established [principle] for us that a dispatcher is exempt. **The** root of this commandment is known, that it is to distance the idols (idolatry). **The** laws of the commandment - for example, [regarding] one who makes forms, which one is forbidden to make and which one is permissible; the distinction between a protruding [form] and a sunken [one]; the law of a ring that has a seal upon it; and the rest of its details - are [all] elucidated in Tractate Avodah Zarah 43b (See Tur, Yoreh Deah 139-141). **And** [it] is practiced in every place and at all times by males and females. And one who transgresses it volitionally and makes idols that will be worshiped is lashed.

מצוה כח
שלא להשתחות לעבודה זרה - שלא להשתחות לעבודה זרה, וע"ז היא כל

שעבוד זולתי האל ברוך הוא, שנאמר)שמות כ ה(לא תשתחוה להם ולא תעבדם. ואין פרוש הכתוב לא תשתחוה על מנת לעבוד שנלמד ממנו שהשתחואה לבד, שלא לכונת עבודה, שלא יהא אסור, שהרי במקום אחר נאמר בתורה)שם לד יד(כי לא תשתחוה לאל אחר, שאסרה ההשתחואה לבד בשום צד. ואמנם סמך אליה ולא תעבדם לומר, שהשתחואה היא אחת מדרכי העבודה. ולמדנו מכאן עם סיוע כתובים אחרים שארבע עבודות הן שהקפידה התורה בהן בכל עבודה זרה שבעולם, ואפילו אין דרך עבודתה בכך חיבין עליהן, ואחת מהן השתחואה. **שורש** מצוה זו ידוע. דיני המצוה, כגון מה היא השתחואה, אם בפשוט ידים ורגלים, או משעה שיכבש פניו בקרקע)הוריות ד, א(והרחקת הענין, כגון מה שאמרו, שאם ישב לו קוץ ברגלו או נתפזרו לו מעות בפני עבודה זרה שאין רשאי לשוח ולטלם מפני שנראה כמשתחוה, ויתר פרטיה, מבוארים במסכת עבודה זרה)שם יב, א(. **ונוהגת** בכל מקום ובכל זמן בזכרים ונקבות. והעובר עליה והשתחוה לשום עבודה זרה בעולם, או זבח וקטר ונסך, או זרק במזיד חיב כרת, ובעדים נסקל, ובשוגג חיב חטאת. ובאור משפטי הענש בפרק ז' מסנהדרין.

Mitzvah 28

To not bow down to idolatry: To not bow down to idolatry - and idolatry is anything that is worshiped besides God, blessed be He - as it is stated (Exodus 20:5), "You shall not bow down to them or serve them." And the explanation of the verse is not "do not bow down to them with the intention of worship," [so] that we would learn that bowing down, by itself - without the intention of worship - would not be forbidden. As behold, in another place, it is stated in the Torah (Exodus 34:14), "For you must not bow down to another god," which forbade bowing down by itself, from any angle. Rather, [the reason] it made "or serve them" adjacent, [is] to say that bowing down is one of the ways of worship. And we learn from here, with the assistance of other verses, that there are four worships about which the Torah is insistent with any idolatry in the world - and even if it is not the way of its worship, we are liable for it. And one of [these four] is bowing down. **The** root of this commandment is known. The laws of the commandment - for example, what is [considered] bowing down, if it is the spreading out of hands and feet or if it is from the time he puts his face to the ground (Horayot 4a); the distancing of the matter, as for example, what they said (Avodah Zarah 16a) that if a thorn is stuck in his foot or his coins scattered in front of idolatry that he is not permitted to bend over to get them because it appears like bowing down; and the rest of its details - are elucidated in Tractate Avodah

Sefer HaChinukh   ספר החינוך

Zarah. **And** [it] is practiced in every place and at all times by males and females. And one who transgresses it and bows down to any idolatry in the world - or sacrifices, or gives incense, or pours or sprinkles [libations] - volitionally is liable for excision. And [if it is] in front of witnesses, he is stoned; and inadvertently, he is liable for a sin-offering. And the elucidation of the statutes of the punishments are in the seventh chapter of Sanhedrin.

מצוה כט

שלא לעבוד עבודה זרה במה שדרכה להעבד - שלא נעבוד שום עבודה זרה בעולם בדברים שדרכה שעובדים אותה המאמינים בה. ואע"פ שאין עבודתה באחת מארבע עבודות שאמרנו למעלה, מכיון שעבדה במה שדרכה להעבד חיב. ואע"פ שעבודתה דרך בזיון, כגון הפוער לפעור, וזורק אבן למרקוליס, ומעביר זרעו לכמוש, שנאמר)שמות כ ה(ולא תעבדם, כלומר במה שדרכן להעבד, איזו עבודה שתהיה. **שרשה** ידוע. דניה, כגון מי שעבדה דרך עבודתה לכונת בזיון מה דנו,)סנהדרין סד, א(ושאר פרטיה במסכת ע"ז)שם(**ונוהגת** בכל מקום ובכל זמן בזכרים ונקבות ועובר עליה במזיד ויש עדים, נסקל. ומבאר דין זה גם כן בפרק ז' מסנהדרין. שתי מצות אלה שמנה הרמב"ם ז"ל, שהן השתחואה לע"ז וכן שלא לעבדה במה שדרכה לעבדה יכללם הרמב"ן ז"ל בלאו דלא יהיה לך וכמו שכתבנו למעלה)במצוה כז(נמצא, שיסלק שתי מצות בכאן מחשבונו של הרב רבי משה בן מימון ז"ל.

Mitzvah 29

To not worship idolatry in that which is its way to be worshiped: That we not worship any idolatry in the world with the things that are the way of those that believe in it to worship it. And even though its worship is not with one of the four worships that we said above, since he worshiped it with that which is its way to be worshiped, he is liable. And even [if] its worship is in a way of disgrace - for example, one who defecates to Peor, or one who throws stones at Markulis or one who passes his seed to Kamosh - as it is stated (Exodus 20:5), "or worship them," meaning to say with what is their way to be worshiped, whatever worship it may be. **Its** root is known. Its laws - for example, what the law is for one who worships it in the way of its worship with the intention of disgracing it (Sanhedrin 64a); and the rest of its details - are in Tractate Avodah Zarah. **And** [it] is practiced in every place and at all times by males and females. And one who transgresses it volitionally and there are witnesses is stoned. And this law is also elucidated in Chapter Seven of Sanhedrin. These two commandments that Rambam, may his memory be blessed, counted - which are bowing down to idolatry and also not to worship it according to how it is its way to be worshiped - Ramban, may his memory be blessed, included in the commandment of "you shall have no," and as we wrote above (Sefer HaChinukh 27). It comes out that he removes two commandments here from the calculation of Rabbi Moshe Maimonides (Rambam), may his memory be blessed.

מצוה ל

שלא לשבע לשוא - שלא נשבע לבטלה, שנאמר)שמות כ ז(לא תשא את שם ה' אלהיך לשוא, וענין הבטלה בארבעה צדדין, כגון)שבועות כט, א(שנשבע על דבר ידוע שאינו כן, כגון על עמוד של שיש שהוא של זהב, וכן כל כיוצא בזה, הצד השני, כגון]ירושלמי שבועות פ"ג ה"ח[שנשבע על הידוע שהוא כן, כגון על האבן שהוא אבן ועל העץ שהוא עץ, וכל כיוצא בו, הצד השלישי, שנשבע לבטל מצוה זו, או מצות שחיבנו השם ברוך הוא, שגם זה לבטלה לגמרי, הוא שאין בידו לשבע על מה שכבר חיבו האל, וכמי שנשבע בדבר ידוע שאינו כן הוא. הצד הרביעי, שנשבע לעשות דבר שאין בו כח לעשותו, כגון)שבועות כה א(שלא יישן שלשה ימים רצופים, או שלא יאכל שבעה ימים רצופים, וכן כל כיוצא בזה. **משרשי** מצוה זו. לדעת בני אדם ולקבע בנפשותם ולחזק האמונה בלבותם, כי האל ברוך הוא אשר בשמים ממעל וקים לעד, אין קיום כקיומו, וראוי ומחיב עלינו בזכרנו שמו הגדול על מעשנו ועל דבורינו לזכרו באימה, ביראה, ברתת ובזיע, ולא כמהתלים ומדברים בדבר קל, כמו הדברים ההווים ונפסדים ואינם נשארים בקיומם כמונו אנחנו בני אדם ושאר דברי העולם השפל. על כן)ראוי( ]בכדי[לקבע הענין הזה בלבבנו ולהיות יראתו על פנינו לחיותנו ולזכותנו חיבנו במצוה הזאת לבל נזכיר שמו הקדוש לבטלה, וענש מלקות על המקל ועובר עליה. **ומזה** השרש בעצמו הוא ענין שבועת שקר, כלומר נשבע לקים דבר ולא קימו, שהיא נקראת שבועת בטוי, שבא עליה לאו אחר בפני עצמו בסדר קדושים תהיו, כמו שנאמר)ויקרא יט יב(ולא תשבעו בשמי לשקר, כי הנשבע בשם הגדול לאמר דבר שהיה והוא יודע ששקר בפיו, הנה הוא מקל ביראת אלהים, כאומר בלבו שאין אמת. תאלמנה שפתיו.)תהלים לא יט(וכן הנשבע לעשות דבר ואחר כך לא יעשנו, הנה הוא גם כן במורדי אור מכחישי האמת, כי פרוש נשבע הוא לפי דעתי, שגומר האדם בלבו ואומר בפיו להיות מקים אותו דבר שנשבע עליו ולא ישנהו לעולם, כמו שהשם ברוך הוא קים ולא ישתנה לעדי עד. וזהו שלשון שבועה יבא לעולם בלשון נפעל, כלומר שנפעל בדבריו להיותו קים כמו שאמר בקיומו ברוך הוא. **ובענין** הנדר דרך אחרת יש בו, שהוא כמכניס דבר המתר בגדר

האסור, וכאלו יאמר דבר פלוני שהוא מתר יהא אסור עליו כקרבן שאסר השם יתברך. ואמרו ז"ל,)נדרים יד, א(דדוקא כשהוא נודר בדבר הנדר יהא חל הנדר ולא בענין אחר, שאם יאמר הרי דבר פלוני אסור עלי כקרבן, כמו שאמרנו בזה יחול הנדר,)שם יג א(אבל אם יאמר כבשר חזיר, אין זה נדר, שהתורה אמרה)במדבר ל ג(כי ידר נדר, כלומר, כי ידר בדבר הנדור. וכן מי שיאסר דבר לחברו או על עצמו, כמו הדברים של קרבן שאסר לנו השם יתברך, כענין זה הוא, שהוא כאלו אומר דבר פלוני יהא אסור עליו, או על חברו, כמו הדברים של קרבן שאסר לנו השם יתברך וזה הענין שיש בנו כח לאסר המתר, לפי שהתורה למדתנו בכך, מדכתיב)שם(כי לאסר אסר לא יחל דברו. **וענין** זה דומה להקדש, שמצאנו בתורה, שיש כח באדם להקדיש את שלו בדברי פיו ויהיה אסור מיד לו ולכל העולם, כדכתיב)ויקרא כז יד(ואיש כי יקדש את ביתו קדש, וכמו כן יש לו כח על עצמו לאסר דברים על גופו. וזהו אמרם ז"ל)נדרים טו, א(לעולם בלשון הנדרים, הרי עלי או פי לדיבור, כלומר שהוא מרחיק אותו דבר ממנו, וכח יש לו לקשר עצמו באסור אותו דבר, כמו שיש לו כח בנכסיו לאסרם. וזהו הדין והטעם בעצמו, שהשבעה חלה)שם ב(על דבר שיש בו ממש ועל שאין בו ממש, כי על גוף האדם תפל השבעה, כלומר שגופו נתחייב לעשות אותו דבר, והרי הגוף יש לו ממש. אבל הנדר אינו חל אלא על דבר שיש בו ממש, לפי שהוא כמכניס דבר בגדר אסור שאר דברים, כלומר דבר פלוני יהא אסור עליו כגדר קרבן שהוא אסור עליו, ואם אין ממש במה שהוא מכניס תוך הגדר, לא עשה ולא כלום. וכן מן הטעם הזה אין שבועה חלה על שבועה ונדר חל על נדר, שהרי בשבועה כיון שנכנס האדם בעצמו במחיצת הקיום כמו שאמרנו אפילו יכפל הדבור אלף פעמים שהוא נכנס שם, כניסת גופו במקום אחר בפעם אחת היא נעשית, ואין זה אחר מכן אלא ככופל דברים לבטלה. אבל הנדר שהוא כמקבל על עצמו להיות לו דבר המתר כאלו נאסר בכל עת שהוא שונה בקבלתו מוסיף על עצמו אסור אם יבטל קבלותיו, ולפיכך הוא חיב על כל אחת ואחת. וזהו הענין בעצמו שהשבועה)שם טז, א(אינה חלה על דבר מצוה, והנדר חל אפילו על דבר מצוה, שהנשבע מדבר על גופו, וגופו כבר נתחיב באותו ענין מהר סיני, אבל בנדר אינו מדבר אלא על הדבר שרוצה להכניס בגדר האסור, ועל אותו דבר ממש לא נתחיב הוא מעולם, ולפיכך חל עליו האסור, ואין מאכילין לו לאדם דבר האסור לו. וזהו שאמרו ז"ל)ר"ן נדרים ח, א ד"ה והלא מושבע(שהנשבע אסר נפשו על החפץ, והנודר אסר החפץ על נפשו. **ואם** תשאל מי שנדר שלא לאכל דבר שהוא מצוה עליו לאכלו, איך לא יאכלנו, שהרי אותו דבר מצוה הוא עליו בעשה, ויבא עשה וידחה לא תעשה דלא יחל, כי כן יאמרו חכמים בכל מקום אתי עשה ודחי לא תעשה? תשובתך, שהנדר עשה ולאו יש בו, לאו דלא יחל ועשה דכל היצא מפיו יעשה. ומן הטעם הזה שאמרנו, שעם השבועה גופו נפעל, אמרו)שבועות כ, א(המתפיס בשבעה פטור, ובנדרים

חיב, כיצד? שמע שנדר חברו, ואמר אף אני כמוך, בתוך כדי דבור, הרי זה אסור, לפי שכונתו של זה לומר כמו שאתה אסור בזה הדבר כן אהיה אני אסור בו, ובכך יספיק אליו. אבל בשבועה שאנו מדמים הראשון כאלו הפעיל גופו בדבריו כמו שאמרנו, לא שהרחיק דבר אחר מגופו, לא ראו ז"ל, שיהא זה האחרון בכלל הפעלות זה, באמרו אף אני כמוך, עד שיוציא בפיו ממש לשון הפעלות עצמו. כגון שיאמר אף אני כמוך נשבע, או שישמע מפי אחר שיפעילהו לאותו דבר, והוא יקים ויורה שחפץ באותו הפעלות, כגון שאמר לו אדם אחר משביעך אני, והוא יענה אמן. **כללו** של דבר לשון השבועה צריך לומר בפיו על עצמו, או שיזכירנו אחר עליו ממש והוא יקבל, אבל מכח הפעלות אדם אחר אינו נפעל, מכיון שגופו צריך הפעלות, מה שאין כן בנדר. או אפשר לומר, כי מחמר הנדר, שהוא חמור מן השבועה, שהרי דמו (עי' רמב"ן עה"ת במדבר ל ג) אותו לחיי המלך, החמרו בו להיות נתפס במהרה יותר מן השבועה, ומן הטעם הזה שכתבנו בשבועה שענינה הוא, שהאדם גומר לקים דבריו ולאמת כמו שהוא מאמין בקיום אלהי, היה לנו ללמד שלא תתבטל שבועה בשום צד, אלא שהיה מחסדי האל עלינו בדעתו חלשת בנין גופנו ומעוט דעותינו והתמדת שנוי רצוננו, לתת לנו עצה לצאת ממאסר השבועה בהתחדש עלינו הרצון בכל עת שאפשר לנו לטעון בענין השבועה טענת אנס או שגגה, כמו שמפרש במקומו (בשבועות כו, א) ונדרים (כ, ב). **ואולם** לא הרשנו לצאת ממנו בשאט נפש, רק בתחבולה ובעצת חכם, שיבא הנשבע לפני איש חכם (שם עא, א) ונבון בדרכי התורה ויתודה אליו, כי מחסרון ידיעתו שלא היה יודע בשעה שנשבע דבר שידע אחר כך הוא רוצה לבטל מה שנשבע עליו. וכי הוא מכיר כי הבטול מעוט דעתו וחסרנו גורם אותו, לא דבר אחר ומחשבה חצונית שיהיה בלבו, חלילה. ואחר הודאת פיו על זה ויכיר החכם ויראה, כי יש ממש בדבריו שנתחדש אליו דבר, שאלו הסכים עליו בשעה שנשבע לא היה נשבע, ועל כן הוא מתחרט, יקבל ודויו ויתירנו משבועתו. וזהו אמרם ז"ל (ברכות לב, א) הוא אינו מוחל, אבל אחרים מוחלין לו. על כן לעולם אי אפשר להתיר שבועה, כי אם בסבת שום חדוש לנשבע, כגון שיאמר אלו היתי יודע דבר פלוני לא היתי נשבע מעולם, שזה כעין אנס הוא. אבל אם אומר התירוני משבועתי בלא טענה, אין כח באדם להתירו. ומכח זה הענין אמרו ז"ל (נדרים סד, א), שאין פותחין בנולד שאינו מצוי, לפי שאינו אומר להדיא שהוא נחם כשנשבע שנחשבהו כאנוס, אלא שרצונו היום כמו שהיה תחלה, אלא שרוצה עכשיו בהתר, כיצד? נשבע שלא יהנה בפלוני, ונעשה סופר העיר או טבח והוא אומר רצוני קימת, שלא הייתי חפץ להנות בו, ולא הייתי רוצה שיעשה סופר, או טבח, אין מתירין לו עד שיאמר, אחר שאני רואה שזה האיש נעשה סופר, מתנחם אני על שנשבעתי על הנאתו לעולם, ומי יתן שלא נשבעתי. בענין זה מתירין לו, שהרי מודה שנשתנה חפצו ומתחרט על מעשיו לגמרי בחסרון ידיעתו, שאלו ידע בעת השבועה מה שהוא יודע

היום, לא היה נשבע מעולם וכאנוס הוא, ודרשינן)שבועות כו, א(האדם בשבועה, פרט לאנוס. **ומזה** היסוד גם כן כשתולה שבועתו בדעת אחרים, קשה להתירו דמכיון דסלק דעתו מן הדבר ונתלה בדעת אחרים, אין טענת אנס ושגגה מצויה אצלו אחר כן. וזהו שאמרו)גיטין לו, א(שהנשבע על דעת אחרים אין לו הפרה, ומכל מקום לדבר מצוה הסכימו חכמים להתיר, לפי שכל שיעשה האדם והוא דבר גורם לבטול מצוה, או שתעשה מצוה בהמנע אותו מעשה, לב כל ישראל הוא שיבטל המעשה של הדיוט ותעשה מצוה, ואנו רואים כאלו באו כל הרבים שנשבע על דעתם עמו לפניו ואמרו שאלו ידעו הם בשבועתו בטול מצוה לא תסכים דעתם עמו, והרי יש לנו טענת אנס ושגגה. ולפיכך אמרו ז"ל)נדרים טז, ב(אבל לדבר מצוה יש לו הפרה. **ואל** תחשב להקשות עלי על הנחת טעם זה שאמרתי שעקר ההתר בהתחדש באדם דבר שאלו היה יודע בו מתחלה, לא היה נשבע, שהרי הוא כעין אנוס או מטעה, ותאמר והרי מצינו לגבי שבועות השם יתברך התר, כמו שדרשו ז"ל)ברכות לב, ב(בויחל משה)שמות לב יא(כביכול שהתירו מן השבועה, ועל ענין זרבבל בן שאלתיאל, שאמרו ז"ל)סנהדרין לח, א(שנשאל אל משבועתו, וחלילה להיות שנוי רצון אתו כי יש להשיבך, והדין דין אמת, שכל מה שבא בכתובים כיוצא בענינים אלה הכל נאמר על צד המקבלים שהם בני אדם, כי חלילה לאל ומלבבנו להאמין שיצטרך אדון הכל להשבע בדבר, אף כי להתירו ולבטלו אחרי כן. אבל יאמר אותו דבר על צד קבלת הענש הנופל על הנענש, שאם נתחיב האדם לגדל חטאו להענישו על כל פנים עד שאין ראוי לתת לו מקום לתשובה, יפל על ענין האיש הלזה שבועה אצל השם, כלומר חזק ענשו וגזרתו עליו, כאלו יש שבועה בדבר. וכן לענין הטובה, אם זכה האדם לרב חשיבותו לקבל טובה הוא וזרעו, יאמר הכתוב גם כן כי השם יתברך נשבע להטיב לו. **ועל** זה וכיוצא בו אמרו ז"ל)מכילתא פ' יתרו(כדי)לשכך ד"ו(לשבר את האזן מה שהיא יכולה לשמע, שאין לדמות לבני אדם חזק דבר וקיומו, רק במה שהם מחזיקים ומקימים דבריהם. ועל הדרך הזה בעצמו דרשו ז"ל התר על שבועת השם יתברך. רצונם לומר, כי חנון ורחום הוא ארך אפים ורב חסד ומכפר על החוטאים, ואף על פי שגדל חטאם וחזק עד שראוי שאם יחטא איש לאיש כל כך, לשבע שלא למחל לעולם. ועל הדרך הזה אמרו ז"ל כי משה התרו, כלומר, שבזכות תפלתו הטובה גרם שהשם יתברך שהוא שומע תפלה סלח לעונם. וזהו שלא תמצא לרבותינו ז"ל, שידרשו ענין ההתר אצל שבועתו ברוך הוא, כי אם בחטא גדול, שכל השומע יגזר, שאינו נתן לכפרה כלומר, וראוי לשבע עליו שלא לכפר אותו, ורחמיו ברוך הוא גדלו על כל מחשבותינו, ומכפר אל כל השבים אליו בכל לב. ואם רב עונם מנשוא, לפי דעתנו. **והראיה** לדברינו אלה, מה שאמרו)בראש השנה יח, א(גבי גזר דין שיש עמו שבועה, דמסיק רבא התם, דבזבח ובמנחה אינו מתכפר אבל מתכפר הוא בדברי תורה, ואין זכר להם שם, שיצטרך האל לשאל התר

עליה, כי ידועים וברורים הדברים לכל רואי השמש שהכל נאמר על צד המשל אל המקבלים. ומפני כן הארכתי בזה עד הנה, לפנות לך הדרך במקומות רבים. **ומה** שאמרתי לך, שכנו חכמינו זכרונם לברכה, לשון התר בשבועת השם יתברך, לא תמצא זה לעולם, אלא במקום שכנו לו השבועה לחיב בריה, אבל במקום שכנו לו שבועה לזכות בריה, לא יזכרו שם לעולם התר, כי רב חסד מטה כלפי חסד, ולא ישיב דברו הטוב ריקם, רצוני לומר, כי מאחר שנראה האדם שעה אחת זכאי לפני המקום, ראוי לקבל הטובה כל כך כאלו הקדוש ברוך הוא נשבע עליו על הגמול הטוב. כענין שנאמר)תהלים קלב יא(נשבע השם לדוד, וכיוצא בו, לא יסתלק ממנו הזכות עוד, גם כי יחטא הרבה, וזה ממדותיו היקרות ברוך הוא. **דיני** המצוה, כגון כנויי שבועה שאמרו זכרונם לברכה,)נדרים ב, א(שהן כשבועה. ופרוש כנויי שבועה הוא לשונות הרבה שהן בין בני אדם, לפי המקומות, כעין מה שאמרו זכרונם לברכה,)שם י, א(שבותה שקוקה וכו'. וכן דין אלה וארור)שבועות לו, א(אם הן כשבועה, והאומר לאו בהזכרת השם, וכן)נזיר ג, ב(ימין ושמאל, ודין)שבועות כו, ב(פיו ולבו שוין, ומה שלמדנו מדין זה שפיו ולבו שוין שנודרין להרגין ולחרמין, כגון שיאמר יאסרו כל פירות שבעולם עליו אם יהיה כן וכן, ויהיה)נדרים כז, ב(בלבו שלא יאסרו כי אם היום, ואף על פי שמן הסתם משמע לעולם, וכגון זה דוקא שאין דברי פיו סותרין לגמרי מחשבת לבו הותר לנו שנדור להרגין ולחרמין ולא בצד אחר. ויתר רבי פרטיה, בשבועות ובנדרים)י"ד רל"ו(**ונוהגת** בכל מקום ובכל זמן בזכרים ונקבות. והעובר עליה ונשבע על עמוד של שיש שהוא של זהב או של זהב שהוא של זהב, או לבטל מצוה זו, או לעשות דבר שאין כח אדם יכל לעשותו, במזיד לוקה, ואף על פי שאין שם מעשה, לרב חמר הענין חיבתו התורה)שבועות כז, ב(מלקות. ובשוגג פטור בזו מקרבן, אבל בשבועת שקר, והוא הנקרא שבועת בטוי, חיבה התורה קרבן לשוגג, כמו שנכתב)מצוה קכג(בעזרת השם.

Mitzvah 30

To not swear in vain: That we not swear pointlessly, as it is stated (Exodus 20:7), "You shall not take the name of the Lord, your God, in vain." And the notion of pointlessness has four angles: [The first is,] for example (Shevuot 29a), that he swears about something known [to be true] that it is not so, like swearing about a pillar of marble that it is a pillar of gold. And so [too], anything like this. The second angle is, for example [Talmud Yerushalmi Shevuot 3:8], that he swears about what is known to be so, like about a stone that it is a stone and about a tree that it is a tree, and all that is like this. The third angle is that he swears to negate this commandment or the commandments that God, blessed be He,

ספר החינוך Sefer HaChinukh

commanded us; as this is also completely pointless, since it is not in his hand to swear [to negate] that which God has already obligated him - and it is like the one who swears about something known that it is not so. The fourth angle is that he swears to do something that he does not have the power to do; for example (Shevuot 25a) that he will not sleep for three consecutive days, or that he will not eat for seven consecutive days. And so [too], anything like this. **It** is from the roots of this commandment [that it is] for people to know and fix in their souls and strengthen the faith in their hearts about God, blessed be He - who is in the Heavens above and exists forever - that there is nothing else like His existence. And it is fitting and obligatory upon us when we mention His great name upon our actions and upon our words, to mention it with fear, with awe, with trembling and perspiration; and not like those that joke and speak about something light, such as the things that exist and perish and do not continue to exist - like us people, and the other things of the lowly world. Hence (it is fitting) [in order] to fix this matter in our hearts and that His awe should be in front of us to give us life and merit, it obligated us in this commandment that we not mention His holy name pointlessly; and punished with lashes the one who is lenient and transgresses it. **And** from this root itself is the matter of a false oath (shevuah), meaning to say when he swears to fulfill something and does not fulfill it. [This] is called an oath of speech, about which another separate commandment comes in the Order of Kedoshim Tehiyu, as it is stated (Leviticus 19:12), "And you shall not swear falsely by My name." As one who swears by the great name [of God] to say something was and [yet] he knows that there is falsehood in his mouth, behold, he is acting lightly with the awe of God; as if to say in his heart that He is not true - 'let his lips be silent.' And so the one who swears to do something and afterwards does not do it is, behold, also among the rebels against light, the deniers of truth. As the understanding of "swore," is, according to my opinion, that he concludes in his heart and says with his mouth to fulfill that thing that he swore about and that he will never change it, [just] as God, may He be blessed, exists and does not change forever and ever. And that is [why] the expression, sworn nishbaa always comes in the passive; meaning to say that he is acted upon by his words to make it exist, [just] like he said about His existence, blessed be He. **And** regarding a vow (neder), a different approach pertains to it - as it is like placing something permissible into the category of the forbidden, and [it is] as if he would say thing x

ספר החינוך Sefer HaChinukh

which is permissible will be forbidden to him, like a sacrifice that God, may He be blessed, forbade. And they, may their memory be blessed, said (Nedarim 14a) that only when he makes the vow with a thing that is vowed (that changes status) does his vow stand, and not in another way. As if he says, "Thing x is forbidden to me like a sacrifice," as we have said; in this [way], the vow will stand (Nedarim 13a). But if he says, "like the meat of a pig," this is not a vow; as the Torah stated (Numbers 30:3), "If he vows a vow," meaning to say, "if he vows with something that is vowed." And so, one who forbids something to his fellow or to himself like the matters of a sacrifice that God, may He be blessed, forbade, is like this matter (like something vowed); since it is as if he said [that] thing x will be forbidden to him or to his friend, [just] like God, may He blessed, forbade us the matters of a sacrifice. And this matter that we have the power to forbid the permissible is because the Torah taught us this, from that which is written (Numbers 30:3), "If [...] he creates a prohibition [...], he may not break his word." **And** this matter is similar to consecration (hekdesh). As we have found in the Torah that a person has the power to consecrate what is his, with the words of his mouth; and they will immediately be forbidden to him and to the whole world, as it is written (Leviticus 27:14), "And if a man consecrates his home to be holy." And so [too], does he have power over himself to forbid things upon his body. This is their, may their memory be blessed, always saying in the expressions of vows (Nedarim 15a), "Behold, it is upon me" - or (Nedarim 13b), "my mouth" for speech - meaning to say that he distances that thing from him. And he has the power to bind himself with a prohibition of that thing, [just] like he has the power to forbid his possessions. And that is itself the law and the reason why [only] an oath can rest upon something of substance [as well as] something that is not of substance (Nedarim 15b), since the oath lodges upon the body of the person, meaning to say that his body is obligated to do that thing - and behold, the body has substance. However, a vow only rests upon something that has substance, as it is like him placing something into the category of other things that are forbidden; meaning to say that thing x will be forbidden to him like the category of the sacrifice that is forbidden to him. And if there is no substance to that which he is [literally] placing in the category, he has not done anything and it is nothing. **And** so, from this reason, an oath cannot rest upon an oath [about the same matter], but a vow can rest upon a vow [about the same matter]. As with an oath, behold once a man

ספר החינוך Sefer HaChinukh

has himself entered into the partition of [something's] existence, as we have said, even if he repeats his word that he is entering there a thousand times, the entrance of his body into another place is done [only] one time. And this that he does after that is only repeating words pointlessly. But with a vow in which he is like one that accepts upon himself that something permissible is as if it is forbidden; with each time that he repeats his acceptance, he adds [a further] prohibition if he [breaks his vow]. And hence he is liable for each and every one. And it is the same matter itself that an oath cannot rest upon the matter of a commandment (Nedarim 16a), but a vow can rest even upon the matter of a commandment. As one who makes an oath speaks about his body, and his body is already obligated in that matter [of the commandment] from Mount Sinai. But with a vow, he is only speaking about the object that he wants to bring into the category of the forbidden, and about this specific object, he was never obligated. And hence [his new] prohibition rests upon it. And we do not feed a person something that is forbidden for him [because of an oath or a vow]. And this is what they, may their memory be blessed, said (Ran on Nedarim 8a, s. v. Vehalo mushva) that the one who makes an oath forbids himself to the object and the one who makes a vow forbids the object to himself. **And** you may ask, "How is it that the one who makes a vow not to eat something that he is commanded about to eat, does not eat it - as behold, he is commanded about that thing with a positive commandment; and a positive commandment comes and pushes off the negative commandment of 'he shall not break.' As so did the Sages say in every place, 'a positive commandments comes and pushes off a negative commandment.'" The answer to you is that the vow is a positive commandment and there is [also] a negative commandment in it: the negative commandment is "he shall not break," and the positive commandment is "everything that comes out of his mouth he shall do." And from the reason that we gave [before] that his body is acted upon with an oath, they said (Shevuot 20a) [that] one that is added on with an oath [of someone else] is exempt [from it]; but with vows, he is obligated. How so? If he heard that his fellow made a vow and he said, "I am also like you," within the time of speech (immediately after it), behold this one is forbidden, since the intention of this one is to say, [just] like you are forbidden from this thing, so too will I be forbidden from it, and with this, it will be sufficient for him. But with an oath, wherein we picture the first one as if he acts upon his body with his words - as we have said - he has not removed something else

ספר החינוך Sefer HaChinukh

away from his body; they, may their memory be blessed, did not see that this later one is included in this movement by saying, "I am also like you." [Rather,] he must speak out the expression of this movement with his actual mouth - for example, if he says, "I too swear like you"; or if he hears from the mouth of someone who moves him [specifically] to that thing, and he fulfills it and indicates that he wants this movement, like when another man says to him, "I put an oath upon you," and he answers, "Amen." **The** general principle of the thing is that the language of the oath must be said by his own mouth or that someone else specifically refers it to him and he accepts [it]. But he is not moved by the movement of another man, since his [own] body needs the movement; [but this] is not the case with a vow. [It is also] possible to say that it is from the strictness of a vow that they were stricter about it, that one should be added on more quickly than with an oath; since it is stricter than an oath, as behold, they compare it to the life of the King (Sifrei Bamidbar 123:3, see Ramban on Numbers 30:3). And from the reason that we wrote about an oath, that its content is that a man concludes to fulfill his words and to confirm [them by that which] he believes in the Divine existence, we would have learned that his oath cannot be nullified from any angle. But it was from the kindnesses of God to us - in His knowing the frailty of the structure of our body and the smallness of our opinions and the constancy of the change of our wills - to give us counsel to get out from the prison of the oath with the [change] of our will at any time: he allowed us to make the claim regarding the matter of the oath that it was under duress or inadvertent, as is explained in its place in Shevuot 26a and Nedarim 20b. **However**, we were not permitted to go out from it [wantonly, but] rather [only] with the stratagem and counsel of the sage; that the one who swore come in front of the man who is wise and understanding of the ways of the Torah and confess to him that [the oath] was from his lack of knowledge - that he did not know at the time that he swore something that he knew afterwards - that he wants to annul what he swore about (Nedarim 71a); and that he recognizes that the smallness of his knowledge and his lacking caused the annulment, not something else or an external thought that would be in his heart, God forbid. And after the confession of his mouth about this, the sage recognizes and sees that there is substance in his words that something new happened to him that if he had had to agree to it at the time that he swore, he would not have sworn and that this is why he regrets [it]; he accepts his confession and he releases him

ספר החינוך Sefer HaChinukh

from his oath. And this is what they, may their memory be blessed, said (Berachot 32b), "He cannot forgive [it], but others can forgive it to him." Therefore, it is never possible to annul an oath, except with the reason of something new to the one who swore - for example, that he will say, "If I had known thing x, I would never have sworn." As this is like duress. But if he says, "Annul me my oath," without a claim, no man has the power to annul it. And based on this, they, may their memory be blessed, said (Nedarim 64a) that we do not create an opening (to annul the vow) with something new that is not found (that has not happened). As [with this] he does not clearly say that he regrets that he swore - that we should consider it duress - but rather that his will today is like it was at the beginning, but he [just] wants it annulled now. How is this? He swears that he not benefit from x and [x] becomes the town scribe or butcher, and he says, "My will [still] stands that I did not want to benefit from him and I [also] did not want him to become the scribe or the butcher." We do not annul [it] for him until he says, "Since I see that this man has become the scribe, I regret that I swore [off] his benefit forever. And if only I had not sworn!" In this way, we annul [it] for him; as behold, he concedes that his will has changed and that he regrets his deeds completely, due to the lack of his knowledge - as had he known at the time of the oath what he knows today, he never would have sworn. And it is like duress. And we expound (Shevuot 26a), "'A man with an oath' (Leviticus 5:4) - to exclude duress." **And** from this foundation - also when he makes his oath depend on the mind of others, it is difficult to annul it. As since he has removed his [own] mind from the thing and made it depend on the mind of others, afterwards the claim of duress or inadvertence is not found with him. And this is what they said (Gittin 36a) that one who swears upon the mind of others does not have annulment. And nonetheless for a matter of a commandment, the Sages agreed to annul [it. This is] because [regarding] everything that a man does, which is something that causes the negation of a commandment or that a commandment is performed by not doing that thing, the heart of any Jew would [want] to negate the private action and do the commandment. And [so] we see [it] as if all of the [others] upon whose minds he swore were with him in front of him [now] and say that if they knew [about] the negation of the commandment [coming from] his oath, their minds would not have agreed with him. And behold, we have a claim of duress and inadvertence. And therefore they, may their memory be blessed, said (Nedarim 16b), "But there is annulment for the matter of a commandment." **And** do not think to challenge me about the giving of this reason that I have said - that the main annulment [comes from] something new happening to a man; that had he known about it from the beginning, he would not have sworn – [such that] you would say, "Behold, we have found annulment regarding the oaths of God, may He be blessed, as they, may their memory be blessed, expounded (Berakhot 32b) about 'And Moshe beseeched' (Exodus 32:11), that, as if it were possible, he annulled His oath [for] Him; and the matter of Zerubavel the son of Shaltiel, [about whom] they, may their memory be blessed, said (Sanhedrin 38a) that he was asked by God [to annul] His oath." And God forbid that there should be a change of will with Him. As one can answer you - and it is [perfectly] true - that everything that comes in Scripture similar to these matters is all stated from the angle of the receivers, which are people. As God forbid to Him and for our hearts to believe that the Master of all would need to swear about something, or that He would need to annul it and negate it afterwards. Rather this thing is said from the angle of receiving punishment which comes to the one punished - that if a man is liable, due to the greatness of his sin, that he be punished regardless, to the point where it is not fitting to give him [the possibility] of repentance, the notion of an oath of God will come upon such a man; meaning to say [that] his punishment and decree is strongly upon him as if there were an oath on the thing. And so [too], for the good: if a man merited, from his great significance, to receive good - he and his children - the verse will also state that God, may He be blessed, swore to benefit him. **And** about this and that which is similar to it, they, may the irmemory be blessed, said (Mekhilta d'Rabbi Yishmael 19:18:2) [it is] in order to (assuage - Vilna edition) break the ear to that which it can hear (make it understandable). As the strength and persistence of a thing cannot be illustrated to people except with that which they strengthen and keep their [own] words. And in this way exactly did they, may their memory be blessed, expound the annulment of the oath of God, may He be blessed: They wanted to say that He is 'graceful and merciful, slow to anger and of great kindness,' and atones for sins; even though their sins are great and strong to the point that if a man sinned to another so much, [the one offended] would swear never to forgive [the other]. And upon this approach, they, may their memory be blessed, said that Moshe annulled it; meaning to say that it was the merit of Moshe's good prayer that caused God, may He be blessed - who is the Listener to prayer - to

ספר החינוך Sefer HaChinukh

have forgiven their sin. And this is [why] you will not find that our Rabbis, may their memory be blessed, expound about the matter of the annulment of an oath of His, may He be blessed, except with a great sin - such that every listener will [understand] that it not given to atonement; meaning to say it is fitting to swear about it that it should not be atoned. But His mercies, Blessed be He, were greater than all of our thoughts, and He atones for all those who return to Him - and even if their sin is too heavy to bear - according to my opinion. **And** the proof to these words of ours is that which they said (Rosh Hashanah 18a) concerning a [Divine] decree that has an oath with it, as Rava concludes there, that it is not atoned with a sacrifice or a grain offering, but rather it is atoned with words of Torah; and they have no mention there that God would need to annul [His oath]. As the matters are known and clear to all who see the sun that it is all said metaphorically for the receivers. And in order to direct you on this path in many places, I have been lengthy about this until now. **And** [regarding] that which I said that our Sages, may their memory be blessed, ascribe the term, annulment, to an oath of God, may He be blessed; you will only find this in a place that they attributed to Him an oath to make a creature liable. But in a place where they attributed to Him an oath to give merit to a creature, they never mention annulment - as the One of great kindness, inclines towards kindness. I mean to say that once a person appears meritorious at one time in front of the Omnipresent, it is so fitting for him to receive the good [that] it is as if the Holy One, blessed be He, swore the goodly reward to him. It is like the matter that is stated (Psalms 132:11), "The Lord swore to David," and similar to it - [it means] the merit will no longer go away from him, even if he sins greatly. And this is from His precious traits, blessed be He. **The** laws of the commandment - for example, appellations for oaths, [about] which they, may their memory be blessed, said that they are like an oath [and the explanation of appellations for oaths are the many terms that exist among people, according to their places, like what they, may their memory be blessed, said (Nedarim 10a), " Shevuta, shekuka, etc. "]; so [too], the law [if one says,] "a curse (allah)" or "cursed (aroor)" whether they are like oaths (Shevout 36a); one who says "no" with the mention of God, and so [too], "right or left (Nazir 3b); the law of his mouth and heart being [in agreement], and that which we learned from this law of his mouth and heart being [in agreement], that we are able to make [deceptive] oaths to killers and plunderers, like [if] he say that all the fruits in the world are forbidden to him if there be such and such, and in his heart is that they only be forbidden for today (Nedarim 27b), and even though it generally implies forever, but it is only permitted to us like this, when the words of his mouth do not completely contradict the thought of his heart, and not in any other way; and the rest of its many details - are [all] in Shevuot and Nedarim (See Tur, Yoreh Deah 236). **And** [it] is practiced in every place and at all times by males and females. And one who transgresses it and swears that a pillar of marble is of gold; or of gold that it is of gold; or to negate this commandment; or to do something that is not in the power of a man to do it is lashed, when volitional. And even though there is no act, the Torah made him liable for lashes due to the severity of the matter (Shevuot 27b). And he is exempted from a sacrifice for this, when inadvertent. But with a false oath - and that is what is called an oath of expression - the Torah obligated a sacrifice for inadvertence, as we shall write (Sefer HaChinukh 123) with God's help.

מצוה לא

מצות קדוש שבת בדברים - לדבר דברים ביום שבת בכניסתו וכן ביציאתו, שיהיה בהם זכר גדלת היום ומעלתו והבדלתו לשבח משאר הימים שלפניו ואחריו, שנאמר)שמות כ ח(זכור את יום השבת לקדשו, כלומר, זכרהו זכר קדשה וגדלה. ובפרוש אמרו לנו חכמינו)פסחים קי, א(שדברים אלו מצווים אנו לאמרן על היין, שכן בא הפרוש זכרהו על היין. והענין הוא שנותנין בכוס רביעית יין חי או מזוג או יותר מרביעית אבל)שם קח, ב(לא פחות מזה, והמזיגה ידועה)שבת עז, א(שהיא על חלק אחד של יין חי וטוב ושלשה חלקי מים, ומברכין עליו קדוש שבת, כמו שידוע הנוסח בין היהודים. וכן ביציאת שבת גם כן מברכין על היין לכבוד היום, ואותה ברכה של מוצאי שבת נקראת)ברכות נב, א(הבדלה. **משרשי** מצוה זו, כדי שנתעורר מתוך מעשה זה לזכר גדלת היום ונקבע בלבבנו אמונת חדוש העולם)שמות כ יא(כי ששת ימים עשה ה' וגו'. ועל כן נתחיבנו לעשות המעשה עם היין, לפי שטבע האדם מתעורר בו הרבה)ברכות לה, ב(שהוא סועד ומשמח. וכבר אמרתי לך, כי לפי התעוררות האדם ומעשהו, יתפעל אל הדברים לעולם. ומזה השרש אמרו בגמרא ז"ל)פסחים קו, ב(שאם הפת חביב על האדם יותר, שיקדש על הפת, כי אז מתעורר טבעו יותר למה שהוא תאב, ואף על פי שביציאת היום לא אמרו כן, אלא שחיבו להבדיל ביין, על כל פנים, גם בזה צדקו, כי הם זכרונם לברכה, גם התורה השלמה, יבחרו לעולם ברב. ובאמת, כי רב העולם יתאוו אל השתיה במוצאי שבת יותר מן האכילה, לפי שכבר קבעו סעודה גדולה ביום לכבוד השבת. ואין צרך לתת טעם על חייבם אותנו שיהיה בכוס רביעית, דפחות מזה השעור

ספר החינוך Sefer HaChinukh

אינו ראוי ולא תעורר לב אדם עליו. ואשר חייבונו (ברכות נא, א) בהדחת הכוס, ושלא לטעם כלום עד שיקדש (פסחים קה, א) ושיקדש (שם קא, א) במקום סעדה כל זה ענפי שרש התעוררות שאמרתי. **דיני** המצוה, כגון נוסח הקדוש וההבדלה, אי זהו, ואי זה יין ראוי לקדש עליו, (ב"ב צז, א) ואי זה אינו ראוי, ואם מקדשין או מבדילין (פסחים קז, א) בשכר, והאוכל בערב שבת וקדש עליו שבת (שם ק, א) או בשבת ויצא שבת, וכן נוסח קדוש ימים טובים והבדלתן. ודיני הברכה (ברכות מג, א) שאנו חיבין לברך על הנר במוצאי שבת ויום הכפורים, ודיני הברכה שאנו חיבים לברך על הבשמים, ואי זו (שם נא, ב) בשמים הן הראוין לברך עליהן או שאינם ראוין. ויתר פרטיה, מבוארים בסוף פסחים ובמקומות מברכות ושבת (א"ח רס"ב, רע"א). **ונוהגת** בכל מקום ובכל זמן בזכרים ונקבות. ואף על פי שהיא מן המצות שהזמן גרמא, שכן למדונו רבותינו זכרונם לברכה (שם כ, ב) שהנשים חיבות בקדוש והבדלה. והעובר עליה ולא קדש השבת בדברים, בטל מצות עשה, ואם קדשו בדברים בלא יין או בלא פת, בדיעבד יצא ידי תורה.

Mitzvah 31

The commandment of the sanctification of Shabbat with words: To speak words on the Shabbat upon its entry and also its departure - that there be in them cognizance of the greatness of the day and its stature and its positive distinction from the other days before it and after it; as it is stated (Exodus 20:8), "Remember the Shabbat day, to sanctify it," meaning to say, remember it with a memory of [its] holiness and greatness. And in explanation, our Sages told us (Pesachim 110a) that we are commanded to say these things upon wine - as so does the explanation come: remember it over wine. And the content is that we place into a cup a reviit or more of pure or mixed wine - but not less than this (Pesachim 108b). And it is known that the [proportions of the] mixture is one-part pure good wine to three parts water. And we recite the blessing of the Kiddush (sanctification) of Shabbat upon it, according to the wording that is known among the Jews. And so [too], at the departure of Shabbat, we recite the blessing over the wine in honor of the day - and that blessing of the conclusion of Shabbat is called Havdalah (Berakhot 52a). **It** is from the roots of this commandment [that it is] in order that we be aroused through this act to remember the greatness of the day and that we fix upon our hearts faith in the creation of the world, "that in six days the Lord made, etc." (Exodus 20:11). And therefore, we are obligated to do an act with wine - since the nature of man is to be greatly aroused

ספר החינוך Sefer HaChinukh

by it (Berakhot 35b), as it satiates and causes joy. And I have already said to you that according to the arousal of a man and his acts will he always be acted upon towards things. And from this root did they, may their memory be blessed, say in the Gemara (Pesachim 106b), that if bread is more beloved to a person, he should sanctify [the day] over bread - since then his nature will be more aroused by that which he craves. And even though in the departure of the day, they did not say this, but rather obligated him to recite Havdalah with wine nonetheless, they were correct with this as well; since they, may their memory be blessed, as well as the perfect Torah, will always choose to go according to the majority. And in truth, the majority of the world will desire drinking over eating at the conclusion of Shabbat; since they have already [eaten] a large meal during the day in honor of the Shabbat. And there is no need to give a reason for their obligating us that there be a reviit of wine in the cup; since less than this amount is not fitting and will not arouse the heart of a man upon it. And that which they obligated us in rinsing the cup (Berakhot 51a), and not to drink anything until he recites the Kiddush (Pesachim 105a) and that he recites the Kiddush at the location of his meal - all of [these] are branches of the root of arousal that I [discussed]. **The** laws of the commandment - for example, which is the wording of the Kiddush and the Havdalah; which wine is fitting upon to recite the Kiddush and which is not (Bava Batra 97a); if we sanctify or recite Havdalah over ale (Pesachim 107a); one who eats on the eve of Shabbat and the Shabbat [begins] (Pesachim 100a), or on Shabbat and Shabbat departs; so [too] the wording of the Kiddush and Havdalah of holidays; the laws of the blessings we are obligated to recite upon the candle on the conclusion of Shabbat and Yom Kippur; the laws of the blessing that we are obligated to recite over the spices and which spices are fitting to bless upon them or not fitting (Berakhot 51b); and the rest of its details - are [all] elucidated at the end of Pesachim and in places in Berakhot (See Tur, Orach Chaim 262, 271). **And** [it] is practiced in every place and at all times by males and females - even though it is from the commandments that is caused by time (from which women are generally exempt). As so did our Rabbis, may their memory be blessed, teach us (Berakhot 20b) that women are obligated in Kiddush and Havdalah. And one who transgresses it and does not perform the Kiddush with words has nullified this positive commandment. And if he performs the Kiddush with words without wine and without bread, he has fulfilled it ex post facto [according to] the Torah.

מצוה לב

שלא לעשות מלאכה בשבת - שלא לעשות מלאכה ביום השבת אנחנו, ולא נניח לעשות לבנינו ועבדינו ובהמותינו, שנאמר)שמות כ י(לא תעשה כל מלאכה וגו'. ואין ספק כי אף על פי שהכתוב הוציא אסור המלאכה בנו ובבנים ובעבדים ובבהמות בלאו אחד, שאין הענין שוה, כי העושה מלאכה בגופו יתחיב מיתת בית דין אם הוא מזיד. ובמלאכת אחרים אף על פי שמזהר עליהם בלאו לא יתחיב עליהם אפילו מלקות, שאין מלקות לעולם במעשה אחרים. ומלשון הרמב"ם זכרונו לברכה)שבת כ א(משמע, שהוא סובר כי הלאו הזה דלא תעשה כל מלאכה אתה ובהמתך יבא למחמר אחר בהמתו, וכגון שחורש בה וכלי המחרשה בידו, דאלו במחמר לבד לפי דעתו אין בו אלא אסור עשה. ועל כן אמרו בגמרא)שבת קנד, א(לפי דעתו שזה הלאו דמחמר הוא לאו שנתן לאזהרת מיתת בית דין, כלומר שאדם נהרג על זה, ואין לוקין עליו. והרמב"ן זכרונו לברכה)סהמ"צ שרש יד(יתפש עליו הרבה בפרושו זה, ואמר כי לאו זה של מחמר אינו אלא בהולך אחר בהמתו הטעונה משאו, אבל האדם לא יעשה שום מעשה בידיו, ולכן לא יבא עליו לעולם לא מלקות ולא מיתה, וכדקימא לן כל לאו שאין בו מעשה אין לוקין עליו, וכמו שדרשו זכרונם לברכה)שבת שם, ב(אתה ובהמתך לכתב קרא לא תעשה כל מלאכה ובהמתך אתה למה לי, הוא ניהו דכי עביד מלאכה מחיב, אבל על מלאכת בהמתו לא מחיב, אלא שמוזהר עליה בלאו כמו במלאכת בנו הקטן ועבדו הכנעני. אבל במלאכת עצמו ממש בזה לא היה צריך לומר שחיב, שהרי ענשו מפרש)שמות לד ב(כל העושה בו מלאכה יומת. ומה שאמרו בגמרא בלאו דמחמר שהוא לאו שנתן לאזהרת מיתת בית דין, פירושו לפי דעת הרמב"ן זכרונו לברכה כי מפני שהוא כולל שאר מלאכות גם כן, שהן באזהרת מיתת בית דין, אף על גב דבמחמר ודאי אין בו אלא לאו גרידא דאפילו מלקות נמי אין בו, אף על פי כן נקרא הלאו הזה לאו שנתן לאזהרת מיתת בית דין מפני אותן דברים שהוא כולל, שיש בהן מיתת בית דין. וכעין זה אמרו זכרונם לברכה בראשון של ערובין)יז, ב(בלאו דאל יצא איש ממקומו, דכיון שהוא כולל אף מוציא מרשות לרשות, כדרשה שדרשו בו אל יוציא דהוה ליה מעתה לאו שנתן לאזהרת מיתת בית דין במקצת ענינו, וכיון שכן הוא אית לן למימר ביה בכל עניניו שאין לוקין עליו. ועל אותו הדרך בעצמו נפרש בלאו דמחמר בכאן. **משרשי** מצוה זו, שנהיה פנוים מעסקינו לכבוד היום לקבע בנפשתינו אמונת חדוש העולם שהיא חבל המושכת כל יסודי הדת, ונזכר ביום אחד בכל שבוע ושבוע שהעולם נברא בששת ימים חלקים, ובשביעי לא נברא דבר, ובכל יום ויום נבראו ענינים חלקים, להורות על הרצון הפשוט, שלא כדעת המתפלספים

הנמאסים לנו בדעתם זה, שחושבים לאמר, שעם היותו ברוך הוא היה הכל. ובמנוחתנו בשביעי זכר לנו בחדושו של עולם, כי כשישבתו בני אדם כלם ביום אחד בשבוע, וישאל כל שואל מה עילת זאת המנחה? ויהיה המענה כי ששת ימים עשה ה' וגו', כל אחד יתחזק מתוך כך באמונה האמתית. ומלבד זכירת חדוש העולם יש בו זכירת נס מצרים שהינו עבדים שם ולא הינו יכולים לנוח בעת חפצנו במנחה, והאל הצילנו מידם וצונו לנוח בשביעי, ועל כן זכר במשנה תורה זה השרש השני שיש לנו במנחה, ואמר שם במצות שבת)דברים ה טו(וזכרת כי עבד היית בארץ מצרים וגו' על כן צוך יי אלהיך לעשות את יום השבת. **דיני** המצוה, כגון מה הן הדברים הנקראים עקר מלאכות לחיב בהן העושה אותן כגון ארבעים מלאכות חסר אחת שמנו חכמים ותולדותיהן, והמלאכות הקלות שאסרו הם ז"ל לגדר, והדברים גם כן הנקראין שבותין. ומה שלמדו ז"ל)יומא פה א, ב(מן הכתוב כי דוחין הכל להצלת נפשות, וכי הזריז לחלל שבת בשביל הצלת נפשות הרי זה משבח. והטעם לפי שסבת עשית המצוה הוא האדם, וקיום הסבה הוא קיום הכל. ומפני כן אמרו זכרונם לברכה)שם פג, א(שנאמן כל חולה לומר צריך אני שתחללו שבת עלי, וכל חולה בקדחת שוכב על ערש דוי בכלל סכנה הוא לחלל שבת עליו.)ע"ז כח, א(ויתר רבי פרטיה, מבוארים במסכת שבת ויום טוב)א"ח סי שכח(. **ונוהגת** בכל מקום ובכל זמן בזכרים ונקבות. והעובר עליה במזיד נסקל, והוא שיהיו שם עדים והתראה. כלל זה בידך לעולם, שאין מיתה או מלקות אלא בעדים והתראה, וההתראה לעולם להבחין בין שוגג למזיד. ודע זה העקר בכל מקום, ולא תשאל ממני להחזירו. ואם עשה מלאכת מחשבת בשוגג מביא חטאת קבועה)ביצה יג, ב(.

Mitzvah 32

To not do work on Shabbat: To not do work on the day of Shabbat ourselves; and not allow our children, slaves and animals to do so, as it is stated (Exodus 20:10), "you shall not do work, etc." There is no doubt that even though the verse issues a [single blanket] prohibition on us, our children, servants, and animals, they are not all equal; as we see that one who volitionaly does work with his own body will be liable for the death penalty in a court. But with the work of others - even though he is warned about them with a negative commandment - he is not liable for them; [not] even with lashes, as lashes are never for the act of others. And from the language of Rambam, may his memory be blessed, (Mishneh Torah, Laws of Sabbath 20:1) it is implied that he holds that this prohibition of " you shall not do work, you [...] and your animal," comes upon letting an animal work (mechamer) while being behind it - for example, that he is using it to plow. As, according to his opinion, letting an animal work by itself is only a prohibition

ספר החינוך Sefer HaChinukh

[embedded] in a positive commandment. And hence, according to his opinion, they said in the Gemara (Shabbat 154a) that this negative commandment of letting your animals do work is a negative commandment that is given over to the warning of a death penalty from the court - meaning to say, that a man is killed for it, and [so] there are no lashes for it. But Ramban, may his memory be blessed, (on Sefer HaMitzvot LaRambam, Shorashim 14) wrangles with him greatly on this explanation, and says that this negative commandment of letting your animals do work is only about walking behind his animal laden with his load, while the man does not do any act with his hands. And therefore, neither lashes nor the death penalty would ever come to him; and it is as that which has been established for us, we do not administer lashes for any negative commandment that does not have an act. [And it is] like they, may their memory be blessed, expounded (Shabbat 154b), "'You [...] and your animal' - let it write, you shall not do work and your animal'; why do I need 'you?' [To tell you] that when he does work, he is liable; but for the work of his animal he is not lia work ble." Rather, he is [just] warned about it with a negative commandment, like with the work of his young child and his Canaanite slave. But for his own actual work - for that there was no reason to say that he is liable, as behold, his punishment is explicit (Exodus 34:2), "any one who does work on it shall die." And according to the opinion of Ramban, may his memory be blessed, the explanation of that which they said in the Gemara about the negative commandment of letting your animal do work, that it is a negative commandment that is given over to the warning of a death penalty from the court, is that since it also includes the other [types of] work which [come] with a warning of a death penalty from the court - even though with letting your animal work there is certainly only a negative commandment, as there is also not [even] lashes with it - nonetheless, this negative commandment is [called] a negative commandment that is given over to the warning of a death penalty from the court because of those things that it includes that have death penalties of the court. And similar to this did they, may their memory be blessed, say in the first chapter of Eruvin 17b about the negative commandment of "let no man leave his place": Since it also includes carrying out from one domain to another - like the teaching that they expounded, [read, do not go out (yetseh), as] do not carry out (yotsee) - that it is from now a negative commandment that is given over to the warning of a death penalty from the court in some of its matters. And since it is so, we can say that we do not administer lashes for it, in all of its matters. And in exactly the same way, we can explain the negative commandment of not letting your animal do work here. It is from the roots of this commandment that we should be free from our preoccupations in honor of the day [of Shabbat], in order to instill within our souls faithfulness to the [concept of the] universe's creation, which is [a concept that affects many fundamental principles in Judaism] (lit. a rope that drags along all the foundations of our religion). And we remember once a week, every week, that the universe was created in six distinct days, that nothing was created on the seventh day, and that different [types of creations] were brought into being each day. [All of this confirms the Torah's philosophical idea of God's] Simple (Single) Will, which differs from the philosophers' view, that disgusts us in their idea regarding this matter that [alongside] the Blessed One ['s existence] was everything. And through our rest on the seventh day we are reminded of the universe's creation; because, when everyone simultaneously rests once a week, curious people will ask what is the point of this rest? And the answer will be "because [in] six days God created, etc." (Exodus 31:17). [And through that answer], everyone will be strengthened in the true faith. And in addition to remembering the universe's creation, there is in [Shabbat] also a remembering of the miracle of [the exodus from] Egypt - that we were slaves there and we were not able to rest whenever we desired to rest, and God saved us from their hands and commanded us to rest on the seventh day (Shabbat). Therefore, the second root is mentioned in Deuteronomy (lit. the repetition of the Torah), as it states in the [context of] the commandment of Shabbat, "And you should remember that you were a slave in the land of Egypt, etc. therefore the Lord, your God, commanded you to [observe] (lit. make) the day of Shabbat" (Deuteronomy 5:15). The laws of the commandments - for example, what are the things that are called the main types of work (melakhot) to make one liable for those that do them, like the forty minus one types of work counted by the Sages and their derivatives, and the light types of work that they, may their memory be blessed, forbade [so as] to make a fence, and the things that were also called Shabbat prohibitions (shevootin); and that which they, may their memory be blessed, learned from the verse that everything is pushed off for saving lives (Yoma 85) and that one who shows alacrity to profane the Shabbat to save lives, behold it is praiseworthy, and the reason is that the cause of the doing of the commandments is man and preserving the cause is [therefore] preserving everything, and because of this, they, may their memory be blessed, said (Yoma 83a), that any patient is believed to say I need that you profane the Shabbat for me, and any patient with fever laying on a sick bed is included [in the category of being in] danger that we profane the Shabbat for him (Avodah Zarah 28a); and the rest of its many details - are [all] elucidated in Tractate Shabbat and Yom Tov (See Tur, Orach Chaim 328). **And** [it] is practiced in every place and at all times by males and females. And one who transgresses it volitionally is stoned, and that is when there are witnesses and a warning there. [Let] this rule be in your hand always - that the death penalty or lashes is only administered with witnesses and a warning - and the warning is always to distinguish between [the] inadvertent and [the] volitional. And know this fundamental and do not ask from me to review it. And if he did thoughtful work (melekhet machshevet) inadvertently, he brings a fixed sin offering (Beitzah 13b).

מצוה לג

מצות כיבוד אב ואם - לכבד האב והאם, שנאמר)שמות כ יב(כבד את אביך ואת אמך וגו'. ובא הפרוש)קדושין לא, ב(אי זהו כבוד, מאכיל ומשקה מלביש ומכסה מכניס ומוציא. **משרשי** מצוה זו, שראוי לו לאדם שיכיר ויגמל חסד למי שעשה עמו טובה, ולא יהיה נבל ומתנכר וכפוי טובה שזו מדה רעה ומאוסה בתכלית לפני אלקים ואנשים. ושיתן אל לבו כי האב והאם הם סבת היותו בעולם, ועל כן באמת ראוי לו לעשות להם כל כבוד וכל תועלת שיוכל, כי הם הביאוהו לעולם, גם יגעו בו כמה יגיעות בקטנתו, וכשיקבע זאת המדה בנפשו יעלה ממנה להכיר טובת האל ברוך הוא שהוא סבתו וסבת כל אבותיו עד אדם הראשון, ושהוציאו לאויר העולם וספק צרכו כל ימיו והעמידו על מתכנתו ושלמות אבריו, ונתן בו נפש יודעת ומשכלת, שאלולי הנפש שחננו האל, יהיה כסוס כפרד אין הבין, ויעריך במחשבתו כמה וכמה ראוי להזהר בעבודתו ברוך הוא. **דיני** המצוה, כגון כבוד זה מנכסי מי חיב לעשותו אם משל אב או משל עצמו, והלכה)שם לב א(משל אב אם יש לו נכסים לאב ואם לאו יחזר הבן אפילו על הפתחים)עי' ירושלמי קידושין א ז(ויאכיל אביו, וכבוד אב ואם אי זה קודם ועד היכן כבוד אב, ואם מחל על כבודו אם יהיה מחול. ואם יראנו עובר על דברי תורה באיזה לשון ימנעהו, ואם יצוהו אביו לעבר על דברי תורה שלא יאמינהו בזה, וכי חיב לכבדו בחיו ובמותו, וכיצד הוא הכבוד במותו, ויתר פרטיה, מבוארים בקדושין וקצת מהן במקומות אחרים מהגמרא)יו"ד סימן ר"ס(. **ונוהגת** בכל מקום ובכל זמן בזכרים ובנקבות)קידושין לא, א(כל זמן שאפשר להן, כלומר בכל עת שלא ימנעו אותן בעליהן. והעובר עליה,

בטל עשה וענשו גדול מאד שנעשה כמתנכר לאביו שבשמים, ואם יש כח בבית דין כופין אותו כמו שכתבנו למעלה)במצוה ו(שבבטול עשה כופין בית דין.

Mitzvah 33

The commandment to honor father and mother: To honor father and mother, as it is stated (Exodus 20:12), "You shall honor your father and your mother." And the explanation (Kiddushin 31b) comes to [define it], "What does it mean to 'honor'? To feed, give drink, dress, bring in, and take out." **From** the roots of this commandment is that it is fitting for a person to acknowledge and return kindness to people who were good to him, and not to be an ungrateful scoundrel, because that is a bad and repulsive attribute before God and people. And he should take to heart that the father and the mother are the cause of his being in the world; and hence it is truly fitting to honor them in every way and give every benefit he can to them, because they brought him to the world, and worked hard for him when he was little. And once he fixes this idea in his soul, he will move up from it to recognize the good of God, Blessed be He, who is his cause and the cause of all his ancestors until the first man (Adam), and that he took him out into the world's air, and fulfilled his needs every day, and made his body strong and able to stand, and gave him a mind that knows and learns - for without the mind that God granted him, he would be 'like a horse or a mule who does not understand.' And he should think at length about how very fitting it is to be careful in his worship of the Blessed be He. **The** laws of this commandment - for example, whose property should be spent on this honor, the child's or the parent's, and the ruling (Kiddushin 32a) is that it is out of the parent's if the parent has assets, but if not, the child must even beg door to door (see Talmud Yerushalmi Kiddushin 1:7) in order to feed their parent; which takes priority, honoring the father or the mother; if [the parent] waives that honor [if it is effective]; if the child sees the parent violating the Torah's words, with what words should they stop them; if his father commands him to violate the Torah's words, that he should not believe him about it; that the child is obligated to honor [the parent] in life and in death, and how is the honor in death; and the rest of its details - are [all] elucidated in Tractate Kiddushin and in a few other places in the Gemara (See Tur, Yoreh Deah 260). **And** [it] is practiced in every place and at all times by males; and by females (Kiddushin 31a) any time it is possible for

Sefer HaChinukh   ספר החינוך

them - meaning to say when their husbands do not prevent them. And one who transgressed it violated a positive commandment, and his punishment is very great; for they are like one who ignores their Heavenly Father. And if the court has the power, they coerce him; as we wrote above (in Sefer HaChinukh 6) that the court coerces with regards to the negation of a positive commandment.

מצוה לד

שלא להרג נקי - שלא להרג נפש, שנאמר (שמות כ יג) לא תרצח. **שורש** מצוה זו, ידוע ונגלה לכל רואי השמש, כי השם יתברך ברא העולם וצונו לפרות ולרבות כדי לישבו לפניו, ומנענו שלא נחריבהו בידינו להרג ולאבד הבריות שהן המישבות העולם. ואולם הרשעים הגמורים כגון המינים והמלשינים אינן מישבי העולם, ועליהם אמר הכתוב (משלי יא י) באבד רשעים רנה. לפי שהם לא יושיבו העולם, אלא יחרבוהו בכל כחם. וזהו מה שאמר חכם מחכמינו ז"ל באבוד הרשעים (בבא מציעא פג, ב) קוצים אני מכלה מן הכרם, כלומר באבדן אלה יתישב העולם יותר, כמו שפרות הכרם מתרבים וטובים יותר בסלוק הקוצים ממנו. **מדיני** המצוה, מה שאמרו ז"ל (סנהדרין פח א) שאחד ההורג את הבריא או את החולה נטוי למות, ואפילו הגוסס בחלי בדי שמים נהרג עליו. ודין משפט הרוצח כיצד, ויתר פרטיה, מבוארין בפרק תשיעי מסנהדרין ושני ממכות (ח"ה תכה). **ונוהגת** בכל מקום ובכל זמן בזכרים ונקבות, והעובר עליה ורצח במזיד ויש עדים שהתרו בו, הורגין אותו בסיף (שם עא, ב) בשוגג, למטה נכתב דינו בעזרת השם בסדר אלה מסעי (מצוה תט).

Mitzvah 34

To not kill the innocent: To not kill a soul, as it is stated (Exodus 20:13), "You shall not kill." **The** root of this commandment is well-known and revealed to all that see the sun. As God, may He be blessed, created the world and commanded us be fruitful and multiply, in order to settle it in front of Him. And [so] He prevented us, that we not destroy it with our hands, to kill and destroy the creatures which are the settlers of the world. However, the total evildoers - for example, the heretics and the talebearers - are not from the settlers of the world. And about them, the verse states (Proverbs 11:10), "with the destruction of the evildoers is there glee" - because they do not settle (civilize) the world, but rather destroy it with all their might. And this is what one sage from our Sages, may their memory be blessed, said about the destruction of the evildoers (Bava Metzia 83b), "I am ridding the thorns from the vineyard" - meaning to say that with the destruction of these, the world will be more settled, [just] like with the removal of thorns (weeds), the fruits of the vineyard multiply and are better. **From** the laws of this commandment - that which they, may their memory be blessed, said (Sanhedrin 88a) [that] it is the same whether one kills a healthy person or a sick person close to death - and even if he is dying from a sickness by the hand of the Heavens - he is [still] killed for it; the law of the trial of a murderer; and the rest of its details - are elucidated in the ninth chapter of Sanhedrin and the second chapter of Makkot (See Tur, Choshen Mishpat 425). **And** [it] is practiced in every place and at all times by males and females. And we kill with the sword one who transgresses it and kills volitionally, [if] there are witnesses who warned him (Sanhedrin 71b). About inadvertence, we will write its law below, with God's help in the Order of Eleh Masaaei (Sefer HaChinukh 409).

מצוה לה

שלא לגלות ערות אשת איש - שלא לבא על אשת איש, שנאמר)שמות כ יב(לא תנאף. ובא הפרוש שלשון נאוף סתם משמע באשת איש, כמו שאמרו ז"ל)רש"י עה"ת שם(אין נאוף אלא באשת איש. ונכפל זה הלאו בסדר אחרי מות שכתוב שם בפרוש)ויקרא יח כ(ואל אשת עמיתך וכו'. **משרשי** מצוה זו, כדי שתתישב העולם כאשר חפץ השם, והשם ברוך הוא רצה שיהיו כל עולמו עשין פרותיהן כל אחד ואחד למינהו ולא שיתערבו מין במין אחר. וכן רצה שיהיה זרע האנשים ידוע של מי הוא ולא יתערבו זה עם זה. ועוד ימצאו כמה הפסדין בניאוף שתהיה סבה לבטל כמה ממצות האל עלינו שצונו בכבוד האבות ולא יכרו לבנים עם הנאוף. ועוד יהיה כשלון במה שנצטוינו גם כן שלא לבא על האחות ועל הרבה נשים, והכל יעקר בסבת הנאוף, שלא יכירו בני אדם קרובותיהן, ויש צד גזל שהוא דבר ברור שהשכל מרחיקו, גם כי סבה לאבוד נפשות, כי ידוע הרבה בטבע בני אדם שמקנאין על נאוף בת זוגם עם אחרים ויורדין עם הנואף עד לחייו, וכמה תקלות מלבד אלה. **דיני** המצוה, כגון הרחקת הענין שלא להתיחד עמהן, ומשפט הנואף והנואפת גם כן שגם היא באסור ובדין, ויתר פרטיה מבוארים במסכת סנהדרין ובמקומות בגמרא)ה' איסורי ביאה פ"ו(. ושם בסנהדרין)נא, א(מתבאר שהנואף עם אשת איש גמורה שניהם בחנק. והנואף עם נערה מארסה שניהם בסקילה, ועם בת כהן היא תשרף והוא יחנק. ואסור אשת איש הוא מן המצות שהן על כל בני העולם בכלל בין ישראל בין גוי. אבל יש חלוק קצת בענין, שאין אישות לגוי אלא על ידי בעילה וישראל קונה אותה בקדושין)סנהדרין נז, ב(.

ספר החינוך Sefer HaChinukh

Mitzvah 35
To not reveal the nakedness of a man's wife: To not have intercourse with a man's wife, as it is stated (Exodus 20:13), "You shall not commit adultery." And the explanation comes that the undifferentiated expression, "adultery," indicates with a man's wife, as they, may their memory be blessed, said (Rashi on Exodus 20:13), "Adultery is only with a man's wife." And this negative commandment is repeated in the Order of Achrei Mot, as there it is written explicitly (Leviticus 18:20), "And to your neighbor's wife, etc." **It** is from the roots of this commandment [that it is] so that the world be settled as God desired. And God, blessed be He, wanted that all of His world makes their fruit, each and every one according to their species, and not that one specie mix with another specie. And so [too], did He want that the seed of men be known to whom it is, and not that they be mixed, one with the other. And also, there are several losses found with adultery: That it would be the cause of negating several of the commandments of God to us, as He commanded us in the honor of fathers and they would not be recognized by their children due to adultery; and there would be a stumbling block in that which we were also commanded not to have intercourse with the sisters and with many women - and it is all uprooted by reason of adultery, as people will not recognize their relatives. And there is an angle of theft, which is something clear that everybody pushes off. It is also a cause for the destruction of life, as it is very known in the nature of people that they are jealous about the adultery of their spouse with others, and [so] they will fight [to the death] with the adulterer. And there are several other mishaps besides these. **The** laws of the commandment - for example, distancing the matter [by] not isolating ourselves with them; and the sentence of the adulterer and also the adulteress, since the adulteress also [has] the prohibition and the penalty; and the rest of its details - are [all] elucidated in Tractate Sanhedrin and [other] places in the Gemara (Mishneh Torah, Laws of Forbidden Intercourse 6). And there in Sanhedrin 51a, it is elucidated that [in the case of] an adulterer with a totally married women, both of them [get] strangulation. And [in the case of] an adulterer with a betrothed maiden, both of them [get] stoning. And with the daughter of a priest, she is burnt and he is strangled. And the prohibition of a man's wife is from the commandments that are upon all people in the world more generally, whether Jew or whether gentile. But there is a small difference in the matter, as there is no marriage for a gentile except

through intercourse; whereas a Israelite acquires her with sanctification (kiddushin) (Sanhedrin 57b).

מצוה לו

שלא לגנב נפש מישראל – שלא_לגנב נפש מישראל, שנאמר)שמות כ יג(לא תגנב, ובא הפרוש שבגונב נפשות הכתוב מדבר)סנהדרין פו, א(_שורש המצוה נגלה הוא. **דיני** המצוה, כגון מה שאמרו)הרמב"ם הלכות גנבה פ"ט הלכה ו'(אין חלוק בין גדול לקטן ובין איש לאשה, דנפש מכל מקום משמע. ודין האב הגונב בנו או הרב את תלמידו, ויתר פרטיה מבוארים בפרק י"א מסנהדרין. ואסורה נוהגת בכל מקום בזכרים ונקבות. והעובר עליה וגנב נפש, חיב חנק, והוא שמכר אותו נפש, שכן בא הפרוש)סנהדרין פ"ה ב'(שאין החיוב חל עליו עד שימכר, שכתוב אחר מגלה עליו, דכתיב וגונב איש ומכרו מות יומת)שמות כא טז(.

Mitzvah 36

To not steal a soul of Israel: To not steal a soul of Israel, as it is stated (Exodus 20:13), "You shall not steal." And the explanation comes that the verse is speaking about stealing souls (kidnapping) (Sanhedrin 86a). **The** root of the commandment is revealed. **The** laws of the commandment - for example, that which they said (Mishneh Torah, Laws of Theft 9:6) [that] there is no difference between an adult and a child or between a man and a woman, as "a soul" implies all cases; the law of a father who steals his son or a master who steals his student; and the rest of its details - are [all] elucidated in Chapter Eleven of Sanhedrin. And its prohibition is practiced in every place and at all times. And one who transgresses it and steals a soul is liable for strangulation, and that is if he has already sold that soul. As so came the explanation (Sanhedrin 85b) that the liability does not rest upon him until he sells; since another verse reveals this, as it is written (Exodus 21:16), "And he steals a man and sells him [...], he will surely be killed."

מצוה לז

שלא להעיד בשקר - שלא להעיד עדות שקר, שנאמר)שמות כ יג(לא תענה ברעך עד שקר, ונכפלה במקום אחר בלאו אחר עד שוא. **שרש** מצוה זו נגלה, כי השקר נמאס ונאלח לעין כל משכיל, גם כי בעדות אמת העולם עומד, שכל דברי ריבות בני אדם מתבטלים בעדות אנשים. ואם כן עדות שקר סבה לחרבן הישוב. **דיני** המצוה, כגון ממי מקבלין עדות)רמב"ם עדות ט א'(וממי אין מקבלין, ובמה יפסלו בני אדם להעיד, וכיצד קבלת העדות, וכי יש בני אדם שאין מעדין לכל אדם מרב מעלתן, ודרישת העדות והחקירה, והחלקין שבין עדות ממון לעדות נפשות, והחלוק שבין דרישה

Sefer HaChinukh ספר החינוך

לבדיקה, והחלוק שבין עדות בשטר לבעל פה, ויתר רבי פרטיה מבוארין בסנהדרין ובמקומות בגמ' (ח"ה לח(סנהדרין)יח א, לב א, מב א(. **ונוהגת** בכל מקום ובכל זמן בזכרים אבל לא בנקבות, שאין הנשים בתורת עדות, שהעדות צריך כיון וישוב הדעת הרבה. והעובר על לאו זה והעיד עדות שקר בחבירו, שם הכתוב)דברים יט יט(גבול ענשו לעשות לו כאשר חשב לעשות לחבירו, ויש בו מלקות)מכות ב, א(כמו כן. ושם בסנהדרין גם כן מתבאר.

Mitzvah 37

To not testify falsely: To not testify [with] false testimony, as it states (Exodus 20:13), "You shall not bear false witness against your neighbor." And it is repeated in another place in another negative commandment - the "vain witness." **The** root of this commandment is revealed, as falsehood is 'disgraceful and vile' in the eye of any intelligent one; also, because the world stands upon true testimony, since all [types] of arguments can be [settled by] the testimony of people. And, if so, false testimony is a cause for the destruction of the world. **The** laws of the commandment - for example, from whom do we accept testimony (Mishneh Torah, Laws of Testimony 9:1) and from whom do we not accept [it]; what is it that disqualifies people from testifying; how is [the process] of accepting testimony; that there are people that do not testify for anyone, due to their great stature; examination of the testimony and the interrogation; the differences between testimony in financial cases and capital cases; the difference between investigation and corroboration; the difference between [written] testimony and oral; and the rest of its many details are elucidated in Sanhedrin and in [other places] in the Gemara (See Tur, Choshen Mishpat 38). **And** [it] is practiced in every place and at all time by males, but not by females. As women are not [included] in the category of testimony, since testimony requires focus and much concentration. And the verse put a limit on the punishment of the one who transgresses this negative prohibition and testifies falsely against his fellow, to do unto him as he thought to do his fellow (Deuteronomy 19:19). And there are also lashes for it (Makkot 2a). And it is also elucidated there in Sanhedrin.

מצוה לח

שלא לחמד - שלא להעלות במחשבתנו לעשות תחבלה לקחת לנו מה שהוא לזולתנו מאחינו, שנאמר)שמות כ יד(לא תחמד בית רעך וגו'. וכבר הוכיחו ז"ל)מכילתא יתרו(מפסוק אחר דכתיב)דברים ז כה(לא תחמד וגו' ולקחת

ספר החינוך Sefer HaChinukh

לך. שאסור לאו דלא תחמד אינו נגמר עד שיעשה בו מעשה. ואפילו נתן הדמים לחבירו על החפץ, עובר גם כן על לאו דלא תחמד, שאין לאו דלא תחמד נתקן בנתינת הדמים כל זמן שדרך הכרח לקחו ממנו, כן הוא הפרוש האמתי לרבותינו ז"ל. **משרשי** מצוה זו, לפי שמחשבה רעה היא זו וגורמת לו לאדם תקלות הרבה, שאחר שיקבע במחשבתו לקחת ממנו אותו הדבר שחמד מתוך אותה תאוה רעה לא ישגיח בשום דבר, ואם לא ירצה חברו למכרו יאנס אותו ממנו, ואם יעמד כנגדו אפשר שיהרגנו, כאשר מצינו בנבות שנהרג על כרמו שחמד ממנו אחאב (עיין הלכות גזילה ואבידה פ' א' ה' י"א). **דיני** המצוה, איך ראוי להתרחק הרבה מן המדה הרעה הזאת, מבוארים במקומות ובגמרא בפזור ובמדרשות (ח"ה סוף סימן שנט). **ונוהגת** בכל מקום ובכל זמן בזכרים ונקבות. ועובר עליה וחמד, ואפילו עשה בו שום מעשה אינו חיב מלקות, לפי שהוא דבר שנתן להשבון, שהרי אפילו אנסו ממנו להשבון נתן. ומכל מקום הרי הוא כעובר על מצות המלך יתעלה, וכמה שלוחים יש למלך יתעלה לטול נקמתו ממנו.

Mitzvah 38

To not covet: To not bring up to our thoughts to do a machination to take for ourselves that which is someone else's of our brothers, as it is stated (Exodus 20:14), "You shall not covet the house of your neighbor, etc." And they, may their memory be blessed, have already proven (Mekhilta d'Rabbi Yishmael 20:14:3) from a different verse [in which] it is written (Deuteronomy 7:25), "do not covet, etc. and you shall take for yourself," that the negative commandment of "you shall not covet" is not completed until he acts upon it. And even if he gives money to his fellow for the object [that he coveted], he [still] transgresses the negative commandment of "you shall not covet." As the negative commandment of "you shall not covet" is not rectified by the giving of money, so long as he took it from him coercively. Such is the true explanation of our Rabbis; may their memory be blessed. **It** is from the roots of this commandment that it is since it is a bad thought and causes a person many mishaps. As once he fixes it into his thought to take the thing that he covets from him, that bad desire will not pay attention to anything; and if his fellow will not want to sell it to him, he will take it from him by force. And if he stands up to him, it is possible that he will [even] kill him; as we found (I Kings 21) that Navot was killed for his vineyard that Ahav coveted from him (See Mishneh Torah, Laws of Robbery and Lost Property 1:11). **The** laws of this commandment [and] how it is fitting to greatly distance oneself from this bad trait are elucidated in scattered places in the Gemara and in the Midrash (See Tur, Choshen Mishpat 359 at the end). **And** [it] is practiced in every place and at all times by males an females. But one who transgresses it and covets - even if he does some act with it - is not liable for lashes, as it is something that is given to returning. As behold, even if he took it from him by force, it is [still] given to returning. And nonetheless, behold, he is like one that transgresses the commandment of the King, may He be elevated - and how many are the messengers of the King, may He be elevated, to take His vengeance from him!

מצוה לט

שלא לעשות צורת אדם אפילו לנוי - שלא לעשות צורת אדם משום דבר, הן ממתכות הן מעץ ואבן וזלתם, ואפילו לנוי, שנאמר)שמות כ כ(לא תעשון אתי, ודרשו ז"ל)ר"ה כד ב(לא תעשון אותי, כלומר לא תעשון דמיון אותה צורה דהינו גוף אדם שכתבתי עליה בתורתי)בראשית א כו(נעשה אדם בצלמנו, והכונה בכתוב מצד השכל שנתן בו. ומה שאמר בצלמנו על חלק השכל שבאדם, מפני שהשכל כלו הוא בו ברוך הוא, אבל אין שום דמיון אחר בינו ברוך הוא ובין שום בריה)שקדם ענינו(מנבראיו חלילה. ולאו דלא תעשה לך פסל שלא נעשה שום צורה שתעבד. וזה הלאו מיחד לצורת אדם שלא נעשה אותו כלל אפילו לנוי, וזה להרחיק עבודה זרה. **דיני** המצוה, כגון העושה צורת אדם חסר אבר אחד או יותר מה דינו, ויתר פרטיה מבוארים בפרק שלישי מעבודה זרה)מג א(ובמסכת סנהדרין)ז ב(אמרו שהלאו הזה כולל ענינים אחרים. אמנם עקר הלאו, במה שזכרנו, וכן אמרו במכלתא.)י"ד קמא סעיף ז(. **ונוהגת** בכל מקום ובכל זמן בזכרים ונקבות. והעובר עליה ועשה צורת אדם אפילו לנוי, עבר על מצות מלך ואין בה חיוב מלקות.

Mitzvah 39

Not to make the form of a man, even for decoration: Not to make the form of a man from any object - whether from metals, whether from wood, or stone, or anything else - and even for decoration, as it is stated (Exodus 20:20), "Do not make with me (eeti)." And they, may their memory be blessed, expounded (Rosh Hashanah 24b), "Do not make Me (oti," which can be spelled with the same letters as eeti), meaning to say, do not make a replica of that form - being the body of man - about which I wrote in My Torah (Genesis 1:26), "Let us make man in Our image." And the intention of the verse is from the angle of the intellect that He gave in him. And that which it stated, "in Our image," about the intellectual side of man is because all intellect is in Him, blessed be He. But there is no other comparison between Him, Blessed be he, and any creature (that preceded its matter) of His creatures, God forbid. And the negative commandment of "You shall not make a statue" is that we not make any form that will be worshiped, [whereas] this prohibition is specifically about the form of a man - that we should not make it at all, even for decoration. And this is to distance idolatry. **The** laws of the commandment - for example, what is the law of one who makes the form of a man lacking one or more limbs; and the rest of its details - are elucidated in the third chapter of Avodah Zarah. And in Tractate Sanhedrin 7b, they said that this negative commandment [also] includes other topics. However, the main negative commandment is about that which we have mentioned. And so [too], did they say in the Mekhilta (see Shulchan Arukh, Yoreh Deah 141:7). **And** [it] is practiced in every place and at all times by males and females. And one who transgresses it and makes the form of a man - even for decoration - violates the commandment of the King, but there is no liability for lashes.

מצוה מ

שלא לבנות אבני גזית - שלא נבנה מזבח אבנים שיגע בהן ברזל. שנאמר)שמות כ כב(לא תבנה אתהן גזית, פרוש גזית)רמב"ן שם(הוא כשפסלין מן האבן בכלי ברזל. ואם נבנה באבני גזית, פסול. **משרשי** מצוה זו, שנקבע בנפשותינו מיום עשותו שבסבתו תבא לנו מחילת העון והברכה והשלום אחרי כן, ועל כן לזכר זה הדבר נצטוינו שלא לעשות בו דבר בכלים המכנים להשחתה, וזהו הברזל שכורת ומכן תמיד לשפך דם. וכבר הקדמתי לך בתחלה כי האדם נפעל כפי פעלותיו, ומחשבותיו הולכות לעולם אחרי מעשיו, על כן ראוי לנו לעשות דמיונות הפעלות כפי כונת הדברים. והסכל המבהיל השומע דברים אלה לא ידע ולא יבין. **דיני** המצוה, כגון מהיכן היו מביאין אותן האבנים שבונין בהן המזבח, שאמרו ז"ל)מדות ג ד(כי מן בתולת קרקע או מן הים הגדול היו מביאין אותן, ודין אם נגע ברזל באבן אחר שנבנית במזבח אם פוסלת הכל או היא לבדה פסלה, ומה שאמרו ז"ל)שם(כשמלבנין את המזבח פעמים בשנה שלא ילבנוהו בכלי שיהא בו ברזל כדי שלא יגע הברזל באבן, ויתר פרטיה מבוארים במסכת מדות.)ה' בית הבחירה פ"א(. **ונוהגת** בזמן הבית בזכרים ונקבות, והעובר עליה ובנה אבן שנגע בה ברזל במזבח או בכבש, לוקה.

Mitzvah 40

To not build [with] hewn stones: That we should not build an altar of stones that metal would touch, as it is stated (Exodus 20:22), "do not build of hewn (gazit) stones." The explanation of hewn (Ramban on Exodus 20:22) is when we chisel from the stone with an iron tool. And if [the altar] is built with hewn stones, it is disqualified. **It** is from the roots of this commandment that we should fix into our souls from the day that we make [the altar], that forgiveness of iniquity, blessing and peace will come [through] it afterwards. And hence to remember this thing, we were commanded to not do anything upon it with tools that are fit for destruction - and that is [those made from] iron that cuts and is constantly ready to spill blood. And I have already prefaced for you at the beginning, that man is acted upon according to his actions, and [that] his thoughts always follow his deeds. Therefore, it is fitting for us to do symbolic actions, according to the intention of the things. And when the fool who is [too] rushed hears these things, he will not know nor understand [them]. **The** laws of the commandment - for example, from where they would bring these stones with which they would build the altar, that they, may their memory be blessed, said (Mishnah Middot 3:4) that they would bring them from virgin ground or from the Great Sea; the law of if metal touched a stone after the altar was built, whether all of it is disqualified or only it alone is disqualified; that which they, may their memory be blessed, said (Mishnah Middot 3:4), [that] when they whitewashed the altar twice a year, that they did not whitewash it with a tool that had iron in it, so that the iron not touch a stone; and the rest of its details - are [all] elucidated in Tractate Middot (See Mishneh Torah, Laws of The Chosen Temple 1). **And** [it] is practiced at the time of the [Temple] by males and females. And one that transgresses it and builds the altar or [its] ramp with a stone that iron touched is lashed.

מצוה מא

שלא לפסע על המזבח - שלא לעלות על המזבח במדרגות כדי שלא יעשה פסיעות גסות בעלותו, שנאמר (שמות כ כג) ולא תעלה במעלות על מזבחי אשר לא תגלה ערותך עליו. אלא כשהוא עולה שם מהלך בנחת וביראה, עקב בצד גודל, וכן נאמר במכלתא (יתרו שם). **משרשי** מצוה זו, מה שכתבנו במצוה הקודמת לה, לקבע בנפשותינו יראת המקום וחשיבותו, ועל כן הזהרנו שלא לנהג שם קלות ראש בשום ענין. והכל יודעין שהאבנים לא יקפידו בשום בזיון, שאינן רואות ולא שומעות, אלא כל הענין לתת ציור בלבנו ביראת המקום וחשיבותו וכבודו הגדול, כי מתוך הפעלה הלב נפעל, כמו שכתבתי. **דיני** המצוה, כיצד עושין הכבש כדי שלא יבואו לעבור עליו

בלאו זה, וצורתו וכל ענינו, מבוארים בפרק שלשה ממדות.)רמב"ם בית הבחירה ב יג(. **ונוהגת** בזמן הבית בזכרים ונקבות, והעובר עליה ופסע פסיעה גסה על המזבח עד שנגלה ערותו במזיד לוקה, וענוים ישכנו ארץ)תהלים לז יא(.

Mitzvah 41

To not take steps on the altar: To not ascend the altar with stairs, so that he not make large steps in his going up - as it is stated (Exodus 20:23), "And you shall not ascend My altar by stairs, that your nakedness not be exposed upon it." Rather, when he ascends there, he should walk slowly and with awe, [placing] his heel in front of his toe. And so is it said in the Mekhilta d'Rabbi Yishmael 20:23. **That** which we have written in the commandment that is before it is from the roots of this commandment - to fix the awe of the place and its importance in our souls. And, therefore, we were warned not to act with light-headedness there in any way. And everyone knows that the stones would not be exacting about any disgrace [to them], since they do not see and do not hear. Rather, the whole matter is to give an illustration in our heart of the awe of the place and its importance and great glory - as through action, the heart is acted upon, as we have written. **The** laws of the commandment - how we make the ramp so that they will not come to transgressing this negative commandment, its form and all of its content - are elucidated in the third chapter of Middot (See Mishneh Torah, Laws of The Chosen Temple 2:13). **And** [it] is practiced at the time of the [Temple] by males and females. And one who transgresses it and takes a large step, to the point that he reveals his nakedness, on the altar is lashed. And 'the humble ones will dwell in the land.'

<u>מצוה מב</u>

מצות דין עבד עברי - לדון בדין עבד עברי כמו שכתוב בפרשה, שנאמר)שמות כא ב(כי תקנה עבד עברי וגו'. כלומר שנעשה לו הדברים שנצטוינו בהן, כגון)קדושין יד, יז(לשלחו בשביעית, או בתוך שש אם פגע בו יובל, או בגרעון כסף, או במיתת אדון שלא הניח בן זכר. ולנרצע גם כן כדינו הכתוב בו, הכל כמו שלמדונו רבותינו ז"ל מתוך הכתוב, כמו שמפרש בפרק ראשון מקדושין)שם(. **משרשי** מצוה זו, שרצה האל שיהיה עמו ישראל אשר בחר עם קדוש מלא ומעטר בכל מדות טובות ומעלות, כי מתוך כך תחל הברכה עליהם, והחסד והרחמים מן המדות המשבחות שבעולם, ועל כן הזהירנו לרחם על אשר הוא תחת ידינו ולגמל לו חסד, כאשר כתוב

בפרשה, וכמו שידענו גם כן בקבלה. (ספרא בהר). **דיני** המצוה, כגון החלוקין שבין מוכר עצמו למכרוהו בית דין, והדברים שהוא נקנה בהם, ושהוא יוצא בהן לחרות, ושאר דיניו, מבוארין שם בקדושין. (טז א) (י"ד רסג). **ונוהגת** מצוה זו בזכרים אבל לא בנקבות, שאין האשה קונה עבד עברי. (ב"מ עא א) ודוקא בזמן שישראל שרוין על אדמתן, שכן בא הפרוש המקבל (ערכין כט א) שאין עבד עברי נוהג אלא בזמן שהיובל נוהג, ומפרש הוא (שם לב ב) שדין היובל אינו אלא בארץ. והעובר עליה ולא עשה לעבד מה שכתוב בו, בטל עשה, וגם מלמד נפשו להיות אכזרי, וכמעט שמעיד על עצמו שאינו מבני ישראל כי הם רחמנים בני רחמנים (שבת צז א, יבמות עט א).

Mitzvah 42

The commandment of the law of a Hebrew slave: To adjudicate the law of a Hebrew slave according to what is written in the section, as it is stated (Exodus 21:2), "When you acquire a Hebrew slave, etc." [This] means to say that we do the things to him that we are commanded about: For example, to send him away in the seventh year (Kiddushin 14b), or within the six years if the Jubilee occurs [before the end of his term], or by subtracting [with] money, or with the death of a master who did not leave a male child. And [we] also [do] for the "pierced one," according to the laws that are written about him. Everything is like our Rabbis, may their memory be blessed, taught us form the verse, as it is explained in the first chapter of Kiddushin 14b. **It** is from the roots of this commandment that God wanted His people Israel that He chose, to be a holy nation, full of - and crowned with - good and lofty traits; as blessing rests upon them from this. And kindness and mercy are from the most praiseworthy traits in the world. And therefore, he warned us have mercy on the one under our hand and to do kindness towards him, as is written in the section, and as we know also from the tradition (Sifra, Behar). **The** laws of the commandment - for example, the differences between one who sells himself and one who is sold by the court; the things for which he is sold and those for which he goes free; and the rest of its laws - are [all] elucidated there in Kiddushin (see Tur, Yoreh Deah 263). **And** the commandment is practiced by males, but not by females - as a woman does not acquire a Hebrew slave (Bava Metzia 71a). And [this is] specifically when Israel is dwelling on its land - as so does the received explanation (Arakhin 29a) come [to tell us], that [the law of] a Hebrew slave is only practiced when the Jubilee is practiced. And it is explicit (Arakhin 32b) that the law of Jubilee is only in the Land. And one who transgresses it and does not do to the slave that which is written about him, negates a positive commandment, and also teaches his soul to be cruel. And it is almost as if he testifies about himself that he is not from the Children of Israel, since they are merciful ones [who are] the children of merciful ones (Shabbat 97a; Yevamot 79a).

מצוה מג

מצות יעוד של אמה העבריה - ליעד אמה העבריה, כלומר שאותו ישראל שקנה אמה העבריה שישאנה לו לאשה או יתננה לבנו לאשה, שנאמר (שמות כא ח) אם רעה בעיני אדוניה אשר לו יעדה והפדה, ואמרו ז"ל (רש"י שם) כאן רמז לך שמצוה ביעוד. ובפרוש אמרו ז"ל (בכורות יט א) מצות יעוד קודמת למצות פדיה. **משרשי** מצוה זו, שרחם האל על העניה הנמכרת ועל אביה שנצטרך למכרה, וצוה את הקונה אותה לשא אותה לאשה ולעשותה גברת, כי אל חנון ורחום הוא. ואם אין הקונה חפץ בה לעצמו, שישיאנה לבנו, כי גם עם בן אדוניה תשמח ותגל, או שיגרע מפדיונה מכל מקום ויסיענה שתצא מעבדות, ולא שיגרם על כל פנים שתעמד תחת ידו עד זמן המכר גם אם ישרה בעיניו עבודתה הרבה. וכל זה מחסדי האל על ברואיו וממדותיו המעלות. **דיני** המצוה, כגון עד מתי הבת נמכרת, ושאינה נמכרת על ידי אדון, כלומר ואפילו עבר ומכרה אין המכירה כלום, ושהאב יכול למכרה כמה פעמים, הדברים שהיא נקנית בהן, ושהיא יוצאת בהן לחרות, ובכמה יציאות היא יתרה על העבד, ודיני הבוגרת, וזמן האילונית, ויתר פרטיה מבוארים בראשון של קדושין (יד ב). **ונוהגת** בזמן שהיובל נוהג דוקא. (גיטין סה, א) והעובר עליה ולא יעדה לא לו ולא לבנו ולא סיע בפדיונה, לא קים מצוה זו, אבל אין לכופו לפי הדומה על קיום מצוה זו, שהרי כתוב שם בפרוש (שם יא) ואם שלש אלה לא יעשה לה, מכלל שהתורה הניחה הדבר ברצונו. ואם נשאה לאשה או השיאה לבנו כמו שכתבנו, עשה כראוי ותבא עליו ברכה, ובנים טובים וכשרים ראוים לצאת מזוגם.

Mitzvah 43
The commandment of designation of a Hebrew bondwoman: To designate a Hebrew bondwoman, meaning to say that the Israelite that acquired a Hebrew bondwoman marry her as a wife or give her to his son as a wife, as it is stated (Exodus 21:8), "If she is bad in the eyes of her master, who designated her for himself, he must let her be redeemed." And they, may their memory be blessed, said (Rashi on Exodus 21:8) that here is a hint for you that there is a commandment of designation. And they, may their memory be blessed, explicitly said (Bekhorot 19a) that the

ספר החינוך Sefer HaChinukh

commandment of designation is before the commandment of redemption. **It** is from the roots of this commandment that God had mercy on the poor one that is sold and upon her father who needed to sell her. And [so] He commanded the one who acquires her to marry her as a wife and to make her a patroness - as He is a graceful and merciful God. And if the acquirer does not want her for himself, [he is commanded] to marry her to his son, as she will also be happy and rejoice [to be married] to the son of her master; or - in any event - to reduce her redemption [price] and help her that she should go out from slavery. And, in any case, he should not cause her to stay under his hand until the time of her sale [is completed] - even if her work is very [good] in his eyes. And all of this is from the kindnesses of God upon his creatures and from His elevated traits. **The** laws of the commandment - for example, until when the daughter can be sold; that she cannot be sold by her master, meaning to say that even if he transgressed and sold her, his sale is nothing (ineffective); that the father can sell her several times; the things for which she is sold and those for which she goes free and how many more ways out she has than the [male] slave; the law of the girl who has just become an adult (bogeret); the time of [waiting before determining a woman to be] a sterile woman; and the rest of its details - are [all] elucidated in the first [chapter] of Kiddushin. **And** [it] is only practiced at the time that the Jubilee is practiced (Gittin 65a). And one who transgresses it and does not designate her - not for him, and not for his son - and does not help with her redemption, has not performed this commandment. However, it appears that we do not coerce him about the fulfillment of this commandment; as behold, it is written there explicitly (Exodus 21:11), "And if he does not do these three to her." [From here,] it is implied that the Torah left the thing up to his will. But if he married her as a wife or married her to his son, as we have written, he has done what his fitting. And a blessing will come upon him and good and proper children are fitting to come from their union.

<u>מצוה מד</u>

מצות פדיון אמה העבריה - לפדות אמה העבריה, שנאמר (שמות כא ח) והפדה. וזו מצות עשה, כלומר שיסיע האדון הקונה אותה בפדיונה ויתן לה מקום לשוב לבית אביה, כמו שאמרו ז"ל (קדושין יד ב) שמגרע פדיונה ותצא, כלומר שאם לקחה בששים דנרים לשש שנים ועבדה שלש וקמצה שלשים דנרים, שיקחם וישלחנה ולא יטעון עליה שתשלים שנות עבודתה

Sefer HaChinukh

על כל פנים, או שיאמר מעותי היו בטלות אצלה, תוסיף לי רוח אם תרצה לצאת, שאין זה אלא רע לב, ולבני ישראל שהם בני מלכים רחמנים בני רחמנים, ראוי להם לעשות חסד עם הבריות, אף כי לאשר עבדום, ואפילו יום אחד. **משרשי** המצוה מה שכתבנו ביעוד, ופרטיה גם כן שם בקדושין.

Mitzvah 44
The commandment of redemption of a Hebrew bondwoman: To redeem a Hebrew bondwoman, as it is stated (Exodus 21:8), "he must let her be redeemed." And that is a positive commandment, meaning to say that the master that acquired her, help her in her redemption and give her room to go back to the house of her father. [It is] like they, may their memory be blessed, said (Kiddushin 14b), "He reduces the price and she leaves." [This] means to say that if he took her for [the price of] sixty dinars over six years and she worked three years and gathered thirty dinars, that he should take them and send her away. And he should not claim about her that she must finish the years of her bondage regardless, or say, "My money was sitting idly with you; if you want to leave, add the profit to me [that the money should have produced while it was idle]" - as this is only evil-heartedness. And for the Children of Israel who are the children of kings, merciful ones [who are] the children of merciful ones, it is fitting to do kindness with the creatures, even those who serve them, and even [if it is] for one day. **That** which we have written about [the previous commandment of] designation (Sefer HaChinukh 43) is from the roots of this commandments. And its details are also there in Kiddushin.

מצוה מה

שלא ימכר אמה עבריה הקונה אותה מיד האב - שכל מי שיקנה אמה עבריה לא ימכרנה לאדם אחר לעולם, שנאמר (שמות כא ח) לעם נכרי לא ימשל למכרה וגו', ופרושו כתרגומו, לגבר אחרן. ולהרחיק הדבר נאמר בלשון זה, כלומר שדומה לעניה הקטנה אם מוכרה לאדם אחר שנית כאלו ימכרנה לעם נכרי. **משרשי** המצוה, שרצה האל לזכותנו וצונו להתנהג במדת החמלה האהובה לפניו. **דיני** המצוה כתוב למעלה (מצוה מג) במצות יעוד (ה' עבדים פ"ד).

Mitzvah 45
That the one who acquires the Hebrew bondwoman from the father not sell her: That anyone who acquires a Hebrew

bondwoman not sell her to another man ever, as it is stated (Exodus 21:8), "he shall not have the right to sell her to a foreign people, etc." And the explanation [of the phrase] is like [Onkelos' Aramaic] translation, "to another man." And it was stated with this wording to distance this thing - meaning to say that if he sells her to a second man, it is for this poor little one similar to if he sold her to a foreign people. **From** the roots of this commandment is that God wanted to give us merit and commanded us to act with the trait of compassion, which is beloved in front of Him. **The** laws of the commandment are written above in the commandment of designation (Sefer HaChinukh 43) (See Mishneh Torah, Laws of Slaves 4).

מצוה מו

שלא לגרע שאר כסות ועונה - שכל קונה אמה העבריה ויעדה שלא יגרע לה שארה כסותה ועונתה ופרוש)כתובות מז ב(שאר מזון, וכסות כמשמעו, ועונה דרך ארץ. ובכלל לאו זה כל-בנות ישראל)גם כן(שלא לגרע להן דבר מאלה. קל וחמר הדברים, אם לזו לא יגרע, כל שכן לאחרות בנות חורין. וזה שכתוב)שמות כא ט(כמשפט הבנות יעשה לה, אמרו במכילתא)שם(שהוא בא ללמד ונמצא למד, שהבנות למדות ממנה. **מדיני** המצוה, מה שאמרו רבותינו ז"ל)כתובות נו א(המתנה עם אשתו על מנת שאין לך עלי שאר כסות ועונה מה דינו, ומה שאמרו)שם סא א(שהאשה עולה עם הבעל ואינה יורדת. ולפיכך מחשבין מזונותיה וכסותה לפי מעלתו, וענין חלוק העונות שהוא לפי כבד אמנות האיש, עד שאמרו ז"ל)שם סב ב(שעונת הספן פעמים בשנה, והגמל פעם בחדש, ותלמיד חכם פעם אחת בשבוע וראוי לו)שם(שתהיה ליל שבת. ויתר פרטיה מבארים בסדר נשים בפזור. ונוהגת מצוה זו לענין בת חורין בכל מקום ובכל זמן בזכרים, והעובר עליה וגרע לאשתו אחת משלש אלה מרצונו על צד שיכון להכאיבה עבר על לאו)רמב"ם ספר המצוות ל"ת רס"ב(, והוא כעובר על אזהרת מלך אבל אין לוקין על לאו זה לפי שאין בו מעשה.

Mitzvah 46

Not to reduce her flesh, covering and time period: That anyone who acquires a Hebrew bondwoman and designates her may not reduce her flesh, her covering and her time period. And the explanation (Ketuvot 47b) of "flesh" is food, of "covering" is like its simple understanding and of "time period" is the way of the world (conjugal rights). And included in this negative commandment are all daughters of Israel (as well), not to reduce from them any thing from these [categories]. [This inclusion] is a fortiori (kal ve'chomer): If he does not reduce for [bondwomen], all the more so for free [women]. And [about] that which it is written (Exodus 21:9), "like the statute of the daughters he shall do for her" - they said in the Mekhilta d'Rabbi Yishmael 21:9:2 that it came to learn [from the others], but it ends up to teach, as the [law of the other] daughters are learned form her. **From** the laws of this commandment - that which our Rabbis, may their memory be blessed, said (Ketuvot 56a) what is the law of one who stipulates [to marry] his wife "on condition that you do not have [the rights] from me of flesh, covering and time period"; that which they said (Ketuvot 61a), "A woman rises with [the economic standards of a new] husband, but does not descend," and hence we calculate her food and clothing [allowance] according to his elevation; the matter of the differentiation of time periods, which is according to the strain of the man's profession, to the point where they, may their memory be blessed, said (Ketuvot 62b) that the time period of a sailor is twice a year, a camel rider once a month and a Torah scholar once a week and it is fitting for him that it be on Shabbat night; and the rest of its details - are [all] elucidated scattered in the Order of Nashim. **And** this commandment is practiced regarding a free woman in every place and at all times by males. And one who transgresses it and reduced one of these three from his wife willingly, from the angle of intending to hurt her, has violated this negative commandment (Sefer HaMitzvot LaRambam, Mitzvot Lo Taase 262). And it is like he has transgressed the warning of the King. But we do not administer lashes for it, since there is no act [involved] with it.

מצוה מז

מצות בית דין להרג בחנק המחיב - שנצטוינו להמית העוברים על קצת מצות שבתורה בחנק, שנאמר)שמות כא יב(מכה איש ומת מות יומת. וזו של מכה איש אחת מהן שמיתתו בחנק, שהרי כתוב בו מות יומת, ובפרוש אמרו ז"ל)סנהדרין נב ב(כל מיתה האמורה בתורה סתם אינה אלא חנק. למדנו לחיבי מיתות שאינן בתשלומין, שנאמר)שם יא(אין כסף מכה איש ומת וגו' מכילתא. **שורש** מצוה זו נגלה לכל, כי)משלי כט ד(מלך במשפט יעמיד ארץ, שאלולי יראת המשפט יהרגו בני אדם זה את זה, על כן צונו האל ברוך הוא להמית הרוצח, ובחכמתו ברוך הוא ראה שראוי לענש אותו במיתת חנק. והדבר נאות גם לדעתנו כי)ויקרא כד יט(כאשר עשה כן יעשה לו, והרוצח כונתו להמית הנרצח במהרה כי מפחדו אליו ימהר מיתתו בכל כחו, וכמו כן הקלה התורה במשפטו להמיתו בחנק)בשאר הדפוסים כתוב

האמת כי הרוצח מיתתו בסייף ומכה אביו ואמו מיתתו בחנק(שהיא מיתה ממהרת, ולא בשרפה וסקילה שהן בצער רב. ואולם במשפטי הזמה שנהנו העוברים בעברה ונמשכה הנאתן קצת, תבא בהן פעמים שרפה, פעמים סקילה. **דיני** המצוה כיצד, כגון מה שאמרו זכרונם לברכה)סנהדרין פ"ז מ"ג(שמשקיעין את המחיב בזבל עד ארכבותיו וכורכין סדר קשה על צוארו, זה מושך אצלו וזה מושך אצלו עד שנפשו יוצאה, ושאר פרטיה מבוארים בפרק שביעי מסנהדרין)נב ב( )הלכות רוצח פרק א(. **ומצוה** זו אינה נוהגת אלא בארץ, שאין דנין דיני נפשות אלא בארץ. ומי שבידו לעשות דין ואינו עושה, בטל עשה זה, וענשו גדול שאלמלא)אבות ג, ב(מוראת הדין איש את רעהו חיים בלעו)עיין אבות פ"ג מ"ב(. הרמב"ן ז"ל)סהמ"צ שורש יד(לא ימנה זאת המצוה בחשבונו, וכן כל ארבע מיתות של בית דין, שהן סקילה שרפה הרג וחנק, שימנה הרמב"ם ז"ל לארבע מצות, לא ימנה הוא אותן, ואמר כי בפסוק של)דברים יז ז(ובערת הרע מקרבך צותה התורה דרך כלל שנבער כל עושי הרע מבנינו, ובו נכללו כל הדינין, וכשיפרט הכתוב אחר כן חלוק המשפטים לפי הענשים אין זה נחשב למצוה שאינו כי אם באור ענין, והחכם יבר לו הישר בעיניו)על פי אבות ב, א(.

Mitzvah 47

The commandment on the court (beit din) to kill with strangulation one who is liable: That we have been commanded to kill the transgressors of some of the commandments of the Torah with strangulation, as it is stated (Exodus 21:12), "He who strikes a man and [that man] dies shall surely be put to death." And this one of "One who strikes a man" is one of the ones whose death penalty is with strangulation. Since it is written about it, "[he] shall surely die" - and in the explanation, they, may their memory be blessed, said (Sanhedrin 52b), "Any death penalty stated in the Torah undifferentiated is only strangulation." We have learned that those that are liable for the death penalty do not have repayment, as it is stated (Exodus 21:11-12), "there is no money. He who strikes a man and [that man] dies, etc." - Mekhilta. **The** root of this commandment is revealed to all, as 'by justice a king sustains the land.' As were it not for the fear of judgment, people would kill one another. Therefore, God, blessed be He, commanded us to kill the murderer. And in His wisdom, blessed be He, He saw that it is fitting to punish him with the death penalty of strangulation. And the matter is beautiful, also according to our [understanding], since 'as he has done, so shall it be done to him' - since the intention of the killer was to kill the murdered quickly, as from [the killer's] fear of him, he will quicken his death with all of his might. And so

Sefer HaChinukh   ספר החינוך

too was the Torah lenient with his judgment to kill him with strangulation, which is a quick death penalty; and not with stoning and burning, which are with great pain. (In the other editions, it is written, "The truth is that the death penalty of the murderer is with the sword, [whereas] he who hits his father and mother has a death penalty of strangulation.") However, with the statutes of licentiousness, in which the transgressors derived pleasure from the sin and the pleasure continued a bit, they sometimes get burning and sometimes stoning. **How** are the laws of the commandments - for example that which they, may their memory be blessed, said (Mishnah Sanhedrin 7:3) that we place the guilty one in manure up to his knees and tie a hard handkerchief onto his neck, one pulls towards himself and [the other] one pulls towards himself until his soul departs; and the rest of its details - are elucidated in the seventh chapter of Sanhedrin 52 (see Mishneh Torah, Laws of Murderer and the Preservation of Life 1). **And** this commandment is only practiced in the Land [of Israel], since we only judge capital cases in the Land. And whoever has [it] in his hand to make a judgment and does not do so, has negated this positive commandment. And his punishment is great - 'as were it no for the fear of [judgment], man would swallow his fellow alive.' And Ramban, may his memory be blessed (on Sefer HaMitzvot LaRambam, Shorashim 14) does not count this commandment in his calculation. And so [too] does he not count any of the four death penalties of the court - which are stoning, burning, killing (decapitation) and strangulation - that Rambam, may his memory be blessed, counted as four commandments. And [Ramban] said that through the verse of "and you shall destroy the evil from within you" (Deuteronomy 17:7), the Torah commanded more generally that we destroy those that do evil from among us; and within it are included all of the laws. And when Scripture specifies the laws according to their punishments afterwards, it is not considered a [separate] commandment, as it is only an elucidation of the topic. And 'the sage will choose for himself that which is straight in his eyes.'

מצוה מח

שלא להכות אב ואם - שלא יכה הבן האב והאם, ואפילו אם הם יכו אותו הכאה רבה בכל זמן שלא ישאו נפשם להמיתו, שנאמר (שמות כא טו) ומכה אביו ואמו מות יומת. ואף על פי שלא הזהיר הכתוב בפרוש על זה שיאמר אל תכו האבות אלא שכתב ענש המכה אותם, ודרך הגמרא לעולם לשאל

בענין כזה ולומר ענש שמענו אזהרה מנין? גם בזה יש לנו אזהרה, שהרי אנו מזהרין)מכות ט א(על כל איש מישראל שלא להכותו, שכתוב במי שנתחיב מלקות)דברים כה ג(ארבעים יכנו לא יוסיף. וכל שכן למי שלא נתחיב, והאב בכלל ישראל הוא ואזהרתו מהכא. ואף על פי שלאו זה דלא יוסיף נחשב ללאו בפני עצמו, מכל מקום הרי כלל בידינו שכל שיש בו כרת או מיתה יש בו לאו חוץ מפסח ומילה, ובהכאת אב ואם הרי יש בו כרת בלא עדים ומיתה בעדים, ועל כן יש לנו לומר על כל פנים שנלמד האזהרה בו מקרא דלא יוסיף אחר שלא מצאנוה במקום אחר, ותהיה עקר האזהרה לישראל ובכללה נלמד למכה אב ואם. וענין חיוב המיתה במכה אמרו זכרונם לברכה)סנהדרין פה ב(שהוא כשהוציא מהם דם דוקא, מה שאין כן בשאר כל אדם, שאפילו הוציא מהן דם נתן לחיוב ממון. **משרשי** המצוה ליסר הנבלים והמוסרים שהרימו יד במי שהביאם לעולם ברצון האל ועשה להם כמה טובות)משלי כט ד(ומלך במשפט יעמיד ארץ. **דיני** המצוה כגון מכהו לאחר מיתה שפטור, והכהו על אזנו וחרשו שחיב מיתה שאי אפשר שלא תצא טפת דם בפנים, והעושה בו חברה לרפואה שפטור, ולכתחלה לא יעשה לו רפואה שמביאה לחברה אם אפשר על ידי אחר, ודין שתוקי)רמב"ם ממרים ה יד(שחיב על אמו ולא על אביו, ודין גר שהורתו שלא בקדשה שאין חיב בשניהן, ודין גר שאסור לו להכות אביו גוי]מ[דרבנן, ודין מי שהיו אביו ואמו רשעים גמורים מפרסמים שפטור על הכאתן עד שיעשו תשובה, אבל אסור הוא מכל מקום אפילו קדם תשובה, ולכל אין נעשה הבן שליח בית דין ליסר אביו חוץ ממסית, ויתר פרטיה בסוף סנהדרין.)י"ד רמ"א(. **ונוהגת** בכל מקום ובכל זמן בזכרים ונקבות וטומטום ואנדרוגינוס. והעובר עליה והכה אותם הכאה שיש בה חבורה בעדים והתראה מיתתו בחנק, ובלא חבורה חיב עליהם כשאר כל אדם, שהמכה חברו הכאה שיש בה תשלומין שוה פרוטה משלם ואינו לוקה. ואם אין בה תשלומין של שוה פרוטה, לוקה ואינו משלם, שהלכה היא)כתובות לו ב(אין אדם מת ומשלם, וכן אין לוקה ומשלם.

Mitzvah 48

Not to strike father and mother: That a child should not strike the father and the mother, even if they strike him [very much], so long as their souls do not bring them to kill him, as it is stated (Exodus 21:15), "He who strikes his father or his mother shall surely be put to death." And even though the verse does not explicitly warn him about this, that it say to him, "Do not strike the fathers," but rather it only wrote the punishment of the one who strikes them - and it is the way of the Gemara to always ask about a matter like this and to say, "We have heard the punishment, from where is the warning" - here too, we have a warning: as behold, we are warned (Makkot 9a) for every person, not to strike him. As it is written about one who is liable for lashes (Deuteronomy 25:3), "Forty shall he strike him, he shall not add." And it is a fortiori (kal ve'chomer) about someone who is not liable [for lashes] - and the father is included in Israel. And [so] the warning [for the commandment] is from here. And [this must be the case] even though this negative commandment of "he shall not add," is considered a separate negative commandment on its own. Since we have a rule in our hands that anything that has for it excision or a death penalty must also have a negative commandment - except for the Pesach offering and circumcision - and behold with the striking of father and mother, [we know] that there is excision without witnesses and the death penalty with witnesses! And therefore, we have to say that we nonetheless learn the warning for it from the Scripture of "he shall not add," as we did not find it in [any] other place. And the main idea of the warning will be [about] all of Israel; but [also] included in it, we learn about the one who strikes mother and father. And they, may their memory be blessed, said (Sanhedrin 85b) that the case of this liability for death of the one that strikes is specifically when he brings out blood from them. [But it is] not the same with any other person - as even if he extracts blood from them, he is [only] liable for money. **From** the roots of this commandment are to punish scoundrels and informers that raised their hand against the ones that brought them to the world by the will of God and did for them many goodnesses. And 'by justice does the King sustain the land.' **The** laws of the commandment - for example, one who strikes him after death is exempt; the one that strikes him on his ear and makes him go deaf is liable, as it is impossible that a drop of blood did not go out inside [his ear]; the one who makes a wound for healing is exempt and that he should not, at the outset, perform healing that requires a wound if it is possible [to be done] by another; the law of a foundling (Mishneh Torah, Laws of Rebels 5:14) that he is liable for his mother but not for his father; the law of a convert whose conception was not in holiness (before his mother's conversion) that he is not liable for either of them; and the law of the convert that he is [nonetheless] forbidden to strike his gentile father [from] rabbinic law; the law of one whose father and mother are completely [and] famously wicked that he is exempt for striking them until they repent, but it is nonetheless forbidden even before repentance; [that] in all [cases] except for an inciter to idolatry, the son is not made the agent of the court to [lash] his father; and the rest of its details - are [all] at the end of Sanhedrin (See Tur, Yoreh Deah 242). **And** [it] is practiced in every place and at all times by males and females and [those the sex of which is in doubt]. And one who transgresses it and strikes them with a blow that has a wound from it with witnesses and a warning, [receives] his death penalty by strangulation. But without a wound, he is liable towards them like any other man: As one who strikes his fellow for which there is a repayment worth [even] a small coin (perutah), pays and does not get lashed. But if there is no repayment of the worth of a small coin, he is lashed and does not pay. As the law is that a man does not die and pay (Ketuvot 36b); and so [too], he is not lashed and [obligated to] pay.

מצוה מט

מצות דיני קנסות - שנצטוינו בדין חובל בחברו לענשו כמו שכתוב בתורה בפרשת)שמות כא יח(וכי יריבון אנשים, וזה נקרא דיני קנסות. ובפסוק אחר כולל משפטי הקנסות כלם, והוא הכתוב)ויקרא כד יט(כאשר עשה כן יעשה לו. ירצה לומר שילקח מממונו מה שיצערהו בכדי מה שצער הוא את חברו, כמו שבאה הקבלה בו)ב"ק פ"ג ב(ואפילו לא הכהו אלא שבישו בלבד, יצערוהו בית דין בממונו שישלם למתביש כפי השעור ההוא, ואלה הדינין שנקראין דיני קנסות, כגון נזקי אדם באדם, או שור בשור, ובהמה באדם, ואדם בבהמה. אין דנין אותן אלא בבית דין הסמוכין בארץ ישראל)שם פד א(. **שורש** מצוה זו, ובכללה כל מה שבא בתורה בענין הדין, איני צריך ליגע אחר טעמו של דבר, כי דבר משכל הוא, שאם אין משפט לא יתישבו בני אדם ולא יעמדו יחדו לעולם, ואי אפשר לארץ בלתי המשפט. **דיני** המצוה, כגון החובל בחברו שחיב בחמשה דברים הידועים, וכיצד מחשבין אותן, ודין הבושת שהכל לפי המביש והמתביש, ודין ישן שביש או שבישוהו, ואם מת מתוך בשתו מה דינו עם יורשיו, ומביש שוטה או חרש או קטן מה דיניהם,)שם פו ב(ומביש גר ועבד,)שם פז א(והמביש בדברים,)שם צא א(והחלוק שבין תלמיד חכם לשאר בני אדם מה דיניהם)רמב"ם חובל ומזיק ג ה(ודין הבועט בחברו ברגלו או שתקעו בכפו, או סטרו על פניו, צרם אזנו, תלש שערו, רקק והגיע לו הרק, ויתר פרטיה מבוארים בבבא קמא פרק החובל)בבא קמא פג, ב פד ב(, ושם מתברר שיש חלוק בדיני קנסות בין מלתא דשכיחא ואית בה חסרון כיס דבהא עבדינן שליחותיהו למלתא דלא שכיחא ואף על גב דאית בה חסרון כיס. אי נמי דשכיחא ולית בה חסרון כיס, דבהני לא עבדינן שליחותיהו. וכתב רבנו אלפסי זכרונו לברכה)ריש פרק החובל(מנהג שתי ישיבות שאף על פי שאין גובין קנס מנדין ליה עד שמפיס לבעל דניה, וכד יהיב ליה שעור מאי דחזי ליה שרו ליה לאלתר בין אפיס ליה מריה דדינא בין לא אפיס.)ח"ה

מת"כ עד תכ"ד). **ונוהגת** מצוה זו, שאנו חיבין לדון ולענש החובל בזכרים כי להם נתן לעשות דין, ולא בנקבות, (ירושלמי סנהדרין ג ט) שאינן דנות, אבל הן מכל מקום בכלל דין התשלומין, בין שבישו או נתבישו. וגם שם (כתובות סה ב) מתברר תשלומי נזק האשה הנשואה היאך נחלקים.

Mitzvah 49

The commandment of the laws of penalties: That we were commanded about the law of one who injures his fellow to penalize that person, as it is written in the Torah in the section of "And if men fight" (Exodus 21:18). And this is called the laws of penalties. And in another verse, it includes all of the laws of penalties, and it is the verse, "as he did, so shall it be done to him" (Leviticus 24:19) – it means to say that what he pained [his fellow] should be taken away from his money, in accordance with that which he injured his fellow, as the tradition comes about it (Bava Kamma 83b). And even if he did not hit him, but only embarrassed him, the court must cause him pain through his money, that he should pay the one embarrassed, according to this amount. And these laws that are called the laws of penalties – for example, the laws of a man [who hurt another] man; an ox, an ox; an animal, a man; a man, an animal – must be judged in a court that has been ordained in the Land of Israel (Bava Kamma 84a). **The** root of this commandment – and more generally – everything that the Torah commanded about the matter of law – does not require me to exert myself to [find] its reason for the matter. As it is a rational thing, since if there is no justice, people would never dwell and stand together. And [civilization] is impossible without justice. **The** laws of this commandment – for example, that one who hurts his fellow is liable for five well-known items and how we calculate them; the law of embarrassment, wherein everything is according to the one who embarrasses and the one who is embarrassed; and the law of one who is sleeping and embarrasses or is embarrassed; what is the law of one who dies on account of his embarrassment; what are the laws of those that embarrass a mentally incapacitated person, a deaf-mute or a minor (Bava Kamma 86b); one who embarrasses a convert or slave (Bava Kamma 87a); one who embarrasses with words (Bava Kamma 91a); what are the laws [about] the difference between a Torah scholar and other people; (Mishneh Torah, Laws of One Who Injures a Person or Property 3:5); the law of one who kicks his fellow or hits him with his palm, or slaps him in the face, slits his ear, pulls out his hair, spits at him and the spit lands on him; and the rest of its details - are [all] elucidated in the chapter [entitled] Hachovel (of Bava Kamma). And there it is clarified that there is a difference in the laws of penalties for that which is common and there is a loss of money, as we serve as an agent with the matter for that, [whereas] when it is a matter that is not common - and the same is true when it is common but there is no loss of money - we do not serve as an agent in those matters. And our Rabbi Alfasi (Rif), may his memory be a blessing, wrote [that] it is the practice of [the] two academies (Sura and Pompedita) that even though we don't collect penalties, we excommunicate [the offender] until he appeases his claimant, and when enough time for it passes, we release him immediately, whether he has appeased the [opposing] litigant, or whether he has not (see Tur, Choshen Mishpat 420-424). **And** this commandment that we are obligated to judge and to punish one who injures is practiced by males, as it was given to them to administer justice; not by women (Talmud Yerushalmi Sanhedrin 3:9), who do not judge. But they are nonetheless included in the law of payments, whether they embarrassed or whether they were embarrassed. And the way in which payments of damage to a married woman are divided is also clarified there (Ketuvot 65b).

<u>מצוה נ</u>

מצות בית דין להרג בסיף המחיב - שנצטוינו להרג העוברים על קצת מצות התורה בסיף, וזה הדין נקרא לרבותינו הרג, והיא מיתה קלה, ומכל מקום חנק קלה יותר ממנה. (סנהדרין מט ב) ואחד מן הממתין במיתה זו המכה עבדו אפילו כנעני, והוא שמת תחת ידו, שנאמר (שמות כא כ) נקום ינקם, ובא הפרוש (שם נב ב) שיהרג מכהו בסיף. כבר כתבתי למעלה (מצוה מו) שהרמב"ן זכרונו לברכה לא ימנה ארבע מיתות בית דין לארבע מצות כמו הרמב"ם זכרונו לברכה. **משרשי** מצוה זו, שרצה האל לעקר מתוך אמתו הקדושה רע הלב והאכזריות הגדולה, ועל כן צותה שכל מי שיגבר עליו כעס גדול כל כך שיכה הכאת מות עבדו שהוא בביתו ואין לו מושיע, שיומת העושה זה, אף על פי שהעבד קנין כספו ואבד את ממונו במותו, אף על פי כן יהרג אחר שהגביר כעסו על נפשו כל כך, ודין ראוי וכשר הוא (תהלים יט י) משפטי יי אמת צדקו יחדו. **דיני** המצוה, כגון דין יום או יומים, ויתר פרטיה מבוארים בבבא קמא (צא א) (ה' סנהדרין פ' י"ד) והעובר עליה ולא עשה בו דין אם יש כח בידו בטל עשה, וענשו גדול, שגורם תקלות לבני אדם.

Mitzvah 50

The commandment on the court to kill with the sword one who is liable: That we have been commanded to kill the transgressors of some of the commandments of the Torah with the sword. And this law is called killing by our Rabbis. And it is a [relatively] light death penalty, but strangulation is nonetheless lighter than it (Sanhedrin 49b). And one of the ones killed by this death penalty is the one who strikes his slave - even a Canaanite [one] - if he dies from his hand, as it is stated (Exodus 21:20), "he shall surely be avenged." And the explanation comes [to tell us] that his striker should be killed by the sword. I have already written above (Sefer HaChinukh 47) that Ramban, may his memory be blessed, does not count the four death penalties of the court as four [distinct] commandments, as does Rambam, may his memory be blessed. **It** is from the roots of this commandment that God wanted to uproot evil-heartedness and severe cruelty from His holy people. And therefore, He commanded that anyone, whose great anger overpowers him to the point that he strikes his slave who is in his home and has no savior, should be killed. Even though the slave is an acquisition of his money and he has destroyed his [own asset] with [his slave's] death, he is still killed - since his anger overcame him so much. And this is a fitting and proper law - 'the judgments of the Lord are true, righteous altogether.' **The** laws of the commandment - for example, the law of [one who does not die until after] a day or two days; and the rest of its details - are elucidated in Bava Kamma (see Mishneh Torah, Laws of The Sanhedrin and the Penalties within their Jurisdiction 14). And one who transgresses it and did not administer justice upon him, if he has the power in his hand, has violated a positive commandment. And his punishment is great, since he has caused mishaps to [happen to] people.

מצוה נא

מצות בית דין לדון נזקי בהמה - לדון בדין שור המזיק בין שהזיק אדם כמו שכתוב בפרשת (שמות כא כח) וכי יגח, בין שהזיק ממון כמו שכתוב בפרשת (שמות כא לה) כי יגוף. ועקר פרושו (רש"י שם) של יגף ידחף. ומיהו בין שהזיקו בגופו או ברגליו או נשך בשניו או אפילו הזיק בקרניו כלן בכלל לשון נגיפה משמע, אבל נגיחה לא משמע אלא בקרן (ב"ק ב, ב) וכבר נתרבו נזקי שור באדם מדכתיב בפרשת כי יגח והמית דמשמע (מכילתא שם) והמית מכל מקום בין בנגיחה בין בשאר דברים. ולאו דוקא שור אלא (ב"ק נד, ב) אפילו כל בהמה וחיה ועוף שהזיקו חיבין אלא שדבר

הכתוב ברגיל. וכבר אמרנו שכל המצות הבאות לנו על דבר המשפט שרש אחד להן, ודבר משכל הוא, ואיני צריך לחזר אותו בכל אחת ואחת. **דיני** המצוה, כגון)שם כג ב(איזהו המועד והתם והחלוק שביניהן, ודברים שהבהמה מועדת להן בתחלה)שם טו, ב(ושאינה מועדת בהן עד שנראה אותה מרגלת בהן. והרגל זה באיזה ענין יהיה שנחזיקנה כמועדת, ובאיזה ענין תניח ההרגל שתחזר לתמותה, וחמשה מיני חיות המועדות מתחלתן וחלוק הרשויות שתזיק בתוכן, ומה שנקרא אבות)שם ב, א(בנזיקין ומה שנקרא תולדות, והחלוק שביניהן באחת, ודיני השמירות)שם מה, ב(שאדם חיב לשמרן כדי שלא יזיקו, וכיצד יתחיב או יפטר בהן, ויתר רבי פרטיה מבארים בששה פרקים ראשונים מן בבא קמא)ח"ה שצא(. ואלה הדינין הנקראין דיני קנסות כבר אמרנו)במצוה מט(שאין דנין אותן אלא בית דין הסמוכין ובארץ ישראל, אבל המזיק חיב לשלם)ב"מ צא, א(בדיני שמים בכל מקום, ואם תפש הנזק)ב"ק טו, ב(אין מוציאין מידו בשום מקום.

Mitzvah 51

The commandment on the court to judge the damages of an animal: To judge in the case of a damaging ox - whether it [injures] a person, as it is written in the section of (Exodus 21:28), "If it gores," or whether it damages [assets], as it is written in the section of (Exodus 21:35), "If it hurts (yigof)." And the main understanding of hurting [here] is to push (Rashi on Exodus 21:35). However, whether it damages with its body or its feet, or it bites with its teeth, or even if it damages with its horns, it is all implied by the expression of hurting. But goring only implies with the horn (Bava Kamma 2b). [Still,] the [other] injuries of a man by an ox have already been included; as it is written in the section of "If it gores," "and it kills" (Exodus 21:26) - since it implies killing in any case, whether it is with goring or whether it is with other things (Mekhilta d'Rabbi Yishmael 21:28:2). And it is not specifically an ox, but rather we are even obligated for any domesticated animal or wild animal or bird that has damaged. [However], it is only that the verse stated [that] which was common. And we have already said that all of the commandments that come about the matter of justice have one root to them and it is a rational thing. And [so] I do not have to review it with each and every one. **The** laws of the commandment - for example, which is a muad (known as likely to cause damage) or a tam (tame) and the difference between them (Bava Kamma 23b) and the things that an animal is muad about from the beginning (Bava Kamma 16b) and the things for which it is not a muad until we saw that it is accustomed to them; how is this matter of getting accustomed to the point that we assume it to be a muad, and in what way does it give up this custom, such that it returns to being a tam; the five types of wild animals that are muad from the beginning; the distinction [created] by the domain wherein it damages; that which is called the main categories (avot) of damages (Bava Kamma 2a) and that which is called the derivatives (toledot), and the distinction that exists between them in one [of the derivatives]; the laws of guarding (Bava Kamma 45b) in which a person is obligated to guard them that they not damage, and how does he become obligated or exempt from them; and the rest of their many details - are [all] elucidated in the first six chapters of Bava Kamma (see Tur, Choshen Mishpat 291). And we have already said [about] these laws that are called the laws of penalties, that only a court of ordained [judges] in the Land of Israel can judge them (Sefer HaChinukh 49:1). But the damager must nonetheless pay by the laws of the Heavens (Bava Metzia 91a); and if [the injured party] grabbed the [value of] the damage, we certainly do not remove it from him (Bava Kamma 15b).

מצוה נב

שלא לאכול בשר שור הנסקל - שלא נאכל בשר שור הנסקל, אפילו נשחט כראוי, מכיון שנגמר דינו, בשרו אסור, כן מפרש במכילתא)משפטים שם(שנאמר)שמות כא יח(ולא יאכל את בשרו. ולאו דוקא שור אלא אף כל המזיקין בהמה חיה ועוף, אלא שדבר ברגיל. **משרשי** המצוה, כדי להסכים בדעתנו שכל מי שבאה תקלה על ידו, מרחק ונמאס עם אלקים ועם אנשים, ואפילו שוגג, כמו הבהמה שאין לה דעת, וכל שכן מזיד. ובתתנו דעתנו על דבר זה יביאנו להזהר הרבה בכל מעשינו עד שלא תצא תקלה מתחת ידינו לעולם. **מדיני** המצוה, מה שבארו זכרונם לברכה)ב"ק מא א(שבין תם בין מועד נסקל על כל בריה שממית, בין איש או אשה או קטן או עבד, ושאין גומרין דינו)סנהדרין עט ב(אלא בפני בעליו אם יש לו בעלים, וכן אמרו)שם מד א(שיש צדדין הרבה שהשור ממית ואינו נסקל, ויתר פרטיה מבוארים בקמא)הלכות מאכלות אסורות פ"ד(. **ונוהגת** מצות אסור בשרו בזכרים ונקבות, ובארץ ישראל דוקא נוהג דין שור הנסקל על פי סמוכין, ובבית דין של עשרים ושלשה. והעובר עליה ואכל כזית מבשרו במזיד, לוקה.

Mitzvah 52

Not to eat from the meat of a ox that was stoned: Not to eat the meat of an ox that was stoned, even if it was properly slaughtered

- once its case is finished, its meat is prohibited. So is it explained in the Mekhilta d'Rabbi Yishmael 21:28:2, as it is stated (Exodus 21:28), "and its meat shall not be eaten" And it is not specifically an ox, but rather any domesticated animal, wild animal or bird, however the Torah stated that which is common. **It** is from the roots of the commandment [that it is] in order to establish in our mind that anyone that has a mishap happen through him is distanced and disgusting for God and for people; even if it is inadvertent - like with an animal that has no intelligence - and all the more so, if it is volitional. And when we put our minds to this thing, it will cause us to be very careful in all of our actions, so that a mishap never come from our hands. **From** the laws of the commandment is that which they, may their memory be blessed, explained (Bava Kamma 41a) that whether it is a muad (known as likely to cause damage) or a tam (tame), it is stoned for any [person] that it kills, be it a man or a woman or a child or a slave; that we only finish its judgment in front of it owners, if it has owners (Sanhedrin 99b); and [that which] they also said (Sanhedrin 44a) that there are many angles through which the ox kills but is not stoned. And the rest of its details - are elucidated in [Bava] Kamma (see Mishneh Torah, Laws of Forbidden Foods 4). **And** the commandment of the prohibition of its meat is practiced by males and females. And the judgment to stone an ox is only practiced in the Land of Israel by ordained judges in a court of twenty-three [judges]. And one who transgresses it and eats a kazayit of its meat is lashed.

מצוה נג

מצות בית דין לדון בנזקי הבור - לדון בדיני הפותח בור במקום שהוא כשלון לבני אדם, שנאמר (שמות כא לג) כי יפתח איש בור, כמו שכתוב בפרשה. ולאו דוקא בור אלא אפילו שיח ומערה (ב"ק נ, ב) ולא נאמר בור אלא ללמד שיהא בו כדי להמית דהינו עשרה טפחים. **שרשיה** כבר נכתב. דיניה, כגון מה שאמרו (שם נג ב) שור ולא אדם, חמור ולא כלים. חופר בור ברשותו והפקיר רשותו ולא בורו, שחיב. הפקיר בורו גם כן, פטור, לפי שברשותו חפר. מה שאין כן בחופר ברשות הרבים שאינו חופר ברשות מתחלה, ולפיכך חיב בו בכל צד, וכן החופר בור ברשותו סמוך לרשות הרבים ממש ולא הפקיר בורו ואין שום דבר מפסיק בין הבור לרשות הרבים, כגון אלו החופרין לאושין פרוש יסודות לכתליהן פטור. ומפני כן פטור, אף על פי שאי אפשר לרבים להשמר אחר שהוא סמוך לדרך כל כך, שאי אפשר לישוב הארץ בלתי שיעשו כל אחד יסודות לבתיהם, ודין המגלה

בור אף על פי שלא חפרו, שאמרו זכרונם לברכה)ב"ק מט ב(שחיב, דמכל מקום בעל התקלה הוא, וחלוק הדינין הבאים בענין הגלוי לפי כסויו של בור בחלשו וחזקו, ודין)שם נא א(בור של שתפין בענין הכסוי, ודין)שם(בור שחפרוהו שנים זה אחר זה על מי מהן חיובו, ודיני)שם לא א(חיוב שיש לו לאדם בהרחקת הנזק כדי שלא יבא הנזק לידי אדם במימיו וקוציו ובזכוכיותיו, ויתר פרטיה מבארים בפרק שלישי וחמישי מקמא ובתרא]שם תין[. **ונוהגת** בזכרים, שעליהם לעשות דין ולא בנקבות שהן אינן דנות, אבל מכל מקום בכלל דין התשלומין הן, בין הזיקו או הזקו.

Mitzvah 53

The commandment on the court to judge the damages of a pit: To judge about the laws of one who opens a pit in a place where it is an obstacle for people, as it is stated (Exodus 21:33), "If a man opens a pit" - as it is explained in the section. And it is not specifically a pit, but rather even a ditch or a cave (Bava Kamma 50b), but it only stated, "pit" to teach that there needs to be enough [depth] to it to kill - which is twenty fingerbreadths. **Its** roots have already been written. Its laws are, for example, that which they said (Bava Kamma 53b), "'An ox' and not a man - 'a donkey' and not vessels; one who digs a pit in his [own] domain and abandons his domain but not his pit is liable, [but] if he abandons his pit as well, he is exempt, since he dug it in his [own] domain - which is not the case if he dug in the public domain, since he was not allowed to dig it to begin with, and therefore he is liable in every way; so [too] one who digs a pit in his domain, immediately adjacent to the public domain and did not abandon his pit but there is nothing intervening between the pit and the public domain - like those that dig for ooshin, the understanding of which is foundations - is exempt, even though it is impossible for the public to guard itself from it, since it is so adjacent to the path, as it is impossible to inhabit the world without everyone [building] foundations for their homes; the law of one who opens a pit even though he did not dig it, [about] which they, may their memory be blessed, said (Bava Kamma 49b), that he is liable, since he is nonetheless the responsible party for the mishap; the difference among the laws that come with the matter of opening of a pit according to the strength or weakness of the pit's cover; the law of partners in the matter of the covering (Bava Kamma 51a); the law of a pit that was dug by two people, one after another, as to which of them has the liability (Bava Kamma 51a); and the laws of the obligation that a person has to distance the [danger], so that damage does not happen to people through his waters, his thorns and his glass (Bava Kamma 31a). And the rest of its details - are elucidated in the third and fifth chapters of Bava Kamma and in Bava Batra (see Tur, Choshen Mishpat 410). **And** [it] is practiced by males, since it is upon them to administer justice; but not upon females, since they do not judge. But nonetheless, [women] are included in the law of payments, whether they caused damage or had damage caused to them.

מצוה נד

מצות בית דין לדון גנב בתשלומין או במיתה - לדון בדיני הגנב כמו שכתוב בפרשה (שמות כא לז) כי יגנב איש וגו'. וענין הגנבה הוא הלוקח דבר [מ] ממון חברו, מביתו או מכיסו, בעת שלא יראה בעל הבית ולא ידע, וכן כל כיוצא בזה (ח"מ שמח). **שרש** מצות המשפט ידוע. **דיניה** כגון תשלומי כפל וארבעה וחמשה, ודין להרג הגנב הבא במחתרת או למכרו בגנבתו, ודין הגנבה שהשביחה בבית הגנב מאליה או מחמת הוצאה, ודין גנבה שהוקרה שמשלם קרן כעין שגנב ותשלומי הכפלים כשעת העמדה בדין. ודין גנב שגנב מיד הגנב שאין משלם כפל לאחד מהן אפילו קדם יאוש. ודין גנב שגנב נכסי הקדש, או נכסי גוי, או הגונב עבדים ושטרות וקרקעות, והגונב בשבת ובא עליו חיוב חלול שבת וגנבה כאחת, מה דינו לענין התשלומין, ומאיזה מנכסיו מגבין בית דין ממנו התשלומין, ואם נמכר בגנבתו שצריך שיהיו דמיו כדמי הגנבה או פחות, אבל היו יותר אינו נמכר, ודיני שומר שגנב או שנגנב מביתו, ודין אסור קנית גנבה מיד הגנב, ומי שקנה מהן מה דינו עם הבעלים. ויתר פרטיה מבארים בפרק שביעי מקמא, (סב, ב) ובפרק שמיני מסנהדרין, ובשלישי ממציעא (לג ב) ובמקומות מעטים מכתבות (לא, א) וקדושין (יח, א) ושבועות (מט, א) (ה, גניבה פ"א). ונוהגת בזכרים, שעליהם לעשות דין, ובכל מקום שיש בית דין סמוכין בארץ מחיבין לשלם תשלומי ארבעה וחמשה. ואם אין סמוכין, אין להם כח לחיב אלא להחזיר הגנבה או דמיה. אבל מכירת הגנב עצמו אינה נוהגת אפילו בסמוכין אלא בזמן שהיובל נוהג.

Mitzvah 54

The commandment on the court to judge a thief with repayment or the death penalty: To judge the laws of a thief, as it is written in the section of "If a man steal, etc." (Exodus 21:37). And the matter of theft is one who takes a thing of [from the] money of his fellow, from his house or from his pocket at a time when the owner is not looking and does not know; and so [too] all that is similar to this (see Tur, Choshen Mishpat 348). **The** root of the commandment of justice is well-known. **Its** laws are for example, the payment of double, four or five; the law to kill the thief that comes surreptitiously or to sell him for his theft; the law of a stolen object that became more valuable in the house of the thief, on its own or due to expenditure [upon it], and the law of a stolen object that went up in price, wherein he pays the [repayment] according to what he stole and the payment of multiples according to the time that he is being judged; the law of a thief that stole from a thief, that he does not have to pay double to [such a one], even before there was a losing of hope of retrieval; the law of a thief who stole consecrated assets or the assets of a gentile, or one who steals slaves, deeds or lands; what is the law concerning repayment by one who who steals on Shabbat, and the liability for desecration of the Shabbat and [the liability for] the theft came together; from which assets does the court collect payment from him; that if he is sold for his theft that his value needs to be like the value of the theft or less, but that if it is more, he is not sold; the laws of a guardian that stole or had property stolen from his house; the law prohibiting the purchase from the hand of the thief of that which was stolen, and what is the law with regards to the owners if he bought it. And the rest of its details are elucidated in the seventh chapter of Bava Kamma, in the eighth of Sanhedrin, in the third of Bava Metzia and in a few places in Ketuvot, in Kiddushin, and in Shevuot (see Mishneh Torah, Laws of Theft 1). **And** [it] is practiced by males, as it is upon them to administer law. And in any place where there is a court of judges ordained in the Land [of Israel], they obligate to pay four and five times [in the relevant cases]. And if there are no ordained judges, they do not have the power to obligate [this], but [they do have the power] to return the stolen object or its value. But the actual selling of a thief is only practiced when the Jubilee year is practiced - even by ordained judges.

מצוה נה

מצות בית דין לדון בנזקי הבער - לדון בנזקי שן ורגל, כלומר מי שהזיק לחברו נזק הבא מחמת השן או מחמת הרגל, כגון שהכניס בהמתו בשדה חברו ואכלה שם או הפסידה יונקותיו בעברה שם ברגליה, שיש עלינו לחיבו בתשלומין מן העדית שלו כל מה שהפסיד, שנאמר (שמות כב ד) כי יבער איש שדה וגו' ופרשו זכרונם לברכה (ב"ק ב, ב) דהינו שן, ומה שכתוב אחר כן ושלח את בעירה וכו', פרשו זכרונם לברכה דהינו רגל, ונאמר על שניהם מיטב שדהו ומיטב כרמו ישלם. **שרש** מצות המשפט ידוע. **דיניה** כגון (שם כד ב) מה הם המקומות שחיבין שם על השן והרגל, ומה הן שאין חיבין

עליהן, וחלוק הדין)שם יט ב(באוכלת מה שראוי לה לאכל למה שאינו ראוי, וכן מה שראוי לה על ידי הדחק, כגון פרה שאכלה שעורים, וחמור שאכל כרשינין או דגים, וחזיר שאכל בשר, וכלב שלקלק את השמן, וחתול שאכל תמרים, ואם נהנית שמשלמת מה שנהנית. ויתר פרטיה, בגיטין ובקמא. והתם אמרו פרק החובל)בבא קמא פד, ב(כי קא אמר רבא השור בשור גובין אותו בשן וברגל, דמועדין מתחלתן נינהו)חה"מ מ שצ"ט עד תו(. **ונוהגת** בזכרים, שעליהן לעשות הדין. ומכל מקום הנקבות בכלל דין התשלומין בין הזיקו או הזקו, ובית דין העובר עליה ולא דן דין זה כמו שכתוב, בטל עשה.

Mitzvah 55

The commandment on the court to judge concerning damages of destruction: To judge concerning the damages of the tooth and the foot - meaning to say one who damaged his fellow with a damage that came as a result of [his animal's] foot or tooth - that we must obligate him in payment from his choice properties for all that he destroyed, as it is stated (Exodus 22:4), "If a man destroys the field, etc. For example, one who brings his animal into the field of his fellow and he ate there; or destroyed those things that sustain themselves from it, when it passed through there with its feet. And they, may their memory be blessed, explained that it is [referring to] the tooth (Bava Kamma 2b). And they, may their memory be blessed, explained that that which is written afterwards, "and he sent its destroyer, etc." [refers to] the foot. And it is stated about both of them, "and with the best of his field and the best of his vineyard shall he pay. **The** root of the commandment of jurisprudence is well-known. Its laws are, for example, what are the places in which one is liable for the tooth and the foot and what are the ones in which one is not liable for them (Bava Kamma 24b); the difference in the law if it eats what is fitting for it to eat or it eats something not fitting, and so [too,] that which is fitting under duress - for example a cow that ate barley, a donkey that ate vetch or fish, a pig that ate meat, a dog that licked oil or a cat that ate dates - that if it derived benefit, it pays according to what it benefited. And the rest of its details - are in Gittin and in [Bava] Kamma. And there in the chapter [entitled] Hachovel (Bava Kamma 84b), they said that that which Rava said that we collect, with an ox against an ox, for the tooth or the foot, is with those that are muad from the beginning (see Tur, Choshen Mishpat 399-406). **And** [it] is practiced by males, since it is upon them to administer justice. But women are, nonetheless, included in the law of payments, whether they caused damage or had damage caused to them. And a court that transgresses it and does not judge this law as it is written has negated a positive commandment.

<u>מצוה נו</u>

מצות בית דין לדון בנזקי האש - לדון ולחיב לשלם מי שהזיק חברו באש, כגון שהדליק את גדישו או שרף לו שום דבר, שנאמר)שמות כב ה(כי תצא אש וגו'. פרוש)ב"ק כב, ב(תצא משמע אפילו יצאה מעצמה, ובא להזהיר שאפילו המדליק בתוך שלו ויצאה מעצמה והזיקה שחיב, לפי שלא שמר גחלתו, שהאדם חיב לשמר אשו שלא תצא ותזיק, שדרך האש ללכת מעצמה אף על פי שאינו בעל חיים. **שרשה** ידוע כמו שאמרנו. **דיניה** כגון שעור ההרחקה שמרחיקין בערה מן המצר, שהוא לפי גבהה של דליקה,)שם סא, ב(ודין)שם נט, ב(השולחה ביד חרש שוטה וקטן או פקח, ודין הרבים, שאחד הביא האור ואחד הביא עצים ואחד לבה, ולבה ולבתו הרוח, ודין כלים טמונים בגדיש או טמונים בבירה, ודין)שם סב, ב(גמל עובר טעון פשתן ודלקה בנר חנוני מה דינו, או בנר חנכה. ויתר פרטיה מבארים בפרק שני וששי מן קמא)ה' נזקי ממון פ' י"ד(. **ונוהגת** בזכרים, כי להם לעשות דין. ובית דין העובר עליה ולא דן את המזיק בתשלומין כמו שכתוב, בטל עשה.

Mitzvah 56

The commandment on the court to judge damages from fire: To judge and obligate one, who has damaged his fellow with fire, to pay - for example, [if] he lit his stockpile or burned anything of his - as it is stated (Exodus 22:5), "If a fire goes out, etc." The understanding of "goes out" implies even if it went out on its own (Bava Batra 22b), and it comes to warn even if one lit [a fire] on his own [property] and it went out on its own and it damaged, that he is liable - since he did not watch his coals. As a man is obligated to watch his fire that it not [spread] and damage, since it is the way of fire to spread on its own, even though it is not a living being. **Its** root is well-known, as we said. **Its** laws - for example, the quantity of the distance that we must distance the [fire] from the [property's] border, which is according to the height of the fire (Bava Batra 61a); the law of one who sends it in the hand of a deaf-mute, someone mentally incapacitated, a child, or [he sends it with] someone capable; the law of a group in which one brings the fire, another brings the wood and another stokes [it]; if he stoked it and the wind stoked it; the law of vessels hidden in the stockpile or hidden in the compound; what is the law (Bava Batra 62b) of a passing camel laden with flax that was lit by the the candle of a storekeeper or by a Channukah light; and the rest of its details - are [all] elucidated in the second and sixth chapters of [Bava] Kamma (see Mishneh Torah, Laws of Damages to Property 14). **And** [it] is practiced by males, as it is upon them to administer justice. And a court that transgresses it and does not judge the damager with payments - [according to what] is written - has violated a positive commandment.

<u>מצוה נז</u>

מצות בית דין לדון בדין שומר חנם - לדון בדין שומר חנם, שנאמר)שמות כב ו(כי יתן איש אל רעהו כסף או כלים לשמר וגו', ובא הפרוש)ב"מ צד, ב(שפרשה זו נאמרה בשומר חנם, ולפיכך פטר בו את הגנבה. ופרוש חנם הוא שלא קבל הנפקד שום שכר על שמירת הפקדון. **השרש** ידוע. דיניה, כגון)שם קח, א(הטוען טענת גנב בפקדון ונשבע ואחר כך באו עדים שהוא ברשותו, וחזר וטען טענת גנב ונשבע ואחר כך באו עדים שהוא ברשותו מה דינו, ודין)שבועות מט א(טוען טענת אבדה, ודין טוען טענת פקדון מה דינו, ודין טוען וחזר וטען טענת גנב ונשבע ואחר כך באו עדים שהוא ברשותו, ודין)ב"ק קו, ב(טוען טענת גנב בפקדון של קטן, ויתר פרטיה מבארים בפרק תשיעי מן קמא ושלישי ממציעא, ושמיני משבועות]ח"ה רצא[**ונוהגת** בכל מקום ובכל זמן, ובית דין העובר עליה, בטל עשה.

Mitzvah 57

The commandment on the court to judge the case of an unpaid guardian: To judge the case of an unpaid guardian, as it is stated (Exodus 22:6), "If a man gives his neighbor silver or vessels to keep, etc." And the explanation that comes for it (Bava Metzia 94b) is that this section is stated about an unpaid guardian. And therefore, it exempted him from [liability for] theft. And the understanding of "unpaid" is that the [guardian] did not receive any wage for his guardianship from the [owner]. **The** root is well-known. Its laws - for example, what is the law of one who makes the claim of theft about the deposited item and swears [that it is so] and afterwards witnesses come [and testify] that it is on his property, and he goes back and [again] makes the claim of theft and swears and afterwards witnesses come that it is on his property (Bava Metzia 108a); the law of one who makes the claim of [it being] lost; what is the law of one who makes a claim of it being deposited; the law of one who makes a claim and goes back and makes a claim of theft and afterwards witnesses come that it is on his property; the law of one who makes the claim of theft about the deposited item of a minor; and the rest of its details - are elucidated in the ninth chapter of [Bava] Kamma and the third of [Bava] Metzia and the eighth of Shevuot (see Tur, Choshen Mishpat 291). **And** [it] is practiced in every place and at all times. And a court that transgresses it has violated a positive commandment.

מצוה נח

מצות בית דין לדון בדין טוען ונטען - שנצטוינו לדון בדין טוען ונטען, כלומר שנעשה דין לכל מי שתובע את חברו בשום דבר או שהלוהו או הפקידו או גזלו או עשקו או חמסו, שנאמר (שמות כב ח) על כל דבר פשע וגו' אשר יאמר כי הוא זה. ובא הפרוש (ב"ק קו, ב) על לשון זה של כי הוא זה, שאין נשבעין מן התורה אלא אם כן יודה הנתבע במקצת ההלואה, אבל אם יאמר לא היו דברים מעולם, או החזרתי הכל במלוה, ואפילו בפקדון, פטור משבועה מן התורה. וזהו שאמרו זכרונם לברכה בגמרא (שם קז, א) דכי כתיב כי הוא זה אמלוה הוא דכתיב, כלומר על טענת מלוה שהיא פרעתיך או לא היו דברים מעולם. אבל על טענת שומרים שהיא טענת אנס או גנבה אפילו אם לא יודה מקצת אלא יאמר הכל נאנס, חיב לשבע. ובפסוק זה נכללו כל התביעות שבין בני אדם שיכנס ביניהם ההודאה וההכחשה. **שרש** הדינין ידוע. **דיניה** כגון מודה במקצת שנשבע מדאוריתא, פרוש, (שבועות לט, ב) מודה בפרוטה וכופר בשתי מעין כסף, בפחות מכן אינו נשבע דאוריתא, אלא אם כן עד מעיד כנגדו שנשבע אפילו כשכופר בפחות משתי מעין. אבל בפחות מפרוטה אינו נשבע לעולם אלא אם כן טענו כלים, שבכלים אפילו טענו שני מחטין והודה באחת וכפר באחת נשבע. וכשנשבע בהודאת מקצת כשטענו בדבר שבמדה או מנין או משקל, ודין כופר בכל, והודאה ממין הטענה, והודאת בעל דין, ודיני שומרים, ומחיב שבועה דאורייתא או דרבנן, ודיני נשבע ונפטר, ונשבע ונוטל, ודין חשוד על השבועה, והפוכי השבועה, ובאיזו עבירה נעשה חשוד, ואי זו תשובה יוציאנו מן החשד ומי שלא נודע שהוא חשוד וזכה בממון בשבועתו ואחר כך באו עדים שחשוד היה שחיב להחזיר הממון. ומחיב (ב"ב לד, א) שבועה שאינו יכול לשבע מה דינו, ודיני (כתובות יב, א) מגו, ודיני (ב"ק קיח, א) ברי ושמא, ודיני (שבועות מה, א) גלגול שבועה בין ברי על ברי או על שמא. ואפילו שמא על שמא, בכל ענין שבועה מגלגלין, ובכל ענין שבועה יש גלגול בין דאוריתא או דרבנן, ואפילו שהיא תקנת אחרונים. ודיני (שם לא, ב) הטענות שאנו דנים הנתבע כמשיב אבדה, והדברים שאין נשבעין עליהם דין תורה, ופרות שהגיעו לכתפים אם דינן כקרקע לענין שבועה, והאומר לחברו שטר בידך וזכות יש לי בו, אם כופין אותו להוציאו, ודין הבא לפרע שלא בפני המלוה, ודין מלוה על המשכון ואבד המשכון אם חולקין זה על זה במנין מעות המלוה, ודין המלוה בישוב ורצה לפרעו

במדבר, ודין לווה אומר פרעתי מחצה והעדים מעידין שפרעו כלו, ודין לוה מודה בשטר שכתבו וטוען שפרעו אם צריך לקימו המלוה, ודין)כתובות פה, א(שטר שלוה בו ופרעו, ודין שולח מנה ביד שליח למי שנתחיב לו ובא לחזור בו, ודין טענת פרוע בשטר שביד שליש, ודין)שם קי, ב(שטר שאין בו מקום או זמן אם כשר, ודין)ב"מ טו, ב(אחריות טעות סופר בכל השטרות חוץ משטרי מתנה, ודין משעבד מטלטלין שלו, והעושה)גיטין מא, א(שדהו או עבדו אפותיקי סתם או מפרש, ודין)שם מח, ב(טריפת שבח ופרות בין בנגזל בין בבעל חוב, ודין מי שאבד שטרו או נמחק, ודין מי נותן שכר כתיבת השטר, ודין)ב"מ לה, א(שומא דהדרא לעולם, אלא אם כן זבנה אורתה או יהבה במתנה, ודין הדברים שאין שבועה בהן אלא חרם סתם, ושאין)שבועות לח, ב(נשבעין על טענת חרש שוטה וקטן, והדינין היוצאין מהן עם הגדולים, ושאין מקבלין עדות אלא בפני בעל דין, וקטן אפילו בפניו כאלו אינו והסומא שהוא כבריא לכל דבר חוץ מעדות, ודין)שם מד, ב(חנוני על פנקסו, ומעמד)גיטין יג, ב(שלשתן קונה והיא הלכתא בלא טעמא וכל התלוי בזה הענין. **ודיני**)ב"ק ע, א(מרשה עם מי שהרשה עליו ועם מי שהרשהו, ולשון ההרשאה שהוא דון וזכה ואפיק לנפשך, ודין)שבועות מא, ב(האומר לא לויתי כאומר לא פרעתי, ודיני)ב"מ יז, א(מי שהחזק כפרן, ודין)ב"מ שם(מי שאומר לו בית דין צא תן לו ואמר פרעתי, או חיב אתה ליתן לו, ודין האומר אל תפרעני אלא בעדים, או בפני פלוני ופלוני ואם הלכו למדינת הים מה יהיה עליו, ודין)שבועות מב, ב(המאמין המלוה בשטר כשני עדים אם יועילו לו עדי פרעון, ודין)סנהדרין כט, א(באי זה ענין יכול אדם לומר משטה הייתי בך או אין אדם יכול לומר, ודין המוציא מחברו, והדברים שיש להן חזקה שנקרא התובען מוציא, ודיני)ב"ב כח, א(חזקות, ודיני גביות באיזה ענין יורדין לנכסיו, ודיני)שם קעו, ב(ערבות, ודיני)שם לח, ב(מחאות, ודין האנשים שאין מחזיקין עליהן ולא הם על אחר, וכל דיני)ב"מ קח, א(מצרנות. ויתר רבי פרטיה מבארים בקמא, ועקר בפרק שלישי, ובמציעא, ועקר בפרק ראשון, ושמיני דבתרא, ובשבועות בפרק חמישי וששי ושביעי, ובהרבה מקומות בגמרא בפזור קצת מן הדינין.]ח"ה מפט עד צד וכו'[**ונוהגת** מצוה זו, שאנו חיבין לדון, בזכרים אבל לא בנקבות, שאינן דנות, אבל מכל מקום הן בתורת דינין לתשלומין ולכל דבר, אלא שיש חלוק קצת בטענות הנשואות בענינים ידועים, כמו שמפרש במקומות שזכרנו. וגם כן נוהגת בכל מקום ובכל זמן. ובית דין העובר עליה ולא עשה דין אם יש כח בידו בטל עשה, וענשו גדול מאד, שגורם חרבן לארץ, שאין הארץ מתישבת אלא בדין, וכמו שאמרו זכרונם לברכה)אבות א, יח(על שלשה דברים העולם עומד, ואחד מהן הוא הדין. וזאת אחת מן המצות שנצטוו עליה כל בני העולם בכללם, לפי שאי אפשר לישוב העולם זולתה.

ספר החינוך Sefer HaChinukh

Mitzvah 58

The commandment on the court to judge the case of a plaintiff and a defendant: That we have been commanded to judge the case of a plaintiff and a defendant in a court, meaning to say that we adjudicate the case of anyone who makes a claim against his fellow about anything - or that he lent him or deposited with him or that [the other] stole from him or exploited him or extorted him - as it is stated (Exodus 22:8), "About any misdeed, etc. about which he will say that this is it." And the explanation comes about this expression of "that this is it," that we do not make an oath by writ of the Torah unless the defendant admits to part of the loan. But if he says, "There never were [such] things," or " I returned it all," with a loan and even with a deposit, he is exempted from an oath by writ of the Torah (Bava Kamma 106b). And this is what they, may their memory be blessed, said in the Gemara (Bava Kamma 107a) that when it is written, "that this is it," it is written about a loan; meaning to say about the claim of a loan, which is that I paid it or that there were never [such] things. But about the claim of guardians - which is a claim of matters beyond his control or [of] theft - even if he does not admit to part [of the claim] but rather says that everything was beyond his control, he is obligated to take an oath. And included in this verse are all of the claims between people that bring with them admission or denial. **The** root of the laws are well-known. **Its** laws are, for example, one who admits partially must take an oath by Torah writ - the explanation [of which] is one who admits to [owing] a perutah (the smallest bronze coin) but denies [owing] two meah of silver (the smallest silver coin), as [for] less then that he never takes an oath from Torah writ, unless a witness testifies against him, [then] he must swear even when he denies less than two meah (Shevuot 39b), but for less than a perutah, he never swears unless [the] claim was for vessels, as with vessels - even if they claimed two needles, and he admitted about one and denied one, he must swear; when he swears from his partial admission when they claimed something measured, numbered or weighed; the law of one who denies everything; an admission from the [same] type as the claim; the admission of a litigant; the laws of guardians; one who is obligated an oath by Torah or rabbinic writ; the law of one who swears and becomes exempt, and one who swears and takes [the disputed money or item]; the law of one who is suspect for an oath; reversals of the oath; for which sin does he become suspect; what repentance extricates him from the suspicion; the one who was not known not

ספר החינוך Sefer HaChinukh

to be suspect and won money [in the case], and afterwards witnesses came [to testify] that he was suspect, that he is obligated to return the money; what is the law of someone who is obligated an oath that he cannot swear (Bava Batra 34a); the laws of migo (a logic establishing credibility, Ketuvot 12a); the laws of a certain claim [as opposed to] a possible claim (Bava Batra 118a); the laws of adding an oath [onto another] (Shevuot 45a), whether it is a certain one onto a certain one or onto a possible one, or even a possible one onto a possible one, and [that] for every type of oath there is addition - whether [the oath] is from the Torah, or rabbinic, or even from the decree of the later authorities; the laws of claims wherein we treat the defendant like one who returns a lost object (Shevuot 31b); things about which we do not make an oath from Torah writ; if we judge produce that has reached shoulders (is ready to be harvested) like land regarding an oath; whether we coerce one who says to his fellow, "There is a deed in your hand and I have a right to it," to bring it out; the law of one who comes to pay, not in front of the creditor; the law of one who gives a loan upon collateral and the collateral is lost, when they disagree with each other about the number of the coins loaned; the law of the creditor who is in the settlement, but [the debtor] wants to pay in the wilderness; the law of the borrower who says, "I payed half," and the witnesses testify that he paid it all; the law of the borrower who admits that they wrote the deed and claims that he paid it, whether the creditor must keep [the deed]; the law of a deed upon which he made a loan and the deed was paid back (Ketuvot 85a); the law of one who sends an amount in the hand of an agent to someone to whom he owes it, and wants to retract [the agency]; the law of a claim that it was paid for a deed in the hand of a third party; the law of whether a deed that does not have the time or place [written] on it is valid (Ketuvot 110b); the law of responsibility for an error of the scribe in all deeds besides a deed of gifting; the law of one who puts a lien on his movable goods, and one who makes his field or slave into collateral, [implicitly] or explicitly (Gittin 41a); the law of tearing [away] the profit and the fruit, whether it is the victim of theft or the creditor [that is coming to do so] (Gittin 48b); the law of the one who lost his deed or it was erased; the law of who is the one who must give the wage for the writing of the deed; the law that the appropriation [to pay a debt] can always be reversed, unless he sold the place or gave it as a gift (Bav Metzia 35a); the law of the things about which there is no oath, but just a general excommunication; that we do not swear based on the claim of a deaf-mute, a mentally incapacitated person or a minor (Shevuot 38b); the laws [of cases] that come from them with adults; that we only take testimony in front of the litigant; that a minor is like naught, even when he is in front of him; that a blind man is like a healthy one, for everything except for testimony; the law of the storekeeper [recording] on his ledger (Shevuot 44b); [that] the gathering of the three [parties, engenders] acquisition and that it is a law without an explanation, and everything related to this matter; the laws of one given power of attorney (Bava Kamma 70a) towards the one he was appointed against and towards the one who appointed him, and the wording of appointment - which is, "take it to court and own it and take it for yourself"; and [that] the law of one who says, "I did not take out a loan," is as if he said, "I did not repay [it]" (Shevuot 41b); the laws of one who is assumed to be [dishonest] (Bava Metzia 17a); the law of one to whom the court says, "Go out and pay him," and he says, "I payed," or [if they say,] "You are obligated to give [it] to him"; the one who says, "Do not repay me without witnesses," or "[Repay me] in front of x and y," and what the law would be if they went to the country of the sea (far away); the law of whether witnesses of repayment are effective for a [borrower] who trusts the creditor with a deed as if there were two witnesses (Shevuot 42b); the law of in which matter a person can [effectively] say, "I was fooling you," or if a person cannot say [it at all] (Sanhedrin 29a); the law of the one who [wants to] extract [something] from his fellow, and the things wherein [there is validity to continued] possession - such that the one who claims them is [considered] the one who [wants to] extract them; the laws of possession (Bava Batra 28a); the laws of collections, for what do we go down to (impound) his properties; the laws of guarantees (Bava Batra 176b); the laws of protests (Bava Batra 38b); the law of the people against whom we do not establish possession, and that do not establish possession towards another; and all the laws of [making the first offer to neighbors]. And the rest of its many details - are [all] elucidated in [Bava] Kamma, mostly in the third chapter, and in [Bava] Metzia, mostly in the first chapter, and in the eighth of [Bava] Batra, and in Shevuot in the fifth, sixth and seventh chapters, and a few laws are in many scattered places in the Gemara (see Tur, Choshen Mishpat 89-94, etc.) **And** this commandment that we are obligated to judge is practiced by males, but not by females, as they do not judge. But nonetheless, women are included in the law of payments for everything, though there is a small difference in the claims of married women in well-known things, as we will explain in the places that we mentioned. And [it] is also practiced in every place and at all times. And a court that transgresses it and did not administer justice - if it had the power [to do so] - has violated a positive commandment. And its punishment is very great, as it causes destruction to the world - since the world is only civilized with justice. And it is like they, may their memory be blessed, said (Avot 1:18), "On three things the world stands" - and one of them is justice. And this is one of the commandments that all of the people of the world are commanded more generally, since the civilization of the world is impossible without it.

<u>מצוה נט</u>

מצות בית דין לדון בדין נושא שכר ושוכר - לדון בדין נושא שכר והשוכר, ופרושו נושא שכר, שומר פקדון בשכר שנותנין לו על השמירה, ושוכר הוא כמשמעו, ששכר בהמה מחברו לרכב או לעשות בה מלאכה, או ששכר ממנו מטלטלין, ונפל מחלקת בין השוכר והמשכיר, או בין בעל הפקדון והשומר אותו בשכר, שמצוה עלינו לדון ביניהם, כמו שכתוב בפרשה זו)שמות כב ט(כי יתן איש אל רעהו חמור או שור או שה וכל בהמה לשמר וגו'. **שרש** הדינין ידוע. **דיניה** כגון מה שאמרו זכרונם לברכה)ב"מ צג, א(שנשבעין על האנסין הגדולים ומשלמין הגנבה והאבדה לפי שיש בזה קצת פשיעה וקצת אנס, ומפני השכר שנוטלין על זה חיבין לשלם, מה שאין כן בשומר חנם שפטור על הכל חוץ מפשיעה. ודיני)שם עה, ב(שכירות פועלים ושכירות בהמות ובתים, ודין)ב"ק צח, ב(האמן שקלקל, ומראה)שם צט, ב(דינר לחנוני ונמצא רע, ודין)ב"מ ד, א(שוכר בבעלים שפטור, ודין)שם מב, א(תחלתו בפשיעה וסופו באנס, ודיני)שם לו, ב(שומר שמסר לשומר והוסיף השני או גרע בשמירה, וענין כל המפקיד שעל דעת אשתו ובניו הגדולים הוא מפקיד)שם(. ומה שאמרו זכרונם לברכה)ב"מ כט, ב(שאין השוכר רשאי להשכיר. וכתב הרמב"ן זכרונו לברכה)שכירות ב ה(שלא אמרו זה אלא במטלטלין לפי שאין רצונו שיהא פקדונו ביד אחר, אבל בשוכר בית ורצה להשכירו לאחר רשאי, ובלבד שיהיו האחרונים כמנין הראשונים. וכן בספינה, ויש חולקין)דעת הראב"ד שם(עליו. ויתר פרטיה מבארים בפרק ששי ושביעי מן קמא, ושלישי וששי ממציעא, ובשמיני משבועות]שם מש"ג עד שי"ג[. **ונוהגת** בזכרים בכל מקום ובכל זמן. ואם עבר עליה ולא דן אם ראוי לכך בטל עשה. ואף על פי שנצטוינו דרך כלל לדון בדין טוען ונטען, רבתה התורה צווי בשומרים בפרט לפי שהן ענינים רגילין בישובי בני אדם.

ספר החינוך Sefer HaChinukh

Mitzvah 59
The commandment on the court to judge the case of one who takes a wage and of a renter: To judge the case of one who takes a wage and a renter. And the understanding of one who takes a wage is someone who guards a deposited item for a wage they give to him for guarding [it]; and [of] a renter is like its simple meaning, that he rented an animal from his fellow to ride or to do work, or he rented movable objects from him. And [if a] disagreement arose between the renter and the owner or between the owner of the deposited item and the one guarding it for a wage, it is a commandment upon us to adjudicate between them, as it is written in this section (Exodus 22:9), "If a man gives to another a donkey, an ox, a sheep or any animal to guard, etc." **The** root of the laws is well-known. **Its** laws are for example, that which they, may their memory be blessed, said (Bava Metzia 93a) that we take an oath on the things of great duress (out of one's control), but pay for theft or loss - since there is some negligence and some duress in this and because of the wage that we take for this, we are obligated to pay, which is not the case with the free guardian, who is exempt from everything except for negligence; the laws of the rental of workers (Bava Metzia 75b), the rental of animals and houses; the law of a craftsman that ruins [an item] (Bava Kamma 98b); one who shows a coin to a storekeeper and it is found to be bad (Bava Kamma 99b); the law that one who rents [the item, as well as hiring the] owners is exempted (Bava Metzia 4a); the laws of beginning with negligence and ending with duress (Bava Metzia 42a); the laws of a guardian who gave [the item] over to [another] guardian and the latter added or reduced its [level] of guardianship (Bava Metzia 36b); the matter that anyone who deposits, deposits with the knowledge that it is [also deposited to the guardian's] wife and adult children (Bava Metzia 36b); that which they, may their memory be blessed, said (Bava Metzia 29b) that the renter is not permitted to rent it out. And Ramban, may his memory be blessed, wrote (it seems that the correct version reads Rambam, the source being Mishneh Torah, Laws of Hiring 2:5) that they only said this about movable objects - since it is not his will that his deposit be in the hand of another. But one who rents a house and wants to rent it out to another is permitted, so long as the later [inhabitants] be the same as the number of the first; and so [too] with a boat. But there are those that disagree with him (Raavad on MT, Hiring 2:5). And the rest of its details - are elucidated in the sixth and seventh chapters of [Bava] Kamma, the third and sixth of [Bava] Metzia

and the eighth of Shevout (see Tur, Choshen Mishpat 303-313). **And** [it] is practiced by males in every place and at all times. And if [one] transgressed it and did not judge - if he was fitting for it - he violated a positive commandment. And even though we were commanded to judge more generally with the law of the plaintiff and the defendant, the Torah added the command of guardians in particular, because they are common matters in human communities.

מצוה ס

מצות בית דין לדון בדין השואל - לדון בדין השואל, כלומר אדם ששאל מחברו שום חפץ או בהמה, והשאלה היא בלא שכר כלל אלא שנתחסד עמו לעשות לו טובה זו, ואחר כך אם נפל מחלקת ביניהם על הדבר, שנדון ביניהם הדין, שנאמר על זה כמו שכתוב בפרשה זו)שמות כב יג(וכי ישאל איש מעם רעהו וגו. ובדין השואל חיבה התורה אפילו האנסין לפי שבאחריותו היא אחר ששאלה ולא הוציא עליה דבר משלו, והרי זה כעין לוה מעות שאם נאנסו ממנו לא יפטר מן המלוה בטענת אנס. ועל ענין שאלה בבעלים שפטור, נוכל לומר לפי הפשט שהתורה לא חיבה השואל אחר שבעל הכלי או הבהמה עמו, דמכיון שהוא שם ישמר הוא את שלו ואל על פי שהשואל פטור אף לאחר שהלכו הבעלים מכיון שהיו שם בשעת שאלה, אפשר לתרץ בזה שלא רצתה הורה לתת הדברים לשעורין ולומר אם ישהו שם הבעלים הרבה יהא פטור השואל ואם מעט יהא חיב, וצותה התורה דרך כלל דכל שהבעלים שם בשעת שאלה, יהא פטור. וזהו הטעם שאמרו זכרונם לברכה)ב"מ צה, ב(שאם היה עמו בשעת שאלה אף על פי שלא היה עמו בשעת שבורה ומתה פטור. אבל היה עמו בשעת שבורה ומתה ולא היה עמו בשעת שאלה חיב, כי בתחלת המעשה הענין תלוי. וזה הטעם בעצמו מספיק לנו בשכירות הבעלים שגם כן פטור. **דיני** המצוה, מה שאמרו רבותינו זכרונם לברכה)ב"מ צו, ב(שאם מתה הבהמה מחמת מלאכה וכן אם נשבר הכלי מחמת המלאכה שפטור, ואם שנה מן הדרך שצווהו הבעלים אפילו מתה מחמת המלאכה שחיב, ואם)שם פג, א(הוליכה במקום שהרואים מצויים, חיב להביא ראיה על טענתו שטען שמחמת מלאכה מתה, וכשמשלם מי שחיב לשלם שמין)שם צז, א(לו תשלומין כמו בנזקין, ושחיב השואל במזונותיה משמשכה)כתובות לד, ב(עד סוף השאלה, ודין)שם(הניח להם אביהם פרה שאולה ומתה, ודין האומר לחבדו השאילני דבר פלוני בטובתך)ב"מ קג, א(שמשתמש בו לעולם ומחזיר לו שבריו. והשואל סתם לכמה זמן משמע, והחלוק שיש בדברים רבים בענין זה, ואי זה רב נשאל לתלמידיו)שם צז, א(ואי זהו שהם שאולים לו, ודין האומר לשלוחו צא והשאל עם פרתי, והשואל מן האשה ונשאל לבעלה, או השואל מאשתו, ושתפין ששאלו זה מזה או מאחר ונשאל לאחד מהם, ודיני השואל פרה ושלחה המשאיל

Sefer HaChinukh

במצות השואל או שלא במצותו. ומה שאמרו שאין השואל רשאי להשאיל, ויתר פרטיה, מבארים במציעא פרק שמיני, ובשבועות גם כן פרק שמיני [ח"ה ש"מ עד שמ"ו]. **ונוהגת** בזכרים, שעליהם לעשות דין. ובית דין העובד עליה ולא דן, בטל עשה.

Mitzvah 60

The commandment to judge the case of the borrower: To judge the case of the borrower, meaning to say a man who borrows any object or animal from his fellow. And borrowing is without a wage at all, but rather, he is doing a kindness for him to do him this favor. And if a disagreement breaks out between them about the matter, we must judge the law that is stated about this [upon] them, as it is written in this section (Exodus 22:13), "And if a man borrows from his neighbor, etc." And regarding the law of the borrower, the Torah made [him] liable even for things of duress (out of his control) - as it is his responsibility: Since he borrowed it and did not put out any thing of his for it, behold he is like one who took out a monetary loan - who if something beyond his control occurred to him could not be exempt from [paying the] creditor, with the claim that it was duress. And about the matter that he is exempt if borrowing in the presence of the owners, we can say according to the simple understanding that the Torah did not make the borrower liable since the owner of the vessel or or the animal is with him - as since he is there, he will guard what is his. And even though the borrower is [still] exempt after the owners left [him], if they were there at the time of the borrowing - it is possible to answer about this that the Torah did not want to give different measures for its words and state that if the owners stay long, he will be exempt, but if [only] a little, he will be liable. [Instead,] the Torah commanded more generally that so long as the owners are there at the time of the borrowing, he will be exempt. And this is the reason that they, may their memory be blessed, said (Bava Metzia 95b), that if he was there with him at the time of the borrowing – even if he was not with him at the time of it breaking or dying – he is exempt; but if he was with him at the time of the breaking or the dying but he was not there at the time of the borrowing, he is liable. As the procedure depends on the beginning of the matter. And this very same reason suffices for us regarding that which he is also exempt if he rents [something] in the presence of the owners. **The** laws of the commandment are that which our Rabbis, may their memory be blessed, said (Bava Metzia 96b) that if the animal dies because of its work - and so [too,] if a tool breaks because of its work - that he is exempt, but if he deviated from that which the owners commanded him, even if it died because of work, he is liable; [that] if he took it to a place where onlookers are found, he is obligated to bring a proof about his claim that it died because of its work (Bava Metzia 83a); [that]when we exact payment from the one liable to pay, we estimate the payments like with damages (Bava Metzia 97a); that the borrower is obligated for its food from when he pulls it until the end of the borrowing (Ketuvot 34b); the law [if] their father left them a borrowed cow and it died; (Ketuvot 34b); the law of one who says to his fellow, "Let me borrow thing x by your goodness," [such] that he can use it forever and return the fragments to him; how long is implied by one who borrows without specification and the many differences about this matter; which [items] can be borrowed by a teacher from his students (Bava Metzia 97a) and which can they borrow from him; the law of one who says to his agents, "Go lend out my cow"; one who borrows from a woman and she asks her husband; one who borrows from his wife; partners that borrowed from one another, or from someone else and it is borrowed by one of them; the laws of one who borrows a cow and sends it away; one who borrows it for a borrower - upon his command or not upon his command; and that which they said that the borrower is not allowed to lend it out. And the rest of its details - are elucidated in the eighth chapter [of Bava] Metzia and also the eighth chapter of Shevout (see Tur, Choshen Mishpat 340-346). **And** [it] is practiced by males, as it is upon them to administer justice. And a court that transgresses it and does not adjudicate [these cases] has violated a positive commandment.

מצוה סא

מצות בית דין לדון בדין מפתה - לדון בדין מפתה, כלומר מי שפתה בתולה שנדון אותו כמשפטו הכתוב עליו בפרשה, שנאמר)שמות כב טו(וכי יפתה איש בתולה וגו'. וענין הפתוי הוא, שאומר לה דברים של שקר או של אמת עד שתתרצה אליו.)עי' רמב"ן עה"ת שם(.**שרש** הדין ידוע. ואל תתמה כאן בהיות כל כבודה בת מלך פנימה)תהלים מה יד(נמכרת לבועל בחמשים כסף, בין עשירה, בין עניה, שאין הקנס רק דמי הנאת השכיבה בלבד, אבל מצד אחר חיב השוכב אותה לתת בשת ופגם לפי יחוסה וחשיבותה, וכל מצות השם יתברך אמונה. **דיני** המצוה, כתב הרמב"ם זכרונו לברכה,)נערה בתולה א ב(כל שבעיר, בחזקת פתוי עד שיעידו עדים שהוא אנס, וכל שבשדה בחזקת אנס. ואמרו זכרונם לברכה)כתובות לט, א(שנשואי מפתה

תלויים ברצון האב והבת והמפתה. ואם כנסה, אין שם קנס. ודין כהן גדול שפתה או אנס, ודין קנס בנבעלה כדרכה, וזמן (שם כט, א) הקנס אינו אלא משלש שנים עד שתבגר, ומה שכתב לאביה דוקא לאביה, אבל אין לה אב אין דין קנס עליה, דפתוי מדעתה הוא, מה שאין כן באנס, וכמו שנכתב במקומו בעזרת השם. והנשים שאין להן קנס ועשר הן, ויתר פרטיה, מבארים בפרק שלישי ורביעי מכתבות (ה' נערה בתולה א). **ונוהגת** בכל מקום שיש בית דין סמוכין, שאין דנין דיני קנסות אלא בסמוכין. והעובר עליה ולא עשה דין זה, בטל עשה.

Mitzvah 61

The commandment on the court to judge the case of a seducer: To judge the case of a seducer - meaning to say one who seduces a virgin – that we should judge him according to his statute that is written about him in the section, as it is stated (Exodus 22:15), "And if a man seduces a virgin, etc." And the matter of seduction is that he tells her things that are false or [even] true until she gives in to him. **The** root of the commandment is well-known. And do not wonder here – since 'all of the honor of the king's daughter is inside' (Psalms 45:14), [how is it that] she is sold to the [seducer] for fifty silver pieces, whether she is wealthy or whether she is poor? As the penalty is only the value of the enjoyment of laying [with her] alone. But from another angle, the one who lays with her is liable to give [the money] of embarrassment and damage according to her lineage and her importance. And all the commands of God, may He be blessed, are faithful. **The** laws of the commandment: Rambam, may his memory be blessed, wrote (Mishneh Torah, Laws of Virgin Maiden 1:2) [that] anything that is in the city is assumed to be seduction until witnesses testify that it was rape, and anything that is in the field is assumed to be rape. And they, may their memory be blessed, said (Ketuvot 39a) that the marriage of a seducer is dependent upon the will of the father, the daughter and the seducer. And if he marries her, there is no penalty. The law of the High Priest who seduced or raped; the law of the penalty when intercourse was in its way; that the time of the penalty is only from three years until she becomes an adult; [that] that which is written, "to her father," [means] specifically to her father, but if she does not have a [living] father, there is no law of penalty towards her - as seduction is with her consent, which is not the case with rape, as we we will write in its place with God's help; and the women that do not have a penalty and they are ten; and the rest of its details - are [all] elucidated in the third and fourth chapter of Ketuvot (see Mishneh Torah, Laws of Virgin Maiden 1). **And** [it] is practiced in every place that there is a court of ordained judges, as we only judge cases of penalties with ordained judges. **And** one who transgresses it and does not fulfill this law has violated a positive commandment.

מצוה סב

שלא להחיות מכשפה - שלא נחיה מכשפה אלא נמיתה, שנאמר)שמות כב יז(מכשפה לא תחיה, ולאו דוקא מכשפה, אלא כל מי שעושה כשוף, אלא שדבר ברגיל, שהנשים כשפניות)סנהדרין סז, א(יותר מן האנשים. **משרשי** המצוה, שידוע כי ענין הכשוף דבר רע עד מאד וגודם כמה תקלות לבני אדם איני צריך להאריך בו שידועים הדברים, ועל כן נצטוינו לסלק מן העולם המשתדל בזה לפי שהוא בא כנגד חפץ השם שהוא חפץ בישובו ושיתנהג הכל בדרך הטבע שהטבע בתחלת הבריאה, וזה בא לשנות הכל. וענין הכשוף הוא לפי דעתי כן, שהשם ברוך הוא שם בתחלת הבריאה לכל דבר ודבר מדברי העולם טבע לפעל פעלתו טובה וישרה לטובת בני העולם אשר ברא, וצוה כל אחד לפעל פעלו למינהו, כמו שכתוב בפרשת בראשית)א יב(למינהו על הנבראים. וגם על כל אחד ואחד המשיל כח מלמעלה להכריחו על מעשהו, כמו שאמרו זכרונם לברכה)בראשית רבה ו(אין לך עשב מלמטה שאין לו מזל מלמעלה, שאומר לו גדל. ומלבד פעלתם שעושה כל אחד ואחד בטבעו יש להם פעלה אחרת. בהתערב מין מהם עם מין אחר, ובמלאכת התערבת יש בה צדדין שלא הרשו בני אדם להשתמש בהן, כי יודע אלהים שסוף המעשה היוצא לבני אדם באותן צדדין רע להן, ומפני זה מנעם מהם. וזהו אמרם זכרונם לברכה דרך כלל)שבת סז ב(כל שיש בו משום רפואה, אין בו משום דרכי האמרי. כלומר אין לאסרו מפני צד כשוף אחר שיש תועלת בו מצוי בנסיון באמת אין זה מן הצדדין האסורין, כי לא נאסרו רק מצד הנזק שבהן. ועוד יש באותן צדדי התערבות והתחבולות האסורות לעשות ענין אחר שנאסרו בעבורו לפי שכח אותו התערבת עולה כל כך שמבטל מפעלתו לפי שעה כח המזל הממנה על שני המינים. והמשל על זה, כמו שאתה רואה שהמרכיב מין בשאינו מינו יחדשו לברא מין שלישי, נמצא שבטלה ההרכבה כח שניהם, ועל כן נמנענו מלהעלות על רוחנו אף כי נעשה בידינו דבר שמראה בנו רצון להחליף דבר במעשי האל השלמות. **ואפשר** שיעלה בידינו מזה רמז משרשי כלאי זרעים ובהמה ושעטנז, ובמקומם נאריך בם בעזרת השם. וזהו שאמרו זכרונם לברכה)סנהדרין סז ב, חולין ז ב(למה נקרא שמם כשפים שמכחישין פמליא של מעלה ושל מטה. כלומר שכחן עולה לפי שעה יותר מכח הממנים עליהם. וראה כוון דבריהם זכרונם לברכה שאמרו פמליא של מעלה ולא אמרו גזרת מעלה, לפי שהשם ברוך הוא גזרו ורצה מתחלת הבריאה להיות הפעלה הזאת יוצאת מבין שניהם בהתערבם, ובו תוכחת מגלה אל הממנים עליהם,

אבל אמרו שכח הפמליא נכחש מכל מקום. ומי שקרבת שכלו באור פני המלך וכח זכותו יעלה על כח הממנים, לא יירא מהמעשה הזה והכחשותיו, כמו שמצינו בגמרא במסכת שבת)פא, סנהדרין סז ב(שאמר החכם אל המכשפה. **וידיעת** חלוק ענינים אלה, אי זה תערבת התר לנו ואין בו צד כשוף ואי זהו שיש בו צד כשוף ואסור בחכמת הכשוף, ידוע. ואל תחשב כי מלאכת הכשוף והשדים דבר אחד, שהרי בפרוש אמרו זכרונם לברכה)סנהדרין שם(בלטיהם זה מעשה שדים, בלהטיהם זה מעשה כשפים. משמע מזה שענין הכשוף אפשר להעשות בלתי מעשה שדים, ואמנם גם עם השדים יעשו לפעמים אותן. ואותן השדים שמשתמשין בהן למלאכת הכשוף נקראין מלאכי חבלה, כן פרש רש"י זכרונו לברכה לפי שענין הכשוף לעולם אינו נעשה רק לחבל. ובפרטי דיני הכשוף בלאו דמכשף נאריך בו יותר בעזרת השם, כי שם מקומו, שאין כאן אלא אזהרת הדין, כלומר שלא נמחל להם אבל נמיתם.)ה, סנהדרין פ"טו(. **ונוהגת** מצוה זו, לעשות דין במכשפים, בזכרים כי להם יאות ונתן לעשות משפט, אבל לא לנקבות. ודוקא בארץ ישראל ובסמוכין ובבית דין של עשרים ושלשה. ובית דין העובר עליה אם יש בו כח לעשות משפט עבר על לאו זה, מלבד שבטל מצות עשה שהוא לעשות דין במחיבין דרך כלל, ואין בזה מלקות לפי שאין בו מעשה, וכל לאו שאין בו מעשה אין לוקין עליו חוץ מנשבע וממר ומקלל חברו בשם)מכות טז א(.

Mitzvah 62

To not keep a witch alive: To not keep a witch alive. Rather, we kill her, as it is stated (Exodus 22:17), "You shall not keep a witch alive." And it is not specifically a witch, but rather anyone that does magic. It is just that it stated it according to what is common, as women are more involved with magic than men (Sanhedrin 67a). **From** the roots of the commandment are that it is known that magic is a very bad thing and causes many mishaps to people. I do not have to write at length about it, as the things are well-known. And therefore, we were commanded to put away from the world someone who makes efforts with this, as he is coming against the will of God, as He desires [the world's] settlement and that everything should be administered in a natural way. As nature was at the beginning of creation and this one wants to change everything. And according to my opinion, the matter of magic is that at the beginning of creation, God, blessed be He, placed for each and every thing in the world a nature [through which] to accomplish its action well and straight, for the good of the creatures of the world that He created; and He commanded each one to act according to its species, as it is written about all the

ספר החינוך Sefer HaChinukh

creatures, in Parshat Bereshit (Genesis 1:12), "according to its species." And He also made a higher force govern each and every one from above, to compel it to perform its action; as they, may their memory be blessed, said (Bereshit Rabbah 1), "There is no [blade of] grass below that does not have a constellation above that tells it, 'Grow!'"And besides the action that each and every one does according to its nature, there is another action that they have, by mixing one specie with another. And in the craft of this mixing there are some angles that were not permitted for people to utilize, because God knows that the end result that will come out for people from these angles will be bad for them. And on account of this, He prevented them from them. And this is what they, may their memory be blessed, said more generally (Shabbat 67b), "Anything that has healing in it does not have the 'ways of the Amorite' in it"; meaning to say, it should not be forbidden from the perspective of magic – since there is a benefit to it that is found from true experience, it is not from the forbidden angles, as they are only forbidden because of the perspective of their damage. And there is another matter in these forbidden angles of mixture and machinations for which they were forbidden. [It is] because the power of this mixture is so strong that it negates the power of the constellations that are assigned upon the two species. And the illustration of this is that it is just like that which you see with the grafting of one specie with a different one, that a new third specie is created. It comes out that the grafting negates the power of both of them. And so, we have been prevented from bringing up to our minds to switch the perfect acts of God, even if something that appears to be pleasing comes out in our hand. **And** it is possible that a hint will come up in our hands from the roots of the forbidden mixtures of seeds and animals and shatnez (the mixture of linen and wool). And we will write at length about them in their places, with God's help. And that which they, may their memory be blessed, said (Sanhedrin 67b, Chullin 7b), "Why is its name called kishufim (magic)? Because it contradicts the retinue (makhishin pamaliah) on high and on low," is meaning to say that their power temporarily overrides the power of those forces appointed over them. And see the precision of their words, may their memory blessed, as they said, "the retinue on high," and they did not say, "the decree of High – since God, blessed be He, decreed it and wanted from the beginning of creation that this action would come out from the two of them when they are mixed. And there is an open rebuke from it towards those appointed over them [about their lack of absolute power]. Rather, they said that the power of the retinue on high is [that which is] contradicted regardless. And one, whose intellect is close to the light of the face of the King and the power of his merit overrides the power of those appointed, will not fear from this phenomenon, as we found that the sage said to the witch in the Gemara (Shabbat 81, Sanhedrin 67b). **And** the knowledge of the difference [between] these things – which is the mixing He permitted to us and there is no angle of magic and which is the one that has an angle of magic and is forbidden as the science of magic – is well-known. And do not think that the craft of magic and [of] demons (shedim) is the same thing. As behold, they, may their memory be blessed, said (Sanhedrin 67b), "'With their tricks,' that is the work of demons; 'with their spells,' that is the work of magic." It is implied from this that the matter of magic is possible to do without demons. However, sometimes it is also done with demons. And those demons that are used for the craft of magic are called angels of destruction. So did Rashi, may his memory be blessed, explain – since the matter of magic is always only done to destroy. And about the details of the laws of magic, we will write at more length in the negative commandment of the witch, with God's help, as its place is there. As here there is only the warning of the law, meaning to say that we will not forgive them, but [rather] kill them (see Mishneh Torah, Laws of The Sanhedrin and the Penalties within their Jurisdiction 15). **And** this commandment to administer the laws of those that do magic is practiced by males - since it is fitting [for] and it was given to them to administer justice - and not females. And [this is] specifically in the Land of Israel with ordained judges and in a court of twenty-three [judges]. And a court that transgresses - it if it has the power to administer justice - has violated this negative commandment, besides that it violated the positive commandment, which is more generally to administer justice against those that are liable. And there are no lashes for this, as there is no act [involved] with it. And we do not give lashes for any negative commandment with which no act is involved - except for one who takes an oath, a rebel, and one who curses his fellow with the name [of God] (Makkot 16a).

מצוה סג

שלא להונות הגר בדברים - שנמנענו מלהונות הגר אפילו בדברים, והוא אחד מן האמות שנתגיר ונכנס בדתנו, שאסור לו לבזותו אפילו בדברים,

שנאמר)שמות כא ב(וגר לא תונה. ואף על פי שאנו מזהרים בזה בישראל וזה כיון שנכנס בדתינו הרי הוא כישראל, הוסיף הכתוב לנו אזהרה בו, וגם נכפלה האזהרה עליו דכתיב)ויקרא יט לג("לא תונו" פעם אחרת, לפי שענין ההונאה אליו קרובה יותר מבישראל, כי הישראל יש לו גואלים שתובעים עלבונו. ועוד טעם אחר בו, שיש בו חשש שלא יחזור לסורו מכעס הבזיונות. ואמרו בספרא)קדושים ח(שלא תאמר לו אמש היית עובד עבודה זרה ועכשיו נכנסת תחת כנפי השכינה. **משרשי** המצוה, מלבד מה שכתבנו, כדי לכף את יצרנו לעולם לבל נעשה כל אשר נמצא בכחינו לעשות לרעה, על כן הזהירתנו בזה האיש שהוא בינינו בלי עוזר וסומך ויש כח ביד כל אחד ואחד ממנו עם אוהביו עליו לבל נעביר עליו את הדרך כלל אפילו בדברים כאלו הוא כאחד ממנו, ומתוך גדרים כאלו נקנה נפש יקרה ומסלסלת ומעטרת המדות הראויה לקבלת הטוב, וישלם בנו חפץ השם יתברך שחפץ להטיב. **דיני** המצוה, כגון רב האזהרות שהזהירונו זכרונם לברכה עליו, והודיעונו להזהירנו עוד בדבר שבעשרים ואחד)עי' דפוס לעמבערג שגרס בכ"ד(מקומות הזהירה התורה עליו)ב"מ, לט ב, ע"ש(וכתבו גם כן לחזוק המצוה שבאותו לשון שנצטוינו באהבת המקום, נצטוינו באהבת הגר, שבאהבת המקום כתיב ואהבת את יי, ובגר כתיב ואהבתם את הגר. והרבה דברים כאלו במדרשים ובקצת מקומות בגמרא.)ח"ה סימן ש"ז(.**ונוהגת** בכל מקום ובכל זמן, בזכרים ובנקבות. והעובר עליה ובזהו, עבר על לאו, ואין לוקין עליו לפי שאין בו מעשה.

Mitzvah 63

To not oppress the convert with words: That we have been prevented from oppressing converts, even [only] with words - and that is one from the [other] nations who converted and entered our religion - such that is forbidden for [one] to disgrace him even with words, as it is stated (Exodus 22:20), "and you shall not oppress a convert." And even though we are warned about this with [Jews] and since this one entered our religion, behold is like [any other Jew], Scripture added a warning to us and also redoubled the prohibition for him, as it is written (Leviticus 19:33), "do not oppress" another time; because the issue of oppression is more relevant to a convert than it is to [another Jew], as [another Jew] has redeemers who will redress his insult. And there is another reason, [and that is] because there is a concern that [the convert] might return to his deviance out of anger over the disgraces. And they said in the Sifra (Sifra, Kedoshim, Chapter 8:2) that one shouldn't say, "Yesterday you were an idolater and now you entered under the wings of the Divine Presence." **A side** from what we have [already] written, **it** is from the roots of the commandment [that it is] in order to permanently train our negative inclination not to do whatever evil is in our power to do. Therefore, we are warned regarding this person who is among us without [a full support system], and over whom each and every one of us - with his friends - can exert some power; that we not exclude him from the general [sensitivity that we show to everyone among us]. And through boundaries such as these we will acquire a soul of higher worth - raised-up and crowned with [positive] characteristics and worthy of receiving good. And we will fulfill in ourselves the desire of God, may He be blessed, who desires to give benefit. **The** laws of the commandment are, for example, the many [prohibitions] that they, may their memory be blessed, warned us about; that they made known to us - in order to warn us more about the thing - that the Torah warned about it in twenty-one (and see the Lemberg edition, that reads, twenty-four) places (Bava Metzia 39b); that they also wrote to strengthen the commandment, that with the same expression that we were commanded about the love of the Omnipresent, we were [also] commanded about the love of the convert - as with the Omnipresent, it is written (Deuteronomy 6:5), "And you shall love your God"; and with the convert, it is written (Deuteronomy 10:19), "And you shall love the convert." And many things like this are in Midrash and in a few places in the Gemara (see Tur, Choshen Mishpat, 307). **And** [it] is practiced in all places and at all times by males and by females. And one who transgresses it and disgraces him, has violated a negative commandment. But we do not give lashes for it, since it does not have an act [involved] with it.

<u>מצוה סד</u>

שלא להונות הגר בממון - שנמנענו שלא להונות הגר בממון, שאם יהיה לנו עמו משא ומתן שלא להונות אותו, שנאמר)שמות כב כ(ולא תלחצנו, ואמרו במכלתא)שם(לא תלחצנו בממונו. וזה הלאו נוסף על הלאו שיכללהו עם ישראל כלם, שהם בלאו דאונאת ממון, ונזהרו עליו בדברים ובממון מן הטעם שכתבנו כל משפטיה במצוה הקודמת לזו. ובלאו דאונאת ממון בישראל נכתב קצת פרטי ההונאה בעזרת השם)שם(.

Mitzvah 64

To not oppress the convert regarding money: That we have been prevented to not oppress the convert regarding money - that if we have give and take (business matters) with him, to not oppress him - as it is stated (Exodus 22:20), "you shall not pressure him." And they said in the Mekhilta d'Rabbi Yishmael 22:2, "'You shall not pressure him' is regarding money." And this negative commandment is in addition to the negative commandment in which he is included with all of Israel, as they are [covered] by the [that] negative commandment of monetary oppression. And they are warned about him [both] regarding words and regarding money, due to the reason that we have written. All of its statutes are in the commandment that preceded this (Sefer HaChinukh 63). And in the negative commandment of monetary oppression of Israel (Sefer HaChinukh 337), we will write a few of the details of fraud, with God's help (see Tur, Choshen Mishpat 307).

מצוה סה

שלא לענות יתום ואלמנה - שנמנענו מהכביד במעשה או אפילו בדבור על היתומים והאלמנות, שנאמר (שמות כב כא) כל אלמנה ויתום לא תענון, אבל כל משאו ומתנו של אדם עמהם יהיה בנחת ובחסד ובחמלה. **משרשי** המצוה, מה שכתבתי בסמוך בענין הגר, לפי שאלו הן תשי (תשושי) כח שאין להם מי שיטען טענותם בכל נפש כמו שהיה עושה איש האלמנה ואביהן של יתומים אם היה קים, ועל כן הזהירתנו תורתנו השלמה לקנות מדת חסד ורחמים בנפשנו ונהיה ישרים בכל מעשינו כאלו יש כנגדנו טוען בכח הטענה בהפכנו, ונחוס ונחמול עליהם ונראה זכותם בכל דבר יותר משהיינו עושים אם היה האב והבעל קים. **מדיני** המצוה, מה שאמרו (רמב"ם דעות ו י) שאפילו אלמנתו של מלך ויתומיו באזהרה זו, והיאך נוהגין עמהם, שלא נדבר אליהם אלא רכות. ולא ינהג אדם בהם אלא מנהג כבוד, ולא יכאיב גופן בעבודה, ולא ילבינם בדברים, ויחוס על ממונם יותר מעל ממון עצמו. ומפני כן אמרו זכרונם לברכה (שבועות מה א) שהבא לפרע מממונם, אף על פי שיש בידו שטר מקים לא יפרע אלא בשבועה, מה שאין כן באחר. ועוד אמרו זכרונם לברכה (ב"ב כג א) שאם יש להם ריב עם שום אדם, שבית דין חיבים לטען בשבילם כנגד התובע אותם, וטוענין לתועלתם כל מה שיחשבו שהיה יכל אביהם לטען. ואם יש להם מעות שמכריחין בית דין כל מי שימצאו שהוא עשיר מנכסים שיש להם אחריות ויהיה איש נאמן ואוהב שלום וכשר, ומפקידין לו מעות היתומים להתעסק בהן בענין שיהיה קרוב לשכר אצל היתומים ורחוק להפסד, מה שלא התירו באדם אחר משום אסור רבית דרבנן. ומכריחים גם כן כל אדם שהוא טוב להם שיפקח עיניו על נכסיהם אם לא הניח להם אביהם שום אפוטרופוס.
ועוד אמרו בהן (גיטין נב א) שכל משא ומתן שיהיה להם עם כל אדם יהיה ידם על העליונה כמו הקדש, ויותר מהקדש באחת. כיצד? יתומים שמכרו פרות ומשכן מהם הלוקח ולא נתן להם הדמים עדין והוקרו בינתים, חוזרין בהן, שאין נכסיהן נקנין אלא בכסף כהקדש שכתוב בו ונתן הכסף וקם לו.

הוזלו הפרות אין הלוקחים יכולין לחזר בהן, שלא יהא כח הדיוט חמור מכחם. וכן אם לקחו הם פרות ומשכו אותם ולא נתנו הדמים והוקרו אין המוכר יכול לחזר, שלא יהא כח הדיוט שקונה במשיכה גדול מכחם. ואם הוזלו היו יכולין לחזר, אבל מפני תקנתם אמרו שלא יהו יכולין לחזור כדי שימצאו מי שימכר להם פרות בהקפה. נתנו הם דמים למוכר בשביל פרות ולא משכו הפרות והוזלו הפרות חוזרין בהן. וזו האחת שאמרנו שיתרים הם על ההקדש, כי ההקדש אינו חוזר בו בזו, מכיון שיש בכיוצא בזה מי שפרע להדיוט, לא רצו חכמים להטיל פחיתות מדה בשביל מעט רוח לגבי הקדש, אבל לגבי יתומים די להם להיות כשאר העם, וכיון ששאר העם יכולין לחזור בהם מן הדין בזו אלא שיש עליהם דין מי שפרע,)יתומים שאין להם מי שפרע(בדין הוא שיחזרו בהם. נתנו היתומים דמים ולא משכו הפרות והוקרו, אם רצו המוכרים לחזור בהם, חוזרים ומקבלים מי שפרע, וזו תקנה הוא להם, שאם יהיה דינם שיקנו בנתינת המעות ויהיו שלהם לגמרי, שלא יהא המוכד יכול לחזור בו, יאמר להם המוכר נשרפו או אבדו באנס. ואם שמא תאמר יהיו ברשותם לכל תועלתם, שאם ירצו יקחו אותם על כל פנים, ואם לא ירצו לא יקחו אותם כדי שלא יטען המוכר דבר זה, תשובתך כי כל זה אי אפשר לעשות להם, שאינו בדין שנתן להם נכסי בני אדם, די להם כי אנחנו מעמידים אותם זמנין אדינא דאוריתא זמנין אדינא דרבנן לתועלתם, אבל לפנים מכל זה אינו בדין לתת להם ממון העולם. וכעין מה שאמרו עליהם בגמרא)ב"מ ע א(יתמי דאכלי דלאו דידהו ליזלו בתר שבקיהו. לקחו היתומים דמים על פרותיהם ולא משכם מהם הלוקח והוזלו, יכולין הלוקחין לחזר בהן מן הדין ומקבלים מי שפרע, שאם אתה אומר נעמידם על דין תורה, ומכיון שנתנו הלוקחין המעות זכו בפרות ולא יוכלו לחזר הלוקחין יהיה זה רעה ליתומים, שלא ימצאו לעולם מי שיקדים להם מעות על פרותיהם. ואולי יצטרכו למעות לפי שעה ונמצא להם בתקנה זו הפסד גדול לפעמים, ועל כן עיינו בכל צדדי תועלתם שהיה אפשר ותקנו להם. **ולעולם**)שם עד, ב(אין היתומים מקבלין מי שפרע בכל שיעשה האפוטרופוס ולא האפוטרופוס גם כן לפי שמכחם הוא חוזר בו. וכן הדין בעלמא לענין שליח הנושא ונותן לדעת משלחו ששניהם אין מקבלין מי שפרע. ומכל מקום אמרו בהם שמתר לענותם קצת לתועלתם, כגון הרב לתלמידו של תורה או של אמנות, אבל אפילו לתועלתם מצוה להקל בהם יותר משאר כל אדם. ואמרו גם כן שברית כרותה להם שנענין מצעקתם, שנאמר)שמות כב כב(שמע אשמע צעקתו. ושהם נקראים יתומים לענין מצוה זו עד שלא יהו צריכין בעסקיהם לאדם גדול אלא עושין כל צרכי עצמן כשאר כל הגדולים. ויתר פרטיה מבארים במקומות מפזרים בגמרא ובמדרשות)ה' דעות פ"ו(.

ונוהגת מצוה זו בכל מקום ובכל זמן בזכרים ונקבות, שחיבין בני אדם לנהג עמהם דרך נחת וכבוד. והעובד עליה והכעיסן או הקניטן, או רדה בהם, או אבד ממונם. וכל שכן אם הכה אותן, הרי זה עובר בלא תעשה. ואף על פי

שאין לוקין על לאו זה, לפי שאין הענוי דבר מסים כדי להלקות עליו כי לעולם יוכל המענה רשע לטען בשקר כי מן הדין ענם או לטובתם. השם יתברך שהוא בוחן לבבות תובע צערם, והרי ענשו מפרש בתורה, שנאמר והרגתי אתכם בחרב, כלומר מדה כנגד מדה, שתהיינה נשי המענים אלמנות ובניהם יתומים ולא ימצאו מרחם,)סוטה ח, ב(שבמדה שאדם מודד בה מודדין לו. ואם נקבה היא המענה, תמות ואישה ישא אחרת שתענה בניה. ודרשו זכרונם לברכה והיה כי אם צעק יצעק אלי, בן קובל לאביו, אשה לבעלה, אלמנה ויתום אלי, ושמעתי כי חנון אני. והרמב"ן זכרונו לברכה)ל"ת רנו(ימנה אזהרת יתום ואלמנה בשני לאוין מן הטעם שכתבנו למעלה.)מצוה ז(.

Mitzvah 65

To not abuse the orphan and the widow: That we have been prevented from burdening - by action or even by speech - the orphans and the widows, as it is stated (Exodus 22:20), "Every widow and orphan you shall not abuse." Rather, all of a person's give and take (business matters) with them should be calm and with kindness and pity. **That** which I have written adjacently regarding the matter of a convert is from the roots of the commandment - it is because these are of weak (weary) power; as they have no one to make their claim against any one - as would have done the husband of the widow and the father of the orphans had he been alive. And therefore, our perfect Torah warned us to acquire the trait of kindness and mercy for our souls, so that we be straight in all of our deeds as if there were a claimant making a strong claim against us. And we should be concerned and have pity upon them, and see their [side] in every thing; [even] more than we would have done if their father and husband had been alive. **From** the laws of the commandment is that which they said (Mishneh Torah, Human Dispositions 6:10) that even the widow of the king and his orphans are [included] in this prohibition and how to behave towards them: That we should only speak softly with them; that a person should only behave honorably towards towards them, and not hurt them in their bodies with work, nor embarrass them with words; and be concerned about their money more than about his own money. And because of this, they, may their memory be blessed, said (Shevuot 45a), that one who comes to collect [a debt] from their monies - even if he has a validated deed - may not collect without [taking] an oath, which is not the case with another. And they, may their memory be blessed, said (Bava Batra 23a) that if they have a quarrel with anyone - that the court is obligated to make a claim for them, against the one who sues them, and they claim for their benefit anything they think that their father would have been able to claim; and if they have money, that the court must force anyone they find that is wealthy - beyond possessions that are liened - and that is a trustworthy man who loves peace and is upstanding, and deposit the money of the orphans with him, to do business with (invest) it in a way that is likely to profit the orphans and be far from loss (low-risk) (Bava Metzia 70b), which they did not permit with another person due to a rabbinic prohibition on interest. And they also force any person that is good for them to put his eye on their properties, if their father had not left any custodian for them. **And** they also said about them (Gittin 52a) that their hand be on the higher (they be given the advantage) in all give and take that they have with anyone, as [is this case] with consecrated property; and in one [case], even more than consecrated property. How is this? [If] the orphans sold their fruit and the purchaser dragged some of them towards him but did not yet give the money and [their value] appreciated in the interim, they can retract, since their properties are only acquired through money - like consecrated property, about which it is written, "and he gives him the money and it is established for him" (and not by dragging as is otherwise the standard). If the fruits depreciated, the buyers may not retract, as the power of a commoner should not be weightier than their power. And so [too], if they bought the fruit and they dragged them and did not give the value, and they appreciated, the seller cannot retract, so that the power of the commoner not be greater than their power. But if they depreciated, they could retract; however, for the sake of their welfare, [the rabbis] said they are not able to retract - so that they will be able to find someone to sell them fruit on credit. If they gave the value to the seller for fruit and they did not drag the fruit, and the fruit depreciated - they can recall [it]. And this is the one [case] that we said they have an advantage over consecrated property. As consecrated property cannot be recalled in this case - as since in the same case with a commoner there is a [curse called] the One who repayed [placed upon the one who retract, the sages did not want to apply a lowly trait for [such] a small gain for consecrated property. But with orphans, it is enough for them to be like the rest of the people; and since the rest of the people can retract [in this case], according to [the letter of] the law - except that they [are given a curse] - it is correct that (orphans, who do not receive a curse), [be allowed] to retract. [If] the orphans gave

ספר החינוך Sefer HaChinukh

the value, but did not drag the fruit, and they appreciated - the sellers may reretract, [though] they retract and receive [a curse]. But this is for the welfare [of the orphans], as if their law would be that they acquire with the giving of money, the seller would tell them that they burned up or got lost from duress (it was beyond his control). And you might say, they should be in their possession for any benefit of theirs - that if they want, they take them regardless; and if they do not, they do not take them - so that the buyer not give this answer. [If so,] your answer is that it is impossible to do all this for them - as it is not correct to give them the property of [other] people. It is enough for them that for their benefit we sometimes [administer] Torah law upon them and sometimes [administer] rabbinic law upon them. But above all this, it is not correct to give them the money of the [rest of] the world, and similar to that which they said about them in the Gemara, (Bava Metzia 70a), "Orphans that consume what is not theirs will follow those that left them (and die)." [If] the orphans took the value for their fruit, but the buyer did not drag some of them, and they depreciated - the buyers can retract according to the law and receive [a curse]. As if you say, "Let us [administer] Torah law upon them, and since the buyers gave the money, they acquired the fruit and the buyers may not retract" - this would be bad for the orphans, as they would never find someone who will advance them money for their fruits. And it is possible that they will need money at that time; and it will come out for them that this advantage will sometimes be a great loss. And so [the Rabbis] investigated every side of their benefit that was possible and arranged it for them. **And** the orphans never receive [a curse] for anything that the custodian does; nor also does the custodian - since he is recalling on their behalf (Bava Metzia 74b). And so [too] is the law more generally regarding an agent who gives and takes with the knowledge of his sender, that neither of them receive [a curse]. And nonetheless, they said about them that it is permitted to oppress them a little for their benefit - for example a teacher towards his student in Torah or in a craft. However even for their benefit, it is a commandment to be more lenient upon them than upon other people. And they also said that there is a covenant made with them that their cries will be answered, as it is stated (Exodus 22:22), "I will surely hear his cry"; and that they are called orphans regarding the matter of this commandment until they do not need an adult for their business affairs, but rather administer all of their own needs like all other adults. And the rest of its details are elucidated in scattered places in the Gemara and in Midrash (see Mishneh Torah, Laws of Human Dispositions 6). **And** this commandment is practiced in every place and at all times by males and by females, that all people are obligated to treat them gently and honorably. And behold, one who transgresses it and angers them or taunts them or afflicts them or subjugates them or destroys their money - and all the more so, if he hits them - violates a negative commandment. And even though we do not administer lashes for this - as the affliction is not something [clearly] defined, such that we can give lashes for it, since the evil afflicter can make the lying claim that he afflicted them according to the law or for their benefit - God, may He be blessed, who examines the hearts, will [redress] their pain. And behold his punishment is explicit in the Torah, as it is stated (Exodus 22:23), "and I shall kill you with the sword" - meaning to say, measure for measure, such that the wives of the afflicters become widows and their children, orphans, and not find someone who has mercy upon them. As in the way that a person measures, so will he be measured (Sotah 8b). And if the afflicter is a female, she will die and her husband will marry another woman who will afflict her children. And they, may their memory be blessed, expounded, "if he will surely cry to Me" - a son complains to his father, a wife to her husband, a widow and orphan to Me, "and I will listen, as I am gracious" (Exodus 22:26). And Ramban, may his memory be blessed, (on Sefer HaMitzvot LaRambam, Mitzvot Lo Taase 256) counts the prohibition towards the orphan and the widow as two negative commandments, because of the reason we wrote above (Sefer HaChinukh 7).

מצוה סו

מצות הלואה לעני - להלוות לעני כהשגת היד כפי מה שצריך לו למען הרחיב לו ולהקל מעליו אנחתו. וזאת המצוה)רמב"ם ספר המצוות עשה קצז(של הלואה היא יותר חזקה ומחיבת ממצות נתינת הצדקה, שמי שנתגלה ונודע דחקו בין בני אדם וגלה פניו לשאל מהם, אין דחקו ואפלתו כמי שעדין לא בא לאותה בושה וירא מהכנס בה, ואם יהיה לו מעט סעד של הלואה במה שירויח מעט אולי לא יצטרך לבוא לשאלה לעולם, וכשירחמנו האל ברוך ישלם נשיו ויחיה בנותר. ועל כן הזהירתנו תורתנו השלמה על זה לסעד המך בהלואה טרם יצטרך לבוא אל השאלה שנאמר)שמות כב כד(אם כסף תלוה את עמי, ואמרו זכרונם לברכה במכילתא)שם(כל אם ואם שבתורה רשות חוץ משלשה שהם חובה, וזה אחד מהם, ויכריחו הדבר

ספר החינוך Sefer HaChinukh

מדכתיב במקום אחר דרך צואה (דברים טו ח) והעבט תעביטנו. **שרש** המצוה, שרצה האל להיות ברואיו מלמדים ומרגלים במדת החסד והרחמים כי היא מדה משבחת, ומתוך הכשר גופם במדות הטובות יהיו ראוים לקבלת הטובה, כמו שאמרנו שחלות הטוב והברכה לעולם על הטוב לא בהפכו, ובהטיב השם יתברך לטובים ישלם חפצו שחפץ להטיב לעולם. ואם לאו, מצד שרש זה, הלא הוא ברוך הוא יספיק לעני די מחסורו זולתנו, אלא שהיה מחסדו ברוך הוא שנעשינו שלוחים לו לזכותנו. ועוד טעם אחר בדבר, שרצה האל ברוך הוא לפרנס העני על ידי בני אדם מגדל חטאו, כדי שיוכח במכאוב בשני פנים, בקבלת הבשת מאשר כגילו ובצמצום מזונו. וכענין זה שאמרנו כדי לזכותנו השיב חכם מחכמינו למין אחד ששאלו אם אלקים אוהב עניים, שהרי צוה עליהם, למה אינו מפרנסם וכו', כמו שבא (במסכת בבא בתרא י, א). **דיני** המצוה, כגון איזה עני קודם במצוה זו והאזהרות הרבה שהזהירונו זכרונם לברכה עליה שאמרו (שם י, א) שהאדם מרחק ונמאס ונתעב ונאלח ומשקץ עד שקרוב להיות מאוסו כמאוס עבודה זרה אם יש לו ומושך ידו ממצוה זו. וכמה נחמד ונאהב ומרחם ומתברך בכמה ברכות המחזיק בה, הכל מבאר במקומות מכתבות ובתרא (שם ט, ב) ובמקומות רבים מן הגמרא. (ח"ה צז).

Mitzvah 66

The commandment of lending to the poor person: To lend to the poor person - according to what is in reach of one's hand - in accordance with what [the poor person] needs, in order to give him space and to lighten his distress from upon him. And this commandment of lending is stronger and more obligatory than the commandment of giving charity. As the duress and the darkness of one who whose duress is [already] known and revealed among people and has [already] asked from them is not the same as the one who has not yet come to this embarrassment and is [still] afraid to enter into it. And if he would have a little assistance of a loan with which to make a little profit, maybe he will never need to come to asking. And [then] if God has mercy upon him with profit, he will pay his creditors, and he will live on the remainder (Sefer HaMitzvot LaRambam, Mitzvot Ase 197). And therefore, our perfect Torah warned us about this to assist the impoverished man with a loan before he needs to come to ask, as it is stated (Exodus 22:24), "If you lend money to My people." And they, may their memory be blessed, said in Mekhilta d'Rabbi Yishmael 22:24:1 [that] each and every, "if" in the Torah is optional except for three that are obligatory - and this is one of them. And they proved the matter from that which it is written in the way of a command in a different place, "you shall surely pledge" (Deuteronomy 15:8). **The** root of the commandment is that God wanted His creations to be trained and habituated to the trait of kindness and of mercy, since it is a praiseworthy trait. And from the refinement of their bodies with good character traits, they will be fit to receive the good; as we have said that the good and blessing always descend upon the good, and not upon its opposite. And when God, may He be blessed, does good to the good, He fulfills His will, since He desires to do good to the world. And if it were not from the angle of this root, does He, blessed be He, not have enough for the lacking of the poor person without us? Rather, it was from His kindness, blessed be He, that He made us His messengers to give us merit. And there is also another reason in the matter - that God, blessed be He, wanted to support the poor person through [other] people because of the greatness of [that person's] sin, so that he be chastised by pain in two ways: by the contracting of embarrassment through those his age; and by the reduction of his food. And in the manner that we said [that it is] in order to give us merit did a sage from our Sages answer a certain heretic who asked him if God loves the poor - as He commanded [to help] them - why does He not provide for them, etc., as it appears in Tractate Bava Batra 10a. **The** laws of the commandment are for example, which poor person is prioritized for this commandment; the many warnings that they, may their memory be blessed, warned us about it - as they said (Bava Batra 10a), that a person who has [the wherewithal] but withdraws his hand from this commandment is pushed off and disgraceful and abominable and disgusting and detestable until his vileness is close to being like the vileness of idolatry; and how beautiful and beloved and favored and blessed from several blessings is the one who supports it. It is all elucidated in [various] places in Ketuvot and in [Bava] Batra and in many [other] places in the Gemara (see Tur, Choshen Mishpat 97).

מצוה סז

שלא נתבע חוב מעני שאין לו במה לפרע - שנמנענו מלתבע החוב מן הלוה בעת שנדע שאינו יכול לפרע חובו לפי שאין לו, שנאמר)שמות כב כד(לא תהיה לו כנושה. ודע כי זאת המניעה תכלל גם כן שלא להלוות ברבית לישראל. **משרשי** המצוה, לקבע לנו מדת החסד והחמלה, וכשיהיו קבועות בנו אז נהיה ראויים לקבלת הטובה וישלם חפץ השם בנו שחפץ בעולם הזה ובעולם הבא. **מדיני** המצוה, מה שאמרו זכרונם לברכה)ב"מ מה, ב(מנין לנושה בחברו מנה ויודע שאין לו שאסור לעבר לפניו)נגד

ביתו(, שנאמר לא תהיה לו כנושה. ומה שאמרו גם כן במכילתא)שם(לא תהיה לו כנושה שלא יראה לו בכל זמן ודברים אחרים הנאמרים בענין זה, במציעא)עה, ב(ובמקומות בגמרא)ח"ד צז(. **ונוהגת** בזכרים ונקבות בכל מקום ובכל זמן. והעובר עליה ותבע הלואתו מחברו ויודע שאין לו ותובעו כדי לצערו, עבר על לאו זה, והוא כעובר על מצות מלך.

Mitzvah 67

That we not demand the debt of a poor person that does not have with what to pay: That we have been prevented from demanding the debt of the borrower at the time that we know that he can not pay his debt, since he does not have [the money] - as it is stated (Exodus 22:24), "do not be to him as a creditor." And know that this preventing also includes not to lend with interest to [another Jew]. **It** is from the roots of the commandment [that it is] to fix within us the trait of kindness and pity. And when they are fixed within us, we will then be fit to receive the good, and God will fulfill His will through us, as He desires [to do good] in this world and in the next world. **From** the laws of the commandment is that which they, may their memory be blessed, said (Bava Metzia 45b), "From where [do we know] about one who gave a hundred to his fellow and knows that he does not have it, that it is forbidden to pass in front of him (across from his home)? As it is stated, 'do not be to him as a creditor'"; and that which they also said in Mekhilta d'Rabbi Yishmael 22:24:4, "do not be to him as a creditor" - that he should not see him all the time. And other things are said about this matter in [Bava] Metzia and in [various] places in the Gemara (see Tur, Choshen Mishpat 97). **And** [it] is practiced by males and females in every place and at all times. And one who transgresses it and demands his loan [back] from his fellow and knows that he does not have it, but demands it [regardless] in order to cause him pain, has violated this negative commandment and it is as if he has violated the commandment of the King.

מצוה סח

שלא נשית יד בין לוה למלוה ברבית - שלא נתעסק במלות רבית בין הלוה והמלוה, כלומר שלא נעשה להם ערבות ולא נעיד אליהם ולא נכתב ביניהם שטר שיש בו הזכרת רבית, שנאמר)שמות כב כד(לא תשימון עליו נשך. ובא הפרוש במציעא)עה, ב(שהלאו הזה נאמר על המתעסקים בענין כגון ערב ועדים וסופר. ושם נאמר גם כן שהמלוה נכלל עמהם בלאו זה מלבד הלאוין האחרים שמיחדין בו. וכלל הענין שאמר אביי שם, שהמלוה עובר

על ששה לאוין, והלוה בשנים, והמתעסקין באחד. **משרשי** המצוה, כי האל הטוב חפץ בישוב עמו אשר בחר, ועל כן צוה להסיר מכשול מדרכם לבל יבלע האחד חיל חברו מבלי שירגיש בעצמו עד שימצא ביתו ריקן מכל טוב, כי כן דרכו של רבית וידוע הדבר, ומפני זה נקרא נשך. ובהמנע מן המעשה הזה ערב וסופר ועדים ימנעו בני אדם ממנו. ויתר פרטיה במציעא)י"ד קס(. **ונוהגת** בכל מקום ובכל זמן בזכרים ונקבות. והעובר על זה ונעשה סופר או ערב או עד במלוה עבר על לאו זה, אבל אין לוקין עליו, שאפילו המלוה אינו במלקות, שהרי נתן להשבון, ואינו בדין דהני דאתו מחמתיה יתחיבו במלקות.

Mitzvah 68

That we not give a hand between the borrower and the creditor with interest: To not be involved in an interest loan between the borrower and the creditor - meaning to say that we do not act as a guarantor for them and that we do not write a deed for them that has a mention of interest - as it is stated (Exodus 22:24), "you shall not place interest upon him." And the explanation comes in Bava Metzia 75b that this negative commandment is stated about those involved in the matter, such as the guarantor, the witnesses and the scribe. And there it is said also that the creditor is included with them in this negative commandment, besides the other negative commandments that are specific to him. And the general principle of the matter is that which Abbaye said there that the creditor transgresses six negative commandments, the borrower two and those involved, one. **It** is from the roots of this commandment [that it is] because thegood God desired the settlement of His people which He chose. And therefore, He commanded to remove the obstacle from their path, that one should not swallow up the wealth of his friend without his [even] feeling it, until he finds his house empty of all good. As this is the way of interest, and the matter is well-known, and that is why it is called, "bite (neshekh)." And in the avoidance of this matter by the guarantor, the scribe and the witnesses, people will [also] avoid it. And the rest of its details are in [Bava] Metzia (see Tur, Yoreh Deah 160). **And** [it] is practiced in every place and at all times by males and females. And one who transgresses it and becomes a scribe or a guarantor or a witness for the loan violates this negative commandment. But we do not administer lashes for it, since even the creditor does not [receive] lashes - as behold, it is given to returning. And [so] it is not right that these that come because of him be liable for lashes.

מצוה סט

שלא לקלל הדין - שלא לקלל הדינים, שנאמר)כב כז(אלהים לא תקלל ופרושו דינים, כמו)שם ח(אשר ירשיעון אלהים. והוציאו הכתוב בלשון אלהים, כדי שיהא נכלל עם הלאו הזה לאו אחר, והוא לאו דברכת השם, כמו שאמרו זכרונם לברכה במכילתא ובספרי, אזהרה לברכת השם מדכתיב אלהים לא תקלל. ומה שכתוב במקום אחר)ויקרא כד טז(ונוקב שם יי מות יומת, זהו הענש. אבל האזהרה היא מכאן, כי לא יספיק לנו אזכרת הענש במצוה בלי אזהרה וזהו שאמרו רבותינו ז"ל)סנהדרין נד, א(תמיד, ענש שמענו, אזהרה מנין. והענין הוא מפני כן שאם לא תבא לנו בדבר מניעת האל אלא שיאמר עושה דבר פלוני יענש בכך, היה במשמע שיהיה רשות ביד כל הרוצה לקבל הענש ולא יחוש לצעדו לעבר על המצוה ולא יבא בזה כנגד חפץ השם ומצותו, ויחזר דבר המצוה כעין מקח וממכר, כלומר הרוצה לעשות דבר פלוני יתן כך וכך ויעשהו או יתן שכמו לסבל כך ויעשהו, ואין הכונה על המצות בכך אלא שהאל לטובתינו מנענו בדברים והודיענו במקצתן הענש המגיע לנו מיד, מלבד העברת רצונו שהיא קשה מן הכל. וזהו אמרם זכרונם לברכה)יומא פא, א(בכל מקום לא ענש אלא אם כן הזהיר, כלומר לא יודיע האל הענש הבא לנו על העברת המצוה אלא אם כן הודיענו תחלה שרצונו הוא שלא נעשה אותו הדבר שהענש בא עליו. **משרשי** המצוה, להסיר מעל הדינין יראת הנדון וקללתו כדי שיוציאו הדין לאמתו. ועוד הזהיר על זה גם כן במקום אחר בתורה. ועוד נמצא תועלת אחרת במצוה, כי בקללת הדין תקלות רבות, כי המון העם בסכלותם שונאים אותו, ואם לא יזהרו על קללתו אולי יקללוהו ויתעוררו מתוך כך לקום עליו, כמו שאמר החכם למלך על המון העם הזהר שלא יאמרו, שאם יאמרו יעשו, ויהיה בזה רעה רבה, כי הוא במשפט יעמיד ארץ. **מדיני** המצוה, בדינין, מה שאמרו חיוב הלאו שאין אלא המקלל הדין בשם משמות השם כגון יה או שדי ואלהים וכיוצא בהן, או בכנוי כגון חנון או קנא וכיוצא בהן. אבל בלא שם וכנוי, כגון ארור פלוני, או אל יהי ברוך, אין בו חיוב לאו אבל אסור הוא. ומה שפרשו זכרונם לברכה גם כן בענין זה שהחיוב)רמב"ם סנהדרין כו, ג(אינו במקללו בלשון הקדש דוקא אלא אפילו בכל לשון, וכי צריך עדים והתראה בזה ככל חיבי לאוין, ויתר פרטיה מבארים בסנהדרין)פ"ו מהלכות סנהדרין(**ונוהגת** בכל מקום ובכל זמן בזכרים ונקבות. והעובר עליה וקלל הדין בשם או בכנוי לוקה שתי מלקיות, לפי שהוא ככל אחד מישראל הכשרים שהם בכלל אסור זה וכמו שנכתב בסדר קדושים תהיו)מצוה רלא(ואחד מפני שהוא דין.

Mitzvah 69

To not curse the judge: To not curse the judges, as it is stated (Exodus 22:27), "Lords (elohim) shall you not curse." And the

ספר החינוך Sefer HaChinukh

understanding of elohim [here] is judges, as [in] (Exodus 22:8), "that the elohim deem guilty." And the verse [chose] this expression [which can also mean, God], so that another negative commandment would be included in this negative commandment, and that is the negative commandment of 'blessing' God. As they, may their memory be blessed, said in the Mekhilta and the Sifri, "The warning for 'blessing God' is from that it is written, ' Elohim shall you not curse.'" And that which is written in another place, "And the one that blasphemes the name of the Lord will surely die" (Leviticus 24:16), is [the mention of] its punishment. But the warning (prohibition) is from here. As mention of the punishment of a commandment without its warning is not sufficient for us. And this is what our Rabbis, may their memory be blessed, always said (Sanhedrin 54a), "We have heard the punishment, from where is the warning?" And the matter is because of this: That if the prevention of God did not come to us in the matter, but it would [only] state, "One who does thing x will be punished with this," it would be implied that there is permission to transgress the commandment in the hand of anyone who is willing to take the punishment and is not concerned with his pain, and that he will not go against the will of God and His commandment with this. And [so] the matter of the commandment will turn into a type of give and take, meaning to say that one who wants to do thing x, can give such and such and do it, or bare his shoulder to suffer such and do it. And the intention of the commandments is not like this, but rather that God prevented us from things for our [own] good, and informed us in some of them of the punishment that comes to us immediately, besides transgressing His will, which is weightier than anything. And this is [the meaning] of that which they, may their memory be blessed, said in every place (Yoma 81a), "He did not punish, unless He warned," meaning to say, God did not inform of the punishment that comes for a sin, unless He first informed us that His will is that we do not do that thing for which the punishment is coming. **It** is from the roots of the commandment to remove fear of the accused and his curse from the judges, so that they will pronounce the true judgment. And it also warned about this in another place in the Torah. And there is also another benefit found in the commandment, as many mishaps come with the cursing of judges; since the masses hate him, in their foolishness - and if they were not warned about his curse, maybe they would curse him and get aroused from this to stand against him. As the sage said to the king about the masses, "Be careful lest they say;

as if they say, they will do, and there will be much evil with this, since he 'holds up the land with judgment.'" **From** the laws of the commandment with judges - that which they said [that] the liability of the negative commandment is only with a name from the names of God, such as Lord, or Omnipotent, and God and similar to them, or with an appellation, such as Gracious or Zealous and similar to them, but without a name or appellation, such as [if he says,] "cursed is x," or "let him not be blessed," he does not have liability for the negative commandment, but it is [still] forbidden; that which they, may their memory be blessed, also explained about this matter that the liability is not only if he curses him in the Holy Tongue, but even in any language (Mishneh Torah, Laws of The Sanhedrin and the Penalties within their Jurisdiction 26:3), and that there is a need for witnesses and warning for this, as in all liabilities of negative commandments; and the rest of its details - are elucidated in Sanhedrin (see Mishneh Torah, Laws of The Sanhedrin and the Penalties within their Jurisdiction 6). **And** [it] is practiced in every place and at all times by males and females. And one who transgresses it and curses the judge with a name or with an appellation [of God] is lashed two [sets] of lashes; [one,] since [the judge] is like any proper [member] of Israel, whom are included in this prohibition - and as we will write in the Order of Kedoshim Tehiyu (Sefer HaChinukh 231) - and [another] one because he is a judge.

מצוה ע

לאו דברכת השם - ומשרשי המצוה בברכת השם, לפי שמתרוקן האדם במאמר הרע ההוא מכל טובה, וכל הוד נפשו נהפך למשחית, והנה הוא נחשב כבהמות, כי באותו דבר ממש שהבדילו השם לטובה ובו נעשה אדם, והוא הדבור, שנבדל בו ממיני הבהמות, מבדיל הוא את עצמו לרעה ומוציא עצמו לגמרי מכל גדר הדעת ונעשה כשרץ נמאס ונאלח ולמטה ממנו, ועל כן הזהירתנו התורה על זה, כי האל הטוב יחפץ בטובתינו. וכל דבור ודבור הגורם מניעת הטובה ממנו יבא כנגד חפצו ברוך הוא. **מדיני** המצוה כגון מה שפרשו שאין החיוב עד שיפרש את השם המיחד שהוא (יו"ד ה"א וי"ו ה"א) או של (אל"ף דל"ת נו"ן יו"ד) כדעת קצת מפרשים (רמב"ם ע"ז ב ז) ומה שאמרו (סנהדרין נו, א) שבכל יום ויום היו שואלין את העדים בכנוי יכה יוסי את יוסי, נגמר הדין מוציאין כל אדם לחוץ, ושואלין את הגדול שבעדים ואומרין לו אמור מה ששמעת, בפיך, והוא אומר, והדינים עומדים על רגליהם וקורעין ולא מאחין. והעד השני אומר אף אני כמוהו שמעתי. ואם היו עדים רבים כלם אומרין כן. ומה שאמרו זכרונם לברכה (נדרים פז,

א(שמגדף אף על פי שחזר תוך כדי דבור נסקל, ומי שגדף השם בשם מעבודה זרה קנאין פוגעין בו, ואם לא פגעו בו ובא לבית דין, אינו נסקל עד שיברך בשם מן השמות המיחדין. והטעם שאינו נסקל, לפי שהוא בעצמו מכיר אפילו בעת הכעס שאין דבריו אלא שטות גמור, ומכל מקום פוגעין בו קנאים מאחר שהשחית והתעיב והעז פניו לדבר דברים רעים כאלה. ומה שאמרו שכל השומע ברכת השם מפי ישראל חיב לקרע. אבל השומע מן הגוי, אינו חיב לקרע, ולא קרעו)סנהדרין ס, א(אליקים ושבנא אלא מפני שרבשקה משמד היה. וכל העדים והדינים סומכים ידיהם אחד אחד על ראש המגדף ואומרים לו דמך בראשך שאתה גרמת לך. ואין בכל הרוגי בית דין מי שסומכין עליו אלא מגדף בלבד, שנאמר)ויקרא כד יד(וסמכו כל השומעים וכו'. ויתר פרטיה מבארים בסנהדרין פרק ז. **ונוהג** אסור זה בכל מקום ובכל זמן. והעובר על זה וברך השם בענין שאמרנו, נסקל בארץ על פי סמוכין. ועכשיו בחוצה לארץ שאין לנו סמוכין, מרחיקין כל ישראל ממנו ומחרימין אותו.)בטור בחו"ה סי' תכה(.

Mitzvah 70

The negative commandment of 'blessing' the Name: And it is from the roots of the commandment of 'blessing' the Name that it empties out the man from any good, through this bad speech. And all the glory of his soul becomes something destructive, and he is considered like the animals. As it is with this exact thing through which God separated him for the good and with-it man was created - and that is speech - [and] through which he is separated from the animals, that he is separating himself to evil. And he extracts himself completely from any parameter of knowledge and becomes like a disgusting and repulsive creeping animal, and lower than it. And therefore, the Torah warns us about this - since the good God will desire our good. And each and every word that causes the denial of good to [a person] goes against God's desire, may He be blessed. **Some** of the laws of the commandments – for example, that which they explained that there is no guilt unless he pronounces the specific name, which is (yod-hay-vav-hay), or of (alef-dalet-nun-yod) according to the opinion of some commentators (Mishneh Torah, Laws of Foreign Worship and Customs of the Nations 2:7); that which they said (Sanhedrin 56a), that they would each and every day ask the witnesses with a nickname, "Yose should strike Yose," when the case was finished they would move all the people outside and ask the senior witness and say to him, "Say with your mouth what you heard," and he would say [it], they would [then] stand on their feet and tear [their clothing] and not [ever] mend [them], and the second witness would say, “I also heard like him,” and if there were many witnesses, they all say like this; that which they, may their memory be blessed said (Nedarim 87a), that the blasphemer, even though he recants within the time of speaking (right away) is [still] stoned; that one who curses God in the name of idolatry is to be attacked by zealots, but if they did not attack him and he comes to court, he is not stoned unless he 'blesses' with a name from the specific names [of God], and the reason he is not stoned is because, even at the time of his anger, he himself knows that his words are complete foolishness, but zealots attack him nonetheless, since he was destructive and caused abomination and was brazen-faced to speak bad things like these; that which they said that anyone who hears the 'blessing' of God from the mouth of an Israelite is obligated to tear [his clothes], but that one who hears it from a gentile is not obligated to tear, and Eliyakim and Shevna only tore because Ravshakeh was an apostate (Sanhedrin 60a); [that] all of the witnesses and the judges lean their hands one by one upon the head of the blasphemer and say to him, "Your blood is upon your head, since you caused [it to] yourself," and there is none else in all of those killed by the court besides only the blasphemer that we lean upon, as it is stated (Leviticus 24:14), "and all those who heard lean, etc."; and the rest of its details - are [all] elucidated in Sanhedrin, Chapter 7. **And** this prohibition is practiced in every place and at all times. And one who transgresses it and 'blesses' the Name, in the way we said, is stoned in the Land by the mouth of ordained judges. And today, outside the Land - where we do not have ordained judges - all of Israel distance themselves from him and place a ban upon him (see Tur, Choshen Mishpat 27).

<u>מצוה עא</u>

שלא לקלל הנשיא - שלא לקלל את הנשיא, שנאמר)שמות כב כז(ונשיא בעמך לא תאור, ובא הפרוש)רמב"ם סנהדרין כו א(שהנשיא זה המלך. ואמנם זה הלאו כולל גם כן הנשיא שבישראל, והוא ראש סנהדרי גדולה, שנקרא נשיא גם כן, לפי שכונת הכתוב להזהירנו על כל מי שהוא ראש שררה על ישראל בין ממשלת מלכות בין ממשלת התורה. ***משרשי המצוה***, לפי שאי אפשר לישוב בני אדם מבלי שיעשו אחד מביניהם ראש על האחרים לעשות מצותו ולקים גזרותיו מפני שדעות בני אדם חלוקין זה מזה ולא יסכימו כלם לעולם לדעה אחת לעשות דבר מכל הדברים, ומתוך כך יצא מביניהם הבטול והאסיפה בפעלות, ועל כן צריכין לקבל דעת אחד מהם אם טוב ואם רע למען יצלחו ויעסקו בעסקו של עולם, פעם ימצא בעצתו

וחפצו תועלת רבה ופעם ההפך, וכל זה טוב מן המחלקת שגורם בטול גמור. ומאחר שהממנה לראש סבה אל התועלת שאמרנו, הן שהוא גדול להדריכנו בדרכי הדת או גדול במלכות לשמור איש מרעהו שתקיף ממנו, ראוי הדבר וכשר שלא נקל בכבודו, וגם שלא לקללו אפילו שלא בפניו וכל שכן בפני עדים כדי שלא נבוא מתוך כך לחלק עמו, לפי שההרגל הרע שהאדם מרגיל עצמו בינו לבין עצמו הוא סוף מעשהו והמחלקת כבר עליו אמרנו (במדבר רבה קרח יח) ההפסד הנמצא בשבילו. **מדיני** המצוה, מה שאמרו זכרונם לברכה (שבועות לה, ב) שאין חיב עליו אלא המקללו בשם או בכנוי. ושהמקללו לוקה שלש מלקיות, משום אלהים לא תקלל, ומשום ונשיא בעמך לא תאור, ומשום לא תקלל חרש (ויקרא יט יד) שהוא לאו כולל כל ישראל. ויתר פרטיה מבארים בסנהדרין (שם). **ונוהגת** בזכרים ונקבות, בארץ ובכל מקום שנהיה עם מלכנו או עם ראש סנהדרי גדולה. והעובר עליה וקללו בשם או בכנוי, לוקה שלש מלקיות. ואם בן הנשיא קללו לוקה ארבע, שלש שאמרנו, ואחד משום מקלל אביו.

Mitzvah 71

To not curse a chieftain (nassi): To not curse a chieftain, as it is stated (Exodus 22:27), "and a chieftain among your people shall you not malign." And the explanation upon it came that the nassi is the king (Mishneh Torah, Laws of The Sanhedrin and the Penalties within their Jurisdiction 26:1). But nonetheless, this negative commandment also includes the nassi of Israel and that is the head of the Great Sanhedrin, who is also called the nassi; since the intention of the verse is about anyone who is the head authority over Israel, whether it is the government of the kingdom or whether it is the government of the Torah. **It** is from the roots of the commandment that it is because it is impossible for the settlement of people without their making one of them head over the others, to do his command and fulfill his decrees. As the opinions of people are different and they will never all agree to one opinion - to do one thing from among the many things. And from this, the result will be idleness and a cessation of actions. And therefore, they need to accept the opinion of one of them - whether it is good or whether it is bad - so that they will be successful and be involved in the business of the world, sometimes finding great benefit from his will and counsel and sometimes [finding] the opposite. And all of this is better than disagreement which causes complete idleness. And since the one appointed as head is the cause for the benefit that we said - whether he is big in leading us in the ways of religion or whether he is big in the kingdom to guard a man from his neighbor that is more powerful than he - the matter is fitting and proper that we not [treat] his honor lightly, and also that we not curse him. [We should not do this] even not in front of him, and all the more so [not] in front of witnesses; as a bad habit that a person accustoms himself [to do] by himself will in the end become his action [in public]. And we have already [talked about] the great loss that comes because of disagreement (see Bemidbar Rabbah 18). **From** the laws of the commandments - what they, may their memory be blessed, said (Shevuot 35b), that the only one who is liable is one who curses with a name or with an appellation [of God]; that the one who curses him is lashed three [sets] of lashes, because of " Elohim shall you not curse," because of "and a chieftain among your people shall you not malign," and because of "You shall not curse a deaf person" (Leviticus 19:14), which is a negative commandment that includes all of Israel; and the rest of its details - are elucidated in Sanhedrin (see Tur, Choshen Mishpat 27). **And** it is practiced by males and females in the Land and in every place that we are with our king or with the head of the Great Sanhedrin. And one who transgresses it and curses him with a name or an appellation is lashed three [sets] of lashes. And if the son of the nassi curses him, he is lashed four - three as we have said, and one for one who curses his father.

<u>מצוה עב</u>

שלא להקדים חקי התבואות - שלא נקדים חקי התבואות קצתם על קצתם אלא שנוציאם בסדר. ובאור ענין זה הוא שהחטה כשתודש ותנקה, היא טבל, ופרוש טבל היא תבואה שלא הורמה, והחיוב עלינו בה להוציא ממנה תחלה תרומה גדולה, ומן התורה)קידושין כט ב(אפילו חטה אחת פוטרת הכרי, אבל חכמים אמרו שהוא חלק אחד מחמשים, ואחר כך ממה שנשאר החיוב עלינו להוציא ממנה מעשר והוא נקרא מעשר ראשון. ואחר כך ממה שנשאר יש לנו להוציא מעשר אחר והוא מעשר שני, ותנתן תרומה לכהן, ומעשר ראשון ללוי, ומעשר שני שיאכלוהו בעליו בירושלים. ועל זה הסדר אנו חיבים שנפריש מן התבואה חלקים אלה, ובאה לנו המניעה בזה שלא נקדים)תרומות ג י(מזה מה שראוי לאחר ולא נאחר מה שראוי להקדים, שנאמר)שמות כב כח(מלאתך ודמעך לא תאחר, והוא כאלו אמר ממלאתך ודמעך לא תאחר מה שראוי להקדימו. **משרשי** המצוה, כי בהעשות הדברים על סדרן לא יבוא בהן הערבוב והטעות, וכשאינן נעשים כן יהיה הטעות נמצא בהן תמיד. ובהיות התרומות והמעשרות דבר גדול בקיום הדת, כמו שנפרש בעזרת השם בסדר ראה, ושופטים, צונו השם יתברך להזהר בהם הרבה שלא לבוא בחשבונן לידי טעות לעולם. ובשמענו טוב מזה מן

המקבלים, נקבל. מדיני המצוה, מה שאמרו זכרונם לברכה)תרומות שם(שאם עבר והקדים בענין זה מה שאין ראוי להקדים, מה שעשה עשוי, ולא נתחיבנו לחזר ולערב הכל ויפרישם פעם שניה. וכן מה שדרשו במסכת תרומה)שם ז(ובמכילתא)שם(מלאתך, אלו הבכורים הנטלים מן המלאי, כלומר קדם שנטל מן הדבד כלום, זהו לשון מלאי כלומר שהוא כדבר מלא לגמרי. ודמעך, זו תרומה. לא תאחר, שלא תקדים תרומה לבכורים וכולי. ויתר פרטיה, במסכת תרומות]פ"ג מה' תרומה[**ונוהגת** בזכרים ונקבות, בארץ ישראל ובזמן שישראל שם, כדעת הרמב"ם ז"ל)הל' תרומות א כו(שכתב שמצות תרומה ומעשרות מן התורה אינה אלא בזמן שארץ ישראל בישובה. והעובר עליה והקדים דברים אלו זו לזו, דינו כעובר על מצות מלך, אבל אין לוקין עליו, שכך נתבאר שם בתרומה)עי' תמורה ד א(שאין בזה הלאו מלקות.

Mitzvah 72

To not skip in the laws of produce: To not skip in the laws of produce - some of them over [others] of them - but we should rather extract them in order. The elucidation of the matter is that after the wheat is threshed and cleaned, it is tevel, and the understanding of tevel is produce that has not been separated. And the obligation upon us with it, is to first remove the priestly tithe from it. And by Torah writ, even one [kernel of] wheat exempts the threshing floor (Kiddushin 29b), but the Sages said that [the mandatory amount] is one part in fifty. And afterwards, the obligation upon us from that which is left over is to remove the tithe from it, and that is called the first tithe. And afterwards, the obligation upon us from that which is left over is to remove another tithe, and that is the second tithe. And the priestly tithe is given to the priest, the first tithe to the Levite, and the second tithe [is kept,] that it be eaten by its owner in Jerusalem. And we are obligated to separate these portions from the produce in this order. And upon this came the preventing, that we not do first from this what is fitting to delay, and not delay what is fitting to do first (Mishnah Terumot 3:10) - as it is stated (Exodus 22:28), "Your fullness and your offering you shall not delay." And it is as if it stated, "From your fullness and your offering, you shall not delay what is fitting to do first." **It** is from the roots of the commandment that in doing things in their order, they will not come to a mix-up and a mistake; but when we do not do them like this, a mistake will always be found in them. And since priestly tithes and [other] tithes are a big thing in the fulfillment of our religion - as we will explain with

Sefer HaChinukh ספר החינוך

God's help in the Order of Reeh and of Shoftim - God, may He be blessed, commanded us to be very careful with them, so as not to ever come to a mistake in their calculations. And when we hear [something] better than this from the mystics (mekubalim), we will accept (nekabel) [it]. **From** the laws of the commandment - that which they, may their memory be blessed, said (Mishnah Terumot 3:10) that if he transgressed and first did in this matter something that it is not fitting to do first, what is done is done, and we are not obligated to go back and mix everything and separate them a second time; so [too], what they expounded in Tractate Terumot (Mishnah Terumot 3:7) and in the Mekhilta d'Rabbi Yishmael 22:28, "'Its fullness,' those are the first-fruits that are taken from what is full," meaning to say, before he takes anything from the thing, [as] that is the expression of fullness, meaning to say it is completely full, "'and your offering,' that is the priestly tithe; 'do not delay,' that you not do first the priestly tithes before the first-fruits, etc"; and the rest of its details - are in Tractate Terumot (see Mishneh Torah, Laws of Heave Offerings 3). **And** [it] is practiced by males and females in the Land of Israel and at the time that Israel is there - according to the opinion of Rambam (Mishneh Torah, Laws of Heave Offerings 1:26), who wrote that the commandment of the priestly tithe and [other] tithes is by Torah writ only at the time that the Land of Israel is settled [by the Jewish people]. And one who transgresses it and does these things first - this one over that one - his judgement is as for one who has violated the commandment of the King. But we do not administer lashes for it; as so is it elucidated there in Terumot (see Mishnah Terumot 3:6) - that there are no lashes for this negative commandment.

מצוה עג

שלא לאכול טריפה - שלא לאכול מן הטרפה, שנאמר (שמות כב ל) ובשר בשדה טרפה לא תאכלו. ומשמעות הנגלה בכתוב זה הוא להזהירנו על בהמה שטרפה זאב או ארי בשדה, ושטרפה בענין שהיא נטויה למות בטרף ההוא, דודאי אין במשמע שאם נגע בראש אזנה או תלש מצמרה שתקרא טרפה בכך, אלא ודאי המשמעות הנכון והקבלה מסיעת בכך הוא שנטרפה בכדי שתמות לשעה או לזמן קרוב בשביל הטרף ההוא. ואמרו זכרונם לברכה (חולין נז ב) שזמן זה הוא שנה אחת. ועוד יש להבין לכל מבין כי לא תקפיד התורה כשהגיע לה טרפות זה על ידי זאב או ארי או דב, אלא שתאסר כל בהמה המכה מכה המביאה אותה לידי מות על כל פנים, והם המכות שמנו אותן חכמים שהן ממיתות, וכמו שבא במשנה (חולין מב א) זה הכלל כל

שאין כמוה חיה טרפה. וזה שאמר הכתוב בשדה לאו דוקא, אלא שדרך הכתוב לדבר לעולם בהווה, ובשדות דרך בהמות לטרף. וכן הוא במכילתא)שם(דבר הכתוב בהווה. וגם כן נצטרך לכתב בשדה כדי ללמד בו עוד דברים אחרים רבים, כי דברי התורה נדרשין לכמה פנים, יתלבשו מבחוץ לבוש מלכות שש ומשי ורקמה טהורים, ומבפנים יש זהב ורב פנינים. ולבוש זה הפסוק הנגלה והנראה בו יותר בתחלת העיון הוא ללמוד על הטרפה לבד, כמו שכתבנו, ועל בשר מן החי שבכלל בשר טרפה הוא. ומה שבפנים כן הוא, שמלמד)חולין סח א(על כל בשר שיצא חוץ ממחצתו שאסור ונעשה כטרפה, כגון בשר קדשים שיצא חוץ לעזרה, ובשר קדשים קלים שיצא חוץ לחומה, ובשר הפסח שיצא חוץ לחבורה וכן העבר שיצא חוץ למעי אמו. ומשמעותו של מקרא יבוא כן כאלו אמר ובשר בשדה טרפה הוא, כלומר בשר שיצא חוץ למחצתו, שזהו לשון שדה, שאין לו מחצות, טרפה הוא. וכל אלה שזכרנו יצאו חוץ למחצתן דינן כטרפה, ומי שאכל מהן כזית, לוקה. משרשי מצוה זו, לפי שהגוף כלי לנפש ובו תעשה פעלתה, וזולתו לא תשלם מלאכתה לעולם, ועל כן באה בצלו לטובתה ולא לרעתה באמת כי האל לא ירע אבל ייטיב לכל, נמצא כי הגוף בין ידיה כמו הצבת ביד הנפח אשר עמו יוציא כלי למעשהו, ובאמת כי בהיות הצבת חזק ומכון לאחז בו הכלים, יעשם האמן טובים. ואם לא יהיה הצבת טוב, לא יבואו לעולם הכלים מכונים ונאים. וכמו כן בהיות בגוף שום הפסד מאיזה ענין שיהיה, תתבטל פעלת השכל כפי אותו הפסד, ועל כן הרחיקתנו תורתנו השלמה מכל דבר הגורם בו הפסד. ועל הדרך הזה לפי הפשט נאמר שבא לנו האסור בתורה בכל מאכלות האסורות. ואם יש מהן שאין נודע לנו ולא לחכמי הרפואה נזקן, אל תתמה עליהם, כי הרופא הנאמן שהזהירנו בהן חכם יותר ממך ומהם, וכמה נסכל ונבהל מי שחשב שאין לו בדברים נזק או תועלת אלא במה שהשיג הוא. ויש לך לדעת כי לתועלתנו לא נתגלה סבתן ונזקן פן יקומו אנשים מחזיקים עצמן כחכמים גדולים ויתחכמו לומר, נזק פלוני שאמרה התורה שיש בדבר פלוני איננו כי אם במקום פלוני שטבעו כן, או באיש פלוני שטבעו כן וכן, ופן יתפתה לדבריהם אחד מן הפתאים, על כן לא נתגלה טעמן, להועיל לנו מן המכשול הזה. **וידוע** הדבר מדרכי הרפואה שבשר כל הטרפות האסורות לנו מוליד הפסד אל גוף אוכלו מחמת שהטרפות מורה חלי בבהמה. ואל תקשה עליך לומר מה הפסד יוכל להיות בבהמה שנטרפה מיד ונשחטה, כי לא מחכמה תקשה על זה, הלא ידעת כי לכל דבר התחלה, ואם תודה אלי כי בארך הזמן ימצא ההפסד בה מחמת הטרפות, תתחיב להודות כי ברגע הראשון התחל ההפסד אלא שהוא מועט בהתחלה, ואין ספק כי מן הנזק רע אפילו מעוטו. ועוד שכל דיני התורה וכל דבר שיש לו קימא, בגדר כזה יתחיב להיות, שאם תתן דבריך לשעורין לא יתקים דבר בידך לעולם. **דיני** המצוה, כגון הטרפיות שנמסרו לו למשה בסיני, והם)חולין מג א(שמנה אבות, דרוסה, נקובה, חסרה, נטולה,

פסוקה, קרועה, נפולה, שבורה. והדרוסה היא הטרפות החמורה מכלן, לפי שהוא מפורש בתורה. ולפיכך אמרו זכרונם לברכה)רמב"ם שחיטה ה ג(שכל ספק הבא לנו עליו, אסור. ובשאר הטרפיות יש בהן ספקן מותרין. וכל אחד ואחד מאלו האבות יש לו כמה וכמה תולדות כמו שבא פרטן בגמרא. וחשבון כלל הטרפיות שאפשר שימצאו בבהמה וחיה ועוף העולה בידינו בפרטן לפי הדומה מדברי הגמרא הם שבעים ושתים עם טרפות אחת שיש בעוף יתר על הבהמה. ועליהן אין להוסיף ומהם אין לגרע, לפי שכל מכה שתארע לבהמה או לחיה או לעוף חוץ מאלו שמנו חכמים בדורות הראשונים והסכימו עליהם בתי דיני ישראל, אפשר שתחיה ואפילו נודע לנו מדרך הרפואה שאין סופה לחיות. וכל אלו המכות שמנו ואמרו שהן טרפות, אף על פי שנראה בדרכי הרפואה שבידינו שמקצתן אין ממיתין ואפשר שתחיה מהן אין לך אלא מה שמנו חכמים, שנאמר)דברים יז יא(על פי התורה. וכל אחת מן שבעים ושתים הטרפיות שאמרנו, מפרש בארכה עם כל תנאיו במסכת חלין. וכל טרפיות אלו שמנו חכמים בבהמה ובעוף אין אדם צריך לחזיר אחריהן ולבדק אותן טרם שיאכל בשר הבהמה והעוף, מפני שחזקתן שכשרים הם, כי רב בעלי חיים בחזקת בריאים אנו מחזיקין אותן, זולתי באחת מהן שהצריכו חכמים לבדק טרם שנאכל הבשר מפני שזה הטרפות מצוי הרבה, והיא טרפות הריאה שמצויין בה רירין הנקראים סרכות, ויש לחוש בהן שלא ימשכו קרום הריאה וינקבוהו, לפיכך צריך אדם לראות לעולם באיזה צד יהיו אותן רירין בריאה טרם שיאכל מן הבהמה, ואם ימצא אותן בענין שאפשר כי בתנועתם ינקבו הראה, טרפה, שאנו אומרים כל העומד לנקב על כל פנים כנקוב חשבינן ליה וכאלו מתה היא, אחר שאי אפשר לה להנצל מן המות, וידוע הוא כי אותו החלי הגומל אותן רירין במקומות העתידין לנקב, התחלת חלי המביא לידי מות הוא אחר שבאותן מקומות נעשו הרירין. **ואלו** הן המקומות שהרירין טורפין לפי הכלל העולה בידינו מדברי הגמרא עם הפרושים הטובים כל מקום בעולם שהאמה סרוכה, טרפה ואינה נתרת בבדיקה, זולתי בענין אחד אם סרוכה לדפן ויש מכה בדפן והסרכא כלה יוצאת ממקום המכה, שבזו נאמר תבדק. ויש מתירין בלא בדיקה. ויש מוציאין)רש"י חולין מו ב(מכלל זה אם סרוכה לאנה שבצדה מחתוך לחתוך, וכן מנהגנו היום להתיר. כל מקום בעולם שהענוניתא דורדא שהיא מצד ימין סרוכה, טרפה. ואנות הריאה הן חמש מלבד העינוניתא, ויש מהן שלש מצד ימין הבודק בשעה שהבהמה תלויה ברגליה כדרך שתולין אותה הטבחים, ושתים מצד שמאל. אם סרוכות או סמוכות זו אצל זו והסרכא יוצאת מחתוך לחתוך, וכן אם סרוכות אל צלעות הבהמה שהן רבוצות בתוכן, והסרכא יוצאת מגב האנות אל הצלעות ותופשת בצלעות ובבשר שבין הצלעות, וכל שכן בבשר לבד, כל זה דנין אותו להתר. אבל אם הסרכא יוצאת ביניהן מחתוך האנה לגב חברתה או מגב לגב, וכן אם יוצאת מן האנות אל הצלעות ואינה תופשת כי אם

בעצמות לבד, וכן בכל מקום אחר בעולם שבבהמה שתהיינה האנות סרוכות שם או סמוכות, דנין אותו לאסור. **והרמב"ם** זכרונו לברכה)שחיטה יא ז(הוציא מכלל זה כל זמן שסרוכות לחזה ולשמנונית החזה ודן להתר, ולא כן אנו נוהגים. סרכא התלויה בכל מקום בין באנות בין באמה, כשרה, ויש שטורפה, ואנו נוהגין בה התר. נמצאו האנות שלא כסדר זה או חסרות מחשבון זה, טרפה. והעינוניתא דורדא משלמת חסרון אחד. ואם נמצאו יתרות מחשבון זה הרבה אין בכך כלום, ובלבד שלא ימצא היתרון מצד גבן, דאלו מצד גבן אפילו אחת קטנה כעלה הדס או יותר קטנה, אוסרת. ויש מתירין)רמב"ם שחיטה ח ד(כשהיא קטנה יותר מעלה הדס. **ויתר** רבי פרטי מצוה זו, מבארים בפרק שלישי מחלין. ובפרק זה עצמו כמו כן. ובפרק אחרון ממכות וראשון מבכורות יתבארו דיני שאר האסורין שכתבנו למעלה שנשמעין בלשון הכתוב בפנים שלו)י"ד ה' טרפות(. ונכפלה אזהרה זו בנביאים בספר יחזקאל)מד לא(בכהנים לבד שכתוב עליהן כל נבלה וטרפה לא יאכלו הכהנים. והודיעונו חכמים)מנחות מה א(שמפני כן נכפלה בהן, לפי שהכתוב צום לאכל חטאת העוף במליקה, ואף על פי שאסורה לישראל כנבלה, ואולי תחשב מתוך כך שיתר להן אפילו בחלין מליקה או שחיטה נפסדת שלא תקפיד תורה בהן, דמכיון שיצאו מן הגדר בדבר אחד, יצאו לגמרי בכל ענין השחיטה, ולפיכך הזהיר הנביא בהם בפרוש להודיענו שלא התרו רק במליקה לבד בקרבן. אבל בחלין, נשארים הם באסורן כמו ישראלים. **ונוהגת** מצוה זו בכל מקום ובכל זמן בזכרים ונקבות. והעובר עליה ואכל כזית מן הטרפה ומכל אלו שנשמעים בפרוש הכתוב שיצאו חוץ למחיצתן, לוקה. ואל יקשה עליך ואיך לוקה, והא קימא לן אין לוקין על לאו שבכללות, והרי זה]לאו[שכלל כמה דברים, כמו שאמרנו, כי פרוש ענין זה כבר בארוהו בספר המצות בעקר התשיעי שני גדולי הדור, והם הרמב"ם זכרונו לברכה והרמב"ן זכרונו לברכה, והרחיבו שם פרושיהם וראיותיהם בזה לברר הדבר יפה, ויאריך הענין, על כן הנחתיו כפי מנהגי בספר. ומכל מקום יש לך לדעת כי העולה מדברי שניהם, שאין זה מכלל לאו שבכללות.

Mitzvah 73

To not eat a torn animal: To not eat from a torn animal, as it is stated (Exodus 22:30), "and meat in the field of a torn animal, you shall not eat." And the obvious understanding of this verse is to warn us about an animal that a wolf or a lion tore in the field, and that it is torn in a way that it is inclined to die from this tearing. As certainly, its understanding does not include that if [the wolf or lion] touched the tip of its ear or tore from its wool, that it be called a torn animal for this. Rather, its correct understanding - and the tradition supports this - is that it was torn enough that it will die in

ספר החינוך Sefer HaChinukh

the hour, or soon, because of that tearing. And they, may their memory be blessed, said (Chullin 57b) that this time is [up to] a year. And it should also be understood by all those that understand, that the Torah is not exacting that the tearing be by a wolf or a lion or a bear, but rather any animal that inflicts a wound which brings [another animal] to die is forbidden regardless. And those are the wounds that the sages enumerated that kill, and it is as it comes in the Mishnah (Chullin 42a), "This is the general rule: anything that nothing like it stays alive is a torn animal." And that which the verse stated, "in the field," is not specific, but rather it is the way of Scripture to always state what is common, and it is the way of animals to get torn in the field. And so is it [found] in the Mekhilta d'Rabbi Yishmael 23:30), "The Torah stated what is common." And it was also needed to write, "in the field," in order to teach many other things. As the words of the Torah are expounded in different ways - outside, they wear clothing of majesty, pure linen and silk and embroidery, and inside, there is gold and many pearls. And the clothing of this verse that is revealed and more obvious at the beginning of its study is to teach only about the torn animal, as we have written; and [also] about meat from a living animal, which is included in the [concept of] meat of a torn animal. And that which is inside is this - that it teaches about any meat that went out of its boundary, that it is forbidden and becomes like a torn animal - for example consecrated meats that went outside [the Temple] courtyard, and lightly consecrated meats that went outside of [Jerusalem's] wall, and the meat of a Pesach sacrifice that went outside of its assemblage and so [too,] a limb that went out from its mother's womb. And the understanding of the Scripture comes like this, as if it stated, "and meat in the 'field' is 'torn,'" meaning to say, meat that went out of its boundary - as that is [the meaning of] the expression, 'field,' that it has no boundaries - is a 'torn' animal. And the law of all of these that we mentioned is like a torn animal, and one who ate a kazayit from them is lashed. **It** is from the roots of this commandment [that it is] because the body is an instrument of the soul - with it, it carries out its activity; without it, it can never complete its work. And hence it is in its shadow truly for its good, and not for its bad; as God does not do bad but does good to all. Thus we find that the body at its command is like a pair of tongs in the hand of a blacksmith: with it he can produce a tool fit for its purpose. Now in truth, if the tongs are strong and properly shaped to grasp tools in them, the craftsman can make them well. But if the tongs are not good, the tools will never come out properly shaped and fit. In the same way, if there is any damage in the body, of any kind, some function of the intelligence will be nullified, corresponding to that damage. For this reason, our whole and perfect Torah removed us far from anything that causes [such] a defect. In this vein, according to the simple understanding, would we say [that] we were given a ban by the Torah against all forbidden foods. And if there are some among them whose harm is known [understood] neither by us nor by the wise men of medicine, do not wonder about them; as the faithful, trustworthy Physician who adjured us about them is wiser than both you and them. And how foolish and impulsive is the one who thinks that things don't have damage or benefit, except for that which he can grasp. And you should know that their reasons were not revealed, for our benefit; lest people who hold themselves to be great sages get up and feign wisdom to say, "X damage that the Torah stated in thing y is only in place a, whose nature is such," or "with person b, whose nature is such and such," and lest one of the dim-witted be seduced by their words. Therefore, their reason was not revealed, to aid us [avoid] this obstacle. **And** it is known from the paths of medicine that the meat of all torn animals that are forbidden to us brings damage to the body of its eater, as the state of being 'torn' indicates sickness in the animal. And do not ask yourself to say, "What damage can there be in an animal that was torn and immediately slaughtered?" As it is not from wisdom that you would ask about this. Do you not know that there is a beginning to everything? And if you admit to me that in the course of time, the damage will be found in it due to its being in a status of being 'torn,' you will be obligated to admit that the damage begins from the first instant, except that it is small at first. Yet there is no doubt that even a little damage is bad. And also, all of the laws of the Torah and anything that has endurance must be like this, as if you place measurements on your words, nothing will ever be established in your hand. **The** laws of the commandment: For example, the [types of] 'torn' animals that were [instructed] to Moshe at Sinai, and they are the eight main categories (avot, Chullin 54a): the clawed; the pierced; the lacking; the removed; the split; the torn; the fallen and the broken. And the clawed is the most severe of all, since it is explicit in the Torah. And hence, they, may their memory be blessed, said (Mishneh Torah, Laws of Ritual Slaughter 5:3) that any doubt that comes about it [renders it] forbidden. And with other 'torn' animals, there are some wherein a doubt is permissible. And each and every one of these main categories has many, many derivatives, as their listings come in the Gemara. And the tally of all the 'torn' animals that it is possible to find in a domesticated animal, a wild animal or a bird that comes in our hand from their listing - as it would appear from the words of the Gemara - is seventy-two, with one more in the birds than the animals. And they cannot be added to and they cannot be subtracted from; since it is possible that a domesticated animal or a wild animal or a bird could survive from any wound contracted by [other ailments], except for these that the Sages enumerated in the early generations and about which the Israelite courts agreed - and even [if] we know by way of medicine that its end is not to survive. And all of these wounds that they enumerated and said that they were [in the category of] 'torn' animals - even if it appears according to the ways of medicine in our hands that some of them do not kill and it is possible that it will survive it - you only have what the Sages enumerated, as it is stated (Deuteronomy 17:1), "According to the instruction." And each one of the seventy-two 'torn' animals that we mentioned is elucidated at length with all of its conditions in Tractate Chullin. **And** a person need not search for all of these 'tearings' that the sages enumerated in animals and in birds and check them before he eats the meat of an animal or bird - since most animals are assumed to be fit (kosher), as we assume most living creatures to be healthy - except for one of them that the Sages required to check before we eat the meat, because this 'tearing' is much found. And that is the 'tearing' in the lung in which mucous membranes called sirkhot (adhesions) are found. And there is a concern with them that they not pull the tissue of the lung and puncture it. Hence, a person must always see on which side these mucous membranes are found in the lung before he eats from the animal. And if he finds them in [such] a way that it is possible that from their movement, the lung would be punctured, it is a 'torn' animal - as we say that we consider anything that stands to be punctured regardless as punctured [already]; and it is as if it is dead, since it is impossible for it to be saved from death. And it is known that this sickness that brings these mucous membranes in places that they will puncture in the future is the beginning of a sickness that brings death, as the mucous membranes have [already] formed in those places. **And** these are the places that the mucous membranes 'tear' according to the principle that has come into our hands from the words of the Gemara with the good commentaries: Any place where there is an adhesion on the central bronchial tube is 'torn' and it is not permitted by way of examination, except in one way - if the adhesion is on the wall and there is a wound on the wall and the entire adhesion comes out of the place of the wound. As in this case, we say [to] check, and some permit it without checking. And there are those (Rashi on Chullin 46b) that remove from this principle [of what is automatically 'torn'] if the adhesion is on the side of the lobe from one [end of the] division to the [other end of the] division, and so is it our custom today to permit [this]. Any time that the small pink lobe which is on the right side has an adhesion, it is 'torn.' And the lobes of the lung are five, besides the small lobe, and there are three on the right side of the lobe when the animal is suspended by its legs, according to the way the butchers suspend it, and two on the left. [But] if they have adhesions or are [connected] one to the other and the adhesion comes out from one [end of the] division to the [other end of the] division, and so [too,] if the adhesions are on the ribs of the animal among which [the lungs] crouch and the adhesion goes out from the back of the lobe to the rib and clings to the ribs and the flesh between the ribs - and all the more so [if it clings] to the flesh itself - we determine all of this to be permissible. But if the adhesion come out between them from the division of the lobe to the back of [another lobe] or from one back to [the other] back, and so [too,] if it goes out from the lobe to the ribs and only clings to the bones themselves, and so [too,] in any other place in the animal at all that the lobe has an adhesion there or is [connected], we determine it to be forbidden. **And** Rambam, may his memory be blessed, removed from this principle anytime the adhesions are on the breast or the fat of the breast and determines it to be permissible (Mishneh Torah, Laws of Ritual Slaughter 11:7). But this is not our custom. An adhesion that is suspended in any place - whether from the lobe or whether from the central bronchial tube - is fit (kosher). And there are those that render it 'torn,' but our custom is to permit it. If the lobes are not to be found in this order or are lacking from this sum, it is 'torn.' And the small pink lobe replaces one lack [of a lobe]. But if [even] many more than this sum are found, it is nothing - so long as the addition is not on the side of their back. As if it is on the side of their back - even one that is as small as a myrtle leaf or smaller - it is forbidden. And there are those that permit it when it is smaller than a myrtle leaf (Mishneh Torah, Laws of Ritual Slaughter 8:4). **And** the rest of the many details of this commandment are elucidated in the third chapter of Chullin. And the laws of the other prohibitions that we wrote above which are understood from the understanding of the language of the verse inside [of it] are in this same exact chapter and in the last chapter of Makkot and the first of Bekhorot. And this warning was repeated in the Prophets in the book of Ezekiel 44:31 for the priests alone, as it is written, "Any carcass or torn animal [...] the priests shall not eat." And the Sages informed us (Menachot 45a) that it was repeated [specifically] for them, as Scripture commanded them to eat the bird sin-offering with melikah (ritual decapitation), even though it is forbidden to [other Jews] like a carcass. And maybe you would think from this that non-consecrated meat would also be permissible for them with melikah or an inferior slaughtering, as the Torah is not exacting with them. As since they were excluded for one thing, they would would be excluded regarding all matters of slaughter. And therefore, the prophet warned them explicitly to inform us that melikah alone is only permissible with a sacrifice, but with non-consecrated meat, they are still forbidden like [other Jews]. **And this commandment is practiced in every place and at all times by males and females. And one who transgresses it and eats a kazayit of a 'torn' animal and from all of those [things] that are implied from the understanding of the verse, "that went out of their boundaries," is lashed. And let it not be difficult to you [to ask,] "And how is he lashed - it is established for us that we do not administer lashes for a negative commandment that is part of a group, and behold, this [is a negative commandment] that included several things," as we have said."** As two greats of the generations have already elucidated it in the Book of the Commandments in the ninth principle - and they are Rambam, may his memory be blessed, and Ramban, may his memory be blessed. And there they wrote their explanations and their proofs in detail, to clarify the thing well. And the matter would be long. Therefore, I have left it, as is my custom in [this] book. And nonetheless, you should know that it comes out of the words of both of them that this is not included as a negative commandment that is part of a group.

מצוה עד

שלא לשמע טענת בעל דין שלא בפני בעל דין חברו - שלא ישמע הדין טענת האחד שלא בפני בעל דינו, שנאמר (שמות כג א) לא תשא שמע שוא. והטעם לפי שבני אדם ידברו דברי שוא שלא בפני בעל דינם, וצוה הדין על זה כדי שלא יכניס בנפשו כזביו של אחד מהם. וכן בא במכילתא (שם) שאזהרה זו של לא תשא וגו', על זה נאמרה. ועוד אמרו שם, שהיא אזהרה גם לבעל הדין שלא יטען גם הוא טענותיו לדין שלא בפני בעל דינו, ואפילו

ירצה לשמע אותן הדין, ועל זה נאמר גם כן)שם ז(מדבר שקר תרחק. ועוד אמרו זכרונם לברכה)מכות כג א(שזה הלאו כולל מספר לשון הרע, ומקבלו, ומעיד עדות שקר. **שרש** המצוה ידוע, כי השקר נתעב ונאלח בעיני הכל, אין דבר מאוס ממנו, והמארה והקללה בבית כל אוהביו, מפני שהשם יתברך אל אמת וכל אשר אתו אמת, ואין הברכה מצויה וחלה אלא במתדמים אליו במעשיהם, להיותם אמתיים כמו שהוא אל אמת, ולהיותם מרחמים כמו שידוע שהוא רחום, ולהיותם גומלי חסדים כמו שהוא רב החסד. אבל כל מי שמעשיו בהפך מדותיו הטובות והם בעלי השקר שהם בהפך מדותיו ממש, כמו כן תנוח עליהם לעולם מה שהוא הפך מדותיו, והפך מדת הברכה שהיא בו היא המארה והקללה, והפך השמחה והשלום והתענוג שהם אתו, הוא הדאגה והקטטה והצער, כל אלה)איוב כ כט(חלק אדם רשע מאלהים. ועל כן הזהירתנו התורה להרחיק מן השקר הרבה כמו שכתוב מדבר שקר תרחק. והנה הזכירה בו לשון רחוק לרב מאוסו מה שלא הזכירה כן בכל שאר האזהרות. ומצד הרחוק הזהירתנו שלא נטה אזנינו כלל לשום דבר שנחשב שהוא שקר, ואף על פי שאין אנו יודעין בברור שיהא אותו הדבר שקר, וכעין מה שאמרו זכרונם לברכה)חולין מד ב(הרחק מן הכעור ומן הדומה לו. ובאמרי מדות בהקדוש ברוך הוא, אני נמשך בדבר אחר דברי רבותינו ז"ל שיחסו אליו ברוך הוא שם מדות על צד המקבלים, אבל הוא ברוך הוא לגדלו ויחודו מצד עצמו אין ליחס אליו מדות, כי הוא וחכמתו וחפצו ויכלתו ומדותיו אחד בלי שום שתוף ופרוד בעולם. **מדיני** המצוה, מה שאמרו זכרונם לברכה)שבועות ל ב(שכל דין שיודע בדין שהוא מרמה שחיב להסתלק ממנו, ולא יאמר אחתכנו ויהיה קולר תלוי בצואר העדים. והשבחים הגדולים שמשבחין חכמים בבקשת האמת והרחקת השקר בדין, ויתר רבי הפרטים, מבארים בסנהדרין ובמדרשים כמו כן)פכ"ה מה' סנהדרין(**ונוהגת** בכל מקום ובכל זמן בזכרים אבל לא בנקבות, לפי שאינן דנות, ולכך אינן בכלל אזהרה זו שלא לקבל טענת בעל דין אחד שלא בפני בעל דינו, מכל מקום בכלל לאו זה הן שלא יטענו טענותם לדין שלא בפני בעל הדין. וכן מזהרות להרחיק מכל שקר כמו האנשים. והעובר עליה, הרי הוא כעובר על מצות מלך, אבל אין לוקין על לאו זה לפי שאין בו מעשה.

Mitzvah 74

To not hear the claim of a litigant when it is not in front of his fellow litigant: That the judge not hear the claim of one, not in front of his adversary, as it is stated (Exodus 23:1), "You shall not raise a false report." And the reason is because people will speak idle words when not in front of their adversary. And the judge is commanded about this so that he not bring the untruths of one of them into his soul. And so, does Mekhilta d'Rabbi Yishmael 23:1 come [to tell us] that this warning of "You shall not raise, etc." is

ספר החינוך Sefer HaChinukh

said about this. And they also said there that it is also a warning to the litigant, for him too, not to make his claims to the judge not in front of his adversary, and even if the judge wants to hear it. And about this, it is also said (Exodus 23:7), "From a false matter, distance yourself." And they, may their memory be blessed, also said (Makkot 23a) that this negative commandment includes telling evil speech, and accepting it, and giving false testimony. **The** root of this commandment is well-known, as falsehood is abominable and vile in the eyes of all. There is nothing more disgusting than it, and malediction and curse are in the house of its lovers. [This is] because God, may He be blessed, is a truthful God, and everything that is with Him is true. And blessing is only found and resting upon those that make themselves similar to Him in their deeds: to be truthful, like He is truthful; to be merciful, like He is merciful; and to be purveyors of kindness, like He is of great kindness. But [regarding] anyone whose deeds are the opposite of His good traits and are masters of falsehood - which is exactly the opposite of His traits - the opposite of His traits will similarly always rest upon them. And the opposite of the trait of blessing which is with Him is malediction and curse; and the opposite of joy and peace and enjoyment which are with Him is worry, strife and pain. All of these are the 'evildoer's portion from God.' And therefore, the Torah warned us to distance ourselves much form falsehood, as it is written, "From a false matter, distance yourself," And behold, it used an expression of distancing, due to it being very disgusting; something it did not mention in all the other warnings. And from the side of distancing, it warned us not to bend our ears at all to anything that is considered falsehood - and even if we do not know with certainly that it is a false matter. And [this is] similar to what they, may their memory be blessed, said (Chullin 44b), "Distance yourself from what is ugly, and from what is similar to it." And in my saying, "the traits of the Holy One, blessed be He," I am pulled after the words of our Rabbis, may their memory be blessed, who related to Him, may He be blessed, the name of traits according to the side of those receiving them (people). But to Him, may He be blessed, from His side - in His greatness and His uniqueness - one cannot ascribe traits. As He and His wisdom and His will and His power and His traits are [all] one, without any combination or division in the world. **From** the laws of the commandment is that which they, may their memory be blessed, said (Shevuot 30b) that any judge who knows about a case that it is rigged, that he is obligated to remove himself from it, and not say, "I will conclude it and the chain will be around the neck of the [lying] witnesses"; and the great praises with which the sages praised the seeking of truth and the distancing of falsehood in judgment. And the rest of its many details - are elucidated in Sanhedrin and also in the Midrash (see Mishneh Torah, Laws of The Sanhedrin and the Penalties within their Jurisdiction 25). **And** [it] is practiced in every place and at all times by males, but not by females, since they do not judge. And hence they are not included in this warning, not to accept the claim of one litigant not in front of his adversary. Nonetheless, they are included in this negative commandment, that they should not make their claims to the judge not in front of the adversary. And so [too,] they are warned to distance themselves from all falsehood, like men. And behold, one who transgresses it is like he violates the commandment of the King. But we do not administer lashes for this negative commandment, as there is no act [involved] with it.

מצוה עה

שלא יעיד בעל עברה - שלא נקבל עדות איש חוטא ולא נעשה בשביל עדותו שום דבר, שנאמר (שמות כג א) אל תשת ידך עם רשע להיות עד חמס. ובא הפרוש (סנהדרין כז א) אל תשת רשע עד, אל תשת חמס עד, כלומר בעל חמס, להוציא את החמסנין ואת הגזלנין שהם פסולין לעדות, שנאמר כי יקום עד חמס באיש (דברים יט טז) **שרשי** מצוה זו נגלה, שכל מי שעל עצמו לא חס ולא יחוס על מעשיו הרעים, לא יחוס על אחרים, ועל כן אין ראוי להאמינו בדבר. **מדיני** המצוה, מה שאמרו זכרונם לברכה (רמב"ם עדות ט א) שעשרה הן הפסולין לעדות מן התורה, ואלו הן: נשים, ועבדים, וקטנים, חרשים, שוטים, סומים, רשעים, ואנשים הבזויין ביותר, וקרובים, ונוגעין בעדות, הרי אלו עשרה. וטמטום (רמב"ם שם ג) ואנדרוגינוס בכלל נשים, ומי שחציו עבד בכלל עבדים. הנכפה בעת כפיתו בכלל שוטה. וגם שלא בעת כפיתו, צריך הדין להתישב בדבר אם דעתו מבלבלת מצד החלי. וכן הפתאים ביותר שאינם מבינים דברים הסותרין זה את זה, וכן אנשים מבהלים ונחפזים בדעתן ומשתגעין ביותר, כל אלו בכלל שוטים. וכן מה שאמרו זכדונם לברכה (סנהדרין כד ב) איזהו הנקרא רשע שפסול מן התורה, ואיזהו רשע שפסול מדבריהם, כגון העובר על גזל של דבריהם, שהוא פסול מדבריהם, ומכללם הוא משחק בקביא שאין לו אמנות אלא הוא, ומפריחי יונים בישוב, ומגדלי בהמה דקה, והחלוק שהוא בין פסול מדאוריתא לפסול מדבריהם, שהפסול מן התורה אמרו זכרונם לברכה (שם כו ב) העיד, עדותו בטלה אפילו קדם שהכריזו עליו, והפסול מדרבנן עדותו קימת עד שיכריזו עליו, ואיזו תשובה מחזירו לכשרותו, והוא כמו שאמר

ספר החינוך Sefer HaChinukh

רב אידי בפרק זה בורר)סנהדרין כה א(דאמר רב אידי בר אבין החשוד על הטרפות אינו יוצא מחזקתו עד שילך למקום שאין מכירין אותו ויחזיר אבדה בדבר חשוב, או יוציא טרפה מתחת ידו בדבר חשוב ומשלו, וכמו כן נאמר בחשוד על עברה אחרת לפי הדומה, ויתר פרטיה, מבארים שם בסנהדרין [פ"א שם]. **ונוהגת** מצוה זו, בכל מקום ובכל זמן בזכרים אבל לא בנשים, שאינן דנות שיצטרכו לקבל עדות. והעובר עליה וקבל עדות איש רשע ועשה דבר בשביל עדותו, עבר על לאו, אבל אין לוקין על לאו זה לפי שאין בו מעשה. ואפילו עשה בו מעשה בכל דבר שבממון, לפי שנתן להשבון אין לוקין עליו.

Mitzvah 75

Not to have a sinner testify: That we not accept the testimony of a man who sins, and we not do anything on account of his testimony, as it is stated (Exodus 23:1), "do not place your hand with an evildoer to be a violent witness." And the explanation comes about this (Sanhedrin 27a), "Do not place an evildoer as a witness, do not place a violent one as a witness," meaning a violent person - to exclude violent people and thieves who are disqualified from testimony, as it is stated (Deuteronomy 19:16), "If a violent witness comes upon a man." **The** roots of the commandment are revealed - that anyone who is not concerned about himself and not concerned about his evil deeds will not be concerned about others. And therefore, it is not fit to believe him about a thing. **From** the laws of the commandment is that which they, may their memory be blessed, said (Mishneh Torah, Laws of Testimony 9:1) that there are ten [categories] that are disqualified from Torah writ. And they are women, slaves, minors, deaf-mutes, the mentally incapacitated, the blind, evildoers, especially disgraceful people, relatives, those that are invested in their testimony - behold, these are ten. And [those whose sex is unclear] are in the category of women (Mishneh Torah, Laws of Testimony 9:3), one who is half a slave is in the category of slaves and the epileptic is in the category of the mentally incapacitated at the time of his epilepsy. And even not during the time of his epilepsy, the judge must consider whether his mind is confused from the side of the sickness. And so [too,] the very dim-witted that do not understand [when] things contradict one another, and so [too,] people that are impulsive and rash in their thinking and very [unstable] - all of these are in the category of the mentally incapacitated. And so [too,] that which they, may their memory be blessed, said (Sanhedrin 24b) [about] who is the one that is called an evildoer, such that he is disqualified by Torah writ, and who is the evildoer who is disqualified [rabbinically]. And among them is the dice player who does not have any other craft besides it, and the one who flies pigeons in the settlement, and those that raise [sheep and goats]. And the distinction between the [Torah's] disqualification and the [rabbinic] disqualification, that they, may their memory be blessed, said - that the Torah's disqualification is that [if] he testified, his testimony is void even before they have proclaimed [his status], but [with] the rabbinic disqualification, his testimony stands until they proclaim [his status]. And what repentance brings him back to his being fit - and it is like Rav Idi said in the the chapter [entitled], Zeh Borer (Sanhedrin 25a); as Rav Idi bar Avin said, "One who is suspected of [selling] 'torn' animals [has no remedy to restore his fitness to bear witness] until he goes to a locale where they do not recognize him and returns a lost item of substantial value, or removes his own 'torn' animal of significant value from his possession'" and so [too] is it said similarly about another sin. And the rest of its details are elucidated there in Sanhedrin. **And** this commandment is practiced in every place and at all time by males, but not by females; since they do not judge, that they should need to accept testimony. And one who transgresses it and accepted the testimony of an evil man and enacted something on account of his testimony has violated a negative commandment. But we do not administer lashes for this negative commandment, as there is no act [involved] with it. And regarding anything that [has to do with] money, even if he does an act, we [still] do not administer lashes, since it is given to return.

מצוה עו

שלא לנטות אחרי רבים בדיני נפשות בשביל אחד - שלא ילך הדין אחר דעת הרב בדיני נפשות כשיהיה התוספת איש אחד לבד (עי' סהמ"צ להרמב"ם ל"ת רפ"ב). וביאור זה כי כשתהיה מחלקת בין הדינים בדין אדם אחד ויאמרו קצתם שהוא חיב מיתה וקצתם שאינו חיב, והיו המחיבין יותר על המזכין אחד, שלא יעשה הדין בחוטא כדברי המחיבין, שנאמר (שמות כג ב) לא תהיה אחרי רבים לרעת, כלומר לא תלך אחר הרב שיזדמן לחתך משפט מות, וזהו לשון הכתוב שאמר לרעת, כלומר לחיוב מיתה, וזהו כשיהיה רב מצמצם, כלומר שההכרע אינו אלא מחמת איש אחד. אבל כשיהיה ההכרע בשנים אפילו לרעת מטין על פיהם, ובמכילתא הטיתך לטובה על פי עד אחד, ולרעות על פי שנים. **משרשי** מצוה זו, לפי שנצטוינו להתדמות במעשינו למדות השם ברוך הוא, וממדותיו שהוא רב חסד, כלומר

שעושה עם בני אדם לפנים משורת הדין, וגם אנחנו נצטוינו בכך שיהיה הזכות בדיני נפשות יותר על החיוב, לפי שהוא דבר שאין לו תשלומין. ומשפטי המצוה, בפרק רביעי מסנהדרין, כמו שכתבתי למעלה במצות עשה של אחרי רבים להטת. והעובר עליה וחיב ברב המכרע באחד, עבר על מצות מלך, וענשו גדול מאד, שגורם לאבוד נפש שלא כדין.

Mitzvah 76

Not to incline after the many in capital punishments because of one: That a judge should not go after the opinion of the majority in capital punishments when the difference will only be one man (see Sefer HaMitzvot LaRambam, Mitzvot Lo Taase 282). And the elucidation of this is that when there is a disagreement among the judges about the case of a man, and some say that he is liable for the death penalty and some say that he is not liable - and those who [would] make him liable are one more than those who [would] make him innocent - that the judge should not do with the [suspected] sinner according to the words of those who make him liable; as it is stated (Exodus 23:2), "Do not be after the many to do bad" - meaning to say, do not go after the majority that would result in concluding a verdict of death. And this is the expression stated in the Scripture, "to do bad" - meaning to say, to a liability for the death penalty. And that is when there is an exact majority, meaning to say that the decision is only because of one person. But if the decision is with two, we follow their words, even 'to do bad.' And in the Mekhilta d'Rabbi Yishmael 23:2, "Leaning to the good is according to one, but to the bad is according to two." **It** is from the roots of this commandment [that it is] since we have been commanded to resemble the characteristics of God, blessed be He, in our actions. And among His traits is that He is of great kindness, meaning that He goes beyond the letter of the law with people. And [so] we too are commanded about this, that innocence be greater than liability in capital cases, as it is something that has no repayment. And the judgments of the commandment are in the fourth chapter of Sanhedrin, as we have written above in the positive commandment of inclining towards the many (Sefer HaChinukh 78). And one who transgresses it and makes [someone] liable with a majority decided by one, has violated the commandment of the King. And his punishment is very great, as he caused the loss of a soul not in accordance with the law.

מצוה עז

שלא ילמד חובה מי שלמד זכות תחלה בדיני נפשות - שלא ילך אחד מן הדינים אחר דעת דין אחד גדול או אפילו אחר דעת הרב על צד שיאמינהו לחיוב או לזכוי מבלי שיהיה הדבר מובן אצלו בשכלו, ואם הוא דין התלוי בגזרת הכתוב או מצד גזרה שוה או הקש שיהא יודע אותו הוא, ולא יסמך ויבטח על אחד מן הדינים, ולא על הרב, שנאמר)שמות כג ב(ולא תענה על ריב לנטת, רוצה לומר לא תאמר על הריב דבר לנטות, כלומר מצד הנטיה לבד, אחר דברי דין אחד גדול או אחר הרב ולא מצד הבנתך, או שתרצה להחריש ממה שבלבך על הדין ולהטות אחר דבריהם, לא תעשה כן. ולשון מכילתא)שם(לא תענה על ריב לנטת שלא תאמר די לי שאהיה כרב פלוני אלא אמר מה שלפניך. יכול אף דיני ממונות כן? תלמוד לומר אחרי רבים להטות ובזה הלאו בעצמו נכלל שהמלמד)סנהדרין לד א(זכות בדיני נפשות לא יחזר וילמד חובה כמו שאמר לא תענה על ריב לנטת, כלומר לא יהיה דבריך להטות אותו לחובה. וכמו כן נכלל בו אין פותחין בדיני נפשות לחובה. ויבא הפרוש כן לא תענה על ריב לנטת כלומר לא יהיה פתח דבריך להטות אותו לחובה, כי על כרחינו בתחלת הדין יש לנו לפרש אותו, שאי אפשר לומר שבכל הדין יזהיר שלא תענה בו לחובה שאם כן לא יהיה שום אדם נדון לעולם. **וכמו** כן שמענו מזה הלאו שאין)שם לו א(מתחילין בדיני נפשות מן הגדול אלא שלמטה הימנו יגיד תחלה דעתו, וזהו לא תענה על ריב כמו על רב, כי בלא יו"ד הוא נכתב, כלומר לא תענה על גדול אלא הוא יענה אליך, שאתה תדבר תחלה. והענין הוא כדי שלא יסמכו על דברי הגדול. כל אלה הדברים למדנו מלא תענה על ריב לנטת. וענין זה מכח חכמת התורה שיש להבין מדבר אחד ממנה כמה דברים, וזהו שאמרו זכרונם לברכה)אותיות דרבי עקיבא(שבעים פנים יש לתורה. ולפי שיודע אלהים כי העם מקבלי התורה בהתנהגם על הדרך שנצטוו בה יהיו נכונים אל החכמה ואל התבונה ויבינו בה הצריך להם אל הנהגת העולם, סתם להם הדברים במקומות, ומסר להם הפרוש על יד הסרסור הגדול אשר ביניהם ובינו ולא נתנה במלות רחבות יותר, לפי שכל מלותיה גזורות ומחיבות בחשבונן ובצורתן להיות ככה, כי מלבד משמעות מצותיה היקרות שאנו מבינין בה, נכללו בה חכמות גדולות ומפוארות, עד שהעלו רבותינו זכרונם לברכה גדל החכמה שהניח האל ברוך הוא בתוכה שאמרו עליה)בראשית רבה א(שהביט הקדוש ברוך הוא בה וברא את העולם. **משרשי** מצוה זו, כמו שאמרנו תחלה, שלא ילך אחד מן הדינין אחר חבריו אלא יבין הדברים מעצמו. הטעם מפני שאפשר שמתוך כך יבא הדין כלו לפעמים על דעת אחד מהם, הבן הדבר כי כן הוא, ולא רצה השם יתברך למסר דין נפש לדעת אחד. אבל בדין ממון שנתן להשבון אין חוששין לכל זה, ואפילו לשלשה מוסרין אותו לכתחלה על סמך דאי אפשר דליכא בהו חד דגמיר, ושאר הדברים שנלמדו ממנו כגון מלמד זכות שלא ילמד חובה, ושאין

פותחין לחובה, ואין מתחילין מן הגדול, כל זה לחמלת השם יתברך על בריותיו כאדם החומל על בניו, דרך משל, כמו שכתוב)דברים יד א(בנים אתם ליי אלהיכם וגו'. והגע עצמך על דרך משל, אם יוליד איש מאה, ובנה להם עיר והושיבם שם וראה שלא יתקימו בישוב אלא אם כן יגזר עליהם שכל המכה רעהו יענש בממונו, ואם ימיתהו יומת, וקם האחד ועבר על גזרתו, אם ימחל לו הרי הישוב בטל, שלא תשאר מורא על הנשארים, מה יש לו לעשות ואל יראה במות בנו השני, יחזר על כל פנים בכל צד שיוכל לפטרו מן הדין. אם יוכל מוטב, ואם אי אפשר בשום צד יצוה להמיתו, כדי לקים ישוב האחרים, וכן הדבר הזה והבינהו. **מדיני** המצוה, מה שאמרו זכרונם לברכה)סנהדרין יז א(שאם פתחו כלם לחובה שפטור, ואם המזכין והמחייבים שוים)שם מא א(שמוסיפים עליהם, ועד כמה מוסיפין, ואם אומר אחד איני יודע מה יהא בכך, ומה שאמרו שהמלמד זכות אינו חוזר ומלמד חובה דוקא בשעת משא ומתן נאמר, אבל בגמר דין חוזר להמנות עם המחיבין. ואם פתח אחד ואמר יש לי ללמד חובה ונשתתק או מת שהוא כמי שאינו יודע, והמזכה ומת רואין אותו בגמר דין כאלו הוא במקומו, ותלמיד הבא ללמד חובה משתקין אותו, ואם אמר ללמד זכות מעלין אותו עם סנהדרין, ואם יש ממש בדבריו שומעין לו ואינו יורד משם לעולם, ואם אין ממש בדבריו אינו יורד משם כל אותו היום דרך מוסר, והנדון בעצמו שאמר יש לי ללמד על עצמי זכות שומעין לו, והוא שיש ממש בדבריו, ויתר פרטיה, מבארים בפרק שביעי מסנהדרין]פ"א שם[**ונוהגת** מצוה זו בזכרים אבל לא בנשים, שאינן דנות, כמו שאמרנו למעלה בהרבה מקומות. ואל יקשה עליך מה שכתוב בדבורה הנביאה)שופטים ד ד(והיא שפטה את ישראל, שאפשר לנו לתרץ שלא היה הדין נחתך על פיה, אבל היתה אשה חכמה ונביאה והיו נושאין ונותנין עמה אפילו בדברים של אסור והתר ודינין גם כן, ולכן כתוב עליה והיא שפטה את ישראל וכו', או נאמר שקבלוה עליהם ראשי ישראל ואחריהם כל אדם לדון על פיה, דבקבלה ודאי הכל כשרים, דכל)כתובות נו א(תנאי שבממון קים. ומכל מקום כל זה שאמרנו שאינן דנות, הוא כדעת קצת המפרשים וכדעת הירושלמי)סנהדרין ג ט(שכן נמצא שם מפרש. אבל לדעת קצת מן המפרשים, כשרות הן לדון. ואמרו כי מקרא מלא הוא שנאמר והיא שפטה. ומה שאמרו בסנהדרין)לד ב(דכל שאינו כשר להעיד אינו כשר לדון, ונשים ודאי אינן כשרות להעיד כדמוכח שם, אפשר שיאמרו לפי דעתם זה לפי שאין למדין מן הכללות)עירובין כז א(. והנראה מן הדברים ומן הסברא שאינן בתורת דין, כדאיתא בירושלמי וכדמשמע לפי גמרין דרך פשיטות. **ונוהגת** מצוה זו בארץ ישראל בלבד, שאין דנין דיני נפשות אלא שם. והעובר על זה ולא רצה ללמד בדין מה שרואה בדעתו וסומך על חבריו, או שפתח לחובה, או שחזר ולמד חובה אחר הזכות, או גדול שפתח תחלה, עברו על לאו, ואין לוקין עליו, לפי שאין בו מעשה.

ספר החינוך Sefer HaChinukh

Mitzvah 77
That the one who advocated innocence at the beginning of capital cases not advocate guilt: That one of the judges not go after the opinion of another greater judge or even after the opinion of the majority, because he trusts him - to make liable or to make innocent - if the matter is not understood to him in his mind. And if it is a case that is dependent upon a decree of scripture (gezerat hakatuv), a gezerah shava or a hekesh (the latter two being exegetical inferences based on similar wording in two sections), he must know it himself and not rely and trust one of the [other] judges or the majority; as it is stated (Exodus 23:2), "and you shall not answer about a dispute to incline." [This is] meaning to say, do not say something about a dispute to incline - meaning only from the side of leaning towards the words of a great judge or towards the majority - and not from the side of your understanding. Or if you want to be silent from [saying] that which is in your heart about the case and [instead] to incline after their words, do not do so. And the language of the Mekhilta d'Rabbi Yishmael 23:2 is "'You shall not answer about a dispute to incline' - that you not say, 'It is enough for me that I be like Rabbi x,' but rather, say what is in your heart. Maybe, monetary cases are also like this? [Hence] we learn to say, 'to lean after the majority.'" And within this very negative commandment is included that the one who advocates innocence in capital cases not go back and advocate guilt; as it stated, "and you shall not answer about a dispute to incline" - meaning to say, "let not your words be inclined towards guilt" (Sanhedrin 34a). And so, too, included is that we do not open towards guilt in capital case. And the explanation then comes, "and you shall not answer about a dispute to incline," meaning to say, the opening of your words should not be for guilt. As per force, we must explain it about the beginning of the case, since it is impossible to say that it warns that you not answer guilt about about the whole case. As, if so, no man would ever be prosecuted. And likewise, we have understood from this negative commandment (Sanhedrin 36a) that we do not begin in capital cases from the great one, but rather the one below him should first say his opinion. And this is [the understanding of] "and you shall not answer about a dispute (riv)" - [that it is] like "upon a rav (teacher); as [the word, riv,] is written without [the letter] yod [such that it could also be read as rav] - meaning to say, do not answer the great one; but rather he will answer you, since you will

ספר החינוך Sefer HaChinukh

speak first. All these things we learned from "and you shall not answer about a dispute to incline." And this matter is from the power of the Torah's wisdom, that many things are to be learned from one thing from it. And this is [the meaning] of that which they, may their memory be blessed, said, "There are seventy faces to the Torah" (The Letters of Rabbi Akiva). And since God knew that the people that received the Torah - in their acting in the way that they were commanded by it - would be prepared for wisdom and understanding and would understand what they need to about the functioning of the world in it, He kept the words [unelucidated] in [various] places and gave over the understanding through the great intermediary (Moshe) between them and Him. And [so] He did not give it with longer words; as all of its words are decreed, and obligated to be like they are in their count and form. As besides the understanding of its precious commandments that we understand in them, great and majestic wisdom is [also] included in it - to the point that our Rabbis, may their memory be blessed, exalted the wisdom that God, blessed be He, placed in it; such that they said about it (Bereshit Rabbah 1) that the Holy One, blessed be He, looked into it and created the world. **From** the roots of this commandment is like that which we said at the beginning - that one of the judged not go after his colleagues, but rather he should understand the things on his own. The reason is because it is possible that from this the case will sometimes be totally [decided] by the opinion of [only] one of them. Understand the matter, as it is such. And God, may He be blessed, did not want to give over a capital case to one opinion. But with the case of money - which is given to repayment - we are not concerned with all of this. And it is even given over to three from the outset, relying upon it being impossible that there not be any of them that did not study. And the rest of the things that we learned from it - such as the one who advocated innocence may not advocate guilt; that we do not open with guilt; and that we do not begin from the great one - all of it is out of the pity of God, may He be blessed, upon His creatures. [It is] metaphorically like a man who has pity on his children, as it is written (Deuteronomy 14:10), "Children are you to the Lord, your God." And work upon yourself [to understand it] by way of a parable: If a man fathered a hundred and he built a city for them and placed them there, but saw that they would not survive in the community unless he decreed upon them that anyone who hits his neighbor would be punished with his money; and if he kills him, he shall be killed. And one of them got up and transgressed his

ספר החינוך Sefer HaChinukh

decree [and killed another] - if he forgave him, behold, the community would be lost; as fear would not stay upon the [others. So] what is there for him to do and not see the death of his second son? He would nonetheless seek any way he can to exempt him according to the law. If he can, that is best, but if it is impossible in any way, he would command to kill him, so as to preserve the community [for] the others. And so is this matter - understand it. **From** the laws of the commandment is that which they, may their memory be blessed, said (Sanhedrin 17a) that if they all [advocated] for guilt, that he is exempt; [that] if the ones that make him innocent and the ones that make him guilty are equal, that we add [more judges] upon them, and until how many do we add (Sanhedrin 41a); what will be if one said, "I do not know." And that which they said, that one who advocates innocence may not go back and advocate guilt, is only said about the time of give and take; but he may go back and be counted with those that make him guilty at the end of the trial. And [that] if one opened and said, "I have guilt to advocate," and became paralyzed or died, he is like one who does not know; but we see one who [would] make him innocent that dies, as if he is in his place at the end of the trial. And [that] we silence a student who comes to advocate guilt; but if he wanted to advocated innocence, we elevate him to the Sanhedrin - and if there is substance to his words, we listen to him and he never goes down from there ever; and [even] if there is no substance to his words, he does not go down from there the whole day, by way of edification. And [that] we [even] listen to the accused himself that says, "I have innocence to advocate about myself" - and that is when there is substance to his words. And the rest of its details - are [all] elucidated in the seventh chapter of Sanhedrin. **And** this commandment is practiced by males but not by females, as they do not judge - as we have said above in many places. And do not let that which is written about Devorah the prophetess (Judges 4:4), "and she judged Israel," be difficult to you. As it is possible for us to answer that the judgement was not concluded according to her [word]. Rather, [since] she was a wise woman and a prophetess, they would give and take with her - even about matters of the prohibited and the permitted and also civil laws. And hence it is written about her, "and she judged Israel, etc." Or we can say that the heads of Israel accepted her upon them - and after them, everyone - to decide according to her [word]. As everyone is fit [to judge] with acceptance [of the parties involved], since any condition upon money is valid (Ketuvot 56a). And nonetheless, all this that we have said that they do not judge is according to the opinion of some commentators and the opinion of the Yerushalmi (Talmud Yerushalmi Sanhedrin 3:9) - as such is it found there explicitly. But according to the opinion of some commentators, they are fit to judge. And they said that it is an open verse [that proves this] - as it is stated, "and she judged." And [about] that which they said in Sanhedrin 34b that anyone who is not fit to testify is not fit to judge - and women are certainly not fit to testify, as is proven there - it is possible that they would say, according to their opinion, that this is [not an issue] since we do not learn from general principles (Eruvin 27a). But what appears [correct] from the [sources] and from logic is that they are not [included] in the category of judgment, as it is found in the Yerushalmi and as it is implied in our Gemara (Bavli) by way of simple understanding. **And** this commandment is practiced only in the Land of Israel, as we only judge capital cases there. And one who transgresses it and does not want to advocate that which he sees in his mind in the case and relies upon his colleagues; or opens with guilt; or goes back and advocates guilt after [he advocated] innocence; or a great one that opens first - has violated a negative commandment. But we do not administer lashes for it, as there is no act [involved] with it.

<u>מצוה עח</u>

מצות הטיה אחרי רבים - לנטות אחרי רבים, והוא כשיפל מחלקת בין החכמים בדין מדיני התורה כלה, וכמו כן בדין פרטי, כלומר בדין שיהא בין ראובן ושמעון, על דרך משל, כשתהיה המחלקת בין דיני עירם שקצתם דנין לחיוב וקצתם לפטור, לנטות אחר הרב לעולם, שנאמר)שמות כג, ב(אחרי רבים להטות. ובבאור אמרו זכרונם לברכה)חולין יא א(רבא דאוריתא. ובחירת רב זה לפי הדומה הוא בששתי הכתות החולקות יודעות בחכמת התורה בשוה, שאין לומר שכת חכמים מעטת לא תכריע כת בורים מרבה ואפילו כיוצאי מצרים, אבל בהשוית החכמה בקרוב, הודיעתנו התורה שרבוי הדעות יסכימו לעולם אל האמת יותר מן המעוט. ובין שיסכימו לאמת או לא יסכימו לפי דעת השומע, הדין נותן שלא נסור מדרך הרב. ומה שאני אומר כי בחירת הרב לעולם הוא בששתי כתות החולקות שוות בחכמת האמת, כי כן נאמר בכל מקום חוץ מן הסנהדרין, שבהם לא נדקדק בהיותם חולקין אי זו כת יודעת יותר אלא לעולם נעשה כדברי הרב מהם. והטעם לפי שהם היו בחשבון מחיב מן התורה, והוא כאלו צותה התורה בפרוש אחר רב של אלה תעשו כל עניניכם, ועוד שהם כלם היו חכמים גדולים. **משרשי** מצוה זו, שנצטוינו בזה לחזק קיום דתנו, שאלו נצטוינו קימו

התורה כאשר תוכלו להשיג כונת אמתתה, כל אחד ואחד מישראל יאמר דעתי נותנת שאמתת ענין פלוני כן הוא, ואפילו כל העולם יאמרו בהפכו לא יהיה לו רשות לעשות הענין בהפך האמת לפי דעתו, ויצא מזה חרבן שתעשה התורה בכמה תורות, כי כל אחד ידין כפי עניות דעתו. אבל עכשיו שבפרוש נצטוינו לקבל בה דעת רב החכמים יש תורה אחת לכלנו והוא קיומנו גדול בה ואין לנו לזוז מדעתם ויהי מה. ובכן בעשותנו מצותם, אנו משלימין מצות האל, ואפילו אם לא יכונו)יבואו(לפעמים החכמים אל האמת חלילה, עליהם יהיה החטאת ולא עלינו. וזהו הענין שאמרו זכרונם לברכה בהוריות)ב א(שבית דין שטעו בהוראה ועשה היחיד על פיהם, שהם בחיוב הקרבן לא היחיד כלל, זולתי בצדדים מפרשים שם. **דיני** המצוה, כגון החלוקים שיש ברב זה בין דיני ממונות לדיני נפשות שבדיני נפשות צריך שיהא הרב יותר נכר, וכמה אנשים צריכים לדיני נפשות מחמת שאנו מצוין לעשות כדברי הרב, ואין ראוי להמית איש אחד בשני דינים שהם רב כנגד אחד. וכן מה שאמרו זכרונם לברכה)סנהדרין לז א(שצריכין גם כן אלו העושים רב בדיני נפשות להיות סמוכין, והסמיכה עדות להם שהם חכמים ונבונים ושלמים שראויים לעשות כל דבר על ידם. ולא נמית אנשים על פי אנשים חסרי חכמה פן יטעו בדין, ולמיתה אין תשלומין, ושבדיני נפשות המלמדים זכות אין חוזרין ומלמדין חובה, ובדיני ממונות אינו כן, ושפותחין בזכות בדיני נפשות, והנה נסתלק הפותח בכך מכת המחיבת, ושהכל מלמדין זכות, בין רב בין תלמיד, ויתר פרטיה, מבארים בסוף סנהדרין. **ונוהגת** בכל מקום ובכל זמן בזכרים ובנקבות, והעובר עליה ולא נטה אחריהם, בטל עשה וענשו גדול מאד, שהוא העמוד שהתורה נסמכת בו.

Mitzvah 78

The commandment of inclining towards the many: To incline towards the many, and that is when there arise a disagreement among the sages in a law of all the Torah laws - and so too in a private case, meaning to say a case that would be between Reuven and Shimon, for example - when there would be a disagreement between the judges of their city, that some of them rule guilty and some rule innocent, to always go after the majority; as it is stated (Exodus 32:2), "to incline towards the many." And in the elucidation, they, may their memory be blessed, said (Chullin 11a), "The majority is by writ of the Torah." And this choice of the majority appears to be when the two opposing groups are equally known for their Torah wisdom - as it cannot be said that a small group of sages would not be decisive against a great group of ignoramuses, and even like [the number] that went out from Egypt. But with approximately equal wisdom, the Torah informed us that the many opinions will always conform to the truth more than the

ספר החינוך Sefer HaChinukh

minority. But whether - according to the opinion of the listener - they agree to the truth or they do not agree to the truth, logic dictates that we do not swerve from the path of the majority. And that which I say that the choice of the majority is always with two groups that disagree that are equal in the wisdom of truth is said so about every place except for the Sanhedrin. As with them, we are not exacting when they disagree as to which group knows more; but rather we always do like the words of their majority. And the reason is because they had an obligatory number [of people] by writ of the Torah; and it is as if the Torah explicitly commanded, "Do all of your matters according to the majority of these" - and also, as they were all great sages. **It** is from the roots of the commandment that we were commanded through this to strengthen the fulfillment of our religion. As if we were commanded, "Keep the Torah, according to how you are able to understand its intended truth," each and every one in Israel would say, "It follows from my opinion that the truth of matter x is such." And [so,] even if the whole world would say its opposite, he would not be allowed to do the matter contrary to the truth, according to his opinion. And destruction would come from this, as the Torah would turn into many Torahs - since every one would judge according to the poverty of his [own] opinion. But now that we have been explicitly commanded to accept the opinion of the sages about it, there is one Torah for all of us, and its performance is great through this. And we may not budge from their opinion, whatever the case. And so, in our doing their commandments, we are executing the commandments of God. And even if the sages sometimes do not reach [come to] the truth - God forbid - the sin will be upon them and not upon us. And this is the matter that they, may their memory be blessed, said in Horayot 2a that [if] a court erred in a ruling and an individual acted upon their [word], they have liability for a sacrifice, [while] the individual does not at all, except in the [cases] that are explained there. **The** laws of the commandment are, for example, the differences that there is about this majority if it is in monetary cases or capital cases - as capital case require that the majority be more distinct; how many people we need for capital cases, whereby we are commanded to follow the words of the majority and [that] it is not fit to kill a man with two judges, which are a majority, against one. So [too,] that which they, may their memory be blessed, said (Sanhedrin 37a) that those that make a majority in capital cases must also be ordained, and that ordination testifies about them that they are wise, understanding and fit, [such] that everything should be done through them. And [this is so] that we not kill people through people lacking wisdom, lest they err in judgment - as there is no repayment for the death penalty. And that those that advocate innocence in capital cases may not go back and advocate guilt and that it is not so in monetary cases; that we open with innocence in capital cases, and behold, the one who opened like this is removed from the group advocating guilt; and that anyone may advocate innocence, whether a teacher or a student. And the rest of its details are elucidated at the end of Sanhedrin. **And** [it] is practiced in every place and at all times by males and females. And one that transgresses it and did not incline towards them has violated a positive commandment; and his punishment is very great, as [this] is the pillar upon which the Torah rests.

מצוה עט

שלא לרחם על עני בדין - שלא יחמל הדין על החלש והדל בשעת הדין, אלא שידין דינו לאמתו, לא על צד החמלה עליו, אבל ישוה בין העשיר והדל, להכריחו לפרע מה שהוא חיב, שנאמר (שמות כג ג) ודל לא תהדר בריבו. ונכפל זה הענין במקום אחר, שנאמר (ויקרא יט טו) לא תשא פני דל. ולשון ספרא (שם) שלא תאמר עני הוא זה, ואני והעשיר חיבים לפרנסו, אזכנו ונמצא מתפרנס בנקיות, תלמוד לומר לא תשא פני דל. **ושרש** המצוה ידוע, שהשכל מעיד בהשוית הדין, שדבר ראוי וכשר הוא. **ונוהגת** בכל מקום ובכל זמן בזכרים. והעובר עליה והשוה הדין לחמלתו על הדל, עבר על מצות מלך, ואין בה מלקות, שאין בה מעשה.

Mitzvah 79

To not have mercy upon a poor person in his case: To not have pity in judgment upon the weak and impoverished at the time of the judgment, but rather one must judge the case truthfully. [It should not be] from the angle of pity upon him, but rather [the judge] must treat [all] the same - whether he is rich or impoverished - to force him to pay what he is obligated; as it is stated (Exodus 23:3), "And you shall not favor an impoverished man in his dispute." And this matter is repeated in another place (Leviticus 19:15), "do not lift up the face of the impoverished." And the language of Sifra, Kedoshim, Chapter 4:2 is "Do not say, 'He is a poor man and since I and this rich man are obliged to sustain him, I shall vindicate him in judgment, so that he can support himself honorably.' [Hence,] we learn to say, 'do not lift up the face of the impoverished.'" **And** the root of this commandment is well-known, as the intellect testifies to equitability in judgment - since it is a fit and proper thing. **And** [it] is practiced in every place and at all times by males. And one who transgresses it and [tips] the judgment in pity of the impoverished has violated the commandment of [the] King. But there are no lashes for it, since there is no act [involved] with it.

מצוה פ

מצות פרוק משא - להסיר המשא מעל הבהמה שיגעה במשאה בדרך, שנאמר (שמות כג ה) כי תראה חמור שנאך וגו'. השונא זה, פרושו ישראל. ואף על פי שכתוב (ויקרא יט יז) לא תשנא את אחיך בלבבך, דהינו ישראל, אמרו חכמים (פסחים קיג ב) שענין זה הוא כגון שראהו עובר עברה ביחיד והתרה בו ולא חזר, שזה מתר לשנאתו. ומה שאמר חמור לאו דוקא חמור אלא כל בהמה, אלא שדבר הכתוב בהווה, שהחמורים למשא. וכתיב (שמות כג ה) עזב תעזב עמו, כלומר עזרהו, מלשון (נחמיה ג ח) ויעזבו ירושלים. שהוא מלשון חזק. **משרשי** המצוה, ללמד נפשנו במדת החמלה שהיא מדה משבחת, ואין צריך לומר שחובה עלינו לחמל על האיש המצטער בגופו, אלא אפילו (על) המצטער באבדת ממונו, מצוה עלינו לחמל עליו ולהצילו. דיני המצוה, כגון (ב"מ לב ב) אם הבהמה של גוי ומשאוי של ישראל או בהפך, ודין הפוגע באוהבו ישראל ובשונאו, שמצוה בשונא לכף היצר, ואפילו אוהב לפרק ושונא לטען. ושונא זה אינו כשונא שזכרנו מחמת עברה אלא שאין לבו שלם עמו. ופרוש כי תראה מאימתי הוא החיוב, ושערו חכמים (רמב"ם הל' רוצח ושמירת נפש יג ו) שהוא אחד משבעה ומחצה במיל וזהו ריס. אבל רחוק מזה השעור, אין חיב להטות הדרך אליו, והעושה לפנים מן השורה, תבוא עליו ברכה. ודין (שם ל ב) זקן או נכבד ואינה לפי כבודו שהכל נדון לפי מה שיהא עושה בשלו, ודין (שם לב א) פריקה בחנם וטעינה בשכר, ושמדדה (שם לג א) עמו עד פרסה, ונוטל שכר על הלויה, כמו שמבואר הכל בפרק שני ממציעא [ח"ה סי' פד]. **ונוהגת** בכל מקום ובכל זמן בזכרים ובנקבות. והעובר עליה, בטל עשה, ומראה בעצמו מדת האכזריות שהוא מדה מכערת. וכל (שבת קנא ב) שאינו מרחם, אין מרחמין עליו מן השמים, שאין ראוי גופו לקבלת הרחמנות.

Mitzvah 80

The commandment of removing a burden: To remove a burden from upon the donkey that is weary from its burden upon the way, as it is stated (Exodus 23:5), "If you see the donkey of your enemy, etc." - and the understanding of this enemy, is [another Jew]. And even though it is written (Leviticus 19:17), "Do not hate your brother in your heart," which [refers to a Jew] - the Sages said

ספר החינוך Sefer HaChinukh

(Pesachim 113b) that this matter is for example that he saw him commit a sin privately, and he warned [the one sinning] but he did not yield, such that he is [then] permitted to hate him. And that which it states, "donkey," is not specifically a donkey, but rather that the Scripture expressed that which is common - as donkeys are [used for carrying] a burden. And it is written, "you must certainly relieve with him" - meaning to say, help him, from the usage (Nehemiah 3:8), "and they relieved Jerusalem," which is an expression of strengthening. **It** is from the roots of the commandment to train our souls in the trait of compassion, which is a praiseworthy trait. And there is no need to say that there is an obligation to have compassion on a person in pain in his body. But even [upon] one who is in pain due to the loss of his money is there a commandment upon us to have compassion upon him and save him. **The** laws of this commandment are, for example, if the animal is of a gentile and his load is of [a Jew] or the opposite; and the law of one who runs into his friend and his enemy [both of whom are Jewish], such that the commandment is towards the enemy in order to constrain the [evil] impulse, and even when it is to unload the friend and to load the enemy (Bava Metzia 32b), and that the enemy [in this case] is not the enemy we mentioned - coming from a sin - but is one with whom his heart is not complete. And from when is the obligation understood by "If you see," and that the sages estimated it to be one in seven and a half parts of a mil and that is a ris (Mishneh Torah, Laws of Murderer and the Preservation of Life 13:6); but further than this measure, there is no obligation to go out of one's way for him - yet one who goes beyond the letter of the law is fit for a blessing. And the law of an elder and it is not according to his station, which is all determined according to what he would do for his own [property] (Bava Metzia 30b). And the law of unloading for free and loading for a wage; that he goes with him for a parsah, and that he receives a wage for the accompaniment, as is elucidated (Bava Metzia 33a). It is all in the second chapter of [Bava] Metzia (see Tur, Choshen Mishpat 84). **And** [it] is practiced in every place and at all times by males and females. And one who transgresses it has violated a positive commandment and shown the trait of cruelty in himself, which is an ugly trait. And anyone who does not have mercy, is not shown mercy from the Heavens, as his body is not fit for mercy (Shabbat 151b).

מצוה פא

שלא להטות משפט רשע - שלא להטות הדין על אחד מבעלי הדין כשידע שהוא רשע בעל עבירות, שנאמר)שמות כג ו(לא תטה משפט אביונך בריבו, ופרושו שהוא אביון במצות, שאין במשמע שיהא אביון בממון שאין צריך לומר שלא יטו עליו הדין לגזל ממנו בעניו, אלא נצטוינו שאף על פי שהוא רשע לא יאמר הדין הואיל ורשע הוא אטה עליו את הדין, כי המשפט ברשעים לאלהים הוא ולא לך. וכן הוא במכלתא, רשע וכשר עומדין לפניך בדין, שמא תאמר וכו'. שרש השוית הדין בכל אדם, דבר משכל הוא. **ונוהגת** בכל מקום ובכל זמן, בזכרים אבל לא בנקבות, שאינן דנות. ועובר עליה והטה הדין על הרשע עבר על מצות מלך.

Mitzvah 81

To not tip the judgment of an evildoer: To not tip the judgment of one of the litigants when one knows that he is an evildoer and a master of sin, as it is stated (Exodus 23:6), "You shall not sway the judgment of your destitute in his quarrel." And its explanation is that he is destitute in commandments, as its understanding is not that he is destitute in money; since it is not necessary to say that he not sway the judgment against him, to steal from him in his poverty. Rather, we have been commanded that even though he is an evildoer, the judge should not say, "Since he is an evildoer, I will sway the judgment against him" - as the judgment of evildoers is for God, and not for you. And so is it in Mekhilta, "[If] an evildoer and a proper man stand in front of you in judgment, you might say, etc." **The** root of equitablity in judgment for all men is something rational. **And** [it] is practiced in all places and at all times by males, but not by females, as they do not judge. And [one who] transgresses it and sways the judgment against an evildoer, has violated the commandment of [the] King.

מצוה פב

שלא לחתוך הדין באמד הדעת - שלא יהרגו בית דין הנדון כי אם בעדים מעידין על אותו ענין שהוא נהרג עליו שראוהו שעשה אותו בעיניהם ממש]לא[שיעידו עליו מצד אותות חזקות, ועל זה נאמר)שמות כג ז(ונקי וצדיק אל תהרג, כלומר הזהר עד מאד לבל תהרג אדם שיהא באפשרות שלא עשה מה שאמרו עליו שעשה. וכן הוא מפרש במכלתא שאמרו שם ראוהו רודף אחר חברו להרגו והתרו בו אם הרגת אותו תהרג, והעלימו עיניהם שלא ראו בהכותו אותו ומצאוהו מיד הרוג ומפרפר והסיף מנטף דם מיד ההורג, שומע אני יהא חיב, תלמוד לומר ונקי וצדיק אל תהרג הרי שמפני שהעלימו עיניהם בעת ההכאה, נפטר זה. וכשר הדבר וראוי להיות כן, שאלו התורה

התירה להקים גבולי הענש באפשרות הקרובה, יצא מן הענין לפעמים להקים גבולי הענש באפשרות רחוקה עד שנמית בני אדם לפעמים על מה שלא עשו, כי יש לאפשרות רחב גדול. ודע זה והבינהו כי דבר ברור הוא. ולפיכך סגר יתעלה זה השער וצוה אותנו על זה, וכל פקודי השם יתברך ישרים)תהלים יט, ט(. ועוד נכלל בכלל לאו זה מי שהעידו עליו שני עדים שראוהו שעבר עבירה אחת כגון שהאחד מעיד שעשה מלאכה בשבת והאחד מעיד שעבד עבודה זרה, שזה אינו נדון בעדותן, שנאמר ונקי וצדיק אל תהרג. וכן אמרו זכרונם לברכה)מכילתא(, היה אחד מעידו שראהו עובד לחמה ואחד ללבנה שומע אני יצטרפו, תלמוד לומר ונקי וצדיק אל תהרג. שרש המצוה, נגלה הוא כמו שאמרנו. **דיניה** כגון מה שאמרו זכרונם לברכה)מכות ו ב(שאין עדותן מצטרפת אפילו מעידים בעברה אחת עד שיראו שניהם כאחד. ועוד שיהיו רואין זה את זה בשעת המעשה, להוציא אם האחד ראהו מחלון זה והאחד מחלון אחר ואין יכולים לראות זה את זה, ושהמתרה מצרפן אם רואה שניהם, ויתר פרטיה בסנהדרין. **ונוהגת** בארץ ישראל בזכרים, לפי שבהם המשפט כמו שאמרנו כמה פעמים, אבל לא בנקבות, לפי שאינן דנות. והעובר עליה ודן על פי עדות שאינה מכונת כמו שאמרנו עבר על מצות מלך, וענשו גדול מאד שגורם להרג נפשות שלא כדין. והרמב"ן זכרונו לברכה)סהמ"צ ל"ת ר"צ(חשב זה המקרא בשני לאוין לענין אחר, והוא שנפטר בדיני נפשות בצדדין שנחיב בדיני ממונות. וסמך על מה שאמרו בגמרא סנהדרין)לג ב(תנו רבנן, מנין ליוצא מבית דין חיב, ואמר אחד יש לי ללמד עליו זכות, שמחזירין אותו, שנאמר ונקי וצדיק אל תהרג, כלומר וזה נקי הוא, דשמא זה ילמד שהוא נקי. ומנין ליוצא מבית דין זכאי, ואמר אחד יש לי ללמד עליו חובה, שאין מחזירין אותו, תלמוד לומר וצדיק אל תהרג. וזה צדיק הוא, שכבר יצא צדיק. הנה ידקדקו המקרא לשני לאוין. וכל ענינים אלה מן השרש שכתבתי, שרצה האל שנהפוך בכל זכות הנדון שמא עשה תשובה ונחם על רעתו שעשה ויהיה ממישבי עולם, והוא ברוך הוא חפץ בישובו.

Mitzvah 82

To not conclude the judgment by estimation: That a court only kill the accused with witnesses that testify about the same matter about which he is to be killed; that they actually saw him with their eyes, [not] that they testify against him based on strong indications. And about this is it stated (Exodus 23:7), "and an innocent one and a righteous one you shall not kill" - meaning to say, be very careful not to kill a person about whom it is possible that he did not do what they said that he did. And so is it explained in Mekhilta d'Rabbi Yishmael 23:7:2, as there they said, "If they saw him pursuing another to kill him, the knife in his hand, and they

ספר החינוך Sefer HaChinukh

[warned him, 'If you kill him, you will be killed.' And the witnesses] averted their eyes [and did not see him striking him] and afterwards they found him (the victim) in the death throes, the knife dripping blood in the hand of the murderer — I might understand that he is liable [for execution. Hence,] we learn to say, 'and a clean one and righteous one you shall not kill.'" Behold, because they averted their eyes at the time of the striking, this one is exempted. And the matter is proper and fitting to be like this. As if the Torah had permitted to establish the parameters of punishment with strong possibilities, it would come out from the matter that sometimes we would kill people for something they did not do, as there is great breadth to the possible. And know this and understand it, as it is a clear thing. And therefore, He, may He be elevated, closed this gate and commanded us about it. And all of "the precepts of the Lord are just, rejoicing the heart" (Psalms 19:9). And also included in this negative commandment is one about whom two witnesses have testified that he committed a [different] sin; for example, that one testifies that he did work on Shabbat and one testifies that he worshiped idolatry, such that this one is not condemned by their testimony, as it is stated, "and an innocent one and a righteous one do not kill." And so did they, may their memory be blessed, say (Mekhilta d'Rabbi Yishmael 23:7:2), "If one testified against another that he worshiped the sun, and another, [that he worshiped] the moon, I might understand that they combine (to constitute the necessary two witnesses). [Hence,] we learn to say, 'and an innocent one and righteous one you shall not kill.'" **The** root of this commandment is revealed to all, as we have said. **Its** laws - that which they, may their memory be blessed, said (Makkot 6b), that their testimony is not combined even if they testify about the same sin unless they both saw it [together]; also that they saw each other at the time of the act, to exclude if this one saw it from this window and the other from another window and they could not see each other, but the one who gives the warning combines them if he saw both of them; and the rest of its details - are in Sanhedrin. **And** [it] is practiced in the Land of Israel by males, since justice is with them, as we have said many times; but not by females, as they do not judge. And one who transgresses it and judges according to testimony that is not precise - as we have said - has violated a commandment of [the] King. And his punishment is very great, as he causes souls to be killed, not according to the law. And Ramban (on Sefer HaMitzvot LaRambam, Mitzvot Lo Taase 290), may his memory be blessed, counted this verse as two negative commandments about a different matter. And that is that [the accused] is exempted in capital cases, in ways through which he would be liable in monetary cases. And he relied upon that which they said in the Gemara (Sanhedrin 33b), "The Sages taught, 'From where is it derived that one who is leaving the court liable, and someone said, "I can advocate his innocence," that we bring [the accused] back [to be judged again]? The verse states, "and an innocent one you shall not kill""' - meaning to say [that] this one is innocent, as maybe this one will advocate that he is innocent. "And from where is it derived that one who is leaving the court innocent, and someone says, 'I can advocate his guilt,' that we do not bring [the accused] back [to be judged again]? The verse states, 'a righteous one you shall not kill'" - and this one is righteous, as he already left [the court] righteous (innocent). And all of these matters are from the root that I have written - that God wanted that we mull every merit for the accused, as he may repent and regret the evil that he did and become from those that civilize the world. And He, blessed be He, desires its civilization.

<u>מצוה פג</u>

שלא לקח שחד - שלא יקח הדין שחד מבעלי הדין אפילו לדון דין אמת, שנאמר (שמות כג ח) ושחד לא תקח. ונכפל הלאו בתורה בזה הענין במקום אחר (דברים טז יט) וכן אמרו בספרי לא תקח שחד, אפילו לזכות זכאי ולחיב חיב. **משרשי** המצוה, שנאסר עלינו לקח השחד אפילו לדון את הדין לאמתו. כדי להסיר מבינינו ההרגל הרע פן נבוא מתוך כך לדון בשחד דיני שקר, ודבר ברור הוא, אין צריך מופת. **מדיני** המצוה, מה שאמרו זכרונם לברכה (רמב"ם סנהדרין כג א ג), שהנותן והמקבל עוברין בלאו. הנותן משום ולפני עור (ויקרא יט יד), והמקבלו שהוא בכלל ארור, וחיב להחזירו, ושאסור לדין להגדיל מעלתו לכונה כדי להרבות שכר לסופריו, ויש אפילו שחד דברים אסור לקח, אלא יראה עצמו כאלו אינו משים לבו כלל אל הדברים אם אולי יכבדוהו בעלי הדין בדברים. כללו של דבר, אסור לדין לקבל הנאה מבעלי הדין כלל בשביל דיניו, אבל אם הדין הוא בעל מלאכה התירו לו חכמים לשאל מבעלי הדין שכר בטלתו ממלאכתו בעוד שיעסק בדינם, והוא שיהא הדבר נכר שהוא שכר הבטלה בלבד ולא יותר, ויטל משניהם בשוה, ויתר פרטיה בסנהדרין [פכ"ג שם]. **ונוהגת** בכל מקום ובכל זמן בזכרים, שהם דנים. והעובר עליה וקבל שחד, עבר על מצות מלך, ואינו לוקה לפי שנתן להשבון.

Mitzvah 83

To not take a bribe: That the judge not take a bribe from the litigants - even to judge truthfully - as it is stated (Exodus 23:8), "And you shall not take a bribe." And this negative commandment is repeated in the Torah about this matter in another place (Deuteronomy 16:19). And so, did they say in Sifrei Devarim 144:10, "'You shall not take a bribe' - even to make the innocent, innocent and the liable, liable." **It** is from the roots of the commandment that it was forbidden to us to take a bribe even to judge a case truthfully, in order to remove this bad practice from among us, lest we will come from this to judge falsely with bribes. And it is a clear thing - it does not need a proof. **From** the laws of the commandment is that which they, may their memory be blessed, said (Mishneh Torah, Laws of The Sanhedrin and the Penalties within their Jurisdiction 23:1, 3) that the one who gives and the one who takes it [both] transgress a negative commandment - the one who gives it because of (Leviticus 19:14), "before the blind," and the one who takes it is included in the curse (Deuteronomy 27:25). And [that] he is obligated to return it; and that it is forbidden for a judge to raise his stature on purpose in order to provide more pay for his scribes. And that it is even forbidden to take an oral bribe - but rather if maybe the litigants honor him with words, he should show himself as if he does not pay attention at all to the words. The general principle of the thing is that it is forbidden for the judge to accept any benefit from the litigants at all for his judgments. But if the judge is a craftsman, the Sages allowed him to take a wage while he is involved in their case, for his idleness from his craft - and that is when the matter is recognizable that it is only a wage for idleness, but not more; and he takes equally from both of them. And the rest of its details - are in Sanhedrin (see Mishneh Torah, Laws of The Sanhedrin and the Penalties within their Jurisdiction 23). **And** [it] is practiced in every place and at all times by males, as they judge. And one who transgresses it and receives a bribe, violates the commandment of [the] King. But he is not lashed, as it is given to returning.

מצוה פד

מצות שמטת קרקעות - להפקיר כל מה שתוציא הארץ בשנה השביעית שהיא נקראת מפני המעשה הזה שנתחיבנו בה שנת השמטה, ויזכה בפרותיה כל הרוצה לזכות, שנאמר)שמות כג יא(והשביעת תשמטנה ונטשתה ואכלו אביוני עמך ויתרם תאכל חית השדה כן תעשה לכרמך לזיתך. ולשון

מכילתא והלא הכרם והזית בכלל היה, כלומר שראש הפסוק שאמר תשמטנה ונטשתה יכלל כל מה שיצמח בארץ, בין פרות אילן או פרות אדמה, ולמה פרט הכתוב שני אלה? להקיש לכרם שאר מיני אילן, ללמד שכמו שיש בכרם עשה ולא תעשה, שהרי בפרוש נכתב עליו)ויקרא כה ה(ואת ענבי נזירך לא תבצר, כמו כן כל שאר האילן יש בהן עשה ולא תעשה. ולפיכך פרט כרם וזית, ללמד על ענין זה, כי כונת הכתוב דלאו דוקא כרם וזית לבד, אלא הוא הדין לכל שאר פרות האילן, אלא שהזכיר אחד מהם והוא מלמד לכלן שזה מן המדות שהתורה נדרשת בהם. ומצוה זו שהיא להפקיר כל פרותיה והמצוה האחרת שצונו האל לשבת בה, כמו שכתוב בכי תשא)שמות לד כא(בחריש ובקציר תשבת, קשר אחד להן. **משרשי** המצוה, לקבע בלבנו ולציר ציור חזק במחשבתנו ענין חדוש העולם כי)שמות כ יא(ששת ימים עשה יי את השמים ואת הארץ וביום השביעי שלא ברא דבר, הכתיב מנוחה על עצמו. ולמען הסיר ולעקר ולשרש מרעיוננו דבר הקדמות אשר יאמינו הכופרים בתורה ובו יהרסו כל פנותיה ויפרצו חומותיה, באה חובה עלינו להוציא כל זמננו יום יום ושנה שנה על דבר זה למנות שש שנים ולשבת בשביעית, ובכן לא תפרד לעולם הענין מבין עינינו תמיד, והוא כענין שאנו מונין ימי השבוע בששת ימי עבודה והשביעי יום מנוחה. ולכן צוה ברוך הוא להפקיר כל מה שתוציא הארץ בשנה זו מלבד השביתה בה כדי שיזכר האדם כי הארץ שמוציאה אליו הפרות בכל שנה ושנה לא בכחה וסגלתה תוציא אותם, כי יש אדון עליה ועל אדוניה, וכשהוא חפץ מצוה עליו להפקירם. ועוד יש תועלת, נמצא בדבר לקנות בזה מדת הותרנות, כי אין נדיב כנותן מבלי תקוה אל הגמול. ועוד יש תועלת אחרת, נמצא בזה שיוסיף האדם בטחון בשם יתברך, כי כל המוצא עם לבבו לתת ולהפקיר לעולם כל גדולי קרקעותיו ונחלת אבותיו הגדלים בכל שנה אחת ומלמד בכך הוא וכל המשפחה כל ימיו, לא תחזק בו לעולם מדת הכילות הרבה ולא מעוט הבטחון. **מדיני** המצוה מה הן הדברים מעבודות הארץ שהן לנו בחיוב שביתה זו מן התורה, כגון זריעה, זמירה, קצירה, בצירה, ואשר הן אסורות מדרבנן, כגון מזבל וחופר, ועבודות שבאילן כגון חותך ממנו יבלת, פורק ממנו עלין או בדין יבשים, מאבק באבק, או מעשן תחתיו להמית התולעת, סך הנטיעות, קוטם, או מפסג האילנות, ומה שהתירו לעשות כגון סוקרין בסקרא, ועודר תחת הגפנים, ודין עבודת בית השלחין, ושלא יעשה אשפה בתוך שדהו עד שיעבר זמן הזבול ואחר כך שתהא גדולה ולא יהא נראה כמזבל, ושעוריה ממאה וחמשים סאה זבל ולמעלה. ומה שאמרו)מוע"ק ג ב(שהחיוב להמנע מעבודת הארץ שלשים יום קדם שנה שביעית והיא הלכה למשה מסיני. ודין שדה אילן כמה זמן אסור בעבודה משנה ששית, ומהו נקרא שדה אילן, ואסור הברכה והרכבה, מה יהא בנטיעותיו, ופרות שביעית מה דינן, דכל שהוא מיחד למאכל אדם, כגון חטים ושעורים ופרות, אין עושין ממנו מלוגמא או דטיה, שנאמר בהן לאכלה. ושאינו מיחד

למאכל אדם, כגון קוצים ודרדרים, עושין ממנו מלוגמא לאדם ולא לבהמה. ושאינו מיחד לאדם ולבהמה, כגון פואה ואזוב וקורנית, הרי הוא תלוי במחשבת האדם, חשבן לאכילה דינן כמאכל, חשבן לעצים דינן כעצים. ויתר רבי פרטיה כלן מבארין במסכת הבנויה על זה והיא מסכת שביעית]פרק ד מהלכות שמיטה[**ונוהגת** בזכרים ונקבות בארץ ישראל בלבד, ובזמן שישראל שם, שנאמר עליה)ויקרא כה ב(כי תבאו אל הארץ. ומדרבנן נוהגת אפילו בזמן הזה בארץ דוקא. וכל מקום)שביעית ו א(שהחזיקו בו עולי בבל עד כזיב ולא כזיב בכלל אסור בעבודה, וכל הספיחים הצומחין שם אסורים באכילה, כי הם קדשו המקומות שהחזיקו בהם כבר לעולם. והמקומות שהחזיקו מהם כבר עולי מצרים ולא עולי בבל, שהן מכזיב ועד הנהר ועד אמנה, אף על פי שהן אסורין היום מדרבנן בעבודה בשביעית שהחמירו בהן, הספיחין שצומחין שם מתרין באכילה, אחר שלא נתקדש בעולי בבל. ומן הנהר ואמנה והלאה מתר בעבודה. סוריא, והוא מן המקומות שכבש דוד קדם שנכבשה ארץ ישראל כלה, וזהו הנקרא לרבותינו זכרונם לברכה)רמב"ם תרומות א, ג ט(כבוש יחיד, והארץ הזאת היא כנגד ארם נהרים וארם צובה כל יד פרת עד בבל, כגון דמשק ואחלב וחרן ומקומות אחרים סמוכין לאלו, אף על פי שאין שביעית נוהגת בהן מן התורה, גזרו בהן שיהיו אותן המקומות אסורין בעבודה כארץ ישראל. אבל)ידים ד ג(עמון ומואב ומצרים ושנער אף על פי שהן חיבין במעשר אין שביעית נוהגת בהן, וכל שכן שאין נוהגת בשאר חוצה לארץ. והעובר עליה ונעל כרמו או שדהו בשביעית או אסף כל פרותיו לביתו בזמן שישראל על אדמתן, בטל עשה. ומכל מקום מתר לאסף מהן מעט מעט לבית לאכל, ובלבד שתהא יד הכל שוה בהן כאלו אין לקרקע בעלים ידועים.

Mitzvah 84

The commandment of the releasing (shmitat) of lands: To make ownerless everything that the earth put out in the seventh year, which is called the shmitta (release) year, because of this process in which we are obligated; and that all who want to [take] its fruits may do so - as it is stated (Exodus 23:11), "But the seventh you shall release it and abandon it, and the needy among your people will eat of it, and what they leave the beasts will eat; you shall do the same with your vineyards and your olive groves." And the language of Mekhilta DeRabbi Shimon bar Yochai 23:11: "And were the vineyared and the olive groves not included?" [This] means to say that the beginning of the verse that stated, "release it and abandon it" includes everything that grows in the earth, whether they are fruits of the tree or fruits of the ground. And [so] why did Scripture specify these two? "To compare the other types of trees to the vineyard, to teach that like there is a positive commandment and a negative commandment with the vineyard - as behold, it is written explicitly about it (Leviticus 25:5), "and the grapes that you set aside, do not reap" - so too, is there a positive commandment and a negative commandment in all of the other trees." And hence, it specified vineyard and olive grove, to teach about this matter. As the intention of the verse was not specifically about the vineyard and olive grove alone, but rather it is the same with all the other fruits of the tree. Rather, it mentioned one of them and it teaches about all of them, as this is one of the devices through which the Torah is expounded. And this commandment to make all of the fruits ownerless and the other commandment that God commanded us to rest in it - as it is stated (Exodus 34:21), "and rest from plowing and reaping" - are [both] connected. **It is from the roots of this commandment** to affix in our hearts and make a strong impression in our minds [about] the matter of the world having been created. As (Exodus 20, 11) "in six days did God make the heavens and the earth, and on the seventh day" - in which He did not create anything - He imposed rest on Himself. And in order to remove and uproot and eradicate from our thoughts the idea of the eternity [of the world] - which the deniers of the Torah believe in, through which they destroy all its principles and break through its walls - did the requirement come upon us to expend all our time, day by day and year by year, for this matter, by counting six years and resting on the seventh so that this matter will never depart from between our eyes for all time. And this is similar to the manner in which we count the days of the week [by dividing them] into six days of work and the seventh is a day of rest. Therefore, He, blessed be He, did command to render ownerless all that the land produces in this year - in addition to resting during it (i.e. during the year) - so that a person will remember that the land which produces fruits for him every year does not produce them by its [own] might and virtue. For there is a Master over it and over its master - and when He wishes, He commands him (i.e. the master of the land) to render them (i.e. the fruit) ownerless. And there is another benefit in this matter - to acquire the trait of letting go (i.e. of one's possessions), for there is no one more generous than he who gives without hope for recompense. And there is another benefit - the outcome of this is that a person will add to his trust in God, may He be blessed, since anyone who finds it in his heart to give and abandon to the world all of the produce of his lands and his ancestral inheritance for an

ספר החינוך Sefer HaChinukh

entire year - and educates himself and his family through this for all of his days - will never have the trait of stinginess overcome him too much, nor will he have a deficient amount of trust. **From** the laws of the commandment is what are the [types] of work on the land about which there is an obligation of rest by Torah writ - such as planting, pruning, reaping and harvesting; and that are forbidden by rabbinic writ - such as fertilizing, digging and work on trees such as cutting off excrescences, removing dry leave or stalks from it, placing dust [on exposed roots], raising smoke below it to kill insects, oiling saplings, pruning and removing trees; and that which they permitted to do, such as reddening with dye, hoeing under grape vines. And the law of an irrigated field. And that they should not make a dungpile in his field until the time of fertilizing is over; and that afterwards it be big and not appear like fertilizing - and its size is from one hundred and fifty seah and above. That which they said (Moed Katan 3b) that the obligation to refrain from working the land is from thirty days before the seventh year and that this is a law given to Moshe at Sinai (halacha le'Moshe miSinai). And the law of how much time from the sixth year is forbidden to work in a field of trees, and what is called a field of trees. And the prohibition of implanting shoots in the ground and grafting; what is [to be done with] his saplings; what is the law of the fruits of the seventh [year] - as we do not make a medicinal chew or a bandage from anything that is uniquely for human food, such as wheat and barley and fruits, as with them it states, "to eat it." But we do make a medicinal chew or a bandage for humans - though not for animals - from anything that is uniquely for animal food, such as thorns and thistles. And behold, that which is not uniquely for humans or animals - such as rubia, hyssop and thyme - depends on the designation of the person: [If] he designated them for food, their law is like food; but [if] he designated them for wood, their law is like wood. And the rest of its many details are elucidated in the tractate that is built upon this, and that is Tractate Sheviit (see Mishneh Torah, Laws of Sabbatical Year and the Jubilee 4). **And** [it] is practiced by males and females in the Land of Israel only, at the time that [the people of] Israel is there - as it is stated about it (Leviticus 25:2), "When you come to the land." And it is practiced rabbinically even at this time, only in the Land. And any place (Mishnah Sheviit 5:1) that those [Jews] that came up form Babylonia controlled until Keziv - but not including Keziv - is included in the prohibition of work, and all of the aftergrowth that grows there is forbidden to eat. As [these Jews] sanctified the places that they controlled forever. But in the places that those [Jews] that came up from Egypt controlled, but not those that came up from Babylonia - which is from Keziv to the river and to Amanah - even though, since they were stringent about [it], they are rabbinically forbidden today regarding work on the seventh [year], [nonetheless] the aftergrowth that grows there is permissible to eat; as it was not sanctified by those that that came up from Babylonia. And it is permissible even [for work] from the river and from Amanah and further. [With regards to] Syria, even though the seventh [year] is not practiced in it from Torah writ, they decreed that those places should be forbidden in work like the Land of Israel. And Syria is from the places that David conquered before all of the Land of Israel was conquered - and that is what our Rabbis, may their memory be blessed, called the conquest of an individual (Mishneh Torah, Laws of Heave Offerings 1:3, 9). And that land corresponds to Aram Nehorayim and Aram Tsovah, all along the Euprates to Babylonia, [including] such [places] as Damascus and Allepo and Charan and other places close to these. But the seventh [year] is not practiced in Ammon, Moav, Egypt and Shinnar, even though they are obligated in tithing (Mishnah Yadayim 4:3). And all the more so is it not practiced in the other places outside of the Land. And one who transgresses it and seals his vineyard or his field on the seventh [year] - or gathered all of his fruits into his house at the time that Israel is on their land - has violated a positive commandment. And nonetheless it is permissible to gather from them to his house a little bit at a time to eat - so long as the hand of everyone is equal in them, as if there were no known owners to the land.

מצוה פה

מצות שביתה בשבת - לשבת (רמב"ם סהמ"צ עשה קנד) ממלאכה ביום השבת, שנאמר (שמות כג יב) וביום השביעי תשבת. כל ענינה כתוב למעלה בלאו הבא על זה. ונכפלה מצות שבת עד י"ב פעמים.

Mitzvah 85
The commandment to rest on Shabbat: To rest from work on the Shabbat day, as it is stated (Exodus 23:12), "on the seventh day you shall rest" (Sefer HaMitzvot LaRambam, Mitzvot Ase 154). All of its content is written above in the negative commandment that comes about it (Sefer HaChinukh 32). And the commandment of Shabbat is repeated up to twelve times.

מצוה פו

שלא לשבע בעבודת אלילים - שלא נשבע בשם עבודה זרה ואפילו לעובדיה, ולא נשביע לגוי בה, שנאמר)שמות כג יג(ושם אלהים אחרים לא תזכירו. ובכלל ההזכרה שמענו בין נשבע בין משביע, ויש מפרשין שעקר לאו זה אינו בא אלא בעוסק עם הגוי ביום אידו ומרויחו, דאזיל ומודה, וקא עבר על לא תזכירו, כלומר שלא יזכרוה אחרים על דרך האסורה להם, דהינו על דעת לעבדם, שהוא אסור אף להם מן התורה, שבני נח מזהרים על עבודה זרה, ועוד הוסיפו זכרונם לברכה הרחקה ואמרו בסנהדרין)סג ב(שלא יאמר אדם לחברו שמר לי בצד עבודה זרה פלונית. **משרשי** המצוה להרחיק כל ענין עבודה זרה בין במעשה בין בדבור עד שלא יעלה זכרה בלבבנו לעולם. והשגיחו רבותינו זכרונם לברכה ואמרו שבארבעים וארבעה מקומות הזהירתנו התורה עליה לרב מאסה, צא וחשב. מדיני המצוה, מה שאמרו שאפילו להזכיר שם עבודה זרה שלא בדרך שבועה אסור, ושכל עבודה זרה הכתובה בספרי הקדש מתר להזכיר שמה, כגון פעור)במדבר כג כח(ובל ונבו)ישעיה מו א(וכיוצא בהן, ושאסור לגרם לאחרים שידרו ושיקימו בשם עבודה זרה, אבל אינו לוקה אלא הנודר והמקים בשמה, דהינו הנשבע בעצמו ולא המשביע, ואף על פי שהמשביע כמו כן בכלל הלאו הוא, לפי דעת הרמב"ם ז"ל, ויתר פרטיה מבארים בפרק שביעי מסנהדרין. **ונוהגת** בכל מקום ובכל זמן, בזכרים ובנקבות. והעובר עליה ונשבע בדבר מכל הנבראים שיאמינו בם הכופרים הסכלים על צד הגדלה, חיב מלקות, כן כתב הרב זכרונו לברכה, ואף על פי שאין בו מעשה בזה, מרב חמר עבודה זרה הוא.

Mitzvah 86

To not swear by idolatry: That we not swear by idolatry - and even to its worshipers - and that we not make a gentile swear by it, as it is stated (Exodus 23:13), "and you shall not mention the name of other gods." And we have understand that included in this mentioning is whether one swears or causes to swear. And there are some that explain that the main negative commandment [here] is only coming about one who does business with a gentile on his holiday and makes him profit, as he goes and thanks [his god], and [so] he transgresses "you shall not mention"; meaning that others should not mention it in the forbidden manner, which is with intention to serve them. As this is forbidden also to [gentiles] by Torah writ, since the Children of Noach are prohibited in idolatry. And they, may their memory be blessed, added a distancing and said (Sanhedrin 63b) that a man should not say to his fellow, "Wait for me by the side of idolatry x." **It** is from the roots of the commandment to distance any matter of idolatry - whether in deed or in speech - to the point that its memory not rise up in our hearts ever. And our Rabbis, may their memory be blessed, noted and said that the Torah warned us about it forty-four times, due to its great vileness. Go and count [them]. **From** the laws of the commandment is that which they said that it is forbidden to mention the name of idolatry even not by way of an oath; and that the name of all idolatry written in the Holy Books (Bible) is permissible to mention - such as Peor (Numbers 23:28), and Bel and Nevo (Isaiah 46:1), and similar to them. And that it is forbidden to cause others to vow or to affirm with the name of idolatry, but the only one to get lashed is the one that makes the oath or the one that makes the affirmation in its name - meaning the one who swears, himself, and not the one who makes him swear, even though the one who makes someone swear is also included in this negative commandment, according to the opinion of Rambam, may his memory be blessed. And the rest of its details are elucidated in the seventh chapter of Sanhedrin. **And** [it] is practiced in every place and at all times by males and by females. And one who transgresses it and swears by something from all of the creatures in which foolish heretics believe on account of the greatness [of these creatures] is liable for lashes - so wrote the rabbi (Rambam), may his memory be blessed. [This is so] even though there is no act [involved] with it, due to the great stringency of idolatry.

מצוה פז

שלא להדיח בני ישראל אחר העבודת אלילים - שלא יקרא אדם בני אדם לעבד עבודה זרה ויזרז אותם על כך, ואף על פי שזה הקורא לא יעבדנה ולא יעשה לה פעלה מן הפעלות רק הקריאה לבד, וזהו הנקרא מדיח. וכן אמרו בסנהדרין)סג ב(לא ישמע על פיך אזהרה למדיח, וכן אמרו במכלתא. שורש המצוה ידוע. **דיניה** בפרק עשירי מסנהדרין. ומי שלא הדיח בענין זה אלא אדם אחד, אינו נקרא מדיח אלא מסית, ובסדר ראה אנכי נכתב אזהרת מסית בעזרת השם. אבל כשמדיח שני אנשים או יותר נקרא מדיח. וזה שאתה מוצא כל הרחקות אלו בעבודה זרה וגדל הענש בה עד שנכפלה בארבעים וארבעה מקומות בתורה, ושתכנה התורה לשם ברוך הוא קנא על עובדיה, אל יעלה בלבך שקנאת האל והרחקות אלו נכתבו זולתי מצד העובדים, כי השם ברוך הוא וברוך שמו בין שיעבדו אותו בני אדם או יעבדו מלאך או גלגל או כוכב או אחד מכל ברואיו אין שום צד תוספת וגרוע נופל בזה בכבודו ברוך הוא, כי תכלית הכבוד וההוד לא נוסף ולא נגרע בשביל דבר, אף כי שמעשיו אנחנו פעלותיו אנשי הגופות. אך תדע באמת כי כל

ספר החינוך Sefer HaChinukh

ענינים אלה נאמרים על צד המקבלים, יאמר כי בעת שהאדם מוציא עצמו לגמרי ומתפשט מאמונת השם ברוך הוא ומוליך גופו ומתפיס מחשבותיו אחרי ההבל, לא יהיה ראוי כלל להניח בו שום ברכה ושום טובה, אבל יהיה ראוי להניח עליו כל מה שהוא הפך הברכה, והוא הקללה והמארה והחלאים וכל רעות, כי הוא נתרחק תכלית הרחוק מכל גבולי הטוב, ועל כן לא תשיגהו כי אם רע מכל צדדיו. ועל הדרך המשל יאמר עליו כאלו השם יתברך שהוא אדון הטוב נעשה לו לאויב ועצר ממנו כל הטובות, וכאלו הוא מקנא בו בהניחו עבודתו ועובד את אחרים. ואולם האל ברוך הוא לא יחיב לכל נברא ולא יקנא בבן אדם כי בידו להחזירם כלם עם כל שאר העולם כלו לתוהו ובוהו בהנחת חפצו בבטול כאשר בראם בהנחת חפצו בבריאה, אבל יכנה שמו ברוך הוא בקנא על דרך מעשה בני אדם לפי שאין ביניהם שנאה גדולה כמי שמקנא באיש על שום דבר או מקנא באשתו בזנותה עם אחרים. ועל כן נכתבו בתורה דמיונות אלו אצלו ברוך הוא כדי שיכנס לאזן השומע [פ"ד מהל' ע"א]. **ונוהגת** אסור זה בכל מקום ובכל זמן בזכרים ובנקבות. אבל דין העובר עליה בין איש ואשה שהם בסקילה, אינן אלא במקום הראוי למשפט שהיא הארץ הנבחרת.

Mitzvah 87

To not entice the Children of Israel towards idolatry: To not call people to worship idolatry and to urge them about it. And even though the one who calls does not worship it and does not do any of the actions [of idolatry] - just the calling alone - this is called an enticer. And so, did they say in Sanhedrin 63b), "'It should not be heard on your mouth' - that is a warning to the enticer." And so, did they say in the Mekhilta. **The** root of this commandment is well-known. **Its** laws are in the tenth chapter of Sanhedrin. And one who only entices one person in this manner is not called an enticer (mediach) but rather a seducer (mesit). And in the Order of Reeh Anochi (Sefer HaChinukh 462), we will write [about] the prohibition of the seducer, with God's help. But when he entices two people or more, he is called an enticer. And [about] that which you find all of these distancings about idolatry and the greatness of the punishment for it and that it is repeated in forty-four places in the Torah and that Torah refers to God, blessed be He, as jealous about its worshipers - do not let it come into your heart that the jealousy of God and all of these distancings were written except from the side of the worshippers. As there is no angle of addition or subtraction that occurs in the glory of God, blessed be He and blessed be His name, if people worship Him or worship an angel or a sphere or a star or one of all of His creatures. As total glory and majesty cannot be added to or subtracted from, on account of anything - even as we are His creations, His doings, the people of bodies. Rather, know that truthfully all of these matters are said from the angle of the receivers - that it be said that at the time that a person completely removes himself and strips [his] faith in God, blessed be He, and takes his body and entangles his thoughts to follow vanity, he will not be fit at all that any blessing and any good should rest upon him. Rather, he will be fit that everything that is the opposite of blessing - and that is curse and malediction and sicknesses and all bad things - rest upon him. As he has completely distanced all boundaries of the good from himself and, so, only evil will come to him from every angle. And by way of a metaphor, it is said about Him, as if God, may He be blessed, who is the Master of good, becomes his enemy and blocks all good from him; and as if He is jealous about him, due to his leaving His service and serving others. However, God, blessed be He, is not indebted to any man, nor jealous of any man. As it is in His hand to reverse them all - together with the rest of the world - to null and void, by resting His will on nullification; in the same way that He created them by resting his Will on creation. [Rather], God, blessed be He, is referred to as jealous, by way of the deeds of men. As there is no greater hatred among them than one who is jealous of a man about any thing, or one who is jealous about his wife for her licentiousness with others. And hence, these comparisons were written in the Torah about Him, Blessed be He, in order that they should enter the ears of the hearer (see Mishneh Torah, Laws of Foreign Worship and Customs of the Nations 4). **And** this prohibition is practiced in every place and at all times by males and females. But the law of one who transgresses it whether a man or a woman - which is stoning, is only in the place that is fitting for judgement, and that is the Chosen Land.

מצוה פח

מצות חגיגה ברגלים - לחג ברגלים, והוא שנצטוינו לעלות לרגל למקדש שלש פעמים בשנה, והן סמוך לפסח ושבועות וסכות, כדי שנחג שם, שנאמר (שמות כג יד) שלש רגלים תחג לי בשנה. וענין החגיגה הוא שנעלה שם בקרבן ונקריבהו שלמים לכבוד החג. ונכפלה מצוה זו פעמים בתורה, ואמרו זכרונם לברכה במסכת חגיגה (י ב), שלש מצות נצטוו ישראל ברגל חגיגה, ראיה, שמחה. **משרשי** מצוה זו, לפי שאינו בדין לבא בידים רקניות לפניו ברוך הוא, ואף על פי שהאמת כי אינו צריך דבר מידינו כמו שכתוב (תהלים נ יב) אם ארעב לא אומר לך, אף על פי כן בדמיון מחשבתינו אנחנו רואים

כאלו נעמד לפניו. והאמת שהנפשות קרובות אל הטוב במקום ההוא יותר משאר מקומות ואור פני מלך נוגה עליהם שם. ועל כן ראוי לנו לעשות מעשה הקרבן בעת ההיא, כי בפעלת הקרבן נתכן לקבלת הטובה ותתעלה נפשותינו מעלה מעלה, כמו שנכתב בעזרת השם. **מדיני** המצוה, שאמרו זכרונם לברכה)פאה רפ"א(שקרבנות אלו אין להן שעור, אלא אפילו אחד יספיק, בין בהמה בין עוף, תור או גוזל, ושחיב לעלות לירושלים על כל פנים בקרבן בידו או בכסף שיקנה בו קרבן בירושלים, אבל בשוה כסף אינו פטור. ואם לא הקריב קרבנו ביום ראשון, שיש לו תשלומין)חגיגה ט א(כל שבעה, ובלבד שיהיה הוא שם ביום ראשון. ויתר פרטיה מבארים במסכת חגיגה]פ"א מהלכות חגיגה[**ונוהגת** בזמן הבית בזכרים אבל לא בנקבות, ולא כל)שם ב א(הזכרים, שחגר וסומא אפילו באחת מעיניו וחולה וזקן וענוג הרבה שאינו יכול לעלות ברגליו כלם פטורין, וכן טומטום ואנדרוגינוס ועבדים. אבל כל שאר הזכרים חיבים ואפילו יש להם אמנות מכער]ת[כגון)שם ד א(מקמץ ומצרף ועבדן מטהרין גופן ומלבושן ועולין לפני השם יתברך, והם מקבלין לפניו כשאר ישראל, שטנוף הנפש הוא הממאיס בני אדם לפני המקום ולא האמנות כל זמן שעושין אותו בנאמנות. והעובר עליה ונראה בעזרה ביום ראשון של חג ולא הביא קרבן בטל עשה, וגם עבר על לאו, שנאמר על זה)שמות כג טו(ולא יראו פני ריקם.

Mitzvah 88

The commandment of celebration on the festivals: To celebrate on the festivals; and that is that we have been commanded to come up for the festival to the Temple three times a year - and they are [before] Pesach, Shavouot and Sukkot, in order to celebrate there, as it is stated (Exodus 23:14), "Three festivals shall you celebrate for Me in the year." And the matter of celebration is that we should go up there with a sacrifice and we slaughter it as peace-offerings (shelamim) in honor of the festival. And this commandment is repeated twice in the Torah. And they, may their memory be blessed, said in Tractate Chagigah 10b [that] three commandments was Israel commanded on the holiday - celebration, being seen and joy. **It** is from the roots of this commandment [that it is] because it is not appropriate to come in front of Him, blessed be He, with empty hands. And even though the truth is that He does not need a thing from our hands, as it is written (Psalms 50:12), "Were I hungry, I would not tell you" - nonetheless in the imagination of our thoughts, we see [it] as if we were standing in front of Him. And the truth is that the souls are closer to the good in that place than in other places and [that] the light of the face of [the] King shines upon them there. And therefore, it is fit for us to do the act of sacrifice at that time. As through the action of the sacrifice, we become prepared for receiving the good and our souls rise ever higher - as we shall write, with God's help. **From** the laws of the commandment is that which they, may their memory be blessed, said (Mishnah Peah 1:1 at the beginning) that these sacrifices do not have a measure - that even one would suffice, whether it be an animal or whether it be a bird, a dove or a chick. And that he needs to go up to Jerusalem regardless with a sacrifice in his hand, or with money to buy the sacrifice in Jerusalem. But he is not exempted with [an object that has] the value of money. And [that] if he did not sacrifice his sacrifice on the first day, he is able to make it up for seven full days (Chagigah 9a) - so long as he be there on the first days. And the rest of its details - are [all] elucidated in Tractate Chagigah (see Mishneh Torah, Laws of Festival Offering 1). **And** [it] is practiced at the time of the Temple by males, but not by females. And it is not all males [that are obligated]. As anyone who is lame or blind - even in one of his eyes - or sick or old or very pampered, such that he could not go up by foot is exempt; and so [too, those the sex of which is in doubt] and slaves. But all other males are obligated, and even if they have an ugly trade, such as a manure collector, a smith and a tanner (Chagigah 4a). They clean their bodies and clothes and go up in front of God, may He be blessed, and are accepted like the rest of Israel. As a dirty soul is that which is disgusting about people in front of the Omnipresent, and not a craft - so long as it is done honestly. And one who transgresses it and appears in the courtyard on the first day of the festival and does not bring a sacrifice has violated a positive commandment. And he has also violated a negative commandment, as it is stated about this (Exodus 23:15), "and they shall not see My face empty-handed."

מצוה פט

שלא נשחט שה הפסח בארבעה עשר בניסן בעוד החמץ ברשותנו - שלא נשחט שה הפסח בארבעה עשר בניסן בעוד שיהיה חמץ ברשותנו עד חצי היום, כמו שדרשו זכרונם לברכה (פסחים ה א) אך חלק, שנאמר (שמות כג יח) לא תזבח על חמץ דם זבחי, ובא הפרוש בו לא תשחט שה הפסח ויהיה עדין חמץ קים ברשותך. ונכפלה זאת המניעה בלשון אחר בתורה. וגם כן שמענו בכלל הפרוש, שלא (שם יג ב) יהיה חמץ אצל השוחט אותו ולא אצל הזורק דמו ולא אצל המקטיר חלבו ולא אצל אחד מבני חבורה הנמנין עליו (שם סג ב). **משרשי** המצוה, לפי שקביעות זמן בכל הענינים הוא קיום עשיתן, ידוע הדבר אצל כל אדם. ועל כן בדבר הפסח, שהוא דבר

ספר החינוך   Sefer HaChinukh

גדול אצלנו בקיום הדת, כמו שכתבנו למעלה (במצוה כא), צוה האל ברוך הוא שנעשה ענינו בסדר ובקביעות זמן לכל דבר ודבר מדבריו, ולא תבא מצוה ממצות ענין המועד הזה בגבול חברתה. ועל כן נזהרנו להשבית החמץ הנמאס בעינינו לשעתו תחלה ואחר כך להתחיל בקרבן הפסח שהוא התחלת שמחת המועד הטוב. ועוד אם שמענו טוב מזה נחזיק בו. **מדיני** המצוה, מה שאמרו (שם סא א) שזמן שחיטתו אחר חצות, ואם שחטו קדם חצות שפסול, ואף על פי שאחר חצות הוא זמנו, אינו נשחט לכתחלה אלא אחר תמיד של בין הערבים אחר שמקטירין קטרת של בין הערבים, גם לאחר שמיטיב את הנרות, ויתר פרטיה בפסחים [פ"ק מהלכות קרבן פסח] **ונוהגת** בזמן הבית בזכרים ובנקבות. והעובר עליה והניח מדעתו כזית חמץ ברשותו בשעת הקרבתו, אחד שוחט או זורק או מקטיר האמורין או אפילו אחד מכל בני החבורה הנמנין באכילתו לוקה, והפסח כשר מכל מקום.

Mitzvah 89

That we not slaughter the lamb of the Pesach offering on the fourteenth of Nissan while chamets is still in our possession: That we not slaughter the lamb of the Pesach offering on the fourteenth of Nissan while chamets still be in our possession - until half of the day, as they, may their memory be blessed, expounded (Pesachim 5a),"[The word,] 'but,' divides" - as it is stated (Exodus 23:18), "Do not slaughter upon chamets the blood of my slaughtering." And the explanation of it comes [to tell us] not to slaughter the lamb of the Pesach sacrifice while chamets still exist in your possession. And this preventing is repeated in the Torah, with a different expression. And we have also understood that included in the explanation is that chamets not be with the one who slaughters it (Pesachim 13b) and not be with the one that sprinkles its blood and not be with the one that makes its fat smoke and not be with one of the assemblage that is counted upon it (Pesachim 63b). **It** is from the roots of the commandment [that it is] because it is something known to every man that setting the time for all matters is the preservation of their doing. And so with the matter of Pesach - which is a big thing for us in preserving the religion, as we have written above (Sefer HaChinukh 21) - God, blessed be He, commanded that we do its content in order, and in set times for each and every part of its things; and that no commandment from the matter of the commandments of this time period come into the boundary of its fellow. And therefore, we were warned to first dispose of the chamets which is disgusting in our eyes at its time; and afterwards to begin with the Pesach sacrifice, which is the beginning of the good time period. But also, if we hear better than this, we will hold from it. **From** the laws of the commandment - that which they said (Pesachim 61a), that the time of its slaughter is after midday and that if it is slaughtered before midday it is disqualified; that even though its time is after midday, it is ideally not slaughtered until after the daily afternoon sacrifice, after they burnt the incense of the afternoon, [and] also after [a priest] has prepared the lights [of the menorah]; and the rest of its details - are in Pesachim (see Mishneh Torah, Laws of Paschal Offering 1). **And** [it] is practiced in the time of the Temple by males and by females. And one who transgresses it and consciously leaves a kazayit of chamets in his possession at the time of its sacrifice - whether he sacrifices it or sprinkles [its blood] or burns the portions to be burnt or even [if he is] one from all of those counted in the assemblage for its eating - is lashed. But the Pesach sacrifice is fit nonetheless.

מצוה צ

שלא להניח אמורי הפסח לפסל בלינה - שלא להניח אמורים של פסח עד הבקר שלא יקריבו אותן והן נפסלין בשהיה זו ונקראין נותר, שנאמר (שמות כג יח) ולא ילין חלב חגי עד בקר, והוא הדין לשאר אמורין ולשאר קרבנות. ולשון מכלתא (שם) לא ילין חלב, בא הכתוב ללמד על החלבים שנפסלין בלינה. וכבר נכפלה זאת המניעה במקום אחר, שנאמר (שמות לד כה) ולא ילין לבקר זבח חג הפסח. **משרשי** המצוה, כי כבוד הקרבן להקריבו בזמנו הקבוע אליו, והמעביר המועד נראה כמתיאש ומשליך הדבר אחרי גוו ואיננו מתעורר ומתפיס כונותיו אל העבודה יפה, ומפני כן נפסלין בכך. **מדיני** המצוה, מה שאמרו (פסחים סד ב) שמצוה להקטיר אמורי כל זבח וזבח בפני עצמו. ומה שאמרו (מנחות עב א) שמצות הקטרתן אחר שחיטה סמוך, ואם לא הקטירן כן מקטירן כל הלילה עד שיעלה עמוד השחר. ודוקא כשחל ארבעה עשר בניסן להיות בשבת שחלבי שבת קרבין ביום טוב, אבל אם חל ארבעה עשר בניסן בחל אין מקטירן בלילה, שאין מקטירין חלבי חל ביום טוב, דיום טוב עשה ולא תעשה ודוחה לאו דלא ילין, ויתר פרטיה בפסחים [שם]. **ונוהגת** בזמן הבית בזכרים כהנים. והעובר ולא הקריבן, אינו לוקה, לפי שאין בו מעשה.

Mitzvah 90
To not leave the entrails of the Pesach sacrifice to stay overnight: Not to leave the entrails of the Pesach sacrifice until the morning, [such] that they not be sacrificed, and [so] become disqualified with this leaving over and become called notar (what is left over);

as it is stated (Exodus 23:18), "and the fat of My festival offering shall not be left lying until morning." And the same is true of other portions to be burned in other sacrifices. And the language of Mekhilta d'Rabbi Yishmael 23:18 is "'The fat shall not be left lying' - the verse comes to teach that the fats are disqualified by lying over." And this preventing was already repeated in another place, as it is stated (Exodus 34:25), "and the sacrifice of the festival of Pesach shall not be left lying until morning." **It** is from the roots of the commandment [that it is] because it is the honor of a sacrifice to sacrifice it at its time that is set for it. And one who passes the set time appears like one who abandons [it] and throws the matter over his back; and he does not arouse himself and properly place his intentions upon the service. And because of this, [the portions to be burned] become disqualified with it. **From** the laws of the commandment - that which they said (Pesachim 64b) that it is a commandment to burn the entrails of each and every sacrifice on its own; that which they said (Menachot 72a), that the commandment of their burning is after their slaughter, close upon [it], and if he did not burn them like this, he can burn them the whole night until the dawn (amud hashachar), and [this is] specifically when the fourteenth of Nissan comes out to be on Shabbat, since the fats of Shabbat [sacrifices] can be sacrificed on a holiday, but if the fourteenth of Nissan fell out to be [a weekday], we do not burn them at night, as we do not burn the fats of [weekday sacrifices] on a holiday, since [the sanctity of a] holiday is a positive and a negative commandment and [so] push off the negative commandment of "it shall not be left lying;" and the rest of its details - are found in Pesachim (see Mishneh Torah, Laws of Paschal Offering 1). **And** [it] is practiced at the time of the Temple by male priests. And one who transgresses it and does not sacrifice them is not lashed, as there is no act [involved] with it.

מצוה צא

מצות הבאת בכורים - להביא בכורים למקדש, והוא הפרי הראשון שמתבשל באילן שחיבין אנו להביאו שם ולתנו לכהן, ולא כל האילנות במצוה זו מן התורה, אלא שבעת המינים בלבד שנשתבחה בהן ארץ ישראל, והם חטה, ושעורה, גפן, ותאנה, ורמון, זיתים ותמרים, שנאמר (שמות כג יט) ראשית בכורי אדמתך תביא וגו' ובא הפרוש שלא נאמר אלא על שבעה פרות אלו. ולפי הדומה כי בדרך זו למדו זכרונם לברכה לומר כך, כי אחר שלא הזכרו כל פרות אחרים חוץ מאלו בתורה בשום מקום וצונו ברוך הוא להביא מארצנו בכורי פרות סתם, באמת יש לדון כי על הפרות שהודיענו

בתורה, שהן בארץ ישראל ושבחה בהן, על אותם צונו. ואפשר כי יש לרבותינו ז"ל עוד הכרח הכתוב בענין, או שמא דברי קבלה הם. וכן היה דרכם להביא אותן)בכורים ג ג(הסמוכין לירושלים מביאין אותן רכים, והרחוקין מיבשין אותן. **משרשי** המצוה, כדי להעלות דבר השם יתברך על ראש שמחתנו, ונזכר ונדע כי מאתו ברוך הוא יגיעו לנו כל הברכות בעולם. על כן נצטוינו להביא למשרתי ביתו ראשית הפרי המתבשל באילנות ומתוך הזכירה וקבלת מלכותו והודאתנו לפניו, כי הפרות ויתר כל הטובה מאתו יבאו, נהיה ראוים לברכה ויתברכו פרותינו. **מדיני** המצוה, מה שאמרו זכרונם לברכה)מכות יט ב(שהן אסורין לזר כתרומה משנכנסו לירושלים, ומאיזה פרות מביאין מהם בכורים מדרבנן, ושנתנין הבכורים לאנשי משמר, ושטעונין כלי והוא לכהן אם הוא של עץ, ושלא יביאם אדם בערבוב אלא דרך נוי, כגון שמשים הוצין או עלין בסל בין כל מין ומין, ומקיף אשכלות ענבים לסל של תאנים על שפתו, ומביאין בידיהן תורים ובני יונה לכבוד הבכורים ונותנין אותם לכהנים, וכיצד היו מעלין אותן, והשמחה שהיו עושין עליהן המביאים אותם והיוצאים לקראתם, והמזמורים שהיו קוראין סמוך לעיר, ויתר פרטיה מבארים במסכת בכורים)פ"ג( ]פ"ד מה' בכורים[. **ונוהגת** בזמן הבית בזכרים, ובפרות ארץ ישראל וסוריא ועבר הירדן, אבל לא בפרות חוצה לארץ. והעובר עליה, בטל עשה.

Mitzvah 91

The commandment of bringing the first-fruits: To bring the first-fruits to the Temple - and that is that we are obligated to bring there the first fruit that ripens on a tree and to give it to a priest. And not all trees are in this commandment from Torah writ, but rather only the seven species through which the Land of Israel is praised - and they are wheat, barley, the [fruit of the] vine, figs, pomegranates, olives and dates - as it is stated (Exodus 23:19), "The first fruits of your land you shall bring, etc." and the explanation comes that it is only stated about these seven fruits. And according to what it appears, it is in this way that they, may their memory be blessed, learned to say like this: Since no other fruits at all are mentioned in any place in the Torah besides these, and He, blessed be He, commanded us to bring undifferentiated first-fruits from our land, it follows that it is about the fruits that He informed us about in the Torah that are in the Land of Israel and through which it is praised, that He commanded us. And it is possible that our Rabbis, may their memory be blessed, have another [indication] from the verse, or maybe they are words of transmission. And so was it their way to bring them, that those close to Jerusalem would bring them soft (fresh) and those far would dry them [first]. **It** is from the roots of the commandment [that it is] in order to put the word of God, may He be blessed, 'at the top of our joy,' and that we remember and we know that it is from Him, blessed be He, that all of the blessings of the world come to us. Therefore, we were commanded to bring the first fruit that ripens in the trees to those that serve His house. And through the remembering and the acceptance of His kingdom and our thanking in front of Him that the fruits and the rest of all of the good comes from Him, we will be fit for blessing and our fruits will be blessed. **From** the laws of the commandment - that which they, may their memory be blessed, said (Makkot 19b) that they are forbidden once they enter Jerusalem to a [non-priest] like the priestly tithe; from which fruits do we bring first-fruits from rabbinic writ; that we give first-fruits to the men of the [priestly] watch [on duty]; that they require a vessel and it [goes] to the priest, if they are of wood; that a person should not bring them mixed up, but rather in a beautiful way, for example that he place palm leaves or [other] leaves between each and every specie and surround the basket of figs with clusters of grapes around its rim; [that] they bring in their hands turtle-doves and pigeons in honor of the first-fruits and give them to the priests; how they would bring them up, and the joy about them which the ones who brought them up and the ones going out to greet them would show; the psalms that they would read close to the city; and the rest of its details - are elucidated in Tractate Bikkurim (see Mishneh Torah, Laws of First Fruits and other Gifts to Priests Outside the Sanctuary 4). **And** [it] is practiced at the time of the Temple by males with fruits of the Land of Israel and of Syria and of Transjordan, but not with fruits from outside of the Land. And one who transgresses it has violated a positive commandment.

<u>מצוה צב</u>

שלא לבשל בשר בחלב - שלא נבשל בשר בהמה בחלב, שנאמר)שמות כג יט(לא תבשל גדי בחלב אמו. ובא הפרוש)חולין קיג, א(, דלאו דוקא גדי, אלא אפילו כל בשר בהמה במשמע, שאין לשון גדי אלא לשון בשר בהמה, והוציאו בלשון גדי, לפי שהבשר דבר רך כגדי. ואיך אתה למד כן, ממה שאתה מוצא בכמה מקומות בתורה שכתוב גדי, והצרך לפרש גדי עזים, הא למדת, שבמקום שנאמר גדי סתם לאו דוקא גדי עזים, אלא אף כל בשר בהמה כיוצא בו במשמע. **משרשי** מצוה זו, לפי הדומה שהוא כענין מה שכתבנו במצות מכשפה, כי יש בעולם דברים שנאסר לנו תערבתן בסבת הענין שאמרנו שם. ואפשר שתערבת הבשר עם החלב במעשה הבשול יהיה סבת אסורו מן היסוד ההוא. וקצת ראיה לזה לפי שבא האסור לנו במעשה

ספר החינוך Sefer HaChinukh

התערבת אף על פי שלא נאכלנו, שנראה בזה שאין אסורו מחמת נזק אכילתו כלל רק שלא נעשה פעלת אותה התערבת ולהרחקת אותו ענין שאמרנו. והזהירנו גם כן במקום אחר שאם אולי נעשה התערבת לבל נאכלהו ולא נהנה בו להרחיק הענין. ואפילו)פסחים כה א(אכלו מבלי שנהנה ממנו כלל, לוקה, מה שאין כן בשאר כל אסורי המאכלות, וכל זה מורה שיסוד טעמו הוא מחמת התערבת, וכענין שאמרנו בכשוף. זה נאמר מתוך הדחק ועדין אנו צריכים למודעי המקבל. והרמב"ם זכרונו לברכה כתב בענין טעם אחר)מורה נבוכים ח"ג פמ"ח(אמר, כי יש עובדי עבודה זרה יעבדוה במעשה תערבת בשר עם חלב, ולכן הרחיקה התורה אותה התערבת. וכל זה איננו שוה לי)אסתר ה יג(. **דיני** המצוה, נכתב בעזרת השם בקצור כמנהגנו במצות אסור האכילה וההנאה בסדר כי תשא. **ונוהגת** בכל מקום ובכל זמן בזכרים ונקבות. והעובר עליה ובשל בשר בחלב, ואף על פי שלא אכלו, לוקה.

Mitzvah 92

To not cook meat in milk: That we not cook animal meat in animal milk, as it is stated (Exodus 23:19), "you shall not cook a kid in its mother's milk." And the explanation came (Chullin 113a) that it is not specifically a kid, but rather all meat of an animal is implied - as the expression, "kid" is an expression that only [applies to] animal meat. And the verse [chose] the expression, "kid," since meat is a soft thing, like a kid. And how is it that you learn like this? From that which you find in several places in the Torah where it is written, "kid," and it was necessary [for the Torah] to explain, "a goat kid." Behold, you have learned [from this] that in a place where is is stated only, "kid," it is not specifically a goat kid, but rather all animal meat like it is implied. **It** is from the roots of this commandment, according to what appears, that it is similar to the matter that we wrote about the commandment of the witch (Sefer HaChinukh 62), that there are things in the world the mixture of which are forbidden to us, for the reason of the matter that we said there. And it is possible that the reason for the prohibition of the mixture of meat and milk through the process of cooking is from this foundation. And there is somewhat of a proof to this, since the prohibition comes to us with the action of mixing, even though we do not eat it; such that we see from this that its prohibition is not because of the damage [caused by] its eating at all. Rather [it is] that we do not do the action of that mixing, for the sake of the distancing of that matter that we said. And we have also been warned in another place, that if we maybe make the mixture, we should not eat it and not derive benefit from it, to distance the matter [further]. And he is lashed even if he ate it without deriving benefit (enjoyment) from it at all (Pesachim 25a), which is not the case with all the other forbidden foods. And all of this teaches that the foundation of its reason is because of the mixture, and like the matter that we said about magic. This is said out of duress, and we still need the knowledge of the mystic. And Rambam, may his memory be blessed, said (Guide for the Perplexed 3:48) that there are some idolaters that worship through the act of mixing meat and milk. And that is why the Torah distanced that mixture. 'But none of this is worthwhile for me.' **We** will write the laws of the commandment in brief, with God's help - as is our custom - in the commandment of the prohibition of eating and benefit, in the Order of Ki Tissa (Sefer HaChinukh 113). **And** [it] is practiced in every place and at all times by males and females. And one who transgresses it and cook's meat with milk is lashed - and even though he does not eat it.

מצוה צג

שלא לכרת ברית לשבעה עממים וכן לכל עובד עבודת אלילים - שלא נכרת ברית, כלומר שלא נבטיח באהבתנו אל העם הרע הכופרים שהם שבעה עממים שבתורה שהיו מחזיקים בארצנו טרם בואנו שם, והם החתי והאמרי וכו', שנאמר לא תכרת להם ולאלהיהם ברית, כלומר שלא נעשה עמהם שלום ונניח אותם לעבד העבודה זרה. **משרשי**, מצוה זו, לאבד עבודה זרה וכל משמשיה מן העולם, ואלו השבעה עממין היו עקר ע"ז ויסודה הראשון, ועל כן נעקרו מארצם. ונצטוינו לשרש אחריהם ולאבד זכרם לעולם וכמו שכתוב עליהם בתורה)דברים ז ב(החרם תחרימם, והיא מצות עשה בסדר ואתחנן)מצוה תכה(ושם אאריך במצוה בעזרת האל, ונגיד סבת היות בעולם האמות הרעות למה, וכי מצוה זו בכלל המצות הנוהגות. ומן האזהרה בהם נשמע אזהרה שלא לכרת ברית לכל עובדי ע"ז. אבל יש חלוק בין שבעה עממים לשאר האמות עובדי עבודה זרה,)גיטין מה א(ששאר האמות אם אין נלחמים עמנו אין מצוה עלינו להרגם, אלא שלא ישבו בארצנו עד שיעזבו עבודה זרה, ואלו השבעה עממים נצטוינו להרגם בכל מקום שנוכל להם, אלא אם כן יניחו עבודה זרה. והענין לפי שהם היו עקר עבודה זרה ויסודה הראשון, כמו שכתבתי. וכל מי שבא לידו אחד מהם ויכול להרגו בלא סכנה ולא הרגו עובר בלאו. וזה שאמרנו עובדי עבודה זרה בשאין נלחמים עמנו שלא נהרגם דוקא עובדי עבודה זרה מן האמות אבל ישראל עובד ע"ז כגון המינין והמשמדין והאפיקורוסין מצוה עלינו להרגם, לפי שהם מצרים לישראל, ומוטב יאבדו אלף כיוצא בם ולא

Sefer HaChinukh ספר החינוך

ישראל אחד כשר. **מדיני** המצוה, מה שאמרו שמקבלין אותן אם רצו לחזר בתשובה. ויתר פרטיה, מבארים בסנהדרין [י"ד סי' קצא].

Mitzvah 93

To not make a covenant with the seven nations and likewise with any worshiper of idolatry: That we not make a covenant, meaning to say that we promise our friendship to the bad nation of heretics - which are the seven nations in the Torah which were holding our land before our arriving there, and they are the Hittite, the Emorite, etc. - as it is stated (Exodus 23:32), "You shall not make a covenant with them and their gods." [This] means to say that we should not make peace with them and leave them to worship idolatry. It is from the roots of this commandment to destroy idolatry and all of those who serve it from the world. And these seven nations were the center of idolatry and its first foundation; and because of this, they were uprooted from their land. And we were commanded to uproot them and to destroy their memory forever. And it is as it is written about them in the Torah (Deuteronomy 7:2), "and you shall surely annihilate them" - and that is a positive commandment in the Order of Ve'etchanan. And there I will write at length about this commandment, with God's help, and tell the reason for why these bad nations are in the world and that this commandment is included in the commandments that are practiced. And from the warning about them, we understand a warning not to make a covenant with any worshipers of idolatry. But there is a distinction between the seven nations and the other peoples that are worshipers of idolatry (Gittin 45a); as there is no commandment to kill the other peoples if they do not fight with us, but these seven nations, we are commanded to kill in any place that we are able to - unless they abandon their idolatry. And the matter is because they were the center of idolatry and its first foundation, as I have written. And anyone who has one of them come to his hand and he can kill him without danger, but does not [do so], has transgressed a negative commandment. And that which we said that we do not kill worshipers of idolatry when they are not fighting with us, is specifically [regarding] worshipers of idolatry from the [other] peoples. However, it is a commandment upon us to kill an Israelite that worships idolatry - such as the sectarians, the apostates and the heretics - because they oppose Israel. And it is better that a thousand like these be destroyed than one proper Israelite. From the laws of the commandment - that which they said that we accept

ספר החינוך Sefer HaChinukh

them if they want to return and repent; and the rest of its details - are elucidated in Sanhedrin (see Tur, Yoreh Deah 191).

מצוה צד

שלא לשכן עובדי אלילים בארצנו - שלא לשכן עובדי עבודה זרה בארצנו, שנאמר לא ישבו בארצך פן יחטיאו אתך לי. **משרשי** המצוה, מה שנגלה בכתוב, בשביל שלא נלמד מכפירתם. **דיני** המצוה. כגון מה שאמרו זכרונם לברכה (ע"ז סד ב) שאלו רצו להניח עבודה זרה אף על פי שעבדוה מתחלתן שמתרים לשכן בארצנו, וזהו הנקרא גר תושב, כלומר שהוא גר לענין שהתר לישב בארצנו, כמו שאמרו זכרונם לברכה (שם) אי זהו גר תושב? זה שקבל שלא לעבד עבודה זרה. ואם לא הניח עבודה זרה אין צריך לומר שאין מוכרין לו קרקע שישכן בארצנו, אלא (שם כא א) אפילו להשכר לו בית, אסור כל זמן שישכר לדירה, לפי שמכניס שם עבודה זרה. אבל לסחורתו מתר, ובלבד שלא ישכיר לשלשה בני אדם, לפי ששלשה דבר קביעות הוא ואין ראוי לקבעם. וחלוק הדינים שאמרו רבותינו זכרונם לברכה שיש בענין זה בין בתים לשדות וכרמים, ובין סוריא לארץ ישראל, ויתר פרטיה, מבארים בסנהדרין ועבודה זרה [שם]. **ונוהגת** בזכרים ונקבות בארץ. והעובר עליה ומכר להם קרקע או השכירו להם במקום שאינו רשאי עבר על מצות מלך, ואינו לוקה, לפי שאפשר למכר להם קרקע או להשכיר בלא עשית מעשה.

Mitzvah 94

To not have worshipers of idols dwell in our land: To not have worshipers of idolatry dwell in our land, as it is stated (Exodus 23:33), "They shall not dwell in your land, lest they cause you to sin against Me." **From** the roots of the commandment is what is revealed in the verse - so that we not learn from their heresy. **The** laws of the commandment: For example, that which they, may their memory be blessed, said (Avodah Zarah 64b) that if they wanted to leave idolatry, even though they worshiped it at their beginning, they are permitted to live in our land, and that is what is called a resident stranger (convert) - meaning to say, he is a convert regarding that he is permitted to reside in our land. [It is] as they, may their memory be blessed, said (Avodah Zarah 64b), "Who is a resident convert? The one who accepted not to worship idolatry." But, if he did not leave idolatry, it is not necessary to say that we do not sell him land to dwell in our land; but rather even to rent him a house is forbidden (Avodah Zarah 21a), so long as he rents it as a residence - since he will bring idolatry [into it]. But it is permitted for his business, so long as he not rent it to three people [or more] - since three is a matter of permanence, and it is not fit to make them permanent. And the difference in laws that our Rabbis, may their memory be blessed, said there is between houses, and fields and vineyards, and between Syria and the Land of Israel. And the rest of its details are elucidated in Sanhedrin and Avodah Zarah (see Tur, Yoreh Deah 191). **And** [it] is practiced by males and females in the Land. And one who transgresses it and sells them land or rents it to them in a place that is not permitted has transgressed the commandment of [the] King. But he is not lashed - as it is possible to sell them land or rent [it] without an act.

מצוה צה

מצות בנין בית הבחירה - לבנות בית לשם יי, כלומר שנהיה מקריבים שם קרבנותינו אליו, ושם תהיה העליה לרגל וקבוץ כל ישראל בכל שנה, שנאמר ועשו לי מקדש. וזאת המצוה כוללת עמה הכלים הצריכים בבית אל העבודה, כגון המנורה והשלחן והמזבח וכל שאר הכלים כלם. **משרשי** מצוה זו, מה שתראה בסוף דברי. ואכן מיראתי להתקרב אל משכן יי, כי ידעתי כל הקרב הקרב אם לא יתקדש למדי לא יראה הבית וחי. גם הכהנים הנגשים לעבודה יתקדשו בבואם אל הקדש לפנים, והלוים אחר הטהרו וינף אהרן אותם תנופה טרם יתנו קולם בהיכל ה'. אמרתי גם אני אגיד עצתי, ואערך התנצלותי נגד זקני, וארחץ בנקיון כפי טרם אעלה בית יי. **ידוע** הדבר ומפרסם בינינו העם מקבלי המצות כי שבעים פנים לתורה, ובכל אחד מהן שרשים גדולים ורבים, ולכל שרש ושרש ענפים, כל אחד ישא אשכל גדול של פרות נחמדים להשכיל לבות, יום יום יוציאו פרח לשוקדים עליהם, פרחי חכמה ושכל טוב, כל עינים מאירות ורחבה ונסבה עמק חכמתה עד שאין כח באדם להשיג תכליתה. כמו שהעיד המלך החכם)קהלת ז כג(אמרתי אחכמה והיא רחוקה ממני, ועם כל זה אין להרפות ידי העוסק בה, כי אם מעט ואם הרבה ממנה יאכל כלה מתוקה, ואם יש כמה אשר מפרי עץ הגן לא תשיג ידם לקחת יקחו להם עליהן לתרופה. ואנכי עם דעתי, גדל ערכה ורב עמקה, וכי פליאה ממני נשגבה, פערתי פי לדבר בה ואסמך במה שלמדוני רבותי,)ע"ז יט א(לגרס איניש ואף על גב דלא ידע מאי קאמר שנאמר)תהלים קיט כ(גרסה נפשי לתאבה. **דע** בני, כי כל אשר יגיע אצל השם בעשות בני אדם כל מצותיו איננו רק שחפץ השם להיטיב לנו, ובהיות האדם מכשר ומוכן בעשית אותן מצות לקבל הטובה אז ייטיב אליו השם, ועל כן הודיעם דרך טוב להיותם טובים, והיא דרך התורה, כי בה יהיה האדם טוב. נמצא שכל המקים)המקבל(מצותיו השלים חפצו באשר הוא ראוי אז לקבל טובתו, וכל שאינו מכין עצמו לכך, רעתו רבה, שיודע חפץ השם בזה, והוא יעשה מעשיו כנגד חפצו. ופרשה אחת נכתבה בתורה להודיענו עקר זה לבד, והוא מה שכתוב בסדר והיה עקב)דברים י יב יג(

ועתה ישראל מה יי אלהיך שואל מעמך וגו' עד לטוב לך. כלומר אינני שואל מעמך דבר בעשותך מצותיו רק שרצה בטובו הגדול להטיב לך. וכמו שכתוב אחריו הן ליי אלהיך השמים ושמי השמים הארץ וכל אשר בה. כלומר ואינו צריך למצותיך רק מאהבתו אותך לזכותך. **ויש** בעושי המצות ישימו מגמת פניהם אל הטובה המעתדת אליהם בעשיתן לבד, כי ידעו שבסבתן תנוח עליהם הברכה והטוב, ואל הכונה ההיא יתעסקו בהן לעולם, ואלה חלקם בחיים וזוכים לעדן גן אלהים, ואולם לא הגיעו אל תכלית הכונה הטובה. אבל יש אשר זכו ונתן להם השם יתברך לב לדעת ולהכיר במדותיו המעלות, ומתוך הכרתם יתקשרו מורשי לבבם באהבתו קשר חזק ואמיץ עד שישימו כל כונת הכנת גופם כדי להשלים חפץ השם יתברך לרב חשקם אותו, ואל התועלת המעתדת להם בעסק ההוא לא ישיתו לב, והיא המעלה הגדולה שעלו אליה האבות הקדושים השלשה והרבה מבניהם אחריהם, זכר כלם לברכה, וזאת היא המדרגה העליונה שאפשר לבן אדם לעלות. **ומעתה** בהיות הנחת דעתנו על זה בענין מצותיו ברוך הוא, תחיב אותנו לאמר כי בנין בית לשם יתברך לעשותנו בה תפלות וקרבנות אליו, הכל להכין הלבבות לעבודתו יתעלה, לא מהיותו צריך לשבת בית אנשים ולבוא בצל קורתם, ואם ארזי לבנון יבנוהו או ברותים, כי השמים ושמי השמים לא יכלכלוהו וברוחו יעמדו, אף כי הבית אשר בנו בני האדם צריך לכבודו חלילה, הלא ידועים הדברים וברורים שהכל להכשר גופותנו, כי הגופות יכשרו על ידי הפעלות וברבות הפעלות הטובות ורב התמדתן מחשבות הלב מטהרות מתלבנות מזדקקות, והשם חפץ בטובתן של בריות כמו שאמרנו. ועל כן צונו לקבע מקום שיהיה טהור ונקי בתכלית הנקיות לטהר שם מחשבות בני איש ולתקן לבבם]לבבנו[אליו בו, והוא ברוך הוא בחר אותו המקום והכינו אל הטובה לבני אדם אולי מהיותו אמצעות העולם בכוון, והאמצעות נבחר מן הקצוות, או מן הטעם שיהיה ברוך הוא היודע. ומתוך הכשר המעשה וטהרת המחשבה שיהיה לנו שם יעלה שכלנו אל הדבקות עם השכל העליוני. **ועל** דרך הפשט על הצד הזה נפרש שרית השכינה במקום ההוא, ואף על פי שהאמת כי אמרו רבותינו זכרונם לברכה)מגילה כח א(קדשתן עליהם אפילו כשהן שוממין, שמשמע בזה שאין כל סבת שרית השכינה שם מצד העובדים, אפשר לומר כי אותו המקום בחרו האל לברך בני אדם אשר ברא ממנו כמו שאמרנו, וכמו שהיה חפצו לשלוח לבני אדם נביא להורותם דרך ילכו בה ויזכו לקים נפשותם, כמו כן חפץ בחסדיו הגדולים לקבע להם מקום בארץ שיהיה נכון אל טובת הבריות וזכותם, וכל זה מחסדיו על בריותיו. ומכל מקום, לעולם תתרבה שם הברכה והקדשה לפי הפעלות הטובות שיעשו שם בני אדם, ואז עם הפעלות הטובות יפתחו מעינות הטוב כנגדו, כי באמת אינה דומה קדשת המקום בחרבנו לקדשתו בישובו. **והנחת** הטעם הזה בענין הבית תחיב אותנו גם כן לסמך אל הטעם הזה בעצמו לפי הפשט ענין הקרבנות ושבט עובדו וכלים יקרים ידועים.

הלא אמרנו כי עקרי הלבבות תלויין אחר הפעלות, ועל כן כי יחטא איש, לא יטהר לבו יפה בדבר שפתים לבד, שיאמר בינו ולכתל חטאתי לא אוסיף עוד, אבל בעשותו מעשה גדול על דבר חטאו, לקחת ממכלאותיו עתודים ולטרוח להביאם אל הבית הנכון אל הכהן וכל המעשה הכתוב בקרבני החוטאים, מתוך כל המעשה הגדול ההוא יקבע בנפשו רע החטא וימנע ממנו פעם אחרת. **וכעין** זה הטעם מצאתי להרמב"ן זכרונו לברכה על צד הפשט שכתב)ויקרא א ט(בשם אחרים, וזה לשונו, כי בעבור שמעשה בני אדם נגמרים במחשבה ובדבור ובמעשה, צוה השם יתברך כי כאשר יחטא יביא קרבן ויסמך עליו ידיו כנגד המעשה, ויתודה בפיו כנגד הדבור, וישרף באש הקרב והכליות שהם כלי המחשבה והתאוה, וכרעים כנגד ידיו ורגליו של אדם העושים כל מלאכתו, ויזרק הדם על המזבח כנגד דמו בנפשו כדי שיחשב אדם בעשותו כל אלה כי חטא לאלהים בגופו ובנפשו, וראוי לו שישפך דמו וישרף גופו, לולי חסד הבורא שלקח ממנו תמורה וכפר הקרבן, שיהיה דמו תחת דמו, נפש תחת נפש. וראשי אברי הקרבן כנגד ראשי אבריו. והמנות להחיות בהן מורי התורה שיתפללו עליו. וקרבן התמיד בעבור שלא ינצלו הרבים מחטוא תמיד. ואלה הדברים מתקבלין מושכין הלב כדברי הגדה)שבת פז א(, עד כאן. והאריך הוא עוד בענין, וכתב, ועל דרך האמת יש בקרבנות סוד נעלם וכו', כמו שכתב בפרושיו פרשת ויקרא. ועוד נוסיף דברים על צד הפשט, ונאמר כי מזה השרש צונו האל להקריב לעולם מהדברים שלב בני אדם חומד מהם כמו הבשר והיין והפת כדי שיתעורר הלב יותר עם העסק בהם, ולעני חיב להביא ממעט קמחו אשר עיניו ולבו עליו כל היום. ועוד יש התעוררות אחר ללב בקרבן הבהמות מצד הדמיון שגוף האדם והבהמה ידמו בכל עניניהם לא יתחלקו, רק שבזה נתן השכל ולא בזה. ובהיות גוף האדם יוצא מגדר השכל בעת החטא, יש לו לדעת שנכנס בעת ההיא בגדר הבהמות אחר שלא יחלקם רק הוא לבדו. ועל כן נצטוה לקחת גוף בשר כמוהו ולהביאו אל המקום הנבחר לעלוי השכל ולשרפו שם, ולהשכיח זכרו כליל יהיה לא יזכר ולא יפקד תחת גופו, כדי לציר בלבבו ציור חזק שכל ענינו של גוף בלי שכל אבד ובטל לגמרי, וישמח בחלקו בנפש המשכלת שחננו האל שהיא קימת לעולם, וגם לגוף השתף עמה יש קיום בתחיה בסבתה בלכתו בעצתה, כלומר שישמר מן החטא, ובקבעו בנפשו ציור זה, יזהר מן החטא הרבה. והבטיחה התורה שבמעשה הגדול הזה ובהסכמת עושהו שיתנחם על חטאו מלב ומנפש, תכפר אליו שגגתו. אבל הזדונות לא יספיק לכפרם דמיון זה, כי החוטא במזיד לא יוכח בדמיונות ודברים, כי אם שבט לגו כסילים)משלי כו ג(. **ואל** יקשה עליך בהנחת טעם זה איך נביא קרבן נדבה לעולם, כי טעמנו זה יסבל גם הנדבות. שאחר שאמרנו שהקרבן דמיון להשפלת הגופות ולעלוי הנפשות, אף בלא חטא ידוע ימצא בו המקריב תועלת לקחת המוסר. **ובקרבן** עזאזל שנשלח חי אל מקום החרבן והכליון נאמר בפשט הענין לבל ידמה החוטא הגמור

שאחר שתקבל נפשו ענש על חטאים, התשוב לעמוד במקום הטובים או תהיה לה השארות וטובה קצת ואפילו תהיה כירבעם בן נבט וחבריו, כמו שהוא רואה כל השנה כלה שיש לגוף הבהמה שהוא לדמיון גוף החוטא השארות קצת בית השם יתברך באפר שנשאר שם בעת השרפה לא יוציאוהו מן הבית עד אחר זמן הרבה. על כן בשעיר החי הנושא כל העונות יראו רמז כי החוטא שעונותיו מרבים כמו האפקורוסין ושכפרו בתורה ובתחית המתים וכל המצרים לישראל בכלל, לא יראו בטובה לעולם ותועלתם לא תמות ואשם לא תכבה, כמעשה השעיר בנשאו רבוי עונות כל ישראל ישלך לגמרי אל ארץ גזרה, לא ימצא בבית יי לא לשחיטה ולא לזריקה, זכרו יאבד מני ארץ. וזהו שאמרו זכרונם לברכה)ירושלמי יומא פ"ו ה"ג(כי בשעה שישראל מרצין, לא הגיע לחצי ההר עד שנעשה אברים אברים, להודיען דמיון החוטא הגמור כי כן יאבד מהרה ויהיה כלה כליון גמור, למען ילמדו ויקחו מוסר וייטיבו דרכיהם. וזהו הסימן הטוב להם, שאין מלמד מוסר אלא האוהב, כמו שכתוב)משלי יג כד(ואהבו שחרו מוסר. **ובענין** חלוק הקרבנות בשחיטתן ובמתנות הדם ובחלק הכהנים ויתר פרטיה רבים, אם נאמר לפי הפשט שהיה כן להיות מחשבת העובד מכונת אל העבודה הרבה, כי החלוקין יכריחו כיון המחשבה בדבר, לא נעלה בידינו רק דברי נערות. וכלל הדברים כי גם בפשטים לא נמצא ידינו ורגלינו בלתי סעד המקבלים, ואליהם נכרע אפים ויפתחו לנו בכל אלה העינים. **ואולם** אין לקרותנו מכת הכסילים בהוציאנו כל רוחנו בדברים, כי בפסלת רב מעט אכל נמצא לעתים. גם כי ראינו לרבותינו זכרונם לברכה כיוצא בדברינו אומרים שאמרו בקרבן סוטה)סוטה יד א(היא עשתה מעשה בהמה לפיכך תקריב שעורים. ובקרבן מצרע)ויקרא רבה פט"ז(, הוא עשה מעשה פטיט יקריב צפרים)ערכין טז, ב(. ובדומה לזה אמרו זכרונם לברכה בענין הנדה)נדה לא א(, מפני מה אמרה תורה לישב שבעה נקיים? שתהא חביבה עליו ביותר. ובאמת שאין כל זה לדעתם תכלית הכונה בדברים רק להודיע כי ענין המצוה יסבל הרבה רמזים מלבד עקרים גדולים וחזקים. **מדיני המצוה.** מה שאמרו זכרונם לברכה)זבחים קיב ב(שקדם שנבנה הבית בירושלים היו מקריבין קרבנות בשאר מקומות, אבל משנבנה הבית נאסרו כל המקומות לבנות בם בית לשם ולהקריב שם, שנאמר)תהלים קלב יד(זאת מנוחתי עדי עד. ואלו הם הדברים שהם עקר בבנין הבית עושין בו קדש וקדש קדשים, ויהיה לפני הקדש מקום אחר והוא הנקרא אולם, ושלשתן נקראין היכל)מדות פ"ד מ"ו(ועושין מחיצה אחת סביב להיכל רחוקה ממנו כעין קלעי החצר שהיו במדבר, וכל המקף במחיצה זו שהיא כעין חצר אהל מועד הוא הנקרא עזרה, והכל נקרא מקדש. ועושין במקדש הכלים הכתובים בתורה שצריכים שם. ומה שאמרו)זבחים פח א(שכל כלי הקדש שנקבו או נסדקו שמיד מתיכין אותן ועושין אותן חדשים, וסכין שנשמט מקתו או נפגם אין מתקנין אותו אלא גונזין אותו מיד, שאין עניות במקום עשירות.

ועושין בתוך העזרה גבולין עד כאן לישראל, עד כאן לכהנים, ובונין סמוך לה בתים להשתמש בהם כל צרכי המקדש, וכל אחת נקראת לשכה. ויתר פרטיה, כגון בנין הבית כיצד? ותבניתו וכל מדותיו, ובנין המזבח ומשפטיו, מבארים במסכת מדות. וכן תבנית המנורה והשלחן ומזבח הזהב ומקומם בהיכל, בגמרא מנחות (כח א צז א) ויומא (לג ב). **ונוהגת** מצוה זו בזמן שרב ישראל על אדמתן. וזו מן המצות שאינן מוטלות על היחיד כי אם על הצבור כלן, כשיבנה הבית במהרה בימינו יתקים מצות עשה.

Mitzvah 95

The commandment of building the Choice House: To build a house for the sake of God, meaning to say that we would bring Him sacrifices there and that pilgrimage and yearly gathering of all of Israel be there, as it is stated (Exodus 25:8), "And let them make Me a sanctuary." And with it, this commandment includes the vessels needed for the service of the House of God - such as the menorah, the table, the altar, and all of the other vessels. **From** the roots of the commandment are what you will see at the end of my words. However, I am afraid of drawing close to the Dwelling of God, as I know that 'anyone who comes close, who comes close' that has not sufficiently sanctified himself 'will not see the House and live.' Even the priests that come forward for the service sanctify themselves in their coming to the sanctum inside; and before the Levites [came] to raise their voices in the sanctuary of God, they purified themselves and Aharon waved them as a wave-offering. [Hence] I said, I too will say my counsel and arrange my apology in front of my elders, and 'I will wash my palms in innocence' before I go up to the House of God. **It** is well-known and famous among us - the people that accepted the commandments - that there are seventy faces to the Torah. And in each one of them, there are many great and numerous roots, and to each and every root, [is there] branches - each one supports a great cluster of fruits that are pleasant for hearts to ponder. Each day they put out a flower for those that are constant over them - flowers of wisdom and good reasoning. The depth of its wisdom enlightens the eyes, [it] is broad and surrounding, to the point that a man does not have the power to grasp its end; as the wise king testified (Ecclesiastes 7:23), "I said that I would fathom it, but it is far from me." And with all of this, the hands of the one who is involved with it should not tire, for whether he eats little or much, it is all sweet. And if there are many whose hand will not reach the fruit to take it, let them take the leaves for themselves as medication.

ספר החינוך Sefer HaChinukh

And I - with the knowledge of its great value and enormous depth and that 'it is a wonder and sublime for me' - have opened my mouth to speak about it. And I will rely upon what my teachers have taught me (Avodah Zarah 19a), "Let a person recite (ligris), and even though he does not know what he said, as it is stated (Psalms 119:20), 'My soul is crushed (garsah) for desire.'" **Know**, my son, that all of God's desire that human beings perform. **His** commandments is only to do good to us. And by virtue of a person being prepared and ready - by doing those commandments to receive the good - then God will do good to him. Therefore, God informed them of the good path to be good, and that path is the path of the Torah; for through it will a man be good. It comes out that all who uphold (accept) God's commandments, fulfill His desire [to do good to us] - in his then being fit to receive His goodness. But [regarding] anyone who does not ready himself for this, his evil is great - as he knows God's desire in this, and he [still] makes his actions contrary to God's will. And one section of the Torah was written specifically to inform us of this fundamental principle - and that is what is written in the Order of Vehaya Ekev (Devarim 10:12-13), "And now, Israel, what does the Lord, your God, request from you, etc. for your benefit." [That is] to say, He is not asking anything from you, in your performing His commandments, besides His wanting, in His great goodness, to do good to you. And, as it says afterwards, "Behold, to the Lord your God belongs the heavens and the heavens of the heavens, and all that is in it." [That is] to say, He doesn't require your commandments, except out of His love for you, and for your merit. And among those that do the commandments, there are some that only place the direction of their focus upon the future reward to them for doing them, as they know that because of them, blessing and good will rest upon them. And they will always be involved with [the commandments] with this intention, and '[this is] their portion in life,' and they merit Eden, the Garden of God. However, there are those that merit that God, may He be blessed, gave them a heart to know and to recognize His elevated characteristics. And from their recognition, they connect the 'thoughts of their hearts' to His love with a strong and powerful connection - to the point that they make all of the intention of the preparation of their bodies to fulfill the desire of God, may He be blessed, due to their great longing for Him. And they do not place their [thoughts] upon the future benefit from this involvement. And this is the great level to which the three holy forefathers - and many of their children after them, may all of their memory be blessed - climbed. And this is the highest level to which a person can climb. **And** from here, in that this is the grounding of our opinion about the matter of His commandments, blessed be He, we are obligated to say that the building of the House for God, may He be blessed, for us to do our prayers and sacrifices to Him in it - it is all to prepare our hearts to His service, may He be elevated. [It is] not from His need to sit in the house of people and to come under the shade of their beams - whether they build it from cedars of Lebanon or from cypresses, 'as the heavens and the heavens of the heavens cannot contain Him,' and they [only] stand by His spirit; 'surely the house that people built' would [not] be needed for His glory, God forbid. Are the things not known and clear that it is all for the refinement of our bodies? As bodies are refined by actions; and by the multiplication of good actions and their great constancy, the thoughts of the heart become purified, cleansed [and] sanitized - and God desires the good of the creatures, as we have said. And therefore, He commanded us to fix a place that would be pure and completely clean to purify the thoughts of people there and to refine their [our] hearts towards Him in it. And maybe He, blessed be He, chose that place and prepared it for the good of people from its being exactly at the center of the world, and the center is choicer than the ends; or for [another] reason that He, blessed be He, would be [its] Knower. And through the refinement of action and the purification of thought that we will have there, our minds will rise to clinging with the Highest mind. **And** we will explain the dwelling of the Divine Presence in this place in this way according to the simple understanding: Even though, in truth, our Rabbis, may their memory be blessed, said (Megillah 28a) [that] their sanctity is upon them, even when they are desolate - which implies that there is no reason at all for the dwelling of the Divine Presence from the side of the worshipers - [still,] it is possible to say that God chose this place to bless from it people that He crated, as we have said. And [just] like it was His desire to send a prophet to people to teach them the path in which they should walk and [so] merit to preserve their souls, so too did He desire, in His great kindnesses, to fix a place on earth for them that would be prepared for the good of people and their merit - and all of this is from His kindnesses to His creatures. And regardless, blessing and holiness will increase there according to the good actions that people do there. And then with the good actions, the channels of good will open up corresponding to it; since in truth the holiness of a place

ספר החינוך Sefer HaChinukh

in its destruction is not similar to its holiness in it inhabitation (use). **And** the laying down of this reason in the matter of the Temple obligates us also to make the matter of the sacrifices and the tribe of its workers and the precious well-known vessels rely on the very same reason, according to the simple understanding. Did we not say that the main [inclinations] of the heart follow after the actions? And, if so, the heart of a person will not be properly purified only with the word of the lips, that he say between himself and the wall, "I have sinned, I will not [do it] again." But when he does a great act for his sin, to take 'he-goats from his pens' and to exert himself to bring them to the prepared house to the priest, and [do] all of the procedure that it written about the sacrifices of the sinners - from all of this great action - he will fix the badness of sin in his soul, and it will be avoided by him the [next] time. **And** I found with Ramban, may his memory be blessed, [an explanation] on the [level] of the simple meaning, similar to this reason. As he wrote (Ramban on Leviticus 1:9) in the name of others, and this is his language: Since the deeds of people are determined by thought, speech and action, God, may He be blessed, commanded that when he sins, he brings a sacrifice and place his hands upon him corresponding to the deed, and confess with his mouth corresponding to the speech, and burn the innards and the kidneys, as they are the instruments of thought and desire. And the limbs [of the sacrifice] correspond to the hands and feet of a person that does all of his work. And he sprinkles the blood on the altar corresponding to the blood of his soul, so that a person think in doing all of this that he sinned to God with his body and his soul, and it is fit for him that his blood be spilled and his body burnt; were it not for the kindness of the Creator, who took an exchange and ransom from him [in] the sacrifice - that its blood be instead of his blood and its soul be instead of his soul. And the central limbs correspond to his central limbs. And the portions with which to sustain the teachers of Torah [are so] that they will pray for him. And the daily sacrifice is because there is no saving the community from always sinning. And these words are tenable [and] grab the heart, like the words of classic homiletic teachings (Shabbat 87a). To here [are his words]. And he wrote at more length about the matter and wrote, "And in the way of truth (mysticism), the sacrifices contain a hidden secret, etc.," as he wrote in his commentary on Parshat Vaykra. **And** we will add other things on the [level] of the simple meaning, and say that it is from this root that God commanded us to always sacrifice from

ספר החינוך Sefer HaChinukh

things about which the heart of man covets, like meat and wine and bread, so that the heart be more aroused with this matter. And it [likewise] obligated the poor person to bring from his little [supply] of flour that his eyes and heart are upon all of the day. And there is another arousal of the heart with animal sacrifices from the angle of similarity, as human and animal bodies are similar in all of their matters - they are only differentiated that in this one, intellect was given into it, and not into that one. And when the human body goes out of the realm of the intellect at the time of the sin, he must know that he has entered the realm of animals at that time, as this is the only thing that differentiates them. And therefore he is commanded to take a body of flesh like him and to bring it to the place chosen for the raising of the intellect and to burn it there, and to forget its memory - it shall be completely [incinerated], 'it shall not be remembered and it shall not be thought of,' corresponding to his body - in order to form a strong image in his heart that any matter of a body without intellect is lost and completely null. And he should [thus] rejoice in his portion of an intelligent soul with which God has graced him, [and] which exists forever. And the body that cooperates with it will also exist in the revival [of the dead] on its account, in its following its counsel, meaning to say in its guarding itself from sin. And in his fixing this image in his soul, he will be very careful about sin. And the Torah promises that through this great act and through the obedience of its doer that he regret his sin from his heart and from his soul, [that] his accidental sin will be atoned. But this similarity will not suffice to atone for volitional sins, as one who sins volitionally will not be chastised by similarities and words, but only by "the rod for the back of fools" (Proverbs 26:3). **And** let it not be difficult to you in putting down this reason, how it is that we would ever bring a voluntary offering, as our reason also [explains] voluntary offerings: Since we have said that a sacrifice is an illustration of the lowering of bodies and the elevation of soul, the sacrificer will find benefit to [learn this] lesson, even without a known sin. **And** about the sacrifice of Azazel that would be sent alive to a place of destruction and of extinction, we will say about the simple understanding of the matter [as follows]: The complete sinner should not imagine that after his soul receive the punishment for [the] sins, it will return to stand in the place of the good or [that] there will be some survival and good - even if he is like Yerovam the son of Nevat and his colleagues - just like he sees the whole entire year that the body of the animal that is an

ספר החינוך Sefer HaChinukh

illustration for the body of the sinner has some remnants in the House of God, may He be blessed, in the ashes that stay there at the time of the burning. [As] they do not take them out from the Temple until after much time. Therefore in [this] living goat that carries all of the sins, they will see a hint that a sinner whose sins are great - like the heretics and those that deny Torah or the revival of the dead, and all of those that oppose Israel are included [as well] - will never see any good, and 'their worm will never die and their fire will never be extinguished.' [It is] like the procedure of this goat - [that] in his carrying the multitude of sins of all of Israel, is sent completely to a desolate land. He is not found in the House of God, not for slaughter and not for sprinkling - 'its memory will be lost from the earth.' And this is [the meaning of] what they, may their memory be blessed, said (Talmud Yerushalmi Yoma 6:3) that at the time that Israel was accepted, [the goat] would not reach halfway [down] the mountain before it would become [detached,] limb [from] limb - to show them the illustration of a compete sinner. As so will he be quickly destroyed, and he will be entirely, completely destroyed. [This is] in order that they would learn and [understand] the lesson and improve their ways. And this sign is good for them, as only he who loves one teaches him lessons, as it is written (Proverbs 13:24), "but he who loves him disciplines him early." **And** regarding the division of the sacrifices in their slaughtering and the giving of the blood and the portion of the priests and the rest of its many details, were we to say that the thought of the servant [making the sacrifice] be directed to the [parts of the] multitudinous service - as the distinctions would require the direction of thought to the matter - the only thing that would come up in our hands would be the words of youths. And the principle of the thing is that even in the simple understandings, we cannot find our hand or feet without the support of the mystics (kabbalists). And we bow our heads to them and they should open our eyes about all of this. **However**, we should not be called from the group of fools, in our spending all of our breath on [empty] words; as in much waste, a little food can sometimes be found. Also because we have seen our Rabbis, may their memory be blessed, saying [words] similar to our words: As they said about the sacrifice of a sotah (a suspect of adultery) (Sotah 14a), "She did an animal act, therefore she should bring barley (animal food)"; and with the sacrifice of a metsora (Vayikra Rabbah 16, Arakhin 16b), "He did an act of chatter, he should bring birds." And similar to this, they, may their memory be blessed, said regarding the

ספר החינוך Sefer HaChinukh

matter of a menstruant woman, "Why did the Torah say that she sit seven clean days? That she be most dear to him." And in truth, none of all this is in their opinion the ultimate intent of the things. Rather, it is to inform that the matter of the commandment includes many hints, besides the great and strong fundamentals. **From** the laws of the commandment is that which they, may their memory be blessed, said (Zevachim 112b) that before the Temple was built in Jerusalem, they would sacrifice in other places; but from when the Temple was built, all of the places were forbidden to build a house for the sake of God and to sacrifice there - as it is stated (Psalms 132:14), "This is the place of My resting forever and ever. And these are the things that are the main part of the building of the Temple: We make a Holy and a Holy of Holies there; and in front of the Holy is another place and it is called the chamber, and the three of them are called the sanctuary (Mishnah Middot 4:6); and we make a partition around the sanctuary distant from it, like the curtains of the courtyard that were in the wilderness; and everything that is encircled by this partition, which is like the courtyard of the tent of meeting is called the yard - and the whole thing is called the Temple (mikdash) - and we make the vessels in the Temple that are written in the Torah that we need there. And that which they said (Zevachim 88a) that we immediately melt down all holy vessels that become pierced or cracked and make new ones; and [that] we do not fix a knife, the blade of which is detached or dented, but rather bury it immediately, as there is no poverty in a place of wealth. And [that] we make boundaries in the yard - up until here for Israel, up until here for the priests. And [that] close to it, we build enclosures to use for all the needs of the Temple, and each one is called a compartment. And the rest of its details, such as how was the building of the Temple, its form, all of its measurements, the building of the altar and its ordinances – are [all] elucidated in Tractate Middot. And so [too,] the form of the menorah, the table, and the golden altar and their place in the chamber are in the Gemara, [in] Meanchot and Yoma. **And** this commandment is practiced at the time that most of Israel is upon their land. And this is from the commandments that are not impingent upon the individual, but rather upon all of the community. When the Temple is built, speedily in our days, a positive commandment will be fulfilled.

מצוה צו

שלא להוציא בדי הארון ממנו - שלא להוציא בדי הארון מתוך הטבעות, שנאמר)שמות כה טו(בטבעות הארון יהיו הבדים לא יסרו ממנו. ומבאר הוא שמצוה זו בכלל מצות הנוהגות לדורות היא. שאין פרוש נוהגות לדורות שלא יפסק מישראל מעשה אותה מצוה לעולם בשום זמן, אלא כן הוא הענין, כל מצוה שלא נצטוינו עליה לעשותה רק בזמן ידוע ולא יותר, כגון מה שכתוב)שמות יט טו(היו נכונים לשלשת ימים, וכמו כן אזהרה דסיני)שם לד ג(גם הצאן והבקר אל ירעו אל מול ההר ההוא. וכל כיוצא בזה, שלא היתה הצואה אלא לשעה בלבד, אלו יקראו מצות שאינן נוהגות לדורות. אבל כל מצוה שלא נצטוינו עליה לזמן ידוע אף על פי שיש לה הפסק בזמן מן הזמנים מצד גלותנו או בסבת דבר אחר, כגון עכשו בעונותינו שאין לנו ארון מצוה הנוהגת לדורות נקראת, לפי שכל זמן שיהיה לנו ארון, חיבין אנו לבל נסיר בדיו ממנו כדי שיוציאוהו בהם הלוים אם נצטרך להביאו ממקום למקום בסבת מלחמה או מאיזה סבה שתבוא. **משרשי** המצוה. לפי שהארון משכן התורה, והוא כל עקרנו וכבודנו, ונתחיבנו לנהוג בו כל כבוד וכל הדר בכל יכלתנו, על כן נצטוינו לבל נסיר בדי הארון ממנו פן נהיה צריכים לצאת עם הארון לשום מקום במהירות, ואולי מתוך הטרדה והחפזון לא נבדק יפה להיות בדיו חזקים כל הצרך, ושמא חס ושלום יפל מידם ואין זה כבודו. אבל בהיותם בו מוכנים לעולם ולא יסורו ממנו נעשה אותן חזקות הרבה ולא יארע תקלה בהן. ועוד טעם אחר, שכל כלי המקדש צורתן מחיבת לרמז ענינים גדולים עליונים כדי שיהא האדם נפעל לטובה מתוך מחשבתו בהן. ורצה האל לטובתנו שלא תפסד אותה הצורה אפילו לפי שעה. שלשת מצות סדר זה, אינן נוהגות היום.

Mitzvah 96

To not remove the poles of the ark from it: To not remove the poles of the ark from the rings, as it is stated (Exodus 25:15), "The poles shall be in the rings of the ark; they shall not be removed from it." And it is elucidated that this commandment is among the commandments practiced throughout the generations. As the understanding of 'practiced throughout the generations' is not that the doing of that commandment never cease from Israel ever at any time. Rather the matter is like this: Any commandment that was only commanded to do at a specific time and not more - such as that which is written (Exodus 19:15), "Be in preparation for three days"; and so [too,] the warning of Sinai (Exodus 34:3), "neither shall the flocks and the herds graze across from that mountain"; and all that is similar to it, wherein the command was only temporary - those are called commandments that are not practiced throughout the generations. But any commandment that we were not commanded about [only] for a specific time - even though there is a pause at any given time because of our exile or by reason of something else, such as now when, on account of our sins, we do not have the ark - is called a commandment practiced throughout the generations. As any time that we have the ark, we are obligated not to remove its poles from it, so that the Levites [may] take [the ark] out with them, if we need to bring it from one place to another place as a result of war or from whatever reason that [may] arise. **It** is from the roots of the commandment [that it is] because the ark is the residence of the Torah, and [the latter] is our essence and our glory. And [so], we have been commanded all glory and all majesty towards it, to all of our ability. Therefore, we were commanded not to remove the poles of the ark from it, lest we need to go out with the ark to any place quickly, and maybe due to the preoccupation and the rush, we will not check well that its poles are strong enough; and lest, God forbid, it will fall from their hands, and this is not [fit for] its glory. But with their always being ready and not being removed from it, we will make them very strong, and [so] there will not be a mishap with them. And another reason [is] that the forms of all of the vessels of the Temple are required to hint to great and lofty matters, so that a person is impressed by them for the good, in the course of his thinking about them. And for our good, God wanted that that form not be lost even temporarily. **The** three commandments of this Order are not practiced today.

<u>מצוה צז</u>

מצות סדור לחם הפנים ולבונה - להשים בבית המקדש לפני יי לחם תמיד, שנאמר (שמות כה ל) ונתת על השלחן לחם פנים לפני תמיד (עי' ספר המצוות עשין כז). **משרשי** המצוה, שצונו האל ברוך הוא מצוה תמידית בלחם לפי שבו יחיה האדם, ועל כן צריך אליו להיות הברכה מצויה בו תמיד, ומתוך עסקינו בו לקים עליו מצות השם יתברך יהיה הרצון והברכה חלים עלינו ויתברך במעינו, כי בכל שעושה בו האדם רצון השם יתברך בו הוא מתברך. ולפי כל ענין וענין שישים מגמת פניו ומחשבותיו ועסקיו בדבר מצוה לפיהן מעין הברכה נובע עליו. וכן מצאתי להרמב"ן זכרונו לברכה (תרומת כה כד) וכענין מה שאמרו זכרונם לברכה (ר"ה טז א) הביאו לפני עמר בפסח, כדי שיתברכו לכם תבואה שבשדות, נסכו לפני מים בחג, כדי שיתברכו לכם גשמי ברכה בשנה הבאה, תקעו לפני בשופר של איל, כדי לזכר עקדת יצחק. ועל הלחם הזה בעצמו אמרו (מגילה כו ב) כי מפני שהוא

תשמיש המצוה ובו נעשה רצון האל, היתה הברכה דבקה בו ביותר. וכל אחד מן הכהנים שמגיע לו ממנו כפול היה שבע. **ואלה** הדברים כגון שלחן ומנורה ולחם הפנים והקרבנות בכלן נצטוינו מצד המקבלים. וכענין שכתבתי, אין ספק ופקפוק לכל מבין עם תלמיד, שאין חסר תבונות בעולם יחשב שבסדור לחם בבית על שלחן שניחנו שלם ונקחנו שלם תקבל שום הנאה למעלה חלילה, לא במראה ולא בריח ולא בשום צד, רק שצונו בכך לחפצו ברוך הוא שנתברך ממנו מרב מדת טובו. גם הלבונה הבאה עם הלחם שנכתב בה אשה ליי, ואמרו מן המפרשים (רש"י ויקרא כד ז) שאין מן הלחם לגבוה כלום אלא הלבונה שנקטרת בכל שבת כשמסלקין הלחם, אין כונתם חלילה להיות חלוק כלל בין הלבונה והלחם למעלה. וקיום מצות האל בלחם ובלבונה אחד הוא, כי כמו שצוה האל ברוך הוא להסדיר הלחם לפניו ונעשה רצונו וסדרוהו, כן נעשה רצונו בלבונה שצוה להקטיר והקטירוה, קצב אחד לכל. אבל כל אלה הענינים יכתבו על צד העוסקים, כי הלחם שנאכל לכהנים אין לכתב עליו שכלו לשם, כי הם יאכלוהו. נמצא כי אין כלו לשם, כי אחרים יחלקו בו. אבל בכל מה שלא יהנה בו האדם כלל אלא שעושה ממנו מצות בוראו וכלה לגמרי במצוה, בזה נוכל לומר עליו כי כלו ליי, כלומר שנכנס כלו במצותו לא אכל ממנו אדם ולא נהנה בו הנאה גופנית כלל. ועל שהריח אינו מן ההנאות של הגוף רק מהנאת הנפש, כי הגוף לא יקבל רק הנאת המשוש, יכנו לעולם ענין הריח אל השם ברוך הוא, אף על פי שהוא ברוך הוא וברוך שמו איננו לרב מעלתו וגדלו בגדר ענינים אלה כלל לפי שאינו גוף ולא כח בגוף, ידוע הוא אצל כל מבין. וכבר פרשו זכרונם לברכה (רש"י זבחים מו ב' ד"ה הנחת רוח) בכל מקום שנאמר (ויקרא א ט) ריח ניחוח ליי שאמרתי ונעשה רצוני, וכן (בראשית ח כא) וירח יי את ריח הניחח בדרך הזה. זהו שנראה לנו בענין סדור הלחם בבית השם. והרמב"ם זכרונו לברכה כתב (מורה נבוכים ח"ג פמ"ה) וזה לשונו, אבל השלחן והיות הלחם עליו תמיד לא אדע לו סבה, ואיני יודע לאיזה דבר איחס אותו עד היום. **מדיני** המצוה, מה שאמרו זכרונם לברכה (תורת כהנים אמור פי"ח) שבכל אחת מן המערכות היו נותנין כלי שיש בו קמץ לבונה, שנאמר (ויקרא כד ז) ונתת על המערכת. כלומר, על כל אחת מהן לבונה זכה (ויקרא כד ז). וכלי זה נקרא בזך. ואמרו זכרונם לברכה (מנחות כז א) ששני הסדרים מעכבין זה את זה, ושני הבזיכין מעכבין זה את זה, ומיום שבת ליום שבת (שם צט ב) מוציאין את הלחם ומסדרין לחם אחר מיד. וזה שמוציאין הוא (יומא יז ב) שחולקין שתי המשמרות, הנכנסת והיוצאת, עם כהן גדול ואוכלין אותו. וכיצד מסדרין אותו, שארבעה נכנסין בלחם ובבזיכין וארבעה מקדימין לפניהם לטל הלחם מעל השלחן. ואמרו זכרונם לברכה (מנחות צט ב) שהיו מכונין בהנחתו להיות טפחו של זה בצד טפחו של זה, לקים מה שנאמר לפני תמיד. וצורת הלחם וענין הנחתו כיצד היה כדי שיהא האויר שולט בו, ויתר פרטיה, מבארים בפרק אחד עשר ממנחות

Sefer HaChinukh ספר החינוך

(צד, א) [פרק ה' מהלכות תמידין]. **ונוהגת** בזמן הבית בזכרים הכהנים, כי להם העבודה, ולא לנשים.

Mitzvah 97
The commandment of arranging the bread of display and the frankincense: To always place bread in the Temple in front of God, as it is stated (Exodus 25:30), "And on the table you shall set the bread of display, to be before Me always" (See Sefer HaMitzvot LaRambam, Mitzvot Ase 27). It is from the roots of this commandment that God, blessed be He, commanded us the constant commandment of the bread, on account that through it a man lives; and as a result, [the commandment] is needed by him for blessing to always be found in [his bread]. And from our involvement in it to fulfill the commandment of God, may He be blessed, the [Divine] will and blessing will descend upon us, and that which is similar to it will be blessed. And according to each and every matter upon which he places the conglomeration of his focus, his thoughts and his activities by way of a commandment - according to them, a similar blessing will emerge upon him. And so I have found [in] Ramban (Ramban on Exodus 25:24). And [it] is like the matter that they, may their memory be blessed, said (Rosh HaShanah 16:1), "Bring the omer (barley offering) in front of Me at Pesach, in order that the grain in the fields will be blessed for you; pour the water in front of Me on the Festival (Sukkot), in order that the rains of blessing will be blessed for you in the coming year; blow the ram's horn (shofar) in front of Me, in order to remember the binding of Yitschak." And they said about this very same bread (Megillah 26b) that because it is an accessory of the commandment, and through it the will of God is done, blessing would cling to it more. And [so] each one of the priests who had from it coming to him would be twice as satiated. **We** were commanded in all of these things, such as the table, the menorah, the bread of display and the sacrifices, from the angle of the receivers (people), and like the matter that I wrote. There is no doubt or qualm to anyone who understands, or student that is not lacking in comprehension in the world who would think that with the arrangement of bread in the Temple upon the table, which we place complete and we take [away] complete, that there is any benefit (enjoyment) accrued by the Above, God forbid - not in its appearance, not in its smell and not from any angle. Rather, He commanded us like this in His desire, blessed be He, that we be

ספר החינוך Sefer HaChinukh

blessed from Him, in His great trait of kindness. And [this is] also [true about] the frankincense that comes with the bread, about which it is written, "a burnt offering to the Lord." And [when] some of the commentators (Rashi on Leviticus 24:7) said that there is nothing from the bread that is for the Above except for the frankincense, their intention was not, God forbid, that there be any distinction between the frankincense and the bread for the Above. And the fulfillment of the commandment of God is the same with the bread and the frankincense: As just like God, blessed be He, commanded to arrange the bread in front of Him, so too is His will done, with the frankincense that He commanded to burn, and they burned it - one standard for all. Rather, all of these matters were written from the angle of those involved [in them]. As it cannot be written about the bread - that we feed the priests - that it is all for God; as others have a portion in it. But with anything that man does not have any benefit in it at all, and it is completely consumed in the commandment - with that we can say about it that it is completely for God. [That] means to say that all of it is included in the commandment - no man ate from it, nor enjoyed any physical benefit from it at all. And since smell is not from the pleasures of the body, but rather from the pleasures of the spirit - as the body only receives tangible pleasure - the matter of smell is always attributed to God, blessed be He. [This is] even though He, blessed be He and blessed be His name, is not - due to His supernal level and His greatness - connected to these matters at all; as He is not a body, and not the attribute of a body. This is known to all that understand. And they, may their memory be blessed, already explained (Rashi on Zevachim 46b, s.v. hanachat ruach) [that] every place that it is stated, "a pleasing smell to the Lord" (for example, Leviticus 1:9), [it means] "I said something, and My will was done." And so [too,] "And the Lord smelled the pleasant smell" (Genesis 8:21), [should be understood] in this way. This is what appears [correct] to us regarding the matter of the arranging of the bread in the House of God. And Rambam, may his memory be blessed, wrote (Guide for the Perplexed 3:45), and this is his language: But I do not know a reason for the table and the bread always being put upon it; and to this day, I do not know to what thing to ascribe it. **From** the laws of the commandment is that which they, may their memory be blessed, said (Sifra, Emor Chapter 18 5) that in each array, they would put a vessel that would have a fistful of frankincense in it, as it is stated (Leviticus 24:7), "And you shall set on the array," meaning to say on each one of them, "pure frankincense" - and this vessel is called a bazakh (bowl), And [that which] they, may their memory be blessed, said (Menachot 26a) that [the absence of one of] the two sets [of loaves] impinges on the other, and [that] the two bowls impinge upon one another; that they would remove the bread and arrange other bread immediately, from one Shabbat day to another Shabbat day (Menachot 99b); [that] that which they take out is what is split by the two shifts, the incoming [one] and the departing [one], along with the high priest, and they [would all] eat it (Yoma 17b); and how it was arranged, that four would come in with the bread and the bowls, and four would precede them to take the [old] bread from upon the table. And they, may their memory be blessed, said (Menachot 99b) that they would orchestrate [it], that in their setting them down, the [edge] of [the new one] would be alongside the [edge] of the [old one] - to fulfill that which it states, "before Me always," And the form of the bread; how was the matter of its placement, such that it [be exposed] to the air; and the rest of its details - are [all] elucidated in the eleventh chapter of Menachot (see Mishneh Torah, Laws of Daily Offerings and Additional Offerings 5). **And** [it] is practiced at the time of the Temple by male priests, as the service is theirs, and not women's.

מצוה צח

מצות עריכת נרות במקדש - להטיב נרות תמיד לפני השם יתברך, שנאמר)שמות כז כא(יערך אתו אהרן ובניו, כלומר יערך הנר לפני השם יתברך, וזוהי מצות הטבת נרות הנזכרת בגמרא)יומא יד ב(. **משרשי** המצוה. שצונו השם יתברך להיות נר דולק בבית המקדש להגדלת הבית לכבוד ולתפארת בעיני הרואים, כי כן דרך בני' איש להתכבד בבתיהם בנרות דולקים, וכל ענין ההגדלה בו כדי שיכניס האדם בלבו כשיראהו מורא וענוה. וכבר אמרנו)במצוה טז(כי במעשה הטוב תכשר הנפש. וכל זה סובב על היסוד הבנוי לנו כי הכל נגזר מצד המקבלים עם היותי מאמין באמת כי יש למקבלים בענינים אלה חכמות נכבדות וסודות נפלאים. ואולם גם אנחנו נכתב הנראה כפשוטן של דברים, והכל לשם שמים. **דיני** המצוה, כגון מה שאמרו)תו"כ אמור יג יא(הדלקת הנרות דוחה שבת כקרבנות שקבוע להם זמן שנאמר בו תמיד, ושנתן)מנחות פט א(לכל נר ונר חצי לג שמן שנאמר מערב עד בקר, ושערו חכמים שזה השעור יספיק בלילי טבת, וכן נותנין בכל הלילות ואם יותר אין בכך כלום. ומענין מצות ההטבה הוא הדשון, ודשון המנורה והטבתה מצות עשה בבקר ובין הערבים. והדשון הוא שכל נר שכבה מסיר הפתילה וכל השמן שכבה ומקנחו ונותן בו פתילה אחרת ושמן אחר, ונר שלא כבה מתקנו. ונר אמצעי)מערבי(אם כבה מדליקו מאש שעל המזבח

Sefer HaChinukh ספר החינוך

החיצון. והאחרים מדליקין זה מזה, שמושך את הפתילה ומטה אותה עד שהאור נתפשת בה, לפי שאין כבוד המצוה להדליקן מנר אחר. ויתר פרטיה, מבארים בפרק שמיני ממנחות (פו א) וממקומות מתמיד. **זהו** דעת הרמב"ם זכרונו לברכה (תמידין ומוספין פ"ג). במצוה זו שהטבת הנרות היא הדלקתן כמו שפרשנו, אבל דעת מפרשים אחרים (רש"י שמות ל ז) היא שההטבה היא הדשון והקנוח ותקון הפתילות, וזו היא מצוה בפני עצמה, וכן נראה בפרק התכלת במסכת מנחות (מט ב נ, א) [פ"ג מהלכות תמידין ומוספין] ונוהגת בזמן הבית בכהנים. וכהן העובר עליה ולא ערך הנרות כמצוה, בטל עשה.

Mitzvah 98

The commandment of arranging lights in the Temple: To prepare perpetual lights in front of God, may He be blessed, as it stated (Exodus 27:21), "Aharon and his sons will arrange it," meaning to say, he will set it up in front of God, may He be blessed. And this is the law of preparing the lights that is mentioned in the Gemara (Yoma 14b). **It** is from the roots of the commandment that God, may He be blessed, commanded us that there be a lit light in the Temple for the aggrandizement of the Temple, for [its] glory and splendor in the eyes of the seers. As it is the way of people to be glorified in their homes with lit lights. And the whole matter of its aggrandizement is in order that fear and humility enter a man's heart when he sees it. And we have already said (Sefer HaMitzvot 16) that the soul is refined by good action. And all of this revolves around the principle established for us that everything is defined according to the side of the receivers (people); in that I truly believe that there is great wisdom and amazing secrets for the receivers in these matters. And notwithstanding, we will also write that which appears from the simple understanding of the words, everything for the sake of Heaven. **The** laws of the commandment - for example, that which they said (Sifra, Emor, Section 13:11) [that] the lighting of the lights pushes off Shabbat like the sacrifices, since they have a set time, as it is stated about it, "always"; that (Menachot 89a) half a log of oil was placed in each and every light, as it states, "from evening until morning," and the sages estimated that this is the amount that would suffice for the nights of Tevet (in the winter), and so [too], was it given on all of the nights, and if there would be a surplus, there is nothing [wrong] in that; about the matter of arrangement, [that] it is the cleaning; [that] cleaning the menorah and setting it up is a positive commandment in the morning and in the afternoon; [that] the cleaning is, that [with] each light that became extinguished, he removes the wick and all of the oil that was extinguished, cleans [the bowl] and places another wick and other oil in it, but he [only] fixes a light that has not become extinguished; [that] if the middle (eastern) light becomes extinguished, he lights it from fire that is in the outer altar, but the others he lights one from another by pulling the wick and inclining it until it catches on fire, since it is not [fit] the honor of the commandment to light it from another light; and the rest of its details - are [all] elucidated in the eighth chapter of Menachot and in places in Tamid. **This** is the opinion of Rambam, may his memory be blessed, (Mishneh Torah, Laws of Daily Offerings and Additional Offerings 3) - that in this commandment, the arrangement of the lights is the lighting, as we have explained. However, the opinion of other commentators (Rashi on Exodus 30:7) is that the arranging is the removal of the ashes, the cleaning, and the fixing of the wicks; and that it is a commandment in of itself (besides the lighting). And so does it appear in the chapter [entitled] Hatekhelet in Tractate Menachot 49b-50a (see Mishneh Torah, Laws of Daily Offerings and Additional Offerings 3). **And** [it] is practiced at the time of the Temple by priests. And a priest that transgresses it and does not arrange the candles, as is commanded, violates a positive commandment.

מצוה צט

מצות לבישת בגדי כהנים - שנצטוו הכהנים ללבוש בגדים מיחדים לגדלה וכבוד ואז יעבדו במקדש, שנאמר)שמות כח ד(ועשו בגדי קדש לאהרן אחיך ולבניו. **משרשי** המצוה. היסוד הקבוע לנו כי האדם נפעל לפי פעלותיו ואחרי מחשבותיו וכונותיו, והשליח המכפר צריך להתפיס כל מחשבותיו וכונתו אל העבודה, על כן ראוי ללבוש בגדים מיחדים אליה. שכשיסתכל בכל מקום שבגופו מיד יהיה נזכר ומתעורר בלבו לפני מי הוא עובד. וזה כעין תפילין שנצטוו הכל להניח בקצת הגוף שיהיה לזכרון מחשבת הכשר. ואף על פי שגם הכהן היה מניח תפילין, לגדל ענינו היה צריך גם זה. **ומן** הטעם הזה נאמר)פסחים סה ב(שנתחיבו להיות ארך הכתנת על כל גופו עד למעלה מן העקב מעט, וארך)יומא עב ב(בית יד שלה עד פס ידו, והמצנפת)רמב"ם מהל' כלי המקדש פ"ח הי"ט(ארכה שש עשרה אמה ומקיפה בראשו כדי שיראה אותה בכל עת שישא עיניו, והאבנט שחוגר במתניו ארכו שלשים ושתים אמה ומקיפו ומחזירו על גופו כרך על כרך ונמצא שמרגיש בו בכל עת בזרועותיו שמתוך גבהו ברב ההקפים,

הזרועות נוגעות בו על כל פנים. וכל זה ראיה למה שאמרתי למודה על האמת, מלבד שיש בענין כבוד לבית ולעבודה בהיות העובד מלבש בלבוש מיחד לעבודה. וכבר כתבנו)במצוה צה(כי בהגדלת הבית ובמוראו יתרככו שם לבות החוטאים וישובו אל יי'. **דיני** המצוה. כגון באור המלבושים שהם שלשת מינין בגדי כהן הדיוט מין אחד, ובגדי כהן גדול שני מינין, בגדי זהב ובגדי לבן. ושל כהן הדיוט הם ארבעה כלים, ושמם כן, כתנת מכנסים ומגבעת ואבנט. הכתנת היא כעין חלוק רחב של ישמעאלים, והמכנסים צורתן ידועה בכל מקום, והיו שלהם גדולים ממתנים ועד ירכים, כלומר, עד הירכים שהוא הנקרא גינוי. אמנם המגבעת הוא כלי שמניחין על הראש עשוי ככובע. האבנט הוא כמין אזור שחוגרין בו אלא שהם היו מקיפין בו הרבה הקפין מה שאין אנו עושין כן באזור. וארבעת כלים אלה של פשתן היו לבנים וחוטן)יומא עא ב(כפול ששה, והאבנט)שם יב ב(לבדו רקום בצמר, ובאלו היה עובד לעולם כהן הדיוט, ומתר)שם סט א(ללבשן ביום בין בשעת עבודה בין שלא בשעת עבודה, דמתר להנות בהן, חוץ מן האבנט לפי שהוא שעטנז ולפיכך אסור שלא בשעת עבודה. **ושל** כהן גדול הם שמונה ושמם כן, כתנת ומכנסים ואבנט כשם השלשה של כהן הדיוט, ומצנפת לכהן גדול במקום מגבעת לכהן הדיוט, שזה וזה על הראש נתון, אלא שהמצנפת הוא עשוי כמין בגד ארוך שצונפין בו הנשים ראשן, וכהן גדול צונף בה, והמגבעת עשויה כמין כובע, הרי ארבעה של כהן גדול שהיו ארבעתן של פשתן לבדו לבנים וחוטן כפול ששה, ומעשה רוקם היו עשויין, אבל לא היה דומה רקימתן לרקימת האבנט של כהן הדיוט. ועוד היו לו ארבעה אחרים של זהב ושמן, חשן, אפוד, מעיל, ציץ. ובכל השמנה היה עובד עבודת חוץ, אבל בפנים שהוא לפנים מן הפרכת לא היה עובד לעולם כי אם בבגדי הבד. ואחר שעבד בהן ביום הכפורים אחד, אינו חוזר)יומא כד א(ועובד בהן לעולם, שנאמר)ויקרא טז ג(והניחם שם. וכל זמן שיעבד הכהן, בין הדיוט בין גדול, בפחות מבגדיו המיחדין לעבודה ההיא או ביותר מהן עבודתו פסולה, וגם יתחיב מיתה בידי שמים, כמו שלמדו הדבר רבותינו זכרונם לברכה)סנהדרין פג ב, זבחים יז ב, יח א(מוחגרת להם אבנט והיתה להם כהנה)שמות כט ט(. בזמן שבגדיהם עליהם, כהנתם עליהם. אין בגדיהם עליהם, אין כהנתם עליהם, ויחשבו כזר העובד שהוא במיתה. ויתר פרטיה, מבארים בפרק שני מזבחים ובמקומות מיומא)עא ב(וסכה)ה א( ]פ"י מה' כלי המקדש[**ונוהגת** מצוה זו בזמן הבית בזכרי כהנה. ועובר עליה ועבד מחסר בגדים או יותר חיב מיתה בידי שמים כמו שכתבנו.

Mitzvah 99

The commandment of wearing the priestly clothes: That the priests were commanded to wear special clothes for aggrandizement and glory - and then they may serve in the Temple - as it is stated (Exodus 28:4), "and they shall make priestly clothes

ספר החינוך Sefer HaChinukh

for Aharon your brother and his sons." **From** the roots of the commandment is the principle established for us, that a person is impacted according to his actions and pursuant to his thoughts and intentions. And the agent that atones must attach all of his thoughts and intentions to the [Divine] service. Therefore, it is fit that he wears special clothes for it; as when he stares at any place of his body, he will immediately remember and be aroused in his heart as to in front of Whom he is serving. And this is like the tefillin that all have been commanded to place on a part of the body, that it be to remember proper thought. And even though the priest also wears tefillin, due to the greatness of his matter, he needs this too. **And** from this reason we can [explain that] which is said (Pesachim 65b) that the length of the robe is obligated to be upon all of his body, from above to the heel below; the length of its sleeve be to the palm of his hand (Yoma 72b); the length of the turban be sixteen ells (Mishneh Torah, Laws of Vessels of the Sanctuary and Those who Serve Therein 9:19) and wrap the whole head, so that he see it any time he raises his eyes; and the length of the sash that he wraps on his loins be thirty-two ells and he wraps and rewraps it on his body, one layer over another, and it comes out that he feels it with his forearms all the time, as due to its thickness from all the wrappings, his forearms touch it regardless. And all of this is a proof to that which we have said, for the one who concedes the truth. Besides [this reason], there is glory to the Temple and to the [Divine] service in the matter that the servant wears special clothes for the service. And we have already written (Sefer HaChinukh 95) that with the aggrandizement of the Temple and its fear, the hearts of sinners will be softened and they will repent to God. **And** the laws of the commandment are, for example, the elucidation of the clothes, which are three types, one type of regular priestly clothes and two types of high priestly clothes - the gold clothes and the white clothes. And [the garments] of a regular priest are four, and their names are like this: robe (ketonet), trousers (mikhnasayim), turban (migbaat) and sash (avnet . The robe is like a wide Yishmaelite cloak. And the form of the trousers is well-known in every place, but theirs were big, from the loins to the thighs - meaning to say until the [part of the] thighs which [in the vernacular] is called the genoi (knee). However, the turban is a garment that is placed upon the head, made like a hat. The sash is a type of belt with which he girds himself, except that they wrap it around themselves many [times], which we do not do with a belt. And these four linen garments

ספר החינוך Sefer HaChinukh

were white and their string was six-stranded (Yoma 71b). And only the sash was embroidered with wool (Yoma 12b). And the regular priest would always serve in them, and it is permissible for him to wear them during the day, whether during the time of the service or not during the time of the service - as it is permitted to derive benefit from them. [This is] except for the sash, since it is shatnez (an otherwise forbidden mixture of fibers). And therefore, it is forbidden not during the time of the service. **And** [the garments] of the high priest are eight, and their names are like this: robe (ketonet), trousers (mikhnasayim) and sash (avnet) - like the names of the three of the regular priest - and mitsnefet (miter) was for the high priest instead of the turban of the regular priest. As this and that were [both] placed on the head, except that the the miter is made like a long type of cloth that women coil around their heads - and the high priest would coil himself with it - but the turban is made like a type of hat (that does not require coiling). Behold, [these] four of the high priest, which were only of linen, were white, six-stranded and embroidered, but their embroidery was not similar to the embroidery of the regular priest's sash. And he also had four others of gold and their names were breastplate (choshen), apron (ephod), coat (me'il) [and] headband (tsits). And he would do the external service with all of the eight, but inside - which is past the partition - he would never serve with anything but the [linen] clothes. And after he served with them for one Yom Kippur, he does not repeat to ever serve with them (Yoma 24a), as it is stated (Leviticus 16:3), "and he leaves them there." And anytime a priest - whether a regular or a high [priest] - serves with less than the clothes that are designated for that service, or more than them, his service is disqualified. And he is also liable for the death penalty by the hand of the Heavens, as our rabbis, may their memory be blessed, learned (Sanhedrin 83b, Zevachim 17b-18a) from "And you shall gird them with a sash [...] and they would have priesthood" (Exodus 29:9) - at the time when their clothes are upon them, their priesthood is upon them; when their clothes are not upon them, their priesthood is not upon them. And they are [hence] considered like a stranger (a non-priest) who transgresses, which is [punishable] by death. [These] and the rest of its details are elucidated in the second chapter of Zevachim and in places in Yoma and Sukkah (see Mishneh Torah, Laws of Vessels of the Sanctuary and Those who Serve Therein 10). **And** this commandment is practiced at the time of the Temple by males of the priesthood. And one who transgresses it and served lacking [priestly] clothes or [with too many] is liable for the death penalty by the hand of the Heavens, as we have written.

מצוה ק

שלא יזח החשן מעל האפוד - שלא נסיר החשן מעל האפוד. וענין חשן ואפוד כבר זכרנום למעלה, שהם שנים משמונה בגדי כהן גדול, והחשן היה נתון כנגד לבו של כהן לפניו, והאפוד מאחריו מכון כנגד החשן שלפניו והיה באפוד ממעשה האפוד בעצמו כמין שתי ידות יוצאות ממנו שחוגר עצמו הכהן בהן והוא נקרא חשב האפוד. ואותו חשב האפוד אחר שחגר עצמו בו ונתן החשן על לבו, היה עומד תחת החשן. וצוה הכתוב לקשר טבעות שהיו קבועות בחשן עם טבעות שהיו קבועות באפוד בפתיל תכלת כדי שיהיה נתון החשן על החשב דרך קביעות והדר, שאם לא יקשר אותם באותן טבעות, יהיה החשן נד ונבדל מחשב האפוד ונוקש על לוח לבו של כהן, ועל זה נאמר)שמות כח כח(ולא יזח החשן מעל האפוד. כלומר, מעל חשב האפוד, ותרגומו לא יתפרק. והמפרק חבורו בשעת עבודה לוקה מלאו זה. **משרשי** המצוה. שרצה השם יתברך לטובתנו לזכותנו בהגדלת אותו הבית הקדוש ולהיות כל אשר בו מכון וקבוע על מכונו, בין ענין כליו שיהיו בתכלית השלמות בין ענין כלי המשרתים, כגון מלבושים אלה שהן מלבשים בהן בשעת העבודה, שהכל יהיה נכון ושלם בתכלית השלמות לא יחסר שום נוי בכל הדברים, ובאמת כי מנוי הענין הוא, שלא יהיה החשן נע ונד על לוח לבו אלא יעמד שם קבוע כמין חמר. ועד ששמענו טוב מזה נחזיק בזה. **דיני** המצוה. כגון מעשה החשן והאפוד וסדר לבישתן ויתר פרטיה מבארים במדות)צ"ל מכות כב א(. **ונוהגת** מצוה זו שלא נסיר החשן מעל האפוד, בזמן הבית בזכרים ונקבות, כלומר, שאחד איש או אשה שפרק חבורם לוקה.

Mitzvah 100

That the breastplate not move from on top of the apron: That we not move the breastplate from on top of the apron. And above we have already mentioned the matter of the breastplate and the apron, which are two of the eight clothes of the high priest. And the breastplate was set in line [and] in front of the heart of the priest. And the apron is behind him across from the breastplate that is in front of him. And there was within the apron, from the cloth of the apron itself, like a type of two handles that come out from it, that the priest girds himself with; and it is called the band (cheshev) of the apron. And after he girds himself with the band of the apron, and placed the breastplate on his heart, it would sit under the breastplate. And Scripture commanded to tie rings that were

Sefer HaChinukh ספר החינוך

fixed onto the breastplate and rings that were fixed onto the apron with a string of blue (tekhelet), so that the breastplate would be set upon the band in a fixed and dignified way. As if he did not tie them with those rings, the breastplate would wander and be separated from the band of the apron and bang upon the chamber of the priest's heart. And about this is it stated (Exodus 28:28), "and the breastplate shall not budge from the apron" - meaning to say from upon the band of the apron. And its [official Aramaic] translation (Onkelos) is to break apart (yitparak). And one who severs its connection at the time of the service is lashed for this negative commandment. **It** is from the roots of the commandment that God, may He be blessed, wanted for our good to bring us merit by the aggrandizement of that holy house, [such that] everything in it be proper and set in its place. Whether in the matter of its vessels, that they should be completely perfect, or whether in the matter of the vessels of its servants - such as these clothes that they wear at the time of the service - everything should be proper and completely perfect. No beauty should be lacking from any of [these] things. And in truth, it is from the beauty of the matter that the breastplate should not be loose and wandering upon the chamber of his heart, but it should rather sit fixed like a type of [thing set in] plaster. And we will hold to this [explanation], until we hear better than it. **The** laws of the commandment - for example, the design of the breastplate and the apron; the order of their being adorned; and the rest of its details - are elucidated in Middot. **And** this commandment that we not remove the breastplate from the apron is practiced at the time of the [Temple] by males and females. [This] means to say that it is the same; [both] a man or a woman that severs their connection is lashed.

מצוה קא

שלא לקרע המעיל של כהנים - שלא להכרית פי המעיל של כהן גדול, שנאמר (שמות כח לב) לא יקרע. **משרשי** המצוה. לפי שהקריעה דבר של גנאי אצלנו וענין השחתה, ואף כי בפי הבגד, נתרחקנו מן הדבר והזהרנו עליו בלאו כדי שילבשהו הלובשו באימה וביראה ובנחת ודרך כבוד שיירא מלקרעו ומלהשחית בו דבר. **ונוהגת** בזמן הבית בזכרים ונקבות, כלומר שכל מי שקרעו, בין איש בין אשה, או אפילו הכריתו במספרים במזיד לוקה.

Mitzvah 101

To not tear the coat of the priests: To not tear the opening of the coat of the high priest, as it is stated (Exodus 28:32), "it shall not be torn." **It** is from the roots of the commandment [that] because tearing is a thing of disgrace for us and a matter of destruction, we have been distanced from the thing and warned about it with a negative commandment. [This is] so that its wearer will put it on with trepidation, fear and care. And it is the way of honor that he should fear from tearing it and from destroying anything in it. **And** [it] is practiced at the time of the [Temple] by males and females. [This is] meaning to say whoever volitionally tears it -whether a man or a woman - or even cuts it with scissors is lashed.

<u>מצוה קב</u>

מצות אכילת בשר חטאת ואשם - שנצטוו הכהנים לאכל בשר קצת מן הקרבנות, כגון החטאת והאשם, שנאמר עליהם)שמות כט לג(ואכלו אתם אשר כפר בהם, ואמרו זכרונם לברכה)פסחים נט ב(כהנים אוכלים ובעלים מתכפרים. וענין מעשה החטאת והאשם איך היו עושין אותן ומקום וזמן אכילתן כסדר שלהם, נכתבנו בעזרת השם, וכלל הדבר, שכל בשר קרבן החטאת והאשם היה נאכל לזכרי כהנה בעזרה חוץ מן האמורין שבהן, ואין לבעלים בהם כלום, ושם יתפרש גם כן מה הן האמורין ובכלל מצות עשה זה גם כן שיאכלו חלקם המגיע אליהם מכלל הקרבנות שנקראין קדשים קלים, וכן אכילת התרומה בכלל המצוה. ואולם אין אכילת קדשים קלים ותרומה כמו אכילת בשר חטאת ואשם, שבאכילת חטאת ואשם, תשלם כפרת המתכפר, כמו שאמרו זכרונם לברכה)פסחים שם(כהנים אוכלים ובעלים מתכפרים, ואכילת קדשים קלים ותרומה, לא יוסיף ולא יגרע במצות המקריב והנותן. **משרשי** המצוה. היסוד הקבוע אצלנו כי כל פעלות הקרבנות להכשיר מחשבתינו וכונתינו לטוב, ולהשפיל הנפש המתאוה אשר בנו ולהגדיל ולחזק נפש השכל אל המצות. ועל כן נצטוינו להתנהג בכל עניני הבית והקרבנות דרך מעלה וגדלה וכבוד למען תנוח בלבבנו יראה וענוה ושפלות הרוח בהיותנו שם, גם בזכרנו אותו ממקומנו. ובאמת כי מן הנהגת הכבוד אל הקרבן שהכפרה תלויה בו, להיותו נאכל אל המשרתים בעצמם ולא שיתנוהו לעבדיהם ולכלבם או ימכרוהו לכל קונה, וכן מן הכבוד הוא שיאכל במקום קדוש. וכן שלא ישהו אכילתו הרבה כדי שלא יסריח ותהיה הנפש קצה בו, הלא כל זה מראה בענין גדלה וחשיבות. **דיני** המצוה. במקומן נאריך בהן קצת כמנהגנו. **ונוהגת** מצוה זו בזמן הבית בזכרי כהנה. והעובר עליה ולא אכל חלקו המגיע מהן בזמן המגבל לו, בטל עשה ונענש עוד מצד כפרת הבעלים שתלויה בו, כמו שאמרנו. והרמב"ן זכרונו לברכה)בספר המצות שרש יב(לא ימנה מצוה זו, כי אמר שזה חלק מחלקי מצות הקרבנות הוא שצוה השם יתברך בהם מי יאכלם ולמי יהיו, והאמת שהכפרה תלויה בזה.

ספר החינוך Sefer HaChinukh

Mitzvah 102

The commandment of eating the meat of sin-offerings and guilt-offerings: That the priests were commanded to eat the meat of some of the sacrifices - such as the guilt offering and the sin offering, as it is stated about them (Exodus 29:33), "They shall eat that with which atonement was done." And they, may their memory be blessed, said (Pesachim 59b), "The priests eat, and the owners are atoned." And with God's help, we will write about the matter of the procedure of the sin-offering and the guilt-offering, how they would do it, and the time of its eating in their Order (Sefer HaChinukh 138, 140). And the principle of the matter is that all the meat of the sacrifices of the sin-offering and the guilt-offering was eaten by the males of the priesthood in the [Temple] yard, except for their entrails; and the owners do not have any [part] in it. And there it will also be explained what are the parts that are to be burned. And also included in this positive commandment is that they eat the portion that is coming to them from the group of sacrifices called lightly consecrated. And the eating of the priestly tithe is also included in the commandment. However, the eating of the lightly consecrated, and so [too,] the priestly tithe, is not like the eating of the meat of a sin-offering and a guilt offering. As with the eating of a sin-offering and a guilt-offering, the atonement of the penitent is accomplished - as they, may their memory be blessed, said, "The priests eat, and the owners are atoned." But the eating of the lightly consecrated and the priestly tithe does not add or subtract from the commandment of the one who brings [the sacrifice] or gives the [tithe]. **It** is from the roots of the commandment [that] the fundamental principle for us is that all of the acts of the sacrifices are to prepare our thoughts and our intentions for the good, to submerge the spirit of desire within us and to enlarge and strengthen the intellectual spirit towards the commandments. And hence we were commanded to behave in all matters of the [Temple] and the sacrifices in the manner of loftiness and greatness and honor, so that awe and humility and lowliness of spirit descend upon our hearts when we are there, and also when we remember it in our places. And in truth it is from acting with honor towards the sacrifice upon which atonement is dependent that it be eaten by the servants, themselves, and that they not give it to their slaves and dogs or sell it to all buyers. And so [too,] it is from [its] honor that he eats [it] in a holy place; and also, that he not leave its eating [for a long time] so that it not smell bad and the soul [then] be disgusted by it. Does all of this not show the matter of greatness and importance? **The** laws of the commandment: We will write at a bit of length about them in their place, as is our custom. **And** this commandment is practiced at the time of the [Temple] by the males of the priesthood. And one who transgresses it and does not eat his portion that is coming to him from them in the limited time for it, has violated a positive commandment. And he is also punished from the side of the atonement of the owners that is dependent upon it, as we have said. And Ramban (on Sefer HaMitzvot LaRambam, Shoresh 12), may his memory be blessed, does not count this commandment [separately]. As he said that who eats them and for whom they should be is a part of the [various] parts of the commandment of sacrifices, that God, may He be blessed, commanded about them; and the truth is that atonement is dependent upon this.

מצוה קג

מצות הקטרת קטרת - שנצטוו הכהנים להקטיר קטרת סמים פעמים בכל יום על מזבח הזהב, שנאמר)שמות ל ז(והקטיר עליו אהרן קטרת סמים בבקר בבקר בהיטיבו וכו'. ובכל שנה ושנה מצוה עליהם לעשות ממנה כדי להקטיר בה כמו שאמרנו. ועשיתה והמצוה שנעשית בה בכל יום נחשב למצוה אחת, לפי שסוף מצות עשיתה אינה אלא להקטיד בה, ואף על פי ששני כתובים של מצוה מצאנו בין העשיה וההקטרה שנאמר בסדר כי תשא)שמות ל לד(קח לך סמים וגו' על עשיתה, וכאן כתוב והקטיר עליו אהרן וגו', אף על פי כן ראיתי למחשבי המצות שחושבין הכל מצוה אחת, ואין בזה מחלקת ביניהם כלל. אבל יחלקו בה בענין אחר, כי הרמב"ם זכרונו לברכה ימנה קטרת של שחרית ושל ערבית מצוה אחת, והרמב"ן זכרונו לברכה כתב)בסוף ספר המצוות(שהן נמנות שתים, וראיותיו בספרו. **משרשי** מצוה זו. גם כן להגדיל כבוד הבית ולהיות מעלתו ומוראו על פני כל אדם. ואי אפשר להגדיל דבר בלב בני אדם ומחשבתו, רק בדברים שהוא חושב אותם לגדלה וימצא בהם תענוג ושמחה. וידוע כי ענין הריח הטוב הוא דבר שנפש אדם נהנית בו ומתאוה אליו ומושך הלב הרבה. וריח הקטרת היה הטוב שאפשר לעשות על ידי אדם, עד שאמרו זכרונם לברכה בפרק אמר להם הממנה)תמיד פ"ג מ"ח(כי מריחו היו מריחין בו בשעת הקטרה מיריחו עד ירושלים. **מדיני** המצוה. מה שאמרו בבריתא בכריתות)ו א(שפטום הקטרת היתה אחד עשר סממנין, ארבעה מהן מפרשין בתורה, והשבעה קבלה, ומה שאמרו)יומא כו א, תמיד פ"ז מ"ג(שהקטרת נעשית בין על ידי כהן גדול או הדיוט. ואמרו)מנחות מט א(שאם לא הקטיר בבקר מקטיר בין הערבים כל השעור של יום אחד שהוא משקל)כריתות שם(

מאה דינרין, ומשקל הדינר ידוע. ובכל יום היה מקטיר חצין בבקר וחצין בערב אחר תמיד של בין הערבים קדם הטבת הנרות כלן, אחר הטבת חמש פתילות מהן, (יומא יד ב) כי לא היה מדליקן רצופין. וכך היו עושין ענין זה, (תמיד שם) כהן שזכה להקטיר הקטרת נוטל כלי מלא קטרת גדוש וטני שמו, ופורשין כל העם (כלים פ"א מ"ט) מן ההיכל ומבין האולם ולמזבח שנאמר (ויקרא טז יז) וכל אדם לא יהיה באהל מועד וגו', ומקטיר כדרך שמפרש שם בגמרא (תמיד פ"ו מ"ג) שמשליך הקטרת בנחת על הגחלים אשר במחתת הזהב ומשתחוה ויוצא. ויתר פרטיה וכיצד היא נעשית, ומה שהיו אומרים בשחיקת הסממנים היטב הדק היטב, לפי שאמרו רבותינו זכרונם לברכה (כויתות שם) כי הקול יפה לסממנין בעוד ששוחקין אותם, הכל בכריתות ובתמיד [פרק ג מהלכות תמידין ומוספין] ונוהגת בזמן הבית בזכרי כהנה, והמקטיר כדינו קים עשה זה.

Mitzvah 103

The commandment of burning the incense: That the priests were commanded to burn the incense of spices twice every day upon the golden altar, as it is stated (Exodus 30:7), "And Aharon will burn incense of spices each morning in his arranging, etc." And in each and every year, it is a commandment upon them to make some of it so as to burn it, as we have said. And its making and the commandment [of burning] that is done with it every day is considered one commandment, since the end of the commandment of making it is only to burn it. And even though we find two passages of commandment between the making and the burning - as it is stated about its making in Parshat Ki Tissa (Exodus 30:34), "Take for yourself spices, etc." and here it is written, "And Aharon will burn incense, etc." - nonetheless, I have seen that the enumerators of the commandments count it all as one commandment, and there is no disagreement about this among them at all. But they do disagree about another matter in it - as Rambam, may his memory be blessed, counts the burning in the morning and in the evening as one commandment, but Ramban (at the end of Sefer HaMitzvot LaRambam), may his memory be blessed, counts them as two. And his proofs are in his book. **And** it is also from the roots of this commandment to aggrandize the glory of the [Temple] and to have its loftiness and awe upon the face of every person. And it is only possible to aggrandize something in the heart of people and their thoughts with things that one [associates with] greatness, and in which he will find delight and joy. And it is known that a good smell is a thing that the spirit of a person enjoys and desires and [that] it draws the heart much. And the smell of the incense was the best that can possibly be made by a man - to the point that they, may their memory be blessed, said in the chapter [entitled] Amar Lahem HaMemuneh (Mishnah Tamid 3:8) that they would smell its smell at the time of its burning from Jericho to Jerusalem. **From** the laws of the commandment is that which they said in a bereita in Keritot 6a that the composition of the incense was eleven spices, four of which are explicit in the Torah and seven of which are a tradition. And that which they said (Yoma 26a; Mishnah Tamid 7:3) that the incense is made either by the high priest or by a regular priest. And [that] which they said (Menachot 49a) that if he did not burn it in the morning, he burns the whole amount of the day - which is the weight of a hundred dinar - in the afternoon. And the weight of a dinar is well known. And [that] every day he would burn half of it in the morning and half of it in the evening, after the afternoon sacrifice before the arrangement of all of the lights, after the [lighting] of five of their wicks - as they were not lit consecutively (Yoma 14b). And [that] they would do this matter [as follows], the priest that merited to burn the incense takes a vessel - the name of which is a teni - heaped full of incense (Mishnah Tamid 6:3), and all of the people leave from between the sanctuary and between the chamber and the altar, as it states (Leviticus 16:17), "And no man will be in the tent of meeting, etc." And he [then] burns [it] in the way that is explained there in the Gemara (Mishnah Tamid 6:3) - that he gently throws the incense upon the coals in the gold pan, and he bows down and exits. And the rest of its details, how it is done, and that which they said during the grinding of the spices, "Crush well, well" - because our Rabbis, may their memory be blessed, said (Keritot 6a) that the voice is good for spices while they grind them - is all in Keritot and in Tamid (see Mishneh Torah, Laws of Daily Offerings and Additional Offerings 3). **And** [it] is practiced at the time of the [Temple] by the males of the priesthood. And one who burns [it] according to its law, has fulfilled this positive commandment.

מצוה קד

שלא להקטיר ולהקריב על מזבח הזהב - שלא להקריב במזבח הזהב שבהיכל כי אם קטרת שבכל יום, זולתי הזאת הדמים מיום הכפורים ליום הכפורים, שנאמר (שמות ל ט) לא תעלו עליו קטרת זרה ועולה ומנחה ונסך לא תסכו עליו. **כבר** כתבנו למעלה תשובה לשואל על צד הפשט על ענין

מצות בנין בית הקדוש לאל ברוך הוא, וענין היות שם כלים יקרים לעבודה ושלחן ומנורה. ואחרי זאת אין ליגע מחשבתנו במה שאינו צריך ולחפש טעם למה יצוה האל לבל נקטיר במזבח הזהב קטרת זרה, שאם כן יחיבנו לחפש למה צוה אותנו להיות נרות המנורה שבעה ולא שמונה. ואל הפרטים אין חקר לנו ולא תשיג בהן המחשבה לעולם. ואם תלחצני להשיב בפרטים על כל פנים, אומר על צד הפשט, אם לא שהקבלה תכריח לפי דברי רבותינו זכרונם לברכה הקדושים המקבלים שלא יהיה בפרטים טעם אחר, אלא נאמר שאחר שנתחיבנו לבנות בית ולעשות כלים נצטוינו בהם על צד אחד מן הצדדין, ובא בהן אחד מן החשבונות שאי אפשר למעשה בלתי אחד מהן. ואולם אחר שנצטוינו בהן באה הצואה עליהן לעשות במצוה דרך קבע לעולם, ולא נוסיף ולא נגרע כי התוספת והגרוע במכון בשלימות קלקול, וכל מצותיו ברוך הוא שלמות ותמימות. ואולם שמעתי כי יש למקבלים בכל אחד מן הפרטים טעמים נפלאים וסודות עמוקים. **ונוהגת** מצוה זו שלא להקריב במזבח הזהב כי אם קטרת, בזמן הבית בכהנים. והעובר על זה והקריב או זרק בו כי אם דבר הראוי להקריב בו כמו שאמרנו, חיב מלקות.

Mitzvah 104

To not burn incense and not to bring sacrifices upon the gold altar: To not bring sacrifices upon the gold altar in the chamber except for the daily incense, besides the sprinkling of bloods from [one] Yom Kippur to [another] Yom Kippur, as it is stated (Exodus 30:9), "You shall not offer foreign incense on it, or a burnt offering or a meal offering; nor shall you pour a libation on it." **We** have already written an answer above (Sefer HaChinukh 95) to the one that asks according to the simple [level] about the matter of the building of the Temple for God, blessed be He, and the matter of there being precious vessels there for His service and a table and a menorah. And after this, we should not tire our thoughts about that which is not necessary and to search for a reason why God commanded that we not burn a foreign incense on the gold altar. As, if so, we would be obligated to search why He commanded us that the lights of the menorah be seven and not eight. And there is no [possibility of] analysis about the details for us, and [our] thinking will never grasp it. And if you pressure me to answer about the details nonetheless, I will say according to the simple [level] - unless the mystical tradition (kabbalah) shows that according to the words of our holy rabbis, the kabbalists, may their memory be blessed, there be in the details another reason - that since we have been obligated to build a [Temple] and to make vessels, we were commanded about them as one of several possibilities; and one of the calculations came to us, as it is impossible to act without one of them. However, once we have been commanded about one of them, the commandment came about them to do the commandment in [this] fixed way forever, and not to add and to subtract - as addition or reduction in that which is perfectly set is corruption. And all of God's commandments are perfection and purity. However, I have heard that the mystics have amazing reasons and deep secrets for each one of the details. **And** this commandment to only bring incense on the gold altar is practiced at the time of the [Temple] by priests. And one who transgresses it and sacrifices or sprinkles upon it anything not fit to bring upon it, as we have said, is liable for lashes.

מצוה קה

מצות נתינת מחצית השקל בשנה - שיתן כל אחד מישראל מבן עשרים שנה ומעלה בין עני בין עשיר מחצית השקל. שהוא משקל עשרה גרה כסף בכל שנה ליד הכהנים, שנאמר)שמות ל, יג(זה יתנו כל העובר על הפקדים. והיו מניחין הכל בלשכה אחת שבמקדש, ומשם היו מוציאין)שקלים פ"ד(לקנות תמידין ומוספין וכל קרבן הקרב על הצבור ונסכיהם, והמלח שמולחין בו את הקרבנות, ועצי המערכה, ולחם הפנים ושכר העושה לחם הפנים, והעמר ושתי הלחם, ופרה אדמה, ושעיר המשתלח, ולשון של זהורית. **משרשי** המצוה. שרצה הקדוש ברוך הוא לטובת כל ישראל ולזכותם שתהיה יד כלם שוה בדבר הקרבנות הקרבים לפניו כל השנה בהתמדה ובענינים אלו הנזכרים, ושיהיו הכל, אחד עני ואחד עשיר, שוים במצוה אחת לפניו להעלות זכרון כלם על ידי המצוה שהם כלולים בה יחד לטובה לפניו. ועלית הזכרון הכל נאמר מצד המקבל על הדרך שכתבנו למעלה)מצוה צז(. **מדיני** המצוה. כגון מה שאמרו זכרונם לברכה)שקלים פ"א מ"א(שבאחד באדר משמיעין על השקלים, ושאפילו דל שבדלים חיב בו, ואם אין לו שואל מאחרים או מוכר כסותו שעליו ונותנו, שנאמר)שמות ל טו(והדל לא ימעיט, ואינו נותן בפעמים הרבה אלא הכל בפעם אחת, והוא משקל שמנים גרעיני שעורה, שהשקל השלם היה בימי משה משקל מאה וששים שעורה, והכל חיבין לתנם,)שקלים שם(כהנים לוים וישראלים, גרים ועבדים משחררין אבל לא נשים ועבדים וקטנים, ואם נתנו מקבלים מהן, אבל לא מן הגוים, חלק ונחלה לא יהיה להם בתוכנו. ועוד אמרו זכרונם לברכה)שקלים פ"א מ"ו(שכל מי שאינו נותן חצי שקל ממש שהיה מטבע באותו זמן, ונותן בעבורו כסף במשקלו או פרוטות שמוסיף על משקל שקלו זה מעט, ואותו המעט נקרא קלבון)מטבע קטן(. ואותו המעט הוא שכר השלחני שמשתכר כשהוא מחליף חצי שקל שהיה קבוע בשביל פרוטות.

ולפיכך שנים שהביאו שקל שלם בין שניהם חיבין בקלבון, שאלו רצו להחליפו צריכים היו לתת הקלבון לשלחני, וכמו כן יתנוהו לגזבר, לפי שבחצי שקל חיבם הכתוב, ולכן חיבים בו או בערכו בכוון. וכן מה שאמרו זכרונם לברכה)שקלים פ"ב מ"א(במי שאבד שקלו בדרך מה דינו, ויתר רבי פרטיה, מבאדים במסכתא הבנויה על זה והיא מסכת שקלים]פ"א מה' שקלים[. **ונוהגת** בזמן הבית שחיבים לתת אותה כל ישראל, בין העומדין בארץ או חוצה לארץ. ושלא בזמן הבית, אין חיב בה אדם ואפילו העומדים בארץ. והעובר עליה ולא נתנו בטל עשה, וענשו גדול מאד, שפרש עצמו מן הצבור ואינו בכלל כפרתן. ועכשו בעונותינו, שאין לנו מקדש ולא שקלים, נהגו כל ישראל)מגילה כט א(לזכר הדבר לקרות בבית הכנסת בכל שנה ושנה פרשה זו של כי תשא עד ולקחת את כסף הכפרים בשבת שהוא לפני ראש חדש אדר לעולם.

Mitzvah 105

The commandment of the giving of the half shekel during the year: That each one of Israel from twenty years and up - whether poor or rich - give the half shekel, which is the weight of ten gerah of silver, each year to the hand of the priests, as it is stated (Exodus 30:13), "This is what everyone who passes the count shall give." And they would place all of it in a compartment in the Temple. And from there they would take them out (Mishnah Shekalim 4) to buy daily offerings, additional offerings and any sacrifice brought for the community and their libations, the salt with which they would salt the sacrifices, the wood for the arrangement, the bread of display and the wage of the one making the bread of display, the omer, the two-breads, the red heifer, the goat sent away and the golden strip [it would carry]. **It** is from the roots of the commandment that the Holy One, blessed be He, wanted for the good of all of Israel and for their merit, that the hand of all be equal in the matter of the sacrifices that are brought in front of Him regularly the whole year, and in these matters that were mentioned. [It is] also that all be equal - both poor and rich - in one commandment in front of Him, to bring up their thought for the good in front of Him, through the commandment that they are all included in. And raising up the thought is all said from the side of the receiver (people), as we have written above (Sefer HaChinukh 97). **From** the laws of the commandment is for example, that which they, may their memory be blessed, said (Mishnah Shekalim 1:1) that on the 1st of Adar, we announce about the shekel-coins; that even the poorest of the poor is liable for it, and if he does not have it, he borrows from others or sells the cloak that is upon him and gives it, as it is stated (Exodus 30:16), "and the poor may not lessen." And [that] he does not give [it] over several times, but rather all at one time; that its weight is [equal to] eighty grains of barley, as the weight of the whole shekel that was in the days of Moshe was one hundred and sixty barley [grains]. And that all are obligated to give it, priests, Levites, Israelites, converts and freed slaves; but not women, slaves and minors. But if they give it, we accept [it] from them, but not from gentiles - they do not have a share and inheritance among us. And [that] they, may their memory be blessed, also said (Mishnah Shekalim 1:6) that anyone who does not give an exact half-shekel which was a coin at that time; but gives silver of its weight for it or [its equivalent] in small bronze coins (perutot) [instead], must add a little to the weight of his shekel - and that little was called a kalbon (small coin). And that this little is the wage of the moneychanger who gets his wage for changing the perutot into the half shekel that was fixed. And therefore, two that brought a whole shekel between the two of them [also] require a kalbon - since if they wanted to exchange it, they would need to give the moneychanger a kalbon. And so too must they give it to the [Temple] treasurer, since Scripture obligated them in a half shekel (and not a whole one) - and so they are obligated about it or its value precisely. And so [too,] that which they, may their memory be blessed, said (Mishnah Shekalim 2:1) is the law about one who loses his shekel on the way. And the rest of its many details are [all] elucidated in the Tractate built upon this, and that is Tractate Shekalim (see Mishneh Torah, Laws of Sheqel Dues 1). **And** [it] is practiced at the time of the [Temple], such that all of Israel is obligated to give it - whether those that are standing in the Land or those outside of the Land. And not during the time of the [Temple], no man is obligated about it - even those standing in the Land. And one who transgresses it and does not give it, has violated a positive commandment and his punishment is very great; as he has separated himself from the community and is not included in their atonement. And now, in our sins, that we do not have a Temple, all of Israel is accustomed to remember the thing by reading this section of Ki Tissa until "And you shall take the money of the atonements" in the synagogue every year, always on the Shabbat that is before Rosh Chodesh (the first day of) Adar (Megillah 29a).

מצוה קו

מצות קדוש ידים ורגלים בשעת עבודה - לרחץ)סהמ"צ להרמב"ם עשה

כד(הידים ורגלים בכל עת הכנס להיכל)עי' תוס' יומא ה ב בד"ה להביא(והבא לעבד עבודה, וזאת היא מצות קדוש ידים ורגלים, שנאמר)שמות ל יט(ורחצו אהרן ובניו ממנו את ידיהם ואת רגליהם בבאם אל אהל מועד וגו' או בגשתם אל המזבח וגו'. **משרשי** המצוה. היסוד הקבוע שאמרנו להגדיל כבוד הבית וכל המלאכות הנעשות שם, על כן ראוי לנקות הידים שהן העושות במלאכה בכל עת יגעו הכהנים בעניני הבית. ומזה השרש אמרו זכרונם לברכה)זבחים יט ב(שאין הכהן צריך לקדש ידיו בין עבודה לעבודה אלא פעם אחת בבקר, ועובד כל היום וכל הלילה, והוא שלא יישן ולא יטיל מים ולא יסיח דעתו. נראה מכל זה שאין הכונה ברחיצה מתחלה אלא להגדלת כבוד הבית שאפילו היה טהור ונקי בתחלת באו שם צריך לרחץ. ומשהתחיל בעבודה, אין צריך עוד לרחיצה בין עבודה לעבודה זולתי ביום הכפורים לרב חמרו של יום, לפי שכל עסק עבודת הבית אנו מחזיקין ורואין בלבנו טהור, נקי וקדוש. **מדיני** המצוה, מה שאמרו זכרונם לברכה)זבחים כ ב(שהיוצא חוץ לחומת העזרה טעון קדוש ידים, ואם קדש ידיו היום צריך לחזר ולקדש למחר, אף על פי שלא ישן כל הלילה, שהידים נפסלות בלינה. ושמצוה לכתחלה לרחץ בשחרית פניו ידיו ורגליו, ושמצוה לקדש במי הכיור)שם כב ב(. ואם קדש מאחד מכלי שרת כשר דיעבד, אבל לא מכלי חול אפילו דיעבד. ושאין מכניסין ידיהן לתוכו אלא שופכין ממנו על ידיהם, וגם זה דרך כבוד, ואין אנו מצריכין כן בענין נטילת ידים בחלין לטל מן הכלי ולא בתוכו, שאף על פי שאנו מצריכין כלי לנטילת חלין, ויסוד הדבר הוא מפני שמצאנו כלי לנטילה בקדש, מכל מקום בקדשה הוא דמעט רחמנא ממנו ולא בתוכו, אבל בחלין אין לנו מעוט. ואף על פי שנטילת החלין משום סרך הקדשים היא, וכמו שאמרו זכרונם לברכה)חולין קו א(משום סרך תרומה, מכל מקום אין לנו להשוותם לגמרי בכל דיניהם, ודי לנו לחיב בנטילה ובכלי בחלין משום סרך זה, ולהניח מעוטו דממנו שנאמר בו במקומו. ואפילו בתרומה עצמה נטילת ידים בה מדרבנן הוא, כי מן התורה לא נמצא טהרה רק בכל הגוף בבת אחת. ומה שאמרו זכרונם לברכה)חולין שם(שהנטילה מדכתיב)ויקרא טו יא(וידיו לא שטף וגו', אסמכתא בעלמא הוא, כן כתוב בספר המצות של הרמב"ן זכרונו לברכה.)עי' ספר המצוות שרש א בד"ה בתשובה השנית(. **וכן** מה שאמרו זכרונם לברכה)זבחים כא ב(כמה מים צריך להיות בכיור אין פחות משעור מים הראויין לנטילת ארבעה אנשים, שנאמר ורחצו אהרן ובניו ממנו את ידיהם ואת רגליהם והיו אהרן אלעזר ואיתמר ופנחס עמהם. וכל מים כשרין לקדוש, בין מי מעין או מי מקוה, ונפסלין בלינה. וכיצד מצות קדוש,)זבחים יט ב(מניח ידו הימנית על רגלו הימנית, וידו השמאלית על רגלו השמאלית, ורוחץ עומד ולא יושב, לפי שמכלל העבודה הוא קדוש ידים ורגלים, וכל עבודות המקדש מעמד הן, שנאמר)דברים יח ה(לעמד לשרת. וכל זה למעלת הבית. ויתר פרטיה, מבארים בפרק שני מזבחים)יט, ב(. **ונוהגת** בזמן הבית בזכרי

כהנה בלבד. והעובר עליה ולא קדש ידיו ורגליו שחרית, או שיצא מן המקדש והסיח דעתו וחזר ועבד בלא קדוש חיב מיתה בידי שמים, ועבודתו פסולה, בין כהן גדול או הדיוט.

Mitzvah 106

The commandment of sanctifying the hands and the feet at the time of the service: To wash (Sefer HaMitzvot LaRambam, Mitzvot Ase 24) the hands and the feet at all times when one enters into the sanctuary and when one comes to do the service (see Tosefot on Yoma 5b, s.v. lehavi) - and that is the commandment of the sanctification of the hands and the feet - as it is stated (Exodus 30:19-20), "And let Aharon and his sons wash their hands and feet [...] When they enter the Tent of Meeting, etc. or when they approach the altar to serve, etc." **From** the roots of the commandment is the fixed foundation that we have said [that it is] to aggrandize the glory of the [Temple] and all of the [activities] that are done there. And therefore, it is fitting to clean the hands, which are the [things] that are involved in the work at all times when the priests are touching the contents of the [Temple]. And from this root, they, may their memory be blessed, said (Zevachim 19b) that the priest does not need to sanctify his hands between one service and [another] service, but rather once during the morning, and he may [then] serve the whole day and the whole night - and that is when he does not sleep and does not urinate and does not remove his mind. It appears from all of this that the intention of the washing at the beginning is only for the aggrandizement of the glory of the [Temple], since even if he was pure and clean from the beginning of his arrival there, he [still] needs to wash. And once he has started the service, he does not need to wash again between one service and [another] service, except for on Yom Kippur, due to the stringency of the day. [This is all] since we hold and see in our hearts all of the business of the service of the [Temple] as pure, clean and holy. **From** the laws of the commandment is that which they, may their memory be blessed, said (Zevachim 20b) that one who goes out of the wall of the yard requires sanctification of the hands. And that if he sanctified his hands today, he needs to go back and sanctify [them] tomorrow - even if he did not sleep the whole night - as the hands are disqualified by [passing the night]. And that the commandment is ideally to wash the face, the hands and the feet in the morning; that it is a commandment to sanctify with the water of the basin

ספר החינוך Sefer HaChinukh

(Zevachim 22b), and that if he sanctified [his hands] from one of the serving vessels, it is fit, ex post facto - but not from a non-sacred vessel, even ex post facto. And that they do not put their hands into [the water], but we pour it over their hands - and this is also the way of honor. But we do not require this regarding the [washing] of the hands for non-sacred foods - to [wash] from a vessel and not into it. As even though we require a vessel for the [washing] for the non-sacred, and the foundation of the matter is because we found [the requirement] for a vessel by [washing] for the sanctified - nonetheless it is with the sanctified that the [Torah] excluded it, but with the non-sacred, there is no exclusion. And even though the [washing] for the non-sacred is by extension of the priestly tithe - and as they, may their memory be blessed, said (Chullin 106a), "By extension of the priestly tithe" - still we do not make them the same in all of their laws. And [so] it is enough for us to obligate [washing] and a vessel for the non-sacred - by extension of the priestly tithe - and to leave the exclusion [derived from] "from it," that is said about it in its place. And even about the priestly tithe itself, its [washing] of the hands is rabbinic; as by Torah writ, one only finds purity for the entire body at once, and that which they, may their memory be blessed, said (Chullin 106a) that the [washing] is [derived] from that which is written (Leviticus 15:11), "and he did not wash his hands, etc." - that is just a memory device (asmakhta). And so is it written in the Sefer HaMitzvot of Ramban, may his memory be blessed (see Sefer HaMitzvot LaRambam, Shoresh 1, s.v. beteshuvah hashenit). **And** so [too,] that which they, may their memory be blessed, said (Zevachim 21b), [about] how much water needs to be in the basin - [that it is] no less than water that is fit for the [washing] of four people - as it is is stated, "And let Aharon and his sons wash their hands and their feet." And they were Aharon and Elazar and Itamar, and Pinchas was with them. And that all water is fit for sanctification - whether the water from a spring or the water of a pool (mikveh) - and they are disqualified by [passing the night]. And how is the commandment of the sanctification (Zevachim 19b) - that he places his right hand on his right foot and his left hand on his left foot and washes standing up and not sitting. As the sanctification of the hands and feet is included in the service, and all of the services of the Temple are [done while] standing up - as it is stated (Deuteronomy 18:5), "to stand and to serve." And all of this is for the loftiness of the [Temple]. And the rest of its details are elucidated in the second chapter of Zevachim. **And** it is practiced at the time of the Temple by the males of the priesthood alone. And one who transgresses it and does not sanctify his hands and his feet in the morning, or if he goes out from the Temple and removes his thoughts and comes back and serves without sanctification, is liable for death at the hands of Heaven - and his service is disqualified - whether he is a high priest or a regular priest.

מצוה קז

מצות משיחת כהן גדול ומלכי בית דוד בשמן המשחה - לעשות שמן המשחה על הענין שצותה התורה לעשותו שנאמר)שמות ל כה(ועשית אותו שמן משחת קדש וגו'. שיהיה מוכן למשח בו כל כהן גדול שיתמנה כמו שכתוב)ויקרא כא י(והכהן הגדול מאחיו אשר יוצק על ראשו שמן המשחה. וכן מושחין בו קצת המלכים, וכן גם משחו בו הכלים של בית המקדש, ולא יצטרכו למשח לעתיד אלא בעבודה יתקדשו, וזהו שכתוב)שמות ל לא(**יהיה** זה לי לדרתיכם, כן אמרו זכרונם לברכה בספרי)נשא ז א(. **משרשי** המצוה. שרצה האל ברוך הוא שנעשה פעלה בנפשותינו ביום שנעלה להתחנך בכבוד עבודתו הקדושה תראה בנו גדלה ושבח, וזהו משיחת השמן, לפי שענין המשיחה בשמן הטוב לא יעשוהו רק למלכים והשרים הגדולים. וגם מיסוד המצוה להיותו מוכן בבית לעת הצרך למעלת המקום, כי ידוע על דרך משל כי ממעלת בעל הבית הנכבד להיות מוכן בבית כל הצריך בה ולא תתעכב שם מלאכה עד הכן הצריך אליה. **דיני** המצוה. כגון מעשה השמן כיצד נעשה, מר קנמון קדה חמש מאות שקל מכל אחד, אלא שהקנמון נשקל בין שתי פעמים להרבות בו שתי הכרעות, וקנה בשם חמשים ומאתים שקל, וכלם נמצאים באיי הודו, ושמן זית שעור הין, שהוא שנים עשר לג, ואחר זה שיתבשל הכל כדי צרכו חוזר הכל למדת השמן שהוא שנים עשר לג, וסימן יהיה "זה" בגימטריא י"ב הוי, ויתר פרטיה בפרק ראשון מכריתות.)ה ב(. **ונוהגת** בזמן הבית, והיא ממצוה המטלות על הצבור כמו בנין הבית וכליה.

Mitzvah 107

The commandment of anointing the high priest and the kings of the House of David with anointing oil: To make the anointing oil according to the way that the Torah commanded to make it, as it is stated (Exodus 30:25), "And you shall make it, a holy anointing oil, etc." [This is] so that it be ready to anoint every high priest that is appointed, as it is written (Leviticus 21:10), "The priest who is exalted above his fellows, on whose head the anointing oil has been poured." And so [too], we anoint some of the kings. And so [too,] they also anointed the vessels of the Temple with it, but they will not need to anoint [them] in the future, as they will be sanctified by their service. And this is [the meaning] of what is written (Exodus 30:31), "and it will be for Me for the generations." And so, did they, may their memory be blessed, say in Sifrei Bemidbar 44. **It** is from the roots of the commandments that God, blessed be He, wanted us to to do an act, ourselves, on the day that we go up to be inaugurated to the honor of His holy service that indicates greatness and praise in us. And that is the anointing of the oil, since only kings and great ministers do the matter of anointing with good oil. And it is also from the foundation of the commandment that it be ready in the [Temple] for the time [it will be] needed, due to the loftiness of the place. As it is known, by way of a metaphor, that it is from the loftiness of an honored patron to have his house ready for every need in it and that no work be delayed until the time it is needed. **The** laws of the commandment - for example, the process of how the oil was made, five hundred shekel [weight] of myrrh, cinnamon and cassia, each, except that the cinnamon is weighed in two [batches] to increase the two [toppings off] with it, and two hundred and fifty shekel of fragrant cane, and they are all found in the Indian islands, and the measure of olive oil is a hin which is twelve log; that after it is all properly cooked, it all comes back to the measure of the oil, which is twelve log, and its mnemonic is zeh (made up of the Hebrew letters, zayin, hey), [which] is twelve in its numerical count (gematria); and the rest of its details - are in the first chapter of Keritot. **And** [it] is practiced at the time of the [Temple], and it is from the commandments that is impingement upon the community - like the building of the [Temple] and its vessels.

מצוה קח

שלא יסוך זר בשמן המשחה - שלא למשח בשמן המשחה שעשה משה אלא כהנים לבד. שנאמר (שמות ל לב) על בשר אדם לא ייסך. ונתבאר בכתוב שמי שמשח (שנמשח) בו במזיד, חיב כרת, שנאמר (שם לג) ואשר יתן ממנו על זר ונכרת. ואם נמשח בו בשוגג, חיב חטאת קבועה. כלומר, שאין חלוק בו בין הדל והעשיר אלא דבר קבוע הוא לכל. **משרשי** מצוה זו. גם כן להגדלת הבית וכל אשר בו, ולכן אין ראוי להדיוטות להשתמש באותו השמן הנכבד שבבית רק הנבחרים בעם לבד, שהם כהנים ומלכים. ובכן בהמנע ההמון ממנו, ייקר בעיניהם עד מאד ויתאוו אליו, כי גדל ערך הדברים בלב רב בני אדם לפי מעוט המצאם אצלם. **מדיני** המצוה. כגון מה שאמרו זכרונם לברכה (כריתות ו ב) שחיוב הכרת והקרבן אינו עד שיסוך ממנו שעור כזית, ושלא חיבנו הכתוב (שם ה ב) אלא על אותו שעשה משה

Sefer HaChinukh ספר החינוך

ולא על אחר שיעשה שום אדם, וקבלה בידינו)שם(שנס נעשה בו שיספיק לעולם. ומה שאמרו זכרונם לברכה)שם(שאין מושחין בו לדורות כל הכהנים המתחנכים לעבודה אלא כהן גדול ומשוח מלחמה ומלכי בית דוד, וכל שאר מלכים אינם נמשחין בזה השמן אלא בשמן אפרסמון, והחלוק שיש במעשה משיחת המלך למעשה משיחת הכהן. ומה שאמרו זכרונם לברכה)שם(שאין מושחין מלך בן מלך אלא אם כן יש עליו מחלקת, ועל כן נמשח שלמה. ויתר פרטיה מבארים בפרק שלישי]ראשון[מכריתות]פ"א ופ"ב מהלכות כלי המקדש[. **ונוהגת** מצוה זו של אסור משיחת השמן בכל מקום שימצא ובכל זמן בזכרים ונקבות. והעובר עליה וסך ממנו כזית במזיד, חיב כרת, בשוגג, חיב חטאת קבועה.

Mitzvah 108

To not rub a foreigner (layman) with anointing oil: To not anoint [anyone] with the anointing oil that Moshe made, except for priests alone - as it is stated (Exodus 30:32), "It must not be rubbed on any person's flesh." And it is elucidated in the Scripture that one who anoints (is anointed) with it volitionally is liable for excision, as it is stated (Exodus 30:33), "and one who puts any of it on a foreigner, shall be cut off." And if he is anointed by accident, he is liable for a fixed sin-offering - meaning to say that there is no difference between the poor and the wealthy, but rather it is a set thing for all. **It** is from the roots of this commandment also [that it is] for the aggrandizement of the [Temple] and everything that is in it. And therefore, it is not fit for commoners to use this precious oil in the [Temple], only the chosen ones of the people alone - and they are the priests and the kings. And likewise, in the prevention of the masses from it, it will be become very dear in their eyes and they will desire it. As the great value of things in the heart of most people is according to the scarcity of its being found among them. From the laws of the commandment - for example, that which they, may their memory be blessed, said (Keritot 6b) that the liability for excision and the sacrifice is not until he rubs the amount of a kazayit of it; that the Scripture did not make us liable except for that which Moshe made, and not for another that is made by any [other] man (Keritot 5b), and it is a tradition in our hands that a miracle happened with it, that it will suffice forever (Keritot 5b); that which they, may their memory be blessed, said (Keritot 5b) that we do not anoint all of the priests for [all] the generations with it, but rather the high priest and the one anointed for war and the kings of the House of David, but all of the other kings are not anointed with this oil but with afarsimon oil; the distinction that

ספר החינוך Sefer HaChinukh

there is between the process of anointing a king and the process for anointing a priest; that which they, may their memory be blessed, said (Keritot 5b) that we do not anoint a king who is the son of a king except if there is a disagreement about him, and hence Shlomo was annointed; and the rest of its details - are [all] elucidated in the third [first] chapter of Keritot (see Mishneh Torah, Laws of Vessels of the Sanctuary and Those who Serve Therein 1-2). **And** this commandment of the prohibition of anointing the oil is practiced in every place that it is found and at all times by males and females. And one who transgresses it and rubs a kazayit of it volitionally is liable for excision; [and, if] accidental, a fixed sacrifice.

מצוה קט

שלא לעשות במתכנת שמן המשחה - שלא לעשות שמן המשחה, שנאמר (שמות ל לב) ובמתכנתו לא תעשו. **משרשי** המצוה. מה שכתבנו באסור משיחתו (במצוה הקודמת). ענין המצוה, שאמרו זכרונם לברכה (כריתות ה ב) כי מעולם לא נעשה ממנו אלא אותו שעשה משה במדבר, ואמרו שנס נעשה בו שכלו קים לעתיד לבוא, ומה שהוציאו ממנו למשיחת המשכן וכליו, הברכה השלימה. ושאין חיבין על עשיתו אלא כשעשאוהו בסכום סממניו, וזהו לשון במתכנתו מלשון חשבון כלומר, בחשבון סממניו, ויתר פרטיה מבארים בפרק ראשון מכריתות [שם]. **ונוהגת** מצוה זו של אסור עשית השמן בכל מקום ובכל זמן בזכרים ונקבות. והעובר עליה ועשה ממנו במזיד, חיב כרת, בשוגג, חיב חטאת קבועה.

Mitzvah 109

To not make [oil] according to the specification of the anointing oil: To not make the anointing oil, as it is stated (Exodus 30:32), "and you shall not make according to its specification." **From** the roots of the commandment is what we have written in the prohibition of its anointing (Sefer HaMitzvot 108). The content of the commandment - [that which] they, may their memory be blessed, said (Keritot 5b), that none of it was ever made besides the one that Moshe made in the wilderness; and they said that a miracle was performed with it, that it is all preserved for the future to come, and [its] blessing replaced that which they expended from it to anoint the tabernacle and its vessels; that one is not liable for its making unless he makes it according to the amount of its spices, and that is the [meaning of the] expression, "specification,' which expresses a calculation, [as] in the calculation of its spices; and the rest of its details - are elucidated in the first chapter of Keritot. **And** this commandment of the prohibition of making the oil is practiced in every place and at all times by males and females. And one who transgresses it and made of it volitionally is liable for excision; [and, if] accidental, a fixed sacrifice.

מצוה קי

שלא לעשות במתכנת הקטרת - שלא לעשות קטרת כדמות קטרת, כלומר שתהיה הרכבתו על ענין אותם המשקלים ויכון להקטיר לעצמו בה, שנאמר)שמות ל לז(במתכנתה לא תעשו לכם. ונאמר עליה)שם לח(איש אשר יעשה כמוה להריח בה. כלומר, שיתכון בעשיתה להקטיר עצמו. **משרשי** המצוה. מה שכתוב)במצוה קח(באסור משיחת השמן. **מדיני** המצוה, מה שאמרו זכרונם לברכה)כריתות ה א(שהעושה אותה להתלמד או למכרה לצבור פטור, והעושה אפילו קצת ממנה כל זמן שנעשה אותו קצת לפי משקלת הקטרת שחיב. ומה שאמרו)שם ו א(שהקטרת היתה נעשית בזמן הבית בכל שנה ושנה, ואם חסר העושה אותה אחת מסממניה חיב מיתה. ויתר פרטיה, מבארים בפרק ראשון מכריתות]ה' כלי המקדש פ"ב[**ונוהגת** מצוה זו של אסור עשיתה בכל מקום ובכל זמן בזכרים ונקבות. והעובר עליה ועשה ממנה לפי משקלה להריח בה במזיד חיב כרת, בשוגג חיב חטאת קבועה. אבל המריח בה לבד ולא עשאה, אינו חיב כרת אלא דינו כדין כל הנהנה מן ההקדש.

Mitzvah 110

To not make [incense] according according to the specification of the incense: To not make incense identical to the [Temple] incense, meaning to say that its composition be the same weight measurements and he have the intention to provide incense for himself, as it is stated (Exodus 30:37), "and you shall not make for yourselves according to its specification." And it is stated (Exodus 30:38), "A man that makes any like it, to smell of it" - meaning to say that when he is making it, he intends to provide incense for himself. **From** the roots of the commandment are what is written in the prohibition of anointing the oil (Sefer HaChinukh 108). **The** laws of the commandment - that which they, may their memory be blessed, said (Keritot 5a) that one who makes it to practice or to sell it to the public is exempted; [that] one who makes even a little of it, anytime he does that little according to the proportions of the incense, is liable; that which they said (Keritot 6a) that the incense was made at the time of the Temple each and every year; that if he reduced one spice from it, he would be liable for the death penalty;

Sefer HaChinukh ספר החינוך

and the rest of its details - are elucidated in the first chapter of Keritot (see Mishneh Torah, Laws of Vessels of the Sanctuary and Those who Serve Therein 2). **And** this commandment of the prohibition of making it is practiced in every place and at all times by males and females. And one who transgresses it volitionally and made of it according to its proportions, [in order] to smell from it, is liable for excision; [and, if] accidental, a fixed sacrifice. But one who only smells from it and did not make it, is not liable for excision; but rather his ruling is like the ruling for anyone who has benefit (enjoys) from the consecrated.

מצוה קיא

שלא לאכל ולשתות תקרבת עבודת אלילים - שלא לאכל ולשתות תקרבת עבודה זרה, שנאמר (שמות לד יב טו) השמר לך פן תכרת ברית ליושב הארץ וגו' וקרא לך ואכלת מזבחו. **משרשי** המצוה. להרחיק ולסלק כל ענין עבודה זרה וכל דבר המיחס אליה מבין עינינו ומחשבתינו. וביסוד רחוק העבודה זרה, כתבנו למעלה (מצוה כו ופו) מה שידענו בו. **מדיני** המצוה. מה שאמרו זכרונם לברכה (ע"ז נא ב) שכל דבר שעשו ממנו תקרבת לעבודה זרה אסור, אפילו מים ומלח. כלומר, שאף על פי שמים ומלח הם דברים קלים ואפשר לומר בהם שאינם לתקרבת ולא הניחום לפני עבודה זרה לכונת כבוד כלל, אף על פי כן אסור. וכן אסרו זכרונם לברכה (שם כט ב) לרב רחוק כל יין של גוי אף על פי שלא ידענו בו שנסכוהו לעבודה זרה, והוא נקרא להם סתם יינם. אלא שחלקו זכרונם לברכה (שם עד א) בין הנסך הידוע לסתם יינם, שהידוע אסורו במשהו מן התורה, ולוקין עליו, מדכתיב (דברים יג יח) ולא ידבק בידך מאומה מן החרם. ובסתם יינם שאין אסורו אלא מדבריהם אין בחיוב שתיתו אלא מכת מרדות, ובשותה ממנו רביעית. אבל בפחות מרביעית אין בו מכת מרדות. ומכל מקום אסור הוא מדבריהם אפילו במשהו בהנאה. ובשאר דברים שבעולם חוץ מיין, לא החמירו זכרונם לברכה לאסר כל הנמצא בידם בסתם מפני חשש תקרבת עבודה זרה או חשש עבודה זרה עצמה זולתי בדברים שבהם נכר שהם עשאום לכך, כגון מה שאמרו זכרונם לברכה (ע"ז מא א) בענין צלמים שסתם הצלמים לעבודה זרה יעשום, ולפיכך אסרו אותם. ואפילו המוצא אותם משלכים אינו רשאי לטלם כי אם בתנאים ידועים כמו שפרשו הם זכרונם לברכה (שם מא א). וכן נראה בודאי בכל דבר שהישראל חושב שנעשה בו תקרבת שאסור לו ללוקחו מהם. **ועוד** עשו הרחקות רבות בענין היין לפי שהיה עקר שמחת הזבח להם, ועוד שהתורה הזכירה אסורו בפרוש, כמו שכתוב בפרשת האזינו (דברים לב לח) ישתו יין נסיכם. ועל כן החמירו זכרונם לברכה בו ואמרו (ע"ז נח א) להרחקת הענין שאפילו יין של ישראל מיד שיגע בו גוי יהא אסור אפילו בהנאה. ואל יקשה עליך איך

259

יוכל הגוי לאסר יין של ישראל, והא קימא לן)חולין מ ב(אין אדם אוסר דבר שאינו שלו? מפני שלא נאמר זה אלא כגון משתחוה לבהמת חברו שלא עשה מעשה בגוף הדבר, אבל כל זמן שיעשה מעשה בגוף הדבר ואפילו מעשה מועט כי האי דנגיעה יש לו כח לאסר דבר שאינו שלו מדרבנן שהחמירו בדבר, אבל לא מדאוריתא עד שיעשה מעשה גדול, כגון שחיטת בהמה שהוא מעשה גדול. וכן אם נסך היין לפני העבודה זרה ממש גם זה הוא מעשה גדול. אבל בנגיעה ביין שלא בפני עבודה זרה מעשה מועט הוא. ומכיון שהוא מועט ואין האסור אלא מדרבנן התירו זכרונם לברכה)ע"ז נט ב(לטל תשלום מה שאסר מיד האוסר. ואף על פי שבגוף הדבר החמירו לאסרו בהנאה, בתשלומין לא החמירו לפי שאין התשלומין אלא כעין תשלומי נזק ואינו נהנה מדבר האסור אלא שלוקח תשלומי נזקו מיד האוסר. וכן החמירו זכרונם לברכה הרבה ברחוק יין שנתנסך ממש לעבודה זרה או בכל דבר שהוא מעבודה זרה יותר מכל אסורין שבתורה, שאין לך דבר שאסור בהנאה בכל התורה שנתערב בהתר ואיננו נכר, שלא יהא תקנה בהנאתו, ואפילו לח בלח, עם מה שאמר רבן שמעון בן גמליאל בגמרא)שם עד א(שימכר כלו לגוים חוץ מדמי האסור שבו, והוא שיהא מן הדברים שאינן נקחין מן הגוי כדי שלא יכשל בהן שום אדם מישראל שיקחנו מן הגוי. אבל ביין נסך גמור ובכל דברי עבודה זרה אין להם תקנה בימכר כלו לגוי וכו', וכל שכן שאין להם תקנה ביוליך הנאה לים המלח. ומיהו דוקא כשנתערב יין נסך ממש ואפילו טפה ממנו בקנקן מחזיק כמה סאין הוא דין זה שאין תקנה להנאתו לעולם. אבל אם נתערב ממנו חבית אחת בחביות אחרות של יין כשר, כיון שלא נתערב גוף האסור ממש אלא כל אחד בפני עצמו הוא עומד, יש לו תקנה בתקנת רבן שמעון בן גמליאל שימכר כלו לגוים וכו'. וכן בסתם יינן יש לו תקנה בתקנת רבן שמעון בן גמליאל ואפילו נתערב ממש, כדין שאר אסורין, כיון שאינו יין נסך גמור. **ועוד** יש לך לדעת שכל אסורין שבתורה שאוסרין תערבתן בהנאה אין אוסרין אותן אלא אם כן יש מן האסור שנתערב בהתר בכדי נתינת טעם בהתר, זולתי אם יהיה אותו אסור דבר חשוב, כי כל דבר חשוב כגון חתיכה הראויה להתכבד וכיוצא בה אוסרין בכל שהן, אבל כל שאינו דבר חשוב אינו אוסר תערבתו בהנאה אלא אם כן יהיה בו בכדי נתינת טעם, כמו שאמרנו)ע"ז עג א(חוץ מיין נסך, וכל עניני עבודה זרה שאוסרין במשהו בהנאה כל שנתערב עמהם. ואין שום דבר אחר בעולם יוצא מכלל זה חוץ מכלאי הכרם)וערלה(וחמץ בפסח לדעת קצת מפרשין שהן אוסרין בהנאה תערבתן באחד ומאתים, בין במינן בין שלא במינן,)ותרומה( )וערלה( ]ועולה[באחד ומאה. ולענין התקנה שיש להם כבר אמרנו כי לכל האסורין יש תקנה בתקנת רבן שמעון בן גמליאל חוץ מכל אסורי עבודה זרה, שנתרבה גוף האסור ממש, שאין לו שום תקנה לעולם, וזהו מחמר עבודה זרה. והפך והפך בגמרא כי כל זה

תמצא בה מבאר עם הפרושים הטובים. ושמר הדברים כי בהרבה מקומות בתלמוד תצטרך אליהן, ועל כן הארכתי בהן שלא כמנהגי בקונטרסין אלו. ועוד הרחיקונו זכרונם לברכה)שם סב א(מאסור יין נסך לומר, שאפילו שכר של יין נסך יהא אסור בהנאה גם הפליגו ברחוקו לומר שאפילו הנשכר לשבר חביות יין נסך אם יהיה שכרו אסור מפני שהוא רוצה בקיומו זמן מועט, כלומר, שרוצה שיהיה קים היין בחביות עד שישברם הוא כדי שירויח שכרו על השבירה, כי הם זכרונם לברכה רצו לעקר ממחשבתנו שלא נהיה חפצים בקיומו אפילו רגע אחד לרב מאוסנו בכל מיני עבודה זרה והיתה התשובה ישבר ותבוא עליו ברכה שממעט את התפלה. **ויתר** פרטיה הרבים, כגון מי שעושה יין נסך לאסרו אפילו בהנאה, ומי אוסרו בשתיה דוקא, ומאימתי נעשה יין נסך, ודיני מגעו של גוי בכונה ושלא בכונה, וכחו וכח כחו וסיוע ישראל עמו, ואי זו שמירה תספיק לנו ביינינו בביתו של גוי או בביתנו אם יש שם גוי, או בקרון והניח שם גוי, כגון הנכנס והיוצא, שמתר היין, ודיני האסור שיש לנו בכלי יינן, ודיני הכשרן, ורבי הפרטים שבאו לנו גם כן בכלי בשוליהן והוא הענין הנקרא געולי גוים, ודיני רחוקנו שלא לשקץ נפשנו גם כן בענינין הנגררים אחר דברים אלו המאוסים, כגון מה שאמרו זכרונם לברכה)מכות טז, ב(שלא לאכל ולשתת בכלים מאוסים, כגון כלי השתן והצואה וקרנא דאמנא לפי שיש בדבר שקוץ הנפש. ויתר פרטיה אלו, מבארים בפרקים האחרונים של עבודה זרה וקצת מהן בחלין. ונוהגת אזהרה זו בכל מקום ובכל זמן בזכרים ונקבות. והעובר עליה ואכל כל שהוא או שתה אפילו טפת יין נסך גמור במזיד לוקה. שאין דין דברים אלו כדין שאר דיני אסורי מאכלות שהן בכזית ודין שתיה ברביעית, לפי שעל עבודה זרה הזהירה תורה ואמרה)דברים יג יח(ולא ידבק בידך מאומה מן החרם, כלומר, ואפילו כל שהוא. **בזאת** המניעה של יין נסך הרמב"ם זכרונו לברכה)בספר המצוות(והרמב"ן)בהשגותיו(זכרונו לברכה שניהם יודו שיש בזה לאו ושהוא נמנה בחשבון הלאוין, אמנם נחלקו בו בענין זה,)ספר המצוות ל"ת קצ"ד(כי הרמב"ם זכרונו לברכה יוציא אסור יין נסך מן המקרא שכתוב בפרשת האזינו שנאמר)דברים לב לח(ישתו יין נסיכם, ואסור שאר תקרבת עבודה זרה מלא ידבק בידך מאומה מן החרם, ומלא תביא תועבה)דברים ז כו(. והרמב"ן זכרונו לברכה כתב, כי מפסוק זה דהשמר לך נלמד אסור כל תקרבת עבודה זרה ויין נסך בכלל. ואני כתבתי זה המקרא כדעתו שלא כמנהגי בכל הספר, כי כלם כתבתים כדעת הרמב"ם זכרונו לברכה. אבל בכאן ראיתי שהפסוק הזה נאה מאד לדרש ממנו הענין, ועוד שיש בו אזהרה, וכמו שאמרו זכרונם לברכה)עירובין צו א(כל מקום שנאמר בו השמר פן ואל אינו אלא לא תעשה, ובפסוק ישתו יין נסיכם אין שם אזהרה. וגם ראיתי גדולים ממחשבי המצות שכתבו כן.

ספר החינוך Sefer HaChinukh

Mitzvah 111
To not eat and drink a gift to idol worship: To not eat and drink a gift to idolatry, as it is stated (Exodus 34:12-15), "Guard yourself lest you make a covenant with the inhabitants of the land, etc. and he will call to you and you will eat from his offering." **It** is from the roots of the commandment to distance and remove all matter of idolatry and any matter that is related to it from [in front] of our eyes and from our thoughts. And we have written above (Sefer HaChinukh 26 and 86) what we have known about the foundation of distancing idolatry. **From** the laws of the commandment is that which they, may their memory be blessed, said (Avodah Zarah 51b) that every thing from which they made a gift to idol worship is forbidden, even water and salt - meaning to say that even though water and salt are lesser things and it is possible to say about them that they are not for a gift and that they did not place them in front of idols for the sake of [its] glory at all - nonetheless, it is forbidden. And for great distancing, they, may their memory be blessed, also forbade (Avodah Zarah 29b) all wine of a gentile, even though we do not know that he used it as an idolatrous libation. And this is called their undifferentiated wine (stam yeinam). However, they, may their memory be blessed, distinguished (Avodah Zarah 74a) between known libations and their undifferentiated wine - as the prohibition of the known is [prohibited] by Torah writ for the smallest amount. And we administer lashes for it, as it is written (Deuteronomy 13:18), "Nothing is to cling to your hand from the anathema." But with the prohibition of their undifferentiated wines, which is only rabbinic, the [punishment] for its drinking is only lashes of rebellion for one who drinks a revi'it of it. But it does not [carry] lashes of rebellion for less than a revi'it. And nonetheless even the smallest amount is rabbinically forbidden to benefit from. And regarding other things in the world besides wine, they, may their memory be blessed, were not stringent to forbid everything found in their hand undifferentiated - out of the concern for sacrifices to idol worship or the concern [that it is] itself idolatry, besides with things that are [specifically] made for it; for example, that which they, may their memory be blessed, said (Avodah Zarah 41a) regarding idols, that undifferentiated idols are made for idol worship. And therefore, they forbade them. And even one who finds them discarded is not allowed to take them without well-known conditions, as they, may their memory be blessed, explained (Avodah Zarah 41a). And so [too,] is it certainly with anything that an Israelite think was made

ספר החינוך Sefer HaChinukh

as a sacrifice - that it is forbidden to take of them. **And** they also made many distancings about the matter of wine, as it was the main [source] for the joy of the offering; and also since the Torah mentioned its prohibition explicitly, as it is written in Parshat Haazinu (Deuteronomy 32:38), "drank the wine of their libations." And hence they, may their memory be blessed, were stringent and said (Avodah Zarah 58a) - in order to distance the matter - that even the wine of a Jew when it is touched by a gentile is immediately prohibited, even to benefit from it. And do not let it be difficult to you, how is it that a gentile can forbid the wine of an Israelite, since we have it established that a person can not bring a prohibition to something that is not his (Chullin 40b). As this is not said except in a case such as if he bows down to his friend's animal, where he did not do an act to the body of the thing. But anytime he does an act to the body of the thing - and even a minor act, like this of touching - he has the power to forbid a thing that is not his, rabbinically. However, it is not [forbidden] by Torah writ until he does a major act, such as slaughtering his animal, which is a major act; and so [too,] if he poured wine in front of the actual idol, that is also a major act. But regarding touching the wine not in front of the idol, it is a minor act. And since it is minor and the prohibition is only rabbinic, they, may their memory be blessed, permitted (Avodah Zarah 59b) one to take repayment from the one who made it forbidden for that which he made forbidden. And even though they were stringent about the body of the thing to forbid its benefit, they were not stringent about its payment; as payment [here] is only a type of repayment for damage. And [so] he does not benefit from the forbidden thing, but rather takes payment for his damage from the one who made it forbidden. **And** so [too,] were they, may their memory be blessed, very strict in the distancing of wine that has been libated in front of an actual idol or about any thing of idolatry more than with any other prohibitions in the Torah. As you don't have anything [else] in all of the Torah the benefit of which is forbidden, that when it is mixed with something permissible and it is not recognizable, does not have a remedy, [so] as to benefit [from what was permissible] - even something wet in something wet - with that which Rabban Shimon ben Gamliel said in the Gemara (Avodah Zarah 74a): that he should sell it all to gentiles except for the value of the prohibited matter in it. And that is when it is from the things that are not purchased [by Jews] from a gentile, so that no Israelite man will stumble through them and purchase it from the gentile. But with true wine libations and with all idolatrous things, they do not have the remedy of selling it all to the gentile, etc. And all the more so, do they not have the remedy of taking [its] benefit to the Dead Sea. However, [it is] only when true wine libations were mixed - and even one drop of it - that there is no remedy for its benefit ever. But if a barrel of it got mixed with other barrels of kosher wine - since the actual body of the prohibition did not mix, but rather each [barrel] stands on its own - it has a remedy with the remedy of Rabban Shimon ben Gamliel, that he sell all of it to the gentiles, etc. And so [too,] with their undifferentiated wine, do they have a remedy with the remedy of Rabban Shimon ben Gamliel - even when they actually got mixed - like the law of other prohibitions; as it is not fully wine libations. **And** you must also know that [in] all of the prohibitions of the Torah, the mixture of which is forbidden to benefit from, it is only forbidden if there is enough of the forbidden food mixed into the permissible food to give off taste into the permissible food - unless that forbidden food is an important thing. As any important thing, such as a portion [with which it] is fit to honor [others] and similar to it, is forbidden in the smallest amount. But anything that is not an important thing does not forbid a mixture unless there is enough in it to give off taste. [This is] except for, wine libations and all matters of idolatry which forbid in the smallest amount, to benefit from everything that is mixed with them (Avodah Zarah 73a), as we said. And there is nothing else in the world at all that is an exception to this principle except for forbidden mixtures of the vineyard (and orlah, the fruit of trees for the first three years), and chamets on Pesach, according to the opinion of some commentators who forbid their mixture of one in two hundred - whether in its own type [of food] or whether not in its type - and (tithes) (orlah) [a burnt offering] with [a mixture] of one in a hundred. And regarding the matter of the remedy that they have, we have already said that there is the remedy of Rabban Shimon ben Gamliel for all of the prohibitions, except for all of the prohibitions of idolatry wherein the prohibited object was itself actually added. As there is no remedy for it ever, and this is from the stringency of idolatry. 'And turn and turn in' the Gemara, as you will find all of this elucidated with the good commentaries. And hold on to [these] things, as you will need them in many places in the Talmud. Hence, I wrote at length about them, which is not like my custom in these annals. **And** they, may their memory be blessed, further distanced us from the prohibition of wine libations, saying that even the payment for wine libations

ספר החינוך Sefer HaChinukh

is prohibited to benefit from (Avodah Zarah 62a). They also stressed its distancing by saying that [perhaps] the payment of one who is paid to break barrels of wine libations should be prohibited, because he desires its existence for a short time; meaning to say that he wants that the wine should be preserved in the barrels until he breaks them, so that he will gain his payment for breaking them. As they, may their memory be blessed, wanted to uproot [it] from our thoughts that we should not want its preservation for even one moment, due to our great disgust with all types of idolatry. And the answer [to their query] was, let him break it and a blessing will come to him, as he diminished the idiocy. **And** the rest of its many details - for example, who is it that makes [wine into] wine libations to render it prohibited even to benefit from, and who is it that renders it prohibited only for drinking; from when does it become a wine libation; the law of the gentile's intentional and unintentional touch; his propulsion and the propulsion of that propulsion, and if the Jew is aiding him; which guarding will suffice for us with our wine in the house of the gentile or in our house if there is a gentile there or a carriage and he left a gentile there, such as coming in and out, such that the wine will be permissible; the prohibition that we have with the vessels of their wine, and the law of how to make it fit (kosher); the many details that come to us also about the vessels of their cooking and that is the matter called, "expurgations [of the vessels] of the gentiles"; the laws of our distancing that we not defile our souls also in the matters that are extensions of these disgusting things, such as that which they, may their memory be blessed, said (Makkot 16b) not to eat and drink in disgusting vessels such as urinals, vessels for feces and a blood-letting horn, since the soul is disgusted in the matter; and the rest of its details - are elucidated in the last chapters of Avodah Zarah, and some of them are in Chullin. **And** this warning (prohibition) is practiced in every place and at all times by males and females. And one who transgresses it and eats the smallest amount - or drinks even a drop of true wine libation - is lashed. As the law of these things is not like the law of other laws of prohibited foods, which are with a kazayit, and the law of drinking [which] is with a reviit; since the Torah warned about idolatry and stated (Deuteronomy 13:18), "Nothing is to cling to your hand from the anathema" - meaning to say even the smallest amount. **In** this prevention of wine libations, both Rambam (in Sefer HaMitzvot LaRambam, Mitzvot Lo Taase 194), may his memory be blessed, and Ramban (in his gloss to the Sefer

HaMitzvot), may his memory be blessed, conceded that there is a negative commandment in this and that it is counted in the tally of the negative commandments. However they did disagree about it in the [following] matter: that Rambam extracts the prohibition of wine libations from the verse that is written in Parshat Haazinu (Deuteronomy 32:38), "drank the wine of their libations"; and the prohibition of other gifts to idolatry from, "Nothing is to cling to your hand from the anathema"(Deuteronomy 13:18) and from "You shall not bring an abomination" (Deuteronomy 7:26); [whereas] Ramban, may his memory be blessed, wrote that we learn the prohibition of all of the gifts of idolatry from this verse of "Guard yourself," and wine libations are included. And I have written this verse, like his opinion - not like my custom in all of the book, as I have written all [of the other verses] according to the opinion of Rambam, may his memory be blessed. But in this [case] I saw that this verse is very fit to expound the matter from it; and also, that there is a warning in it. And [it is] as they, may their memory be blessed, said (Eruvin 96a), [that] every place where it states, "guard yourself," or "lest" or "do not," it is nothing but a negative commandment. However, in the verse, "drank the wine of their libations," there is no warning. And I also saw great ones from the enumerators of the commandment that wrote like this.

מצוה קיב

מצות שביתת הארץ בשנת השמטה - לבטל עבודת הארץ בשנה השביעית, שנאמר בחריש ובקציר תשבת. ובא הפרוש, שעל]ה[שנה השביעית נאמר, שנצטוינו שלא לעסק בה כלל בעבודת הארץ. ונכפלה המצוה הזו באמרו במקום אחר)ויקרא כה ה(שנת שבתון יהיה לארץ. וכן ושבתה הארץ שבת לייי)שם ב(. וכבר כתבתי)לעיל מצוה פד(כל ענינה משלם למעלה בסדר אם כסף תלוה את עמי במצות והשביעית תשמטנה ונטשתה. שבאה לצוות על הפקר פרות שנה זו לכל, ואף על פי שכאן היה מקומו.

Mitzvah 112

The commandment of the land resting on the seventh year: To cease work on the land on the seventh year, as it is stated (Exodus 34:21), "from plowing and from reaping you shall rest." And the explanation comes that it is speaking about the seventh year, that we were commanded not to be occupied with work on the land at all. And this commandment is repeated in its stating in another place (Leviticus 25:5), "it shall be a year of complete rest for the land." And so [too,] "the land shall observe a Shabbat for the Lord" (Leviticus 25:2). And above I have already written all of its content completely (Sefer HaChinukh 84) in the Order of Eem Kesef Talveh et Ami in the commandment of "But in the seventh you shall let it rest and lie fallow" (Exodus 23:11) - even though its place is here.

מצוה קיג

שלא לאכל בשר בחלב - שלא לאכל בשר וחלב שנתבשלו ביחד, שנאמר)שמות לד כו(לא תבשל גדי בחלב אמו. וזה הכתוב בא לאסר האכילה וההנאה בבשר בחלב. ואל יקשה עליך, אם כן למה לא נאמר בפרוש אסורו בלא תאכל. והוציאו בלשון בשול שהתשובה בזה, מפני שנתחדשה אסור אכילתו מאסור שאר אכילת אסורין, ששאר אסורין אין חיובן אלא אם כן נהנה באכילתן, וכאן אפילו לא נהנה באכילתן מכיון שבלעו ואפילו יבלענו חם ושורף גרונו בו וכיוצא בו שאין לו הנאה בו מכל מקום לוקה, כמו שאמרו זכרונם לברכה בפרק שני מפסחים)כה א(להכי לא כתב רחמנא אכילה בגופיה למימרא שלוקין עליו שלא כדרך הנאתו. ומכל מקום אין לוקין עליו)חולין קח א(אלא דרך בשול כלשון שהוציא הכתוב אסורו.

ואף על פי שאמרו זכרונם לברכה)שם קטו ב(שזה שנכתב בתורה אסור הבשול שלש פעמים שהוא ללמד אסור אכילה ואסור בשול ואסור הנאה, אין ראוי לנו למנות בחשבון הלאוין אלא השנים, לפי שאסור אכילה והנאה דבר אחד הוא, כמו שאמרו זכרונם לברכה)שם(כל מקום שנאמר לא תאכל, לא תאכלו, אחד אסור אכילה ואחד אסור הנאה במשמע. כי התורה תוציא כל ההנאות דרך כלל בלשון אכילה, לפי שהיא הנאה תמידית לאדם וצריך אליה, וכענין שכתוב)שמות כד יא(ויחזו את האלהים ויאכלו וישתו.

שיכנה ההנאה לאכילה. **ואם** תתפש עלי, אם כן למה נכתבו שלשה לאוין, דשנים יספיקו לפי זה שאמרתי? יש להשיבך, דודאי אם נכתב במקום אחר לא תבשל שילמד על אסור בשול, ובמקום אחר לא תאכל שיכלל אסור הנאה ואכילה כמו שאמרנו, היה בדין שלא יכתב השלישי, שאין צרך עוד בו, שכבר היינו למדים אכילה והנאה בלא תאכל מן הכלל שבידינו דבכלל אכילה הנאה במשמע. אבל עכשו שלא הזכרה בו אכילה בשום מקום, לא היינו למידים ההנאה אלא עם הלאו השלישי. ואין לך לשאל עוד ולמה לא כתב רחמנא לא תאכל באחד מהם ויספיק בשנים, שכבר הודעתיך כי לענין נצטרך שלא יזכיר בו הכתוב לשון אכילה, מפני שהחיוב בו אפילו שלא כדרך הנאתו. למדנו מעתה כי מה שאמרו זכרונם לברכה)חולין שם(חד לאסור אכילה וחד לאסור הנאה וחד לאסור בשול אין הכונה בהם שיהיה הכתוב השלישי ללאו אחר, אלא שנצטרך ללמד ממנו הנאה, וברוך שבחר בדבריהם. **משרשי** המצוה. כתבנו)מצוה צב(באסור הבישול בפרשת ואלה המשפטים על צד הפשט מה שיכלנו. **מדיני** המצוה. מה שאמרו זכרונם

לברכה)חולין קיג א(שאין אסור בשר בחלב מן התורה אלא בבשר בהמה טהורה, אבל לא בבהמה טמא ולא בחיה אפילו טהורה, ולא בעוף, בין טהור בין טמא, ונסמכו בזו במה שכתוב שלש פעמים בתורה גדי שהוא לשון מעוט, שהיה לו לכתב בשר, ובא הפרוש על זה)חולין קיג א(גדי ולא בהמה טמאה, גדי ולא חיה, גדי ולא עוף. ולפיכך אמרו זכרונם לברכה כי שלשה אלה מתר לבשלם בחלב ומתרין בהנאה, אבל באכלה אסרום זכרונם לברכה לגדר בשר בהמה שאסור דבר תורה, כדי שלא יתחלף לבני אדם בשר בבשר, ולפיכך מפני שהדבר קרוב שבשר בבשר מתחלף, החמירו גם בגדר זה כמו שהחמירו בבשר הבהמה ממש בקצת ענינים. שאסרו בהם שלא להעלותם על השלחן כלל. ולפי דעת קצת המפרשים חיבו בהם גם כן שהיה בין אכילתם לאכילת הגבינה כמו בעקר האסור דהינו בשר בהמה, אבל בבשר דגים וחגבים לא גדרו בהם כלל, שאין בשרם דומה כלל לבשר בהמה ולא יבואו בני אדם לטעות בזה. **ועוד** החמירו בענין זה)שם קח א(גם שיש אסור מחדש בזה יותר משאר אסורי מאכלות לפי קצת מן הפרושים, שבענין בשר בחלב אם נתערב חלב עם הבשר ואין בחתיכת הבשר שנתערב בו ששים כנגד החלב אנו רואין שניהם כחתיכת אסור, ואם נפלה אותה חתיכה בקדרת בשר או בקדרת חלב משערין בכלה, וזהו אמרם זכרונם לברכה)חולין קח א(חתיכה עצמה נעשית נבלה והטעם מפני שתערבתן אוסרתם, ולפיכך אחר שנתערבו הרי הן כחתיכת נבלה. ובשאר אסורין אינו כן, שאסור שנתערב בחתיכת התר ואין בחתיכה ששים לבטל האסור ואחר כך נפלה לקדרה, אין משערין אלא בשעור האסור שנפל בה והיא בעצמה תסיע להעלות האסור, לפי שאותה חתיכה לא נעשית נבילה ונמצא ההתר שבה כמו שאר ההתר שבקדרה ומסיע להעלות האסור. ואמנם החתיכה עצמה אם היא נכרת, אסורה לעולם כדעת קצת מן המפרשים. **ואמרו** זכרונם לברכה)תמורה לג א(שאפרו של בשר בחלב אסור כאפר כל אסורי הנאה שטעונין קבורה. ואמרו גם כן)חולין קיג ב(שלא אסרה תורה בשר בחלב אלא בחלב של בהמה חיה, אבל בחלב המתה אינו נאסר. ולפיכך הכחל מתר מן התורה בחלבו, אלא שחכמים אסרוהו לגדר עד שימרק חלבו ממנו, כמו שנבאר במקומו)שם קט ב(. וחלב הנמצא בקבת הבהמה יש בו שני התרין אחד שהוא בכלל חלב של מתה, ועוד שאינו אלא כפרש בעלמא שכבר נתעכל שם, ולפיכך מתר לכתחלה, ואין צריך לומר שהנמצא שם קרוש מתר שהוא ודאי כפרש, אלא אפילו הצלול התירו הגאונים. המבשל שליל בחלב חיב, וכן האוכלו, אבל המבשל שליה או עור וגידין ועצמות ועקרי קרנים וטלפים פטור. ויתר פרטי המצוה מבארים בפרק שמיני מחלין)קג ב(. **ונוהגת** בכל מקום ובכל זמן בזכרים ונקבות. והעובר עליה ואכל כזית מן הבשר והחלב שנתבשלו יחד במזיד לוקה. אבל נהנה בו, כגון שנתנו או מכרו, אינו לוקה, לפי שאפשר להנאה בלי מעשה. וכל שאין בו מעשה, אין לוקין עליו, ואפילו

סך ממנו, אפשר דלא לקי לפי שהוא שלא כדרך הנאתו, שאינו עשוי לסוך, ויש לדון בו גם כן שילקה.

Mitzvah 113

To not eat meat with milk: To not eat meat with milk that has been cooked together, as it is stated (Exodus 34:26), "you shall not cook a kid in its mother's milk." And this verse comes to forbid eating and deriving benefit (pleasure) from the meat with milk. And let it not be difficult to you - [that] if so, why is its prohibition not stated explicitly, as "you shall not eat," and [instead] expressed with an expression of cooking. As the answer to this [is] because there is a novelty in the prohibition of its eating above the eating of the other prohibitions. As with other prohibitions, the liability is only if he enjoys his eating. But here even if he does not enjoy his eating, once he swallows it - and even if he swallows it hot and he burns his throat with it, and similar to it - he is lashed nonetheless. [It is] as they, may their memory be blessed, said in Pesachim 25a, "For this reason did [the Torah] not write, 'eating' in [the verse] itself: To say that one is lashed [even when consumed] not in the way of its enjoyment." And nonetheless, we do not administer lashes for it unless it is by way of cooking (Chullin 108a), according to the language that the verse expressed its prohibition. **And** even though they, may their memory be blessed, said (Chullin 115b) that that which the prohibition of cooking is written three times in the Torah is to teach the prohibition of eating, the prohibition of cooking and the prohibition of benefiting - it is only fit for us to count two [of them] in the tally of negative commandments; as the prohibition of eating and benefiting is one thing. [It is] like they, may their memory be blessed, said (Chullin 115b), "Every place that it is stated, 'You (singular) shall not eat,' 'You (plural) shall not eat,' both the prohibition of eating and the prohibition of benefiting are implied." As the Torah expresses all of the enjoyments more generally with an expression of eating, since it is a constant enjoyment for a person, and he needs it; and like the matter that is written (Exodus 24:11), "they beheld God, and they ate and drank" - that it calls enjoyment 'eating.' **And** if you will grab me [and say], "If so, why are three prohibitions written?" As two suffice, according to what I have said. [Then] one can answer you that certainly if in [one] place it was written, "You shall not cook," to teach about the prohibition of cooking and in another place, "You shall not eat," which would include the prohibition of benefiting and the prohibition of eating, as we have said - it would have been correct not to write the third. As there would not be any need for it, since we would have already learned eating and benefiting from "You shall not eat" - from the principle in our hand, that included in eating is the implication about benefiting. But now that eating is not mentioned in any place, we would not have learned [about] benefiting without the third negative [statement]. And you should not ask further, "And why did the [Torah] not write, 'You shall not eat' in one of them and it would suffice with two?" As I have informed you that it was for a purpose that Scripture did not mention it with the expression of eating, as the liability for it is even if it is not in the way of its enjoyment. We have learned from here that the intention of that which they, may their memory be blessed, said (Chullin 115b) "One is for the prohibition of eating, one is for the prohibition of benefiting and one is for the prohibition of cooking," is not that the third verse be a [separate] negative commandment, but rather that we need to learn from it about benefiting. And blessed be [the One] Who chose their words. **We** have written (Sefer HaChinukh 92) what we could from the roots of the commandment from the angle of the simple meaning, in the prohibition of cooking in Parshat Eleh HaMishpatim. **From** the laws of the commandment: That which they, may their memory be blessed, said (Chullin 113a), that the prohibition of meat with milk from Torah writ is only with meat of a beast (domesticated animal) that is pure (kosher); but not from an impure beast, not from a [wild] animal - even a pure [one] - and not from a bird, whether pure or impure. And they relied for this upon that which it is written, "kid" three times in the Torah, which is an expression of exclusion, as it should have [otherwise] written, "meat." And the explanation about this came (Chullin 113a), "'A kid' and not an impure beast, 'a kid' and not a [wild] animal, 'a kid' and not a bird." And therefore, they, may their memory be blessed, said that it is permitted to cook these three with milk, and they are permitted in benefit. But they, may their memory be blessed, prohibited them in eating to make a fence for the meat of a beast, which is forbidden by Torah writ, so that people do not switch [one] meat for [another] meat. And hence since the thing is [plausible] that [one] meat will be switched with [another] meat, they were also stringent with this fence, exactly like they were with the meat of beast in some matters, such that they forbade that they be brought up [together] on a table at all. And according to the opinion of some

ספר החינוך Sefer HaChinukh

commentators, they obligated about them that there be a pause between their eating and the eating of cheese, like with the main prohibition, which is the meat of a beast. But with the meat of fish and locusts, they did not make a fence with them all, as their meat is not at all similar to the meat of a beast, and people will not come to err in this. **And** they were also stringent in this matter according to some of the commentators to [deduce] a novel prohibition in this, more than in other prohibitions of food (Chullin 108a). [It is] in that with the matter of meat with milk, if milk is mixed with meat, and there is not sixty parts in the piece of meat corresponding to the milk, we see both of them as one piece of prohibited food. And if this piece fell into a stew of meat or a stew of milk, we measure against all of [the piece]. And this is what, they, may their memory be blessed, said (Chullin 108a) "The piece itself becomes a carcass." And the reason is because their mixture is what makes them prohibited. And hence, after they have mixed, behold, they are like a piece of carcass. And with other prohibitions, it is not such; as [with] prohibited food that is mixed with a piece of permissible food and there is not sixty parts in the permissible food to negate the prohibited food, and afterwards they fall into a stew, we only measure according to the measurement of the prohibited food that fell into it, and [the permissible portion of the piece] itself helps to [count against] the prohibited food. [This is] because that piece does not become a carcass, and [so] the permissible food in it is found to be like the rest of the permissible food in the stew - and [so] it assists [in counting against] the prohibited food. However, if it is recognizable, the piece itself is forbidden forever, according to the opinion of some of the commentators. **And** they, may their memory be blessed, said (Temurah 33a) that the ashes of meat [that was cooked together] with milk is prohibited; like the ashes of all things that are prohibited to benefit from, which require burial. And they also said (Chullin 111b) that the Torah only prohibited meat with milk, regarding the milk of a living beast. But with the milk of a dead [one], it is not prohibited. And therefore, the udder is permitted [to be eaten] with its milk, according to Torah writ. However, the sages forbade it as a fence, until one removes its milk from it, as is elucidated in its place (Chullin 109b). And there are two dispensations for milk that is found in the stomach [of an animal]: one, that it is included in [the category of] the milk of a dead [one]; and also since it is only like refuse more generally - as it has already been digested there. And therefore, it is permissible from the outset. And it is not necessary to say that that which is found coagulated there is permissible - as it is certainly like refuse - but even that which is liquid was permitted by the Geonim. One who cooks an embryo in milk is liable, and so [too,] one who eats it. But one who cooks a placenta or skin or tendons or bones or the roots of the horns or hoof nails is exempted. [These] and the rest of the commandment's details are elucidated in the eighth chapter of Chullin. **And** [it] is practiced in every place and at all times by males and females. And one who transgresses it and volitionally eats a kazayit from the meat with milk that has been cooked together is lashed. But if he benefited from it - for example, [if] he gave it or sold it - he is not lashed, since it is possible to [derive] benefit without an act. And we do not administer lashes for anything that does not have an act [involved] with it. And it is possible that he is not lashed even if he rubs with it - since it is not in the way of its enjoyment, as it is not made for rubbing. But there is also an argument about it [to say] that he is lashed.

מצוה קיד

שלא יעשו בית דין משפט מות בשבת - שלא יעשו הדינין דינים בשבת, כלומר, שמי שנתחיב מיתה בבית דין לא ימיתוהו בשבת, שנאמר (שמות לה ג) לא תבערו אש בכל מושבותיכם ביום השבת, ובא הפרוש עליו בזה (יבמות ו ב) שלא ישרפו בית דין בשבת מי שנתחיב שרפה, והוא הדין לשאר מיתות. ויש לנו לדרש ממנו דבר זה, שהרי לגופיה אינו צריך, שהרי כבר כתיב במקום אחר (שמות כ י) לא תעשה כל מלאכה, והבערה לצרך מלאכה היא, אלא ללמד ענין בפני עצמו נכתב, ופרשו בו שבא ללמד את זה שאמרנו. וזה לשון המכלתא (ר"פ ויקהל) לא תבערו אש שרפה בכלל היתה ויצאת ללמד מה שרפה מיחדת, שהיא אחת ממיתות בית דין, ואינה דוחה את השבת, אף כל שאר מיתות בית דין לא ידחו את השבת. ועם כל זה שלמדנו בפסוק זה, יש לדרש בו מה שדרשו בו עוד גם כן הבערה (יבמות ו ב) לחלק יצאת. כלומר, שהעושה בשבת הרבה אבות מלאכות בבת אחת בהעלם אחד, שיהיה חיב חטאת על כל מלאכה ומלאכה בפני עצמה. ובגמרא דבני מערבא אמרו (ירושלמי סנהדרין פ"ד ה"ו) בכל מושבותיכם רבי אילא בשם רבי ינאי מכאן לבתי דינין שלא יהו דנין בשבת. **משרשי** המצוה. שרצה השם יתברך לכבד היום הזה שימצאו בו מנוחה הכל, גם החוטאים והחיבים. משל למלך גדול שקרא בני המדינה יום אחד לסעדה, שאינו מונע הפתח מכל אדם, ואחר יום הסעדה יעשה משפט. כן הדבר הזה שהשם ברוך הוא צונו לקדש ולכבד יום השבת לטובתנו ולזכותנו, כמו שכתבתי למעלה (מצוה לא, לב). וזה גם כן מכבודו של יום הוא. **ונוהגת** מצוה זו בזמן הבית בזכרים, שהם בעלי המשפט. וחיבים להזהר לבל יעשו דין בשבת. ואם עברו

ספר החינוך Sefer HaChinukh

וצוו לשרף בריה בשבת עברו על לאו זה, ואין לוקין עליו אם לא עשו בו מעשה. ואם עשו בו מעשה, כגון ששרפוהו הם בידיהם, אם יש עדים והתראה נסקלין, בשוגג מביאים חטאת לכפרה.
פרשת אלה פקודי אין בה מצוה.

Mitzvah 114
That the court not administer a death sentence on the Shabbat: That the judges not administer sentences on Shabbat, meaning to say that they not kill on the Shabbat one who has been made liable for the death penalty by the court, as it is stated (Exodus 35:3), "You shall not kindle fire throughout your settlements on the Shabbat day." And the explanation comes about this (Yevamot 6b) that the court should not burn someone who has become liable for burning. And the same is true for the other death penalties. And it is [correct] for us to expound this thing from [this verse]; as behold, it is not necessary for itself, as behold, it is already written in another place, "you shall not do work" (Exodus 20:10) - and kindling is for the sake of work. Rather, it is written to teach [another] matter. And they explained about it that it came to teach us this [matter] that we said. And this is the language of Mekhilta d'Rabbi Yishmael 35:3:2 (at the beginning of Parshat Vayakhel): "'You shall not kindle fire' - burning was in the general category [of forbidden work], yet it was [specified, in order] to teach that just like burning is particular in that it is one of the death penalties of the court and [we see here] that it does not push off the Shabbat, so too all of the other death penalties do not push off the Shabbat." And even with all that we have learned in this verse, it should also be expounded [for] that which they also expounded on it (Yevamot 6b), "Kindling was [specified] to separate" - meaning to say that one who does many principle categories of work at one time in one forgetful spell would be liable a sin-offering for each and every [type of] work by itself. And in the Gemara of the Westerners they said (Talmud Yerushalmi Sanhedrin 4:6), "'In all of your settlements' - Rabbi Ila said in the name of Rabbi Yannai, 'From here [we learn] about courts, that they should not judge on Shabbat.'" It is from the roots of the commandment that God, may He be blessed, wanted to honor this day, that everyone find rest on it - even sinners and guilty ones. [There is a relevant] parable about a great king who called the people of his state to a feast, such that he does not prevent [its] entryway to any man. And after the day of the feast, he will administer justice. So [too] is this thing, as

God, may He be blessed commanded us to sanctify and honor the Shabbat day for our good and for our merit, as I have written above (Sefer HaChinukh 31, 32) - and this is also from the honor of this day. **And** this commandment is practiced at the time of the [Temple] by males, as they are the ones in charge of justice. And they are obligated to be careful that they not administer a sentence on the Shabbat. And if they transgressed and commanded to burn a creature on the Shabbat, they have violated this negative commandment. But we do not administer lashes for it, as there is no act [involved] with it. And if they did do an act with it, such as burning him with their hands - if there are witnesses and a warning - they are stoned; [and if] accidental, they bring a sin-offering for atonement.

Parshat Eleh Pikudei does not have a commandment in it.

מצוה קטו

מצות מעשה העלה - לעשות העלה כמשפטה, שנאמר)ויקרא א ג(אם עולה קרבנו וגו' כמו שכתוב בפרשה. **משרשי** המצוה, מה שכתבתי)מצוה צה(במצות הבית על ענין הקרבנות סדר ויקחו לי. **מדיני** המצוה. מה שאמרו זכרונם לברכה במעשה העולה, שהיתה נעשית כן, שוחטין את הבהמה בעזרה, והשחיטה כשרה אפילו בזרים. ומקבלת הדם ואילך מצות כהנה, וזורק הכהן הדם ומפשיט אותה ומנתחה אברים שלמים, דכתיב לנתחיה, ופרשו זכרונם לברכה)חולין יא א(ולא נתחיה לנתחים. וכשמנתח מסיר גיד הנשה מן הירך ומקטיר כל הנתחים על גבי המזבח. וצמר שבראשי הכבשים ושער שבזקן התישים, והעצמות והגידים והקרנים והטלפים בזמן שהם מחברים מקטירים הכל, שנאמר)שם ט(והקטיר הכהן את הכל. פרשו לא יעלו, שנאמר)דברים יב כז(ועשית עלותיך הבשר והדם. **וסדר** הנתוח כיצד היה)עי' תמיד פ"ד(והדחת בני המעים כיצד, ובכמה בני אדם מוליכין את האברים למזבח, שאמרו זכרונם לברכה)יומא כו, ב(כי הכבש בששה, והשור בארבעה ועשרים בעולות צבור, ועולות)יומא שם במשנה(יחיד בפחות. וענין עולת העוף כיצד נעשית, ויתר פרטיה מבארים בזבחים)סד ב(. **ונוהגת** בזמן הבית בזכרי כהנה. וכהן שעבר ולא עשאה כסדר הזה, ביטל עשה.

Mitzvah 115

The commandment of the procedure of the burnt-offering: To execute the burn-offering according to its statue, as it is stated (Leviticus 1:3), "If his sacrifice is a burnt-offering, etc." - as it is written in the section. **What** I have written in the commandment of the Temple about the matter of sacrifices in the Order on Vayikchu Li (Sefer HaChinukh 95) is from the roots of the commandment. **From** the laws of the commandment is that which they, may their memory be blessed, said about the procedure of the burnt-offering that it was executed thus: We slaughter the beast in the [Temple] yard - and the slaughter is fit even with non-priests, but from the reception of the blood and onward, it is a commandment of the priesthood. And the priest would sprinkle the blood and flay it and dissect the limbs whole - as it is written (Leviticus 1:6), "into sections," and they, may their memory be blessed, explained (Chullin 11:1), "And not sections into sections." And when he dissects [it], he removes the sciatic nerve from the thigh, and incinerates all of the sections on top of the altar. And the wool on the heads of the sheep, the hair of the beards of the male goats, the bones, the tendons, the horns and the hooves - when they are attached - we incinerate it all, as it is stated (Leviticus 1:9), "and the priest incinerates it all." [But if] they were separated, they do not go up, as it is stated (Deuteronomy 12:26), "And you shall execute your burnt-offerings, the meat and the blood." **And** how was the order of the dissection (see Mishnah Tamid 4); how was the rinsing of the intestines; with how many people they would move the limbs to the altar - that they, may their memory be blessed, said (Yoma 26b) that the sheep is with six, the ox with twenty four for communal burnt-offerings and less [for] burnt-offerings of individuals. And the content of the burnt-offering of fowl - how it was done - and the rest of its details are elucidated in Zevachim. **And** [it] is practiced at the time of the [Temple] by the males of the priesthood. And a priest that transgressed and did not execute it according to this order has violated a positive commandment.

מצוה קטז

מצות קרבן מנחה - לעשות מלאכת המנחה על הענין הנזכר בתורה בפרשיותיה, שנאמר (ויקרא ב א) ונפש כי תקריב קרבן מנחה. וכתיב (שם ה) ואם מנחה על המחבת, וכתיב עוד (שם ז) ואם מנחת מרחשת. **ועניין** המנחות הוא קרבן הבא ממיני הקמחים ולא מבעלי חיים. וכבר כתבתי למעלה (במצוה צה), כי הקרבן בבעלי חיים הוא באמת דמיון חזק אצל האדם להכניע ולהשפיל הנפש המתאוה והחוטאת כמו שהוא רואה שבעל חיות כמותו, אלא שאין בו שכל, נשרף וכלה. וכמו כן הנפש החוטאת מצד חלשת השכל תכלה ותאבד גם כן אם תתמיד בפעלות בהמיות שהן החטאים, כי החטא לא יבוא רק משרש בהמי. **והקרבן** במה שהוא שאינו בעל חיים

אף על פי שהוא בא גם כן להכנעת היצר שיראה האדם כי בשביל חטאו נצטרך לשרף ממונו ולכלותו, באמת אין דמיונו חזק כמו בבעלי החיים. ומן הדומה לפי הפשט, כי על כן יקרא מנחה מפני שענינה מעט מקרבן בעל חיים כמו שמנחות בני אדם יהיו במועט ברב הפעמים. ועוד מפני שהרבה מהן באות נדבה, ומה שאינו בחיוב אצל בני אדם יקרא מנחה. **ואלו** הן כל מיני המנחות שהיו מקריבין בזמן הבית הבאות בפני עצמן, כלומר שאינן באות למנחת נסכים, רוצה לומר בגדרת קרבן אחר. שלש מנחות הן שהן באות בשביל כל הצבור והם)מנחות סח ב(עמר בפסח, שתי הלחם בעצרת, לחם הפנים בכל שבת, ושלשתן נקראות מנחה. ותשע של יחיד ואלו הן א(מנחת חוטא, והיא המנחה שיקריב העני כשיתחיב חטאת ולא תגיע ידו. ב(מנחת סוטה, והיא מנחת הקנאות הכתובה בפרשת נשא)במדבר ה טו(. ג(המנחה שיקריב כל כהן כשיכנס לעבודה שמקריב אותה בידו, והיא הנקראת מנחת חנוך. ד(המנחה שמקריב כהן גדול בכל יום, והיא נקראת מנחת חביתין. ה(מנחת הסלת, והיא באה בנדר ונדבה. ו(מנחת המחבת, והיא באה בנדר ונדבה. ז(מנחת המרחשת, והיא באה בנדר ונדבה. ח(מנחת מאפה תנור והיא חלות, והיא באה בנדר ונדבה. ט(מנחת מאפה תנור והיא רקיקין, ובאה בנדר ונדבה. מנחות אלו, מהן סלת חטים ומהן שעורים, מהן נאכלות לכהנים חוץ מן הקמיצה, ומהן שהן נשרפות כלן, ואחד מהם חמץ, והיא שתי הלחם שמביאין ביום עצרת, שגם הן נקראות מנחה, ואינן קרבות לגבי מזבח. ועל שתי הלחם אינו נאמר בתורה כשאסרה דרך כלל כל המנחה אשר תקריבו ליי לא תעשה חמץ, פרט באלו והוציאם מן הכלל, ועליהם נאמר שם)ויקרא ב יב(קרבן ראשית תקריבו אתם ליי, כלומר באלו לא אסרתי לכם החמץ, ומכל מקום אל המזבח לא היו עולים מכיון שהיה בהן חמץ, וכמו שנאמר בהן)שם(ואל המזבח לא יעלו לריח ניחח. כל השאר היה מצה. וסדר הבאתן כן היא)סוטה יד ב(אדם מביא סלת מתוך ביתו בכלי כסף או זהב או של מתכת ומוליכה אצל הכהן, והכהן מוליכה אצל המזבח וקומץ ממנה הכהן בראשי אצבעותיו, ומקטיר הקמץ כלו במזבח והשאר נאכל לכהנים. זהו סדר הנאכלות וסדר הנשרפות והמלאכות שנעשות במנחות על ידי זרים והנעשות בהן על ידי כהנים. ויתר פרטיה מבארין במסכת הבנויה על זה, והיא מסכת מנחות)מו א, נז א(. **ונוהגת** עשית המנחות בזמן הבית בזכרי כהנה. וכהן שעבר ושנה מעשה המנחה המפרש בה בטל עשה.

Mitzvah 116

The commandment of the meal-offering (mincha): To execute the procedure of the meal offering in the matter that is mentioned in the Torah in its sections, as it is stated (Leviticus 2:1), "And if a soul offers a meal-offering," and it is written (Leviticus 2:5), "If it is a meal-offering on a griddle," and it is written further (Leviticus

2:6), "If it is a meal-offering in a pan." **And** the content of the meal-offerings is an offering that comes from types of flour and not from animals. And I have already written above (Sefer HaChinukh 95) that the sacrifice of animals is truthfully a strong resemblance to people, [in order] to humble and lower the desiring and sinful soul when he sees that a living thing like him - except that it does not have intellect - is burnt and finished. And so too is the sinning soul, from the angle of the weakness of its intellect, ending and lost also, if it becomes habituated to animal actions which are the sins - as sin only comes from an animal root. **But** [this] offering in that it is not a living thing - even though it also comes to humble the impulse, such that it sees that because of his sin, a man needs to burn [from] his money and finish it - the resemblance is not strong like with living things. And it appears according to the simple understanding that therefore is it called a gift (mincha) - as its content is less than a living sacrifice; just like gifts of people are usually with little. And also, because many of them come as voluntary offerings - and that which is not obligated among people is called a gift. **And** these are all the types of meal-offerings that they would offer at the time of the [Temple] that come on their own - meaning to say that they do not come as meal-offerings of libations, meaning in the context of another sacrifice: There are three meal-offerings that come for the sake of the entire community and they are (Menachot 68b) the omer of Pesach, the two breads of [Shavouot] and the bread of display of each Shabbat - and the three of them are called, ' mincha.' And there are nine of the individual and these are them: 1) The meal-offering of a sinner - and that is the meal-offering that a poor person offers when he is liable for a sin-offering, but his hand does not reach [a more expensive sacrifice]; 2) the meal-offering of the sotah, which is the meal-offering of jealousy that is written in Parshat Nasso (Numbers 5:15); 3) the meal-offering that every priest offers when he enters the service that he offers in his hand, and this is called the meal-offering of inauguration; 4) the meal-offering that the high priest offers every day, and it is called the griddled meal-offering; 5) the meal-offering of fine flour, and it comes as an oath or a vow; 6) the meal-offering of the griddle, and it comes as an oath or a vow; 7) the meal-offering of the pan, and it comes as an oath or a vow; 8) the oven-baked meal-offering that is loaves, and it comes as an oath or a vow; 9) the oven-baked meal-offering that comes soaked in oil, and it comes as an oath or a vow. From these meal-offerings, some of them are fine wheat flour and some are barley; some of them are eaten by the priests except for the handful and some are all burnt. And one of them is chamets and that is the two breads of the day of Shavouot, as they are also called ' mincha,' but they are not offered on top of the altar. And it was not stated in the Torah about the two breads, when it more generally forbade, "Any meal-offering that you offer to the Lord, you shall not make chamets" (Leviticus 2:11). [Rather,] it specified these and excluded them from the rule. And about them is it stated there (Leviticus 2:12), "A first sacrifice shall you bring them to the Lord" - meaning to say, with these I did not prohibit chamets to you. And nonetheless, they would not go up on the altar, since there was chamets in them, and as it is stated about them, "upon the altar they shall not be brought up as a pleasing smell." And all of the rest was matsa. And the order of their bringing was thus (Sotah 14b): A man brings fine flour from his house in a vessel of silver or gold or of [another] metal and carries it to the priest; and the priest carries it to the altar, [he] skims a handful from it with the tips of his fingers and incinerates the handful; and the rest is eaten by the priests. This is the order of those eaten. And the order of those burned; the processes done with meal-offerings by non-priests and those done [only] by priests; and the rest of its details are elucidated in the tractate that is built upon this, and that it Tractate Menachot. **And** the execution of meal-offerings was practiced at the time of the [Temple] by the males of the priesthood. And a priest that transgressed and changed the procedure of the meal-offering that is explicit about it has violated a positive commandment.

מצוה קיז

שלא להקריב שאר או דבש - שלא להקריב שאור ודבש על גבי המזבח, שנאמר (ויקרא ב יא) כי כל שאר וכל דבש לא תקטירו ממנו אשה ליי. ונכפלה המניעה בראש הפסוק, שנאמר כל המנחה אשר תקריבו ליי לא תעשה חמץ. והדבש הוא שם כולל לדבש הידוע. וכן דבש תמרים שהוא סתם הדבש של תורה, וכן מוהל היוצא מן הפרות המתוקין ובכלל לא תקטירו הוא גם כן שלא לתת ממנו בפטום הקטרת, וכמו שהפטמים אומרים יפה היה הדבש לקטרת אלא שאסרתו התורה. **שרשי** מצוה זו נעלמים מאד למצא אפילו רמז קטן מהם. ואולם מפני שכבר הודעתי בפתיחת דברי שכונתי באלו הטעמים שאני כותב להרגיל הנערים ולהטעים להם בתחלת בואם לשמוע דברי ספר, כי יש לדברי תורה טעמים ותועלות, ויקבלום על דרך ההרגל שלהם וכפי חלשת שכלם, ואל יהיו להם המצות בתחלה כדברי

הספר החתום, פן יבעטו בהם מתוך כך בנערותם ויניחום לעולם וילכו)להבל(בהבל. על כן אכתב בהם כל אשר יעלה בתחלת המחשבה, ואל יתפש עלי תופש בשום דבר אחרי ידע הכונה. **ואמר** עניני הקרבן כלם לעורר מחשבות המקריב, ולפי המעשה ההוא יקח דמיונותיו בנפשו, הכל כאשר כתבנו כבר)במצוה צה וקטז(, ועל כן בהרחיק החמץ, שהוא נעשה בשהיה גדולה, מקרבנו יקח דמיון לקנות מדת הזריזות והקלות והמהירות במעשה השם ברוך הוא, וכמו שאמרו זכרונם לברכה)אבות פ"ה מ"כ(הוי קל כנשר ורץ כצבי וגבור כארי לעשות וכו'. ונתחיב הענין במנחת היחידים יותר ממנחת הצבור, לפי שהיאוש והעצלה נמצא ביחיד יותר כי הרבים יזהירו זה את זה, ולכן לא תקפיד התורה על זה במנחת הצבור הבאה מזמן לזמן, כגון שתי הלחם של עצרת. אבל בלחם הפנים אף על פי שהוא נקרא גם כן מנחת צבור, מחמת שהיא מנחה תמידית בכל שבת ושבת, תקפיד התורה בה, ונצטוינו גם כן בה שתהיה מצה. **ובענין** הרחקת הדבש נאמר אל הילדים רכים כדי ליסרם, שהוא סבה לדמיון שימעט האדם מלרדף אחר המאכלים המתוקים לחכו כמנהג הזוללים והסובאים ימשכו לעולם אחר כל מתוק, ולא יתן לבו כי אם אל המאכלים המועילים לגופו וצריכים למחיתו ושומרים על בריאות אבריו. ולזה ראוי לכל בעל שכל לכון במזונו ושתיתו לא לכונת הנאת משוש הגרון. ולו חכמו בני אדם ישכילו זאת, כי כל ענין חוש המשוש חרפה היא להם, כל שכן שאין ראוי להם לכון אליו ולהנות בו רק הצריך אל הטבע בהכרח, ומאנשי החכמה כתבו חוש המשוש אשר חרפה לנו. **ועוד** שמעתי טעם באסור שאור ודבש, לפי שהשאור מגביה עצמו, וכן הדבש מעלה רתיחתו הרבה, ולכן נתרחקו לרמז כי תועבת יי כל גבה לב)משלי טז ה(. ועוד ראיתי בפרוש הרמב"ן זכרונו לברכה)שם(שכתב כן וזה לשונו ובעבור שהקרבנות לרצון לשם הנכבד לא יובאו מן הדברים אשר להם היד החזקה לשנות הטבעים, וכן לא יבאו מן הדברים המתוקים לגמרי כמו הדבש, רק מן המזוגים, כאשר אמרו זכרונם לברכה)בראשית רבה יב טו(בבריאת העולם שתף מדת הרחמים במדת הדין ובראו, עד כאן. **דיני** המצוה. מה שאמרו זכרונם לברכה שכל המנחות)מנחות נב ב(הקרבות לגבי המזבח באות מצה כמו שאמרנו. וכן שירי המנחות שאוכלין הכהנים אף על פי שהם מתרין לאכל אותם בכל מאכל ובדבש, אין אוכלים אותן חמץ. שנאמר)שם ו י(לא תאפה חמץ חלקם. ויש במשמע אפילו חלקם לא יחמיצו. ואם החמיץ שיריה לוקה. ולוקין על כל עשיה ועשיה שבה. כיצד? לשה חמץ או ערכה חמץ או קטפה חמץ או אפאה חמץ לוקה, שנאמר לא תעשה חמץ לא תאפה חמץ, לחיב על מעשה יחידי, שבעשיתה חמץ חיב מלקות. ואין לותתין)רש"י פסחים לו א(חטים של מנחות שמא יחמיצו. ואף על פי כן אמרו זכרונם לברכה)מנחות נה א(שהמנחות הנאפות היו נלושות בפושרין, ומשמרין אותן שלא יחמיצו, שהכהנים זריזים הן. ושאר ודבש אסורן)אוסרים(בכל שהוא, שנאמר לא תקטירו ממנו. כלומר אפילו

כל שהוא. ואינו חיב)רמב"ם פ"ה איסורי מזבח ה"א(אלא אם כן הקטירן עם הקרבן או לשם הקרבן. ואחד המקטיר עצמן או תערבתן)מנחות נח א(לוקה. אבל הקטירן בפני עצמן לשם עצים)זבחים עו ב(פטור, שנאמר ואל המזבח לא יעלו לריח ניחוח. לריח ניחוח אי אתה מעלה, אבל אתה מעלה לשם עצים. ויתר פרטיה מבארים במסכת מנחות)נב ב נח ב(. **הרמב"ם** זכרונם לברכה)בספר המצוות ל"ת צח ובהלכות אסורי מזבח פ"ה ה"א(חשב אסור שאור ודבש ללאו אחד, כלומר, שאם הקריב שאור ודבש שניהם יחד אינו לוקה אלא אחת, וכן אם הקריב כל אחד בפני עצמו לוקה על כל אחד מלקות אחת. ונתן טעם לדבריו, שזהו לאו שבכללות, ובלאו שבכללות כזה לוקין מלקות אחת על שני דברים. והרב רבנו משה בר נחמן זכרונו לברכה)בהשגותיו על ספר המצוות שס(חלק עליו לחשב שאר ודבש שני לאוין, ואמר שאינו רואה כאן לאו שבכללות, שהרי בחמץ מיחד לאוה בפרוש, שנאמר לא תאפה חמץ ואם כן לאו דדבש אף על גב דאכא שאור בהדיה)בתריה(יש לנו לומר הדבש נדרש אותו לחודה, ונמצא לאו בכל אחד. ויתר ראיותיהם בספרם. **ונוהגת** בזמן הבית בכהנים בזכרים, כי להם העבודה.

Mitzvah 117

To not offer leaven or honey: To not offer leaven or honey on top of the altar, as it is stated (Leviticus 2:11), "for any leaven and any honey you shall not burn from it as a fire to the Lord." And the prevention is repeated at the beginning of the verse, as it is stated, "Any meal-offering that you offer to the Lord, you shall not make chamets." And honey is a general name for the well-known honey, as well as for the honey of dates - which is the undifferentiated honey of the Torah - and also for the sap that exudes from [other] sweet fruits. And included in "you shall not burn," is also not to put from it into the filling of the incense. And [it is] as the incense-makers say, "Honey is good for incense, but the Torah forbade it." The roots of this commandment are very hidden to find even a small hint from them. However, since I already made known at the opening of my words that my intention with these reasons that I write is to accustom the youth and give them explanations at the beginning of their coming to hear the words of the Book, since the words of Torah have explanations and benefits - and they shall accept them according to their custom and according to the weakness of their intellect - and let not the commandments be like 'words of a sealed book' at first, lest they rebel against them from this in their youth, leave them forever and go (to emptiness) in emptiness. Hence, I will write everything that first comes into my

ספר החינוך Sefer HaChinukh

thoughts. And once he knows my intention, let not the [critic criticize] me in any thing. **And** I will say that the matter of all of the sacrifices is to arouse the thoughts of the one that offers [them]; and according to that act, he shall take its similarities into his soul - all as we have already written (Sefer HaChinukh 95, 116). Hence in distancing chamets, which is made with great delay, he will take the similarity from his sacrifice to acquire the trait of alacrity, of lightness and of speed in [doing] the act of God, blessed be He. And as they, may their memory be blessed, said (Mishnah Avot 5:20), "Be[...] light like the eagle, swift like the deer, and mighty like the lion to do, etc." And we are obligated in the matter with the meal-offering of individuals more than with the communal meal-offering; since discouragement and laziness are found more with the individual - as the many will flag one another. And therefore, the Torah did not concern itself about this with a communal meal-offering that comes from time to time, such as two breads of [Shavouot]. But with the bread of display - even though it is also called a communal meal-offering - since it is a constant meal-offering on each and every Shabbat, the Torah concerned itself about it and also commanded us about it that it should be matsa. **And** regarding the distancing of honey, we shall say to the tender children in order to discipline them that the cause is to make a similarity that a person should minimize running after food that are sweet to the palate, like the custom of the gluttons and drunkards that are always drawn after everything sweet. And he should place into his heart [to seek] only foods that are beneficial for the body, necessary for his sustenance and [that] protect the health of his limbs. And for this [reason], it is fit for any intelligent person to not plan his food and his drink towards the intention of the pleasure of the sensation of his throat. And if only people were wise, they would understand this. As the whole matter of sensation is a disgrace for them, all the more so is it not fitting for them to intend it and to enjoy it - only that which is required by nature perforce. And there are from the wise men that wrote, "The sense of touch, which is a disgrace for us." **And** I have further heard a reason about the prohibition of leaven and honey, because leaven raises itself and honey likewise brings up much foam. And therefore, they were distanced [from us] to hint that 'an abomination to the Lord is every haughty person.' And I saw further in the commentary of Ramban, may his memory be blessed, who wrote (Ramban on Leviticus 2:11) and this is his language: "And since the sacrifices are for the will of the glorious God, they

ספר החינוך Sefer HaChinukh

should not come from things that have a strong hand to change the nature [of things]; and so [too], they should not come from things that are completely sweet like honey, but rather from [things that are] mixtures - as they, may their memory be blessed, said (Bereishit Rabbah 12:15) about the creation of the world, 'He combined the trait of mercy with the trait of kindness and created it.'" To here [are his words]. **The** laws of the commandment: That which they, may their memory be blessed, said (Menachot 52b) that all meal-offerings that are offered on top of the altar come [as] matsa, as we said. And so [too, that] the remainders of the meal-offerings that the priests eat are not eaten chamets - even though [the priests] are permitted to eat them with any food or with honey - as it is stated (Leviticus 6:10), "You shall not bake their portion chamets," and [included] in its understanding is [that] even their portion shall they not render chamets. And if he renders its remainders chamets, he is lashed. And we administer lashes for each and every doing within it. How is this? [If] he kneaded it chamets or set it up chamets or cut it up chamets or broke it up chamets or baked it chamets, he is lashed - as it is stated, "you shall not make chamets," "you shall not bake chamets," to make liable for a single action in making it chamets; [he is] liable for lashes. And we do not dampen wheat kernels of meal-offerings lest they become chamets (Rashi on Pesachim 36a). And nonetheless they, may their memory be blessed, said (Menachot 55a) that baked meal-offerings were kneaded in lukewarm water, and they would guard them that they not become chamets, as priests are alacritous. And leaven and honey are forbidden (forbid) with the smallest amount, as it is stated, "you shall not burn from it" - meaning to say, even the smallest amount. And he is not liable unless he burns them with the offering or for the sake of the offering (Mishneh Torah, Laws of Things Forbidden on the Altar 5:1). And it is one whether he burns them by themselves or their mixture - he is lashed (Menachot 58a). But if he burned them on their own for the sake of [fire]wood, he is exempted; as it is stated (Leviticus 2:12), "upon the altar they shall not be brought up as a pleasing smell" - for a pleasing smell you shall not bring up, but you may bring up for the sake of wood (Zevachim 76b). And the rest of its details are elucidated in Tractate Menachot. **Rambam**, may his memory be blessed, (in Sefer HaMitzvot LaRambam, Mitzvot Lo Taase 98 and in Mishneh Torah, Laws of Things Forbidden on the Altar 5:1) calculated the prohibition of leaven and honey as one negative commandment - meaning to say, if he offered both of them, leaven and honey, together, he is only lashed once. [But] if he offered each one on its own, he is lashed one [set of] lashes for each one. And he gave a reason for his words: That this is a general negative commandment; and with a general negative commandment like this, we administer one [set of] lashes for two things. And the teacher, our Rabbi Moshe bar Nachman (Ramban), may this memory be blessed, (in his glosses on the Sefer HaMitzvot above) disagreed with him, to calculate leaven and honey as two negative commandments. And he said that he does not see a general negative commandment here; as behold with chamets, it specifies its negative commandment explicitly, as it is written, "you shall not bake chamets." And if so, [with regards to] the negative commandment of honey - even though there is leaven with it (after it), we should say that the honey is learned by itself. And [so] a negative commandment is found for each one. And the rest of their proofs are in their book. **And** [it] is practiced at the time of the [Temple] by male priests, as the service is theirs.

מצוה קיח

שלא להקריב קרבן בלא מלח - שלא להשבית מלח מעל הקרבן או המנחה, כלומר שלא יקריבו הכהנים שום קרבן או שום מנחה אלא אם כן ישימו בהן מלח, שנאמר (ויקרא ב יג) ולא תשבית מלח ברית אלהיך מעל מנחתך, וכתוב גם כן (שם) על כל קרבנך תקריב מלח. **משרשי** המצוה. כתבתי למעלה בראש הסדר. **מדיני** המצוה, אמרו זכרונם לברכה (מנחות כא א) שמצוה למלה הבשר יפה כעין מלוח הבשר לצלי שמולחו משני צדדים. ובדיעבד (רמב"ם פ"ה איס רי מזבח הי"א י"ג) אפילו מלח כל שהוא כשר. ומלח שמולחין בו הקרבנות הוא משל צבור, כמו העצים. ואין היחיד מביא מלח או עצים לקרבנות, וכל זה מהגדלת הבית דבמקום עשירות ליכא עניות (שבת קב, ב). ובשלשה מקומות היו נותנין המלח, בלשכת המלח ועל גבי הכבש ובראשו של מזבח. בלשכת המלח היו מולחין האברים, ובראשו של מזבח מולחין הקמץ והלבונה והמנחות הנשרפות ועולת העוף. ויתר פרטיה מבארין בפרק שביעי מזבחים. **ונוהגת** בזמן הבית בזכרי כהנה כי להם להשלים צרכי הקרבן. וכהן העובר עליה והקריב קרבן או מנחה בלא מלח כלל, בטל עשה וגם עובר על לאו זה ולוקה, שהרי מעשה יש כאן כשהוא מקריב הבשר התפל שהזהר עליו שלא להקריבו בלא מלח.

Mitzvah 118

To not offer a sacrifice without salt: To not suppress salt from upon the sacrifice or upon the meal-offering; meaning to say that the priests not offer any sacrifice or any meal-offering unless they place salt in them, as it is stated (Leviticus 2:13), "you shall not suppress the salt of your covenant with God from your meal-offering." And it is also written (there), "upon all your offerings you shall offer salt." **I** have written from the roots of the commandment above at the beginning of the Order. **From** the laws of the commandment is [that which] they, may their memory be blessed, said (Menachot 21a) that it is a commandment to salt the meat properly - similar to the salting of meat for roasting - such that he salts it from both sides. But it is fit, ex post facto, even if he salted it a tiny bit (Mishneh Torah, Laws of Things Forbidden on the Altar 5:11). And the salt with which we salt the sacrifices is the community's, like the [fire]wood. And an individual does not bring salt or wood for the sacrifices. And all of this is from the aggrandizement of the [Temple]; as 'in a place of wealth, there is no poverty' (Shabbat 102b). And they would put the salt in three places: in the chamber of salt; on top of the ramp; and at the top of the altar. They would salt the limbs in the chamber of salt, and they would salt the handful, the frankincense, the burnt meal-offerings and the burnt offering of the fowl at the top of the altar. And the rest of its details are in the seventh chapter of Zevachim. **And** [it] is practiced at the time of the [Temple] by the males of the priesthood, as it for them to complete the requirements of the sacrifice. And a priest that transgresses and offers a sacrifice or meal-offering without salt at all, has violated a positive commandment and also violated this negative commandment. And he is lashed - as behold, there is an act here when he offers the bland meat, about which he has been warned not to offer it without salt.

<u>מצוה קיט</u>

מצות מליחת הקרבן - להקריב מלח על כל הקרבנות. כלומר, שיתן מלח בבשר הקרבן וכן בקמח המנחות, שנאמר (ויקרא ב יג) על כל קרבנך תקריב מלח. **כבר** אמרנו במצות בנין הבית (מצוה צה), כי משרשי מצות הקרבן להכשיר ולהישיר נפש המקריב אותו. ועל כן לעורר נפשו של מקריב נצטוה בהקרבת דברים הטובים והערבים והחביבים עליו, וכמו שכתבנו למעלה. והמלח בו גם כן מן השרש הזה, כדי שתהיה אותה פעלה שלמה, לא תחסר לפי הנהגת האדם דבר, כי אז יתעורר לבו אליו יותר, כי כל דבר מבלי מלח לא יערב לאיש לא טעמו ולא אף ריחו. ומלבד זה יש במלח ענין אחר רומז, כי המלח מקים כל דבר ומציל על הפסד והרקבון. וכן במעשה הקרבן ינצל אדם מן ההפסד, ותשמר נפשו ותשאר קימת לעד. **מדיני** המצוה. מה שאמרו

ספר החינוך Sefer HaChinukh

זכרונם לברכה (מנחות כ א) כי כל הקרבנות נמלחין קדם שיעלו למזבח. ואין לך דבר שקרב למזבח בלא מלח חוץ מן הנסכים והדם והעצים, ודבר זה קבלה ואין לו מקרא. ואם עבר והקריב בלא מלח הקרבן כשר ונרצה, חוץ מן המנחה שהמלח מעכבה שנאמר בה בפרוש ולא תשבית מלח ברית אלהיך מעל מנחתך. ויתר פרטיה מבארים בספרא ובמקומות ממנחות (יח א, כא ב) [הל' איסורי מזבח פ"ד הי"א]. **ונוהגת** בזמן הבית בזכרי כהנה. ועובר על זה והקריב מנחה או קרבן בלא מלח בטל עשה, ועוד שהוא עובר על לאו, דכתיב (שם) ולא תשבית מלח וגו'.

Mitzvah 119
The commandment of salting the sacrifice: To offer salt on all of the sacrifices; meaning to say, that he place salt in the meat of the sacrifice and so [too,] in the flour of the meal-offerings, as it is stated (Leviticus 2:13), "upon all your offerings you shall offer salt." **We** have already said in the commandment of the building of the [Temple] (Sefer HaChinukh 95) that it is from the roots of the commandment of the sacrifice to render fit and straighten the soul of the one who offers it. And therefore, in order to arouse the soul of the one who offers, he is commanded offering things that are good, pleasant and beloved to him - and as we wrote above. And the salt in it is also from this root, so that his action be complete, [that] it not lacks anything according to the practice of people; since then will his heart be more aroused. As anything without salt is not pleasant to a person - not its flavor and not even its smell. And besides this, there is another matter hinted to with salt, as salt preserves everything and saves from spoiling and rotting. And so [too,] with the procedure of the sacrifice, a man is saved from loss, preserves his soul and will remain in existence forever. **From** the laws of the commandment is that which they, may their memory be blessed said (Menachot 20a) that all the sacrifices are salted before they go up to the altar. And you do not have anything that approached the altar without salt, except for the libations, blood and wood. And this thing is a tradition and it does not have a [source in] Scripture. And if he transgressed and sacrificed without salt, the sacrifice is fit and acceptable - except for the meal-offering, [for which] the salt impedes it. As about it is it stated explicitly (Leviticus 2:13), "you shall not suppress the salt of your covenant with God from your meal-offering." And the rest of its details are elucidated in Sifra and in [various] places in Menachot (see Mishneh Torah, Laws of Things Forbidden on the Altar 5:11). **And** [it] is practiced at the time of the [Temple] by the

males of the priesthood. And one who transgresses this and offers a meal-offering or sacrifice without salt has violated this positive commandment; and he further violates a negative commandment, as it is written, "you shall not suppress the salt, etc."

מצוה קכ

מצות קרבן בית דין אם טעו בהוראה - שיקריבו סנהדרי גדולה קרבן אם טעו והורו שלא כהלכה בעברות חמורות שחיבין עליהם כרת, ועשו הקהל או רבן על פיהן, שנאמר)ויקרא ד יג(ואם כל עדת ישראל ישגו ונעלם דבר וגו'. **כבר** כתבתי למעלה)מצוה צה(כי מכונות הקרבן להכנעת נפש המתאוה ולהגדיל נפש השכלית, ועל כן בהגיע אל הגדולים טעות בדבר ידוע כי בחלשת השכל ארע להם, וראויים לחזקו על כל פנים, ועל כן יבואו אל הבית אשר שפע השכל עליו ויעשו מעשה הקרבן וישיבו אל לבם בכח הפעלה גריעות הנפש הבהמית הטועה וחשיבות השכלית המישרת והזכה, ומתוך מחשבת טהרה זו ישגיחו וישכילו בכל הוראותם לעולם. **מדיני** המצוה.)כגון(מה שאמרו זכרונם לברכה)הוריות ד ב(שיש טעות בהוראות בית דין חיבין להביא הקרבן ולא)על(העושה על פיהם, ויש שהעושה חיב ולא הם. ואלו מן התנאים הצריכים בדבר שיהיו בית דין חיבין ולא העושים על פיהם שיהיו המורים של שבעים ואחד. ויהיה ראש הישיבה עמהם בשעה שהורו, ויהיו כלם ראוים להוראה, שנאמר)במדבר טו כד(אם מעיני העדה עד שיהיו להם לעינים, כלומר ראוין להוראה, ויטעו רבם בדבר זה שהורו בו, ויורו בפרוש שיאמרו לעם מתרים אתם לעשות, ויעשו כל הקהל או רבם על פיהם, ויהיו העושין שוגגין על פיהם ומדמין שהדבר שהורו בית דין כדת הורו, ולא שידעו אותן עושין שטעו ועשו אף על פי כן. ועוד שיורו לבטל מקצת ולקים קצתה)הוריות ג ב(. אבל לא לעקר כל מצוה אחת, שנאמר)ויקרא ד יג(ונעלם דבר, ולא כל הגוף. וזהו)גרסת(גזרת הכתוב. ואפשר כי טעם הענין ששגגת עקירת כל גוף המצוה אין לחוש שלא תתגלה במהרה. וכשיודע להם החטאת, שידעו גופו של דבר שהורו בו בשגגה ולא שיספקו על אי זה דבר ארעה להם השגגה ואף על פי שידעו כי בודאי שגגו באחת. ואף שהודיעום החוטאים ואמרו להם בזו שגגתם, כיון שהם אינם זוכרים אותו דבר בכוון פטורין, שנאמר)שם יד(ונודעה החטאת. כלומר, להם ולא שיודיעום אחרים. כל אלה התנאים צריכין להיות בדבר שיתחיבו הבית דין בקרבן ולא העושים על פיהם. **ואמרי** שיתחיבו הבית דין קרבן, רוצה לומר שיביאו קרבן שבטי ישראל כנגדם, כמו שמבאר בהוריות)ה, ב(. ואם בהוראת עבודה זרה שגגו מביאים שנים עשר שבטים שנים עשר פרים לעולה ושנים עשר שעירים לחטאת. ואם בהוראת שאר כרתות שחיבים על שגגתם חטאת, מביאים שנים עשר פרים. **ואם** חסר אחת העושה על פיהם חיב חטאת קבועה, והן פטורין, שלא חיבה התורה בית דין

ספר החינוך Sefer HaChinukh

בקרבן זה אלא כשהם בשלמותם לפי שיש בזה הוראה לחטאת כל העם שישגו ראשיהם והם בשלמותם. **ויתר** רבי הצדדין שהיחיד חיב והם פטורין, או הם חיבין והוא פטור, וחלוק הקרבנות שביניהם, כגון מה שאמרו זכרונם לברכה (שם ט א) כל המצות שבתורה, שחיבין על זדונן כרת ועל שגגתן חטאת, היחיד מביא כשבה או שעירה והנשיא שעיר, וכהן משוח ובית דין מביאין פר, והוא הכהן הגדול שנמשח בשמן המשחה, (שם יא ב). ויתר פרטיה מבארין במסכת הוריות, ובמקומות מזבחים [הלכות שגגות פי"ד] **ונוהגת** בזמן הבית שיש לנו סנהדרי גדולה.

Mitzvah 120

The commandment of the sacrifice of the court if they erred in instruction: That the Great Sanhedrins offer a sacrifice if they erred and instructed not like the law about weighty sins for which we are liable excision and the community or their leader acted according to their word; as it is stated (Leviticus 4:13), "If the whole community of Israel erred and the thing was hidden, etc." I have already written above (Sefer HaChinukh 95) that the sacrifice is intended to humble the desiring soul and to enlarge the intellectual soul. And therefore, when a mistake comes to the great ones in something, it is well-known that it happened to them from the weakness of the intellect. And it is fitting to strengthen it in any case. And hence they come to the House upon which the Intellect impacts, do the act of the sacrifice and, by force of the action, put back into their hearts the inferiority of the erring animal soul and the importance of the straight and clear intellect. And from this pure thought, they will pay attention and comprehend with [the execution of] all of their rulings forever. **From** the laws of the commandment is (for example,) that which they, may their memory be blessed, said (Horayot 4b) that there is a mistake in the instructions [for which] the court is liable to bring a sacrifice, and not (upon) the one who does according to their word, and there is [one] where the doer is liable and not them. And these are from the necessary conditions for which the court would be liable and not the ones doing according to their word: That the instructors be seventy-one; that the head of the yeshiva be with them at the time they instructed; that they all be fit for instruction, as it is stated (Numbers 25:24), "if from the eyes if the community" - [not] until they be eyes for them, meaning to say, until they are fit for instruction; and the majority of them err in this matter that they instructed about; that they instructed explicitly, such that they said to the people, "You are permitted to do [it]"; that all of the

ספר החינוך Sefer HaChinukh

congregation - or most of them - do according to their word; that the ones doing it are inadvertent according to their word and imagine that the court instructed properly, and not that those doing knew that they erred and did [it] nonetheless. And also, that they instructed to nullify part [of the law] and preserve part of it (Horayot 3b), but not to uproot all of one commandment, as it is stated, "and the thing was hidden," - and not the whole body [of the commandment]. And this is a (teaching) decree of Scripture (gezerat hakatuv). And it is possible that the reason of the matter it that there is no concern that a mistake of uprooting the whole body of the commandment will not be revealed quickly. And when the sin become known to them, that they knew the actual thing that they instructed in error, and not that they were in doubt about which thing the error occurred to them - and even if they knew that they certainly erred in one [part]. And even if the sinners informed them and told them, "You erred in this" - since they do not remember that thing exactly, they are exempt; as it is stated (Leviticus 4:14), "And the sin is known" - meaning to say, to them, and not that others inform them. All of these conditions need to be in the thing, such that the court is liable for a sacrifice and not the ones that act according to their word. **And** their saying that the court is liable a sacrifice means to say that the the tribes of Israel bring a sacrifice for them, as it is elucidated in Horayot 5b. And if they erred in an instruction about idolatry, the twelve tribes bring twelve bulls for a burnt-offering and twelve goats for a sin-offering; and if in the instruction of other sins of excision for which one is liable a sin-offering when inadvertent, they bring [only] twelve bulls. **And** if one [of the conditions] is lacking, one who does according to their word is liable for a fixed sin-offering and [the judges] are exempt. As the Torah only made the court liable for this sacrifice when they are complete - since there is in this instruction for sin of all the people, that their heads err and they be in their completeness. **And** the rest of the many angles by which an individual is liable and they are exempt or they are liable and he is exempt; the difference in sacrifices between them, such as that which they, may their memory be blessed, said (Horayot 9a), "All of the commandments in the Torah for the volitional transgression of which one is liable excision and for the inadvertent transgression of which one is liable a sin-offering, the individual brings a ewe or female goat, the chieftain brings a male goat and an anointed priest and a court bring a bull" - and that is the high priest that was anointed with anointing oil (Horayot 11b);

and the rest of its details are elucidated in Tractate Horayot and in [various] places in Zevachim (see Mishneh Torah, Laws of Offerings for Unintentional Transgressions 14). **And** [it] is practiced at the time of the [Temple] when we have Great Sanhedrins.

מצוה קכא

מצות קרבן חטאת ליחיד ששגג במצות לא תעשה שחיבין עליה כרת - שיקריב כל שוגג בחטא מהחטאים הגדולים הידועים קרבן חטאת. שנאמר)ויקרא ד כז(ואם נפש אחת תחטא בשגגה מעם הארץ וגו'. וזאת היא הנקראת חטאת קבועה, כלומר שהיא לעולם קרבן בהמה ולא יעלה וירד לפי עשר המקריב ועניו. והחטאים שיתחיבו עליהם חטאת)יבמות ט ב(הם לעולם אותן שחיבין על זדונם כרת, ובתנאי שתהיה מצות לא תעשה ויהיה בה מעשה)מכות יג ב(. **כבר** אמרנו כי משרשי הקרבן להשפיל הנפש החוטאת, כחטאת כאשם תורה אחת להם)ויקרא ז ו(. אינני צריך להחזירו על כל אחד ואחד. **מדיני** המצוה. כגון מה שאמרו זכרונם לברכה)הוריות ט א(שאין חיוב השוגג להביא חטאת אלא על עבירה שחיבים על זדונה כרת, ויש בתורה שלשה חטאים שאף על פי שיש בזדונן כרת אין בשגגתן חטאת. ואלו הן, מגדף, ומבטל מילה, וחדל מעשות הפסח, ונתנו טעם בכל אחד ומפרש במקומו. כל שאר העבירות שזדונן כרת, שגגתן חטאת קבועה, חוץ מטמא שאכל את הקדש. וטמא שנכנס למקדש, שאף על פי שזדונן כרת אין מביאין חטאת קבועה אלא קרבן עולה ויורד, שהוא עוף או קמח, כמו שמפרש בכתוב)ויקרא ה ו יג(. נמצאת למד, שכל העברות שבתורה שהיחיד מביא על שגגתן חטאת קבועה, שלש וארבעים הם.)רמב"ם פ"א מהל' שגגות ה"א(צא וחשב, כי כן תמצאם, ורבם בעריות. וכן מענין זה מה שאמרו זכרונם לברכה)שבת קיב א(שאין חיוב הקרבן עד שיהא שוגג מתחלה ועד סוף. וחלוקי הידיעות שאפשר שיהיו לשוגג בשגגתו, רבות. ויתר רבי פרטיה מבארים בהוריות)יא א(ובכריתות)ב א(, ובמקומות משבת)ע ב(ושבועות)יט א(וזבחים. **ונוהגת** בזמן הבית בזכרים ונקבות. ועובר עליה ולא הקריב חטאת קבועה על שגגתו, בטל עשה.

Mitzvah 121

The commandment of a sin-offering for an individual who sinned inadvertently in a commandment for which we are liable excision: That anyone that sins inadvertently from the big well-known sins offer a sin offering, as it is stated (Leviticus 4:27), "And if a soul sin inadvertently from the people of the land, etc." And this is what is called a fixed sin-offering; meaning to say that it is always a sacrifice of a beast and it does not vary up or down

ספר החינוך Sefer HaChinukh

according to the wealth or poverty of the one who brings it. And the sins for which they would be liable a sin-offering are always the ones for which we are liable excision for their volitional transgression (Yevamot 9b) - and on condition that it be a negative commandment and that there be an act [involved] with it (Makkot 13b). **We** have already said that it is from the roots of the commandment of the sacrifice to abase the sinning soul - 'like the sin-offering, like the guilt-offering, there is one law for them.' I do not need to repeat it for each and every one. **From** the laws of the commandment is, for example, that which they, may their memory be blessed, said (Horayot 9a) that the liability of the one that sins inadvertently to bring a sin-offering is only for a sin for which we are liable excision for its volitional transgression. But there are three sins in the Torah that, even though there is excision for their volitional transgression, there is no sin-offering for their inadvertent transgression. And these are them: one who curses; one who undoes circumcision; and one who refrains from enacting the Pesach sacrifice. And they give a reason for each one and it is explained in its place. And all other sins for which their volitional transgression has excision, their inadvertent transgression has a fixed sin-offering - except for an impure person that eats consecrated [foods] and an impure person that enters the Temple; as even though their volitional transgression has excision, we do not bring a fixed sin-offering, but rather a sacrifice that varies up and down - which is fowl or flour, as is explained in the verse (Leviticus 5:6,13). You come out learning that all of the sins in the Torah for which an individual brings a fixed sin-offering for their inadvertent transgression are forty-three (Mishneh Torah, Laws of Offerings for Unintentional Transgressions 1:4) - go and count, because you will find it so. And most of them are for forbidden sexual relationships. And so [too,] from this matter is that which they, may their memory be blessed, said (Shabbat 112a) that there is only liability for a sacrifice when he is inadvertent from beginning to end. And the different awarenesses that it is possible for an inadvertent sinner to have in his inadvertence are many. And the rest of its many details are elucidated in Horayot and Keritiot, and in [various] places in Shabbat and Zevachim. **And** [it] is practiced at the time of the [Temple] by males and females. And one who transgresses it and does not offer a fixed sin-offering for his inadvertent sin has violated a positive commandment.

מצוה קכ

מצות עדות - להגיד העדות בפני)בב"ד לפני(הדינים. בכל מה שנדעהו, בין שיתחיב בעדות מיתה או ממון המועד עליו או שיהיה הצלתו בממונו או בנפשו, שנאמר)ויקרא ה א(והוא עד או ראה או ידע אם לא יגיד ונשא עונו. בכל ענין, חובה)רמב"ם פ"א עדות ה"א(עלינו להגיד העדות לפני הבית דין)ב"ק נה ב(. **ואולם** חלוק יש בין דיני ממונות לדיני נפשות ושאר אסורין שבתורה, שבדיני ממונות אין אדם חיב להעיד עליהם מעצמו אלא אם כן יתבענו בעל הדבר או בית דין, ובדיני נפשות ושאר אסורין שבתורה, כגון שראה אחד שעבר על אסור, וכן בעדות נפשות, שראה מי שהרג חברו, או בעדות מכות, שהכה האחד את חברו, בכל זה חיב האדם לבא מעצמו ולהגיד העדות לפני הבית דין כדי לבער הרע ולהפריש האדם מאסור. **משרשי** המצוה. לפי שיש במצוה זו תועלת גדולה לבני אדם, אין צריך להאריך בהם, כי ידועים הדברים לכל רואי השמש. **דיני** המצוה. כגון החלוקין שגלו לנו חכמים זכרונם לברכה שהם במצוה זו בין איש לאיש שלא כל האדם חיב לבא לפני בית דין להעיד להם, שאם היה העד חכם גדול והבית דין פחות ממנו שיש לו להמנע אם ירצה מלהעיד לפניהם, שעשה של כבוד תורה דוחה עשה דעדות,)כמבואר בשבועות לו ב(.)רמב"ם שם ה"ג(וכהן גדול גם כן אינו חיב להעיד אלא עדות שהיא למלך בלבד, ומלכי ישראל לא מעידין על אחרים ולא אחרים עליהם משום מעשה שהיה, כמו שבא בסנהדרין פרק כהן גדול)סנהדרין יט א(. אבל מלכי בית דוד מעידין ומעידין עליהם, ודנין אותם. ואין)שם כז ב(נמנעין מלקבל עדות בשביל אהבה ושנאה, כי שארית ישראל לא יעשו עולה בעדותם. אבל לענין הדין אינו כן, שאין דנין האוהב והשונא, מפני שהשונא אינו רואה זכות, ולא האוהב חובה. **וכתב** הרמב"ם זכרונו לברכה)שם פ"ג ה"ד(שעקר עדות של תורה הוא מפי העדים ולא מפי כתבם, שנאמר)דברים יז ו(על פי וגו'. אלא שחכמים מפני תקון העולם שימצאו בני אדם ללות תקנו שנחתוך הדין בממון על פי עדים שבשטר כמו מפיהם. והרמב"ן זכרונו לברכה)בסהמ"צ בסוף השורש השני(הקשה עליו בספר המצות הרבה על זה ויארך הענין אם באתי לכתב כלו. וכלל הדבר, כי הרמב"ן זכרונו לברכה סובר שעדות שטר דאוריתא הוא, דכתיב)ירמיהו לב מד(וכתוב בספר וחתום. **ומדיני** המצוה. גם כן מה שאמרו זכרונם לברכה)כתובות יח ב(כל אדם שהגיד)שהעיד(עדותו בפני בית דין וחקרוהו כרצונם אין יכול לחזר ולסתר דבר מכל מה שהגיד בפניהם ולומר שמטעה או שוגג היה או שנזכר אחר כך שאין הדבר כמו שהעיד. ואפילו נתן טעם לדבריו אין שומעין לו. וכל עדות שבשטר הרי הוא כעדות שחקרוהו בית דין כרצונם ושוב אין העדים יכולים לחזר בהם בשום דבר שבשטר. ודנין על פי החתומין בכל דבר הכתוב בשטר, והוא שנהיה בריאים שאותם החתומים הם שחתמוהו אותו שטר לא זיפם מזיף. וזאת החקירה יש לנו לעשותה על פי אנשים שהכירו אותן

חתימות שהן כתיבת אותם האנשים החתומים, וצריכין אנו שני עדים שיכירו שתי החתימות, כל אחת מהן יכירו שני העדים. וכן)שם כא ב(אם שנים מן הדינים בעצמן מכירין אותם די לנו בכך, או)שם כ ב(אם החתומים בעצמם לפנינו ויעיד כל אחד על חתימתו די בכך, אבל האחד אינו יכול להעיד על כתיבתו ועל כתיבת חברו. וכן אם כתב ידם יוצא ממקום אחר לפנינו מקימין ממנו. ומפרש בגמרא)שם כ א(שאין מקימין שטר אלא משני שטרות של שתי שדות שאכלום בעליהן שלש שנים אכילה גליה בלא שום יראה ופחד מן תביעת בעלים, או משני שטרות של כתבות, והוא שיצאו מתחת ידי אחר לא מתחת ידי זה הרוצה בקיום, דחישינן שמא הכל זיף. וכן משטר אחר שקרא עליו ערער והחזק בבית דין. **ומה** שאמרו זכרונם לברכה גם כן)כתובות כח א(שבעדות של חתימה נאמן קרוב להעיד על כתיבת קרובו שהוא מכירה, ומצטרף עם אחר לקים השטר, ושבעדות זה נאמן אדם בגדלו להעיד ולומר כשהייתי קטן ראיתי כתב אבי או אחי, ומכירה אני עכשו שהיא אותה שראיתי. ומה שאמרו שעשרה בריות פסולות לעדות מן התורה, וכמו שכתבנו למעלה במצות)מצוה עה(אל תשת רשע עד. וכן)וכמו( )קידושין מ ב(מי שאינו במקרא ולא במשנה ולא בדרך ארץ שהוא פסול מדבריהם, שחזקה עליו שהוא רשע, והרי כתיב)שמות כג א(אל תשת רשע עד. אבל אם יש בו דרך ארץ ועוסק בקצת מצות מקבלין עדותו אף על פי שהוא עם הארץ. נמצאת אומר, כל תלמיד חכם בחזקת כשר עד שיפסל, ועם הארץ בחזקת פסול עד שיחזק עמנו לטוב. וכן האנשים הבזוים ביותר פסולין מדבריהם, כגון האוכלין בשוק בפני הכל, וההולכים ערומים בשוק. ומכלל הבזוים)סנהדרין כו ב(האוכלים צדקה של גוים בפרהסיא. ויתר פרטיה, מבארים בסנהדרין ושבועות]הלכות עדות פ"א[**ונוהגת** בכל מקום ובכל זמן בזכרים אבל לא בנשים, שאין הנשים בתורת עדות לקלות דעתן. והעובר עליה ולא העיד בדיני ממונות כשתבעוהו לעדות בעל דבר או בית דין, או בדיני נפשות ומכות או ובאסורין של תורה מעצמו, בטל עשה וענשו גדול מאד, כי בכח העדות יתקימו הישובים, על כן נכתב בו)ויקרא ה א(אם לא יגיד ונשא עונו. ואם תהיה העדות אשר כבש עדות ממון וכחש בה העד ונשבע עליה, כלומר שנשבע שאינו יודע לו עדות, חיב להביא קרבן עולה ויורד, ובתנאים הידועים בענין, כמו שמפרש במקומו בשבועות.)ל א(והוא אחד משלשה קרבנות הבאין בין על שוגג בין על מזיד.)כריתות ט א(.

Mitzvah 122

The commandment of testimony: To say the testimony in front of the judges, in all that we know of it - whether with the testimony, [the accused] will become liable for death or money that is earmarked for him, or whether it will be his salvation for his money or for his life - as it is stated (Leviticus 5:1), "and he is a witness

ספר החינוך Sefer HaChinukh

or saw or knew, if he does not say, he will carry his iniquity." In every matter, it is an obligation (Mishneh Torah, Laws of Testimony 1:1) upon us to say the testimony in front of the court (Bava Kamma 55b). **However**, there is a difference between monetary laws, and capital and other laws in the Torah. As with monetary laws, a man is not obligated to testify about them on his own, unless a party in the case or the court solicits him. But with capital laws and other prohibitions in the Torah - for example, he saw someone that transgressed a prohibition; and so [too,] with capital testimony, that he saw someone kill his fellow; or in the testimony of blows, that one hit his fellow - with all of this, a man is obligated to come on his own and say the testimony in front of a court, so as to destroy the evil and to separate a man from a prohibition. **It** is from the roots of the commandment [that it is] because there is great benefit to people with this commandment. It is not necessary to write at length about it, as the things are known to all who see the sun. **The** laws of the commandment: For example, the differences that the Sages, may their memory be blessed, revealed to us that there are in this commandment between one man and another, such that not every man is obligated to come in front of the court to testify to them: As if the witness was a great sage and the court less than he, he may - if he wants - withhold from testifying in front of them; as the positive commandment of honor of the Torah pushes off the positive commandment of testimony (as is elucidated in Shevuot 36b). And a high priest is also not obligated to testify except only for testimony [that pertains] to a king (Mishneh Torah, Laws of Testimony 1:3). And kings of Israel do not testify about others, and others [do not testify] about them, because of a case that happened, as it appears in Sanhedrin 19a in the chapter [entitled] Kohen Gadol. But kings of the House of David testify and [others] testify about them and judge them. And we do not withhold from accepting the testimony on account of love or hate, as 'the remnant of Israel will not do injustice' in their testimony (Sanhedrin 27b). But regarding judgement, it is not so; as a friend and an enemy may not judge, because the enemy cannot see a merit and the friend cannot see a liability. **And** Rambam, may his memory be blessed, wrote (Mishneh Torah, Laws of Testimony 3:4) that the main testimony of the Torah is from the mouth of witnesses and not from the mouth of their writing, as it is stated (Deuteronomy 17:6), "By the mouth, etc."; except that because of the betterment of the world, such that people would find [those from whom] to borrow, the Sages

ספר החינוך Sefer HaChinukh

ordained that we establish law with regard to money according to witnesses in a deed, the same as from their mouth. But Ramban, may his memory be blessed, (in the Sefer HaMitzvot at the end of the second root) challenged him greatly about this in the Sefer HaMitzvot. And if I would come to write the whole matter, it would be lengthy. But the essence of the thing is that Ramban, may his memory be blessed, holds that the testimony of a deed is from Torah writ, as it is written (Jeremiah 32:44), "write in the book, and seal." **And** from the laws of the commandment is also that which they, may their memory be blessed, said (Ketuvot 18b) that any man who said (testified) his testimony in front of a court and they investigated him according to their will, may not go back and contradict anything from all that he said in front of them, and say that he erred or was inadvertent or that he remembered afterwards that the matter was not like he testified. And even if he gave a reason for his words, we do not listen to him. And also testimony in a deed is like testimony that the court investigated according to their will, and [so] the witnesses may not recant on anything in the deed. And we judge [the case] according to the signatories about everything written in the deed - and that is when we are sure that those signatories are are the ones that signed the deed, not that a forger forged them. And this investigation we should do by way of men that recognized those signatures - that they are the writing of those people that are signed. And we need two witnesses that recognize the two signatures - each one of them that recognizes both of the witnesses. And so [too,] if two of the judges, themselves, recognize them, it is enough for us with that (Ketuvot 21b); or if the signatories, themselves, are in front of us and each one testifies about his signature, it is enough with that. But one cannot testify about his writing and the writing of his fellow (Ketuvot 20b). And so [too,] if the writing of their hand is [validated] from another place that is in front of us, we certify them from it. And it is explained in the Gemara (Ketuvot 20a) that we only certify a deed from two [other] deeds of two fields [through which] their owners ate [from] them openly without fear or trepidation about a claim from the [previous] owners; or from two marriage deeds (ketuvot) - and that is when they come from under the hand of another, not from under the hand of this one that wants validation [of the document], as we are concerned lest it is all a forgery. And so [too, we validate] from another deed that was challenged and [then] ratified by the court. **And** that which they, may their memory be blessed, also said (Ketuvot 28a) that with

ספר החינוך Sefer HaChinukh

testimony about a signature, a relative is trusted to testify about the writing of his relative, that he recognizes it - and he combines with another to validate the deed. And with this testimony a man is trusted when he is an adult to testify and say, "When I was small, I saw the writing of my father - or my brother - and I recognize it now, that it is the one that I saw." And that which they said that ten creatures are disqualified for testimony from Torah writ, and like I wrote above in the commandment of "do not place your hand with an evildoer to be a witness" (Sefer HaChinukh 75). And so [too,] one who is not [involved] in Scripture, nor in Mishnah, nor in the way of the world (productive work) is disqualified by the words of [the Rabbis], as there is an assumption about him that he is an evildoer - and behold, it is written (Exodus 23:1), "do not place [...] an evildoer to be a witness." But if he has [involvement] in the way of the world and is involved in some commandments, we accept his testimony, even though he is an ignoramus. You will be found to say that any Torah scholar is assumed to be fit until he is disqualified and [any] ignoramus is assumed to be disqualified until his status is established with us for the good. And so [too,] the most debased men are disqualified [rabbinically], such as those that eat in the marketplace in front of everyone. And included in the debased (Sanhedrin 26b) are those that consume the charity of gentiles publicly. And the rest of its details are elucidated in Sanhedrin and in Shevuot (see Mishneh Torah, Laws of Testimony 1). **And** [it] is practiced in every place and at all times by males, but not by women - as women are not in the category of testimony due to the weakness of their minds. And one who transgresses it and does not testify - in monetary laws when he is solicited by a party in the case or [by] the court; and with capital laws, or blows or Torah prohibitions, on his own - has violated a positive commandment. And his punishment is very great, as civilizations are preserved with the power of testimony. Therefore, it it written about it (Leviticus 5:1), "if he does not say, he will carry his iniquity." And if the testimony that he suppressed was monetary testimony and the witness denied it and swore about it - meaning to say, he swore that he does not know testimony for him - he is obligated to bring a sacrifice that varies up and down; and under the conditions that are known about the matter, as it is explained in its place in Shevuot 30a. And it is one of three sacrifices that come whether [it is] inadvertent or whether [it is] volitional.

מצוה קכג

מצות קרבן עולה ויורד - להקריב קרבן עולה ויורד על חטאים מיחדים, והם, טמאת מקדש. כלומר, אדם שהוא טמא באב הטמאה ונכנס למקדש בשגגה, וטמאת קדשיו גם כן שהוא טמא ואכל בשר קדש בשגגה. ושבועת בטוי. כלומר, שנשבע לשקר על דבר לעשות או שלא לעשות, ושאר צדדי שבועת בטוי הידועים, ועובר עליה בשגגה. וכן שבועת העדות. כלומר, שנשבע לחברו שאינו יודע לו עדות בין בשוגג בין במזיד, על אלו החטאים חיב אדם להביא קרבן עולה ויורד כלומר, לפי עשרו ועניו של אדם, כמו שמפרש בכתוב, שנאמר)ויקרא ה א(ונפש כי תחטא ושמעה קול אלה. כלומר, קול שבועה שהשביעוהו אם יודע עדות, אם לא יגיד ונשא עונו, וסוף הענין והביא את אשמו, ולא נאמר שם ונעלם ממנו, ללמד שחיב בקרבן בין בשוגג בין במזיד. **וכתיב** בטמאת מקדש וקדשיו או נפש אשר תגע בכל דבר טמא וגו'. ונעלם ממנו וגו'. ונאמר על הכל בסוף הענין והביא את אשמו. ולא בא בכתוב מפרש שחיוב הטמא שנאמר שם יהיה בהכנסו במקדש או באכלו בשר קדש, אלא מפי השמועה שמענו)שבועות ו ב(שהוא מדבר על זה. ואף על פי שהדבר מפי הקבלה, מצאנו בפרוש במקום אחר חיוב כרת לטמא שאכל קדש או נכנס במקדש, שנאמר)שם ז כ(והנפש אשר תאכל בשר מזבח השלמים אשר ליי וטמאתו עליו ונכרתה וגו'. וכתוב אחר אומר בטמא הנכנס למקדש)במדבר יט כ(כי את מקדש יי טמא ונכרתה. ואחר שנכתב כרת בזדונן יש קרבן בשגגתן, עם הכלל שלנו שכל שבזדונו כרת יש בשגגתו חטאת. וכתיב בשבועת בטוי)ויקרא ה ד(או נפש כי תשבע לבטא בשפתים וגו' ונעלם ממנו וגו', והביא את אשמו. ומנין שהחיוב בה)בם(בקרבן עולה ויורד, שכתוב שם בפרשה)שם ה יא(ואם לא תשיג ידו וגו'. **משרשי** המצוה. כבר אמרנו)מצוה צה(כי ענין הקרבן להזכיר ולהשיב החושב אל לבו בכח הפעלה כי הרע מעשיו, ושיבקש מחילה לאל על העשוי, ויזהר על העתיד. ומחכמתו ברוך הוא ובידיעתו, קלות שכל בני איש ומעוט הבנתם ודלות כחם, הקל עליהם הכפרה בחטאים האלה הנזכרים להיותם כפי עושר בני אדם ועניים, לפי שכשלונם קרוב אצל בני אדם, שאין ספק כי)כל(חטא הלשון קרוב ותמידי יותר מחטא המעשה, וזה יספיק לך על השבועות. **גם** על ענין טמאת מקדש וקדשיו ידוע שהכשלון מצוי בו, שענין הטהרה קשה מאד על כל אדם לשמרו עד שיש לו להזהר לאדם הטהור מהתקרב אצל בני אדם מחשש הטמאה, ויאריך הענין אם באתי לכתב מכמה צדדין הכשלונות המצוין בו, ואולם ידוע הוא לכל מבין)עי' במורה נבוכים ח"ג פמ"א(**ומן** השרש הזה שאמרנו שהכשלון קרוב בענינים אלה הקל להם עוד בשבועת העדות להיותם מביאים כפרה בין על שוגג או מזיד, לפי שענין העדות הוא תמידי ביותר ויצר לב האדם רע, ותולין השקר בשכחה ולא יכונו עדותם. גם יש מן הבריות שאין משגיחין כל כך ברעה הגדולה שעושין בהטית כוון העדות, אחר שבידיהם לא יגזלו ולא יחמסו, אף על פי שבסבתן

אדם עשוק ורצוץ, לא יתנו לב על זה. ועל כן מהתמדת הענין וקלותו בעיני המון העם היה מחסדיו ברוך הוא להיות בו כפרה, בין על שוגג בין מזיד. ואולם המבין בבני אדם יודע כי כל אשר ירחיקנו האל ממנו אף על פי שנתן הדבר לכפרה, ראוי לנו להרחיקו תכלית הרחוק. והענין הוא כאלו יודיע האל ברוך הוא אל בני אדם דבר פלוני אין רצוני שתעשו אותו בשום פנים, ואולם הנכשל מכם ויעבר עליה יעשה תשובה בכל כחו ויגדר עצמו בהרבה גדרים ויביא קרבן לקבע הדבר בלבו שלא יכשל בו עוד. ומכל מקום לא ניצל האיש ההוא שעבר על מצות בוראו. **מדיני** המצוה. שכל אחד מארבעה חטאים אלה מחיב עושהו להביא כשבה או שעירה כדין חטאת קבועה הידוע, ואינו נפטר בעוף או בקמח אלא אם כן הוא עני. ואם הוא עני והביא כשבה או שעירה לא יצא ידי חובתו. והטעם לפי שאחר שרחם האל ברוך הוא עליו ופטרו בכך אינו בדין שידחק עצמו להביא ביותר ממה שתשיג ידו. ובזה יקנה כל מבין עצה לבלתי עשות הוצאות ביותר מן הראוי לו לפי ממונו, יען כי בו סבה לגזל את הבריות כשמבקש למודו ואינו מוצא. ואמרו)כריתות כז ב(גם כן שמי שהיה עשיר והפריש מעות ליקח בהם כשבה או שעירה והעני וצריך למעות, יקח שתי תורים או שני בני יונה ויאמר הרי מעות הללו מחללין על עופות אלו, ואחר כך יהנה בכל המעות. וכן אם הפריש מעות לעופות והעני וצריך להם, מחללו על עשירית איפה קמח, ונהנה בהן. וכן עני שהפריש מעות לעשירית האיפה והעשיר, מוסיף עליהן ומביא כשבה או שעירה. ועשיר נקרא לענין זה כל זמן שיש לו. וחיוב קרבנות אלו)שבועות לא ב(דוקא בשוגג, ובשבועת העדות אפילו במזיד. אבל באנוס, אין בו חיוב קרבן באחד מהם, שכל אנוס התורה פטרתו)פסחים עא ב(מכל חיוב. **והצדדין** שהן בשבועות, שהאדם נקרא אנוס ופטור או שוגג וחיב, והצדדין שאינו מתחיב בו אלא קרבן אחד)שבועות שם(אפילו על כמה שבועות או קרבן אחד על כל שבועה ושבועה. וכן בענין קרבן טמאת מקדש וטמאת קדשיו הצדדין שיש בהן לחיוב ולפטור, צד החיוב יהיה כשיש לו לחוטא ידיעת הטמאה והקדש או מקדש תחלה וכן בסוף והעלם בינתים. כיצד? נטמא וידע שנטמא ובא לידו בשר קדש ויודע שהוא בשר קדש או בא לכנס למקדש ויודע שהוא מקדש, שעכשו יש לו ידיעה מן הטמאה ומן הקדש בתחלה ואחר כך יש העלמה ששכח טמאתו וחשב שהוא טהור. וכן נמי שנעלמו ממנו הקדש או המקדש וחשבן לחלין ואכל מן הקדש או נכנס למקדש, שזהו העלם בינתים, ואחר כך נודע לו שטמא היה או שבשר קדש או מקדש היו, שזהו ידיעה בסוף, בענין זה מביא קרבן ועל זה אמרו רבותינו זכרונם לברכה)שם ב א(ידיעה בתחלה ובסוף והעלם בינתים. **וצד** הפטור הוא)כגון(כשנטמא ולא ידע שנטמא ונכנס למקדש או אכל בשר קדש ואחר כך נודע לו שנטמא בענין זה הוא פטור מקרבן. ודין זה אינו כשאר חיבי כרתות שבתורה, שבשאר הכרתות מכיון שידע בסוף אף על פי שבתחלה לא ידע חיב קרבן. והכתוב מכריע בכאן לדון כן דכתיב בטמאת מקדש

וקדשיו)ויקרא ה ב(ונעלם ממנו. מכלל שהיתה לו שעת ידיעה בתחלה. ונאמר אחרי כן והוא ידע, הא למדת שצריך ידיעה בתחלה וידיעה בסוף והעלם בינתים. אבל בשאר חיבי כריתות כתיב)שם ד כז כח(בעשותה אחת ממצות יי אשר לא תעשינה וגו' או הודע אליו חטאתו. כלומר מכיון שידע בסוף אף על פי שלא ידע בתחלה, שהרי אין כתוב שם ונעלם שנלמד ממנו ידיעה בתחלה. **ומענין** המצוה גם כן מה שאמרו)שבועות שם(שמי שיש לו ידיעה בתחלה ולא בסוף, שאין יכול להביא כפרה כמו שאמרו)שם(ששעיר של יום הכפורים הנעשה בפנים ויום הכפורים בעצמו תולין אותו עד שיודע לו ויביא קרבן כפרתו. ושאין לו ידיעה בתחלה אבל יש לו ידיעה בסוף, שאמרנו שאינו מביא קרבן לעולם, שעיר הנעשה בחוץ ויום הכפורים מכפרין עליו. ועל שאין בו ידיעה לא תחלה ולא סוף, שעירי הרגלים ושעירי ראשי חדשים מכפרין עליו. ועל זדון טמאת מקדש וקדשיו, פר כהן גדול של יום הכפורים מכפר אם המזיד מן הכהנים. ואם היה מישראל דם שעיר הנעשה בפנים ויום הכפורים מכפרין. שנאמר)שם טז טז(וכפר על הקדש מטמאות בני ישראל. ומה שאמרו זכרונם לברכה)הוריות ט א(כי בארבעה חטאים אלה הכל שוין בהן בקרבן, מלך וכהן משיח והדיוט, שאין חלוק ביניהם בקרבנם אלא במצוות שחיבין על שגגתן חטאת קבועה, אבל באלו שחיובן עולה ויורד הכל שוין בהן. ויתר פרטיה מבארים בכרתות ושבועות. ונוהגת בזמן הבית בזכרים ובנקבות. חוץ מקרבן שבועות העדות, שאינו נוהג בנקבות, שאינן בתורת עדות, כמו שכתבנו למעלה)מצוה קכב(. ועובר עליה ולא הקריב קרבנו על אחת מאלה, בטל עשה.

Mitzvah 123

The commandment of the sacrifice that varies up and down: To sacrifice the sacrifice that varies up and down for specific sins - and they are: Impurity of the Temple, meaning to say a man who is impure with a primary source of impurity and enters the Temple inadvertently; likewise, the impurity of its consecrated [foods], that he is impure and ate consecrated meat inadvertently; an oath of expression, meaning to say that he swore falsely about a thing to do it or not to do it, and the other known angles of an oath of expression, and he transgresses it inadvertently; likewise an oath of testimony, meaning to say that he swore to his fellow that he does not have testimony for him [when he actually does], whether inadvertently or volitionally. For these sins, a person is obligated to bring a sacrifice that varies up and down - meaning to say, according to the wealth or poverty of a person; as it is explicit in the verse (Leviticus 5:1), "And if a soul shall sin and he heard the voice of an oath" - meaning to say the voice of the oath that they swore him to, whether he knows testimony, "if he does not say, he

ספר החינוך Sefer HaChinukh

will carry his iniquity." And the end of the matter is (Leviticus 5:6), "And he shall bring his guilt-offering." And it is not stated there, "and it was hidden from him," to teach that he is liable for the sacrifice, whether [he is] inadvertent or volitional. **And** it is written about impurity of the Temple and its consecrated foods (Leviticus 5:2), "Or a soul that touches anything impure, etc. and it was hidden from him"; and it is stated about it all at the end of the matter (Leviticus 5:6), "And he shall bring his guilt-offering." And the verse does not come explicitly that the liability of the impure one there would be with his entering the Temple or with his eating consecrated meat. Rather, we have understood from the tradition that it speaks about this (Shevuot 6b). And even though the thing is from the tradition, we have found the liability for excision for one who ate consecrated [food] or entered the Temple explicit in another place, as it is stated (Leviticus 7:20), "And the soul that eats meat from the sacrifice of the peace-offering that is to the Lord and his impurity is upon him, he shall be excised"; and another verse (Numbers 19:20) states about the impure one that enters the Temple, "for the Temple of the Lord he has made impure, and he shall be excised." And once excision has been written about its volitional transgression, there is a sacrifice for its inadvertent transgression - with our rule, that everything that is with excision for its volitional transgression, is with a sin-offering for its inadvertent transgression. And it is written about an oath of expression (Leviticus 5:4-6), "Or if a soul swears to express with his lips, etc. and it was hidden from him, etc. And he shall bring his guilt-offering." And from where [do we know] that the liability there [for them] is with a sacrifice that varies up and down? As it is written in the section (Leviticus 5:11), "And if his hand does not reach, etc." **From** the roots of the commandment, we have already said (Sefer HaChinukh 95) that the matter of the sacrifice is to remind - and to have the thinker place in his heart - by force of action that he made his deeds bad; and that he request forgiveness about the past and be careful about the future. And it is from His wisdom, blessed be He, and His awareness of the lightness of people's intellect, the limitation of their understanding and the weakness of their power, that He was lenient upon them [regarding] the atonement of these sins that are mentioned - that they be according to the wealth of people or their poverty - as stumbling in them is [common] for people. As there is no doubt that (every) sin of the the tongue is more [common] and frequent than the sin of action. And this will suffice for you about oaths.

ספר החינוך Sefer HaChinukh

And also, regarding the impurity of the Temple and its consecrated [foods], it is known that stumbling is common with it. As the matter of purity is very difficult for any man to guard it, to the point that the pure man must be careful from approaching [other] people out of the concern for impurity. And the matter would be lengthy if I had come to write of the several angles of stumbling that are found with it - however, it is known to all that understand (See Guide for the Perplexed 3:41). **And** from this root that we have said - that stumbling in these matters is [common] - He was further lenient upon them with testimony of an oath that they bring atonement whether [he was] inadvertent or volitional. As since the matter of testimony is very frequent, 'and the impulse of the heart of man is bad,' they [can] attribute the falsehood to forgetting and not be precise in their testimony. There are also some among the creatures that do not [pay so much attention] to the great evil they are doing in swaying the direction of the testimony - since they did not steal and did not extort with their hands. Even though a man is oppressed and broken because of them, they do not [pay attention] to this. And so from the frequency of the matter and its lightness in the eyes of the masses of people, it was from His kindnesses, may He be blessed, that the atonement be whether for the inadvertent or for the volitional. **And** yet one who is understanding among people knows that everything from which God distances us - even if He gives atonement for the thing - is fitting for us to distance with the utmost distancing. And the matter is as if God, blessed be He, informs people, "It is not My will that you do thing x in any fashion. However, one of you who stumbles and transgresses it should repent with all of his might, protect himself with many fences and bring a sacrifice to fix the thing in his heart, that he not stumble in it again." And nonetheless, that person is not saved from having transgressed the commandment of his Creator. **From** the laws of the commandment is that each one of these four sins obligates its doer to bring a ewe or a female goat, like the well-known law of the fixed sin-offering; and he is only exempted with fowl or flour if he is poor. But if he is poor and he brings a ewe or a female goat, he has not fulfilled his obligation. And the reason is that since God, blessed be He, had mercy upon him and exempted him with [something less expensive] it is not appropriate that he push himself to bring more than what his hand can reach. And from this, every understanding person will acquire good counsel: to not make expenditures [that are] more than what is fitting according to his money - as this is a cause to steal from the creatures when he

ספר החינוך Sefer HaChinukh

seeks that to which he is accustomed and does not find [it]. And they also said (Keritot 27b) that one who was wealthy and separated money to buy a ewe or a female goat with it and became poor and needs the money, should take two doves or two young pigeons; and he should say, "Behold this money is rendered profane upon these birds." And afterwards, he may benefit from all of the money. And so [too, if] he separated money for fowl and became poor and needed them, he renders them profane on a tenth of an eifah of flour, and benefits from [the money]. And so [too,] a poor person who separated money for a tenth of an eifah [of flour] and became wealthy, adds upon it and brings a ewe or a female goat. And for this matter, a wealthy person is called one so long as he has [the wealth]. And the liability for these sacrifices is only when inadvertent - and with an oath of testimony even when volitional - but if under duress, there is no liability for a sacrifice with any of them (Shevuot 31b). As the Torah exempts any [one under] duress from any liability (Pesachim 71b). **The** sides that are in oaths through which a person is called under duress and exempt or inadvertent and liable, and the sides that he is only liable for one sacrifice even for many oaths (Shevuot 31b) or a sacrifice for each and every oath. And so [too,] the sides to make liable or exempt regarding the sacrifice for the impurity of the Temple and impurity of its consecrated [foods] - the side to obligate is when the sinner has awareness of the impurity and the consecrated [food] or the Temple, at first and likewise at the end, but it was hidden [from him] in the middle. How is this? He became impure and he knew that he became impure, and consecrated meat came to his hand and he knows that it is consecrated meat, or he comes to enter the Temple and he knows that it is the Temple - such that he has awareness of the impurity and of the consecrated at the beginning. And afterwards [it is] hidden, as he forgot his impurity and thought that he was pure, and likewise that the consecrated [foods] or the Temple became hidden from him and he thought them to be non-sacred, and he ate from the consecrated [foods] or he entered the Temple, such that this is hiddenness in the middle. And afterwards, it becomes known to him that he was impure or that the meat was consecrated or that they were in the Temple, such that this is awareness at the end. In such a manner [must] he bring a sacrifice; and about this did our Rabbis, may their memory be blessed, say, (Shevuot 2a), "Awareness at the beginning and at the end and hiddenness in the middle." **And** the side of exemption is (for example,) that he became impure and he did not know that he

ספר החינוך Sefer HaChinukh

became impure and he entered the Temple or ate consecrated meat, and afterwards it became known to him that he had become impure. In this manner, he is exempt from a sacrifice. And this law is not like other liabilities for excision [when volitional and a sacrifice when inadvertent] in the Torah. As with other excisions - once he knows at the end, even if did not know at the beginning, he is liable for a sacrifice. And the verse determines to judge like this here, as it is written about the impurity of the Temple and its consecrated [foods] (Leviticus 5:2), "and it was hidden from him" - [which] implies that there was a time of awareness at the beginning; and afterwards it is stated, "and he knew." Behold, you have learned that that it needs awareness at the beginning and awareness at the end and hiddenness in the middle. But with other [instances of those] that are liable for excisions, it is written (Leviticus 4:27-28), "in his doing one of the commandments of the Lord which shall not be done, etc. Or his sin is made known to him" - meaning to say, once he knew at the end, even if he did not know at the beginning. As behold, it is not written there, "and it was hidden," from which we would learn awareness at the beginning. **And** also from the matter of the commandment is that which they said (Shevuot 2a) that one who has awareness at the beginning but not at the end may not bring atonement, as they said that the goat of Yom Kippur, that is executed inside, and Yom Kippur itself, puts it into the balance until it is made known to him and he brings the sacrifice for his atonement. But one who has no awareness at the beginning, but has awareness at the end - about which we said, he does not bring a sacrifice - the goat executed outside, and Yom Kippur, atone for him. And for the one that has no awareness, not at the beginning and not at the end, the goats of the holidays, and the goats of Rosh Chodesh, atone. And for volitional impurity of the Temple and its consecrated [foods], the bull of the high priest atones - if the volitional [party] is a priest. But if he was from Israel, the blood that is executed inside and Yom Kippur atone, as it stated (Leviticus 16:16), "And atone for the Holy from the impurities of the Children of Israel." And that which they, may their memory be blessed, said (Horayot 9a), "As with these four sins, all are equal in the sacrifice - the king, the anointed priest and the commoner" - as there is no distinction among them in their sacrifice except for the commandments for which they are obligated a fixed sin offering for their inadvertent transgression, but all are equal with these that their liability is [for a sacrifice] that varies up and down. And the rest of its details are elucidated in Keritot and Shevuot. **And** [it] is practiced at the time of the Temple by males and females; except for the sacrifice of the oaths of testimony, which is not practiced by females - since they are not in the category of testimony, as we have written above (Sefer HaChinukh 122). And one who transgresses it and does not offer his sacrifice for one of these has violated a positive commandment.

מצוה קכד

שלא להבדיל בחטאת העוף - שלא יפריד הכהן מן העוף הבא לקרבן והוא הנקרא חטאת העוף הראש מן הגוף כשימלק אותו, שנאמר)ויקרא ה ח(ומלק את ראשו ממול ערפו ולא יבדיל. ופרוש מליקה הוא)רש"י זבחים סה א(שנועץ הכהן צפרניו ממול ערפו דהינו עצם הנקרא עצם המפרקת, וחותך העצם בצפרניו עד שמגיע לסמנין וחותך גם הסמנין בצפרנו או רבו של אחד מהם, וזאת היא שחיטתו של חטאת העוף, וצריך הכהן שלא יחתך הכל לגמרי עד שיהא נפרד הראש מן הגוף. ועל זה נאמר ולא יבדיל. כבר אמרנו במצות בנין הבית שאין בנו יכלת וגם לא לאשר קטנו עבה ממתנינו למצא טענה גם על צד הפשט בפרטי הקרבנות, ודי לנו למלאכתנו זאת להודיע בענין הקרבנות דרך כלל קצת טעם על צד הפשט, וכבר כתבתי למעלה)מצוה צה(מה שידעתי ושמעתי. **וענין** המליקה והאזהרה שלא יבדיל גם זה מפרטי הקרבן הוא. ואך אמנה אשר לא יחוש להוציא כל רוחו יוכל להשיב כי אולי בדבר המליקה הנעשית ביד הכהן בחטאת העוף, שהוא קרבן של עני, רמז שימהר כל אדם בתכלית המהירות צרכו של עני, ועל כן אינו צריך קרבנו שחיטה, שלא יצטרך הכהן לחזר אחר הסכין ולבדקו, ויתבטל העני שם ממלאכתו בינתים. גם להפליג המהירות אמר שיתחיל ממול ערפו, כי הוא המכן אל ידו ולא יצטרך להפך הצואר אל צד הסימנין. ועוד יש רמז בענין המליקה שהיא ממול הערף בתורים ובני יונה, שנמשלו ישראל בהן שלא נהיה קשי ערף. **וענין** אסור הבדלת הראש מן הגוף דבר ראוי להדור הקרבן, כי באמת כשראש העוף דבק עמו הוא יותר מהדר, וראוי לנו להדר קרבנו של עני בכל כחנו, די לנו בעניותו, אין לנו להוסיף בדלותו לפחת תאר קרבנו. וכל זה מן היסוד אשר בנינו תחלה כי משרשי הקרבנות לקנות בנפשנו מדות טובות ומעלות, ולהכשיר פעלותינו בכח הדמיונות שאנחנו עסוקים בהם, כי מהיות האדם בעל חמר לא יציר ויקבע הדברים ציור חזק בנפשו כי אם על ידי הפעלות. ועד ששמענו טעם אחר נחזיק בזה. **מדיני** המצוה. כגון מה שאמרו זכרונם לברכה)זבחים סד ב(כיצד אוחז הכהן חטאת העוף בשעת מליקה, אוחז שתי רגלי העוף בין שתי אצבעותיו, ושתי גפיה בין שתי אצבעותיו, ומותח צוארה אל רחב שתי אצבעותיו ומולק, וזו מעבודות קשות שבמקדש. ואם שנה ואחז, מכל מקום כשרה. וכל המקום מן המזבח כשר למליקה.)שם סג א(פרוש גם זה נאמר שהוא למהר ענינו

ספר החינוך Sefer HaChinukh

של עני, ולפיכך אין לו מקום מיחד. ויתר פרטיה מבארים בזבחים (סג א, ע ב) [הלכות מעשה הקרבנות פ"ו]. **ונוהגת** בזמן הבית בכהנים ובכל אדם, שכל מי שהבדיל בחטאת עוף, לוקה.

Mitzvah 124

Not to sever a fowl sin-offering: That the priest not sever the head from the fowl that comes as a sacrifice - and that is what is called the fowl sin-offering - when he cuts (yimalek) it, as it is stated (Leviticus 5:8), "and he shall malak its head across from its nape, and he shall not sever." And the understanding of melikah (Rashi on Zevachim 65a) is that the priest plants his fingernail across from the nape - which is the bone that is called the neck-bone - and cuts the bone with his fingernail until he reaches the benchmarks, and [then] cuts the benchmarks (the esophagus and the trachea) with his fingernail, or the majority of one of them. And this is the slaughter of the fowl sin-offering. And the priest needs to not cut it all completely until the head be severed from the body. And about this is it stated, "and he shall not sever." We have already said in the commandment of building the [Temple] (Sefer haChinukh 95) that we do not have the ability - nor does one whose 'small finger is thicker than our loins' - to find an argument about the details of the sacrifices even from the angle of its simple understanding. And it is enough for this work of ours to make known a little explanation about the content of the sacrifices more generally from the angle of the simple meaning. And I have already written above (Sefer HaChinukh 95) that which I have known and heard. **And** the matter of melikah and the warning not to sever is also from the details of the sacrifice. However the one who is not concerned about expending all of his spirit can answer that maybe with the matter of melikah that is done by the hand of the priest on the fowl sin-offering, which is the sacrifice of the poor person, there is a hint that every person should by extremely quick with the needs of the poor person. And therefore, his sacrifice does not need slaughter, so that the priest not need to look for the knife and to check it, and the poor person be [delayed] there in the meantime from his work. Also, to expedite the speed, it stated that he begin across from its nape, since that is what is prepared [for] his hand, and that he not need to turn the neck to the side of the benchmarks. And there is also a further hint in the matter of melikah that is across from the nape of doves and young pigeons, that are compared to Israel, that we not be stiff-necked. **And** the

Sefer HaChinukh

matter of the prohibition of severing the head from the body is something that is fit to embellish the sacrifice - as truly when the head of the fowl clings to it, it is more embellished. And it is fitting for us to embellish the sacrifice of the poor person with all of our might; it is enough for him [to suffer] with his poverty - we should not add to his paucity by reducing the stature of his sacrifice. And all of this is from the foundation that we have built at the beginning - that it is from the roots of the sacrifices to acquire good and lofty traits for our souls, and to refine our deeds through the power of comparisons with that in which we are involved. As since man is physical, he cannot fashion and fix the things with a strong fashioning in his soul, except with actions. And until we hear another reason, we will hold on to this. **From** the laws of the commandment is, for example, that which they, may their memory be blessed, said (Zevachim 64b), "How does the priest grab the fowl sin-offering at the time of melikah? He grabs the fowl's two legs between two of his fingers and its two wings between two of his fingers, and he stretches its neck upon the width of two of his fingers and does melikah. And this is from the hardest services in the Temple." But if he alters and grabs any place it is [still] fit. And any place on the altar is fit for melikah (Zevachim 63a). We can say that the explanation of this is also to quicken the matter of the poor person - and hence, it has no specific place. And the rest of its details are elucidated in Zevachim (see Mishneh Torah, Laws of Sacrificial Procedure 6). **And** it is practiced at the time of the [Temple] by priests and by every person, as anyone who severs a foul sin-offering is lashed.

מצוה קכה

שלא לתן שמן זית במנחת חוטא - שלא ישים הכהן שמן במנחת חוטא עני, שנאמר (ויקרא ה יא) לא ישים עליה שמן. ואף על פי שבשאר מנחות היו נותנין שמן. ומפני כן אמרתי חוטא עני, כי חוטא עשיר אינו מביא מנחת קמח לעולם, כי אם קרבן בהמה, כמו שמפרש בתורה. **משרשי** המצוה. לפי שהשמן רמז למעלה ולגדלה, שאם אתה מערבו בכל משקים הוא צף על כלן, והוא דבר חשוב מאד, וידוע הוא חשיבות שמן הטוב, ולכן ימשחו בו המתחנכים למעלת מלכות או כהנה, על כן אין ראוי לתת ממנו במנחת החוטא הצריך להראות בעצמו דאגה ושפלות על שבא דבר עברה בידו. ועוד נאמר שהוא לחמלת העני שלא להטריחו יותר מדי להביא שמן כי השם ברוך הוא לא יטריח בריה. ומפני זה גם כן לא חיבו רק במעט קמח, שאי אפשר לשום אדם אפילו בדלי דלות בלא מעט קמח. וזה יספיק לנו גם על

ספר החינוך Sefer HaChinukh

הלבונה. **מדיני** המצוה. מה שפרשו זכרונם לברכה (מנחות עו ב) שמנחת חוטא היתה עשרון אחד לא פחות ולא יותר. וכל המנחות (שם נט א) הקרבות לגבי מזבח טעונות שמן ולבונה ולג שמן לכל עשרון וקמץ לבונה לכל מנחה, בין שהיתה עשרון אחד או אפילו ששים עשרון, אבל יותר מששים אין מביאין מנחה אחת, חוץ ממנחת קנאות ומנחת חוטא, שאין בהן שמן ולבונה, שנאמר לא ישים עליה שמן ולא יתן עליה לבונה. ויתר פרטיה מבארים במנחות. **ונוהגת** בזמן הבית בזכרי כהנה, כי להם העבודה. וכהן העובר עליה ונתן שמן במנחה זו של חוטא עני לוקה.

Mitzvah 125
To not place olive oil in the meal-offering of a sinner: That a priest not place oil in the meal-offering of a poor sinner, as it is stated (Leviticus 5:11), "he shall not place oil on it" - and even though they would put oil on other meal-offerings. And I said, "the meal-offering of a poor sinner," because of [the following] - since a rich sinner never brings a meal-offering of flour, but rather a sacrifice of a beast, as is explicit in the Torah. **It** is from the roots of the commandment [that it is] because oil is a hint for stature and greatness - since if you mix it with any liquid, it floats above them all; and it is a very significant thing. And the significance of good oil is well-known - and therefore they would anoint those inaugurated to the stature of monarchy or priesthood with it. Hence it is not fit to place [some] of it in the meal-offering of the sinner who needs to show concern and lowliness about himself, that the matter of a sin came to his hand. And we can further say [it is] from compassion for the poor person, that he need not burden himself more than necessary to bring oil - as God, blessed be He, does not burden a creature. And because of this, it also obligated him only a little flour - as it is impossible for any person, even the most destitute of the destitute, [not to have] a little four. And this will suffice for us also about the frankincense. **From** the laws of the commandment is that which they, may their memory be blessed, explained (Menachot 76b) that the meal-offering of a sinner was one issaron - not less and not more. And all of the meal-offerings (Menachot 59a) offered on top of the altar require oil and frankincense. And [it is] one log of oil for one issaron of flour, and one handful of frankincense for any meal-offering - whether it was one issaron or sixty issaron, but we do not bring one meal-offering from more than sixty issaron - except for the meal-offering of jealousy and the meal-offering of the sinner, in which there is no oil or frankincense; as it is stated, "he shall not place oil on it, nor

shall he put frankincense on it." And the rest of its details are elucidated in Menachot. **And** [it] is practiced at the time of the [Temple] by the males of the priesthood, as the service is theirs. And a priest that transgresses it and puts oil on this meal-offering of the poor sinner is lashed.

מצוה קכו

שלא לתת לבונה במנחת חוטא - שלא לתת לבונה במנחה זו שאמרנו של חוטא עני, שנאמר)ויקרא ה יא(ולא יתן עליה לבונה. ולשון המשנה)מנחות נט ב(וחיב על השמן בפני עצמו ועל הלבונה בפני עצמה, לפי שהן שני לאוין בלי ספק. כל הענין הלבונה כענין השמן שכתבנו,)מצוה קכה(אין להאריך בו.

Mitzvah 126

To not put frankincense in the meal-offering of a sinner: To not put frankincense in this meal-offering of the poor sinner that we said, as it is stated (Leviticus 5:11), "nor shall he put frankincense on it." And the language of the Mishnah (Menachot 59b) is "And he is liable for the oil on its own and the frankincense on its own" - as they are two negative commandments, without a doubt. All the content of frankincense is like the content of oil that we wrote (Sefer HaChinukh 125) - there is no point in writing at length about it.

מצוה קכז

מצות תוספת חמש לאוכל מן ההקדש או מועל בו - לשלם כל הנהנה מן ההקדש)עי, סהמ"צ עשה קיח(, אחד קדשי מזבח ואחד קדשי הבית ואף בחרמי כהנים וכן בקדשים קלים, או אוכל קדש בשגגה, כלומר התרומה, כל מה שאכל או נהנה ממנו בתוספת חמש, ויביא קרבן על שגגתו איל בשני סלעים או יותר, והוא הנקרא אשם מעילות, והוא אחד מחמש אשמות ודאות הידועים, שנאמר)ויקרא ה טו(נפש כי תמעול מעל וגו', והביא את אשמו וגו'. ונאמר)שם טז(ואת אשר חטא מן הקדש ישלם ואת חמישתו יוסף עליו. **משרשי** המצוה. לתת אימה ויראה על כל אדם מהתקרב בעניני הקדש. וכבר כתבנו למעלה)מצוה צה קא(תועלת היראה וההגדלה בקדש אל בני אדם. **מדיני** המצוה. מה שאמרו רבותינו זכרונם לברכה)קידושין נד ב(שהמועל אחר המועל אם הראשון בשגגה האחרון פטור, לפי שכבר נתחלל ההקדש אחר שהראשון נתחיב בתשלומין ובקרבן. ואם הראשון במזיד שאינו בתורת קרבן האחרון בתורת מעילה. ואין)מעילה יט ב(מועל אחר מועל במקדשים אלא בבהמה וכלי שרת בלבד. והנוטל פרוטה מן

ההקדש על מנת שהיא שלו לא מעל, עד שיוציאנה בחפציו. נתנה לחברו הוא מעל וחברו לא מעל, שאין מועל אחר מועל אלא בבהמה וכלים כמו שאמרנו. **ודיני** המעילה בין בקדשי מזבח בין בקדשי בדק הבית. ושעור)שם יח א(מעילה בשוה פרוטה. דברים שהתרו באכילה מן הקרבנות, כגון בשר חטאת ואשם אחר זריקת דמן או שתי הלחם אחר זריקת דם שני הכבשים, אין בהן מעילה, אפילו אכל הזר מאלו וכיוצא באלו, הואיל והן מתרין למקצת בני אדם להנות בהן, כל הנהנה מהן לא מעל, ואפילו נפסלו ונאסרו באכילה הואיל והיתה להם שעת התר, אין חיבין עליהן מעילה. נסתפק לו אם מעל או לא מעל, פטור מתשלומין וקרבן. ותשלומי הקרן והבאת הקרבן מעכבין הכפרה ולא החמש, שנאמר באיל האשם ונסלח לו, איל ואשם מעכבין ואין החמש מעכב. ואחר שהוסיף המוסיף החמש אם נהנה בחמש, אחר כך מוסיף חמש על חמש, דכתחלת הקדש הוא חשוב. והחמש הוא אחד מארבעה על הקרן עד שיהא הוא וחמשו חמשה. ויתר פרטיה מבארים במעילה ובתמורה. **ונוהגת** בזמן הבית בזכרים ונקבות. והעובר עליה ואכל או נהנה בעשית מעשה מן ההקדש בשוה פרוטה במזיד לוקה ומשלם מה שחסר מן ההקדש הקרן לבד, כי המזיד אינו בתוספת חמש. ואזהרה של מעילה להלקותו מדכתיב)דברים יב יז(לא תוכל לאכל בשעריך, וכמו שנכתב בעזרת השם בסדר ראה. מעל בשגגה משלם מה שנהנה ומוסיף חמש ומביא קרבן כמו שכתבנו.

Mitzvah 127

The commandment of the addition of a fifth for one who eats from the consecrated or misappropriates it: That one who benefits from the consecrated (see Sefer HaMitzvot LaRambam, Mitzvot Ase 118) pay - it is one whether it is the consecrated [foods] of the altar or the consecrated things of the [Temple], and even lower level consecrated [foods] or if he eats the consecrated inadvertently, meaning the priestly tithe - all that he eats or benefits from it, with the addition of a fifth. And he [also] brings a sacrifice for his inadvertent transgression - a ram of two sela or more - and this is what is called the guilt-offering of misappropriations - and it is one of five definite guilt-offerings. [The source of adding the fifth is] as it is stated (Leviticus 5:15), "A soul that misappropriates a misappropriation, etc. he shall bring his guilt-offering, etc." And it is stated (Leviticus 5:16), "And that which he has sinned from the consecrated he shall pay, and its fifth shall he add to it." **It** is from the roots of the commandment [that it is to put trepidation and awe upon every person about approaching holy things. And we have already written above (Sefer HaChinukh 95, 101) [about] the benefit for people of awe and aggrandizement of the holy.

ספר החינוך Sefer HaChinukh

From the laws of the commandment is that which our Rabbis, may their memory be blessed, said (Kiddushin 54b) [regarding] one who misappropriates after someone misappropriates: if the first was inadvertent, the latter is exempt - since the consecrated already became desanctified once the first became liable for payment and a sacrifice. But if the first was volitional - which is not in the category of a sacrifice - the latter is in the category of misappropriation. And there is only misappropriation after misappropriation of the consecrated with a beast or ministering vessels alone (Meilah 19b). And one who takes a coin [of minimal value] from the consecrated in order that it be his does not misappropriate until he spends it on his wants. If he gives it to his fellow, he has misappropriated, and his fellow has not misappropriated - as there is only misappropriation after misappropriation with a beast or vessels alone, as we said. **And** the laws of misappropriation are whether with the consecrated for the altar or the consecrated of the [Temple] upkeep. And the measure of misappropriation is [the value of] a small coin (Meilah 18a). There is no misappropriation for those things that have become permissible to eat among the sacrifices - such as meat of the sin-offering and guilt-offering after the sprinkling of their blood; or the two breads after the sprinkling of the blood of the two lambs. Even if a commoner ate from one of these and similar to them - since they are permissible for some people to benefit from, anyone who benefits from them has not misappropriated. And even if they became disqualified and forbidden to eat - since there was a time that they were permitted, one is not [any longer] liable for misappropriation for them. If he is in doubt if he misappropriated or did not misappropriate, he is exempted from the payments and from the sacrifice. The payment of the principal and the bringing of the guilt-offering impede the atonement, but not the fifth; as it is stated about the ram of the guilt offering (Leviticus 5:16), "and he shall be forgiven" - the ram and the guilt-offering impede, but the fifth does not impede [it]. And once the one who adds has added the fifth, if he benefited from the fifth, he adds a fifth to [the] fifth; since it is considered like the beginning of the consecrated things. And the fifth is one of four [parts] of the principal, [such that] it and its fifth are five. And the rest of its details are elucidated in Meilah and Temurah. **And** [it] is practiced at the time of the [Temple] by males and females. And one who transgresses it and ate or benefited [the value of] a small coin from the consecrated by the execution of an act volitionally is lashed and only pays what he lessened from the consecrated, since volitional transgression does not have the addition of a fifth. And the warning of misappropriation to administer lashes upon him is from that which is written (Deuteronomy 12:17), "You may not eat in your gates," and as we will write with God's help in the Order of Reeh. [But if] he misappropriated inadvertently he pays that which he benefited from, adds a fifth and brings a sacrifice, as we have written.

מצוה קכח

מצות קרבן אשם תלוי - להקריב קרבן מי שנסתפק לו אם חטא בחטא מהחטאים הגדולים שאדם מתחייב בעשותו אותם בזדון כרת ובשגגה חטאת קבועה)כריתות כה א(. ויתחדש עליו הספק בענין זה, כמו שתאמר על דרך משל שהיו לפניו שתי חתיכות אחת חלב ואחת שומן כשר, ואכל אחת מהן ונאבדה האחרת ודואג בנפשו שאינו יודע אם של חלב אכל או של שומן, זה הקרבן הבא על הספק הזה נקרא אשם תלוי. ומלת תלוי נאמרת על כל דבר שראוי לבא אחריו ענין שיגלה בו מה שלא נודע בו מקדם, כגון שאם יודע אל החוטא שחלב אכל, הרי נגלה לו שהראשון לא הספיק לו וצריך להביא עוד קרבן אחר הנקרא חטאת קבועה לתשלום כפרתו. ואם נודע אליו שההתר אכל, הרי נגלה לו שהראשון הספיק לו ואינו צריך עוד לקרבן אחר אחריו. זהו פרוש תליתו. וצווי קרבן זה מדכתיב)ויקרא יז יח(ואם נפש כי תחטא ועשתה אחת מכל מצות יי אשר לא תעשינה ולא ידע ואשם ונשא עונו והביא איל תמים מן הצאן בערכך לאשם אל הכהן וכפר עליו הכהן על שגגתו אשר שגג והוא לא ידע. כלומר על היותו לא ידע אם שגג או לא שגג. וזה הענין יקראו אותו חכמים לא הודע. **משרשי** המצוה. שיהיה האדם זהיר וירא חטא ויעין בכל מעשיו עיון טוב לבל יכשל בדבר עבירה. ועל כן הצריכתו התורה להביא קרבן כשלא נזהר יפה במעשיו עד כדי שלא יולד עליו ספק זה. והראיה שאיננו בא רק לכפר על עצלותו בכך, שהרי אינו משתרש אליו לכפר על החטא כלל כשיודע אליו החטא מיד צריך לקרבן שלם כמו שהיה חיב אם לא הקריב הראשון. **מדיני** המצוה. מה שאמרו זכרונם לברכה)כריתות יח א(שאין חיוב קרבן זה לעולם עד שיהא שם אסור קבוע, כגון שיהיו לפניו שתי חתיכות ובודאי אחת מהן חלב, שהרי יש כאן אסור קבוע, ואכל אחת מהן. וכן נמי אם אכל בודאי חלב, אבל הוא מספק אם היה כזית שלם או לא,)שם יז א(גם זה הוא אסור קבוע. אבל היתה לפניו אחת וספק אם היתה חלב או שומן ואכלה, פטור מן הקרבן, שאין כאן אסור קבוע דשמא אין כאן אסור כלל. ומן הטעם הזה אמרו)כתובות כב ב(שהבא על ספק מגורשת חיב בקרבן, שהרי יש כאן אסור קבוע שנעמידנה בקביעותה שתהיה נשואה. אבל הבא על ספק מקדשת, פטור מן הקרבן, שאין כאן אסור קבוע והרי זה כחתיכה אחת וספק אם הוא חלב או שומן שפטור מקרבן כמו שאמרנו. ויתר פרטיה מבארים בכריתות

ספר החינוך   Sefer HaChinukh

[הלכות שגגות פרק ח']. **ונוהגת** בזמן הבית בזכרים ונקבות. והעובר עליה ולא הקריב קרבן זה אם אירע לו ספק המחיב בו בטל עשה.

Mitzvah 128
The commandment of the sacrifice of an undetermined guilt-offering: That one who is in doubt if he sinned one of the big sins for which a man is liable excision when he does it volitionally and a fixed sin-offering when inadvertent, bring a sacrifice (Keritot 25a). And the doubt emerges for him in this way: As you might say, by way of an archetype, that there were two pieces in front of him - one of forbidden fat and one of permissible fat - and he ate one of them and the other got lost. And [so] he worries to himself as he does not know if he ate the one of forbidden fat or the one of permissible fat. This sacrifice that is brought upon this doubt is called an undetermined guilt-offering. And the word undetermined (talui) is said about anything about which it is fitting that a matter come afterwards that reveals about it that which was not known previously. For example, if [one] knows that the sinner ate forbidden fat - behold, it is revealed that the first [sacrifice] was not sufficient for him and he needs to still bring another sacrifice that is called a fixed sin-offering to complete his atonement; but if one knows about him that he ate what was permissible - behold it is revealed that the first was sufficient and he does not need to bring another sacrifice after it. This is the explanation of its being undetermined. And the command for this sacrifice is from that which it is written (Leviticus 5:17-18), "And if a soul sins and does one of all of the commandments of the Lord which you shall not do and he does not know, but he is guilty and he shall bear his iniquity. And he shall bring an unblemished ram from the flock, according to your assessment for a guilt-offering to the priest, and the priest shall atone for his inadvertent transgression which he transgressed and did not know" - meaning to say, about his not knowing if he transgressed inadvertently or [not]. And the Sages called this matter, "not known." **It** is from the roots of the commandment that a man should be careful, fear sin and analyze his deeds with a proper analysis that he not stumble in the matter of a sin. And hence the Torah required him to bring a sacrifice when he was not careful [enough] in his deeds to the point that this doubt would not have come up. And the proof that this only comes to atone for his laziness is that behold it does not uproot [it for] him, to atone for the sin at all. [Rather,] when the sin is made

known to him, he immediately needs a complete sacrifice; [just] as he would have been liable if he had not offered the first one. **From** the laws of the commandment is that which they, may their memory be blessed, said (Keritot 18a) that there is never a liability for this sacrifice until there is an established prohibition there. For example, that there be two pieces in front of him and one of them is certainly forbidden fat - as behold there is an established prohibition here, and he ate one of them. And so [too,] if he ate a certain forbidden fat, but he is in doubt if there was a whole kazayit or not (Keritot 17a) - this too is an established prohibition. But if there was one [piece] in front of him and it is a doubt if it was forbidden fat or permitted fat, and he ate it - he is exempted from the sacrifice, as there is no established prohibition here; as lest there is no prohibition here at all. And from this reason they said that one who has sexual relations with a woman the divorce of which is in doubt is liable for a sacrifice; as behold there is an established prohibition here, such that we evaluate her according to [that which is] established about her. But one who has sexual relations with a woman the marriage of which is in doubt is exempted from a sacrifice, as there is no established prohibition here; and behold it is like one piece with a doubt if it is forbidden fat or permitted fat, such that he is exempted from a sacrifice (Ketuvot 22b), as we have said. And the rest of its details are elucidated in Keritot (see Mishneh Torah, Laws of Offerings for Unintentional Transgressions 8). **And** [it] is practiced at the time of the [Temple] by males and females. And one who transgresses it and does not offer this sacrifice if a doubt happens to him that makes him liable for it has violated a positive commandment.

מצוה קכט

מצות קרבן אשם ודאי - להקריב קרבן על חטאים ידועים כמו שנפרש אותם, וזה הקרבן נקרא אשם ודאי, והוא קרבן של איל שצריך להיות שוה שתי סלעים (כריתות כב ב.). ויש מן החטאים אלו שקרבן זה בא עליהן בין חטא בהן בשוגג בין במזיד, ויש שאינו בא אלא בשוגג דוקא ולא במזיד. **ואחד** מחטאים אלה הוא מי שיש בידו ממון ישראל משוה פרוטה ולמעלה שלא כדין, כגון שגזלו או גנבו או נשאר בידו מפקדון שהופקד לו או נשאר בידו מחמת הלואה או שתפות. כללו של דבר, כל שאלו הודה לו ויהיה חיב לשלם בדין, ותבעו ממנו הנגזל או העשוק או יורשו או הבא מכחם וכפר בו ונשבע עליו לשקר, והיה כי ישוב ונחם על חטאו וישיב החמס אשר בכפיו, חיב להביא קרבן זה שאמרנו על חטאתו, מלבד החמש שחיב להוסיף על

הקרן ולתתו לנגזל, שנאמר)ויקרא ה כא(נפש כי תחטא ומעלה מעל ביי וכחש בעמיתו וגו'. ואמר רבי עקיבא)ספרא ויקרא כב ד(מה תלמוד לומר מעל ביי? לפי שכל המלוה והלוה אינו עושה אלא בעדים, וכשהוא מכחש אינו מכחש אלא בעדים, אבל המלוה שלא בעדים ומכחש בו]מכחש ב[שלישי שביניהם, שכינה, לכך נאמר ומעלה מעל ביי וכחש בעמיתו וגו'. וכתיב בתריה)שם ה כג כה(והיה כי יחטא ואשם, כלומר שיעשה תשובה שיחזיק עצמו באשם, והשיב את הגזלה וגו', ושלם אתו בראשו וחמשתיו יסף עליו וגו', ואת אשמו יביא לה' איל וגו', וזהו הנקרא אשם גזלות, וזהו מן הבאים בין על שוגג בין על מזיד. **ובזאת** הפרשה לא נזכר מן האשמות כי אם זה שאמרנו, אבל בפרשה של מעלה הזכר אשם ודאי שהוא מעין זה שנקרא גם כן אשם ודאי והוא)הנקרא(אשם מעילות, כלומר מי שמעל ונהנה מן ההקדשות, ולפיכך נופל בו לשון מעילה לפי שהוא דבר רע מאד וכעין מסירה, מי שפושט ידו להנות בממון שמים. וזה האשם אינו בא כי אם על השוגג, וכמו שכתבנו למעלה במקומו)מצור קכז(. **ועוד** חיבה התורה גם כן קרבן זה של אשם ודאי, והוא איל משתי סלעים, לנזיר שנטמא וכמו שנכתב בעזרת השם בסדר נשא)מצוה שעז(, וזה גם כן יהיה בין נטמא במזיד או בשוגג. ועוד חיבה התורה גם כן בקרבן זה למצרע כשיטהר מצרעתו, וכמו שנכתב בעזרת השם בסדר זאת תהיה תורת המצורע)מצוה קעז(, ואין לפרש בזה שוגג ומזיד, שאין נופל כאן ענין שגגה וזדון. **ועוד** חיבה תורה גם כן בקרבן זה מי שבא על שפחה חרופה, וכמו שכתוב בסדר קדושים תהיו שנאמר)ויקרא יט כ כא(ואיש כי ישכב את אשה וגו', והיא שפחה נחרפת לאיש והפדה לא נפדתה וגו', בקרת תהיה וגו', והביא את אשמו איל אשם)ויקרא יט כ כא(. וזה מן הבאים בין על שוגג בין על מזיד)כריתות ט א(. נמצאו בין כלם האשמות ודאות חמשה. וכן מנו אותן חכמים זכרונם לברכה במשנה שאמרו)זבחים פ"ה מ"ה(אלו הן אשמות: **א.** אשם גזלות. **ב.** אשם מעילות. **ג.** אשם שפחה חרופה. **ד.** אשם נזיר. **ה.** אשם מצרע. **ואשם** תלוי הנמוה שם, שמו עליו, שאינו ממין האשמות ודאות. ומאלו החמשה, שלשה מהן באין בין על שוגג בין על מזיד, והן אשם גזלות, אשם שפחה חרופה, אשם נזיר. ואחד מהן אינו בא אלא על שוגג ולא על מזיד והוא אשם מעילות. והחמישי שהוא אשם מצרע, אין נופל בו לשון שגגה וזדון כמו שאמרנו. **ושפחה** חרופה הואיל ואתא לידן נימא בה מלתא, ואף על פי שאינה בסדר זה, לפי שאינה מחשבון המצות אין לי מקום לדבר בה כי אם כאן. פרוש חרופה מיעדת, כלומר מקדשת. ואמרו בגמרא ברייש פרק ראשון בקדושין)ו א(שכן ביהודה קורין לארוסה חרופה. ובשפחה כנענית הכתוב מדבר שהיא חציה שפחה וחציה בת חורין, וזהו שכתוב בה והפדה לא נפדתה, כלומר, פדויה ואינה פדויה, וכגון שפרעה לאדוניה חצי דמיה ונתקדשה)לעבד עברי או(לישראל אחר)עי' רמב"ם איסורי ביאה פ"ג הי"ג(, בזו נאמר שאם בא עליה אדם אחר, בין בשוגג בין במזיד, שחיב

להביא קרבן זה שהוא נקרא אשם, והוא איל שוה משתי סלעים ולמעלה. ומפני זה מספיק קרבן כפרה למי שבא עליה לפי שאין קדושיה קדושין גמורים כמו אם היתה בת חורין, שאלו בבת חורין מקדשת חיוב מיתה יש למי שבא עליה, אבל בזו אין קדושיה גמורין מחמת חצי שפחות שבה עדין ולפיכך מספיק קרבן לכפרה אל הנכשל בה. גם הקילה התורה בביאתה לפטור בקרבן גם המזיד מה שאין דרך בשאר זדונות לפטרן בקרבן, לפי שהאשה השפחה אף על פי שחציה פדויה קלה היא בעיני כל אדם, והכשלון קרוב מאד עליה לפי שאין לב ההמון חושב באתה לחטא גדול, ועל כן יוסר עונם, וחטאתם יכופר עם הקרבן. וכעין מה שאמרו זכרונם לברכה)סנהדרין קו ב(בעניינים אחרים, אפשר לנו לומר בזה, רחמנא לבא בעי. **ומכל** מקום השפחה חייבת מלקות, שאין לומר בה שתהיה קלה בעיניה ושמפני כן לא השגיחה בעצמה לזנות. ומיהו גם היא לא תתחיב מלקות אלא כשנבעלה כדרכה, והיא גדולה ומזידה, ועליה נאמר בקרת תהיה)ויקרא יט כ(כמו שדרשו)כריתות יא א(רבותינו זכרונם לברכה בקראי תהא, כלומר במלקות. ואמרו זכרונם לברכה)שם(היא לוקה ולא הוא. ומפני כן הוציא הכתוב המלקות בלשון זה של קריה לפי שהיו קוראים על הלוקה פסוקים של תוכחה בעוד שהיו מלקין אותו כדי שישמע ויקח מוסר, והם)דברים כח נט(והפלא יי וכו'. **משרשי** המצוה. לבל יחשב אדם שאף על פי שענין אסור גזלת הממון ניתק לעשה, שנאמר עליו)ויקרא ה כג(והשיב את הגזלה, שילך כל אחד ויגזל מחבירו מה שירצה וידמה בלבבו לאמר לכשיהיה לו וישיב גזלתו יכפר עונו ויטהר ממנו, והרי הוא כאלו לא עשאו מעולם ויהיה זה פתח לעוברי עבירה, לכן הודיעה התורה שאף עם ההשבה בתוספת חמש צריך קרבן לכפרה על שחטא. וכבר כתבתי למעלה)מצוה קכג(בענין זה כי מכל מקום לא ניצל זה שעבר על רצון בוראו, וחבל על רישיה דעבר על רעוא דמריה שמיא ולא יקריב כמה אמרין)שלמים( ]שמינין[לעלתא. ושם כתבתי גם כן שהקרבן והקרן מעכבין את הכפרה ואין החמש מעכב. **דיני** המצוה. כגון באיזה ענין יתחיב בשבועה זו שיהיה חיב עליה אשם זה, ובאי זה ענין יהיה פטור ממנו, ועל אי זה דרך יתחיב אשמות הרבה כמנין חיוב השבועות ועל אי זה לא יתחיב אלא אשם אחד, ויתר פרטיה מבארים בכריתות ובשבועות)לו ב( ]הלכות שגגות פ"ט[.**ונוהגת** מצות חיוב קרבן זה בזמן הבית בזכרים ונקבות. והעובר עליה ולא הקריבו, אף על פי שהשיב גזלו, לא נתכפר חטאו. ואולם יש להאמין שאין ענשו חזק כמו שהיה אלו לא השיב הממון. והמשל על זה מי שהכה חברו ונתחיב קנס למלך ונתפיס עם המכה ולא נשארה עליו רק תביעת המלך.

Mitzvah 129

The commandment of a definite guilt-offering: To offer a sacrifice for well-known sins - that we will explain. And this

סםר החינוך Sefer HaChinukh

sacrifice is called a definite guilt-offering. And it is a sacrifice of a ram that needs to be worth two sela (Keritot 22b). And there are some of these sins for which this sacrifice comes, that are whether he sinned inadvertently or whether volitionally; and there are some for which it only comes specifically for the inadvertent, but not for the volitional. **And** one of these sins is one that illegally has money of a Jew in his hand, from the worth of a small coin and up - for example, he robs him or steals from him, or [money] that remained in his hand from a deposit that was deposited with him or because of a loan or a partnership. The principle of the matter is that [in a case] if he were to admit to him, he would be liable to pay by law, and the robbed or oppressed - or his inheritor or one that comes by his authority - sues him for it, but he denies it and swears falsely about it; when he repents and regrets his sin and returns the 'loot that is in his hand,' he is liable to bring this sacrifice that we said for his sin, besides the fifth that he is obligated to add on the principle and to give to the robbed, as it is stated (Leviticus 5:21), "A soul that sinned and misappropriated a misappropriation from God and denies his kinsman, etc." And Rabbi Akiva says, "What do we learn to say [from] 'a misappropriation from God?' Because any lender and borrower act only with witnesses, [therefore] when he denies, he only denies the witnesses; but one who borrows without witnesses and denies it, he denies the Third Party among them" - the Divine Presence - "That is why it states, 'and misappropriated a misappropriation from God and denies his kinsman, etc.'" (Sifra, Vayikra Dibbura d'Chovah, Chapter 22:4). And it is written after it (Leviticus 5 23-25), "And it shall be when he sins and is guilty" - meaning to say that he will repent, such that he takes responsibility for his own guilt - "and return the theft, etc. and he shall pay it from its principle, and a fifth shall he add upon it, etc. And he shall bring his guilt-offering to the Lord, a ram, etc." And this is what is called the guilt-offering of thefts; and this is from those that come whether for the inadvertent or for the volitional. **And** in this section, there are no guilt-offerings mentioned besides this one that we said. But in the section above, there is a definite guilt-offering mentioned, similar to this, that is also called a definite guilt-offering; and it is (called) the guilt-offering of misappropriations - meaning to say, [for] one who misappropriates and derives benefit from the consecrated things. And therefore, the expression, meilah is applied to it, which is something very bad. And one who extends his hand to derive benefit from the money of the Heavens is similar to giving over

ספר החינוך Sefer HaChinukh

(the property of others). And this guilt-offering comes only for the inadvertent, and as we wrote above in its place (Sefer HaChinukh 127). **And** the Torah further also obligated this sacrifice of the definite guilt-offering - and it is a ram of two sela - for a nazirite that became impure - and as we will write, with God's help, in the Order of Nasso (Sefer HaChinukh 277). And this is also whether he became impure volitionally or indavertently. And the Torah further also obligated this sacrifice for a metsora when he is purified from his tsaraat - and as we will write with God's help in the Order of Zot Tehiyeh Torat Hametsora (Sefer HaChinukh 177). And there is no need to explain inadvertent and volitional about this, as the notion of inadvertent and volitional is not relevant here. And the Torah further also obligated this sacrifice for one who has sexual relations with a designated maidservant; and as it is written in the Order of Kedoshim Tehiyu, as it is stated (Leviticus 19:20-21), "If a man lays with a woman, etc. and she is a maidservant designated (charufah) for a man, but has not been redeemed with redemption, etc. there shall be an investigation, etc. And he shall bring his guilt-offering [etc.] a ram of guilt." And this is from those that come whether for inadvertent transgression or volitional (Keritot 9a). It comes out that with all of them, there are five definite guilt-offerings. And so did the Sages, may their memory be blessed, count in the Mishnah, such that they said (Mishnah Zevachim 5:5), "These are the guilt-offerings: 1) The guilt-offering of thefts; 2) the guilt-offering of misappropriations; 3) the guilt-offering of the designated maidservant; 4) the guilt-offering of the nazirite; 5) the guilt offering of the metsora." And [regarding] the undetermined guilt-offering which is counted there, its name is upon it [to show] that it is not from the group of definite guilt-offerings. And from these five, three of them come whether they are inadvertent or volitional - and they are the guilt-offering of thefts, the guilt-offering of the designated maidservant and the guilt-offering of the nazirite; and one of them only comes for inadvertent transgression and not for volitional transgression - and that is the guilt-offering of misappropriations; and [for] the fifth - which is the guilt offering of the metsora - the expression, inadvertent and volitional, is not relevant, as we said. **And** since the designated maidservant 'has come to our hand, let us say a thing about her.' And even though it is not from this Order - since it is not from the tally of the commandments, I have no [other] place to speak about it besides here. The understanding of charufah is, designated, meaning to say, betrothed. And they said in the

ספר החינוך Sefer HaChinukh

Gemara at the beginning of the first chapter of Kiddushin 6a, that so [was it] in Yehudah, that they would call a betrothed woman, a charufah. And the verse is speaking about a Canaanite (gentile) maidservant that is half a maidservant and half a free woman. And this is that which is written about her, "but has not been redeemed with redemption" - meaning to say she is redeemed but not redeemed: for example, she paid her master half of her money. And she is betrothed (to an Israelite slave or) to another Israelite (see Mishneh Torah, Laws of Forbidden Intercourse 3:13). About this is it stated that if another man has sexual relations with her - whether inadvertently or volitionally - he is liable to bring this sacrifice that is called a guilt-offering, and it is a ram that is worth two sela or more. And because of this, the atonement of a sacrifice is enough for the one that has sexual relations with her - since her betrothal is not full betrothal as if she had been a free woman. As with a betrothed free woman, the one who has sexual relations with her is liable for the death penalty. But with this one, her betrothal is not full because of the half of her that is still in the category of being a maidservant; and therefore, it is enough with the atonement of a sacrifice for the one that stumbles with her. The Torah was also lenient with her sexual relations to exempt one with a sacrifice even when volitional - which is not the way of other volitional transgressions, to exempt them with a sacrifice - since a woman maidservant, even though she is half redeemed, is light in the eyes of every man; and [so] stumbling is very easy with her, since the masses do not not think of her sexual relations to be a great sin. And hence their iniquity is removed and their sin is atoned with the sacrifice. And similar to that which they, may their memory be blessed, said about other matters (Sanhedrin 106b), we can say here, "The Merciful One wants the heart." **And** nonetheless the maidservant is liable for lashes, as we cannot say about her that she is light in her [own] eyes - and that because of that, she did not guard herself from licentiousness. But still, she also is not liable for lashes unless she has intercourse in the regular fashion, is an adult and volitional. And about her is it said, "there shall be an investigation (bikoret tehiyeh)" - as our Rabbis, may their memory be blessed, expounded (Keritot 22a), "bikrai tehe (she shall be with verses)," meaning to say with lashes. And they, may their memory be blessed, said (Keritot 22a), "She is lashed, and not he." And because of this did the Scripture express the lashes with this language of 'reading' - since they would read verses of rebuke over the one lashed while they were still lashing him, so that he understands and take instruction. And [these verses] are "And the Lord will make wondrous, etc." (Deuteronomy 28:59). **It** is from the the roots of the commandment [that] a person not think that even though the matter of the prohibition of robbery is rectified by a positive commandment, as it is stated (Leviticus 5:23), "and return the theft" - that each one should go and rob what he wants from his fellow and imagine in his heart to say that when he has it and he return the theft, his iniquity will be atoned and he will be purified from it; and behold, it will be as if he never did it. And this would be an opening for sinners. Hence the Torah made known that even with the repayment with the addition of a fifth, he [still] needs a sacrifice for atonement, for his having sinned. And I have already written above (Sefer HaChinukh 123) about this matter, that nonetheless, it does not save him from having transgressed the will of his Creator. And it is a pity on his head that He transgressed the will of the Master of the Heavens, [even if] he sacrificed several [fat] sheep (peace-offerings) for burnt-offerings. And there I also wrote that the sacrifice and the principle impede the atonement, but the fifth does not impede [it]. **The** laws of the commandment - for example, in which manner he would be obligated for this oath such that he be liable for this guilt-offering, and in which manner he would be exempt from it; in which way he would be liable for many guilt-offerings according to the number of the obligation of oaths, and in which way he would only be liable one guilt-offering; and the rest of its details - are elucidated in Keritot and in Shevuot (see Mishneh Torah, Laws of Offerings for Unintentional Transgressions 9). **And** the commandment of the liability for this sacrifice is practiced at the time of the [Temple] by males and females. And [regarding] one who transgresses it and does not offer [it] - even though he has returned his theft - his sin will not be atoned. However, we can suppose that his punishment will not be so strong as it would have been, had he not returned the money. And the parable for this is about one who struck his fellow and became liable for a penalty to the king; and [then] he appeased the one struck, [such that] the only thing that remained upon him was the claim of the king.

מצוה קל

מצות השבת גזל - שנצטוינו להשיב את הגזלה בעין. (ב"ק סו א). כלומר שאם הדבר ממש שגזל הוא אצלו ולא נשתנה ברשותו שחיב להשיבו אל הנגזל כמות שהוא, ולא שיקחנו לעצמו ויתן דמיו לנגזל, שנאמר (ויקרא ה

כג(והשיב את הגזלה אשר גזל, ואמרינן בקמא בפרק הגוזל בתרא)ב"ק קיב א(תנו רבנן והשיב את הגזלה אשר גזל, מה תלמוד לומר אשר גזל? יחזיר כעין שגזל. ואם נשתנית הגזלה ברשותו של גוזל, חיב להשיב דמיה ופטור בכך, אף על פי שלא נתיאשו הבעלים ממנה)ב"ק סו ב(. ואי זהו שנוי הפוטר מהשיב את הגזלה, כעין זה השנוי שאינו יכול לחזר אחר כך לבריתו, כגון הגוזל עצים ושרפן או קצץ מהן קצתן או שחפר בתוכן חפירות, וכן הגוזל צמר וצבעו או הגוזל מטוה ועשה ממנו בגד וכל כיוצא בזה. אבל הגוזל לוחות עץ, אף על פי שבנה מהן תבה, אין זה שנוי שאינו חוזר לבריתו, שהרי אפשר לפרק אותם והן חוזרין לוחות כמו שהיו, ולפיכך חיב להחזיר אותם בעין, וכן כל כיוצא בזה. **שרש** המצוה ידוע. **דיניה** כגון מה שאמרו רבותינו זכרונם לברכה)סנהדרין נז א(כמה תהיה הגזלה שיתחיב הגוזל להשיבה? כל גזלה שוה פרוטה. אבל פחות מכאן, אף על פי שעבר על אסור תורה, אינה בתורת השבון. וכמו שנכתב בארכה על לאו דלא תגזל)מצוה כ כט(, לפי שישראל בני אברהם יצחק ויעקב נדיבים בני נדיבים הם, וידוע הדבר שכל שהוא פחות משוה פרוטה אפילו עני שבישראל מכיון שנגזל ממנו מוחל אותו ואין חפצו אחריו כלל. ולפיכך אמרו זכרונם לברכה)בבא קמא קה א(שהגוזל שלש אגדות ששוות בשעת גזלה שלש פרוטות והוזלו ביד הגזלן ועמדו על שתי פרוטות אף על פי שהחזיר השתים, חיב להחזיר השלישית, שאחר שעת גזלה אנו דנין, וכבר היתה שוה פרוטה באותה שעה. גזל שתים ששוות פרוטה והשיב אחת, גזלה יש כאן, השב גזלה אין כאן. **ודיני** יאוש ושנוי רשות רבים. וכלל הדבר כן לפי הנראה מן הגמרא, שכל זמן שהגזלה ביד הגזלן או אפילו ביד בניו ולא נשתנית, אף על פי שידענו בודאי שהנגזל נתיאש ממנה, והוא כמו שאמרו בגמרא)בבא מציעא כג א(כגון דשמעוה בני אדם שהיה אומר וי ליה לחסרוניה. כלומר שמסכים בדעתו על אותו דבר שכבר נאבד ממנו ואין דעתו סומכת שיראנו עוד, אף על פי כן דין תורה)ב"ק קיא ב(שחיבין להחזירה לנגזל כמות שהיא. אפילו השביחה ביד הגזלן השבח לנגזל, וזהו שכתוב בתורה והשיב את הגזלה אשר גזל. ובא הפרוש אם היא כמו שגזלה, כלומר שלא נשתנית יחזירנה כמות שהיא, ואפילו השביחה כמה. **אבל** חכמים תקנו)ב"ק צד ב(מפני תקנת השבים שכל מה שהשביחה ביד הגזלן אחר יאוש הבעלים, יהיה שלו, וכשיבא להחזירה יחשב עם הנגזל כמה היתה שוה בשעת הגזלה וישיב לו הנגזל דמי מה שהשביחה ויקחנה. ודבר זה יש כח ביד חכמים לעשותו, לפי שבכל דבר שבממון הם יכולין לעשות בו כחפצם ואפילו כנגד צווי התורה, כמו שידוע)יבמות פט ב, גיטין לו ב(שהפקר בית דין הפקר, ולפיכך גוי שגזל והשביח בין קדם יאוש בין לאחר יאוש, או ישראל גזלן שמכר לגוי והשביח הגוי]השבח לנגזל. מכרה)מנחת יצחק([לפני יאוש, הדין עם השני כמו עם הראשון בשוה, שאין שנוי רשות עושה קנין אלא אחר יאוש. אבל אחר יאוש בין שהיה אותו יאוש אחר שבאת

הגזלה ליד לוקח או בעוד שהיתה ביד גזלן, כיון שיש בגזלה זו יאוש ושנוי רשות, קנאה הלוקח לגופה של גזלה. ואם אותו גזלן שמכרה לו הוא גזלן שאינו מפרסם, תהיה שלו לגמרי ואינו חיב להשיב כלום לנגזל, אלא ילך לו הנגזל ויעשה דין עם הגזלן. ואם הוא גזלן מפרסם חיב להשיב הלוקח דמי הגזלה לנגזל, והוא יעשה דין עם הגזלן. **ודיני** הגזלה עד היכן הוא חיב לטרח ולהשיבה אל בעליה כמו שאמרו רבותינו זכרונם לברכה)בבא קמא קג א(הגוזל מחבירו שוה פרוטה שחיב להוליכה אחריו אפילו למדי, כלומר למקום רחוק. וכדי להקל טרחו אם ההוצאה מרבה, אמרו רבותינו זכרונם לברכה שיניחנה ביד בית דין ויודיעם שאותו ממון הוא של פלוני והם יתנוהו לו לכשיזדמן. **ודין** גזל קורה ובנאה בבירה מה יהא עליה)גיטין נה א(. ודין גזל בישוב ורצה להחזיר במדבר)ב"ק קיח א(. ודין גזל והקדיש, וגזל טלה ונעשה איל מה דינן. ודין שבח הבא מחמת יקר שאינו מן התקנה, אלא חוזר לנגזל, שלא תקנו לגזלן את השבח אחר יאוש אלא כגון שבח גזות וולדות, אבל שבח היקר לא. ודין תוקף עבד חברו ועשה בו מלאכה, ודין תוקף ספינתו, ודין הדר בחצר חבירו שלא מדעתו, ויתר פרטיה, מבארין בפרקים האחרונים מן קמא. **ונוהגת** בכל מקום ובכל זמן בזכרים ונקבות. והעובר עליה וגזל ולא השיב, בטל עשה זה, מלבד הלאו שעבר בשעת גזלה. ואוי לו למי שבידו לתקן המעות ואינו מתקנו טרם מותו)יומא פה ב(.

Mitzvah 130

The commandment of returning theft: That we were commanded to return the theft intact (Bava Kamma 66a) - meaning to say that if the thing itself that he robbed is with him and it has not changed in his possession, he is obligated to return it to the one robbed; and not take it for himself, and give its value to the one robbed - as it is stated (Leviticus 5:23), "and return the theft that he robbed." And we say in Bava Kamma 102a in the chapter [known as] HaGozel Batra, "The Rabbis learned, 'And return the theft that he robbed' - what do we learn to say [from] 'that he robbed?' That he return the intact item that he robbed." But if the theft changed in the possession of the robber, he is [only] obligated to repay its value, and he is exempted with that - even though the owners did not forsake it (Bava Kamma 66b). And what is a change that exempts from returning the theft? Like the change that he cannot reverse afterwards to its original state - for example, one who robs wood and burns it or cuts some of it up or digs holes in it; and so [too,] one who robs wool and dyes it or robs spun fabric and makes a garment out of it, and all that is similar to it. But one who robs boards of wood, even if he builds a box out of them - this is not a change that cannot revert to its original state. As behold, it

ספר החינוך Sefer HaChinukh

is possible to dismantle them and they will go back [to being] boards as they had been. And therefore, he is obligated to return them intact. And so, with all that is similar to this. **The** root of the commandment is well-known. **It** laws: For example, that which our Rabbis, may their memory be blessed, said (Sanhedrin 57a) how much would the theft be that obligates the robber in repayment? Any theft that is worth a small coin (perutah). But less than that is not in the category of repayment, even though he has transgressed a Torah prohibition. And as we shall write at length in the negative commandment of "You shall not rob" (Sefer HaChinukh, 20, 29), [it is] because Israelites are the children of Avraham, Yitschak and Yaakov - generous men, the children of generous men. And it is a well-known thing that that even a poor Israelite will pardon less than the worth of a perutah that was stolen from him, and he will not want to seek it at all. And therefore, they, may their memory be blessed, said (Bava Kamma 105a) that one who robs three bundles, worth three perutah at the time of the theft, and they depreciate in the hand of the robber and became worth two perutah - even though he returned two - he is obligated to return the third; since we judge according to the time of the robbery, and [the] third was already worth a perutah at that time. [If] he stole two that are worth one perutah [together] and he returned one, there is robbery here [but] there is not repayment here. **And** the laws of forsaking (yiush) and the transfer of domain are many. But the principle of the matter is thus according to that which appears from the Gemara: That any time that the [actual] theft is in the robber's hands - or even his son's - and it has not changed, they are obligated according to Torah writ to return it like it is to the one robbed. [And this is] even though we knew with certainty that the one robbed has forsaken it; and that is like they said in the Gemara (Bava Metzia 23a), "For example, that people heard him saying, 'Woe to him for his loss'" - meaning to say, that he concedes in his mind about that thing, that it is already lost from him, and his mind does not rely upon seeing it again. Even if [its value] appreciated in the hand of the robber, the appreciation is to the one who was robbed. And this is [the understanding] of that which is written in the Torah, "and return the theft that he robbed." And the explanation comes - if it is the same as what he robbed, meaning that it has not changed, he must return it as it is, and even if it appreciated much. **But** the Sages ordained (Bava Kamma 94b), as a result of the Ordinance of the Penitents, that anything that appreciates in the hand of the robber after the forsaking be his. And

ספר החינוך Sefer HaChinukh

[so] when he comes to return it, he calculates with the robbed one how much it was worth at the time of the robbery; and the robbed one pays him the money of that which it appreciated, and takes it. And the Sages have the power to do this thing, since they may do according to their will in a monetary matter - and even against the commands of the Torah. As it is well-known that what the court makes ownerless is ownerless (Yevamot 89b, Gittin 36b). And therefore if a gentile (to which the Ordinance does not apply) robbed and [the item] appreciated, whether before the forsaking or whether after the forsaking; or if an Israelite robbed it and he sold [it] to a gentile, and the gentile makes [it] appreciate - [the appreciation is for the one robbed. If he sold it (Minchat Yitschak)] before the forsaking, the law of the [purchaser] is like the law of the [robber] - as transfer of domain does not create acquisition without forsaking. But after the forsaking - whether that forsaking was after the theft came to the hand of the purchaser, or when it was still in the hand of the robber - since there was forsaking and a transfer of domain with this theft, the purchaser has acquired the body of the theft. And if that robber that sold it to him is a robber that is not famous, it is completely his; and he is not obligated to return anything to the one robbed. Rather the robbed one should go and sue the robber. But if he is a famous robber, the purchaser is obligated to return the value of the theft to the robbed one, and he sues the robber. **And** the laws of the theft as to how far he is to burden himself to return it to its owners is like that which our Rabbis, may their memory be blessed, said (Bava Kamma 103a) that one who robs the worth of a perutah from his fellow is obligated to bring it after him, even to Medea - meaning to say to a far place. But in order to lighten his burden if the expense [to do this] is great, our Rabbis, may their memory be blessed, said that he leave it with the court and they know that this money is for x, and they give it to him when he happens by. **And** the law of what will be with a beam that he built into a mansion (Gittin 55a); and the law of one who robbed in a settlement and he wants to return it in the wilderness (Bava Kamma 118b); and the law of one who robs and consecrates [it]. And what is the law of one who robs a lamb and it becomes a ram; and the law of the appreciation that comes from inflation - which is not under the Ordinance, but rather goes to the robbed one, as they only ordained that the appreciation be for the robber after the forsaking, in such a case as with shearings or offspring, but not appreciation from inflation; the law of one who overpowers the slave of his fellow and does work with

him, or overpowers his ship; the law of one who lives in the courtyard of his fellow without [the latter]'s knowledge; and the rest of its details are elucidated in the final chapters of [Bava] Kamma. **And** [it] is practiced in all places and at all times by males and females. And one who transgresses it and robs but does not return has violated this positive commandment, besides the negative commandment that he violated at the time of the robbery. And woe to the one who has it in his hand to 'fix the twisted,' and does not fix it before his death (Yoma 85b).

מצוה קלא

מצות הרמת הדשן - שיסיר הכהן הדשן בכל יום ויום מעל המזבח, וזהו שנקרא תרומת הדשן, שהיתה נעשית בכל יום, שנאמר)ויקרא ו ג(ולבש הכהן מדו בד וגו', והרים את הדשן. **משרשי** מצוה זו. מה שכתבנו למעלה)מצוה צה(להגדיל כבוד הבית ולהדרו בכל יכלתנו מן הטעם שאמרנו שם. ונוי הוא למזבח לפנות הדשן ממקום שראוי להדליק בו האש, ועוד שהאש דולק יפה כשאין תחתיו דשן. **מדיני** המצוה. מה שאמרו זכרונם לברכה)יומא כג ב(שהרמת הדשן היא עבודה מעבודות הכהנה. ובגדי הכהנה שהיו תורמין בהן הדשן, היו פחותין מן הכלים שמשמש בהן שאר עבודות, שנאמר)שם ד(ופשט את בגדיו ולבש בגדים אחרים. ואף על פי שפסוק זה נאמר בהוצאת הדשן אל מחוץ למחנה, מכל מקום גם בתרומת הדשן, דהינו כשמסלק אותה מעל המזבח ומורידה לרצפה שאצל המזבח, יש לנו ללמד גם כן שאין ראוי לעשות אותה מלאכה באותן בגדים שהוא משמש. ונאמר בזה על דרך משל)שבת קיד א(בגדים שבשל בהן קדרה לרבו אל ימזג בהן כוס לרבו. **ואימתי** תורמין הדשן בכל יום? משיעלה עמוד השחר, ובמועדים משליש)האחרון( ]האמצעי[ )עי' יומא כ א(של לילה, וביום הכפורים מחצות הלילה. וכיצד תורמין אותה, מי שזכה ובא גורלו להסירה, טובל ולובש בגדי הרמה ומקדש ידיו ורגליו, והיו אומרים לו אחיו הכהנים הזהר, שמא תגע בכלי עד שתקדש ידיך ורגליך, ואחר כך לוקח המחתה, ושל כסף היתה, נתונה במקצועות בין כבש למזבח במערבו של כבש, ונוטל את המחתה ועולה לראש המזבח מפנה את הגחלים הילך והילך, וחותה מן הגחלים שנתאכלו בלב האש ויורד למטה לארץ והופך פניו לצפון ומהלך בארץ למזרח הכבש כמו עשר אמות כלפי הצפון, וצובר את הגחלים שחתה על גבי הרצפה רחוק מן הכבש שלשה טפחים במקום מראת העוף ודשון מזבח הפנימי והמנורה. וחתיתה זו שחותה במחתה ומוריד לרצפה אצל המזבח היא המצוה של כל יום. ואחר שיורד זה שתרם רצים אחיו הכהנים ומקדשין ידיהם ורגליהם במהרה ונוטלין את המגרפות והצנודות ועולין לראש המזבח וגורפין את הדשן מכל צדי המזבח, ועושין ממנו ערמה על גבי תפוח, והוא מקום מן המזבח שנקרא כן. וכשאותו תפוח היה גדול

Sefer HaChinukh ספר החינוך

מורידין ממנו קצת למטה בכלי גדול מחזיק לתך שנקרא פסכתר)עי' תמיד לג א(, ועומד שם עד שמוציאין אותו כלו מחוץ למחנה. ויתר פרטיה במסכת תמיד ויומא)כא כד ב(. **ונוהגת** בזמן הבית בזכרי כהנה. ועובר עליה ולא הסירה כמצותה בטל עשה.

Mitzvah 131
The commandment of the lifting of the ashes: That the priest remove the ashes each and every day from on the altar - and this is what is called the lifting of the ashes (trumat hadeshen), which was done every day - as it is stated (Leviticus 6:3), "And the priest shall dress in linen, etc. and he shall lift the ashes." **That** which we wrote above (Sefer HaChinukh 95) to aggrandize the honor of the [Temple] and to glorify it with all of our ability - because of the reason that we said there - is from the roots of the commandment. And it is adorning the altar to remove the ashes in the place in which it is fitting to light the fire. And also, that the fire burns nicely when there are no ashes underneath it. **From** the laws of the commandment is that which they, may their memory be blessed, said (Yoma 23b) that the lifting of the ashes is one of the services of the priesthood. But the priestly garments in which they would lift the ashes were lowlier than the vestments that he would use for the other services; as it is stated (Leviticus 6:4), "And he shall take off his clothes and wear other clothes." And even thought this verse was stated about the removal of the ashes to outside of the camp, nonetheless also with the lifting of the ashes – which is when he removes it from on the altar and puts it down on the floor next to the altar – we should learn that it also not fitting to do that service with those clothes in which he serves (otherwise). And it is said about this metaphorically (Shabbat 114a), "He should not mix the cup for his master with the clothes that he cooked the food for his master." **And** when would they lift the ashes every day? From the rising of the dawn. And on the festivals, from the (last) [middle] third of the night (see Yoma 20); and on Yom Kippur, from midnight. And how would they lift it? Whoever would win the lottery to remove it would immerse and wear the garments of lifting and sanctify (wash) his hands and feet. And his brothers, the priests, would say to him, "Be careful, lest you touch a (sanctified) vessel before you sanctify your hands and your feet." And afterwards he would take the censer – and it was of silver, placed in the corners between the ramp and the altar, to the East of the ramp – pick up the censer, go up to the top of the altar, remove the

coals hither and thither, collect the coals that have been consumed at the heart of the fire, go down to the ground, turn his head to the North, walk on the ground to the East of the ramp about ten ells towards the North and gather the coals that he collected on the floor three handbreadths away from the altar in the place of the crop of the birds and the ashes of the inner altar and the menorah. And this sweeping that he sweeps with the censer and brings down to the ground is the daily commandment. And after the one that lifted comes down, his brothers, the priests, run and quickly sanctify their hands and feet, take rakes and pitchforks, go up to the top of the altar, rake the ashes from all the sides of the altar and make from it a pile on top of the mound (tapuach) – and that is a place on the altar that is called like this. And when this mound was big, they would bring some [of the ashes] down from it into a large vessel holding a letech, called a psachther. And it would stay there until they would take it all out of the camp. And the rest of its details are in Tractate Tamid and Yoma. **And** it is practiced at the time of the [Temple] by the males of the priesthood. And one who transgresses it and did not remove it according to its commandment, has violated a positive commandment.

<u>מצוה קלב</u>

מצות הדלקת אש על המזבח בכל יום - להבעיר)י"ג להיות(אש על המזבח בכל יום תמיד, שנאמר)ויקרא ו ו(אש תמיד תוקד על המזבח. ובא הפרוש של תמיד, כלומר להשים בו עצים בבקר ובין הערבים, ובבאור אמרו זכרונם לברכה)יומא כא ב(אף על פי שהאש יורד מן השמים מצוה להביא מן ההדיוט. ואל יקשה עליך לאמר מה היא מצוה זו, והלא על כל פנים היה להם להבעיר אש לצרך הקרבן שנתחיבו להקריב, ובלא אש אי אפשר. כי מצוה זו בפני עצמה היא, כי מלבד אש הצריך לקרבן היו נותנים אש למזבח במצוה זו, וכמו שדרשו זכרונם לברכה)שם מה א(שלש מערכות של אש מן הכתובים, כמו שנכתב בדינין של מצוה זו. **משרשי** המצוה. הקדמה, ידוע הדבר בינינו ואצל כל חכם, כי נסים גדולים אשר יעשה האל אל בני אדם בטובו הגדול, לעולם יעשה דרך סתר, ונראים הענינים נעשים קצת כאלו הם בדרכי הטבע ממש או בקרוב לטבע, כי גם בנס קריעת ים סוף שהיה נס מפרסם כתוב שם)שמות יד כא(ויולך יי את הים ברוח קדים עזה כל הלילה וישם את הים לחרבה ויבקעו המים. והמשכילים יבינו כי ענין סתר זה למעלת האדון ושפלות המקבל. ומזה הענין צונו להבעיר אש במזבח, אף על פי ששם יורד אש מן השמים, כדי להסתיר הנס. לפי הדומה שהאש היורדת לא היתה נראה בירידתה מן הטעם שאמרנו חוץ מיום שמיני של מלואים ושל גדעון)שופטים ו כא(ומנוח)שם

יג כ( )ושל אליהו(שהיתה נראית. **ועדין** אנו צריכין לומר מהו ענין המצוה להדליק אש על המזבח מלבד האש הצריך שם לקרבן.]ונאמר[ )ונראה(על צד הפשט שהוא כענין מה שכתבנו במצות לחם הפנים)מצוה צז(, שהאדם מתברך לפי מעשיו שהוא עוסק בהם לרצון בוראו. ועל זה הדרך אמרנו שהברכה מצויה בכל לחם חול מתוך עסקנו במצוה בלחם קדש, כאלו תאמר על דרך משל שהברכה תתפשט במינה. וכמו כן הוא עסק המצוה באש בכל יום שיתברך האדם בענין האש שבו. **ומהו** אש זה? הוא הטבע שבאדם, כי מן הארבעה יסודות שבאדם הוא אש והוא ראש לארבעתן, כי בו יתחזק האדם ויתנועע ויפעל, ועל כן צריכה הברכה בו יותר. וענין הברכה הוא שלמות. כלומר דבר שאין בו חסרון ולא מותר, וכן האש שבאדם צריך לברכה זו שיהא ממנו באדם מה שצריך אליו, לא פחות כי יחלש כחו, ולא יותר כי ישרף בו כדרך בני אדם שמתים בתוספת האש בהם יותר מדאי והוא הקדחת. ובני אהרן הוסיפו באש מבלי שנצטוו ונוסף גם בהם אש ונשרפו, כי לפי פעלת בני אדם יבא ענשם או תנוח ברכת השם]בו[ )עליהם(. **מדיני** המצוה. מה שאמרו זכרונם לברכה, שאף על פי שהאש ירדה מן השמים בימי משה, מצוה להביא מן ההדיוט, שנאמר)ויקרא א ז(ונתנו בני אהרן הכהן אש וגו'. ובבקר)תמיד פ"ב(היו עורכים עצים ועושים בראש המזבח מערכה גדולה של עצים, שנאמר)שם וה(ובער עליה הכהן עצים בבקר בבקר. ומלבד העצים הערוכים על המערכה מצוה על הכהן להעלות למזבח בשני גזירין של עץ, שנאמר ובער עליה הכהן עצים, ומעוט עצים שנים. וכן מוסיפין גם כן שני גזירין עם תמיד של בין הערבים ומעלין אותם שני כהנים, שנאמר וערכו, ושל שחר כהן אחד. **ושלש** מערכות של אש היו עושים במזבח בכל יום.)יומא מג ב(הראשונה גדולה שעליה מקריבין התמיד עם שאר הקרבנות, שניה בצדה קטנה ממנה שממנה לוקחין אש במחתה להקטיר קטרת בכל יום, ומערכה שלישית אין עליה כלום אלא לקים מצות האש, שנאמר אש תמיד תוקד וכו' ושלשה כתובים בענין שהם מורים על שלש מערכות אלה כמו שלמדנו מפי השמועה, שאמרו זכרונם לברכה)שם מה ב(על מוקדה זו מערכה גדולה, ואש המזבח תוקד בו זה מערכה שניה של קטורת, והאש על המזבח תוקד בו זה מערכה שלישית של קיום האש. ויתר פרטיה מבארים בפרק רביעי מיומא ושני מתמיד]שם[. **ונוהגת** בזמן הבית בזכרי כהנה, ואם לא הבעירו הכהנים מערכה שלישית במזבח, בטלו מצות עשה זו.

Mitzvah 132

The commandment of lighting fire on the altar every day: To burn (some have the textual variant, to have) fire on the altar every day perpetually, as it is stated (Leviticus 6:6), "A perpetual fire shall burn on the altar." And the explanation of perpetual came [that] it means to say to place wood in the morning and in the

ספר החינוך Sefer HaChinukh

afternoon. And in the elucidation, they, may their memory be blessed, said (Yoma 21b), "Even though the fire descends from the Heavens, it is a commandment to bring [it also] from the commoners. And do not let it be difficult for you, to say, "What is this commandment – is it not that they, in any case, had to burn a fire for the sake of the sacrifice that they were obligated to bring, as it is impossible [to do so] without fire." As this is a commandment on its own; since besides the fire for the sacrifice, they would place fire on the altar for this commandment – and as they, may their memory be blessed, expounded (Yoma 45a), there were three arrangements of fire [derived] from the verses, as we will write in the laws of this commandment. **From** the roots of the commandment, [we need to] preface [that] the thing is known amongst us and among every sage that the great miracles that God does for people in His great goodness, He always does hiddenly. And these matters appear a little as if they were truly done by way of nature, or close to nature. As even with the miracle of the splitting of the sea – which was an open miracle – it is written there (Exodus 14:21), "and the Lord moved the sea with a powerful Eastern wind all of the night, and He made the sea into a dry place and He split the waters." And the enlightened ones will understand that this matter of concealment is because of the loftiness of the Master and the lowliness of the receiver. And due to this matter did He command us to burn fire on the altar, even though fire descended there from the Heavens – in order to hide the miracle. It [also] appears that the fire that came down from the Heavens was not visible when it came down because of the reason that we said – except for the eighth day of the inauguration and that of Gidon (Judges 6:21), Manoach (Judges 13:20) (and of Eliyahu), which was visible. **But** we still need to say what is the idea of the commandment to light a fire on the altar, besides the fire that is needed there for the sacrifice. [And we shall say] (And it appears) on the level of the simple understanding that it is like the matter that we wrote about the commandment of the bread of display (Sefer HaChinukh 97); that man is blessed, according to his deeds in which he is involved, in accordance with the will of his Creator. And through this approach, we said that blessing is found in all ordinary bread as a result of our involvement in the commandment of holy bread. [It is] as if you would say metaphorically that the blessing spreads in its type [of object]. And so too is the involvement in the commandment of the daily fire; that a person will be blessed in the matter of fire that he has. **And** what is the

ספר החינוך Sefer HaChinukh

fire that he has? It is a person's nature – since of the four elements in a person, fire is the head of those four; as with it does a man strengthen himself and move to act. And therefore, he needs more blessing in it; and the matter of blessing is completeness – meaning to say a thing in which there is no lack, nor excess. And the fire in a person requires this blessing, such that a man will have what he needs: Not less, since his strength will weaken; and not more, since he will be burnt through it, in the way of people that die from too much of a supplement of it – and that is a burning fever. And the sons of Aharon increased fire without being commanded, and [so] fire was also increased in them, and they were burnt – as according to the actions of people does their punishment come, or does the blessing of God rest [in him] (upon them). **From** the laws of the commandment is that which they, may their memory be blessed, said that even though the fire descended from the Heavens in the days of Moshe, it is a commandment to bring [it] from the commoners, as it is stated (Leviticus 1:7), "And the sons of Aharon shall place fire, etc." And (Mishnah Tamid 2) they would set up wood in the morning and make a large arrangement of wood at the top of the altar, as it is stated (Leviticus 6:5), "and the priest would burn wood each morning." And besides the wood that was set up in the arrangement, it was a commandment upon the priest to bring up two blocks of wood, as it is stated, "and the priest would burn wood (etsim, which is plural)" - and the minimum of etsim is two. And so [too,] would they add two blocks of wood with the daily afternoon sacrifice; and two priests would bring them up, as it is stated, "and they shall set up" - but [for that] of the morning, [it was only] one priest. **And** they would make three arrangements of fire on the altar every day. The first one was large, [and] upon it were the daily sacrifice and the other sacrifices offered; the second one on its side was smaller than it, [and] the fire was taken from it in the censer to burn the incense every day; and the third arrangement did not have anything upon it, so as to fulfill the commandment of the fire, as it is stated, "A perpetual fire shall burn, etc." (Yoma 43b). And there are three passages about the topic, which instruct about these three arrangements, as we learned from the tradition. As they, may their memory be blessed, said (Yoma 45b), "'Upon its burning' (Leviticus 6:2), that is the large arrangement; 'and the fire of the altar shall burn upon it' (Leviticus 6:2), that is the second arrangement of the incense; 'And the fire of the altar shall burn upon it' (Leviticus 6:5), that is the third arrangement for the fulfillment of the fire." And the rest of its

ספר החינוך Sefer HaChinukh

details are elucidated in the fourth chapter of Yoma and the second of Tamid. **And** it is practiced at the time of the Temple by the males of the priesthood. And if the priests did not burn the third arrangement on the altar, they violated this positive commandment.

מצוה קלג

שלא לכבות אש מעל המזבח - שלא לכבות אש מעל המזבח, שנאמר (ויקרא ו ו) אש תמיד תוקד על המזבח לא תכבה. **משרשי** מצות האש. כתבתי למעלה במצות עשה דאש תוקד, ושרש הצווי באש להבעירה ושלא לכבותה אחד הוא, ואין צרך להחזירו. **מדיני** המצוה. מה שאמרו זכרונם לברכה (יומא מו ב) שאפילו הוריד האש מעל המזבח וכבהו לוקה. אבל אש מחתה ואש מנורה שהכינה במזבח להדליק ממנה אף על פי שכבה אותה בראש המזבח פטור, שהרי נתקה מן המזבח ואין אני קורא בו אש המזבח. ולא הזהרנו אלא על כבוי אש המזבח, שנאמר אש תמיד תוקד על המזבח לא תכבה. ואמרינן בספרא (צו ב ז) לא תכבה מלמד שכל המכבה עובר בלא תעשה. ויתר פרטיה, בפרק עשירי מזבחים (צא ב). **ונוהגת** בזמן הבית בזכרים ונקבות אפילו ישראלים. ועובר עליה וכבה אפילו גחלת אחת מאש המזבח לוקה.

Mitzvah 133

To not extinguish the fire upon the altar: To not extinguish the fire upon the altar, as it is stated (Leviticus 6:6), "A perpetual fire shall burn on the altar, it shall not be extinguished." **I** have written from the roots of the commandment, above in the positive commandment of 'A fire shall burn.' And the root of the commandment of the fire to burn it and not to extinguish it are one, and there is no need to repeat it. **From** the laws of the commandment is that which they, may their memory be blessed, said (Yoma 46b) that even if the brought down the fire from upon the altar and [then] extinguished it, he is lashed. But the fire of the censer and the fire of the menorah that were prepared on the altar to light from it - even if he extinguishes it at the top of the altar, he is exempt. As it was severed from the altar, and I do not call it, 'fire of the altar.' And we were only warned about extinguishing the fire of the altar; as it is stated, "A perpetual fire shall burn on the altar, it shall not be extinguished." And we say in Sifra, Tzav 2:7, "'It shall not be extinguished' teaches that the one who extinguishes transgresses a negative commandment." And the rest of its details are in the tenth chapter of Zevachim. **And** it is practiced at the time of the [Temple] by males and females - even Israelites. And one who transgresses it and extinguishes even one coal from the fire of the altar is lashed.

מצוה קלד

מצות אכילת שירי מנחות - שנצטוו הכהנים לאכל שירי מנחות, כלומר, אחר שהפרישו ממנה מה שהיו מקטירין במזבח, שיאכלו הם כל השאר, שנאמר)ויקרא ו ט(והנותרת ממנה יאכלו אהרן ובניו מצות תאכל וכו'. ולשון ספרא)צו ב ט(מצות תאכל. מצוה, יבמה יבא עליה)דברים כה ה(, מצוה, כלומר, ששניהם מצות עשה, לא רשות. **משרשי** מצוה זו. כתבנו למעלה)מצוה קב(במצות ואכלו אתם אשר כפר בהם בואתה תצוה שכבוד הוא לקרבן שיאכלוהו משרתי השם יתברך בעצמם ולא שיתנוהו לפחותים לאכלם, וכו' כמו שכתוב שם. **מדיני** המצוה. מה שאמרו זכרונם לברכה)מנחות עב ב(שכל המנחות הקרבות לגבי המזבח נקמצות, ומקטירין הקמץ כלו על גבי המזבח, והשאר נאכל לכהנים, חוץ ממנחת זכרי כהנה שאינה נקמצת, שנאמר)ויקרא ו טז(וכל מנחת כהן כליל תהיה לא תאכל. נמצא שמנחת חנוך וחבתין, וכהן שהביא מנחת חוטא ומנחת נדבה נשרפות על גבי המזבח ולא נקמצות. הכהנת)סוטה כג א(מנחתה נקמצת ושיריה נאכלין, דכהן דוקא אמרינן ולא כהנת. ויתר פרטיה מבארים במנחות]ה' מעשה הקרבנות פ"י[. **ונוהגת** בזמן הבית בזכרי כהנה. שנאמר)שם יא(כל זכר בבני אהרן יאכלנה. עבר ולא אכלה בטל עשה זה.

Mitzvah 134

The commandment of eating the remainders of the meal-offering: That the priests were commanded to eat the remainders of the meal-offerings - meaning to say after they separated from it that which they would offer on the altar, they would eat all the rest, as it is stated (Leviticus 6:9), "What is left of it shall be eaten by Aharon and his sons; as matsahs shall it be eaten, etc." And the language of Sifra, Tzav 2:9 is "'As matsahs shall it be eaten' is a commadmeent; 'her levirate husband shall have sexual relations with her' (Deuteronomy 25:5) is a commandment" - meaning to say that both of them are positive commandments, not optional. **I** have written from the roots of the commandment above (Sefer HaChinukh 102) in the commandment of "They shall eat that with which atonement was done" in Ve'atah Tetsaveh - that it is an honor for the sacrifice that the actual servants of God, may He be blessed, eat it, and not that it be given to lesser ones to eat it, etc. as it is written there. **From** the laws of the commandment is that which they, may their memory be blessed, said (Menachot 72b)

Sefer HaChinukh

that all of the meal-offerings that were offered on the altar were skimmed - and the skimming was completely incinerated on the altar, and the rest was eaten by the priests - except for the meal offering of the males of the priesthood, which ia not skimmed, as it is stated (Leviticus 6:16), "And every meal-offering of a priest shall be whole; it shall not be eaten." It comes out that the inauguratory meal-offerings and the griddled ones, and a priest that brought a sinner's meal-offering or a voluntary meal-offering - [all these offerings] were burnt on the altar and not skimmed. The meal-offering of a priestess (Sotah 23a) is skimmed and its remnants are eaten; as we say, it is specifically a priest [that is stated by the Torah], and not a priestess. And the rest of its details are elucidated in Menachot (see Mishneh Torah, Laws of Sacrificial Procedure 10). **And** it is practiced at the time of the [Temple] by the males of the priesthood, as it is stated (Leviticus 6:11), "Every male of the Children of Aharon shall eat it." [If] he transgressed and did not eat it, he has violated this positive commandment.

מצוה קלה
שלא לעשות שירי מנחות חמץ - שלא לבשל שירי מנחות חמץ והוא חלק המנחות אשר לכהנים, שנאמר (ויקרא ו י) במנחה לא תאפה חמץ חלקם נתתי אותה מאשי, והוא כאלו אמר חלקם, שהוא שירי המנחה, לא יאפה חמץ. ובפרוש אמרו זכרונם לברכה במשנה (מנחות נה א) וחיבים על אפיתה חמץ. **מדיני** המצוה. כגון מה שאמרו זכרונם לברכה (שם נו א) שהמחמץ אחר המחמץ חיב, והמחמץ (שם נז א) מנחה פסולה פטור, שנאמר (שם ב יא) אשר תקריבו ליי לא תעשה חמץ, הכשרה לשם ולא הפסולה. חמצה בראש המזבח אינו לוקה, שנאמר (שם) אשר תקריבו ליי לא תעשה חמץ, וזו כבר קרבה. ויתר פרטיה מבארים בפרק ה' ממנחות. **ונוהגת** מצוה זו בזמן הבית בזכרים ונקבות. אפילו עבר ישראל אחד ואפאה חמץ חיב מלקות, ואין צריך לומר כהן.

Mitzvah 135
To not make the remainders of the meal-offering chamets (leavened): To not cook the remainders of the meal-offerings [to make them] chamets - and that is the portion of the meal-offerings that is of the priests - as it is stated (Leviticus 6:10), "It shall not be baked chamets, their portion have I given it of my fire-offerings." And it is as if it said, "Their portion - which is the remainders of the meal-offering - you shall not bake chamets."

Sefer HaChinukh ספר החינוך

And in the explanation, they, may their memory be blessed, said in the Mishnah (Menachot 55a), "And they are liable for its baking [to make it] chamets." **From** the laws of the commandment is, for example, that which they, may their memory be blessed, said (Menachot 56a) that one who renders it chamets after [another has already] rendered it chamets is liable; and one who renders a disqualified meal-offering chamets is exempt, as it is stated (Leviticus 2:11), "that you shall offer to the Lord, you shall not make chamets" - one that is proper for God and not one that is disqualified. [If] he rendered it chamets on top of the altar, he is not lashed, as it is stated, "that you shall offer to the Lord, you shall not make chamets" - and this one was already offered. And the rest of its details are elucidated in Chapter Five of Menachot. **And** this commandment is practiced at the time of the [Temple] by males and females. Even an Israelite that transgressed and baked it chamets is liable for lashes, and there is no need to say [that it is so] about a priest.

מצוה קלו

מצות קרבן מנחה של כהן גדול בכל יום - שנצטוינו שיקריב הכהן הגדול מנחה בכל יום פעמים בבקר ובין הערבים, שנאמר (ויקרא ו יג) זה קרבן אהרן ובניו אשר יקריבו ליי וגו', והיא הנקראת חבתי כהן גדול, ונקראת גם כן מנחת כהן משיח (כ"ה בסהמ"צ להרמב"ם עשה מ). **משרשי** המצוה. לפי שהכהן הגדול הוא השליח בין ישראל לאביהם שבשמים. כלומר, כי הוא הנושא תפלה אליו בעדם, ועל ידי תפלותיו ומעשה קרבנותיו הם מתכפרין, ולכן ראוי לאיש כזה להיות לו קרבן מיחד תמידי כמו תמידי הצבור, וכמו שהתמידין שנים ליום נתחיב הוא גם כן להקריב מנחתו פעמים ביום. וכל זה נסמך אל הטעם שאמרנו בקרבן כדי שיתעוררו כל מחשבותיו וישים דעתו וכונתו אצל השם ברוך הוא, ולמען זאת יועיל לו ולהם, ואין ספק שאין דומה התעוררות האדם כשמקריב קרבנו המיחד לו לכשהוא מקריב קרבן שהוא משתף עמו, וזה דבר ידוע ומנסה בכל אדם, כי למה שמיחד לו לבדו מתעורר יותר, אין להאריך בזה. **מדיני** המצוה. מה שאמרו. כיצד (מנחות נ ב) עשית חבתי כהן גדול? מביא עשרון שלם של קמח וחוצהו בחצי עשרון שבמקדש, שאף על פי שמנחת העשרון קרבה לחצאין, כלומר חציה בבקר וחציה בערב, אינה מתקדשת לחצאין, כלומר שכלה מביאה ביחד. ומביא עמה שלשה לגין שמן, ובולל הסלת בשמן וחולט אותה ברותחין ולש מכל חצי עשרון שש חלות, נמצא שהם שתים עשרה חלות, ואחת אחת היו נעשות. וכיצד עושה? מחלק השלשה לגין ברביעית שבמקדש, רביעית לכל חלה, ואופה החלה מעט ואחר כך קולה אותה על המחבת עם השמן שלה, ואינו מבשלה הרבה, ואחר כך חולק כל חלה

ספר החינוך Sefer HaChinukh

לשתים כדי שיקריב החצי בבקר והחצי בערב, ולוקח החצאין וכופל כל אחד מהם לשנים ופותת עד שתמצא כל פתיתה כפולה לשנים. ומקריב החצאין עם חצי קמץ לבונה בבקר, והחצי הנשאר עם חצי קמץ לבונה בערב. והוא כליל לאשים. **ונוהגת** בזמן הבית בכהן גדול. ומנחת הבקר והערב מצות עשה אחת, אין חולק בזה, כי גם הרמב"ן זכרונו לברכה (בסוף סהמ"צ בד"ה ואתה אם תבין) שמנה שני תמידין שתי מצות מודה בזה.

Mitzvah 136
The commandment of the daily meal-offering of the high priest: That we were commanded that the high priest offer a daily meal-offering twice - in the morning and in the afternoon - as it is stated (Leviticus 6:13), "This is the sacrifice of Aharon and his sons that they shall bring to the Lord, etc." And it is what is called the grilled ones of the high priest, and it is also called the meal-offering of the anointed priest (so is it [written] in the Sefer HaMitzvot LaRambam, Mitzvot Ase 40). **It** is from the roots of the commandment [that it is] because the high priest is the agent between Israel and their Father in Heaven - meaning to say, that he is the one that carries prayer to Him for their sake; and through his prayers and the act of his sacrifices, they are atoned. And hence it is fitting that there be a private daily sacrifice for a man like this, like the daily sacrifices of the community. And [just like those] were two a day, he too is obligated to bring his meal-offering twice a day. And all of this is based on the reason that we said about the sacrifice: In order that all of his thoughts be aroused and he place his mind and intention towards God, blessed be He. And on account of this, he will be effective for himself and for them. And there is no doubt that the arousal of a man when he brings his own private sacrifice is not the same as when he brings a sacrifice that he shares. And this is something well-known and tested with every man - that he is more aroused by what is private only to him. There is no need to speak at length [about this]. **From** the laws of the commandment is that which they, may their memory be blessed, said (Menachot 50b), "How is the making of the grilled ones of the high priest? He brings a whole issaron of flour, and divides it" with the half issaron measure in the Temple. As even though the meal-offering of the issaron was offered in halves - meaning to say, half of it in the morning and half of it in the evening - it is not sanctified in halves; meaning he brings it all together. And he brings with it three log of oil and mixes the fine flour with the oil and scalds it in boiling water. And he kneads six loaves from each half issaron - it

comes out that there were twelve loaves - and they were made one by one. And how does he make [it]? He divides the three log with the reviit measure in the Temple - one reviit for each loaf - he bakes it a little and afterwards roasts it on the griddle with its oil, but he does not cook it much. And afterwards he divides each loaf into two, so that he offer half [of it] in in the morning and half in the evening. And he takes the halves, doubles each one up into two and crumbles it, until you find each crumbling doubled up into two. And he offers the halves with half a handful of frankincense in the morning, and the remaining half [of the offering] with the [other] half handful of frankincense in the evening. And it is completely for the fire. **And** it is practiced at the time of the [Temple] by the high priest. And the meal-offering of the morning and of the evening is one positive commandment - there is no one that disagrees about this. As even Ramban, may his memory be blessed, (at the end of Sefer HaMitzvot LaRambam, s.v. veatah eem tavin) - who counted the two daily [communal] offerings as two commandments - concedes this.

מצוה קלז

שלא לאכול מנחת כהן - שלא לאכל ממנחת כהן שנאמר)ויקרא ו טז(וכל מנחת כהן כליל תהיה לא תאכל. **משרשי** המצוה. היסוד שאמרנו תחלה כי כונת הקרבן לעורר לב המקריב אותו, ואם יאכל הכהן מנחתו לא יתעורר לבו עליה יפה שהיא דומה בעיניו כאופה פת לצרכו ואוכלו, ואף כי יאכלו חבריו שלו והוא שלהן, יעלה הכל לחשבון אחד, לכן צוה שתהיה כליל לא תאכל לשום אדם. **מדיני** המצוה. מה שאמרו זכרונם לברכה)מנחות עב ב(כל המנחות הקרבות לגבי המזבח נקמצות, ומקטירין הקמץ כלו לגבי המזבח והשאר נאכל לכהנים חוץ ממנחת זכרי כהנה שאינה נקמצת אלא מקטירין אותה כלה, שנאמר וכל מנחת כהן כליל תהיה לא תאכל. ולמדנו מעתה שמנחת חנוך וחבתין וכהן שהביא מנחת חוטא או מנחת נדבה כלן נשרפות על גבי המזבח ואינן נקמצות, וכמו שאמרנו למעלה)מצוה קלד(בסדר זה. וענין הקמיצה היא, שנוטל הכהן מן הקמח בקמצו, כלומר בראשי אצבעותיו, כדרך שקמץ כל אדם, שפושט פס ידו וקמץ בראשי)מנחות יא א(אצבעותיו, כלומר שאצבעותיו דבקים עם הכף ואינם מחזיקים מן הקמח הרבה. ואם הוסיף בקמץ, כגון שהרחיק אצבעותיו וקמץ, פסל. ויתר פרטי המצוה במנחות. **ונוהג** אסור אכילת מנחת כהן בזכרים ונקבות בזמן הבית. ועובר על זה ואכל ממנה כזית לוקה. ולשון ספרא)צו ה ד(כליל תהיה לא תאכל, כל שהוא בכליל תהיה, לתן לא תעשה על אכילתו.

Mitzvah 137

To not eat the meal-offering of the priest: To not eat of the meal-offering of the priest, as it is stated (Leviticus 6:16), "And every meal-offering of a priest shall be whole; it shall not be eaten." **The** foundation that we said at the beginning that the intention of the sacrifice is to arouse the heart of the one that offers it is from the roots of the commandment. [For] if the priest eats his meal-offering, his heart will not properly be aroused about it; as it is similar in his eyes to his baking bread for his need and eating it. And even though his fellows will eat from his and he from theirs, it will all add up to one. Hence it commanded that it be completely burnt; it cannot be eaten by any man. **From** the laws of the commandment is that which they, may their memory be blessed, said (Menachot 72b) [that] all of the meal-offerings that were offered on the altar were skimmed - and the skimming was completely incinerated on the altar, and the rest was eaten by the priests - except for the meal offering of the males of the priesthood, which is not skimmed, but we rather incinerate it completely, as it is stated (Leviticus 6:16), "And every meal-offering of a priest shall be whole; it shall not be eaten." We have learned from here that the inauguratory meal-offerings and the griddled ones, and a priest that brought a sinner's meal-offering or a voluntary meal-offering - all these [offerings] were burnt on the altar and not skimmed, as we said above in this order (Sefer HaChinukh 134). And the content of skimming is that the priest take from the flour with his handful - meaning to say with the tips of his fingers - in the way that any man skims: That he extends the palm of his hand and skims with the tips of his fingers (Menachot 11a) - meaning to say that his fingers cling to the palm and he does not hold much flour. But if he adds upon the handful, such as [if] he widened his fingers and [then] skimmed, he disqualified [it]. **And** the rest of the details of the commandment are in Menachot. **And** the prohibition of the eating of the meal-offering of the priest is practiced by males and females at the time of the [Temple]. And one who transgresses it and ate a kazayit is lashed. And the language of Sifra, Tzav 5:4 is "'Shall be whole; it shall not be eaten' - anything that is in 'shall be whole,' to place a negative commandment upon [it, about] its eating."

מצוה קלח

מצות מעשה החטאת - שנצטוינו שיעשו הכהנים קרבן החטאת על הענין

הנזכר בכתוב איזה חטאת שיהיה של בהמה או עוף, שנאמר)ויקרא ו יח(זאת תורת החטאת. **כבר** אמרנו למעלה)מצוה צה(כי בפרטי הקרבנות, כלומר בסדר שחיטתן באיזה מקום וענין הקרבתן והזאתן ומקום וזמן אכילתן או שרפתן בקצת מהן, אין לנו ליגע מחשבותינו אחר שרשי ענינים אלה שאין להם חקר, ואין לנו בשכל הקנוי בזה קנין. אחד מעיר חכם מקבל יהיה שיזכה לדעת קצת ראשי דברים מן הענין, ודי לנו אחרי כתבנו מה שעלה במחשבתנו מן הטעם על דרך הפשט בקרבנות דרך כלל. ובזה אני פוטר עצמי בקרבן החטאת וכל כיוצא בו מכתב בהן שרש כמנהגי בשאר, כי בכלל פרטי הקרבן הם, שהכלל הוא הקרבת הקרבן, והפרטים הם תורת הקרבתו כיצד. **והנה** הרמב"ן זכרונו לברכה)בסהמ"צ שורש יב(לא יחשב תורת החטאת והאשם והעולה והשלמים מחשבון המצות מיסוד זה שאמרתי, לפי שעקר הצווי יבוא על חיוב הקרבת הקרבן, וסדר עשיתו אחר כן אינו בדין שיחשב מצוה בפני עצמה, כי על כל פנים יצטרך הכתוב ללמד אותנו מעשה כל אחד מהם אחר שחיבנו בהם, וזה לשונו, כל מעשה הקרבנות מצוה אחת ונצטוו כל זרע אהרן בעבודתם, והיא מצות עשה אחת, שנאמר)במדבר יח ז(ועבדתם עבודת מתנה אתן את כהנתכם, ופרושו תעבדו בכל עבודת הכהנה כי היא עבודה ומתנה לי ומתנה לכם, שיש לכם בה שכר כאשר תקחו משלחן גבוה יתברך, עד כאן. ועם כל זה מדרך חשבון הרמב"ם זכרונו לברכה אשר)תפשנו( ]נתפשט[במצות לא נטה והדבר אשר יקשה, נתלה הקשי בנו ולא בו, כי הוא באמת סבתנו בעסק זה, ומידו זכינו לו, ינוח הצדיק על משכבו. **מדיני** המצוה מה שאמרו זכרונם לברכה)רמב"ם מעשה הקרבנות פ"א ה"ט(שהחטאות באין מחמשה מינים, מכבשים ועזים ובקר, בין גדולים בין קטנים, וקטנות וגדולות שלהם נפרש ענינם בשלמים)לקמן מצוה קמא(בעזרת השם. ובאין גם כן בין מן זכר או נקבה, ומן התורים או מן בני היונה. וכבר כתבנו למעלה)מצוה קכד(קצת דינין בחטאת העוף. ויש מן החטאות שהיו באין על הצבור כלן, ויש שהן באין על היחיד, ומהן מן הצבור ומן היחיד שהיו נשרפות כלן על מזבח החיצון, ומהן שהיו נאכלות כלן חוץ מן האמורין שבהן שהיו נשרפין על מזבח החיצון, שאין עושין בפנימי כל השנה אלא הקטרת, כמו שאמרנו למעלה)מצוה קד(. **ואלו** הן האמורין של שור או של עז החלב שעל הקרב ובכללו חלב שעל גבי הקבה, ושתי הכליות בחלב שעליהן עם החלב אשר על הכסלים, ויותרת הכבד הנקרא פוליגא"ר בלעז, ונוטל מן הכבד מעט מן היותרת.)ספרא ויקרא יד ח(והאמורין של מין כבש, הם אלו בעצמן ומוסף עליהן מין הכבש שנוטלין עוד ממנו האליה תמימה עם חליות שבשדרה עד מקום הכליות, שנאמר)ויקרא ג ט(לעמת העצה יסירנה, כלומר מלעמת מקום הכליות, וכנו המקום ההוא כן, מפני שאמרו זכרונם לברכה)ברכות סא א(שהכליות יועצות. וכן מה שפרשו זכרונם לברכה במעשה חטאת הנאכלת בשחיטה וזריקה, ויתר כל עניניו, וכן במעשה החטאת הנשרפת גם כן, ואם יעשה בהם שום מעשה

Sefer HaChinukh ספר החינוך

של הפסד מה דינם, ויתר פרטיה כלם בזבחים. **ונוהגת** בזמן הבית בזכרי כהנה. **וכהן** העובר ולא עשה החטאת כמשפט, בטל עשה זה.

Mitzvah 138

The commandment of the procedure of the sin-offering: That we were commanded that the priests process the sin-offering in the manner that is mentioned in Scripture - whatever sin-offering it should be of a beast or fowl - as it is stated (Leviticus 6:18), "This is the law of the sin-offering." **We** have already said above (Sefer HaChinukh 95) that about the details of the sacrifices - meaning to say the order of their sacrifice, in which place, the manner of their bringing and their sprinkling, the place and time of their eating or with some of them, their burning - we can not strain our thoughts towards the roots of these matters that have no comparison, and we do not have any acquisition of the intellect that is acquired about this. There will be one in a city - a wise mystic - who will merit to know some of the main things of the matter. And it is enough for us once we have [already] written that which came up into our thoughts of the reason - by way of the simple understanding - of the sacrifices more generally. And with this I exempt myself from writing the root - as is my custom with the rest - about the sin-offering and all that is similar to it, since they are included in the specifics of the sacrifice. As the general principle is the offering of the sacrifice and the specifics are the laws of how to sacrifice it. **And** behold, Ramban, may his memory be blessed, (on Sefer HaMitzvot, Root 12) does not calculate the law of the sin-offering, the guilt-offering, the burnt-offering and the peace-offerings in the tally of the commandments, based on the fundamental principle that I have said. As the main commandment comes about the obligation of the bringing of the sacrifice. But it is not right to calculate the order of its processing afterwards as a commandment on its own. As perforce Scripture had to teach us the process of each one of them, once we became obligated about them. And this is his language: "Every process of the sacrifices is one commandment and all of the seed of Aharon were commanded in its service, as it is stated (Numbers 18:7), 'and you shall serve, the service of the gift that I gave your priesthood.' And its explanation is that they shall serve all of the service of the priesthood, since it is a service and a gift of Mine and a gift to you, that you get reward for it when you take from the table of the Higher realm, may He be blessed." To here [are his words]. And with all of this, we shall

ספר החינוך Sefer HaChinukh

not veer from the path of the tally of Rambam, may his memory be blessed, which (we have taken hold of) [permeates] the commandments. And the thing that is difficult, the difficulty should be attributed to us and not to him - as he is truthfully our source in this endeavor, and from his hand did we merit it. The righteous man should rest in his resting place. **From** the laws of the commandment is that which they, may their memory be blessed, said (Mishneh Torah, Laws of Sacrificial Procedure 1:9) that the sin-offerings come from five species: sheep; goats; cattle, whether large or small - and we will explain the matter of their big ones and small ones in the peace-offerings, with God's help (Sefer HaChinukh 141) - and whether male or female; doves; and young pigeons. And we have already written some of the laws above, with the sin-offerings of the fowl (Sefer HaChinukh 124). And there were some of the sin-offerings that came for the entire community and some that came for the individual. And from them, there were some for the congregation and some for the individual that were all burned on the outer altar, and some of them that were all eaten - except for their entrails, which were burnt on the outer altar. As the whole year, all we burn on the inner [altar] is incense, as we have said above (Sefer HaChinukh 104). **And** these are the entrails of an ox or a goat: the fat that is on the innards - and included in it is the fat that is on the maw; the two kidneys with the fat that is on them and the fat that is on the flanks; the protuberances of the livers that are called polegar in the vernacular, and a little of the liver is taken with the protuberances. And the entrails of the species of sheep are these same ones. And in addition to them, with the sheep, we also take the whole fatty tail with the vertebrae of the backbone until the place of the kidneys, as it is stated (Leviticus 3:9), "opposite the kidneys (aatzah) shall you remove" - meaning to say above the place of the kidneys (Sifra, Tzav 14:8). And it referred to that place [with this word that is spelled like the word for counsel] because they, may their memory be blessed, said (Berakhot 61a) that the kidneys give counsel. And also that which they, may their memory be blessed, explained about the process of the sin-offering that is eaten, about its slaughter and its sprinkling, and all the rest of its content; and also regarding the process of the sin-offering that is burnt; and what is their law if any act of destruction is done upon them; and the rest of its details are [all] in Zevachim. **And** it is practiced at the time of the [Temple] by the males of the priesthood. And a priest that transgresses and does not do the sin-offering according to its statute, has violated this positive commandment.

מצוה קלט

שלא לאכל מבשר חטאות הנעשין בפנים - שלא יאכלו הכהנים מבשר החטאות הנעשות בפנים. כלומר מאותן חטאות שהיו מזין מדמן במזבח הפנימי שהיה בהיכל. שנאמר (ויקרא ו כג) וכל חטאת אשר יובא מדמה אל אהל מועד לכפר בקדש לא תאכל באש תשרף. ולשון ספרא (צו ה ד) באש תשרף כל שהוא טעון שריפה לעבר עליו בלא תעשה על אכילתו, וכל החטאות שדמן טעון הזיה בפנים, כלומר במזבח שהיה בהיכל, היו נשרפין, ידוע הדבר [ומפרסם] ומפרש בכתובים. וכל החטאות שלא היו מזין מדמן אלא במזבח שבחוץ, היו נאכלים ועל זה נאמר (שם) מקרא זה שכל חטאת שדינה בשרפה, לא יאכלו ממנה. ופרטי החטאות איזה מהן נשרף ואיזה נאכל, מפרש בכתוב. ומה שאינו מבאר יפה במקרא, פרשו לנו חכמינו זכרונם לברכה בזבחים (פא ב) כבר אמרנו (מצוה קלח) כי בפרטי הקרבנות אין לנו בהם עסק וגם זה מפרטיהם הוא אם נאכל אם לא נאכל. **מדיני** המצוה. מה שאמרו זכרונם לברכה (שם) שמכיון שנכנס דם חטאת הנאכלת באהל מועד פסול, ולמדו לומר כן מזה המקרא שאמר וכל חטאת אשר יובא מדמה וגו' לא תאכל. ודוקא שנכנס דרך שער ההיכל כמו שכתוב יובא כלומר דרך ביאה. אבל הכניסו בפשפש או דרך חלון או גג, אינו נפסל, דלאו דרך ביאה הוא. והוא הדין לחטאות הנשרפות, שמזין דמן במזבח הפנימי, שאם הכניס דמן לפנים מן הפרכת דזהו קדש הקדשים שפסולין, שגם בהן אני קורא וכל חטאת אשר יובא מדמה פנימה שמקום זה פנימה למקומן הוא. ויתר פרטיה בזבחים. (פב ב) **ונוהג** אסור אכילת חטאת פנים בכהנים, והוא הדין לכל אדם, שדרך כלל נאמר לא תאכל. והעובר ואכל ממנה כזית לוקה.

Mitzvah 139

To not eat from the meat of the sin-offerings processed inside: To not have the priests eat from the meat of the sin-offerings inside - meaning to say from those sin-offerings that were sprinkled on the inner altar that was in the Sanctuary, as it stated (Leviticus 6:23), "And any sin-offering the blood of which is brought to the tent of meeting to atone in the Holy shall not be eaten; it shall be burned with fire." And the language of Sifra, Tzav 5:4 [is] "'It shall be burned with fire' - anything that requires burning, to [make] transgress a negative commandment for its eating." The matter is well-known [and famous] and explicit in the verses [that] all the sin offerings the blood of which required sprinkling inside -

meaning to say, on the altar that was in the Sanctuary - were burned. And all the sin-offerings the blood of which was only sprinkled on the altar outside, were eaten. And about this is this verse stated, such that they not eat from any sin-offering, the law of which is with burning. And the details of the sin-offerings - which of them are burned and which of them are eaten is explicit in Scripture. And that which is not elucidated well in the verses is explained to us by our Sages, may their memory be blessed, in Zevachim. We have already said (Sefer HaChinukh 138), that we do not have any involvement in the details of the sacrifices. And this too - if it is eaten or if it is not eaten - is from their details. **From** the laws of the commandment is that which they, may their memory be blessed, said (Zevachim 81b), that once blood of a sin-offering that was eaten enters the Tent of Meeting, it is disqualified. And they learned to say this from this verse, as it stated, "And any sin-offering the blood of which is brought, etc. shall not be eaten; it shall be burned with fire." And [this is] specifically when it enters through the gate of the Sanctuary, as it is written, "which is brought" - meaning to say, by the [standard] way of its entering. But if he brought it through the small gates or through the window or the roof, it is not disqualified - as that is not the way of its entering. And the law is the same for sin-offerings that were burnt, the blood of which is sprinkled on the inner altar; that if its blood was brought inwards of the curtain (parokhet) - which is the Holy of Holies - it was disqualified. As also with them do I read, "And any sin-offering the blood of which is brought" inwards - as this place is inwards from its place. And the rest of its details are in Zevachim. **And** this prohibition of eating the inner sin-offering is practiced by the priests. And the law is the same for Israelites; as it is more generally stated, "it shall not be eaten." And one who transgresses and eats a kazayit of it is lashed.

מצוה קמ

מצות מעשה האשם - שנצטוינו שיעשו הכהנים מלאכת קרבן האשם על הענין הנזכר בכתוב, שנאמר (ויקרא ז א) וזאת תורת האשם וגו', כמו שכתוב בפרשה. הלא אמרתי לך (מצוה קלח), שאין לנו לכתוב שרש במלאכות אלו לפי שהן כעין פרטי הקרבן, ואין לחזר אחר טעמן כי סתומין הדברים וחתומים. **דיני** האשם זכרנו קצתם למעלה בפרשת ויקרא (מצוה קכט), ועדין נודיע שהאשם אינו בא לעולם אלא מזכרי כבשים בלבד. יש אשם בא מגדולי המין, ויש מן הקטנים. מעשהו בשחיטה וזריקה ומליחה והאמורין והתנופה באשמות שוה, חוץ מאשם מצרע, שיש שנוי קצת בקבלת

דמו. ויתר פרטי המצוה מבארים בזבחים. **ונוהגת** בזמן הבית בזכרי כהנה. וכהן העובר עליה ולא הקריב האשם כמשפטו, בטל עשה.

Mitzvah 140

The commandment of the procedure of the guilt-offering: That we were commanded that the priests execute the process of the guilt-offering according to the manner described in Scripture, as it is stated (Leviticus 7:1), "This is the law of the guilt-offering, etc.," as it is written in the passage. Did I not tell you (Sefer HaChinukh 138) that we should not write the root in these processes, since they are similar to the details of the sacrifices - and one should not seek after their reasons, as they are things that are blocked and sealed. I have mentioned a few of the laws of the guilt-offering in Parshat Vayikra (Sefer HaChinukh 129). But we shall still inform that a sin-offering always only comes from male sheep - there are some guilt-offerings that come from the large animals of the species and there are some from the small ones. Its procedure in slaughtering, sprinkling, salting the entrails and the waving is the same in [all of] the guilt-offerings - except for the guilt-offering of the metsora, which has a little difference regarding the reception of its blood. And the rest of the details of the commandment are in Zevachim. And it is practiced at the time of the [Temple] by the males of the priesthood. And a priest that transgresses it and does not offer the guilt-offering according to its statute has violated this positive commandment.

מצוה קמא

מצות מעשה זבח השלמים - שנצטוו הכהנים שיעשו מעשה)קרבן(השלמים כמשפט הכתוב בפרשה, שנאמר)ויקרא ג א(ואם זבח שלמים קרבנו וגו', ואמר עוד בהשלמת המלאכה)שם ז יא יב(וזאת תורת זבח השלמים אם על תודה יקריבנו. ובארבעה שמות נכללים ענייני הקרבנות כלן, והם עולה, חטאת ואשם ושלמים, שכל קרבן שיקריבו צבור או יחיד מאחד מאלה יהיה לעולם. כבר כתבתי פעמים)מצוה קלח(שאין לכתב שרשים באלו המלאכות. **מדיני** המצוה. מה שאמרו זכרונם לברכה)מנחות קז ב(שהשלמים באים מן הכבשים ומן העזים ומן הבקר, מן הזכרים ומן הנקבות, מן הגדולים ומן הקטנים, ואין העוף בא שלמים. וקטנים נקראים מבן שמנת ימים עד שנה תמימה מיום ליום. נתעברה השנה נתעברה לו, כלומר ויהיה קטן עד תשלום העבור. וגדול נקרא בבקר משנה עד שלש שנים, ובצאן משנה עד שתי שנים שלמות, יתר על כן הרי הוא זקן ואין מקריבין אותו. וארבעה מינין הם השלמים האחד שלמי צבור, והשלשה שלמי יחיד. שלמי צבור נקראים קדשי קדשים, ואין לצבור שלמים כי אם

קרבן אחד, והוא שני כבשים הבאים עם שתי הלחם בעצרת, אותן שני כבשים הם הנקראים זבחי שלמי צבור, ונאכלים לכהנים חוץ מן האמורין כחטאת וכאשם. המלאכות שלהן, כגון שחיטה זריקה הפשט ונתוח ומליחה והקטרת אמורין, מפרש במנחות)כ א(. ושלמי היחיד נקראים קדשים קלים. ומקום שחיטתן ומעשה הזריקה והפשט וניתוח ותנופה והפרשת אמורין, מפרש במנחות)סא א(. והשלשה מינין אלו של שלמי יחיד, שוין הן במלאכות אלו. אבל יש לך לדעת ענין החלוק שביניהם בקצת עניניהן דרך כלל. **דע** כי משלשה מינין של שלמי יחיד האחד הוא קרבן השלמים הבא בלא לחם עמו, והם שלמי חגיגה ושמחה, ואלו הם הנקראים שלמים. והשני, שלמים הבאים עם הלחם הידוע, והוא הבא בנדר או בנדבה, ואלו השלמים נקראים תודה, והלחם הבא עמו נקרא לחם תודה. והמין השלישי שלמים שמקריב הנזיר ביום מלאת ימי נזרו והם באים גם כן עם לחם, ואלו השלמים נקראים איל נזיר. ובארו זכרונם לברכה שם בגמרא)חולין קלד ב(חזה ושוק מהן הנאכלין לכהנים כמה שעורן, והזרוע בשלה מן איל נזיר הנאכל לכהנים מלבד חזה ושוק גם כן כמה שעורו, ובאיזה מקום מן הבית מבשלין אותו. **ודיני** הלחם)מנחות עו ב(הבא עם שני מינין מן השלמים והם תודה ואיל נזיר מכמה עשרונים הוא, ואי זה מהן בא חמץ ואיזה בא מצה לבד. והבא חמץ ומצה איך יחלק, וכיצד מחמצן, וחשבון החלות הבאות מצה כמה מהן מאפה תנור ורקיקין ומרבכות הכל בזבחים)צ"ל מנחות עו ב(. **וענין** אותן הבאות מצה בתודה היתה כן מעשרה עשרונים של קמח היו עושין שלשים חלות, העשרה מהן היו נעשות מאפה תנור, כלומר שלא היה נעשה בהן דבר רק שהיו משימין בעסתן בשעת לישה שמינית לג שמן, שכן הוא הלכה למשה מסיני ואופין אותן. והעשרה מהן נקראות רקיקין, ואין חלוק בין העשרה של רקיקין לעשרה של מאפה תנור, אלא שבעשרה של מאפה תנור היו מערבין בהן שמינית לג של שמן בשעת לישה, והעשרה של רקיקין היו מושחין אותן בשמינית הלג שמן אחר אפיתן בתנור, והעשרה מהן היו מרבכות, ופרוש רביכה הוא שחולטין החלה במים רותחין ואופה אותה מעט ואחר כך קולה בשמן כדרך שקולין בני אדם הספגנין באלפס, ומרבץ בשמנן של עשר הרבוכות כי השמן שקלו בו היה רביעית לג כשעור כל השמן של העשרים חלות, וגם שעור זה של שמן הרבוכות הלכה למשה מסיני. וזה שאמרנו הוא פרוש מרבכת בכל מקום בתורה. ושם מתבאר)מנחות עז ב(כמה חלק יש לכהן בחלות, והשאר נאכל לבעלים. ויתר כל פרטיה שם במסכת זבחים. **ונוהגת** מצות השלמים בזמן הבית בזכרי כהנה כי להם חיוב העבודה. והעובר עליה ושנה את סדרן בצדדין ידועין בגמרא בטל עשה, מלבד שיש צדדין שהקרבן פסול.

Mitzvah 141

The commandment of the procedure of the sacrifice of the

ספר החינוך Sefer HaChinukh

peace-offerings: That the priests were commanded that they should execute the peace-offerings (sacrifice) according to the statute that is written in the passage, as it is stated (Leviticus 3:1), "If his sacrifice is a sacrifice of peace-offerings, etc." And it states further in the completion of the process (Leviticus 7:11-12), "And this is the law of the sacrifice of the peace offerings[...] If he offers it as a thanksgiving-offering." And under four names are all matters of sacrifices included. And they are the burnt-offering; the sin-offering; the guilt-offering; and the peace-offerings. As any sacrifice offered by the community or the individual is always from one of them. I have already written twice that we should not write the roots for these processes (Sefer HaChinukh 138). **The laws of the commandment** are that which they, may their memory be blessed, said (Menachot 107b) that the peace-offerings come from sheep, goats and cattle, whether male or female and whether large or small. And fowl does not come as peace-offerings. And from eight days old to a full year - from day to day (according to the calendar date) - is called small. If the year is intercalated, it is intercalated for it - meaning to say, it will be small until the completion of the [extra month]. And from one year until three years is called large with cattle; and from a year until two full years with sheep. More than this is old and we do not sacrifice it. And there are four types of peace offerings: one is a communal peace-offering and three are individual peace-offerings. Communal peace-offerings are called higher-level consecrated foods (kodshei kodashim); but regarding peace-offerings, the community only has one [type] of sacrifice - and that is the two sheep that come with the two breads on [Shavouot]. These two sheep are called the sacrifices of the communal peace-offerings and are eaten by priests - except for the entrails - like the sin-offering and the guilt-offering. Their processes - such as their slaughter, sprinkling, flaying, dissection, salting and the incineration of their entrails - are explained in Menachot 20a. And individual peace-offerings are called lower-level consecrated foods (kodshim kalim). And the place of their slaughter and the procedure of the sprinkling, flaying, dissection, waving and the separation of the entrails is explained in Menachot 61a. And these three types of individual peace-offerings are the same in these processes. But you should know the matter of the difference between them in some of their matters more generally. **You** should know that of the three types of individual peace-offerings: The first is the sacrifice of peace-offerings which comes without bread, and those are the peace-offerings of the festival and of joy - and these are called [just] peace-offerings; and the second are peace-offerings that come with the well-known bread, and those are the ones that come for a vow or an oath - and these peace-offerings are called thanksgiving, and the bread that comes with it is called the bread of thanksgiving; and the third type of peace-offerings are the ones that a nazirite brings on the day of the fulfillment of the days of his naziriteship, and they also come with bread - and these peace-offerings are called the ram of the nazirite. And they, may their memory be blessed, elucidated there in the Gemara (Chullin 134b) what is the measure of their breast and leg that were eaten by the priests, and also the measure of the cooked forearm from the ram of the nazirite that was eaten besides the breast and the leg, and in which place of the [Temple] they cooked it. **And** the laws of the bread (Menachot 76b) that comes with the two types of peace-offerings - and they are the thanksgiving and the ram of the nazirite: from how many issaron it is (made); which one of them comes [also] as chamets and which one comes only as matsa; how the one that comes as chamets and matsa is divided; how they are leavened; the tally of the loaves that come as matsa - how many of them are baked in the oven and how many are soaked with oil or roasted in oil - it is all in Zevachim (it should say Menachot). **And** the content of those that came as matsa with the thanksgiving offering was like this: They would make thirty loaves from the ten issaron of flour. Ten of them were made by baking in the oven, meaning to say that nothing was done to them, except for putting an eighth of a log of oil into its dough, as such is a law of Moshe from Sinai. And ten of them are called rekikin (soaked in oil); but there is no difference between the ten that were soaked and the ten that were oven-baked, except that with the ten that were oven-baked, they would mix the eighth of a log of oil at the time of kneading, but with the soaked ones, they would smear the eighth of a log of oil after their being baked in the oven. And ten of them are called murbakhot (roasted in oil) - and the understanding of roasting is that they would scald the loaf in boiling water and bake it a little, and afterwards roast it in oil, in the way that people roast (fry) donuts in a pan. And it is roasted in the oil of the ten roasted ones, as the oil in which [each one] was roasted was a fourth of a log, [which when totaled] is the measure of all the oil of the [other] twenty loaves - and the measure of oil of the roasted ones is also a law of Moshe from Sinai. And that which we said is the understanding of murbakhot in every place in the Torah. And it is explained there (Menachot 77b), how much the share of the priest is in the loaves - and the rest is eaten by the owners. And the rest of all of its details are in Tractate Zevachim. **And** the commandment of peace-offerings is practiced by the males of the priesthood, as the obligation of the service is upon them. And one who transgresses it and changes their arrangement in ways that are known in the Gemara has violated a positive commandment - aside from [the fact] that there are ways through which the sacrifice is disqualified.

מצוה קמב

שלא להותיר מבשר קרבן התודה - שלא להותיר שום דבר מקרבן התודה עד הבקר. כלומר למחרת יום זביחתו. שנאמר)ויקרא ז טו(בקרבן תודה לא יניח ממנו עד בקר. וממנו למדנו לשאר קדשים גם כן שכל מה שישאר מהם אחר זמן אכילתו, שהוא נותר וחיב לשרפו לפי שהוא נתק לעשה שישרפנו, כמו שכתבנו למעלה,)מצוה קמג(בסדר זה, ושם כתבנו רמז משרשיו וקצת דיניו כמנהגנו.

Mitzvah 142

To not leave over meat from the thanksgiving sacrifice: To not leave over anything from the thanksgiving sacrifice until the morning - meaning to say on the morrow of the day of its sacrifice - as it is stated (Leviticus 7:15) about the thanksgiving sacrifice, "you shall not leave it until the morning." And we learned from it to the other [sacrifices] as well, that anything that remains of it after the time of its eating is notar. And one is obligated to burn it, as burning is the positive commandment that rectifies it, as we have written above in this order (Sefer HaChinukh 143). And there, we wrote a hint from its roots and a little of its laws, as is our custom.

מצוה קמג

מצות שרפת נותר הקדשים - שנצטוינו לשרף הנותר, והוא בשר הקדשים שנשאר אחר עבר זמן אכילתן המגבל להן שנאמר)ויקרא ז יז(והנותר מבשר הזבח ביום השלישי באש ישרף. וזאת השרפה היא מצות עשה, שכן אמרו במכלתא גבי פסח)שמות יב י(ולא תותירו ממנו וכו' והנותר באש תשרפו וכו' בא הכתוב לתן עשה על לא תעשה, דמשמע שמצות שרפת נותר עשה הוא, ודין הפגול והנותר שוה בזה שיש מצות עשה גם כן בשרפתו, שמצינו הכתוב מוציא הפגול בלשון נותר. **משרשי** המצוה. לפי שטבע כל בשר)להפסד( ]להפסל[בשהיה ולבא לידי)סרחון( ]חסרון[ועל כן להגדלת דבר הקרבן כמו שאמרנו למעלה)מצוה קב(נצטוינו לשרפו מיד

Sefer HaChinukh ספר החינוך

ולבערו מן העולם לבל יקוץ אדם בו ובריחו. ותכלית הכליון הגמור הוא על ידי האש יותר מן הפרוד וזריה לרוח או לכל דבר אחר. גם מלבד זה יש בדבר רמז אל הבטחון בהשם יתברך ברוך הוא, שלא יהא אדם חונק עצמו במאכלו יותר מדי להצניעו ליום מחר, בראותו כי האל יצוה לכלות בשר קדש משעברה שעתו כליון גמור ולא רצה שיהנה בו בריה אחרת לא אדם ולא בהמה. **מדיני** המצוה. מה שאמרו זכרונם לברכה (פסחים פב ב) שבכלל הנותר והפגול הם כל פסולי המקדשין שכלן נשרפין גם כן. וקרבן (רמב"ם פ' י"ט מפסולי המוקדשין ה"ב) שנפסל או נתפגל בודאי מיד נשרף, ואם ספק תעבר צורתו ואחר כך נשרף, וכל בשר (שקליט פ"ז ה"ב) הנמצא בעזרה אברים עולות. פרוש נדין אותן שהן עולות. ואם נמצא חתיכות חטאות. והנמצא בירושלים שלמים. ונפקא מנה לענין שאם עבר אחד ואכל מהן, מביא על כל אחד כפרתו כפי חזקה זו. ועל הכל אמרו זכרונם לברכה תעבר צורתן ויצאו לבית השרפה שמא נותר הוא. ואין שורפין את הנותר אלא ביום. (פסחים ג א) שנאמר ביום השלישי באש ישרף. ואף על פי שהשלמים אסורין באכילה מתחלת ליל שני אין שורפין אותם אלא ביום. ויתר פרטיה מבארים בפסחים וסוף תמורה [הלכות פסולי המוקדשין פי"ט]. ונוהגת בזמן הבית בזכרי כהנה, כי להם העבודה. וכהן שעבר ולא שרף הנותר בטל עשה, ועבר על לאו דלא תותירו, אבל אין לוקין על לאו זה, לפי שאין בו מעשה.

Mitzvah 143

The commandment of the burning of the remnant (notar) of the [sacrifices]: That we were commanded to burn the notar - and that is meat of the [sacrifices] that remains after the time limited for their eating has passed - as it is stated (Leviticus 7:17), "And the notar of the meat of the sacrifice on the third day, it shall be brunt with fire." And this burning is a positive commandment - as so they say in Mekhilta concerning Pesach (Exodus 12:10), "'You shall not leave any of it, etc., and the notar you shall burn with fire, etc.' - the verse comes to give a positive commandment upon the negative commandment." It is implied that the commandment of burning notar is a positive commandment. And the law of piggul and notar are the same in this, that there is also a positive commandment in its burning, such that we have found Scripture expressing piggul, with the word, notar. **It** is from the roots of the commandment [that it is] since the nature of all meat is (to spoil) [to become disqualified] by sitting out and coming to (putrification) [loss]. And therefore, for the aggrandizement of the matter of the sacrifice - as we have said above (Sefer HaChinukh 102) - we were commanded to burn it immediately and to destroy

ספר החינוך Sefer HaChinukh

it from the world, that a man not be disgusted by it and its smell. And the most extreme destruction is by way of fire, more than by separating and scattering in the wind, or any other thing. And besides this, there is also a hint in the matter to have trust in God, may He be blessed, blessed be He - that a person not [starve] himself regarding his food more than is necessary, to save it for tomorrow - in his seeing that God commanded to completely destroy the holy meat from when its time passed. And He did not want any other creature to benefit from it - whether a man or whether a beast. **From** the laws of the commandment is that which they, may their memory be blessed, said (Pesachim 82b) that included in notar and piggul are all disqualified [sacrifices], such that all of them are also burned. And a sacrifice that is definitely disqualified or made piggul is burned immediately. But if there is a doubt, its form is left to be altered, and it is burnt afterwards (Mishneh Torah, Laws of Sacrifices Rendered Unfit 19:2). And any meat that is found in the [Temple] yard as limbs is burnt-offerings - the understanding of which is that we treat them like burnt-offerings; and if it is found as pieces, they are sin-offerings; and that which is found in Jerusalem is a peace-offering (Mishnah Shekalim 7:2). And the difference that comes out of this is if one transgressed and ate from them, he brings his atonement according to this assumption. But they, may their memory be blessed, said about all [of them], "Let their form be altered and [then] go out to the House of Burning, lest [they were] notar." And we only burn notar during the day, as it is stated, "on the third day, it shall be brunt with fire" (Pesachim 3a). And even though the peace-offerings are forbidden to eat from the beginning of the second night, we only burn them during the day. And the rest of its details are elucidated in Pesachim and at the end of Terumah (see Mishneh Torah, Laws of Sacrifices Rendered Unfit 19). **And** [it] is practiced at the time of the [Temple] by the males of the priesthood, as the service is for them. And a priest that transgresses and does not burn the notar has violated this positive commandment and has [also] violated the negative commandment of "you shall not leave over." But we do not administer lashes for this negative commandment, as there is no act [involved] with it.

מצוה קמד

שלא לאכל פגול - שלא לאכל הפגול. ופגול הוא קרבן שחשב עליו הכהן המקריב מחשבת פסול בשעת זביחה או הקרבה. ופסול המחשבה הוא כגון

שהסכים בדעתו בעת הזביחה או בעת ההקרבה שיאכל מאותו קרבן אחר זמן המגבל לאכילתו, או יקטיר ממנו מה שטעון הקטרה אחר זמן המגבל להקטרה, שאכילת המזבח ואכילת אדם הכל נשמע בלשון אכילה. ובאר הכתוב, שהאוכל ממנו שישא עון, שנאמר)ויקרא ז יח(ואם האכל יאכל וכו' והנפש האוכלת ממנו עונה תשא, ונשיאת העון בכאן הוא כרת, כמו שנלמד בגמרא)זבחים כח ב(בגזרה שוה. **ואולם** אזהרתו כלומר הלאו המפרש על זה מלבד הענש שנזכר בכאן, הוא מה שכתוב במלואים)שמות כט לד(לא יאכל כי קדש הוא. ואמרו זכרונם לברכה)פסחים כד א(שאותו הכתוב כולל באזהרה כל מה שנפסד מן הקדשים ואין ראוי לאכלו כמו הנותר והפגול. וכמו כן אמרו זכרונם לברכה)ע"ז סו א(שנכללו באזהרות)דברים יד ג(לא תאכל כל תועבה שדרשו)חולין קיד ב(כל שתעבתי לך הרי הוא בבל תאכל. וכיון שכן, נאמר שהאחד לתוספת לאוין, וזה הפסוק שבכאן ידבר בענש האוכלו שכן בא לנו הפרוש עליו. וזה שאמר)ויקרא ז יח(ואם האכל יאכל ביום השלישי, כלומר, שחשב עליו לאכלו ביום השלישי שכן דרשו זכרונם לברכה)זבחים כט א(ואם האכל יאכל וכו' פגול הוא, כף אזנך לשמע במחשב על זבחו שיאכל ממנו ביום השלישי הכתוב מדבר, שהוא נפסד בזאת המחשבה. והאוכלו חיב כרת, שנאמר בו והנפש האוכלת ממנו עונה תשא. ונאמר בנותר)שם יט ח(ואוכליו עונו ישא כי את קדש יי חלל ונכרתה, וגמרינן ליה בכרתות בגזירה שוה שאמרו שם)ה א(אל תהי גזרה שוה קלה בעיניך, שהרי פגול אחד מגופי התורה ולא למדו הכתוב אלא בגזרה שוה, דיליף עון עון מנותר מה להלן כרת אף כאן כרת.
משרשי מצוה זו. היסוד אשר בנינו תחלה שאמרנו כי עניני הקרבן להכשיר מחשבות בני איש ולציר בנפשם מתוך הפעלה שבין ידם רע החטא וטוב דרכי הישר, על כן מהיות עקר סבתו של דבר המחשבות היה ראוי להפסל במחשבה הנטויה בו מן הישר בכל מעשיו. וזה דבר ברור קרוב אל השכל למודה על האמת. **מדיני** המצוה. מה שאמרו זכרונם לברכה)זבחים מג א(שאין חיוב כרת אלא לאוכל מן הקרבן החלק שיש בו לאדם או למזבח ממנו. אבל מן החלק ממנו שמתיר הקרבן אין חיבין עליו כרת משום פגול. כיצד? האוכל כזית מן הדם מקרבן שנתפגל אין חיב עליו כרת משום פגול שהרי הדם החלק המתיר הקרבן הוא, שאחר זריקת הדם האמורין מתרין לקרב ולא קדם לכן, ומכל מקום אף על פי שאין בו כרת לוקין עליו. אבל האוכל כזית מן בשר הקרבן או אפילו מן האמורין חיב כרת משום פגול, שהדם הוא המתיר האמורין למזבח, ואחר מתיר ראשון אנו הולכין בדין זה לחיב האוכל בכל השאר, ולפיכך חיב האוכל אף מן האמורין. ואף על פי שהן גם כן מתירין הבשר לאדם אין בכך כלום, שאחר הדם שהוא מתיר ראשון אנו הולכים כמו שאמרנו. **וכן** מנחה שנתפגלה, האוכל כזית משיריה חיב משום פגול, אבל האוכל כזית מן הקמץ שלה או מן הלבונה שהן המתירין אין חיבין עליו כרת, ומכל מקום לוקה עליהן כמו שאמרנו. ואלו הן הדברים

ספר החינוך Sefer HaChinukh

שאין מחיבין עליהן משום פגול לעולם, הקמץ והלבונה והדם, כמו שאמרנו והיין והמנחות הנשרפות כלן, שהרי אין בהן קמץ להתירן, וכל שאין לו מתירין חוץ ממנו אין חיבין משום פגול עליו. ולג שמן של מצרע גם כן אין חיבין עליו. ואם תאמר והלא דם האשם מתירו? התשובה שאין תלוי בו, שהרי אדם מביא אשמו היום ולג אחר כמה ימים. **וכן** מענין המצוה מה שאמרו גם כן, שהמקריב המחשב מחשבת פגול עובר בלאו, שנאמר (שם ז יח) לא יחשב לו, ומפי השמועה למדנו (שם כט ב) שבכלל זה אזהרה למקריב שלא יחשב מחשבת פסול, אבל מכל מקום אינו נחשב מחשבון שלש מאות ששים וחמשה לאוין לפי שהוא כעין סניפין ללאו אחר שהוא נחשב בלאוין, והוא מה שכתוב בסדר אמר אל הכהנים (ויקרא כב כא) כל מום לא יהיה בו. ודרשו זכרונם לברכה (בכורות לג ב) משום לאו למטיל מום בקדשים. וכמו שנכתב בעזרת השם (מצוה רפז). וגם הענין גם כן של מחשב פסול כעין המטיל מום הוא נחשב, ולפיכך לא חשבנוהו מן החשבון, ומכל מקום אינו לוקה על זה לפי שאין בו מעשה אלא מחשבה בלבד. ויתר דיני המחשבות אי זו מחשבה פוסלת, כגון מחשבת שנוי השם ומחשבת מקום ומחשבת זמן, ובאיזה קרבן ובאיזו עבודה, כגון שחיטה, זריקה, קבלה, הולכה, וכל פרטי דיני הפגול וגם נותר הדומה לו, מבארים במקומות רבים מסדר קדשים. **ונוהג** אסור אכילת הפגול בזמן הבית בזכרים ונקבות, אפילו ישראלים, שדרך כלל אסרתו התורה לכל, בין כהן בין ישראל. והעובר עליה ואכל כזית ממנו במזיד חיב כרת בשוגג מביא חטאת קבועה. וכבר פרשנו פעמים (מצוה קח קכא) שקרבן שאינו עולה ויורד לפי עניות ועשר נקרא קבוע.

Mitzvah 144

To not eat piggul: To not eat piggul - And piggul is a sacrifice that the priest who is sacrificing it had a disqualifying thought at the time of the slaughter or offering. And a disqualifying thought is, for example, that he made up his mind at the time of the slaughter or offering that he would eat from that sacrifice after the limit for its eating or burn from it that which requires burning after the time limit for burning – as the 'eating' of the altar and the eating of a person is all expressed by eating. And the verse elucidated, that one who eats from it carries his iniquity, as it is stated (Leviticus 7:18), "And if it is surely eaten, etc. and the soul who eats from it shall carry its iniquity." And the carrying of iniquity here is excision, as we shall learn in the Gemara (Zevachim 28b) through an inferential comparison (gezara shava). **And** yet its warning – meaning to say, the explicit negative commandment, besides the punishment that is mentioned here – is from that which is written in the inauguration [of the tabernacle], "it shall not be

ספר החינוך Sefer HaChinukh

eaten, as it is holy" (Exodus 29:34). And they, may their memory be blessed, said (Pesachim 24a) that this verse includes in its warning all that which has been spoiled of the [sacrifices] and is not fitting to eat, like notar and piggul. And likewise did they, may their memory be blessed, say (Avodah Zarah 66a) that they are included in the warnings, "You shall not eat any abomination" (Deuteronomy 14:3) – which they expounded (Chullin 114b), "Anything that is abominable for me, is forbidden to eat." And since this is so, we shall say that [that warning (negative commandment) is to make one liable for] additional negative commandments; and the verse here is speaking about the punishment of the one who eats it, as so did the explanation come about it. And that which it stated (Leviticus 7:18), "If it shall surely be eaten on the third day," is meaning to say that he thought about it to eat it on the third day. As so did they, may their memory be blessed, expound (Zevachim 29a), "'And if it shall surely be eaten, etc.' – that is piggul." Bend your ear to hear that the verse is speaking about one who thinks to eat his sacrifice on the third day, that it is spoiled with this thought. And one who eats it is liable for excision, as it is stated about it, "and the soul that eats from it will carry his iniquity." And it is stated about notar (Leviticus 19:8), "And the one who eats it will carry his iniquity, as he has profaned the holy of the Lord, and he shall be excised." And we learned [about] it in Keritot 5a, "Let not an inferential comparison (gezara shava) be light in your eyes; as behold piggul is one of the [important] bodies of Torah, and Scripture only taught it through a gezara shava." As we learn it] from notar, from [the use of] 'Iniquity' [in both cases] – "just like there it is excision, here too it is excision." **From** the roots of this commandment is the foundation that we have built at first – as we have said that the matter of the sacrifice is to refine the thoughts of people; and through the acts in their hands to fashion in their souls the evil of sin and the good of straight paths. Therefore, in that the main cause of something is thoughts, it is fit to disqualify on account of a thought that leans away from that which is straight in any of his deeds. And this thing is clear, close to the intellect and ancillary of truth. **From** the laws of the commandment is that which they, may their memory be blessed, said (Zevachim 43a) that the liability of excision is only for one that eats that part of the sacrifice which is for the person or the altar. But one is not liable for excision on account of piggul from the part of it that permits the sacrifice. How is this? One is not liable for excision on account of piggul when

ספר החינוך Sefer HaChinukh

one eats a kazayit of the blood from a sacrifice that is made piggul - as behold, the blood is the part of the sacrifice that permits; since after the sprinkling of the blood, it is permitted to offer the entrails, but not before then. And nonetheless, we administer lashes for it – even if there is no excision with it. But one who eats a kazayit of meat from the sacrifice – or even from the entrails – is liable for excision on account of piggul. As it is the blood that permits the entrails [to be put] on the altar. And after the first thing that permits, we follow this law, to make liable one who eats from any of the rest – and therefore, one who eats even from the entrails is liable. And even though they also permit the meat for a person, it makes no difference; as we follow the blood, which is the first thing that permits, as we have said. **And** so [too,] one who eats a kazayit from the remainder of a flour-offering that became piggul is liable on account of piggul. But one who eats a kazayit of its handful or from the frankincense – which are the things that permit it – is not liable excision for it. And nonetheless, he is lashed for them, as we have said. And these are the things for which one is never liable for piggul: the handful; frankincense; blood, as we have said; wine; and flour offerings that are completely burned, as behold they do not have a handful that permits them. And one is not liable on account of piggul for anything that does not have something that permits it, beside it. And one is also not liable for it with a log of oil of the metsora. And if you say, "But does not the blood of the guilt-offering permit it" – the answer is that it is not dependent upon it. As behold, a man brings his guilt-offering today and the log after several days. **And** so [too,] from the matter of the commandment is that which they also said that one who sacrifices who has a disqualifying thought transgresses a negative commandment; as it is stated (Leviticus 7:18), "it shall not be counted (yichashev) for him (which can also be read as, 'he shall not think about it')." And we learned from the tradition (Zevachim 29b) that included in this warning (negative commandment) is about one who sacrifices, that he not have a disqualifying thought. But nonetheless, it is not considered to be from the tally of the three hundred and sixty-five negative commandments, since it is similar to one of the extensions of another negative commandment, which is calculated in the tally – and that is that which is written in the Order of Emor el HaKohanim, "There shall be no blemish in it" (Leviticus 22:21) – and they, may their memory be blessed, expounded (Berakhot 33b), on account of the negative commandment of one who places a blemish in [sacrifices]; as we shall write with God's help (Sefer Ha Chinukh 287). And also, the content of one who has a disqualifying thought is considered similar to one who places a blemish. And hence they did not consider it in the tally. And in any event, he is not lashed for it, since there is no act [involved] with it, but rather only thought. And the rest of the laws of thoughts: which thought disqualifies, for example the thought of changing a name, the thought of a place and the thought of a time; and in which sacrifice; and which process, for example slaughter, sprinkling, reception, taking; and all of the details of the laws of piggul - and also of notar, which is similar to it - are elucidated in many places in the Order of Kedoshim. **And** the prohibition of eating piggul is practiced at the time of the [Temple] by males and females - even Israelites, as the Torah prohibited it in general, whether to priests or whether to Israelites. And one who transgresses it and eats a kazayit from it volitionally is liable for excision; inadvertently, he brings a fixed sin-offering. And I have already explained twice (Sefer HaChinukh 108, 121) that a sacrifice that does not vary up and down according to poverty and wealth is called fixed.

מצוה קמה

שלא לאכל בשר קדשים שנטמא - שלא נאכל בשר קדשים שנטמא, שנאמר (ויקרא ז יט) והבשר אשר יגע בכל טמא לא יאכל, והוא הדין אדם טמא שאסור לאכל בשר טהור, וכמו שנכתב (מצוה קסז) בלאו בפני עצמו בעזרת השם. ובפרק שני דפסחים (כד ב) אמרו טמאת הגוף בכרת טמאת בשר בלאו. **משרשי** מצוה הזו. מה שכתבנו למעלה שנצטוינו להגדיל עניני הקרבן בכל ענין, ובודאי ממעלתו שלא לאכלו כי אם בטהרה ובגוף נקי ובדבר הגדלתו מה תועלת לנו בו כבר כתבנו טעמו (מצוה קג). **מדיני** המצוה. כגון מה שאמרו זכרונם לברכה (מכות יד ב) שאסור לטמא הקדשים או לסבב להם טמאה, אבל המטמאן אינו לוקה, אלא טהור האוכלן טמאים הוא שלוקה, מדכתיב (שם) לא יאכל ואף על פי שכתוב זה במלואים, הוא הדין לשאר הקרבנות כלן. ואפילו האוכל כזית מלבונת המנחה שנטמאת אחר שנתקדשה בכלי לוקה. שגם היא חלק מחלקי הקרבן. ואין החיוב אלא בטמאת אב הטמאה או ולד הטמאה של תורה, אבל מפני טמאה של דבריהם אינו לוקה. אבל מכין אותו מכת מרדות. ויתר רבי פרטיה בפרק שלשה עשר מזבחים. **ונוהגת** בזמן הבית בזכרים ונקבות. ועובר עליה ואכל כזית במזיד מבשר קדש שנטמא, לוקה.

Mitzvah 145

To not eat meat of [the sacrifices] that has become impure: That we do not eat meat of [the sacrifices] that has become impure, as it is stated (Leviticus 7:19), "And meat that touches anything impure shall not be eaten." And the same is the law for an impure man, that it is forbidden for him to eat meat [that is] pure – and as we will write (Sefer HaChinukh 167) in a separate negative commandment, with God's help. And in the second chapter of Pesachim 24b, they said [that] impurity of the body is with excision; impurity of the meat is with a negative commandment. That which we have written above that we were commanded to aggrandize matters of the sacrifice in every way is from the roots of this commandment. And it is certainly from its loftiness to only eat it in purity and with a clean body. And we have already written the reason of what is the benefit for us in its aggrandizement (Sefer HaChinukh 103). **From** the laws of the commandment is, for example, that which they, may their memory be blessed, said (Makkot 14b) that it is forbidden to render [sacrifices] impure or to bring about their impurity. But one who makes them impure is not lashed. Rather it is the pure one who eats them that are impure that is lashed – from that which is written (Leviticus 7:19), "it shall not be eaten." And even though this verse was about the inauguration, the law is the same for all of the other sacrifices. And even one who eats a kazayit of frankincense from the meal-offering which became impure after it was sanctified in a vessel is lashed; as it too is a part of the sacrifice. And the liability only comes with becoming impure [from] a primary source of impurity or its derivative by Torah writ. But on account of rabbinic impurity, he is not lashed [by Torah writ], but we do administer rabbinic lashes of rebellion upon him. And the rest of its details are in the thirteenth chapter of Zevachim. **And** it is practiced at the time of the [Temple] by males and females. And one who transgresses it and eats a kazayit of sacrificial meat that has become impure volitionally is lashed.

מצוה קמו

מצות שרפת בשר קדש שנטמא - שנצטוינו לשרף קדשים שנטמאו, שנאמר)ויקרא ז יט(והבשר אשר יגע בכל טמא לא יאכל באש ישרף. **משרשי** המצוה. מה שכתבנו בנותר)מצוה קמג(. **מדיני** המצוה, מה שאמרו זכרונם לברכה)שקלים ח ו(שאם נטמא בפנים שורפין אותו בפנים, נטמא בחוץ שורפין אותו בחוץ. ובין שנטמא באב הטמאה או בולד הטמאה שורפין

אותו. ונותר של קדשים קלים שורפין אותו הבעלים בבתיהם, וכל עצמות הקדשים שאין בהן מח אינן טעונין שרפה, חוץ מעצמות הפסח. והענין הזה יחזק קצת טענותינו בהפסד הבשר שאמרנו, ועל כן העצמות שאינם באים לידי הפסד, אינן טעונין שרפה חוץ מעצמות הפסח לפי שהם באזהרת)שמות יב מו(ועצם לא תשברו בו, תשאר בהם ברב מעט בשר עליו מפני אימת השבירה, ולפיכך אמרו עליהם דרך כלל בכלן שיהיו טעונין שרפה. ואלו הן הנשרפין. בשר קדש שנטמא או נותר או קרבן שנפסל, וכן המנחה שנטמאת או נפסלה או נותרה, ואשם תלוי שנודע לו לבעליו שלא חטא)אחר( ]קדם[שנזרק דמן, וחטאת העוף הבאה על הספק, ושער נזיר טהור, והערלה וכלאי הכרם.]כ"מ ברוב כתה"י[הרי אלו ישרפו. ואגב גררא נכתב הנקברין, ואלו הן קדשים שמתו בין קדשי מזבח בין קדשי בדק הבית, וקדשים שהפילו יקבר הנפל, הפילה שליא תקבר ושור הנסקל, ועגלה ערופה, וצפרי מצרע, ושער נזיר טמא, ופטר חמור, ובשר בחלב, וחלין שנשחטו בעזרה ויתר פרטי המצוה מבארים בפסחים וסוף תמורה.)שם לב לד(.**ונוהגת** שרפת הקדשים שנטמאו בזמן הבית בכהנים ובישראלים. כיצד? קדשים שטעונין שרפה במקדש שרפתן מוטלת על הכהנים. והנשרפין בכל העיר, כגון קדשים קלים הבעלים שורפין את חלקם אם נטמא או נותר בבתיהם. והעובר עליה ולא שרף בשר טמא או נותר שהוא בידו בטל עשה זה.

Mitzvah 146

The commandment of burning meat of [sacrifices] that has become impure: That we were commanded to burn meat of [sacrifices] that has become impure, as it is stated (Leviticus 7:19), "And meat that touches anything impure shall not be eaten; it shall be burnt with fire." **What** we have written about notar (Sefer HaChinukh 143) is from the roots of the commandment. **From** the laws of the commandment is that which they, may their memory be blessed, said (Mishnah Shekalim 8:6) that if it became impure on the interior, we burn it on the interior; if it became impure on the exterior, we burn it on the exterior. And we burn it, whether it became impure from a main category of impurity or its immediate derivative. The owners burn notar of lower level [sacrifices] in their homes. And no bones of [sacrifices] that do not have marrow require burning, except for the bones of the Pesach sacrifice. And this matter strengthens a little our argument that we said about the spoiling of meat. And therefore the bones that do not come to spoiling do not require burning - except for the bones of the Pesach sacrifice: Since they are in the [negative commandment] of "and you shall not break a bone in it" (Exodus 12:46), there is usually a little meat upon them, because of the fear of breaking. And therefore, they said in general about all of [their bones] that they require burning. And these are [the items] that are burned: Meat of [sacrifices] that have become impure or notar, or of a sacrifice that has become disqualified; also a meal-offering that has become impure, notar or disqualified; an undetermined guilt-offering about which it has become known (after) [before] its blood was sprinkled that the owner did not sin; a fowl sin-offering that came about a doubt; the hair of a pure nazirite; orlah (fruit of the first three years); and forbidden mixtures of the vineyard (so is it found in most hand-written manuscripts) - behold, these are burnt. And [while we are on this], we will write [the items] that are buried, and these are them: consecrated [animals] that died - whether consecrated for the altar or consecrated for the upkeep of the [Temple]; the fetus of consecrated [animals] that miscarried is to be buried, [and] if it passed a placenta, it is [also] buried; an ox that is stoned; a beheaded calf; the birds of a metsora; the hair of an impure nazirite; a firstborn donkey; meat with milk; and non-sacred animals slaughtered in the [Temple] yard. And the rest of the details of the commandment are elucidated in Pesachim and at the end of Temurah. **And** the burning of [sacrifices] that became impure is practiced at the time of the [Temple] by priests and by Israelites. How is this? The burning of [sacrifices] that require burning in the Temple is incumbent upon the priests. And the [Israelite] owners burn those that are burned in the whole city, such as lower order [sacrifices] if they became impure or notar in their homes. And one who transgresses this and did not burn impure meat or notar that is in his hand has violated this positive commandment.

מצוה קמז

שלא נאכל חלב - שלא נאכל חלב בהמה טהורה, שנאמר)ויקרא ז כג(כל חלב שור וכשב ועז לא תאכלו. **כבר** כתבתי באסור טרפה בסדר משפטים)מצוה עג(כי מהיות הגוף כלי לנפש ובו תפעל כשר פעלותיה, ולפי זכותו וטוב מזגו יבין דרך הנפש החכמה הנתונה בו, ויאמין לעצתה וילך אחריה, מפני זה צריך האדם להשתדל על כל פנים במהות גופו להעמידו על ישרו ובריו וכחו. וידוע הדבר ומפרסם בין בני אדם כי לפי המאכלים יתפעל הגוף בבריאות או בחלי, כי בשר הגוף היה ונפסד בכל יום ויום, ולפי המזונות הטובים יתהוה בהפך. ועל כן היה מחסדי האל הגדולים עלינו אנחנו עמו אשר בחר והרחיק ממנו כל מאכל מזיק אל הגוף ומוליד בו לחות רעות. וזה הכלל שיש לי לפי הפשט בכל אסור המאכלות, כמו שאמרנו למעלה. וידוע

כי החלב דבק ומוליד לחות רעות. **מדיני** המצוה, כגון מה שפרשו לנו זכרונם לברכה)כריתות ד ב(שאין אסור חלב אלא בשלש בהמות שבכתוב שור וכשב ועז, ואותן שלש בין כשרות או טרפות ונבלות, חיב על חלבן, אבל שאר מיני בהמה וחיה בין טמאה בין טהורה, חלבה כבשרה. וכן עבר הנקרא שליל הנמצא במעי שלש בהמות הנזכרות אין בו גם כן אסור חלב, ולפיכך אמרו)חולין עד א(השוחט את הבהמה ומצא בה שליל כל חלבו מתר ואפילו מצאו חי. ואם שלמו לו חדשיו ומצאו חי, אף על פי שלא הפריס על גבי קרקע ואינו טעון שחיטה חלבו אסור, וחיבין עליו כרת, והרי דינו כשאר הבהמות בענין חלבו. ולפיכך יש לנו להוציא ממנו כל החוטין וכל הקרומות האסורין זהו דעת הרמב"ם זכרונו לברכה)מאכלות אסורות ז ג(בשליל שכלו לו חדשיו שיש חיוב כרת בחלבו אבל רבי המפרשים חולקים בזה ואמרו דחלבו מתר, ודברי הגמרא)שם צב ב(מכרעת כמותן, דהא אשכחן רבי מאיר ורבי יהודה דפליגי בחלבו, ורבי יהודה דקימא לן כותיה הוא דשרי ליה. **ועוד** למדונו זכרונם לברכה)שם עה א(בדין שליל שארבעה סימנין אכשר ביה רחמנא. שאם נטרפה אמו שוחטה והשליל מתר, דלאו ירך אמו הוא. ומה שאמרו שם)עמוד ב'(שאם הפריס על גבי קרקע דבעי שחיטה, מפני מראית העין לבד הוא דבעינן למשחטיה, ולפיכך לא מפסיל בשהיה ודרסה ושאר מיני טרפות. ושלשה חלבים הם בבהמה, שהן בחיוב כרת שעל הקרב ושעל הכליות ושעל הכסלים. ופרוש שלשתן בבאור רחב במקומו בגמרא)שם צג א(, ובכלל אמרו זכרונם לברכה בחלין)שם(חלב שהבשר חופה אותו מתר, שעל הכסלים אמר רחמנא)ויקרא ג ד(, ולא שבתוך הכסלים. **ועוד** יש בבהמה מלבד אלו השלשה חוטין וקרומות שאסורין משום חלב. ואמרו זכרונם לברכה)שם פט ב(, שהטבחים הבקיאים בנקור החלב, נאמנין על הדבר כל זמן שלא יצאו מחזקת בקיאותן וכשרותן. וחלב הלב וחלב המעים והן הדקים המלופפים מתרין והרי הוא כשומן, חוץ מראש המעים הסמוך לקבה, שהוא תחלת בני מעים שצריך האדם לגרר החלב שעליו, וממנו אמרו ז"ל בגמרא)שם צג א(ריש מעיא באמתא בעיא גרירא)רש"י כשהדקין יוצאין מן הקיבה צריך לגרר חלב שעליהן אורך אמה(. ויש מן הגאונים שאמרו)רמב"ם שם טו(שזה המעי הוא המעי שיוצא בו הרעי. שהוא סוף המעים. ויתר פרטי המצוה וכל ענייניה, מבארים בפרק שביעי מחלין]י"ד סימן ס"ד[. **ונוהגת** בכל מקום ובכל זמן בזכרים ובנקבות. והעובר עליה ואכל כזית חלב במזיד לוקה. בשוגג מביא חטאת קבועה.

Mitzvah 147

That we not eat forbidden fat (chelev): That we not eat the forbidden fat of a pure animal, as it is stated (Leviticus 7:23), "Any chelev of an ox or sheep or goat you shall not eat." I have already written in the prohibition of 'torn' animals (treifa) in the Order of

ספר החינוך Sefer HaChinukh

Mishpatim (Sefer HaChinukh 73) that in that the body is the vessel for the soul and with it does it act properly - and according to his merit and the quality of his constitution does he understand the wisdom placed in it and believes its counsel and follows it - because of this a man must regardless make efforts for the welfare of his body, to preserve its order, health and strength. And the thing is well-known and famous among people that the body functions for health or illness, according to foods [that it consumes]. As the flesh of the body spoils on each and every day, and it is formed in return by good nourishment. And it was from God's great kindnesses towards us - His people that He chose - that He distanced from us all food that injures the body and that produces bad fluids in it. And this is the principle that I have according to the simple understanding about all prohibitions of foods, as we said above. And it is well-known that forbidden fat clings and produces bad fluids. **From** the laws of the commandment is, for example, that which they, may their memory be blessed, explained (Keritot 4b) that the prohibition of forbidden fat is only with the three beasts in Scripture - the ox, the sheep and the goat. And one is liable for the chelev of these three, whether they are fit (kosher), torn or carcasses. But the chelev of other types of animals - whether impure or pure - is like its meat. And so [too,] there is no prohibition of chelev in the fetus that is called the embryo that is in the innards of the three beasts mentioned. And therefore, they said (Chullin 74b) [about] one who slaughters an animal and found an embryo in it, [that] all of its chelev is permitted - and even if he found it alive. But if it finished its months and he found it alive - even though it did not hover over the ground and it does not require slaughter - its chelev is forbidden, and we are liable excision for it. And behold, its law is like [adult] beasts regarding its chelev. And hence we must remove all the fibers and all of the forbidden membranes from it. This is the opinion of Rambam, may his memory be blessed, (Mishneh Torah, Laws of Forbidden Foods 7:3) regarding an embryo that has finished its months - that there is a liability for excision with its chelev. But the majority of the commentators disagree with this and say that its chelev is permissible. And the words of the Gemara (Chullin 92b) decide like them. As behold we found Rabbi Meir and Rabbi Yehudah disagreeing about its chelev; and Rabbi Yehudah - whom we follow - is the one that permits it. **And** they, may their memory be blessed, also taught us (Chullin 75a) about the law of the embryo, that [the Torah] permits it with four benchmarks (its two and the two of its mother) - such that if its mother becomes 'torn,' one can slaughter the embryo and it is permissible; as it is not the 'thigh of its mother.' And that which they said (Chullin 75b) that if it hovered over the ground it requires slaughter; it is only because of appearances that we need to slaughter it. And therefore, we do not disqualify it with pausing, pressing and the other types of [causing it to be] 'torn.' And there are three forbidden fats in a beast that have a liability of excision: that on the innards; that on the kidneys; and that on the flanks. And the understanding of the three of them is [found] with great elucidation in its place in the Gemara (Chullin 93a). And more generally, they, may their memory be blessed, said in Chullin 93a, " Chelev that meat surrounds is permissible; as [the Torah] stated, 'upon the flanks,' and not 'within the flanks.'" **And** besides these three, there are also fibers and membranes that are forbidden on account of chelev. And they, may their memory be blessed, said (Chullin 89b) that slaughterers that are expert in removing the chelev are trusted about the matter, so long they do not leave their status of their being expert and fit. And the chelev of the heart and the chelev of the intestines - and that is the small [tissues] wrapped around [them] - are permitted, and behold they are like shuman (permitted fats); except for the head of the intestines which is adjacent the maw, which is at the beginning of the intestines, as a man needs to scrape the chelev from upon it. And about it, they, may their memory be blessed, said in the Gemara (Chullin 93a), "The head of the intestines requires an ell of scraping" (Rashi: Where the small [tissues] exit from the maw, there is a need to scrape the chelev from on top of them the length of an ell). And there are some of the Geonim that said (Mishneh Torah, Laws of Forbidden Foods 7:15) that this intestine is the intestine from which the rectum comes out, which is the end of the intestines. And the rest of the details of the commandment and all of its content are elucidated in the seventh chapter of Chullin (see Tur, Yoreh Deah 64). **And** it is practiced in every place and at all times by males and females. And one who transgress it and eats a kazayit of chelev volitionally is lashed; inadvertently, he must bring a fixed sin-offering.

מצוה קמח

שלא נאכל דם בהמה חיה ועוף - שלא נאכל דם בהמה חיה ועוף, (כריתות כ ב) שנאמר (ויקרא ג יז) וכל דם לא תאכלו. ונאמר במקום אחר (שם ז כו) לעוף ולבהמה, וחיה בכלל בהמה. (חולין עא א) ונכפלה המניעה בדם

בהרבה מקומות בתורה. **כבר** כתבתי מה שאני חושב על צד הפשט באסורי המאכלות באזהרת טרפה)מצוה עג(וחלב)מצוה קמז(. ואפשר לומר בדם עוד כי מלבד רע מזגו, שהוא רע המזג, יהיה באכילתו קצת קנין במדת אכזריות שיבלע האדם מבעלי חיים כמותו בגוף, אותו הדבר שבהן, שהחיות ממש תלוי עליו, ונפשם נקשרת בו, כי ידוע שיש לבהמות נפש, יכנוה החכמים נפש חיונית, כלומר שאינה שכלית. גם נראה אותם שיש לנפשותם בחינה להשמר מנפול באחד הפחתים ובקצת דברים אחרים. והרמב"ן זכרונו לברכה כתב)ויקרא יז יא(בטעם הדם, כי ידוע שהנאכל ישוב בגוף האוכל, ואם יאכל אדם הדם תהיה עבי וגסות בנפש האדם, כמו שנפש הבהמה עבה וגסה, וכתב עוד כעין זה שאמרתי אני אין ראוי שתאכל הנפש את הנפש.

מדיני המצוה. מה שאמרו זכרונם לברכה)כריתות כא א(שדם דגים וחגבים, שקצים ורמשים, ודם האדם אין חיבין עליו משום דם, ולפיכך אמרו שדם דגים וחגבים מתרין, שמתר לאכל דמן ואפילו כנסו בכלי, והוא שיהא נכר לכל שהוא דם דגים. וכמו שאמרו בגמרא)שם ע' ב(שיהיה בכלי קצת מקשקשי הדג, אבל דם הדגים האסורין אסור, לפי שהוא כחלב בהמה טמאה שאסור מן הכלל שבידינו, שמאכל היוצא מן הטמא טמא, כמו שמצינו שאסרה תורה ביצת היענה לפי שיוצאה מן הטמא. **ודם** האדם אסרוהו חכמים מפני מראית העין, ולפיכך אמרו)שם כב א(דם שבין השנים מוצצו ובולעו, ושעל הפת גוררו מעליו ואוכל הפת. וכן דם ביצים מתר, שאין אני קורא בו דם עוף, ולא מין בשר הוא ואפילו התחיל להתרקם, וכן דעת רבותינו בעלי התוספות)חולין סד ב, ד"ה והוא(וכדמשמע בפשטא דבריתא בכרתות)כא א(. זהו דין תורה, אבל חכמים אסרו ביצה שנרקמה, וסמכו הדבר לקרא דשרץ השורץ)שם יא מב(. ולכן אסרו דם ביצים משום ספק רקום, אבל כל שאין בו ספק רקום, לא אסרוהו אלא משום מראית העין, ולכן דם ביצים הנמצא בחלבון, זורק הדם ואוכל השאר, ויש מחמירין בנמצא בקשר וחוץ לקשר לאסר כל הביצה. **והדם** האסור מן התורה, יש שאסורו בכרת ויש ממנו בלאו. דם הנפש הוא בכרת, שבמקום שבא בתורה הכרת בדם נאמר שם נפש, שנאמר)ויקרא יז יא(כי נפש הבשר בדם הוא. ומה שאינו דם הנפש אלא דם האברים אין אסורו אלא בלאו, שעליו נאמר סתם וכל דם לא תאכלו. ולפיכך בארו זכרונם לברכה ואמרו)שם כב א(שחיבין כרת בדם היוצא בשעת שחיטה ונחירה או התזת הראש כל זמן שיש בו אדמימות, וכן בדם הכנוס בתוך הלב, ודם הקזה כל זמן שמקלח ויוצא, שגם הוא דם הנפש כשהוא מקלח, ולפיכך חיבין עליו. ודוקא מקלח להוציא השותת בתחלת הקזה ובסופה שאינו דם הנפש, שאין חיבין עליו כרת. וכן דם התמצית. כלומר אותו הדם שמתמצה בשעת שחיטה מעט מעט אחר שיצא הדם הנובע. וכן דם האברים, כגון דם הטחול ודם הכליות ודם שבביצים ודם שמתכנס ללב בשעת שחיטה, אין חיבין עליו כרת אלא מלקות. והוא שיאכל ממנו כזית. **דם** הבלוע בשאר הבשר שנקרא גם כן דם

האברים, כל זמן שלא פרש מתר לאכל הבשר עם הדם הבלוע לתוכו, שאותו דם כבשר נחשב לנו כל זמן שלא פרש מן הבשר. ולפיכך התירו זכרונם לברכה לאכל בשר חי בלא מליחה כל זמן שהודח יפה שלא יהיה על פניו דם בעין. אבל כל זמן שפרש הדם הבלוע בתוך הבשר ויצא לחוץ חיבין עליו בלאו כמו בדם האברים שמנינו למעלה שהן בלאו. **ולפיכך** הרוצה לאכל בשר מבשל בקדירה חיבוהו חכמים להוציא ממנו הדם]שלא[ )ש(יהיה פורש מתוכו ויוצא לתוך המרק בבשול, ולא מצאו תחבולה להוציאו כי אם במלח, שהוא שואב הדם ומיבשו בטבע וכחו רב ונכנס בבשר, ואפילו בחתיכה עבה ביותר יש כח בו להוציא הדם מתוך העבי. וכן הדבר ידוע ומנסה, שאם ימלח אדם חתיכה של בשר יפה כשעור שנתנו חכמים למליחה ימצא טעם המלח בכל הבשר, ואפילו בחתיכה גדולה של שור הפטום. ואחר שהדבר כן בברור ונראה לעין, מתר לתת כל בשר שנמלח כשעורו בקדירה, בין שיהיו המים רותחים או פושרים וצוננים, לפי שאנו רואין הבשר אחר מליחה כשעור לכל דבר כאלו נתמצה ממנו כל דם האסור. ואם גם אחר מליחה אנו רואין שיוצא ממנו מעט דם אין לו תורת דם אלא כמהל אדום הוא חשוב, ועל כיוצא בו נאמר בגמרא)חולין קיב א(רבי פלוני קרי ליה חמר בשר ומתירו. **ויש** בבהמה קצת אברים של רבוי דם שבהם נהגו כל ישראל להוציא הדם שבהם בכח האש טרם שיבשלום בקדרה ולא רצו לסמך בהם במליחה לבד, והם המח והכבד, צולים אותם מעט על האש ואחר כך מבשלין אותן, בין שירצו לבשלם בפני עצמן או עם בשר אחר, ומנהגן של ישראל תורה היא. עבר ובשלן במליחה לבד עם הבשר הכל מתר, ובלבד שלא יכון אדם לעשות כן לכתחילה כדי שישוב הדבר עליו בדיעבד אחר הבישול, שכל העושה כן באסורין אוסרין עליו הכל כמו בתחילה, ואני קורא עליו)קהלת י ח(ופרץ גדר ישכנו נחש. **וסדר** מליחה כך היא, מדיח הבשר יפה מדם שעליו, ואחר כך מניח עליו מלח בינוני לא עבה ביותר, כדי שידבק בו קצת, ולא דק ביותר,)כדי שלא ידבק בו יותר מדי. ד"ו(ומניחו במלחו כדי הלוך מיל, ואפילו לבשר שור עבה, די בכך. ואחר שיעמד במלחו שעור זה במקום מדרון שיוכל הדם לזוב יפה או בכלי מנקב, לוקח הבשר בידיו ומגביהו, ומנפץ המלח מעליו, ואחר כך מדיחו יפה במים שבכלי פעמים שלש או יותר עד שיוסר המלח וישארו המים שמדיח הבשר בהם זכים. ואם נשתהה הבשר במלחו יותר מן השעור הראוי למליחה אין חוששין שמא חזר הבשר ובלע מדם שעל פני המלח, לפי שאנו אומרים שהבשר אחר שפלט דמו האסור פולט צירו, כלומר מחל הבשר והוא הלחות שבבשר, וכל זמן שיפלט הבשר אותו הציר אין בטבעו שיוכל לבלע דם, לפי שהדם חלק בטבעו הרבה ואינו נבלע כי אם במתון, רצונו לומר כל זמן שלא יפלט הבשר שום דבר, לא דם ולא ציר. **וכמה** יהיה שהוי זה שנחזיק הבשר שיפלט עדין ציר, אמרו הרבנים שהוא עד שתים עשרה שעות. נשתהא יותר מכן במלחו אסור לאכלו עד שיקלף פני הבשר כלו, ומיהו בקליפה סגי לפי שאנו

Sefer HaChinukh ספר החינוך

מחזיקין מליח כרותח דצלי, ובאסור הנוגע בצלי קימא לן קליפה, בשאין שם אסור מפעפע, ודם אינו מפעפע. ואם לא רצה לקלף הבשר מתר לאכלו בצלי, שאף על פי שאנו אומרים שאין כח במלח להוציא דם הבא לבשר ממקום אחר, כח האש חזק מן המלח להוציאו, ולפיכך בשר שנשתהא במלחו יותר מדאי, מתר לאכלו בצלי בלא קליפה, ובקליפה אפילו בקדירה, כמו שאמרנו. **ויתר** רבי דיני מליחה, כגון דגים ועופות שמלחן זה עם זה, ודג טהור שמלחו עם דג טמא, וכלים של חרס או של עץ שמלחו בהם מה דינם, והמלח עצמו שמלחו בו מה דינו, ויתר רבי פרטי המליחה, מבארים בחלין פרק כל הבשר]י"ד סימן ס"ט[, ובפרק חמישי מכרתות יתבאר גם כן דיני הדם וחלוקי דם הנפש ודם האברים. **ונוהגת** בכל מקום ובכל זמן בזכרים ונקבות. ועובר עליה ואכל כזית דם הנפש, במזיד חיב כרת, בשוגג מביא חטאת קבועה. ואם אכל כזית מדם האברים במזיד לוקה, בשוגג, פטור.

Mitzvah 148

That we not eat the blood of a [domesticated] beast, a [wild] animal or a bird: That we not eat the blood of a [domesticated] beast, a [wild] animal or a bird (Keritot 20b), as it is stated (Leviticus 3:17), "And any blood you shall not eat.' And it is stated in another place (Leviticus 7:26) - "from a bird or a beast" - and a [wild] animal is included in "beast" (Chullin 71a). And the prevention of blood is repeated in many places in the Torah. I have already written what I think on the level of the simple understanding about forbidden foods, in the prohibitions of the 'torn' [animals] (Sefer HaChinukh 73) and of forbidden fat (Sefer HaChinukh 147). But it is also possible to say about blood that besides the bad constitution [that it brings] - as it is of bad constitution - there would be in its eating a little acquisition of the trait of cruelty. As a man swallows from living beings, like him in the body, that thing in them that life is actually dependent upon and to which their spirit is connected. As it is well-known that beasts have spirits, which the wise men call a living spirit, meaning to say it is not an intelligent spirit. We can also see that their spirits have that aspect to guard from falling into one of the traps, and in a few other things. And Ramban, may his memory be blessed, wrote (Ramban on Leviticus 17:11) about the reason of blood, that it is well-known that that which is eaten returns to (dwells within) the body of the eater. And [so] if a man eats blood, there will be density and coarseness in the spirit of the man, just like the beast is dense and coarse. And he further wrote similar to that which I

ספר החינוך Sefer HaChinukh

said, myself - that is not fitting for a spirit to eat a spirit. **From** the laws of the commandment is that which they, may their memory be blessed, said (Keritot 21a) that one is not liable for excision on account of blood, with the blood of fish, locusts, disgusting animals and creeping animals, nor the blood of people. And therefore, they said that the blood of fish and locusts is permissible, that it is permissible to eat their blood - and even if he put it into a vessel. And that is when it is recognizable to all that it is the blood of fish. And, like they said in the Gemara (Keritot 21b), that there be a few of the scales of the fish in the vessel. But the blood of forbidden fish is forbidden, since it is like the milk of an impure beast, which is forbidden from the principle that is in our hands - food that comes out of the impure is impure. As we see that the Torah forbade the egg of an ostrich, since it came out from the impure (ostrich). **But** the Sages forbade the blood of people because of appearances. And therefore, they said (Keritot 22a), "Blood that is between the teeth, he should suck and swallow; and that is on the bread, he should scrape it off of it and eat the bread." And so [too] is the blood of eggs permitted - as I do not call it the blood of the fowl, and it is not from the meat, even if it has started to form. And such is the opinion of our teachers, the Masters of the Tosafot on Chullin 64b, s.v. vehu, and as is implied from the simple meaning of the bereita in Keritot 21a. This is the law of the Torah. But the Sages forbade an egg that has [been] formed, and supported the thing with the verse of "the swarming creature that swarms" (Leviticus 11:42). And hence they forbade the blood of eggs on account of the doubt - that [perhaps] it formed. But anything that does not have a doubt of formation, they only forbade on account of appearances. And so, [regarding] blood of eggs found in the white, one should throw out the blood and eat the rest. But there are those that are stringent when it is found on the union and outside of the union [of the egg], to forbid the whole egg. **And** [of] the blood that is forbidden by Torah writ, there is some the prohibition of which is with excision and some with a negative commandment. Lifeblood is with excision - as in the place that excision for blood comes in the Torah, there it is stated life (literally, spirit), as it is stated (Leviticus 17:11), "For the life of the flesh is in the blood." But the prohibition of that which is not lifeblood, but rather the blood of the limbs is only with a negative commandment - since about it is it stated (Leviticus 7:26), "And any blood you shall not eat." And therefore they, may their memory be blessed, elucidated and said (Keritot 22a) that we are

ספר החינוך Sefer HaChinukh

liable for excision with the blood that comes out at the time of slaughter, stabbing or decapitation, so long as it has redness in it; with blood stored in the heart; and blood that is let, so long as it flows and comes out - as it too is lifeblood, and therefore we are liable for it. And specifically flowing - to exclude the dripping at the beginning of the letting and at its end, which is not lifeblood, such that we are not liable excision [for it]. And so [too,] the concentrated blood - meaning to say the blood that oozes a little at a time at the time of slaughter, after the pouring blood came out; and so [too,] the blood of the limbs, such as the blood of the spleen, the blood of the kidneys, the blood in the testicles and the blood that lodges in the heart at the time of slaughter - we are not liable excision for it, but rather lashes. And that is when he eats a kazayit of it. **The** blood that is absorbed in the rest of the meat, which is also called blood of the limbs; so long as it has not separated, it is permitted to eat the meat with [this] blood absorbed inside it. As this blood is considered like meat for us, so long as it has not separated from the meat. And therefore, they, may their memory be blessed, allowed [us] to eat raw meat without salting it; so long as it was properly rinsed, that there should not be actual blood on its surface. But at the time when the blood absorbed in the meat separates and goes out, we are liable for it with a negative commandment - as with the blood of the limbs that we enumerated above, which are with a negative commandment. **And** therefore, the Sages obligated one who wants to eat meat cooked in a pot to extract the blood from it [that it not] (that it) separate from it and go out into the broth in the cooking. And the only scheme they found to take it out was salt, as it draws the blood and dries it naturally. And its power is great and goes into the meat - and even with a very thick piece, it has the power to extract the blood from [its] thickness. And so is this thing well-known and tried - that if a man salts a piece of meat properly according to the measure that the Sages gave for salting, he will find the taste of the salt in all of the meat, even in a big piece of a fattened ox. And since the thing is clearly so and recognizable to the eye, it is permissible to put all meat that has been salted according to its measure in a pot - whether the water is boiling, lukewarm or cold. [This is so] since we see the meat after salting according to its measure, as if - for all purposes - all forbidden blood was drained from it. And even if after the salting, we see a little blood that comes out from it; it does not have the status of blood, but rather it is considered as red brine. And about that which is similar to it, it is said in the Gemara

ספר החינוך Sefer HaChinukh

(Chullin 112b), "Rabbi x called this, 'the wine of meat' and permitted it." **And** there are a few limbs in the beast [with] much blood, which all of Israel is accustomed to extract the blood in them with the power of fire before they cook them in the pot, and they did not want to rely on salting alone for them - and these are the brain and the liver. They roast them a little on the fire and afterwards cook them - whether they wanted to cook them on their own or with other meat. And the custom of Israel is Torah. If he transgressed and cooked them with other meat after salting alone, it is all permissible - and [that is] so long as he did not plan to do so at the outset, so that the matter returns to [be permitted] for him ex post facto after the cooking. As with regards to anyone who does this with prohibitions, we forbid it all for him, as if it were at the outset. And I read upon him, 'one who breaches a fence will be bitten by a snake.' **And** the order of salting is like this: He rinses the meat properly from the blood on it, and afterwards places medium salt upon it - not very thick, so that a little will cling, and not very fine (so that it not cling more than necessary - Venice edition). And he leaves it in its salt enough to walk a mil; and it is enough with that even for a thick ox. And after it sits in its salt this measure [of time] on a diagonal place upon which the blood can properly flow or on a vessel with holes, he takes the meat in his hands and raises it and shakes off the salt from upon it, and then rinses it properly with water in the vessel three or more times, until the salt is removed and the water that he rinses the meat with is clear. And if the meat stays in its salting more than the fitting measure for salting, we do not concern ourselves lest the meat went back and absorbed from the blood on the surface of the salt; as we say that after the meat expunged its forbidden blood, it expunges its brine - meaning to say the meat's liquid, and that is the moisture in the meat. And so long as the meat expunges this brine, it is not its nature to be be able to absorb blood, since blood is very smooth by nature and is only absorbed slowly - meaning to say, [only] all of the time that the meat is not expunging anything, not blood and not brine. **And** how long is this staying [with salt] that we can assume that the meat is still exuding brine? The rabbis said that it is up to twelve hours. If it stays more than this in its salt, it is forbidden to eat it until he peels the entire surface of the meat. And nonetheless it is sufficient with peeling, since we hold that salting is like the heating of a roast; and with a prohibited [food] that touches a roast, we hold [it is enough with] peeling, when there is not a prohibition that gushes - and blood does not gush. And if he did not want to peel the meat, it is permitted to eat it with roasting. As even though we say that salt does not have the power to extract the blood that comes to the meat from another place, the power of fire to extract it is stronger than salt. And therefore, it is permitted to eat meat that sat in salt longer than is necessary, roasted without peeling; and with peeling, even in a pot, as we said. **And** the rest of the many laws of salting - such as fish and poultry that were salted one with the other; pure fish salted with impure fish; what is the law about ceramic vessels or wooden vessels that were salted in; what is the law of the salt itself that was [used] to salt; and the rest of the many details of salting are elucidated in Chullin in the chapter [entitled] Kol Habasar (see Tur, Yoreh Deah 69). And the laws of blood and the differences between lifeblood and blood of the limbs is also elucidated in the fifth chapter of Keritot. **And** [it] is practiced in every place and at all times by males and females. And one who transgresses it and ate a kazayit of lifeblood volitionally is liable for excision; inadvertently, he brings a fixed sin-offering. And if he ate kazayit of blood of the limbs volitionally, he is lashed; inadvertently, he is exempted.

מצוה קמט

שלא יכנסו הכהנים למקדש מגדלי שער - שלא יכנסו הכהנים למקדש מגדלי שער כמו שיעשו האבלים, כלומר שלא יגדלו שערותיהם, שנאמר)ויקרא י ו(ראשיכם אל תפרעו. ואמר התרגום לא תרבון פרוע. ויחזקאל הנביא באר ואמר)מד כ(ופרע לא ישלחו, וכמו כן במצרע)ויקרא יג מה(וראשו יהיה פרוע, ואמרו בספרא)תזריע ה יב(יגדל פרע. **וכבר** נכפלה מניעה זו בכהן גדול ואמר)שם כא י(את ראשו לא יפרע. ואולם נכפלה כדי שלא נחשב מה שנאמר לאלעזר ואיתמר ראשיכם אל תפרעו שיהיה מצד המת בלבד, וכשיעשו זה שלא על צד האבל שתחשב שיהיה מתר, על כן נתבאר בכהן גדול שזה בשביל העבודה הוא שיצוהו השם יתברך להסתפר)עי' בסהמ"צ להרמב"ם ל"ת קס"ג(. ***משרשי*** המצוה. הוא הגדלת הבית, וכמו שאמרנו למעלה)מצוה צה(שנצטוינו להגדילו בכל כחנו מן הטעם שאמרנו. ועל כן ראוי לנו שלא נבא שם מגדלי שער כדרך האבלים, וכעין מה שנאמר במגלת אסתר)ד ב(כי אין לבוא אל שער המלך בלבוש שק, כלומר אין ראוי לבוא אל בית מלכות רק דרך ששון ושמחה ותענוג, לא דרך אבל וצער. וכל זה יחזק היסוד הבנוי בראש הבנין כי כל עניני הבית ומעשיו לחזק ולציר בלב העושים מעשה הכשר, ולהרחיק מלבם וממחשבותם כל כעור וכל חטא. ועל כן בהיות כונת הבית בזה, ראוי לנו לבוא שם דרך כבוד ויראה וגדלה ושמחה, ומתוך קביעות מחשבתנו על חשיבות המקום וגדלו ותפארתו והודו יתרככו לבבנו שם ונהיה ראויים

ספר החינוך — Sefer HaChinukh

לקבלת הטוב. **מדיני** המצוה. כגון מה שאמרו זכרונם לברכה (סנהדרין כב ב) שאסור גדול פרע בכהנים הדיוטים אינו אלא בשעת ביאה למקדש, אבל כל זמן שאין כהן הדיוט נכנס למקדש אינו באסור גדול פרע כלל, אבל כהן גדול לפי שהוא תמיד במקדש אסור בגדול פרע לעולם, כאלו תאמר שאם יהיה לו דרך אנס לעמד חוץ למקדש קצת ימים, מן החיוב עליו אף על פי כן שלא יגדל פרע. וכמה הוא גדול פרע? שלשים יום, כנזירות, שסתם נזירות, אינו פחות משלשים יום, ויתר פרטיה מבארים. **ונוהגת** בזמן הבית בזכרי כהנה. והעובר עליה ונכנס למקדש פרוע ראש, כלומר אחר שיגדל שערו שלשים יום ועבד שם חיב מיתה בידי שמים, שנאמר (ויקרא י ו) ראשיכם אל תפרעו ולא תמותו, ודברי התורה נוטריקון הם, כלומר הא אם יפרעו ראשיהם ימותו, ומכל מקום אין עבודתו פסולה. ומי שנכנס לשם ולא עבד הוא באזהרה, כלומר שעבר על לאו, ולוקה, אבל אינו במיתה אלא אם כן עבד, שכן בא לנו הפרוש. והרמב"ן זכרונו לברכה כתב (בסהמ"צ ל"ת קסג) כי פרוע הראש שלא יכנס למקדש מעלה היא מדבריהם ולא מדאוריתא, וראיותיו בספרו. ואמר שלא בא הכתוב לאסר אלא קריבה לעבודה, והוא בכלל לאו דבעל מום שעבד. וכתב עוד שאף חכמים לא אסרו אלא המקום הנקרא בין האולם ולמזבח, אבל כנגד המזבח עצמו שהוא שתים ושלשים אמה כמו ששנינו (מדות פ"א מ"ד) המזבח שתים ושלשים אמה, בין האולם ולמזבח שתים ועשרים לא אסרו.

Mitzvah 149
That the priests not enter the Temple with grown hair: That the priests not enter the Temple with grown hair, like mourners do - meaning to say that they not grow their hair long, as it is stated (Leviticus 10:6), "you shall not let your head be wild." And the Targum (Aramaic translation of Onkelos) said, "Do not increase locks." And Yechezkel the prophet elucidated and said (Ezekiel 44:20), "and they shall not send forth locks." And so too with the metsora (Leviticus 13:45), "and his head shall be wild" - and they said in Sifra [that it means], "He grows locks." **And** the prevention was already repeated with the high priest, and it stated (Leviticus 10:6), "and he shall not let his head be wild." However it is repeated in order that we not think that that which is stated to Elazar and Itamar, "you shall not let your head be wild," would only be from the angle of the dead alone; and that when they do this not from the angle of mourning, it would be permissible. Therefore, it is elucidated with the high priest that it is because of the service, that God, may He be blessed, commanded them to cut their hair (see Sefer HaMitzvot LaRambam, Mitzvot Lo Taase 163). **The** aggrandizement of the [Temple] is from the roots of the

ספר החינוך Sefer HaChinukh

commandment. And [it is] as we said above (Sefer HaChinukh 95) that we were commanded to aggrandize it with all of our might for the reason that we said. And therefore, it is fitting that we not arrive there with grown hair, in the way of mourners. And [this is] similar to what is stated in the Scroll of Esther 4:2, "for one could not enter the palace gate wearing sackcloth" - meaning, it is fitting to only come to the house of the monarchy in the manner of gladness, joy and enjoyment; and not in the manner of mourning and distress. And all of this strengthens the foundation built at the beginning that all matters of the [Temple] and its procedures are to strengthen and to illustrate [the good] in the hearts of those that do proper action; and to distance all ugliness and all sin from their hearts and from their thoughts. And therefore, since the intention of the [Temple] is for this, it is fitting for us to come there in the manner of glory, awe, greatness and joy. And from fixing the importance of the place and its greatness, its splendor and its majesty in our thoughts, our hearts will soften and we will be fitting to receive the good. **From** the laws of the commandment is, for example, that which they, may their memory be blessed, said (Sanhedrin 22b) that the prohibition of growing locks with the common priests is only at the time of entering the Temple. But anytime that the common priest does not enter the Temple, he is not [transgressing] the prohibition of growing locks at all. But because the high priest is constantly in the Temple, he is always forbidden to grow locks - as if you were to say, that if by way of duress he stays outside of the Temple a few days, he is nonetheless obligated to not grow locks. And how [long] is the growing of locks? Thirty days, like the nazirite - as undifferentiated naziriteship is no less thirty days. And the rest of its details are elucidated. **And** [it] is practiced at the time of the [Temple] by the males of the priesthood. And one who transgresses it and enters the Temple with wild [hair] - meaning after he grows his hair for thirty days - and serves there is liable for death by the hand of the Heavens; as it is stated, (Leviticus 10:6), "you shall not let your head be wild [...] and you shall not die." And the words of the Torah are [in short] - meaning to say, behold if they let their heads be wild, they will die. Nonetheless their service is not disqualified. And one who entered there but did not serve, is with a warning - meaning to say, he violated a negative commandment and is lashed. But he is only in [the category of] the death penalty if he served - since so did the explanation come. And Ramban, may his memory be blessed, wrote (in Sefer HaMitzvot, Mitzvot Lo Taase 163) that one with wild [hair] not enter the Temple is an embellishment from [the Rabbis] and is not from Torah writ; and his proofs are in his book. And he said that the verse is only coming to forbid drawing close for service, and it is included in the negative commandment of one with a blemish who served. And he wrote further that even the Sages only forbade the place that is called, "between the chamber and the altar"; but they did not forbid in front of the altar itself - which is thirty-two ells, as we learned (Mishnah Middot 3:1, 6), "The altar was thirty-two ells [...]; between the chamber and the altar was twenty-two."

מצוה קנ

שלא יכנסו הכהנים למקדש קרועי בגדים - שלא יכנסו הכהנים למקדש קרועי בגדים, שנאמר (ויקרא י ו) ובגדיכם לא תפרמו, פרוש אל תקרעו בגדיכם. ונכפלה מניעה זאת בכהן גדול, שנאמר עליו (שם כב י) ובגדיו לא יפרום. וכפל המניעה בו מפני תוספת דבר שבו, שאינו רשאי לקרע על מת שימות, ואפילו שלא בשעת עבודה. ואמרו בספרא (אמור ב ג) ראשו לא יפרע ובגדיו לא יפרם על מתו, כדרך שבני אדם פורעין ופורמין על מתיהם הא כיצד כהן גדול פורם מלמטה וההדיוט מלמעלן. **משרשי** המצוה. כתוב בפריעת הראש הקודם לזה (מצוה קמט). ודין פרועי ראש וקרועי בגדים, שוים בכל דיניהם. **מדיני** המצוה. מה שאמרו זכרונם לברכה (ספרא שם) שחיוב קריעה זו הוא שתהיה כמו קריעה שקורעין על המתים, ומן הדומה שהיא טפח, שכן אמרו במועד קטן (כב ב) שאין קריעה פחותה מטפח. ויתר פרטיה מבארים. **ונוהגת** בזמן הבית בזכרי כהנה. והעובר עליה ונכנס למקדש מן המזבח ולפניח קרוע בגדים ועבד חיב מיתה בידי שמים, ואם לא עבד הרי הוא באזהרה ולוקה. וזהו לדעת הרמב"ם זכרונו לברכה (הל' ביאת מקדש פ"א הט"ו), אבל לדעת הרמב"ן זכרונו לברכה (בספהמ"צ שם) אין מלקות בנכנס למקדש קרוע בגדים, שאין אסור הכניסה בלא עבודה אלא מעלה מדבריהם אבל אם עבד והוא קרוע בגדים לוקה, לפי מה שכתב בשם בעל הלכות.

Mitzvah 150

That the priests not enter the Temple with torn clothes: That the priests not enter the Temple with torn clothes, as it is stated (Leviticus 10:6), "and you shall not rend your clothes" - the understanding is, do not tear your clothes. And the prevention is repeated with the high priest, as it is stated about him (Leviticus 21:10), "and he shall not rend his clothes." And repeating the prevention about it is because of the addition of a thing with him: That he is not permitted to tear for a dead when he dies - and even not during the time of the service. And they said in Sifra, Emor, Section 2:3, "'And he shall not let his hair be wild and he shall not rend his clothes' - for his dead, as [other] people do for their dead. Behold, how is it? The high-priest rends from the bottom (of his garment), and common [priests], from the top." **And** I have written in the previous [commandment of] wildness of the [hair] (Sefer HaChinukh 149) from the roots of this commandment. And the law of wild [hair] and [that of] torn clothes are the same in all of their [particulars]. **From** the laws of the commandment is that which they, may their memory be blessed, said (Sifra, Emor, Section 2:3), that the [measure required for] liability for this tearing be like the tearing that we tear for the dead. And it appears that this is a handbreadth - as so did they say in Moed Katan 22b that there is no tear that is less than a handbreadth. And the rest of its details are elucidated. **And** [it] is practiced at the time of the [Temple] by the males of the priesthood. And one who transgresses it and enters the Temple - from the altar and inward - with torn clothes and served, is liable for death by the hand of the Heavens. But if he did not serve, behold it is with a warning (negative commandment) and he is lashed. This is according to the opinion of Rambam, may his memory be blessed (Mishneh Torah, Laws of Admission into the Sanctuary 1:15). But according to the opinion of Ramban, may his memory be blessed (in Sefer HaMitzvot, Mitzvot Lo Taase 163), there are no lashes for one who enters the Temple with torn clothes; as the prohibition to enter without [doing] service is only an embellishment from [the Rabbis]. But if he served and he was with torn clothes, he is lashed - according to what he wrote in the name of Baal Halakhot.

מצוה קנא

שלא יצאו הכהנים מן המקדש בשעת עבודה - שלא יצאו הכהנים מן המקדש בשעת עבודה, שנאמר)ויקרא י ז(ומפתח אהל מועד לא תצאו פן תמותו. ונכפלה מניעה זו כמו כן בכהן גדול ואמר)שם כא יב(ומן המקדש לא יצא. ולשון ספרא)שמיני מכילתא דמילואים פיסקא מב(ומפתח אהל מועד יכול בשעת עבודה ושלא בשעת עבודה? תלמוד לומר ומן המקדש לא יצא ולא יחלל, הוי אומר בשעת העבודה. כי שמן משחת יי עליכם אין לי אלא אהרן ובניו שנמשחו בשמן המשחה, שאם יצאו בשעת העבודה חיבים מיתה. מנין לכל הכהנים שבדורות? שנאמר כי שמן משחת יי עליכם. **וכתב** המעתיק בשם הרמב"ם. זכרונו לברכה)ל"ת קסה(דע שיש בכהן הגדול תוספת, שהוא לא ילך אחר המטה, וזהו נגלה בלשון הכתוב באמרו ומן

המקדש לא יצא, וכך נתבאר בפרק שני מסנהדרין)יח א(שהוא אם מת לו מת אינו יוצא אחר המטה, והביאו ראיה על זה מאמרו ומן המקדש לא יצא. ולמדנו מזה שמתר לו לעבד ביום שימות לו מת וכך אמרו זכרונם לברכה במסכת סנהדרין)פד א(ומן המקדש לא יצא ולא יחלל הא אחר שעבד]שלא יצא[חלל. כלומר כהן הדיוט, שאין העבודה מתרת לו והוא אונן, הוא מזהר על זה. כלומר שלא יעבוד אונן. וכך נתבאר בסוף הוריות)יב ב(זה העקר, שכהן הדיוט אונן לא יעבד, וכהן גדול עובד והוא אונן. הנה נתבאר לך שאמרו הנה ולא יחלל שמוהו שלילות לא מניעה, לומר שלא תהיה עבודתו חלין, ואף על פי שהוא אונן. **ומן** הנראה מדברי הרמב"ן זכרונו לברכה, כי הוא סובר כי לא יחלל אינו שלילות, אבל הוא מניעה לכהן גדול שנצטוה שלא יצא מן המקדש מפני מתו ולא יחלל עבודת השם יתברך, כי חלול יהיה לעבודה שיניחנה המשרת הגדול בשביל שום דבר בעולם והוא יפרש כל ענין זה בדרך אחרת, כמו שכתב בפרוש החמש)שם כא יב(. **משרשי** המצוה. היסוד הבנוי לה בהגדלת הבית והעבודות הנעשות שם, ועל כן ראוי על כל פנים שלא לצאת ולהניח העבודה היקרה בשום דבר בעולם, כי באמת אם יניחוה יהיה זלזול בה ויהיו מראים בעצמם שיהיה בעולם דבר גדול מעבודת השם אחר שתהיה נדחית אפילו לפי שעה בשביל שום דבר אחר, ועל כן הזהרו על זה במיתה. **דיני** המצוה. כגון מה שאמרו רבותינו זכרונם לברכה, שכהן הדיוט אף על פי שאינו רשאי לצאת מן המקדש בשעת עבודה כמו שנאמר)שם י ז(ומפתח אהל מועד לא תצאו פן תמותו, מכל מקום אם מת לו מת שהוא ראוי להתאבל עליו אינו עובד, לפי שהוא אונן, ואונן אסור בעבודה. ואף על פי שאינו עובד, הזהר שלא לצאת משם, עד שתגמר העבודה שהיה הוא עסוק בה מן הטעם שאמרנו לכבוד הדבר, שלא יהא דומה כעוסק בדברי עראי. ויתר עליו כהן גדול שהוא חיב שלא יצא מן המקדש וגם שלא להניח עבודתו כלל בשביל אנינות, שנאמר)שם כא יב(ומן המקדש לא יצא ולא יחלל וגו'. ובא הפרוש בזה המקרא כלומר שלא יצא אלא יעבוד עבודתו שהוא עוסק בה ולא תהא עבודתו מחללת בשביל אנינותו. ויתר פרטיה מבארים בזבחים]הלכות ביאת מקדש פ"ב[**ונוהגת** בזמן הבית בזכרי כהנה. ואם עבר ויצא בשעת עבודה לוקה.

Mitzvah 151

That the priests not go out from the Temple at the time of the service: That the priests not go out from the Temple at the time of the service, as it stated (Leviticus 10:7), "And from the entrance of the Tent of Meeting you shall not go out, lest you die." And this prevention was repeated likewise with the high priest, and it stated (Leviticus 21:12), "And from the sanctuary he shall not go out." And the language of Sifra, Shemini, Mechilta d'Miluim 42-43 is "'And from the entrance of the Tent of Meeting' - it could be [that

ספר החינוך Sefer HaChinukh

they shall not go out] at the time of the service and [also] not at the time of the service. [Hence] we learn to say, 'And from the sanctuary he shall not go out and he will not profane' - [...] it would be said, when he is officiating. [...] 'For the anointing oil of the Lord is upon you' - I only have Aharon and his sons who were anointed with the oil of anointment, if they went out while serving, they would be liable for death; from where [do I know] for all of the priests of the generations? As it is stated, 'for the anointing oil of the Lord is upon you.'" **The** transcriber wrote in the name of Rambam, may his memory be blessed, (Sefer HaMitzvot LaRambam, Mitzvot Lo Taase 165), "Know that there is an addition with the high priest, that he not go out after the coffin. And this is revealed in the language of Scripture in its stating, 'And from the sanctuary he shall not go out.' And so is it elucidated in the second chapter of Sanhedrin 18a - that it is if a [relative] dies on him, he does not go out after the coffin. And they brought a proof about this from its stating, 'And from the sanctuary he shall not go out.' And we learn from this that it is permitted for him to serve on the day that a [relative] dies on him. And so, did they, may their memory be blessed, say in Tractate Sanhedrin 84a, '"And from the sanctuary he shall not go out and he shall not profane" - behold, another who serves [that he does not go out], profanes.' [This is] meaning to say for a common priest, the service is not permitted for him when he is bereaved. And so too is this principle elucidated at the end of Horayot 12b, that a common priest that is bereaved may not serve, but a high priest serves when he is bereaved. Behold, it is elucidated for you that its stating, 'and he shall not profane,' is to make it a negation - and not a prevention (negative commandment) - to say that his service is not profane, even though he is bereaved." **And** from that which appears from the words of Ramban, may his memory be blessed, he reasons that "and he shall not profane" is a prevention for the high priest, who is commanded that he not go out of the Temple because of his dead relative and not profance the service of God, may He be blessed. As it would be a profanation of the service that the great servant leave it for anything else in the world. And he explains this whole matter in a different way, as he wrote in his commentary on the Torah (Ramban on Leviticus 21:12). **The** foundation built for it about the aggrandizement of the [Temple] and the services done there is from the roots of the commandment. And therefore, it is fitting in any case to not go out and leave the precious service for anything in the world. As truly if they leave it, it would be a demeaning of it. And they would be showing about themselves that there is something greater in the world than the service of God, since it is pushed off even temporarily for something else. And therefore, they were warned about this with death. **The** laws of the commandment: For example, that which our Rabbis, may their memory be blessed, said [regarding] a common priest, that even though he is not permitted to go out from the Temple at the time of service - as it is stated, "And from the entrance of the Tent of Meeting you shall not go out, lest you die" - nonetheless, if a [relative] that is fit (closely enough related) for him to mourn dies on him, he does not serve, as he is bereaved; and one bereaved is forbidden in the service. And even though he does not serve, he is warned not to go out of there until he finishes the service in which he is occupied, so that it not appear like he is occupied with something transient. And the high priest is more than he, as he is obligated not to go out of the Temple and also not to leave his service at all on account of bereavement, as it is stated, "And from the sanctuary he shall not go out and he shall not profane, etc." And the explanation comes about this verse [that it is] meaning to say, that he not go out, but rather do the service in which he is involved, and that his service is not profaned on account of bereavement (see Mishneh Torah, Laws of Admission into the Sanctuary 2). **And** [it] is practiced at the time of the [Temple] by the males of the priesthood. And if he transgressed and went out at the time of service, he is lashed.

מצוה קנב

שלא להכנס שתויי יין במקדש וכן שלא יורה שתוי - שלא להכנס שתוי במקדש. וכן שלא להורות. כלומר שלא נדון בדבר מדיני התורה בעוד שיהא האדם שכור, שנאמר (ויקרא י ט) יין ושכר אל תשת וגו' בבואכם אל אהל מועד. ולשון התלמוד (עירובין סד א) שתה רביעית אל יורה. ולשון ספרא (שמיני א ב) יין אל תשת אין לי אלא יין, מנין לרבות שאר המשכרים? תלמוד לומר ושכר. אם כן למה נאמר יין? על היין במיתה, ועל שאר המשכרין בלאו. ושם נאמר מנין שאין חיב אלא בשעת העבודה? תלמוד לומר (שם) אתה ובניך ולא תמותו אתה ובניך במיתה ואין ישראל חיבין מיתה על ההוראה. **שורש** המצוה ידוע, שאין ראוי להתעסק בדברים היקרים בתכלית היקר כמו עניני המקדש ודברי התורה רק בעת שיהיה האדם מישב בדעתו ומכון בכל מעשיו, אין להאריך בדברים פשוטים. **מדיני** המצוה. מה שאמרו זכרונם לברכה, שכל כהן הכשר לעבודה, אם שתה יין הרי זה אסור לו להכנס מן המזבח ולפנים, ואם נכנס ועבד עבודתו פסולה

וחיב מיתה בידי שמים)סנהדרין כב ב(שנאמר ולא תמותו. וכן אסור לכל אדם, בין כהן בין ישראל לכנס למקדש כלו מתחלת עזרת ישראל ולפנים כשהוא שתוי יין או שכר או פרוע ראש דרך נוול, כלומר, ששערות ראשו גדולים ביותר, או קרוע בגדים. ואף על פי שאינו באזהרה, אסור יש בדבר, והאסור אינו אלא מפני כבוד הבית. ולפיכך ישראל מתר לכנס שם בשערות ראשו מגדלות יותר משלשים יום, שאין זה נוול אצל בני אדם. ואף על פי שהכהנים הזהרו בזה לגודל קדשתן וקרבתן בבית הקדוש שראוי שלא יהא בהם דבר יתר כלל, רק שיהו כלם יפים ומום אין בם אין שאר כל אדם בגדר שלהם רק שלא יכנסו שם בשערות גדולים ביותר, כמו שאמרנו. **ושעור** היין)כריתות יג ב(שישתה האדם ויהא אסור לכנס למקדש או להורות הוא רביעית לג שהוא ביצה ומחצה ושישתה אותו חי ובבת אחת, ובתנאי שעברו על היין ארבעים יום משנעשה. חסר אחד מאלו פטור אבל אסור, ואינו מחלל עבודה בכך. שתה יותר מרביעית מן היין אף על פי שהיה מזוג ואף על פי שהפסיק ושתה מעט מעט חיב מיתה ופוסל העבודה. היה שכור משאר המשכרים אסור להכנס למקדש. ואם נכנס ועבד והוא שכור משאר המשכרים, אפילו מן החלב או מן הדבלה הרי זה לוקה ועבודתו כשרה, שאין חיבין מיתה אלא על היין בשעת העבודה, ואין מתחללת אלא בשכור מן היין. **וכשם** שאסור לכהן לבוא למקדש מפני השכרות, כך אסור לכל אדם בין כהן בין ישראל להורות כשהוא שתוי אפילו שתה דבש תמרים או חלב ונתבלבלה דעתו אל יורה, שנאמר בפרשת יין ושכר אל תשת, ולהורות את בני ישראל ואם הורה בדבר שהוא מפרש בתורה עד)שיודו( ]שיודעוהו[בו הצדוקין מתר. כגון שהורה שהשרץ טמא והדם אסור וכיוצא, בהן. ומתר לשכור לקרות בתורה. ואפילו הלכות ומדרשות. והוא שלא יורה. ואם היה חכם קבוע להוראה, לא ילמד שלמודו הוראה היא. שתה כדי רביעית בלבד והיה בה מים כל שהוא, או ישן מעט או]אם[הלך כדי מיל, כבר עבר היין ומתר לעבוד. אבל אם שתה יותר מרביעית, אפילו מזוג, אם ישן שינה מעט או הלך בדרך מוסיפין בשכרותו, אלא ישהה לפי השכרות עד שלא ישאר משכרותו שום דבר בעולם. אנשי משמר מתרין לשתות יין בלילות אבל לא בימי שבתן)תענית טו ב(ואפילו שאר בתי אבות של משמר שאין עבודתן אותו היום אסורין, שמא תכבד העבודה על אנשי בית אב של אותו יום ויצטרכו לאחרים מאנשי משמרן לסיען. ואנשי משמר של אותו יום אסורין לשתות בין ביום בין בלילה, שמא ישתה בלילה וישכים לעבודתו ועדין לא סר יינו מעליו. **כהן** שיודע מאיזה בית אב הוא ויודע שבתי אבותיו קבועים הם בעבודת היום, אסור לו לשתות כל אותו היום. היה יודע מאיזה משמר הוא ואינו מכיר בית אב שלו, אסור לשתות כל אותה שבת שמשמרתו עובדין בה. לא היה מכיר משמרתו ולא בית אבותיו, הדין נותן שאסור לשתות יין לעולם, אבל תקנתו קלקלתו והרי הוא מתר לשתות תמיד, לפי שאינו יכול לעבוד עד שיקבע בבית אב שלו

ובמשמרתו. **ונוהג** אסור ביאת מקדש בשכרות בזמן הבית בזכרים ונקבות, ומניעת ההוריה בכל מקום ובכל זמן בזכרים, וכן באשה חכמה הראויה להורות. וכל מי שהוא חכם גדול שבני אדם סומכין על הוראתו, אסור לו לשנות לתלמידיו והוא שתוי, שהלמוד שלו כמו הוראה הוא, כמו שאמרנו. ועובר עליה ונכנס שתוי יין מבין האולם ולמזבח ולפנים חיב מלקות. ואם עבד עבודה חיב מיתה בידי שמים. ואם שתה משאר המשכרין ועבד חיב מלקות לבד, לא מיתה. וכן כל מי שהורה והוא שתוי, בין כהן בין ישראל עבר על לאו, בין שתוי מן היין או שתוי משאר המשכרין. והרמב"ן זכרונו לברכה כתב)בסהמ"צ ל"ת עג(כי מעלה היא מדבריהם שלא להכנס למקדש שתוי יין. ואין מן התורה אלא שלא יעבד שתוי.

Mitzvah 152

To not enter the Temple intoxicated, and likewise to not give a ruling intoxicated: To not enter the Temple intoxicated, and likewise to not give a ruling - meaning to say to judge something of the laws of the Torah - while a man is still drunk, as it is stated (Leviticus 10:9), "Wine and strong drink you shall not drink, etc. in your coming to the Tent of Meeting." And the language of the Talmud (Eruvin 64a) is "If he drank a reviit, he may not give a ruling." And the language of Sifra, Shmini, Section 1:2 is "'Wine [...] you shall not drink' - I only have wine. From where [do I know] all the other intoxicants? [Hence] we learn to say, 'strong drink.' If so, why is it stated, 'wine?' For wine, [one is liable] for death. For all other intoxicants, [one is liable] for a negative commandment." And there it is stated, "From where [do I know] that he is only liable at the time of the service? [Hence] we learn to say, 'you and your sons, and you shall not die' - you and your sons are with death, but Israelites are not liable for death for giving a ruling." **The** root of the commandment is well known - that it is only fitting to be involved in extremely precious things, like matters of the Temple and words of Torah, at the time that a man is settled in his thoughts and focused in all of his actions. There is no need to write at length about obvious things. **From** the laws of the commandment is that which they, may their memory be blessed, said (Sanhedrin 22b) [regarding] any priest that is fit to do the service - if he drinks wine, he is forbidden to enter from the altar and inwards. And if he entered and served, his service is disqualified and he is liable for death by the hand of the Heavens, as it is stated, "and you shall not die." And so [too,] is it forbidden for any man - whether priest or Israelite - to enter the entire Temple, from the beginning of the yard of the Israelites and inwards, when he is drunk from wine or strong drink; with wild [hair] in the way of slovenliness - meaning to say, the hair of his head is very long; or with torn clothes. And even though it is not with a negative commandment, there is a prohibition in the thing; and the prohibition is only due to the honor of the [Temple]. And therefore, an Israelite is permitted to enter there with the hair of his head grown more than thirty days - since that is not slovenliness for people. And even though the priests were warned about this due to their great holiness and closeness to the holy house - such that it is not fitting that there be anything superfluous at all with them, but rather that they all be 'beautiful and that no blemish be upon them' - the rest of the people are not in their category; just that they not enter there with very long hair, as we said. **And** the measure of wine (Keritot 13b) that a man drink and be forbidden to enter the Temple or to give a ruling is a quarter (reviit) of a log - which is [the volume of] one and a half [large] eggs - and he must drink it unmixed and at one time, and on condition that forty days have transpired since the wine was made. If one of these [things] is missing, he is exempt, but forbidden [from doing so], and his service is not disqualified by it. If he drank more than a reviit of wine - even though he interrupted it and drank [it] bit by bit - he is liable for death and disqualifies his service. If he was drunk from other intoxicating beverages, he is forbidden from entering the Temple. And if he entered and served and was drunk from other intoxicating beverages - even from milk or from figs - behold, he is lashed and his service is fit (kosher); as we are only liable for death for wine at the time of the service, and it is only disqualified by one drunk from wine. **And** just like it is forbidden for a priest to come to the Temple on account of drunkenness, so is it forbidden for any man whether priest or Israelite - to give a ruling when he is drunk. Even if he drunk the honey of dates or milk and his mind is mixed up, he should not issue a ruling; as in the section of "Wine and strong drink you shall not drink," it is stated (Leviticus 10:11), "And to instruct the Children of Israel." But if he gave a ruling about a thing that is explicit in the Torah to the point that the Sadducees (conceded) [know] it, it is permitted - for example, if he gave a ruling that a sherets (certain swarming animals) is impure or that blood is forbidden, or similar to them. And it is permitted for a drunk to read the Torah, and even laws and homilies (midrash) - and that is when he does not give a ruling. And if he was a sage that regularly gave rulings, he should not teach - as his teaching is [legal] instruction. If he drank only enough for a reviit and there was the

ספר החינוך Sefer HaChinukh

smallest amount of water in it or he slept a little or he walked [the distance] of a mil, the wine has already passed and he is permitted to serve. But if he drinks more than a reviit - even if it is mixed - if he a slept a little or walked on the way, it adds to his drunkenness. Rather he should wait according to his drunkenness until there is nothing at all left from his drunkenness. The [priests] of the shift were permitted to drink wine during the nights, but not during the days, of their week (Taanit 15b) - and even the other clans of the shift whose service was not on that day, lest the service be heavy for the clan of that day and they require other men from their shift to help them. But the men of the shift from that day are forbidden to drink both night and day, lest he drink at night and get up early for his service while his wine has still not gone away from upon him. A priest, that knows from which clan he is and knows that his clan was fixed for the service of today, is forbidden to drink all of that day. If he knew from which shift, he is, but he does not know which is his clan, he is forbidden to drink the whole week that his shift is serving. If he was not aware of his shift or his clan, the law should be that he is always forbidden to drink wine. But his solution is his mishap: behold, he is permitted to always drink, since he may not serve until, he becomes fixed in his clan and his shift. **And** the prohibition of coming to the Temple in drunkenness is practiced at the time of the [Temple] by males and females. And the prevention of giving a ruling is [practiced] in every place and at all times by males, and so [too,] by a sage woman that is fitting to give a ruling. And anyone who is a great sage that people rely upon for his rulings is forbidden to teach to his students when he is intoxicated - since his study is like a ruling, as we have said. **And** one who transgresses it and enters, between the chamber and the altar, and inwards intoxicated from wine is liable for lashes; and if did a service, he is liable for death by the hand of the Heavens. But if he drank form other intoxicants and served, he is only liable for lashes, not death. And likewise, anyone how gave a ruling and was intoxicated - whether a priest or an Israelite; whether he was intoxicated from wine or intoxicated from other intoxicants - has violated a negative commandment. And Ramban, may his memory be blessed, wrote (in Sefer HaMitzvot, Mitzvot Lo Taase 73) that it is a [rabbinic] embellishment not to enter the Temple intoxicated with wine; and only not to serve intoxicated is from Torah writ.

מצוה קנג

מצות בדיקת סימני בהמה וחיה - שנצטוינו לבדק סימני בהמה וחיה כשנרצה לאכל מהם. והן מעלת גרה ושוסעת שסע, שנאמר)ויקרא יא ב ג(זאת החיה אשר תאכלו מכל הבהמה אשר על הארץ כל מפרסת פרסה וגו'. ולשון ספרא)שמיניג א(אותה תאכלו אותה באכילה, ואין בהמה טמאה באכילה כלומר ונלמד מזה לאו לבהמה טמאה, ולאו כזה נקרא לאו הבא מכלל עשה ונאמר במקום אחר)שם כ כה(והבדלתם בין הבהמה הטהורה לטמאה וכו' וכתוב עוד)שם יא מז(להבדיל בין הטמא וכו'. **משרשי** מצות אסור המאכלות, כתבנו באזהרת טרפה)מצוה עג(וחלב)מצוה קמג(מה שידענו, והוא השרש המספיק כפי הפשט בכלן. וענין הצווי לבדק סימניהם הולך אחר טעם אסורן, שכל מה שבא לנו אסור עליו ראוי ומחיב עלינו לבדקו יפה. והנני לא חשכתי עטי מכתב דברי הרמב"ם זכרונו לברכה בכאן)בסהמ"צ עשה קמט(שחשב המקרא הזה למצות עשה מפני שיעדתי בראש דברי לכתב המצות על הסדר שחשבם הוא, עם היות לבי נאחז בענין זה בסברת הרמב"ן זכרונו לברכה שכתב)בהשגותיו לבהמ"צ שורש ו(שאין ראוי שנמנה בדיקת סימני טהרה בבהמות מצוה, כי באמת אחר שאסרה לנו התורה קצת הבהמות על כל פנים יתחיב להודיענו סימני הטהורות להפרישנו מן האסור, ואין זה ראוי כלל להחשב בחשבון מצוה. והוא הדין והוא הטעם. גם כן בבדיקת עופות ודגים וחגבים שיחשב הרמב"ם זכרונו לברכה לשלשה, והרמב"ן זכרונו לברכה לא יחשבם. **מדיני** המצוה. שכל בהמה וחיה שמעלת גרה אין לה שינים בלחי העליון, וכל בהמה בעולם מעלת גרה היא מפרסת פרסה חוץ מן הגמל, וכל שמפרסת פרסה היא מעלת גרה חוץ מן החזיר. ועשרה מינים הם בין בהמות וחיות המתרין, שלשה בהמות הידועות והן שור כבש ותיש, ושבעה מיני חיה המפרשין בכתוב)דברים יד ה(איל וצבי וכו'. וכמו שאנו צריכין לדעת סימני הכשרות להבדילן מן הטמאות, כמו כן אנו צריכין לידע איזו היא מין בהמה ואיזו מין חיה מצד החלב, שחלב בהמה אסור וחלב חיה מתר, כמו שכתוב באזהרת החלב למעלה, ועוד שדם החיה טעון כיסוי ולא דם בהמה. וסימני החיה במה היא חלוקה מן הבהמה לא נאמר בתורה, אלא מפי השמועה למדנו)חולין נט ב(שהיא נכרת בקרניה, שקרני החיה עשויות כן כרוכות, חדוקות הדורות כרוכות כקרני השור, חדוקות כקרני העז ויהיה החדק מבלע בהן, והדורות כקרני הצבי. לפיכך כל שאין לה סימנים אלה בקרניה חיב אדם לנהג אסור בחלבה. והמוצא חיה בלא קרנים שאין יכול לבדקה בקרניה, אם מכירה בצורתה יפה, כגון שהרגל בהם, מתר לו לבטח בהכרתו ולא נאמר שיהיה צריך לבדק בקרנים על כל פנים. ויתר פרטיה בחלין)שם א(.

ונוהגת בכל מקום ובכל זמן בזכרים ונקבות. ואם עבר עליה ולא בדק אלא שראה בה הסימן האחד וסמך עליו ואכל ממנה, אף על פי שמצא אחר כן שהתר אכל, בטל עשה זה של בדיקת הסימנין.

ספר החינוך Sefer HaChinukh

Mitzvah 153
The command of checking the signs of a beast or animal: That we were commanded to check the signs of a [domesticated] beast or [wild] animal when we want to eat of them - and they are that it brings up (chews) its cud and completely splits [its hoof], as it is stated (Leviticus 11:2-3), "This is the animal that you shall eat, from every beast upon the earth: All that separate the hoof, etc." And the language of Sifri, Shemini, Chapter 3:1 is "'It shall you eat' - it is for eating, but an impure animal is not for eating"; meaning to say, and we learn from it a negative commandment for an impure animal. And a negative commandment like this is called a negative commandment that comes from the implication of a positive commandment. And it is stated in another place, "And you shall differentiate between a pure beast and an impure, etc." (Leviticus 20:25). And it is also written (Leviticus 11:47), "To differentiate between the impure, etc." **We** have written in the warning of the 'torn' animal (Sefer HaChinukh 73) and forbidden fat (Sefer HaChinukh 143) that which we have known from the roots of the commandments of forbidden foods. And that root suffices according to the simple understanding for them all. And the matter of the command to check the signs goes after the reason for their prohibition; as it is fitting and obligatory upon us to properly check anything about which a prohibition comes to us. And I have not spared my pen here from writing the words of Rambam, may this memory be blessed (Sefer HaMitzvot LaRambam, Mitzvot Ase 149) - who calculates this verse as a positive commandment - because I have set out at the beginning of my words to write the commandments according to the order that he counted. [This is] even though my heart is grabbed in this matter by the logic of Ramban, may his memory be blessed, (in his glosses of the Sefer HaMitzvot, Root 6) that it is not fitting that we count the checking of the signs of beasts as a commandment - since in truth once the Torah had forbidden us some of the beasts, it becomes necessary to inform us of the signs of the pure ones in order to separate us from [the one] that is forbidden. And this is not fitting at all to count as a commandment in the tally. And the law is the same - and the reason is the same - also with the checking of fowl, fish and locusts, which Rambam, may his memory be blessed, counts as three; however Ramban, may his memory be blessed, does not count them [in the tally]. **From** the laws of the commandment is that every beast and animal that brings up the cud

ספר החינוך Sefer HaChinukh

does not have teeth in its upper (rear) jaw. And every beast in the world that brings up the cud separates its hoof except for the camel. And all that separate its hoof brings up the cud except for the pig. And there are ten species of beasts and animals that are permitted: Three [domesticated] beasts that are well-known and they are the ox, the sheep and the goat; and seven species of [wild] animals that are explicit in Scripture - "The deer, the gazelle, etc." (Deuteronomy 14:5). And [just] like we need to know the signs of the fit (kosher) ones to differentiate them from the impure ones, likewise must we know which is a species of beast and which is a species of animal regarding the chelev (forbidden fat) - as the chelev of a beast is forbidden, but the chelev of an animal is permissible, as we we wrote above in the warning of chelev; and also as the blood of an animal requires covering, but not the blood of a beast. And the signs of the [wild] animal, as to how it is distinguished from a [domesticated] beast is not stated in the Torah. Rather, we learned from the heard tradition (Chullin 59b) that it is recognizable by its horns, as the horns of an animal are scaled, notched and circular: scaled like the horns of an ox; notched like the horns of a goat - such that the notch be absorbed in them (tight); and round like the horns of a gazelle. Therefore [with] any [being] that does not have these signs in its horns, a man must practice the prohibition of its chelev. And one who finds a [wild] animal without horns - such that he is not able to check its horns - if he recognizes it clearly by its shape, such as that which he is used to, it is permitted for him to trust his recognition. And it is not said that he has to check with the horns no matter what. And the rest of its details are in Chullin. **And** [it] is practiced in every place and at all times by males and females. And if he transgressed it and did not check, but he saw one sign and relied upon it and ate it - even though afterwards he found that he ate something permissible - he violated this positive commandment of checking the signs.

מצוה קנד

שלא לאכל בהמה וחיה טמאה - שלא לאכל בהמה וחיה טמאה, שנאמר (ויקרא יא ד ז) את זה לא תאכלו ממעלי הגרה וממפריסי הפרסה את הגמל והחזיר והארנבת והשפן. ומיני שאר בהמה טמאה לא בא עליהם לאו בבאור, אבל מכיון שאמרה תורה כל מפרסת פרסה ומעלת גרה בבהמה אתה תאכלו. נדע שכל מה שאין בו שני הסימנין יחד הוא נמנע מלאכלו, וזה לאו הבא מכלל עשה, והעקר אצלנו לאו הבא מכלל עשה עשה, ואין לוקין עליו.

ואמנם נאסרו לנו גם כן שאר בהמה וחיה מקל וחמר שאנו אומרים החזיר והגמל שיש בהן סימן טהרה אחד אנו לוקין עליו קל וחמר שאר בהמה וחיה שאין להן סימן טהרה כלל, שלוקין עליהן. ולשון ספרא)שמיני ג א ב(אתה תאכלו אותה באכילה ואין בהמה טמאה באכילה. אין לי אלא בעשה, בלא תעשה מנין? תלמוד לומר את זה לא תאכלו ממעלי הגרה וכו'. אין לי אלא אלו בלבד שאר בהמה טמאה מנין? ודין הוא ומה אלו שיש בהן סימן טהרה הרי הן בלא תעשה על אכילתן, שאר בהמה טמאה שאין בהם סימן טהרה אינו דין שיהא לא תעשה על אכילתן? נמצא הגמל והארנבת והשפן והחזיר מן הכתוב, ושאר בהמה טמאה מקל וחמר. ואמנם הוא לגילוי מלתא בעלמא, כלומר שקל וחמר בזה הענין מבאר בכתוב הוא, שאם הזהיר על אותן שיש להן סימן אחד של טהרה, כל שכן על שאין להם סימן טהרה כלל, ולא שיך בכאן כלל לומר אין עונשין מן הדין. ולפיכך כל מי שאכל כזית מבהמה טמאה מאי זה מין שיהיה לוקה מדאוריתא. ופרוש מפרסת פרסה הוא שפרסותיה סדוקות. ופרוש שוסעת שסע כלומר שתהא הפרסה מבדלת לגמרי מלמעלה ומלמטה. אבל אם היתה סדוקה למטה ומחברת למעלה או בהפך טמאה היא. ופרוש מעלת גרה, שמקיאה האוכל מן המעים ומשיבה אותו לפיה לכתשו ולטחנו הדק. **משרשי** המצוה. מה שכתבנו באזהרת טרפה בסדר משפטים, כי יודע אלקים כי כל המאכלות שהרחיק מעמו אשר בחר, יש בהם נזקים מצויים לגופים שהם כלים לנפשות לפעל בהם ולהתעלות על ידי מעשיהם הטובים. ועל כן הרחיקנו מהם למען יפעלו הנפשות פעלתן ולא ינעלו]דלת[בפניהם רע מזג הגופות וטמטום הלבבות, וכמו שכתבתי שם. **מדיני** המצוה. מה שאמרו זכרונם לברכה)זבחים ע א(שלא חלק הכתוב בבהמה וחיה טמאה בין בשרה לחלבה, שהכל אסור. ובשר אדם אף על פי שנקרא האדם נפש חיה ואינו מעלה גרה ושוסע שסע, אין בשרו בכלל אסור בהמה טמאה לעבר עליו בלאו, ולפיכך האוכל מבשרו או שותה מחלבו, בין חי בין מת, אין לוקין עליו, אבל מכל מקום אסור הוא בעשה, שהרי מנה הכתוב שבעת מיני חיה ואמר בהן)דברים יד ד(זאת החיה אשר תאכלו, מכלל שכל שהוא חוץ מאלו לא תאכלו, ולאו הבא מכלל עשה עשה זהו דעת הרמב"ם זכרונו לברכה.)מאכלות אסורות ב ג(אבל הרמב"ן זכרונו לברכה כתב)ויקרא שם יג(שבבשר האדם אפילו עשה אין בו, והביא ראיה ממה שאמרו זכרונם לברכה)כדיתות כא ב(דם מהלכי שתים וחלבם, אפילו מצות פרישה אין בו. וכתב הוא זכרונו לברכה דהוא הדין לבשר שמתר כמו הדם, שאם לא כן, איך יהא מתר הדם, וכמו שאמרו זכרונם לברכה)שם כד א(דם של בין השנים מוצצו ובולעו, והא קימא לן)בכורות ה א(כל היוצא מן הטמא טמא. ומכל מקום, בשר)ישראל(מת, אסור בהנאה. ויתר ראיותיו בספרו ושאר פרטי המצוה מבארים בפרק שלישי מחלין ובמקומות אחרים]הלכות מאכלות אסורות פ"ב[. **ונוהגת** בכל מקום ובכל זמן בזכרים ובנקבות. והעובד עליה ואכל כזית בהמה

ספר החינוך Sefer HaChinukh

טמאה או שתה רביעית מחלבה במזיד, לוקה, ובשוגג, פטור.

Mitzvah 154
To not eat an impure beast or animal: To not eat an impure beast or animal, as it is stated (Leviticus 11:4), "this shall you not eat from those that bring up the cud and separate their hoof, the camel," "and the pig" (Leviticus 11:7), "and the hare" (Leviticus 11:6), "and the daman" (Leviticus 11:5). And a clear negative commandment about the other species of impure beasts does not appear. But since the Torah stated (Leviticus 11:3), "All that separate the hoof and [...] bring up the cud in an animal, it shall you eat," we know that we are prevented from eating anything that does not have these two signs together. And this is a negative commandment that comes from the implication of a positive commandment. And the principle that we have is [that] a negative commandment that comes from the implication of a positive commandment, is a positive commandment, and [so] we do not administer lashes for it. **However**, [the] other beasts and animals were forbidden to us by an a fortiori argument (kal vechomer): As we say that [since] we administer lashes for the pig and the camel which have one sign of purity; all the more so do we administer lashes for other beasts and animals that do not have any sign of purity at all. And the language of Sifri, Shemini, Chapter 3:1-2 is "'It shall you eat' - it is for eating, but an impure animal is not for eating. I only have a positive commandment. From where [do I know it is also a] negative commandment? [Hence] we learn to say, 'this shall you not eat from those that bring up the cud, etc.' I only have these alone. From where [do I know] other impure beasts? It is inferred: And just like these that have one sign of purity, behold, their eating is with a negative commandment; is it not [then] inferred that the eating of other impure beasts that do not have any sign of purity would be with a negative commandment? It comes out that the camel, the hare, the daman and the pig are from Scripture, and the other impure beasts are from an a fortiori argument." However it is only just revealing a matter - meaning to say, that the a fortiori argument about this matter is elucidated in Scripture; as if it warned about those that have one sign of purity, all the more so [is it the case] about those that do not have any sign of purity at all. And it is not relevant here to say, 'we do not punish from an inference.' And hence anyone that ate a kazayit from an impure animal - from whatever species

ספר החינוך Sefer HaChinukh

it be - is lashed from Torah writ. And the understanding of "separates the hoof," is that its hooves are split. And the understanding of "completely splits," is meaning to say totally divided from above and below; but if it was split below and attached above, or the opposite, it is impure. And the understanding of "bring up the cud," is that it regurgitates the food from its intestines to its mouth to grate it and grind it fine. **What** we wrote in the warning of the 'torn' animal in the Order of Mishpatim (Sefer HaChinukh 73) is from the roots of the commandment - as God knows that all of the foods that he distanced from His people that He chose, have [properties] in them [that] injure bodies, [and] that stop the souls from activating them and elevating them with good deeds. Therefore, He distanced us from them, in order that the souls will make their impact; and that a bad constitution and a blockage of the heart not seal the door in front of them, as I wrote there. **From** the laws of the commandment is that which they, may their memory be blessed, said (Zevachim 70a) that Scripture did not distinguish with an impure beast or animal between its meat and its chelev - as it is all forbidden. And [regarding] flesh of a person, his flesh is not included in the prohibition of an impure beast, to transgress a negative commandment for it, even though man is called a living (or animal) soul and he does not bring up the cud or completely divide [his foot]. And therefore, we do not administer lashes for one who eats from his flesh or drinks from his chelev - whether alive or dead. But it is nonetheless forbidden with a positive commandment, as behold Scripture numbered seven species of animals and stated about them (Leviticus 14:4), "this is the animal that you may eat." And a negative commandment that comes from the implication of a positive commandment, is a positive commandment. This is the opinion of Rambam, may his memory be blessed (Mishneh Torah, Laws of Forbidden Foods 2:3). But Ramban, may his memory be blessed, wrote (Ramban on Leviticus 11:3) that there is not even a positive commandment about the flesh of a man. And he brought a proof from that which they, may their memory be blessed, said (Keritot 21a), "There is not even a commandment of separation from the blood and chelev of those that walk on two [legs]." And he, may his memory be blessed, wrote that the law is the same for flesh, that it is permitted like the blood. As if not, how could blood be permissible - and as they, may their memory be blessed, said (Keritot 22a), "Blood that is between the teeth, he should suck and swallow" - and it is established for us (Bekhorot 5a) "All that comes out of the impure is impure." And nonetheless, the flesh of the dead (Israelite) is forbidden to benefit from. And the rest of his proofs are in his book. And the rest of the details of the commandment are elucidated in the third chapter of Chullin and in other places (see Mishneh Torah, Laws of Forbidden Foods 2). **And** [it] is practiced in every place and at all times by males and females. And one who transgresses it and eats a kazayit of an impure animal or a reviit of chelev volitionally is lashed; and inadvertently, is exempted.

מצוה קנה

מצות בדיקת סימני דגים - לבדק בסימני דגים, כלומר שהרוצה לאכל מן הדגים שיבדק תחלה בהן יפה הסימנין שנתנה התורה בהן, והן סנפיר וקשקשת, שנאמר)ויקרא יא ט(את זה תאכלו מכל אשר במים וכו' כבר כתבנו במצוה הקודמת לזו))מצוה קנג(במצות בדיקת סימני בהמה וחיה(שהרמב"ן זכרונו לברכה לא יחשב במנין המצות בדיקת סימנין במנין שהתירה התורה, וכי האמת אתו בזה לפי הנראה לנו. ואף על פי שמצאנו בגמרא)חולין סו ב(בפרוש בקצתן זו מצות עשה, הכונה בענין לחיב במינים הטמאים בעשה ולא תעשה עם הכלל הידוע לנו לאו הבא מכלל עשה עשה. וכמו שנכתב גם כן בעזרת השם במצות הלואת הנכרי)מצוה קעג(, שחשבה הרמב"ם זכרונו לברכה למצוה)בסהמ"צ עשין קצח(, ולא בא הכתוב לפי הדומה רק לחיב בעשה ולא תעשה בהלואת ישראל ברבית. **שרש** המצוה כתבתיו גם כן למעלה בסימני בהמה, והוא כלל לארבעת המינין. **מדיני** המצוה. כגון מה שאמרו זכרונם לברכה)חולין נט א(שסנפיר הוא מה שבדג שהוא לו כעין כנפים שפורח בהן, וקשקשת היא אותה קלפה שעליו הדבוקה בכל גופו, ואף על פי שלא נמצא הקשקשת כי אם במקצת גופו, ואפילו אחת לבד, דיו וכשר. ואמרו בתוספתא)חולין פ"ג ה"ט(והוא שתהא תחת לחיו או תחת זנבו או תחת סנפיריו, אבל בשאר גופו, לא סגי לן בפחות משתים. וכל שנמצא בו קשקשת אפילו אחת במקומות הנזכרים, אין צריך לבדק אם יש לו סנפיר, כי בודאי יש לו, אבל כשימצא בו סנפיר, צריך לבדק אם יש בו קשקשת, כי יש דגים טמאים הרבה שיש להם סנפיר. וכל דג שבטבעו יש לו קשקשים)שם סו א(אף על פי שאין נעשין בו בעודו קטן עד שיגדיל, כגון הסלתנית והאפיין, הרי זה מתר, וכל שיש בו קשקשים בעודו בים, אף על פי שהוא משיר אותן בשעה שעולה מן הים כגון אקונס ואפונס בספ)ת(יס אפנסתיס ואטונאס הנקרא בירט בלע"ז, הרי זה כשר, שלא תקפיד התורה רק במין בעל קשקשת וסנפיר, כי הוא הנאות אל טבע בני אדם, ומן הטעם שכתבנו באסור המאכלות לפי הפשט. **ונוהגת** בכל מקום ובכל זמן בזכרים ובנקבות. ועובר עליה ולא בדק יפה, כגון שראה

ספר החינוך Sefer HaChinukh

סימן אחד לבד בדג וסמך על האחר בלא בדיקה אף על פי שנמצא אחר כן כשר, בטל עשה זה.

Mitzvah 155

The commandment to check the signs of fish: To check the signs of fish, meaning to say that one who wants to eat fish first check properly for the signs that the Torah gave about them - and they are fins and scales, as it is stated (Leviticus 11:9), "And this shall you eat from all that is in the water, etc." We have already written in the commandment preceding this (Sefer HaChinukh 153, in the commandment of checking the signs of beasts and animals) that Ramban, may his memory be blessed, does not calculate the checking of signs in the species that the Torah permitted; and that the truth is with him, according to what appears to us. And even though we have found explicitly in the Gemara (Chullin 66b) with some of them, "This is a positive commandment," the intention of the matter is to make liable for impure species with a positive commandment [as well as] a negative commandment - from the principle that is well known to us, [that] a negative commandment that comes from the implication of a positive commandment, is a positive commandment. And [that is] like we shall write with God's help in the commandment of lending to a gentile (Sefer HaChinukh 173), such that Rambam, may his memory be blessed, counted it as a commandment (Sefer HaMitzvot LaRambam, Mitzvot Ase 198), [whereas] according to what it appears, the verse only comes to make liable for a positive commandment [as well] as a negative commandment for the lending to a Jew with interest. **I** have also written the root of the commandment above in the signs of the beast. And it is the general principle for the four species. **From** the laws of the commandment is, for example, that which they, may their memory be blessed, said (Chullin 59a) that fins are what in the fish is like a type of wings with which to fly; and scales are that covering that clings to all of its body. And even if scales are only found on part of its body - and even it is only one - it is enough for it and it is fit (kosher). And they said in Tosefta Chullin 3:9, "And that is when it is under its jaw or under its tail or under its fins; but on the rest of its body, it is not enough for us with less than two." And everything in which scales are found - even one in the places mentioned - need not be checked [to ascertain] if it has fins; as it certainly has [them]. But if fins are found on it, it needs to be checked [to ascertain] if it has scales -

as there are many impure fish that have fins. And any fish the nature of which is to have scales, even though they are not produced on it when it is still small until it grows up - such as the sultanit and the afian - behold it is permissible. And anything that has scales when it is still in the sea, even though it drops them at the time that it goes out from the sea - such as the akonas, the afonas, the bisifityas, the afnasetiyas and the tunny that is called biret in the vernacular - behold, it is fit (Chullin 66). As the Torah is only concerned with the species that it have scales and fins - since that is what is seemly for the nature of people, and from the reason that we wrote in the prohibition of foods according to the simple understanding. **And** [it] is practiced in every place and at all times by males and females. And if one transgressed it and did not check properly, such that he saw only one sign and relied [upon it] for the other, without checking - even though afterwards it was found to be fit - he violated this positive commandment.

מצוה קנו

שלא לאכל דג טמא - שלא לאכל דג טמא, שנאמר)ויקרא יא יא(מבשרם לא תאכלו ואת נבלתם תשקצו. וסימני דגים כשרים כתבנום למעלה במצות עשה)מצוה קנה(שהיא לבדק בסימני דגים שחשבנו מן המנין לכבוד הרמב"ם זכרונו לברכה. **משרשי** המצוה. מה שכתבנו למעלה)מצוה עג(בענין אסור המאכלות שהאל ברוך הוא הרחיק מעמו כל מה שנזק נמצא בו, הן בהמה או עוף או דגים, מן הטעם שאמרנו שם. **דיני** המצוה. כתבנו למעלה גם כן, והם בחלין פרק שלישי]י"ד סי, פ"ג[. **ונוהגת** בכל מקום ובכל זמן בזכרים ונקבות. ועובר עליה ואכל כזית מדג טמא במזיד, לוקה. בשוגג, פטור.

Mitzvah 156

To not eat impure fish: To not eat impure fish, as it is stated (Leviticus 11:11), "you shall not eat of their meat and you shall abominate their carcasses." And we have written the signs of the fit (kosher) fish in the positive commandment (Sefer HaChinukh 155) - which is to check the signs of the fish - which we have counted in the tally [of the commandments] in deference to Rambam, may his memory be blessed. **That** which we wrote above regarding the matter of the prohibition of foods (Sefer HaChinukh 93) is from the roots of the commandment - that God, blessed be He, distanced all in which injury is found from His people, whether beast, fowl or fish, from the reason that we said there. **We** have also written the laws of the commandment above, and they are in Chullin, Chapter 3 (see Tur, Yoreh Deah 83). **And** [it] is practiced in every place and at all times by males and females. And one who transgresses it and eats a kazayit of an impure fish is lashed; and inadvertently, is exempted.

מצוה קנז

שלא לאכל עוף טמא - שלא לאכל עוף טמא, שנאמר)ויקרא יא יג(ואת אלה תשקצו מן העוף לא יאכלו וגו'. **משרשי** המצוה. מה שכתבנו במאכלות אסורות)מצוה עג, וקמז(. **מדיני** המצוה. מה שאמרו זכרונם לברכה)חולין נט א(סימני בהמה וחיה נאמרו מן התורה, כלומר שהן מפרשין בתורה, והן פרסה חלוקה לגמרי, כמו השור והכבש, ומעלה גרה. וסימני העוף לא נאמרו לפי שהתורה פרשה לנו בשם כל הטמאים שבעולם, וכיון שכן הוא, אין צרך לכתב סימניהן, כי כל עוף הנמצא בעולם חוץ מהם, הוא כשר. ומכל מקום מפני שכל אותן מינין שהודיעתנו התורה אין כל אדם בקי בהן, הודיעונו חכמים סימנין בהם כדי שיכיר אותן כל אדם ויוכל לאכל מן העופות אף על פי שאינו מכיר אפילו אחד מכל המינין הטמאים המפרשים בכתוב. **נמצא** לפי דברינו, שכל המכיר יפה כל המנוין בתורה שהן עשרים וארבעה מינין, יכול לאכל מכל עוף אחר שימצא, כיון שאמרו שכל עוף שלא נזכר במנין הטמאים בתורה, כשר. וכמו שאמרו רבותינו זכרונם לברכה)שם סג ב(גלוי וידוע לפני מי שאמר והיה העולם, שעופות טהורים מרבים על הטמאים לפיכך פרט הטמאים. כלומר פרט כל הטמאים שבעולם, כן הוא הפרוש לפי דעת רב הרבנים. כי כל הטמאין שבעולם הזכרו בתורה. ומי שאינו מכירן אמרו חכמים זכרונם לברכה)שם נט א(שאלו סימניהם כל עוף הדורס, בידוע שהוא ממיני הטמאים שבתורה ופרוש דורס כלומר שנועץ הצפרנים על עוף אחר ומטיל בו ארס כמנהג הנץ ושאר העופות שצדין בהן בני אדם. ויש שאינו דורס והוא גם כן ממיני הטמאים. **ואמרו** לנו חכמים זכרונם לברכה)שם סב א(דרך כלל, שכל שיש בגופו שלשה סימנין אלו שיש לו אצבע יתרה, והוא האצבע הגדול]ה[שיוצא]ת[יותר משאר האצבעות, וזפק, הוא מקום רחב בסוף הושט, שמקבץ העוף שם המאכל בתחלת האכילה, וקרקבן נקלף, והוא המקום הטוחן בו העוף המאכל הנקרא בלעז ונטראי, ויש לו עור דק בתוך הבשר לפנים, ואותו העור נקלף ממקצת העופות, מכיון שיש לו לעוף שלשה סימנין אלו בידוע שאינו ממין הטמאים ומתר. שני כללים אלו שכללנו, אחד לאסור ואחד להתר כל עוף שהן בו אין צריך שום אדם לשאל עליו לבקי בעופות, אלא יאסר האסור ויתיר המתר מיד, שאין בזה פקפוק. **ונמצא** לפי כלל זה, שארבעה סימני טהרות הן בעופות, ואלו הן אינו דורס, ואצבע יתרה, וזפק, וקרקבן נקלף. וכבר כללנו שכל עוף שנמצא חסר אחד מהם והוא המיחד שבהן, דהינו אינו דורס, כלומר שיהיה דורס, שהוא טמא לעולם ואינו צריך לבדק בו דבר

אחר. ואין צריך לומר אם חסר מכלן. שאין בו אפילו אחד מסימני טהרה אלו שאסור. שהרי אפילו האחד המיחד לבד יאסר, כמו שאמרנו כל שכן אם חסר מכלן. והנשר הוא גם כן שאין בו אחד מכל סימני טהרה. נמצא עוף חסר מן השנים, כלומר שיהיו בו שני סימני טהרה לבד ויחסרו ממנו השנים האחרים. והאחד מן השנים של טהרה שימצאו בו יהיה שאינו דורס, כל עוף שהוא כן, הוא טהור לאכל לכל מי שמכיר עורב וכל מין עורב, לפי שאין בכל מין הטמאים שיהיה כן כי אם עורב ומינו שהוא כן שאינו דורס ויש לו סימן אחד בגופו מסימני טהרה, וסימן זה של טהרה אינו קבוע בכל מין העורב אלא יש במין העורב שיש לו אצבע יתירה ואינו דורס, ויש שיש לו זפק ואינו דורס, ויש שקרקבנו נקלף ואינו דורס. כלל הדבר, כי במינו ימצאו שני הסימנים אלו של טהרה ולא במין אחר, כן פרשו קצת מן המפרשים. ויש שאמרו כי לעורב שני סימני טהרה בגופו מלבד שאינו דורס. **נמצא** עוף חסר השלשה סימני טהרה ולא ישאר לו כי האחד המיחד, והוא שאינו דורס, טהור לעולם, לפי שאין בכל העופות הטמאים, שלא יהיה בגופם אחד מכל סימני הטהרה אלא שאינו דורס חוץ מפרס ועזניה שהן כן. והן אינם מצויין בישוב, ומכיון שאינן מצויין בישוב, אין לספק בהן. ויש מן המפרשים שאמרו, כי לרבותינו זכרונם לברכה לא היו מצויין, אבל עכשיו מצויין הן, וקורא אני עליהן)קהלת ז טז(אל תהי צדיק הרבה. כי הם אמרו דלא שכיחי בישוב, כלומר שמרחיקין הם לעולם ממקומות הישוב, ומכיון שטבעם כן, הארץ לעולם עומדת)שם א ד(, והדין שוה בכל זמן. נמצאו בגופו שלשה סימני הטהרה, והם אצבע יתרה וזפק וקרקבן נקלף, בידוע שהוא כשר, וגם הרביעי הוא]בו[ )כן(. כלומר שאינו דורס, שאין בעולם עוף בשלשה סימנים אלו שיהיה דורס, ואין צריך לבדק אחריו כלל, אלא שיאכלנו מיד. אבל נמצאו בו שלשה סימני טהרה ויהיה אחד מן השלשה שאינו דורס בזה ודאי יש לספק, כי רב הטמאים הם כן שיש להם שלשה סימני טהרה כאלו, וצריך כל אדם לשאל על עוף כזה אם אינו מכיר כל)הטמאים(המנויים בתורה. נמצא לפי דברינו, שכל עוף שיספק עלינו אם טמא או טהור, יהיה על כל פנים בשני צדדים שיהיו לו שלשה סימני טהרה, והאחד מהם אינו דורס, כמו שאמרנו, שיש לספקו ברב מיני הטמאים, או שיהיו לו שני סימני טהרה ואחד מהם אינו דורס שיש לספקו בעורב ומיניו, אבל כל שאר הצדדין אינו בא לידי הספק אלא נדין אותו או בטהור או בטמא מיד. שית דעתך בדבר כי כן הוא לפי כללנו זה. וכלל זה כתבנו אותו לפי סברת קצת המפרשים, כי הרבה פרושים נתפרשו בענינים אלו של עופות, וכל העופות המספקים אמרו רבותינו זכרונם לברכה)חולין סד ב(שהן נאכלים במסורת, כלומר שאם קבלו בני המקום ונהגו בפשיטות לאכלו בחזקת טהור, שאין לפקפק עליו כלל ואין צריך לבדקו. ויתר פרטיה בפרק שלישי מחלין]י"ד סימן פ"ב[. **ונוהגת** בכל מקום ובכל זמן בזכרים ונקבות. ועובר עליה ואכל כזית מעוף טמא במזיד לוקה, בשוגג פטור.

ספר החינוך Sefer HaChinukh

Mitzvah 157
To not eat impure fowl: To not eat impure fowl, as it is stated (Leviticus 11:13), "And these you shall abominate from the fowl; they shall not be eaten, etc." **That** which we have written about the forbidden foods (Sefer HaChinukh 73, 147) is from the roots of the commandment. **From** the laws of the commandment is that which they, may their memory be blessed, said (Chullin 59a), "The signs of the the beast and animal are stated from the Torah" - meaning to say they are explicit in the Torah, and that is a hoof completely divided, like the ox and the sheep, and [that] it brings up the cud - "but the signs of the fowl were not stated," since the Torah delineated for us by name all of the impure ones in the world. And since it is so, there is no need to write their signs - as any bird that is found in the world besides them is fit (kosher). And nonetheless since not every man is an expert in all of the species of which the Torah informed us, the Sages informed us of signs through which any man may recognize them and he be able to eat of fowl, even though he not recognize even one of the many impure species that are delineated in Scripture. **It** comes out according to our words that anyone who knows well all those delineated in the Torah - which are twenty-four species - can eat from any other bird that he finds; as they said that any bird not mentioned in the tally of the impure ones in the Torah is fit. And [it is] like they, may their memory be blessed, said (Chullin 63b), "It is revealed and known in front of the One that spoke and the world came into being, that the pure birds are more than the impure ones - therefore he specified the impure ones," meaning that he specified all of the impure ones in the world. That is the explanation according to most of the rabbis, that all of the impure ones in the world are mentioned in the Torah. And [for] the ones that do not recognize them, the Sages, may their memory be blessed, said (Chullin 59a) that these are their signs: It is known that any bird that tramples (is a predator) is from the impure ones in the Torah. And the understanding of a predator is meaning to say that he sinks his claws into another bird and injects poison into him, as is the custom of the hawk and other birds that people hunt with. And there are some that are not predators, but are also from the impure species. **And** the Sages, may their memory be blessed, said to us as a general rule that anything that has in its body these three signs: That it has an extra digit - and that is the large digit that protrudes more than the other digits; a crop - that is a broad place at the end of the esophagus wherein the bird gathers the food at the beginning

ספר החינוך Sefer HaChinukh

of the eating; and a gizzard that peels [away] - and that is a place in which the bird grinds the food, which is called ventrai in the vernacular, and it has a thin membrane inside the flesh, and that membrane peels off in some birds - once a bird has these three signs, it is known that it is not from an impure species, and it is permitted. These two general rules that we have generalized - one to forbid and one to permit all birds that have them - no man need ask an expert in birds about them. Rather he may forbid the forbidden and allow the permitted immediately, as there is no hesitation about this. **And** it comes out according to this general principle that there are four signs of purity in fowl. And these are them: it is not a predator; an extra digit; a crop; and a gizzard that peels. And we have already generalized that any bird that is found to be lacking one of them, and that is the unique one among them - which is that it is not a predator, meaning that it is a predator - is always impure and one need not check any other sign. And it is not necessary to say if it is lacking all of them - that it does not have even one of these signs of purity - that it is forbidden. As behold, even the one - the unique one - forbids by itself, as we said; all the more so if all of them are lacking. And the eagle is also one that does not have any of the signs of purity. If a bird is found that is lacking two - meaning to say that it only has two signs of purity and is lacking the two others, and one of the two [signs] of purity found in it is that it is not a predator - any bird that is like this is pure to eat for anyone who recognizes the raven and any species of raven. As there is none among the impure like this except for the raven, since it does not trample but it has one sign in its body of the signs of purity. And that sign of purity is not fixed in each species of raven. Rather there is a type that has an extra digit and is not a predator; one that has a crop and is not a predator; and one that has a gizzard that peels and is not a predator. The general rule of the matter is that these two signs of purity are found in its species and not another species - so did some of the commentators explain. And there are some that said that the raven has two signs of purity in its body besides that it is not a predator. **If** a bird is found that is lacking the three signs of purity and there is none remaining to it besides the unique one - and that is that it is not a predator - it is always pure. As there is none among the impure birds that do not have one of all the signs of purity in their bodies but is not a predator except for the ossifrage and the osprey, which are like this. And they are not found in settlements - and since they are not found in settlements, we are not in doubt about them. And

ספר החינוך Sefer HaChinukh

there are some of the commentators that said that they were not found with our Rabbis, may their memory be blessed, but they are found now. And I [say] about them, 'do not be greatly righteous.' As [the Rabbis] said that they are not found in settlements - meaning to say, that they are always distant from inhabited places - and since their nature is like this, 'the world stands forever,' and the law is the same at all times. If three signs of purity are found in its body - and they are an extra digit, a crop and a gizzard that peels - it is known that it is fit, and [that also] the fourth is [in it] (like this); meaning to say that it is not a predator. As there is no bird in the world with these three signs that is a predator. And [so] he does not need to check about it at all, but rather he may eat it immediately. But if three signs of purity are found in it and one of the three is that it is not a predator, one must certainly be in doubt about it; as most of the impure ones are like this, that they have three signs like these. And every man must ask about such a bird if he does not recognize all of (the impure) the enumerated ones in the Torah. It comes out, according to our words, that any bird that is in doubt for us whether it is impure or pure will be in one of two ways: that it have three signs of purity, and one of them is that it is not a predator, as we said, that it should be in doubt [of being] among the many species of the impure; or that it have two signs of impurity and one of them is that it is not a predator, that it should be in doubt of being a raven and its species. But all of the other ways do not bring a doubt, but rather we judge it as pure or impure immediately. Place your mind to the thing, as it is so, according to this general rule of ours. And we have written this general rule according to some of the commentators, as there are many explanations given in these matters of birds. And our Rabbis, may their memory be blessed, said (Chullin 64b) that all birds that are in doubt are eaten according to tradition - meaning to say that if the people of a place received [a tradition] and were accustomed to eat it [with no question] under the assumption that it is pure - that we should have no hesitation about it at all, and there is no need to check it. And the rest of its details are in the third chapter of Chullin (see Tur, Yoreh Deah 82). **And** [it] is practiced in every place and at all times by males and females. And one who transgresses it and eats a kazayit of impure fowl volitionally is lashed; and inadvertently, is exempted.

Sefer HaChinukh ספר החינוך

מצוה קנח

מצות בדיקת סימני חגבים - לבדק בסימני חגבים, והם הסימנים שכתובים בתורה)ויקרא יא כא(אשר לו כרעים ממעל לרגליו וגו', שנאמר)שם(את זה תאכלו מכל שרץ העוף. וענין שרשה כמו בשאר המינים. **דיניה**. פרשו זכרונם לברכה)חולין סה א(ששמנה מיני חגב טהור הם. ואלו הן אחד שנקרא חגב, שני שנקרא]ז[דבנית והוא מין חגב, שלישי שנקרא חרגל, רביעי ערצוביא והוא מין חרגל, חמישי ארבה, ששי צפרת כרמים, והוא מין ארבה שביעי סלעם, שמיני יוחנה ירושלמית, והוא מין סלעם. מי שהוא בקי בודק בהן לפי בקיאותו ובשמותיהן ואוכל, והציד ישראל נאמן עליהם ובעוף. ומי שאינו בקי בהן, בודק בסימנים שנתנה התורה בהן. ושלשה סימנין הן. ואלו הן ארבע כנפים שחופות רב בארך ורב הקף גופו, וארבע רגלים, ושתי כרעים לנתר בהן על הארץ. ויש אומרים שצריך לדעת שיהא שמו חגב. ויתר פרטיה מבארים בפרק שלישי מחלין]י"ד סימן פה[. **ונוהגת** בכל מקום ובכל זמן, בזכרים ונקבות. ועובר עליה ואכל ולא בדק יפה, בטל עשה.

Mitzvah 158

The commandment of checking the signs of grasshoppers: To check the signs of grasshoppers - and these are the signs that are written in the Torah, "that has jointed legs above its feet, etc." (Leviticus 11:21) - as it is stated, "this you may eat from all the winged swarming things." And the content of its root is like with the other species. **Its** laws: They, may their memory be blessed, explained (Chullin 65a) that eight types of grasshoppers are pure. And these are them: The first is called grasshopper; the second is called duvanit, and it is a type of grasshopper; the third is called cricket; the fourth is the utsravia, and it is a type of cricket; the fifth is the locust; the sixth is the 'bird of the vineyards,' and it is a type of locust; the seventh is the bald locust; [and] the eighth is the Jerusalem yochana and it is a type of bald locust. One who is an expert can check them based on his expertise and their names, and eat [them]. And an Israelite trapper is trusted about them and about fowl. And one who is not an expert about them checks with the signs that the Torah gave about them. And there are three signs - and these are them: Four wings that cover most of the length and most of the width of its body; four legs; and two jointed legs with which to hop on the ground. And some say that he needs to know the name of the grasshopper. And the rest of its details are elucidated in the third chapter of Chullin (see Tur, Yoreh Deah 85). **And** [it] is practiced in all places and at all times by males and females. And one who transgresses it and eats without checking properly has violated a positive commandment.

מצוה קנט

מצות טמאת שמנה שרצים - להיות שמנה שרצים טמאים ומטמאין, שנאמר (ויקרא יא כט) וזה לכם הטמא בשרץ השרץ על הארץ החלד והעכבר והצב וגו'. **משרשי** המצוה. הקדמה, לא יספק כל מי שיש בו דעה, שלא היה אדם מעולם שהשיג לדעת כל החכמה עד סופה, שלא יתעלם לו ממנה. שהרי אפילו על משה רבינו ע"ה אמרו זכרונם לברכה (ר"ה כא ב) חמשים שערי בינה הן, וכלן נמסרו למשה חוץ מאחד, וכן שלמה המלך החכם אמר על עצמו (קהלת ז כג) אמרתי אחכמה והיא רחוקה ממני. וכן לא יספק כל מי שיש בו מח בקדקדו כי השם יתברך הוא אב החכמה, ומאתו נמצאת בו נכללת כלה. ואין שום ספק גם כן כי אב כל הטובות לא יצוה דבר [את] (אל) בריותיו רק לטובתם ולתועלתם ולהרחיק כל נזק מעליהם. ועל כן באשר נשיג בחכמתינו מן המצות לדעת התועלת המגיעה לנו בהן נשמח בו. וכאשר אין אנחנו משיגים מהם בחכמתינו התועלת שלנו בהן, יש לנו לחשב על כל פנים כי ביתרון החכמה אשר לשם יתברך על כל בריה ידע התועלת אשר לנו באותה מצוה ועל כן צונו עליה. **וכבר** הודיעונו זכרונם לברכה (סנהדרין כא ב) למה לא נדע הטעם בכל המצות, ואמרו שהיה הדבר שלא יהיה לנו כשלון בזה, והביאו ראיה, שהרי שלושה מהן נתגלה טעמן ונכשל בהן גדול העולם. ואל יחשב תופש לבוא עלי על המשל שאמרו זכרונם לברכה (פסחים כח א) כפא דחק נגרא ביה נשרוף חרדלא, במה שאמרתי עכשיו שהשם יתברך העלים ממנו טעמי המצות, ואנכי הרימותי ידי לדבר בהן דבר אל נערי, כי כבר קדמוני רבותי לדבר בהן כמה דברים במדרשות ובמקומות אחרים על צד פשטן, ועמק חכמתן וחזק בינתן ורב קדשתן הגנוז בתוכן, ואפילו כל הרוחות שבעולם לא יזיזו אותן. וכל המעמיק עצה בפשטיהן וישתדל לחדש דבר בנגלה שבהן כי יכסף להציץ מן החרכים להתענג בזהר מראיהן וללקט מעליהן לחגר בהן, אין ראוי לתת בזה עליו אשם אך לברכו ולהזכירו לשבח באשר הוא שם. **ועתה** אחרי הקדמתנו זאת, שחכמת האל גדלה על כל חכמה וכי לא יצוה דבר רק לטובה לנו ולתועלת גדולה, אין לנו קשיא ולא שאלה בכל אסור המאכלות והרחקת הטמאה בכל אשר לא יהיה התועלת לנו ידועה ומשג בחקירה, כי ידענו באמת שהכל לטוב. ואל תתמה בני על עניני הטמאה אם הוא נעלם הרבה על כל בריה, כי אפשר שהטמאה תזיק אל הנפש ומחליאה קצת, וכן שמעתי הדבר מפי חכמים, וכעין מה שאמרו זכרונם לברכה (יומא לט א) ונטמאתם בם ונטמתם כתיב כלומר שמעינות השכל שהוא הנפש הקימת מתקלקלים קצת בענין הטמאה. **ואל** תתמה בהתקלקל השכל בענינים הגשמיים אף על פי שאינו מינו, כי מפני שתופה של נפש עם הגוף יארע לה כן על כל פנים.

ואם כן אנחנו בני איש בעניות דעתינו לא נדע הנפש ומהותה ואיך נלאה לדעת רפואתה או מחלתה מדרך החקירה הלא לרופאים אין תחבולה ברפואה עד הכירם עקר המחלה, ועל כן בכל הרחקות הטמאה שיבואו בתורה, אין לנו לחטט אחר שרשיהן, עד בואנו אל תכלית הידיעה בעניני הנפש לדעת מהותה מוצאה ומובאה והבן זה ודעהו, כי בו נמצא קצת תשובה על כל שרשי מצות הטמאה והטהרה עד אשר כמעט יהיה מסוה על פנינו בחדוש פרה אדמה שמטמא הטהור ומטהרת הטמא, וגם שם)מצוה קצז(נאריך בענין בעזדת השם לקבל שכר ביגיעה למצא דברי חפץ. **דיני המצוה.** כגון מה שאמרו זכרונם לברכה)כלים פ"א מ"א(ששמנה שרצים הם נקראים אב הטמאה כלומר שמטמאין אדם וכלים במגע, ואם הכלים של חרס מטמאין אותן מכיון שיכנסו בתוך אוירו. וזהו החלוק שיש בענין הטמאה בין מה שנקרא אב למה שנקרא ולד, שהנקרא אב מטמא אדם וכלים, והנקרא ולד אינו מטמא אדם וכלים. והשרצים אינם מטמאין עד שימותו, שנאמר)שם שם לא(הנוגע בהם במותם יטמא. ושמנה שרצים אלו דוקא הם שמטמאין, אבל כל שאר שרצים נחש ועקרב וכיוצא בהן, אינם מטמאין כלל. ודין השרצים הוא שאינם מטמאין במשא בלי מגע, והנוגען שאינו מטמא בגדים שעליו בשעת מגעו בהן, ושעור טמאת השרץ בכעדשה שהרי מצינו שהתורה טמאתן סתם. ויש מהן שרצים שאינן אלא כעדשה. וכל השרצים מצטרפין לכעדשה, כלומר אפילו מעט מזה ומעט מזה מצטרף לכעדשה לטמא, שלא תאמר אין החיוב אלא בכעדשה מאחד לבד)מעילה טו ב(. **ודין**)חולין קכח ב(בשר חי הפורש מן השרץ, ואבר אחד שלם, והכוליא והכבד והלשון, ודין)מעילה יז א(דמן וגידן וצפרנן ועורן וביצתן. ודין כל שנטמא בהן שאסור לאכל תרומה וקדשים ולכנס למקדש עד שיטבל, וענין טבילה הוא כמו שנפרש במצותו)מצוה קעה(בעזרת השם, ואף לאחר טבילתו אסור לאכל אפילו תרומה עד הערב שמש ואחר כך טהור ואוכל תרומה, ויתר פרטיה מבארים בסדר טהרות וברב במסכת כלים וטהרות]הלכות אבות הטומאה פ"ד[. **ונוהגת** בכל מקום ובכל זמן בזכרים ונקבות. לענין שכל שנטמא בשרצים נקרא טמא, ולא יעלה מטמאה עד שיטבל במים כדינו. ומכל מקום, עכשיו שאין לנו בעונותינו לא מקדש ולא טהרות. אין לנו למנותה בחשבון מצות הנוהגות. ומי שמטמא אפילו לדעת בכל זמן, אין עליו חטא בזה, אלא שאינו רשאי לגע בקדשים עד שיטהר. ומכל מקום יש לכל מבין להרחיק הטמאה, כי הנפש מתעלה בטהרה. **וכתב** הרמב"ן זכרונו לברכה, שאין לנו לחשב במנין המצות כל דיני הטמאות. ובספר המצות שלו)בסהמ"צ עשה צו(כתב טעם נכון לדבריו, והדעת נוטה אחריו, ומחפצי בקצור בחבור זה, לא רציתי לכתב כל טענותיו. הנה במצות צ"ו בספרו תמצא הענין בארכה. ובסוף הענין אמר, שהשם מנענו מעשות הדברים בטמאה ונשאר עלינו להודיענו איזה דבר הוא הטמאה, ואמר שהיא נגיעת המת והשרצים וזולתם כל הנזכרים בתורה. ושאין לנו למנותן באמת

Sefer HaChinukh ספר החינוך

מצות בפני עצמן. וזהו שאמרנו שהקרבת בעל מום נמנעת, ונשאר עלינו לדעת איזה דבר הן המומין, ובאמת לא נמנה כל מום ומום מהם מצוה.

Mitzvah 159

The commandment of the impurity of the eight swarming creatures: That the eight swarming creatures are impure and render impure, as it is stated (Leviticus 11:29), "And this shall be impure for you from the swarming creatures that swarm on the ground: the mole, the mouse and the lizard, etc." **From** the roots of the commandment, [we need to] preface [that] anyone who has intelligence will not have a doubt that there was never a man that grasped to know all wisdom to its end, that nothing of it be hidden from him. As behold even about our teacher Moshe, peace be upon him, they, may their memory be blessed, said (Rosh Hashanah 21b), "There are fifty gates of understanding, and they were all given over to Moshe, except for one." And likewise, the wise King Shlomo said about himself (Ecclesiastes 7:23), "I said, 'I will be wise,' but it is distant from me." And also any one with a brain in his skull will not have a doubt that God, may He be blessed, is the Father of wisdom and it is from Him - it comes out that it is all included in Him. And there is also not any doubt that the Father of all good would only command something to His creatures for their good and for their benefit, and to distance any injury from them. And therefore, when we grasp some of the commandments with our wisdom, to know the benefit that accrues to us from them, we shall rejoice about it. But when we do not grasp the benefit to us from them, with our wisdom, we must nonetheless think that with the extra wisdom that God, may He be blessed, has over every creature, He knows the benefit to us in that commandment. And therefore, He commanded us about it. **And** they, may their memory be blessed, already informed us (Sanhedrin 21b) why we do not know the reason for all of the commandments; and they said that the thing is that it not become a stumbling block for us. And they brought a proof, as behold, the reason for three of them was revealed, and a great man of the world stumbled upon them. And let not a quibbler think to come against me with the metaphor that they, may their memory be blessed, said (Pesachim 28a), "The spoon carved by the carpenter will burn his mouth with mustard," about that which I said now: That God, may He be blessed, hid the reasons from the commandments from us, and [yet] I have raised my hand to speak about them to my youth. As my teachers have

ספר החינוך Sefer HaChinukh

already preceded me to speak several things about them in the Midrashim and in other places, by way of their simple understanding. And the depth of their wisdom, the strength of their understanding and their great holiness is stored in them - and even all the winds of the world cannot move them. And [regarding] anyone who is [able to] deepen counsel in their simple understanding, because he longs to 'peer through the lattice,' to delight in the splendor of their vision and to gather from their leaves to gird himself with them - it is not fit to place blame upon him, but to bless him and to mention him for praise, 'in that he is there.' **And** now after this preface of ours - that the wisdom of God is greater than all wisdom and that He only commands a thing for our good and for our great benefit - we have no difficulty or question in all of the prohibition of foods and distancing of impurity, in everything that the benefit to us is not known and graspable by investigation; as we truthfully know, it is all for the good. And do not wonder, my son, about the matters of impurity, if it is very hidden from every creature - as it is possible that impurity injures the soul and makes it a little sick. And so [too,] have I heard the thing from the mouth of sages. And [it is] similar to that which they, may their memory be blessed, said (Yoma 39a), "'And become impure (nitmeitem) through them' (Leviticus 11:43) - it is written 'and you shall become foolish (nitamtem)'; meaning to say that the springs of the intellect, which is the living soul, is spoiled a little with the matter of impurity. **And** do not wonder about the intellect being spoiled with physical things, even though that is not its type. As due to the partnership of the soul with the body, such occurs to it regardless. And if so, we - the sons of man - in the poverty of our intelligence, do not know the soul and its nature. And [so] how are we to tire ourselves to know its healing or sickness by way of investigation? Is it not that there [can be] no strategy for physicians in healing until they know the essence of the sickness? And therefore, regarding all of the distancings of impurity that are in the Torah, we should not dig for their roots until we come to complete knowledge of the matters of the soul - to know its nature, where it comes from and where it is going. And understand this and know it, as in it there is a bit of an answer to all the roots of the commandments of impurity and purity. [This is the case] to the point that there is like a veil over our faces regarding the novelty of the red heifer that renders the pure impure, but purifies the impure. And there too will we write at length about the matter, with God's help, [so as] to receive reward for the effort

ספר החינוך Sefer HaChinukh

to find desirable words. **The** laws of the commandment: For example, that which they, may their memory be blessed, said (Mishnah Kelim 1:1) that eight swarming creatures are called a primary source (av) of impurity, meaning to say that they render a man and vessels impure by touch; and if the vessels are of clay, they render them impure once they enter its space (hollow). And this is the distinction that there is in the matter between that which is called a primary source and that which is called a derivative (velad) - as that which is called a primary source renders a man and vessels impure, but that which is called a derivative does not render a man and vessels impure. And the swarming creatures only render impure after they die, as it is stated (Leviticus 11:31), "in their being dead, he shall become impure." And it is specifically these swarming creatures that render impure, but all other swarming creatures - the snake, the scorpion and all that are similar to them - do not render impure at all. And the law of the swarming creatures is that they do not render impure by carrying without touching [directly]; and that one that touches them does not render his clothes impure when they are upon him at the time that he touches them. And the measure of the impurity of the swarming creature is like [the size of] a lentil. As behold, we found that the Torah renders them pure undifferentiatedly, and there are some of these swarming creatures that are only like a lentil. And all of the swarming creatures combine to [the measure of] like a lentil - meaning to say, even a little of this one and a little of that one combine to [form the size of] a lentil, to render impure; such that you not say that the liability is only like a lentil from one [creature] by itself (Meilah 15b). **And** the law of living flesh that is separated from a swarming creature, a complete limb, the kidney, the liver, and the tongue (Chullin 128b); the law of their blood, their tendons, their claws, their skins and their eggs (Meilah 17a); the law that anyone that is rendered impure by them is forbidden from eating the priestly tithe and consecrated food and entering the Temple until he immerses [in a ritual bath] - and the matter of immersion is like we will explain in its commandment (Sefer HaChinukh 175), with God's help - and that even after his immersion, he is forbidden to eat even the priestly tithe until the sun sets, and afterwards he is pure and eats; and the rest of its details are elucidated in the Order of Tahorot, and mostly in Tractate Kelim and Tahorot (see Mishneh Torah, Laws of Other Sources of Defilement 4). **And** [it] is practiced in every place and at all times by males and females, regarding that anyone who is rendered impure by swarming creatures is called impure and does not emerge from his impurity until he immerses in water, like his law. And nonetheless now that - on account of our iniquities - we do not have a Temple nor pure objects, we should not count it in the tally of commandments practiced. And anyone who is rendered impure - and even on purpose - at any time, does not have a sin with this; but rather he is not permitted to touch consecrated things until he becomes pure. And nonetheless anyone who understands, should distance impurity, as the soul is elevated with purity. **And** Ramban, may his memory be blessed, wrote that we should not count all the laws of impurities in the tally of the commandments; and in his Book of Commandments (on Sefer HaMitzvot LaRambam, Mitzvot Ase 96), he wrote a correct reason for his words, and the intellect inclines towards him. And from my desire for brevity in this composition, I did not want to write all of his arguments, but behold in Commandment 96 in his book, you will find the matter at length. And at the end of the matter he said that God prevented us from doing [certain] things in impurity, and [so] it remained to make known to us what thing is impure; and he said that they are the touching of the dead and the swarming creatures and the others - all that are mentioned in the Torah - and that we should not truthfully count them as commandments of their own. And this is [like] that which we said that the [Temple service] of someone with a blemish is prevented, and [so] it remained for us to know which thing is a blemish. And in fact we do not count each and every blemish as a commandment.

<u>מצוה קס</u>

מצות ענין טמאת אכלין - שנצטוינו בשמירת טמאה אכלין ומשקין, ולהתנהג בענין על פי התורה שהודיעתנו איך נדין בכל ענין טמאת אוכלין ומשקין והכלים המטמאין על ידם, שנאמר)ויקרא יא לד(מכל האכל אשר יאכל אשר יבוא עליו מים. **משרשי** הטמאה והטהרה, במצוה הקודמת תראה להג הרבה אין צרך להחזירו. **מדיני** המצוה. מה שאמרו זכרונם לברכה)ספרא ט א(שנאמר בתורה)שם(מכל האכל אשר יאכל, פרושו שיאכל לאדם. ולפיכך אמרו זכרונם לברכה)טהרות פ"ח מ"ו(שכל אכל שאינו מיחד לאדם אינו מקבל טמאה כלל. ופרשו גם כן, שאינו נקרא אכל לענין קבלת הטמאה עד שיעקר מן הקרקע, אבל כל זמן שהוא מחבר אפילו בשרש קטן שיכול לחיות, אינו נקרא אכל לקבלת הטמאה, ואפילו נגעו בו כל הטמאות טהור הוא. **וכן** אין כל אכל שבעולם נקרא אכל לקבל טמאה, עד

שיבוא עליו מים מאחר שנעקר מן הקרקע, וכמו שכתוב אשר יבוא עליו מים וגו')דו"א(, ואף על פי שאמרו שזה גזירת הכתוב הוא, יש לסמכו קצת אל הטעם לפי מה שיעלה בתחלת המחשבה ולומר, כי הענין לפי שהתורה לא תחשב שום דבר להיות ראוי לדינין שבו עד שעת גמר מלאכתו כמו שידוע בדיני הפרות לענין תרומות ומעשרות, וכן החלה שאין עונתה עד שתתגלגל הקמח, וזהו שהמפריש חלתו קמח אינה חלה וגזל היא ביד הכהן. ועל כן גם בענין הטמאה נאמר שאין דיני טמאת הפרות וטהרתן עד גמר מלאכתן, ולפי שדרך בני אדם בקצת פירות וירקות להדיחן מעפרן טרם שתאכלו אותן, היה הענין לומר על כולן דרך כלל שלא יהיו נקראים אכל עד שיכשרו במים. ומן הטעם הזה בעצמו אמרו שהכשרן הוא כשהודחו ברצון הבעלים. כלומר שהבעלים חשבו משקה המים שהודחו בהן כדרך בני אדם שידיחו ירקותיהם במשקה, וזהו פרוש רצון ואנס הנזכר בגמרא בענין זה, לפי הפרושים הטובים. ואם לא יחשבוהו למשקה, אף על פי שהן בעצמן נתנוהו על הפרות, אין זה לרצון, ולפיכך אמרו זכרונם לברכה)שם פ"א מ"ו(שהטומן פרותיו במים מפני הגנבים לא הכשרו, לפי שאין המים חשובין לבעלים למשקה שלא נתנום בהם מחמת משקה אלא להטמינם כמו שהיו מטמינין אותם גם כן בתוך גזי צמר או בדבר אחר. ומענין זה מה שאמרו זכרונש לברכה)מכשירין פ"ד מ"ג(, שהכופה קערה על הכתל ביום מטר, אם בשביל שתודח הקערה, הוא עושה מי המטר ראוין להכשיר, מפני שעכשיו נדין מים אלו למשקה לדעת הבעלים, שדרכו של עולם להדיח הדברים במה שהוא משקה, ואם הניחה שם כדי שלא ילקה הכתל אינם מכשירין. **ודיני** ידות האכלים רבים, ויתר פרטיה, מבוארים במסכת טהרות ועקצים ומכשירין]הלכות אוכלין ומשקין פ"א[**ונוהגת** בכל מקום ובכל זמן בזכרים ונקבות שנדין בענין זה טמאת האכלין והכשירן. ומכל מקום עכשו בחוצה לארץ שאין לנו בעונותינו מקדש וקדשים, דיני הטמאות בטלים אצלנו. ומכל מקום אם רצה לנהג בהם בעצמו מנהג קדושים כאלו היה בארץ ולהזהר באכלין לאכלן בטהרה, בזה ראוי לדון בהם. וכבר כתבתי במצוה הקודמת דעת הרמב"ן זכרונו לברכה בדיני הטמאות, והוא מתישב בלב שומעו, ואיני צריך להחזירו בכל אחת ואחת.

Mitzvah 160

The commandment of the matter of impurity of foods: That we were commanded about the guarding of the impurity of foods and drinks and to act in this matter according to the Torah, which informed us how to determine every matter of impurity of food and drinks, and the vessels through which they become impure, as it is stated (Leviticus 11:34), "From any food that is eaten, which water comes upon." **In** the previous commandment, you will see much to ponder from the roots of impurity and purity - there is no need

ספר החינוך Sefer HaChinukh

to repeat it. **From** the laws of the commandment is that which they, may their memory be blessed, said (Sifra, Shemini, Chapter 9:1) that the understanding of that which is stated in the Torah, "From any food that is eaten," is that it is eaten by man. And therefore they, may their memory be blessed, said (Mishnah Tahorot 8:6) that any food that is not designated for man does not contract impurity at all. And they also explained that it is not called food regarding the contracting of impurity until it is detached from the ground. But the whole time that it is connected - even by a small root from which it can be sustained - it is not called food regarding the contraction of impurity. And even if all the impurities touched it, it is [still] pure. **And** so, there is no food in the world [that is] called food, to contract impurity, until water comes upon it after it has been detached from the ground - and as it is written, "which water comes upon, etc." And even though they said this is a decree of Scripture (gezerat hakatuv), it can be based a little upon a reason according to what first comes to mind. And [accordingly we would] say that the matter is because the Torah does not consider anything to be ready for its laws until the time when its processing is finished - as is known regarding priestly tithes and tithes; and also challah, the time of which is not until the flour has been rolled [into a dough]. And this is [the reason why in the case of] one who separates his challah [as] flour, it is not [considered] challah, but [rather] it is robbery in the hand of the priest. **And** therefore, also regarding impurity, we can say that we do not judge the impurity of fruits and their purity until the end of their processing. And since it is the way of people with some fruits and vegetables to rinse them from their dirt before they eat them, it was relevant to say about all of them more generally that they not be called food until they are prepared with water. And from this reason itself, they said that their preparation is when they were rinsed with the intention of the owners - meaning to say that the owners considered as liquid, the water with which they were rinsed - in the way that people rinse their vegetables with liquid. And this is the understanding of consent and duress that is mentioned in the Gemara about this matter, according to the good commentaries. But if they do not consider it as water - even though they, themselves, put it on the fruits - it is not intention. And hence they, may their memory be blessed, said (Mishnah Tahorot 1:6) that his fruits are not prepared [to become impure] when one buries them in water on account of thieves, as the water is not considered a liquid for the owners. As they only placed them in it to bury them, in the same [way] that they would have also buried them in shearings of wool or something else. And from this matter is that which they, may their memory be blessed, said (Mishnah Makhshirin 4:3) that one who covers his wall with a bowl on a rainy day - if he does it that his bowl should be rinsed, [the water] is fit to prepare [the fruits]; since now we can judge this water as liquid with the consent of the owners, as it is the way of the world to rinse things with something that is liquid. But if he leaves it there so that the wall not be damaged, they do not prepare [the fruits]. **And** the laws of the appendages of food are many. And the rest of its details are elucidated in Tractate Tahorot and Oktzin and Makhshirin (see Mishneh Torah, Laws of Defilement of Foods 1). And [it] is practiced in every place and at all times by males and females - that we determine the impurity of foods and drinks in this manner. And nonetheless now that, outside of the Land - on account of our iniquities - we do not have a Temple nor pure objects, the laws of impurities are annulled for us. But nonetheless, if one wants to practice them on his own - the practice of the holy ones - as if he was in the Land, and be careful about foods to eat them in purity; for this one, it is fit to determine them. And I have already written in the previous commandment the opinion of Ramban, may his memory be blessed, about the laws of the impurities - and it sits well in the heart of its listener. But I do not not need to review it with each and every [commandment].

מצוה קסא

מצות ענין טמאת נבלה - להיות הנבלה טמאה ומטמאה, שנאמר)ויקרא יא לט(וכי ימות מן הבהמה אשר היא לכם לאכלה וגו'. כתב הרמב"ם זכרונו לברכה במצוה הזאת,)מצות עשה צו(וזה לשונו ואני אזכיר לך הנה עתה הקדמה יאות לך שתזכרה בכל מה שנזכר ממיני הטמאות, והיא שזה שאנו מונים כל מין ומין מהטמאות מצות עשה, אין ענינו שנתחיב להטמא בטמאה זו ולא כמו כן אנו נמנעין מהטמא בה ותהיה מצות לא תעשה. ואולם היות התורה אומרת שמי שקרב בזה המין נטמא או זה הדבר יטמא על ענין כך למי שקרב אליו הוא מצות עשה, כלומר זה הדין המצוה בו הוא המצוה, והוא אמרנו שמי שקרב בכך על ענין כך נטמא, ומי שהיה על ענין כך לא יטמא. ובהטמא בעצמו הרשות ביד כל אדם כי אם רצה יטמא ואם רצה לא יטמא. ולשון ספרא)ד י(ובנבלתם לא תגעו, יכול אם נגע אדם בנבלתם ילקה ארבעים? תלמוד לומר ולאלה תטמאו. יכול אם ראה אדם נבלה ילך ויטמא לה? תלמוד לומר ובנבלתם לא תגעו, הא כיצד? הוי אומר רשות. והמצוה הוא מה שנאמר לנו באלה הדינין, שמי שקרב לזה נטמא ויהיה טמא

ויתחיב מה שנתחיבו הטמאים לצאת חוץ למחנה שכינה, ושלא יאכל קדש, ולא יקרב אליו, זולת זה. וזאת היא המצוה, כלומר היותו טמא בזה המין, כשקרב אליו או כשהיה אצלו על ענין כך. וזכור זה הענין בכל מין ומין ממיני הטמאה, עד כאן לשונו. ועם כל זה, לא יתישב יפה עם הלב שנחשב ענין זה מצוה, ואכן לא נסור מדרך רבינו בחשבוננו ימין ושמאל כאשר יעדנו בתחלה. **השרש** כתוב למעלה)מצוה קנט(. **מדיני** המצוה. מה שאמרו רבותינו זכרונם לברכה)כלים א ב(שהנבלה אב מאבות הטמאה, וכזית מבשרה מטמא אדם וכלים במגע וכלי חרס באויר, ומטמא אדם במשא לטמא בגדים. ואחד בהמה וחיה המתרות או האסורות שמתו, כלן בשרם מטמא בכזית, ושחיטת בהמה וחיה טהורה מטהרת אותן ואינן מטמאות אחר כן, ואפילו שחיטת חלין בעזרה וקדשים בחוץ מטהרת אותן מידי נבלה. וכל שמתה מאליה או שארע פסול בשחיטתה הרי היא נבלה, וכמו שאמרו זכרונם לברכה בחלין)לב א(זה הכלל כל שנפסלה בשחיטתה נבלה וכל ששחיטתה כראוי ודבר אחר גורם לה להפסל, טרפה. אבל בהמה וחיה טמאה אין השחיטה מטהרן]ת[מידי נבלה, ולפיכך בכל ענין שימותו נבלות הן. ומכל מקום אין מטמאות לא הן ולא הטהורות עד שימותו לגמרי ולא בעוד שמפרכסות. ויתר רבי פרטיה מבארים בסדר טהרות בפזור, וברב במסכת כלים ובמסכת טהרות]הלכות אוכלים ומשקים פ"א[.

Mitzvah 161

The commandment of the matter of the impurity of a carcass: That a carcass be impure and render impure, as it is stated (Leviticus 11:39), "And if a beast dies that is for you to eat, etc." Rambam, may his memory be blessed, wrote about this commandment (Sefer HaMitzvot LaRambam, Mitzvot Ase 96), and this is his language: "And I will mention to you here now a nice preface, that you should remember about all that we mention of the types of impurities. And it is that that which we count each and every type of the impurities as a positive commandment, its substance is not that we would be obligated to become impure with this impurity, and likewise not that we are prevented from becoming impure from it and that is should be a negative commandment. However, since the Torah states that one who approaches this species is impure or that this thing becomes impure in this way by the one who approaches it, that is a positive commandment - meaning to say that this law that we are commanded about is a commandment. And that [commandment] is that which we said, that the one who approaches such in this way becomes impure, and the one in that way does not become impure. And as to one becoming impure, himself, the option is in the hand of each man: As if he wants, he

ספר החינוך Sefer HaChinukh

becomes impure; and if he wants, he does not become impure. And the language of Sifra, Shemini, Chapter 4:10 is '"And their carcass you shall not touch" - it is possible that if one touched a carcass he receives forty stripes; [hence] we learn to say "and to these you shall become impure" (Leviticus 11:24). It is possible that if one saw a carcass, he should go and become impure from it; [hence] we learn to say "their carcass you shall not touch." How is this? I would say [it is an] option.' And the commandment is that which is said to us about these laws - that the one who approaches this becomes impure and will be impure; and he will be obligated that which the impure are obligated - to go out of the encampment of the Divine Presence and not to eat from the holy, and not come close to it and other than this. And that is the commandment, meaning to say his being impure with this species, when he approaches it or be with it in this manner. And remember this matter with each and every type of impurity." To here is his language. And with all of this, it does not sit well with the heart for us to think of this matter as a commandment. And nonetheless we shall not veer from the path of our rabbi in our tally to the right or the left, as we set out at the beginning. **The** root is written above (Sefer HaChinukh 159). **From** the laws of the commandment is that which they, may their memory be blessed, said (Mishnah Kelim 1:2) that a carcass is a primary source (av) from the primary sources of impurity; and that a kazayit of its flesh makes a man and vessels impure by touching, and a clay pot from its hollow; and makes a man impure from carrying to make [his] clothes impure. And it is one whether it is a permitted beast or animal or a forbidden one that died - the flesh of all of them transfer impurity with a kazayit. And the slaughter of a pure beast or animal purifies them and they do not transfer impurity afterwards. And even the slaughter of non-sacred [animals] in the courtyard or consecrated ones outside purifies them from being a carcass. And anything that dies on its own or a disqualification occurred in its slaughter, behold it is a carcass - and like they, may their memory be blessed, said in Chullin 32a, "This is the general principle: All that became disqualified in its slaughter is a carcass; and all that something else caused it to become disqualified, is 'torn' (tereifah)." But slaughter does not purify an impure beast or animal from being a carcass. And hence they are carcasses in any way that they die. And nonetheless, they do not transfer impurity - not them and not the pure ones - until they die completely, and not while they are still twitching. And the rest of its many details are elucidated scattered

Sefer HaChinukh ספר החינוך

in the Order of Tahorot, but mostly in Tractate Kelim and Tractate Tahorot (see Mishneh Torah, Laws of Defilement of Foods 1).

מצוה קסב

שלא לאכל שרץ הארץ - שלא לאכל שרץ הארץ, שנאמר (ויקרא יא מא) וכל השרץ השרץ על הארץ שקץ הוא לא יאכל. **משרשי** מצוה זו. עם כל מה שבא באסור המאכלות, כבר כתבתי למעלה (מצוה קנט) מה שידעתי, אין צרך להחזירו בכל אחת. **מדיני** המצוה. כגון החלוק שחלקו זכרונם לברכה בשמנה שרצים האמורים בתורה משאר שרצים, שהם נחשים ועקרבים חפושית ונדל וכיוצא בהן, שאמרו, ששמנה שרצים האמורים בתורה, שעור חיוב אכילתן כשעור טמאתן שהיא כעדשה, ושעור האחרים בכזית, וכל השעורין (עירובין ד א). הלכה למשה מסיני. ויתר פרטיה מבארים במסכת חלין [י"ד סימן פד]. **ונוהגת** בכל מקום ובכל זמן בזכרים ונקבות. והעובר עליה ואכל כזית מתולעים שבארץ במזיד לוקה. ואם אכל משמנה שרצים אפילו כעדשה לוקה, בשוגג פטור.

Mitzvah 162

To not eat the swarming creature of the ground: To not eat the swarming creature of the ground, as it is stated (Leviticus 11:41), "And any swarming creature that swarms on the ground is an abomination; it shall not be eaten." **I** have already written above (Sefer HaChinukh 159) that which I know about the roots of this commandment, with all that comes about the prohibition of foods. There is no need to review it with each [commandment]. **From** the laws of the commandment is, for example, the distinction that they, may their memory be blessed, made between the eight swarming creatures that are mentioned in the Torah and the other swarming things such as snakes, scorpions, the beetle, the centipede and those similar to them - such that they said that the measure for the liability for eating the eight swarming creatures stated in the Torah is like the measure of their impurity, which is like a lentil; and the measure for the others is a kazayit. And all of the measurements are a law of Moshe from Sinai (Eruvin 4a). And the rest of its details are elucidated in Tractate Chullin (see Tur, Yoreh Deah 84). **And** [it] is practiced in every place and at all times by males and females. And one who transgresses it and eats a kazayit of insects that are on the ground volitionally is lashed - and if he ate from the eight swarming creatures, even like [the size of] a lentil, he is lashed - and inadvertently, he is exempted.

מצוה קסג

שלא לאכל מיני שרצים דקים הנולדים בזרעים ובפרות - שלא לאכל מיני שרצים דקים הנולדין בזרעים ובפירות מעת שיצאו וישרצו בארץ)חולין סז א(. והוא הדין כל זמן שנעשו בפרי בעודו מחבר לקרקע, אף על פי שלא יצאו ושרצו על הארץ, ששורץ על הארץ נקרא, מכיון שנעשה בפרי בעודו]בהיותו[מחבר, שנאמר)ויקרא יא מב(לכל השרץ השורץ על הארץ לא תאכלום. ואם יצאו על הארץ, אף על פי שחזרו אחר כך לתוך הפרי שורץ על הארץ נקרא גם כן מכיון שיצא. וכן הוא בספרא)ולא תטמאו( ]אל תשקצו[את נפשתיכם בכל השרץ השרץ. להביא את שפרשו על הארץ וחזרו. כלומר אף על פי שהם עכשיו בחורים שלהם, מכיון שיצאו על הארץ, נאסרו, ושרץ הארץ נקראין. **בזה** הפרוש שאני כותב בכאן, כי חיוב מיני השרצים דקים הוא מעת שיצאו בארץ ולא קדם לכן, אני מעלים עין ממה שכתב בו הרמב"ם זכרונו לברכה, אף על פי שיעדתי לאחז דרכו, כי הוא כתב כאן בספר המצות שלו)ל"ת קעט(שהלאו הזה הוא מכיון שיצאו לאויר או הלכו על שטח הפרי. ויש לתמוה עליו הרבה בכך, כי בפרוש מצאנו בחלין)סז ב(שנשאר שם ענין זה בתיקו, כמו שבא שם בעי רב יוסף, פרשה לאויר העולם מהו? על גבי תמרה מהו? וגם הרב בעצמו כתב בחבורו הגדול)מאכלות אסורות ב יד טז(שענין זה הוא ספק ואין לוקין עליו, ועל כן הנחתי פרושו בכאן, וכתבתיו על דרך האמת. וגם כן מצאתי אחר כך שהרמב"ן זכרונו לברכה)בהשגותיו לסהמ"צ שורש ט(יתמה עליו הרבה בשגגה זו. **משרשי** המצוה. כתבנו למעלה)מצוה קנט(. דיניה כגון מה שאמרו זכרונם לברכה)חולין שם(השורץ על הארץ להוציא זיזין שבעדשים ותולעים)שבאכלוסים( ]שבכליסין[והוא מן קטנית, ותולעים שבתמרים וגרוגרות, והוא הדין לכל התולעים הנעשים בפרות בתוכן אחר שנעקרו ולא פרשו מתוכן שאינן בלאו זה דשורץ על הארץ והיו מתרין מן הדין, אלא שיש באוכל אותן שקוץ לנפש קצת. ואם יש בדבר ספק אם נעשו התולעים בפרות קדם שנעקרו או אחר כן, יבדק אותם יפה. ואם הם דקים מאד עד שאינו יכול לבדק, ישהה אותן שנים עשר חדש, ואחר כך מתרין לאכל לכתחלה בלא בדיקה, מהכלל שידוע לרבותינו זכרונם לברכה)שם חולין נח א(שכל אותן תולעי הפרות אין מתקימין שנים עשר חדש, פירוש אינו מתקים כלומר, כיון שעברו עליו שנים עשר חדש הרי הוא כעפר גמור. ומפני כן אמרו זכרונם לברכה)שם שם ב(הני תמרי דכדא בתר תרי עשר ירחי שתא שרין, ואם פרשו תולעי הפרות באויר ולא נגעו בארץ, כגון שיצאו מן הפרי ונפלו לתוך פיו של אוכל, וכן אם פרשו ורחשו על גב הפרי, אם נדין גב הפרי כמו הארץ, וכן אם פרשה התולעת מן הפרי ונפל]ה[לארץ אחר שמתה, כל זה אסור מספק אם נדין ונאמר שיהיה כשורץ על הארץ או לא. **וכן** מה שאמרו זכרונם לברכה)שם סז ב(תולעים הנמצאים במעי הדגים אסורים משום שרץ, כי מבחוץ הם באים, אבל

הנמצאים בהם בין עור לבשר או בתוך הבשר, מתרין. והנמצאים במעי הבהמה אסורין, שמבחוץ הם באים. ואף הנמצאים במח הבהמה ובתוך בשרה, אסורין, לפי שאין שום דבר בבהמה שיהא מתר בלא שחיטה והן אינן בני שחיטה, ועוד שהתורה רבתה אותן לאסור, וכמו שאמרו רבותינו זכרונם לברכה)שם(ואת נבלתם תשקצו לרבות דרנין)פי' תולעים הנמצאים בין העור לבשר(שבבהמה. ואם תאמר שליל איך הוא מתר בלא שחיטה? מפני שהתורה התירה אותו כדדרשינן בגמרא)שם סט א(מבבהמה תאכלו. וכן התירו זכרונם לברכה)שם סו ב(במים שבכלים שהתליעו או אפילו בבורות שיחים ומערות, כלומר כל מים מכונסין. ואמרו)שם סו ב(שאדם שוחה ושותה מהן כל זמן שלא פרשו התולעים למקום אחר ואפילו פרשו לדפני הכלי או הבור מכיון שחזרו לתוכו שותה ואינו נמנע, דמקום רביתיהו הוא. ומן הדומה שאפילו משום אל תשקצו אין בהם, וזהו אומרם שותה ואינו נמנע. ונראה שהטעם מפני שמצאו להם התר מפרש מן הכתוב, כמו שדרשו זכרונם לברכה)חולין סו ב(בימים ובנחלים את שיש לו אכל ואת שאין לו אל תאכל. אבל בכלים ודומה לכלים, בין שיש לו בין שאין לו, מתר. **וכן** מדיני המצוה מה שאמרו)שם סז א(דלא לישפי איניש שכרא בצבתא באורתא מפני חשש תולעת שישאר בצותא ואחר כך יפל לכוס. ופרוש צבתא הוא תבן שעל פני הכלי, ומכיון ששרץ בצבתא דינו כשורץ על הארץ. **ודיני** בריה שאמרו זכרונם לברכה)שם צו ב(שאינה בטלה לעולם, כלומר אפילו נפלה באלף חלקים כמוה של התר אינה בטלה בהם והכל אסור, דכי היכי דחשיבא לענין מלקות דלוקין עליה בכל שהיא כדאיתא במסכת מכות)יג א(חשיבא נמי לענין אסורין דלא בטלה לעולם. ואף על גב דבירושלמי בתרומות פרק בצל אמרו, אורי ר' יוסי בר בון בחד עכברא חד לאלף גמרא דילן עדיפא לן דאמר ואפילו באלף לא בטלא. **ופרוש** בריה כלומר, שום בעלי חיים ואפילו תולעת כל שהוא, כיון שיש בה חיות, זהו עקר פירושו של בריה. וכן נמי אמרו זכרונם לברכה שנקרא בריה, לענין דלא בטיל לעולם ואפילו באלף, כל דבר שמתחלת בריתו הוא אסור והוא שלם כלו כבריתו, לאפוקי חסר אפילו כל שהוא, שאין לו דין בריה, ואין לוקין עליו אלא בכזית, והוא משל בעל החיים כמו גיד הנשה, שיש בו כל זה לאפוקי כל פרי שאינו ברית בעל חיים, וכל כיוצא בו. **ובגררה** דבריה דאמרינן דחשיבא ולא בטלה נאמר מה שאמרו זכרונם לברכה)ערלד פ"ג מ"ז(שכל דבר חשוב גם כן לא בטיל, כגון אגוזי פרך ורמוני באדן והביות סתומות וחלפי תרדין וקלחי כרוב ודלעת יונית וככרות של בעל הבית. והרמב"ם זכרונו לברכה כתב,)מאכלות אסורות טז ט(דלאו דוקא שבעה דברים אלה, אלא כל דבר חשוב, אבל אלו היו החשובים בזמן חכמי המשנה זכרונם לברכה. **וזה** שאמרנו דבריה לא בטלא והכונה לומר, בין חיה בין מתה, דוקא בריה שהיתה אסורה מתחלת בריתה, כגון בהמה טמאה או שרץ טמא, וכן גיד הנשה שגם הוא אסור מתחלת בריתו, אבל

בהמה כשרה מתחלתה דוקא בעודה חיה הוא דאינה בטלה משום דבעלי חיים חשיבי ולא בטלי)זבחים עג א(, אבל אחר שמתה ודאי בטול יש לה, ואפילו שור גדול מת אמרינן שהוא בטל, וזה יהיה אליבא דרבי יוחנן דהלכתא כותה, דאמר בגמרא)ביצה ג ב(גבי דברים חשובים דלא בטילי את שדרכן למנות שנינו, כלומר הדברים שדרכן של בריות למנות דרך חשיבות תמיד, שנינו שאין בטלות, כגון אותן שבעה המנויות למעלה, אבל שור אחד אין דרכן של בריות להחשיבו בלבם תמיד לפי שאין ראוי לפי שעה ולא קרובה הנאתו ללב בני אדם כמו אותן שבעה דברים. **ואל** תתפלא לומר חתיכה אחת ממנו הראויה להתכבד בפני האורחים תחשב ולא תבטל, וכלו ביחד יבטל, כי האמת כן הוא שחתיכה אחת ממנו הנאתה קרובה ולב בני אדם קרובה אליה ומחשיבה]אותה[ועל כן אמרו בה שלא תבטל, ואף על פי שכלו מתבטל. ודע זה והבינהו. **ויש** מן המפרשים שאמרו,)יו"ד סי' קא ג(שדין חתיכה הראויה להתכבד דלא בטלא לא נאמר אלא במבשלת כי אז ראויה להתכבד בה. ויש מהם שאמרו)שם(, שאפילו בחיה נאמר. ומן המפרשים)רא"ש ורשב"א ביו"ד שם ס"ב(גם כן שאמרו, דלא נאמר חתיכה הראויה שאינה בטלה, אלא כשהיא אסורה מחמת עצמה, אבל אם נפל אסור בתוכה ונתן בה טעם בטלה הויא מפני שאין האסור שבה ראוי להתכבד. ואף על גב דאשכחן שאפילו בחתיכת בשר שנפל בה חלב אמרו בעבודה זרה)עד ב(שאינה בטלה, שאני בשר בחלב, דתערבתן עושה אותה כחתיכה האסורה מחמת עצמה. ויתר רבי פרטי ענינים אלה בחלין ובעבודה זרה]י"ד סי' ק"ה[. **ונוהגת** בכל מקום ובכל זמן בזכרים ונקבות. ועובר עליה ואכל במזיד בריה שלמה לגמרי טמאה בין חיה בין מתה, ואפילו פחותה מן החרדל ואפילו היתה סרוחה, ובין שהיתה על ידי זכר ונקבה או מכל העפושין שבעולם ושרצה בארץ, מי שאכלה כלה, לוקה עליה, אבל חסרה אפילו רגל אחת, אינו לוקה עד שיאכל כזית ממנה.

Mitzvah 163

To not eat species of minute swarming creatures born in seeds and fruits: To not eat species of minute swarming creatures born in seeds and fruits, from the time they go out and swarm on the ground (Chullin 67a) - and the law is the same the whole time that they are produced in the fruit when it is still connected to the ground, even though they did not go out and swarm on the ground; as it is called "swarms on the ground," since it it is produced in the fruit while [in its being] connected - as it is stated (Leviticus 11:42), "for any of the swarming creature that swarms on the ground; you shall not eat them." But if they went out on the ground - even though they returned afterwards into the fruit - it is also called, "swarms on the ground," since it went out. And so is it in

ספר החינוך Sefer HaChinukh

Sifra, Shmini, Chapter 12:2, "'(And you shall not render impure) [You shall not abominate) your souls from any of the swarming creatures that swarms' - to [include] those that separated to the ground and returned." [This is] meaning to say, even though they are now in their holes, since they went out to the ground, they became forbidden, and are called, "swarms on the ground." **In** this explanation that I wrote here that the liability for minute swarming creatures is from the time that they go out on the ground and not before this, I am ignoring that which Rambam, may his memory be blessed, wrote about it - and even though I set out to hold on to his path. As he wrote in his book of commandments (Sefer HaMitzvot LaRambam, Mitzvot Lo Taase 179) that this negative commandment is from when they went out into the air or walked on the surface of the fruit. And we should wonder much about him with this, as we found explicitly in Chullin 67b, that this matter remains [unresolved] there - as it appears there, "Rav Yosef asks, 'If it separated to the air of the world, what is [the law]; on top of a date, what is [the law]?'" And even the rabbi himself wrote in his great essay (Mishneh Torah, Laws of Forbidden Foods 2:14, 16) that this matter is a doubt and [so] we do not administer lashes for it. And therefore, I put aside his explanation here, and I wrote [the commandment] by way of the truth. And here too did I find afterwards that Ramban, may his memory be blessed, (on the Sefer HaMitzvot LaRambam, Root 9) wondered greatly about him on this mistake. I have written above (Sefer HaChinukh 159) about the roots of the commandment. **Its** laws are [for example,] that which they, may their memory be blessed, said (Chullin 67b), "'That swarms on the ground' - to exclude mites that are in lentils, worms (that are in aklusinim) [that are in klisin]" - which is a type of legume - "and worms in dates and cakes of figs." And the law is the same for all insects that are produced in the fruits internally after they are detached, and [the insects] did not separate from within them - that they are not [prohibited] by this negative commandment of that which swarms on the ground. And they are permissible from [the letter] of the law, except that there is a little disgust to the soul of the one that is eating them. And if there is a doubt if the insects were produced in the fruit before they were detached or afterwards, he should check for them properly. And if they are very minute to the point that he cannot check, he should wait twelve months. And afterwards, they are permissible to eat, from the outset, without checking. [This is] due to the principle known to our Rabbis, may their memory be blessed (Chullin 58a)

ספר החינוך Sefer HaChinukh

that all insects of fruits do not exist twelve months. The explanation of, "do not exist," is to say that once twelve months have passed over it, it is like total dirt. And because of this, they, may their memory be blessed, said (Chullin 58b), "Those dates in the jug are permitted after the time of twelve months." And if the insects of the fruits separated into the air but they did not touch the ground, as when they went out from the fruit and fell into the mouth of the eater; and so [too,] if they separated and crawled on top of the fruit, whether we consider on the fruit to be on the ground; and so [too,] if the insect separated form the fruit and fell to the ground after it died - all of this is forbidden from the doubt if we determine and say that it like one that swarms on the ground or not. **And** so [too,] that which they, may their memory be blessed, said (Chullin 67b) [that] worms that are found in the intestines of fish are forbidden on account of [being] a swarming creature, since they come from the outside; but those found in them between the skin and the flesh or in the flesh are permitted. Those that are found in the intestines of the beast are forbidden, since they came from the outside. But even those found in the brain of the beast or in its flesh are forbidden, since there is not anything in the beast that is permitted without slaughter, and they are not susceptible to slaughter. And also, since the Torah added them [by implication] to the forbidden. And [it is] like they, may their memory be blessed, said (Chullin 67b), "You shall abominate their carcasses' (Leviticus 11:11) - is to include deranin (the understanding of which is insects found between the skin and the flesh) that are in the beast." And if you will [ask], how is it that the embryo is permitted without slaughter; [it is] because the Torah permitted it - as we expound in the Gemara (Chullin 69a) from "among (which can also be read as, 'in') the beast[...] you may eat" (Leviticus 11:3). And so [too,] did they, may their memory be blessed, permit (Chullin 66b) water in vessels that became worm-ridden, or even [if they were] in ditches and caves - meaning to say, any gathered waters. And they said (Chullin 66b) that a man [may] swim and drink from them, so long as the insects have not separated to a different place. And even if they have separated to the sides of the vessel or the pit - once they returned to it, he may drink and not prevent himself [from drinking], as this is their habitat. And it appears that there is not even [an issue] of 'you shall not be disgusting' with them. And that is [the meaning] of their saying, "and he may drink and not prevent himself." And it appears that the reason is because they found explicit permissibility from

ספר החינוך Sefer HaChinukh

Scripture for them - as they, may their memory be blessed, expounded (Chullin 66b), "'In the seas and in the streams' - [is it] that what has [signs], you may eat; what does not have signs, you may not eat. But in vessels, and similar to vessels, whether they have or whether they do not have, it is permitted." **And** also from the laws of the commandment is that which they said (Chullin 67a) that a man should not pour ale through tsavta at night, because of the concern for insects that stay in the tsavta, and afterwards fall into the cup - and the understanding of tsavta is straw that is on top of the vessel (which serves as a filter). And once the swarming creature is on the tsavta, its status is like a swarming creature on the ground. **And** the law of a creature which they, may their memory be blessed, said (Chullin 96b) that it is not ever neutralized. [This is] meaning to say that even if it fell into a thousand pieces like it of permissible matter, it is not neutralized by them, and [the whole mixture] is forbidden. As just like it is significant regarding lashes, such that we administer lashes for it for the smallest amount - as it is [found] in Tractate Makkot 13a - so too, is it significant concerning prohibitions, such that it is never neutralized. And even though in Talmud Yerushalmi, Terumot in the chapter [entitled] Batsal, they said, "Rabbi Yose bar Bon taught about a mouse, 'One in a thousand'" - our Gemara (the Babylonian Talmud), which says that it is not neutralized even in a thousand, is preferable to us. **And** the understanding of a creature is meaning to say any living animal; and even the smallest worm, since it has life. This is the main understanding of creature. [However,] they, may their memory be blessed, also said that concerning it not being ever neutralized and [not] even in a thousand, anything that is forbidden from the beginning of its creation and is all whole like as its creation, is called a creature - to exclude if it is lacking even the smallest amount, which does not have the status of a creature, and we only administer lashes for it with a kazayit. And it must be from an animal, like the sciatic nerve which has all of this - to exclude any fruit, which is not a living animal, and anything similar to it. **And** [related] to the creature that we are saying that it is significant and not neutralized - we will say that which they, may their memory be blessed, said (Mishnah Orlah 3:7) that any significant thing is not neutralized, such as nuts with brittle shells, Badan pomegranates, sealed barrels [of wine], beet shoots, cabbage heads, Greek gourds and loaves [of bread] of homeowners. And Rambam, may his memory be blessed, wrote (Mishneh Torah, Laws of Forbidden Foods 16:9) that it is not

ספר החינוך Sefer HaChinukh

specifically these seven things, but rather any significant thing; except that these were the significant things at the time of the Sages of the Mishnah, may their memory be blessed. **And** that which we said that a creature is not neutralized and the intention was to say whether alive or dead - [that is] specifically a creature that is forbidden from the beginning of its creation, such as an impure beast or an impure swarming creature; and so [too,] a sciatic nerve, as it too is forbidden from the beginning of its creation. But a beast that is fit (kosher) from its beginning is only not neutralized when it is still alive - on account of living animals being significant and [so,] not neutralized (Zevachim 73a). But after it dies, it certainly [can have] neutralization; and we say that it [can be] neutralized, even with a large dead ox. And this is according to Rabbi Yochanan - as the law follows him - who said in the Gemara (Beitzah 3b) regarding significant things that are not neutralized, "We learned things that it is their way to be counted." [This is] meaning to say that we learned that the things that are not neutralized are those that it is the way of people to always count due to their importance, such as the seven designated above. But it is not the way of people to always consider an ox significant in their hearts; since it is not fit at the time, and [so] its benefit is not close to the hearts of people like those seven things. **And** do not wonder to say, [how is it that] a piece from it with which it is fitting to honor guests will be considered significant and will not be neutralized, whereas all of it together will be neutralized; as in truth, it is so. As the benefit of one piece from it is close and the hearts of people are close to it and render it significant - and hence they said that it is not neutralized, even though all of it can be neutralized. And know this and understand it. **And** there are some commentators that said (Shulchan Arukh, Yoreh Deah 101:3) that the law of a piece with which it is fitting to honor is not neutralized, was only said with one that is cooked - as then is it fitting to honor with [it]. And there are some of them that said that it is said even when it is raw. And there are some commentators that also said that we only say that a piece with which it is fitting to honor is not neutralized, when it is forbidden on account of itself. But if a prohibited substance fell into it and gave it taste, it [can be] neutralized - since the prohibited substance it not fitting to honor. And even though we find that even with a piece of meat into which milk fell, they said in Avodah Zarah 74b that it is not neutralized - meat with milk is different, as their mixture makes them like a piece of forbidden substance on account of itself. And the rest of these many detailed matters are in Chullin and in Avodah Zarah (see Tur, Yoreh Deah 105). **And** [it] is practiced in every place and at all times by males and females. And one who transgresses it and eats a completely whole impure creature volitionally - whether it is alive or dead, and even if it is less than a mustard seed, and even if it was putrid; and whether it [came about] by way of male and female or from all the decay that is in the world - and it came out on the ground, one who eats it all is lashed for it. But if it is lacking even one leg, he is not lashed until he eats a kazayit of it.

מצוה קסד

שלא לאכל משרץ המים - שלא לאכל משרץ המים, שנאמר)ויקרא יא מג(אל תשקצו את נפשתיכם בכל השרץ השורץ ולא תטמאו בהם ונטמתם בם. ושרץ המים ידוע ענינו, שהוא מבריות דקות השטות במים והם נקראים שרץ המים. וזה הלאו מיחד בהם מלבד הלאו המיחד לדג טמא, שאין אלו בכלל דגים כלל, כי מין אחר בפני עצמו הוא לגמרי. זהו דעת הרמב"ם זכרונו לברכה)בסהמ"צ ל', ת קע"ט(במקרא הזה שעל זה בא ללמד. והרמב"ן זכרונו לברכה)בסהמ"צ שורש ט בד"ה וראיתי לרב ז"ל(חולק עליו בזה, וכתב כי הלאו הזה איננו לאו מיחד על שום שרץ אלא שהוא מן הלאוין הכוללים שאין לוקין עליהם, כמו לא תאכל כל תועבה הכתוב במשנה תורה)דברים יד ג(בתחלת הפרשיות של אסור בעלי החיים. וכן בכאן אמר בסוף כלן אל תשקצו את נפשתיכם בכל מהלכי האדמה שאסרתי, ויכנסו בזה אסור בהמה טמאה ואסור עוף טמא ושרץ העוף ושרץ הארץ, כי כל האסור והמרחק נכלל בשקוץ כמו כי לא בזה ולא שקץ ענות עני)תהלים כב כה(. והאריכו על הלאו הזה שניהם זכרונם לברכה הרבה, וגלגלו בו מה שאמרו זכרונם לברכה בגמרת מכות)טז ב(אכל פוטיתא לוקה ארבע, נמלה לוקה חמש, צרעה לוקה שש, וכל אחד יפרש בה הנראה אליו בענין. **ואם** באתי לכתב כל טענותם בדבר כמות שהן, יארך הענין עד שלא יכילנו קלף גדול ואצא מגדר מלאכתי זאת. ואולם לפי דעתי עקר מחלוקתם בענין תלוי אם לוקין באסור אחד שני מלקיות אם לא, שהרמב"ם זכרונו לברכה כתב)שורש ט(בעקרי המצות שעשה וקבע בה מסמרים שלא נלקה לעולם על עברה אחת שתי מלקיות, ואפילו יבואו עליה בכתוב כמה לאוין, כאלו תאמר על דרך משל שיבואו בתורה בחמש מקראות או אפילו במאה לא תאכל חזיר, אם אכלו, לא ילקה לעולם באכילה אחת אלא מלקות אחת. ואף על פי שאותן הלאוין לא יבואו לדרש מהן שום דבר רק לתוספת לאוין, אף על פי כן לא ילקה לעולם אדם על אסור אחד לבד רק מלקות אחת. **ומצד** השרש הזה הקבוע אליו היה לו לדחק בפרוש אותה שמועה דגמרת מכות)שם(הרבה ולפרשה שלא כפרוש כל המפרשים שקדמוהו, והוא בעצמו כתב, שלא ראה פרוש אדם שקדם לו שיפרשה כמוהו. וכלל

פרושו בדבר הוא שיחזר לעולם, כי מה שאמרו שאדם לוקה באכילת בריה אחת הרבה לאוין שיהיה באותה בריה תוספת ענין שיתיחד הלאו באותה תוספת ולא שילקה לעולם מאסור אחד לבדו שתי מלקיות, ואפילו נאמרו בתורה אלף לאוין כמו שאמרנו, ולכן יאמר הוא שהבריה שיחיבו עליה חכמים זכרונם לברכה הרבה מלקיות היא כגון שתהיה בריה שיתחברו בגופה הרבה מינין, כגון שתהיה בריה שיתחברו בגופה הרבה מינין, כגון שתאמר שתהיה תכונתה בענין שאפשר לקרותה שרץ הארץ, ושרץ העוף כגון שיהיו לה כנפים, ושרץ המים שתשוט גם כן במים עם היותה מתעופפת באויר. כמו שנראה כן לפעמים בקצת מיני השרצים. ועל הדרך הזה עם קצת דחק שידחק בפרושו יפרש שמועה זו דגמרת מכות, אכל פוטיתא לוקה ארבע, נמלה לוקה חמש, וכו'. ויגע למצא בגוף בריה אחת ששה ענינים חלוקים. **והרמב"ן** זכרונו לברכה לא נצטרך לכל זה, כי הוא יסבר שיש לנו ללקות על אסור אחד כמה מלקיות אם יתרבו עליו הלאוין בתורה ולא יצטרכו לנו לדרשות אחרות, והרבה ראיותיו על זה ראיות חזקות כראי מוצק לפי הדומה. ופרוש השמועה דגמרא מכות כפרוש הראשונים יפה. ולאו דשרץ המים דריש ליה הרמב"ן זכרונו לברכה ממה שכתוב בפרשת אסור דגים וכל אשר אין לו סנפיר וקשקשת וגו' מכל שרץ המים וגו' שקץ הם לכם. וזה באמת יהיה דבר הלמד מענינו, שבפרשה זו ידבר באסור דגים שגדלים במים, ושם ידבר גם כן משרץ המים. שמענה בני, ואם תזכה בחר לך לדעתך, אלו ואלו דברי אלקים חיים הם. **משרשי** אסור המאכלים, כתבנו למעלה)מצוה עג, וקנה(. **דיניה** קצרים. וכלל הענין כי כל אותן הבריות קטנות, כמו התולעים והעלוקה וכיוצא בהם שגדלים במים נקראים שרץ המים. **ונוהגת** בכל מקום ובכל זמן בזכרים ונקבות. ועובר עליה ואכל בריה אחת שלמה מהן, ואפילו קטנה ביותר לוקה, ואם אינה שלמה, אינו לוקה עד שיאכל מהן כזית. ומכל מקום אסור לאכל מהן דבר תורה אפילו פחות מכזית. שחצי שעור דאוריתא הוא אסור, אבל אין חיוב מלקות אלא על אכילת השעור המקבל.

Mitzvah 164

To not eat of the swarming creatures of the waters: To not eat of the swarming creatures of the waters, as it is stated (Leviticus 11:43), "You shall not abominate your souls with any swarming creature that swarms, and you shall not defile yourselves with them and become impure through them." And the substance of a swarming creature of the waters is well-known; that it is from the minute creatures that swim in the water - and they are called the swarming creatures of the waters. And this negative commandment is specific to them, [and] besides the negative commandment that is specific to the impure fish; as these are not included as fish at all, since they are a completely different species of its own. That is the opinion of Rambam, may his memory be blessed, (Sefer HaMitzvot LaRambam, Mitzvot Lo Taase 179), about this verse, that it comes to teach about this. But Ramban, may this memory be blessed, (on Sefer HaMitzvot, Root 9, s.v. veraiti lerav z"l) disagrees with him on this and wrote, that this negative commandment is not a specific negative commandment about any swarming creature; but rather that it is from the general negative commandments for which we do not administer lashes, like "You shall not eat any abomination" in Deuteronomy 14:3 at the beginning of the sections of the prohibited animals. And so [too,] here at the end of all of them, it stated, "You shall not abominate your souls" with all of the walkers of the ground that I have prohibited. And grouped in this was the prohibition of the impure beast, the prohibition of the impure fowl, the flying swarming creature and the swarming creature of the ground. As all the forbidden and the distanced is included in abomination, as [with] "For He did not disparage nor abominate the plea of the lowly" (Psalms 22:25). And both of them, may their memories be blessed, wrote at length about this negative commandment and involved in it that which [the Sages], may their memory be blessed, said in the Gemara [in] Makkot 16b, "If he ate a putita, he is lashed four [sets], an ant five, a wasp six." And each one explains what appears [correct to him] about the matter. **And** if I had come to write all of their arguments about the thing such as they are, the matter would be lengthy, to the point that a large parchment would not hold it and I would go out of this task of mine. However, according to my opinion, their main disagreement in the matter is dependent upon whether we administer two [sets of] lashes for one prohibition or not. As Rambam, may his memory be blessed, wrote (Sefer HaMitzvot LaRambam, Root 9) in the roots of the commandments [such] that he made and fixed with screws that we can never be lashed two [sets of] lashes for one sin - and even if several negative commandments come about it in Scripture. [It is] as if you would say by way of illustration that "You shall not eat pig" would come in the Torah in five verses - or even one hundred; if he ate it, he would always only be lashed for one eating. And even though those negative commandments do not come to have anything expounded from them besides the additional prohibitions - nonetheless, a man is always lashed only one [set of] lashes for a single prohibition. **And** from the angle of this root that it is fixed for him, he had to greatly strain the explanation of that teaching of

ספר החינוך Sefer HaChinukh

the Gemara of Makkot and to explain it not like the explanation of all of the commentators that preceded him. And he, himself, wrote that he did not see the commentary of any man before him who explains it like him. And the general rule of his commentary about the thing is that which he always reviews; that that which they said that a man is lashed for the eating of one creature [for] many negative commandments is such that that creature has the addition of an aspect, such that that [additional] negative commandment is designated for that addition; and not that he ever be lashed two [sets of] lashes for one prohibition alone - and even if there are a thousand negative commandments stated in the Torah about it, as we said. And therefore, he said that the creature for which the Sages, may their memory be blessed, made liable several [sets] of lashes is such a one as brings together in its body several species. For example, [it is] such that you would say that its character is such that it is possible to call it a swarming creature of the ground and a flying swarming creature - for example that it has wings - and a swarming creature of the waters, that it also swims in the water even as it flies in the air. [This is] as we sometimes see in a few species of swarming creatures. And in this way with some strain that he strains in his explanation, he explains this teaching in the Gemara of Makkot: "If he ate a putita, he is lashed four [sets], an ant five, etc." And he exerts himself to find six separate matters in the body of one creature. **And** Ramban, may his memory be blessed does not require all of this. As he reasons that we should administer several [sets of] lashes for one prohibition if there are multiple negative commandments in the Torah about it and they are not required by us for other teachings. And he [presented] many proofs about this - proofs that appear 'strong as a mirror of cast metal.' And he explained the teaching of the Gemara Makkot nicely like the understanding of the early scholars. And Ramban, may his memory be blessed, expounds the negative commandment of the swarming creatures of the water from that which is written in the section of the prohibition of fish, "And anything that does not have fins and scales, etc. from any swarming creature of the waters, etc. it shall be an abomination for you" (Leviticus 11:10). And this is truly a thing that is learned from its context, as it is speaking in the section about the prohibition of fish, and there it is also speaking about the swarming creature of the waters. Understand this, my son; and if you merit, choose for yourself according to your opinion - these and those are the words of the living God. **We** have written above (Sefer HaChinukh 73,

155) from the roots of the prohibition of food. **Its** laws are short, and the general principle of the matter is that all those small creatures - like worms, leeches and similar to them - that grow in the waters, are called swarming creatures of the waters. **And** [it] is practiced in every place and at all times by males and females. And one who transgresses it and eats a whole creature of them - and even if it is the smallest - is lashed. But if it is not whole, he is not lashed until he eats a kazayit of them. And nonetheless, it is forbidden to eat even less than a kazayit from Torah writ; as half of a measure [that would result in punishment] is forbidden by the Torah. But there is only liability for lashes for eating the transmitted measure.

<u>מצוה קסה</u>

שלא לאכל מן השרצים המתהוים מן העפוש - שלא לאכל מן השרצים המתהוים מן העפושים, אף על פי שאינן מין ידוע ולא יתהוה מזכר ונקבה, שנאמר)ויקרא יא מד(ולא תטמאו את נפשותיכם בכל השרץ הרומש על הארץ. ולשון ספרא)פר' שמיני יב ד(השרץ הרומש על הארץ אף על פי שאינו פרה ורבה. וכתב הרמב"ם זכרונו לברכה כי בשרץ הנולד מזכר ונקבה נאמר שורץ ואשר הוא נעשה מן העפוש נאמר עליו רומש. והרמב"ן זכרונו לברכה)סהמ"צ שורש ט דה והפירוש(הקשה עליו מן המקראות דכתיב וכתב כי בכלן נאמר רומש ושורץ. **השרש** ידוע. **דיניה** קצרים. שכל פרטיה יכנסו בכלל אחד, שנאסרו לנו כל שרצי העפושים שבעולם הרומשים בארץ, חוץ משרצי עפושי הפרות שנעשו שם אחר שנעקרו, שרצי עפושי המים שבכלים, הכל כמו שאמרנו למעלה)מצוה קסג(. **ונוהגת** בכל מקום ובכל זמן בזכרים ונקבות. ועובר עליה ואכל בריה מכל העפושים שבאשפות ובכל המקומות, אפילו קטנה שבקטנות, מכיון שאכלה והיא שלמה, לוקה עליה, ואם אינה שלמה, שעורה בכזית כמו שאמרנו.

Mitzvah 165

To not eat of swarming creatures that exist from decay: To not eat of swarming creatures that exist from decaying matter - even though they are not from a known species and do not exist from male and female - as it is stated (Leviticus 11:44), "and you shall not defile your souls with any swarming creature that crawls upon the ground." And the language of Sifra, Shemini, Chapter 12:4 is "'Swarming creature that crawls upon the ground' - even though it does not give fruit and multiply." And Rambam, may his memory be blessed, wrote that "swarming" is stated about a swarming thing that is born from a male and female and "crawling" is stated about one that is made from decay. But Ramban, may his memory be blessed (on Sefer HaMitzvot, Root 9, s.v. vehaperush) challenged him from verses that are written; and he wrote that in all of them, [both] swarming and crawling are stated. **Its** root is well-known. **Its** laws are short, such that all of its details can be gathered in on general principle: That all swarming creatures of decayed matter in the world that crawl on the earth have been prohibited to us; except for swarming creatures from the decay of fruit that were produced there after they were detached [and] swarming creatures from decaying matter in the waters that are in vessels - it is all like we said above (Sefer HaChinukh 163). **And** it is practiced in every place and at all times by males and females. And one who transgresses it and eats a creature from any of the decaying matter in garbage dumps or in any place, even the smallest of the small - once he has eaten it and it was whole - is lashed for it. And if it was not whole, its measure is with a kazayit, as we said.

מצוה קסו

מצות ענין טמאת יולדת - לטמא היולדת. כלומר האשה כשתלד שתהיה טמאה לבעלה וכל שכן לטהרות שבעה ימים כשתלד זכר, ושבועים כשתלד נקבה, שנאמר)ויקרא יב ב ה(אשה כי תזריע וילדה זכר וטמאה שבעת ימים וגו', ואם נקבה תלד וטמאה שבועים וגו'. **משרשי** המצוה. הקדמה, אין ספק כי חליי בני אדם יבואו או מפני מותר שבגוף או מפני חסרון או מצד הפסד שיקבל מאיזו סבה שתהיה, כי באמת כל זמן שהטבע ישר בתכלית הישר, ולא קבל הפסד דבר, לא יחלה הגוף, וחטא בני אדם יביאם להעדיף או להחסיר במה שצריך לטבעם ויחלו. **וכבר** אמרנו באזהרת טרפה)מצוה עג(ואסורי מאכלות)מצוה קמז קמח(כי האל ברוך הוא רחק עמו אשר בחר מכל הדברים המזיקים את הגוף בעבור היותו כלי לנפש היודעת יוצרה. וכמו כן מן השרש הזה הרחיקנו מן היולדת ומן הנדה והזבה ימים מספר עד שיתנקו מאותו המותר שבהן שהוא דבר רע ומחליא, וכמו שאמרנו כי כל מותר משרש מחלה הוא. על כן אמרו זכרונם לברכה)רש"י ויקרא שם(, שאין אשה רואה דם שלא יהו ראשה ואבריה כבדים עליה, ואין ספק כי באותו המותר מחלה להן ולכל הקרב בהן שום קרבה, וכל שכן בתשמיש המטה שהוא תכלית הקרבה החמרית, וגם הולד הנולד בעוד שאותו המותר מתגבר עליה מעתד לחלאים רעים. ומן השרש הזה שאמרנו מצד המותר, צותה התורה להיות טמאה מן הזכר שבעה, ומן הנקבה שבועים, שאין ספק כי מותרי היולדת נקבה גדולים מן היולדת זכר, לפי שהריון הזכר יורה חם בנקבה, וכמו שאמרו זכרונם לברכה)נדה כה ב(אשה כי תזריע וילדה זכר, אשה מזרעת תחלה יולדת זכר, וידוע כי החם מותריו הם מעטים וימהר

פעלתו לעולם, דבר משכל הוא, ועל כן יספיק לנו בהריון הזכר נקיון של שבעה ימים. **והריון** הנקבה תורה על קרירות טבע הנקבה, ובקרירות ירבו המותרות, ולכן תצטרך שבועים לנקיון גופה. וכן מצאתי הענין אחרי כתבי זה להרמב"ן זכרונו לברכה)ויקרא יב ד(, וזה לשונו, בעבור כי טבע הנקבה קר ולח, והלחה ברחם האם רבה מאד וקרה, ועל כן ילדה נקבה, ולפיכך היא צריכה נקיון גדול מפני רבוי הלחות והדם המעפש שבהן ומפני קרירותן, ובידוע כי החלאים הקרים צריכים בנקיונם אריכות זמן יותר מן החמים. עד כאן. **ובדומה** לזה יהיה הענין גם כן בנדה וזבה, כי הנדה תטהר לשבעת ימים ואפילו שופעת כל שבעה, ובלבד שתפסק בשביעי מבעוד יום מדין תורה, והזבה צריכה שבעה נקיים, לפי שהזיבה תורה על רב מותרי האשה וזהו המשך הרקת דמים ימים רבים אחר ימים הנהוגים ברב הנשים. ואפשר לנו לומר שחלי הרקת הדמים בנשים מחדש לחדש היה כדי שלא תזוח דעתן הקלה עליהן או כדי להרחיק קרבתן קצת מן האדם שלא יהא ר"ץ אחריהן כל הימים, כי יתגנו בעיניו קצת בדבר הלכלוך ההוא שידע בהן ולא ישגה תמיד באהבתן. **ורבותינו** זכרונם לברכה אמרו בנדה)לא ב(על צד הפשט. רצוני לומר שכונו לגלות אחד מן התועלות הגדולות שיש במצוה מלבד רב עקריה הגדולים והחזקים. וכתבו שיש תועלת בהרחקת האשה קצת זמן כדי שתתחבב על בעלה יותר בזמן המכשר ולא יקוצו זה מזה לרב התמדת הקרבתן ויתנו עיניהם בגופים אחרים, וכמו שיעשו רב האמות שאינם גדורים בגדרינו החמורים, וכמו כן יספיק טעמם זה על צד הפשט ביולדת שלא תתנול בה מיד, ושמא תתגנה בעיניו ויקוץ בה, כמו שאמרנו בנדה)שם(. **מדיני** המצוה. כגון מה שאמרו זכרונם לברכה)שם סו א(שכל היולדות טמאות ואף על פי שלא ראו דם, שאי אפשר לפתיחת הרחם בלא דם, ואחד היולדת חי או מת ואפילו נפל, והוא שתגמר צורתו טמאה טמאת לדה, ואפילו הפילה שליא או שפיר מלא מים או דם, הרי זו חוששת ללדה, דקימא לן אין שליא בלא ולד. ואף על פי שאין מוצאים עכשיו הולד בשליא, חוששין שמא נמוק בתוכו, ותשב מספק ימי טמאה של נקבה שהם שבועים, וימי טהר של זכר שהם שלשים ושלשה יום ולא יותר, דמספק אזלינן הכא והכא להחמיר. וזה שאנו אומרים שצריכה לחוש לולד, דוקא שעברו עליה ארבעים יום משנתעברה, אבל לא עברו עליה ארבעים יום, אינה חוששת ללדה, ואפילו ביום ארבעים ממש, שיום ארבעים כלפני ארבעים הוא חשוב. ומכל מקום אף על פי שאינה חוששת ללדה, כלומר ולא יהיו לה ימי טהר כמו ביולדת, חוששת היא מכל מקום לטמאת נדה. ואף על פי שילדה לדה יבשה, כלומר שלא ראתה דם כלל, אנו אומרים, מכיון שילדה אי אפשר לפתיחת הרחם בלא דם, ושמא היה מועט ונאבד, וכל אשה שיש לה ימי לדה לטמאה, יש לה ימי טהר מדין תורה, וימי הטוהר הם שלשים ושלשה לזכר וששים וששה לנקבה. והענין הוא כן, דין תורה, שהאשה אחר שילדה מונה שבעה ימים מיום שילדה, ובין שילדה מתחילת

הלילה או בחצי היום או אפילו סמוך לשקיעת החמה, מונה אותו היום של לדה יום אחד ומשלים עליו ששת ימים, ובין רואה קצת ימים מן השבעה או כל השבעה, לערב של שביעי שהוא ליל שמיני, טובלת וטהורה לבעלה, ואפילו שופעת דם באותו ליל שמיני, טובלת וטהורה לבעלה, שהתורה התירה כל הדמים שתראה היולדת אחר שבעה ימים לזכר בתוך שלשים ושלשה יום, ואחר ארבעה עשר לנקבה בתוך ששים וששה יום. **ועל** זה אמרו זכרונם לברכה)נדה לה ב(, כי מעין אחד הוא והתורה טמאתו והתורה טהרתו. כלומר שדמי הלדה שטמאה התורה ודמי הטוהר שטהרה התורה ממקום אחד הוא והוא מן המקור, שהוא מקום טמאה יוצאות שניהן, אלא שהתורה תתלה הענין בזמן, ותטמא הדם היוצא ממנה בזמן אחד ותטהר בזמן השני, וברוך היודע כל החכמה כי הכל עשה בטעם נכון ומחיב, והוא ברוך הוא ידע שעד אותו הזמן, הדמים מזיקין ומשם ואילך לא יזיקו. **ועכשו** נהגו כל ישראל וגדרו עצמן לנהג טמאה בדמי טהר כמו בדמי טמאה. וכלל הענין שאין האשה עכשיו עולה מטמאתה לעולם עד שתעמוד שבעה ימים שלמים נקיים מכל דם ותתחיל למנותן מבערב, זהו כלל גדול ועד היום נוהגים כן בכל מקומות ישראל הכשרים, ובזה נצלנו מכמה ספקות. ודיני הספקות המתחדשות לפעמים על היולדת, כגון אם תתחיב לישב על טמאת זכר או על טמאת נקבה, שפעמים תצטרך מתוך הספק לישב לזכר ולנקבה וגם לנדה. ודין המפלת כמין בהמה וחיה ועוף מה דינה, ואם פנים כפני אדם או אין פניהם כפני אדם מה דינה והמפלת כמין יבחושין, כמין שערות. והמפלת דמות אדם שיש לו כנפים של בשר, וכן המפלת דמות אדם בעין אחת וירך אחת. והמפלת זכר וסנדל עמו, והיא הבריה שאינה נכרת אם זכר או נקבה. ודין האשה שיוצאת מלאה ובאה ריקנית והיא טועה בחשבונה. ויתר רבי פרטיה בעניני טמאתה, הכל במסכת נדה.)י"ד סי' קצ"א(. וענין דיני קרבנות, מפזרין בהרבה מסכתות. ומהן הרבה בזבחים וערכין וכריתות וקנין ונגעים)י"ד ס' קכג(. **ונוהגת** מצוה זו בכל מקום ובכל זמן לענין שהיולדות טמאות. והעובר עליה ובא עליה במזיד בתוך הזמן המגבל לאסור או אפילו אחר זמן המגבל כל זמן שלא טבלה בטל עשה זה, וגם עבר על לאו כמו בנדה, וכענין שכתוב)ויקרא יב ב(כימי נדת דותה תטמא. וחיב כרת, בשוגג חיב להביא חטאת קבועה בזמן הבית.

Mitzvah 166

The commandment of the matter of the impurity of a woman who has given birth: To render a woman who has given birth impure; meaning to say that when a woman gives birth she be impure for her husband - and all the more so for pure items - seven days for a male and two weeks for a female, as it is stated (Leviticus 12:2, 5), "If a woman conceives and gives birth to a male, she will be impure for seven days, etc. And if she gives birth

ספר החינוך Sefer HaChinukh

to a female, she will be impure for two weeks, etc." **From** the roots of the commandment, [there is a need] for a preface: There is no doubt that all of the sicknesses of people come either because of an excess in the body or from the angle of a deficit that happens from whatever reason it might be. As in truth, so long as [a person's] constitution is in total equilibrium and it not have a deficit, the body will not become ill. And the sin of people brings them to have an excess or a deficit from what people need for their constitution, and they become sick. **And** we have already said in the warning of the 'torn' animal (Sefer HaChinukh 73) and in the prohibitions of foods (Sefer HaChinukh 147, 148) that God, blessed be He, distanced His people that He chose from all the things that hurt the body, in that it is a vessel for the soul that knows its Creator. And so too from this root did He distance us from the woman who has given birth, from the menstruant and from the zavah (a woman with an irregular discharge) for a few days, until they become cleansed from that excess that they have, which is a bad and infectious thing. Therefore they, may their memory be blessed, said (Rashi on Leviticus 12:2) that a woman never [experiences] blood unless her head and limbs are heavy upon her. And there is no doubt that this excess makes them, and anyone who comes close to them at all, sick. And all the more so with sexual relations, which is the epitome of physical closeness. And also, the offspring that is born [from a union] while that excess overpowers her is destined for bad illnesses. And from this root that we said from the angle of excess, the Torah commanded that she be impure from the male seven [days] and two weeks from the female. As there is no doubt that the excesses of the woman that gives birth to a female are greater than one who gives birth to a male - since conception of a male indicates heat in the female. And [it is] like they, may their memory be blessed, said (Berakhot 60a), "'If a woman conceives (literally, gives seed) and gives birth to a male - [if] a woman gives seed first, she gives birth to a male." And it is well-known that the excesses of heat are few and its action is always quick - it is a logical thing. And therefore, seven days of cleansing suffices with the pregnancy of a male. **And** the conception of a female indicates coldness in the constitution of the female. And in coldness, excesses abound; and hence she needs two weeks for the cleansing of her body. And so did I find the matter after I wrote this [in] Ramban, may his memory be blessed, and these are his words (Ramban on Leviticus 12:4): "Because the constitution of the female is cold and wet, and the dampness in the

ספר החינוך Sefer HaChinukh

womb of the mother is very great and cold. And therefore, she gave birth to a female. And hence she requires a big cleansing because of the multitude of dampness and the blood decaying in her and because of her coldness. And it is well-known that the cold sicknesses require a longer time to be cleansed than the hot ones." To here [are his words]. **And** similar to this is also the matter of the menstruant and the zavah. As the menstruant is purified after seven days - and even if she gushes all of the seven, so long as she stops on the seventh while it is still day - by the law of the Torah. But the the zavah requires seven clean [days after her bleeding], because the flow indicates the extent of the excesses of the woman - and that is the continuation of the emptying of blood many days after the days that are customary in most women. And it is possible for us to say that the sickness of discharging blood in women from month to month was so that their weak minds not become haughty. Or [it is] so as to distance their closeness from man a little, so that he not run after them all of the days. As the thing of this messiness that he knows about them will be a little disgusting in his eyes and he will not always err in his love of them. **And** our Rabbis, may their memory be blessed, said in Niddah 31b from the angle of the simple understanding - I mean to say that they intended to reveal one of the great benefits that there is in the commandment besides its great and strong principles - and they wrote that there is a benefit in the distancing of the wife a little time so as to make her more beloved to her husband at the fit time, and that they should not get sick one of the other from the great constancy of their closeness and they give their eyes to other bodies - like most of the other nations, who are not restrained by our strict fences, do. And likewise, this reason of theirs suffices from the angle of the simple understanding with the woman who has given birth; such that he not disgrace himself with her immediately, and lest she be disgusting in his eyes and he be sick of her, like we said in Niddah 31b. **From** the laws of the commandment is, for example, that which they, may their memory be blessed, said (Niddah 66a) that all women who give birth are impure - and even if they did not see blood, as it is impossible to have an opening of the womb without blood. And it is one whether the woman gives birth to a live [baby] or to a dead one, and even if she miscarried - and that is when its form is completed - she is impure with the impurity of birth. And even if she miscarried a placenta or an amnion full of water or blood, behold this one [must be] concerned about a birth; as it established for us that there is no placenta without a fetus. And

ספר החינוך Sefer HaChinukh

even though they do not find the fetus in the placenta now, we are concerned lest it dissolved inside it. And from the doubt, she sits [out] the days of impurity for a female which is two weeks, and the days of purification for a male which are thirty-three days and not more - as from a doubt, we are stringent [to this side] and [that side]. And this that we say that she must be concerned about a birth is specifically when forty days have passed over her since she conceived. But if forty days have not passed over her, she does not concern herself about a birth - and even on the actual fortieth day, as the fortieth day is considered like before the [end of] forty days. And nonetheless even though she does not concern herself about a birth - meaning to say, and she will not have the days of purification like a woman who has given birth - she concerns herself, nonetheless, about the impurity of a menstruant. And even if the 'birth' was a dry birth - meaning to say that she did not see blood at all - we say that since she gave birth, it is impossible to have an opening of the womb without blood, and lest it was little and it got lost. And any woman that has days of birth for impurity has days of purification from Torah writ. And the days of purification are thirty-three for a male and sixty-six for a female. And the matter is like this [regarding] the law of the Torah: That after she gave birth, the woman counts seven days from the day she gave birth. And whether she gave birth at the beginning of the night or at midday or even near sunset, she counts that day of birth as one day and completes six [more] days upon it. And whether she [experiences blood] a few of the days of the seven or all of the seven, she immerses on the evening of the seventh, which is the eighth night, and she is pure for her husband. And even if she is gushing blood on that eighth night, she immerses and is pure for her husband; as the Torah permitted all blood that a woman has given birth will see after the seven days within the thirty-three days for a male, and after fourteen within sixty-six day for a female. **And** about this they, may their memory be blessed, said (Niddah 35b) that there is one 'wellspring' and the Torah made it impure, and the Torah [also] made it pure. [This is] meaning to say that the blood of birth that the Torah made impure and the blood of purification that the Torah made pure are from one place; and that is [that] both of them come out from the source (the uterus), which is a place of impurity. However, the Torah made the matter depend on time and made impure the blood that comes from her at one time and made [it] pure at a second time. And blessed is the One that knows all wisdom, as He did every thing for a correct and necessary reason. And He, blessed be He, knows that up to a certain time, the blood is damaging; and [that] from then on, it is not damaging. **But** now all of Israel has girded itself and has become accustomed to treat the blood of purification like the blood of impurity. And the general principle of the matter is that a woman today does not ever emerge from her impurity until she undergoes seven full days clean from all blood. And she begins counting them from the evening. And this is a great principle and it is practiced until this day in all the places of the proper Israelites. And through this, we are saved from several doubts. And the laws of the doubts that sometimes arise upon the woman giving birth - for example, if she is obligated to sit [out] for the impurity of a male or the impurity of a female, as sometimes she must sit [out] for a male and a female and for [being] a menstruant from the doubt; the law of what is the law of one who has a miscarriage of a type of beast or bird; what is the law if their faces are like the faces of people or if their faces are not like the faces of people; what is the law of one who has a miscarriage of types of gnats [or] types of hairs; one who has a miscarriage of the image of a man that has wings of flesh; likewise one who has a miscarriage of the image of a man with one eye and one thigh; one who has a miscarriage of a male together with a sandal, and that is a creature that it not recognizable whether it is male or female; the law of a woman that goes out full and comes back empty and errs in her calculation - and the rest of its many details regarding her impurity are all in Tractate Niddah (see Tur, Yoreh Deah 191). And the matter of the laws of sacrifices are scattered in many tractates, and many of them are in Zevachim, Arakhin, Keritot and Negaim. **And** this commandment is practiced in every place and at all times regarding that women giving birth are impure. And one who transgresses it and has sexual relations with her volitionally during the time specified for prohibition - or even after the specified time, so long as she has not immersed - has violated this positive commandment, besides that he has violated a negative commandment, as with a menstruant. And [it is] like the matter that is written (Leviticus 12:2), "like the days of her menstrual illness, shall she be impure." And [so] he is liable for excision. If inadvertent, he is liable to bring a fixed sin-offering at the time of the [Temple].

מצוה קסז
שלא יאכל טמא מן הקדשים - שלא יאכל טמא מן הקדשים עד שיטבל

ויעריב שמשו, ואם הוא טמא שצריך כפרה עד שיביא כפרתו, שנאמר (ויקרא יב ד) בכל קדש לא תגע. ולשון ספרא (תזריע א ח) בכל קדש לא תגע ואל המקדש לא תבא, מה מקדש הנכנס בו בטמאה ענוש כרת, אף האוכל קדשים בטמאה ענוש כרת. ואמרינן במכות (יד ב) בכל קדש לא תגע, אזהרה לאוכל, אתה אומר לאוכל או אינו אלא לנוגע, וכו' כדאיתא התם. **משרשי** המצוה. מה שכתבנו למעלה (מצוה צה) לקבע בנפשותינו יראת המקדש וקדשיו, ולכן אין ראוי שיאכלום רק הטהורים, כי הטהרה מעלה וכבוד באדם, כידוע לכל מבין. **מדיני** המצוה. מה שאמרו זכרונם לברכה (זבחים לג ב) שהטמאה שחיבין עליה היא שנטמא בטמאה דאוריתא שחיבין עליה כרת, פרוש על ביאת מקדש וקדשיו כמו שכתבנו למעלה (מצוה קכג). ומה שאמרו זכרונם לברכה, (זבחים לד א) שאין חיבין על אכילת קדש שיש לו מתירין עד שיקרבו מתיריו כלומר האמורין, וכמו כן הורונו זכרונם לברכה (מעילה י א) שכל שיש לו מתירין אין חיבין עליו משום פגול או נותר או משום טמא עד שיקרבו מתיריו כהלכתן, וכל שאין לו מתירין כיון שקדש בכלי חיבין עליו. ויתר פרטיה בפרק שלשה עשר מזבחים [הלכות פסולי המוקדשין פי"ח]. **ונוהגת** בזמן הבית בזכרים ונקבות. ועובר עליה ואכל כזית בשר קדש טהור, או בשר קדש טמא בעודנו טמא טמאה דאוריתא, במזיד קדם שיטבל, חיב כרת. בשוגג, מביא קרבן עולה ויורד, כמו שכתוב למעלה. ואם אכל אחר שטבל קדם שיעריב שמשו או קדם שיביא כפרתו כמו היולדת שצריכה להביא קרבן. וכן כל הצריך לכפרה לוקה ואינו חיב כרת, שנאמר בענין כרת זה (ויקרא ז כ) וטמאתו עליו, ופרשו זכרונם לברכה עד שתהיה כל טמאתו עליו. ואם היה טמא בטמאה של דבריהם, אינו לוקה. ואין צריך לומר שאין חיב כרת, אלא מכין אותו מכת מרדות.

Mitzvah 167

That one impure not eat consecrated foods: That one impure not eat consecrated foods until he immerses and his sun sets and - if he is an impure one that requires atonement - until he brings his atonement, as it is stated (Leviticus 12:4), "every consecrated thing shall he not touch." And the language of Sifra, Shemini Parashat Yoledet, Chapter 1:8, "'Every consecrated thing shall he not touch and to the sanctuary shall he not come' - just like the one who enters the sanctuary in impurity is punished excision, so too one who eats consecrated foods in impurity is punished excision." And we say in Makkot 14b, "'Every consecrated thing shall he not touch' is a warning for the eater. You say it is for the eater or is it only for the one who touches, etc.," as it is [found] there. **What** we wrote above (Sefer HaChinukh 95), [that it is] to fix awe of the

Sefer HaChinukh   ספר החינוך

Temple and its holy things, is from the roots of the commandment. And hence, it is fitting that only pure ones should eat them, as purity is an embellishment and glory for a man, as is well-known to all that understand. **From** the laws of the commandment is that which they, may their memory be blessed, said (Zevachim 33b) that the impurity for which we are liable is when one is made impure by a Torah-level impurity, for which we are liable excision - the understanding is for approaching the Temple and its consecrated things, as we wrote above (Sefer HaChinukh 123). And that which they, may their memory be blessed, said (Zevachim 34a) that we are not liable for eating of the holy that has things that permit it, until those things that permit it have been brought - meaning to say its entrails. And likewise, did they, may their memory be blessed, instruct us (Meilah 10a) that we are not liable on account of pigul or notar or on account of [being] impure, until those things that permit it have been properly brought. And [regarding] anything that does not have things that permit it, once it has been consecrated in a vessel, we are [potentially] liable for it. And the rest of its details are in the thirteenth chapter of Zevachim (see Mishneh Torah, Laws of Sacrifices Rendered Unfit 18). **And** [it] is practiced at the time of the [Temple] by males and females. And one who transgresses it and eats a kazayit of pure holy meat or impure holy meat while he is still impure with a Torah-level impurity volitionally is liable for excision; inadvertently, he brings a sacrifice that varies up and down, as is written above. And if he ate after he immersed [but] before his sun set or before he brought his atonement - like a woman who gave birth who needs to bring a sacrifice; and so [too,] all who need an atonement - he is lashed. But he is not liable for excision, as it is stated regarding the matter of this excision (Leviticus 7:20), "and his impurity is upon him"; and they, may their memory be blessed, explained, "until all of his impurity be upon him." And if he was impure from a [rabbinic] impurity, he is not lashed - and there is no need to say that he is not liable excision - but rather he is struck with lashes of rebellion.

מצוה קסח

מצות קרבן יולדת - שתקריב היולדת קרבן כשישלמו ימי הטהר לבן או לבת, והוא כבש בן שנתו לעולה ובן יונה או תור לחטאת. ואם היא עניה, תקריב שתי תורים או שני בני יונה אחד לעולה ואחד לחטאת, שנאמר (ויקרא יב ו) ובמלאת ימי טהרה לבן או לבת תביא וגו', והיא מחסרת כפרה

עד שתקריב קרבנה. **משרשי** המצוה. כדי שתתעורר מתוך הפעלה לתת הודאה לאל ברוך הוא שהצילה מחבלי יולדה שהוא דבר נס. ועוד אמרו זכרונם לברכה)נדה לא ב(, שהאשה קופצת ונשבעת בעת ציריה שלא תזקק עוד לאיש, ולפיכך צריכה כפרה, ועל כן יקרא קרבנה חטאת, ונאמר בה)שם ח(וכפר עליה הכהן. **מדיניה**, כגון מה שאמרו זכרונם לברכה, שאין היולדת מביאה קרבנה ביום ארבעים לזכר וביום שמנים לנקבה אלא למחר, שהוא יום ארבעים ואחד, וכן ביום שמנים ואחד, שנאמר)שם ו(ובמלאת ימי טהרה, כלומר שיהיו שלמים לגמרי. ואם הביאתו בתוך ימי מלאת,)זבחים קיב ב(לא יצאת ידי חובתה. עבר זמן זה ולא הביאה כפרתה, מביאה לאחר זמן, וכל זמן שלא הביאה, אסורה לאכל בקדשים, וכמו שאמרו זכרונם לברכה)נגעים פ"ד מ"ג(הביא כפרתו, אוכל בקדשים. וכל מחסרי כפרה, דינם שוה בזה. וכל מחיבי קרבן, אין מקריבין קרבנן אלא מדעתן חוץ ממחסרי כפרה)נדרים לה ב(שאין צריכין דעת בעלים. ויתר פרטיה במסכת נדה]הל' מחוסרי כפרה פ"א[. **ונוהגת** בזמן הבית בנקבות. והעוברת על זה ולא קרבה קרבנה בטלה עשה, והיא מחסרת כפרה ואסורה לאכל בקדשים, ואוי לה אם תמות קדם שתקריבנו, ותשא עונה על נפשה.

Mitzvah 168

The law of the sacrifice of the woman that has given birth: That a woman who has given birth bring a sacrifice when the days of her purification for a son or a daughter are completed. And it is a one-year old lamb for a burnt-offering and a young pigeon or a dove for a sin-offering. And if she is poor, she brings two doves or two young pigeons - one for a burnt-offering and one for a sin offering, as it is stated (Leviticus 12:6), "On the completion of the days of purification for a son or daughter, she shall bring, etc." And she is lacking atonement until she brings her sacrifice. **It** is from the roots of the commandment [that it is] in order that she be aroused by action to give thanks to God, blessed be He, who saved her from the pangs of her birth, which is a miraculous thing. And also, they, may their memory be blessed, said (Niddah 31b) that a woman rushes to swear at the time of her throes that she will no longer [have sexual relations with] a man. And therefore, she requires atonement, and hence her sacrifice is called a sin-offering, and it is stated about her, "and the priest shall atone for her" (Leviticus 12:8). **From** its laws is, for example, that which they, may their memory be blessed, said that a woman that has given birth does not bring her sacrifice on the fortieth day for a male and on the eightieth day for a female, but rather on the morrow, which is the forty-first day, and likewise the eighty-first day, as it is stated, "On the completion of the days of purification" - meaning to say that they are totally completed. And if she brought it during the days of completion, she has not fulfilled her obligation (Zevachim 112b). If the time has passed and she did not bring her atonement, she brings it after the time. And the whole time that she has not brought it, she is forbidden to eat consecrated foods - and as they, may their memory be blessed, said (Mishnah Negaim 4:3), "[When] she brought her atonement, she eats from consecrated foods." And all those lacking atonements have the same status in this regard. And [regarding] all those that are obligated to bring a sacrifice, we may not bring their sacrifice without their consent; except for [the sacrifice of] those lacking atonement, which does not require consent of the owners (Nedarim 35b). And the rest of its details are in Tractate Niddah (see Mishneh Torah, Laws of Offerings for Those with Incomplete Atonement 1). **And** [it] is practiced at the time of the [Temple] by females. And one who transgresses it and does not bring her sacrifice has violated this positive commandment, and she is lacking atonement and forbidden to eat from consecrated foods. And woe is to her if she dies before she brings it and [so] carries her iniquity upon her soul.

מצוה קסט

מצות ענין טמאת מצרע - לטמא אדם מצרע. כלומר שמצוה היא עלינו שכל מי שיהיה מצרע שיבוא אל הכהן לשאל על צרעתו והכהן יטמאנו או יטהרנו, והוא יתנהג על פי התורה הכתובה, כאשר יצונו הכהן, ולא יקח הדבר כחלי הבא במקרה, אלא יתן לב עליו וידע כי גדל עונו גרם אותו, שנאמר)ויקרא יג ב(**אדם** כי יהיה בעור **בשרו** וגו' והובא אל אהרן הכהן או אל אחד מבניו הכהנים. ומצוה זו כוללת כל משפטי צרעת אדם מה שממנה טמא ומה שממנה טהור, ומה שממנה צריך הסגר ומה שאינו צריך הסגר, ומה שצריך עם ההסגר גלוח או אינו צריך גלוח, כלומר תגלחת הנתק, ומלבד זה דינין הרבה. **וענין** הצרעת הוא שילבין מקום אחד או הרבה מקומות בעור בשר האדם ויהיו אותם המקומות לבנים הרבה עד שידמה הלבן שלהם ללבן קרום ביצה ולמעלה ממנו בלבנינות, אבל כל זמן שיהיה כהה למטה ממראה קרום ביצה, אין זה צרעת אלא בוהק הוא, כלומר חלי אחר שאינו ממין הצרעת כלל אלא כמיני הגרב ושאר מיני נגעים הנעשים באדם. וארבע מראות להן של צרעת הם בעור בשר האדם, השתים הן אבות והן שאת ובהרת, והשתים תולדות להן, כלומר שהן למטה בלבן מאלו השתים שנקראות אבות. וזהו אמרם זכרונם לברכה)נגעים פ"א מ"א(מראות נגעים שתים שהן ארבע, בהרת וספחתה, שאת וספחתה, ופרוש ספחתה כלומר תולדתה, שאין לשון ספחת אלא לשון טפלה. וארבע

המראות אלו דמו אותן חכמים אחת לצמר לבן נקי וזהו שאת, ואחת לשלג וזהו בהרת, ואחת לסיד ההיכל והיא תולדת בהרת)מדות פ"ג מ"ד(ואחת לקרום ביצה והיא תולדת שאת. ארבע מראות אלה הם הטמאים ומצטרפין זה עם זה לטמא)נגעים שם מ"ג(. וכל שאין מכיר אותן בחלוקיהן ושמותיהן)שבועות ו א(אינו דן אלא על פי מכיר, וכמו שנאמר למטה בדיני המצוה. משרשי המצוה. לקבע בנפשותינו כי השגחת השם ברוך הוא פרטית על כל אחד מבני אדם, וכי עיניו פקוחות על כל דרכיהם, כמו שכתוב)איוב לד כא(כי עיניו על דרכי איש וכל צעדיו יראה. ולכן הזהרנו לתת לב אל החלי הרע הזה ולחשב כי החטא גרם אותו, וכבר אמרו זכרונם לברכה)ערכין טז ב(, כי בחטא לשון הרע יבא ברב ולא נקחנו דרך מקרה, ויש לנו לבוא אל הכהן, שהוא העומד לכפרת החוטאים, ועם חברת המכפר אולי יהרהר בתשובה ויסגר קצת ימים כדי שישיב אל לבו ענייניו במתון ויפשפש במעשיו)ברכות ה א(, ולפעמים יסגר שני הסגרים שמא הרהר תשובה ולא תשובה שלמה לגמרי, כאלו תאמר על דרך משל שחשב להחזיר מחצית גזלתו, ואז יחדש בו השם ברוך הוא קצת סימנין שיסגר שנית אולי ישלים תשובתו ויטהר לגמרי. **וכל** ענין הסגרין אלו יורה השגחתו ברוך הוא על כל דרכי האדם אחת לאחת. ולפי שהדעות רבות בהשגחת האל על כל ברואיו, יבואו בה הרבה פסוקים במקרא והרבה מצות להורות על הענין מהיותו פנה גדולה בתורתנו. שיש כתות בני אדם יחשבו כי השגחת השם יתברך]על כל המינין בפרט בין אנשים או כל שאר בעלי חיים, ויש מהן כתות יחשבו כי השגחת השם ברוך הוא[על כל עניני העולם בין בעלי חיים או כל שאר דברים, כלומר שלא יתנועע דבר אחד קטן בעולם הזה רק בחפצו ברוך הוא ובגזרתו עד שיחשבו כי בנפל עלה אחד מן האילן הוא גזר עליו שיפל, ואי אפשר שיתאחר או יקדם זמן נפילתה אפילו רגע, וזה דעת רחוק הרבה מן השכל. ויש כתות רעות יחשבו שלא ישים השגחתו ברוך הוא כלל בכל עניני העולם השפל, בין באנשים או בשאר בעלי חיים, והוא דעת הכופרים, רע ומר. ואנחנו בעלי הדעת האמיתים לפי מה ששמעתי נשים השגחתו ברוך הוא על כל מיני בעלי חיים בכלל, שכל מין מן המינים הנבראים בעולם, יתקיים לעולם, לא יכלה ויאבד כלו, כי בהשגחתו ימצא קיום לכל דבר. ובמין האדם נאמין כי השגחתו ברוך הוא על כל אחד ואחד בפרט, והוא המבין אל כל מעשיהם)תהלים לג טו(. וכן קבלנו מגדולינו, וגם נמצא על זה הרבה כתובים יורו כי הענין כן. ולכן הזהירתנו התורה כי בהגיע אל האדם החלי הרע, והוא הצרעת, שלא יקחנו דרך מקרה, רק יחשב מיד כי עונותיו גרמו וירחיק מחברת בני אדם כאדם המרחק מרע מעשיו, ויתחבר אל המכפר המרפא שבר החטא ויראה אליו נגעו, ובעצתו ובדבריו ובפשפוש מעשיו יוסר מעליו הנגע, כי האל ברוך הוא שמשגיח עליו תמיד יראה מעשה תשובתו וירפאהו, וזהו ענין ההסגרין כמו שאמרנו. **מדיני המצוה.** מה שאמרו זכרונם לברכה)שבועות שם(שאין מראות נגעים אלו שאמרנו

מטמאין עד שיראו עמקין מן העור, ולא שיהיו עמקים ממש במשוש אלא שיראו בו בראית העין, כעין מראה החמה שנדמית לרואים עמקה מן הצל. ומה שאמרו)נגעים פ"ו מ"א(ששעור הצרעת הוא כגריס הקלקי, כלומר שאם יראו בעור בשר האדם מאותן מראות כשעור זה נקרא צרעת, אבל פחות מזה השעור אין זה צרעת. והשעור הזה הוא מקום מרבע בעור מחזיק שש שערות רחב ושש ארך שהוא בתשברת מקום שלשים ושש שערות. היה ברחבו חמש שערות אפילו ארכו אמה, אין זה צרעת, דרחב שש שערות בעינן. **כל** מקום שנאמר בתורה בהרת הוא הדין לארבע המראות. ושלשה סימני טמאה הן, שער לבן, מחית בשר חי, ופשיון. כיצד? מי שנולד בו שאת או ספחת או בהרת ובה שער לבן או מחית בשר חי, כשיראנו הכהן יאמר לו מיד שטמא מחלט הוא. לא היה בו שער לבן ולא מחיה, יסגירנו שבעת ימים. ואם פשה הנגע, יחליטנו מיד גם כן, שגם הפשיון הוא סימן טמאה, כמו שאמרנו. לא נולד בו אחד משלשה סימני טמאה בשבוע של הסגר ראשון, יסגירנו בשבוע שני. ואם נולד בו אחד משלשה סימני טמאה אלו, יחליטנו לטמאה ואם לאו, יטהרנו, שאין הסגר לצרעת עור בשר יותר משני שבועות. ואם אחר כך שטהר אותו יולד בו אחד משלשה סימני הטמאה, יטמאנו מיד גם כן, שאותם שלשה סימני טמאה לעולם מטמאין בין בתחלה בין אחר ההסגרין. נגע הצרעת שהיתה לבנה הרבה כמו הצמר הלבן והשלג ואחר כך כהה וחזרה כמראה קרום הביצה וסיד ההיכל אין זה סימן טהרה כלל אלא הרי היא בטמאתה ממש כמו בתחלה, עד שיכהה למטה מלבן קרום ביצה, ואז הוא נקרא בהק וטהור. **ואם** תשאל אם כן מהו שנאמר בתורה)ויקרא יג ו(והנה כהה הנגע בעור וטהרו הכהן? תשובתך, שזה נאמר בשכהה הנגע למטה מקרום ביצה, אבל בקרום ביצה ולמעלה ממנו אין זה כהוי שעדין מכלל מראות הטמאים הוא. ומה שנאמר)שם(ולא פשה הנגע בעור וטהרו יורה, שכל זמן שלא פשה כלל ולא נולד בו אחד משאר סימני הטמאה שאמרנו, אף על פי שלא כהה אלא עמד בעיניו, מכיון שלא פשה, טהור הוא. **ודיני** המקומות שבאדם שאין מתטמאין משום צרעת, ודיני שערי מחיה ופשיון ושער לבן גם כן בכמה מטמא, ודיני נגעי הראש והזקן, וענינו שהוא נפילת השער שבהם מעקרו וישאר מקום פנוי וזהו נתק, ואין נתק פחות מכגריס. ודיני כיצד מגלחין אותן, וסימני טמאתו וטהרתו. ודין מה שאמרו שהכל מתטמאין בנגעים ואפילו קטן בן יומו והעבדים, אבל לא גוים ולא גר תושב. ודין מה שאמרו שהכל כשרים לראות הנגעים, אבל הטמאה והטהרה ביד הכהן, כיצד? כהן שאינו יודע לראות חכם ישראל רואהו ואומר לו לכהן אמר טמא והוא אומר טמא, או אמר טהור והוא אומר טהור. ויתר פרטיה מבארים במסכת נגעים)פרקים א ד ו( ]הלכות טומאת צרעת פ"י[. ונוהגין דיני צרעת בזכרים ונקבות בכל זמן שיהיו כהנים בקיאין רואין אותן. כן נראה מדברי הרמב"ם זכרונו לברכה.)טומאת צרעת יא ו(ואף על פי שאי אפשר להביא קרבן עכשיו, לכשיבנה בית המקדש ויהיה אפשר להביא

קרבן בטהרתו מצרעתו, יביא קרבן. וכל מי שנצטרע ולא התנהג על פי התורה הכתובה במצרע אלא שלקח הדבר בדרך מקרה ולא חש לבוא אל הכהן ולהראותה לו, בטל עשה זה, ומן האמת שיהיה ענשו שתדבק בו הצרעת לעולם. ולטובים ייטיב השם יתברך וירפא. וכבר כתבתי למעלה סדר ביום השמיני בטמאת שמנה שרצים מצוה קנ"ט, שהרמב"ן זכרונו לברכה לא ימנה בחשבון המצות דיני הטמאות כלן, כגון טמאת נבילות ושרצים ואכלים ומשקין, נדה ויולדת וזבה וזב ושכבת זרע וצרעת אדם ובית ובגד וטמאת מת וטמאת מי נדה וטהרתן, והוא כתב בספר המצות שלו)עשין צו(ראיות ברורות בזה הענין מושכות כל לב שומען. ועם כל זה, מדרך הרמב"ם זכרונו לברכה לא נטה במנין, כאשר יעדתי בתחלת הבנין.

Mitzvah 169

The commandment of the matter of the impurity of a metsora: To make a man that is metsora (has a type of skin disease) impure - meaning to say that it is a commandment upon us that anyone who is a metsora come to the priest to ask about his tsaraat, and the priest will render him impure or render him pure; and he will act according to the written Torah, as the priest will command him; and he should not take the thing as an illness that comes by chance, but rather put his [mind] to it and know that the greatness of his iniquity caused it, as it is stated (Leviticus 13:2), "When a man has on the skin of his flesh, etc. it shall be brought to Aharon the priest or to one of his sons, the priests." And this commandment includes all the statutes of tsaraat of a person: that from which one is impure, and that from which one is pure; that from which one requires quarantine and that from which one does not require quarantine; that which requires shaving with the quarantine or does not require shaving - meaning to say shaving of the scab - and many laws besides this. **And** the matter of tsaraat is that one or more places on the skin of the flesh of a man become white - and these places be very white until their white resembles the white of the membrane of an egg and more than it in its whiteness. But the whole time that it is less dark in its appearance than the membrane of an egg, it is not tsaraat but rather a shiny spot (bohak) - meaning to say, a different illness that is not a type of tsaraat at all, but rather like types of rash and other types of [skin] ailments that occur with a person. There are four appearances to the tsaraat on the skin of a man's flesh: Two are primary sources (avot) - and they are the se'et and the baheret - and two are their derivatives. And that is [the meaning] of their, may their memory be blessed, saying (Mishnah Negaim 1:1), "The appearances of ailments are two which are four:

ספר החינוך Sefer HaChinukh

Baheret [...] and its adjunct; se'et [...] and its adjunct." And the understanding of its adjunct is meaning to say, its derivative; as the expression, adjunct (sapachat) is only an expression of [being] secondary. And the Sages likened these four appearances: one to clean white wool, and that is the se'et; one to snow, and that is the baheret; one to the lime of the sanctuary, and that is the derivative of the baheret; and one to the membrane of an egg, and that is the derivative of the se'et (Mishnah Negaim 1:1). These are the impure ones and they combine, one with the other, to render impure (Mishnah Negaim 1:3). And anyone who does not recognize them through their differences and their names should only determine them by the mouth of someone who recognizes [them] (Shevuot 6a) - and as it is stated below in the laws of the commandment. **It is from the roots of the commandment to fix in our hearts that the providence of God, blessed be He, is individualized upon everyone among people, and that His eyes are observing all of their ways, as it is written (Job 34:21), 'For His eyes are upon a man's ways; all of his steps He sees." And therefore, he warned us to put our [minds] to this bad illness, and to think that it is sin that caused it - and as they, may their memory be blessed, said (Arakhin 16b) that it generally comes from evil speech, and we should not take it [as being] by way of happenstance. And we need to come to the priest, who is the one that is ready [to effect] the atonement of sinners. And in the company of the one who atones, maybe he will contemplate repentance. And he is put in quarantine for a few days, in order that he put his matters into his heart with deliberation, and examine his deeds (Berakhot 5a). And sometimes he is put into two [consecutive] quarantines, lest he contemplated repentance, but not complete full repentance. It is as if you would say by way of illustration, that he thought to return half of his robbery; and then God, blessed be He, renewed some of the signs that he should be quarantined a second time - perhaps he will complete his repentance and purify himself completely. And the whole matter of these quarantines indicates His providence, blessed be He, on all the ways of man - one by one. And because the opinions are many about the providence of God upon all of his creatures, many verses in Scripture and many commandments come about it, to instruct about the matter - given that it is a cornerstone in our Torah. As there are groups of people that think that the providence of God, may He be blessed, is [individualized upon all of the species - whether people or all other animals. And there are groups that think that the providence of God, blessed be He, is] upon all

ספר החינוך Sefer HaChinukh

the matters of the world - whether animals or all other things - meaning to say that no small thing in the world moves without His will, blessed be He, and His decree; to the point that they think regarding the falling of one leaf from a tree, [that] He decreed about it that it should fall, and [so] it is impossible that the time of its falling be even a second later or earlier. And this opinion is very removed from the intellect. And there are evil groups that think that His providence, blessed be He, is not put upon any matters of this lowly world at all - whether upon people or other animals. And this is the opinion of the heretics - it is evil and bitter. And we who have the correct opinion, according to what I have heard, place His generalized providence, blessed be He, upon all the species of animals, such that each and every species that was created in the world, survive in the world - [that] it not completely finish and be lost - as with His providence does everything find existence in the world. But with the human species, we believe that His providence, blessed be He, is upon each and every one individually, and He is 'the One who understands about all of their deeds.' And so [too,] have we received from all of our great ones; and there are also many verses that instruct that the matter is so. And therefore, the Torah warned us that when this bad illness - and that is tsaraat - reach a man, he should not take it [as being] by way of happenstance. Rather, he should immediately think that his iniquities caused [it]. And he should distance himself from the company of people, like a man who is distanced due to the evil of his deeds. And he should associate with the one who can atone - the one who can heal the fracture of the sin - and show his ailment to him. And through his counsel and through his words, and through the examination of his deeds, the ailment will be removed from him - since God, blessed be He, who constantly watches him, will see the act of his repentance and heal him. And this matter is the matter of the quarantines, as we said. **From** the laws of the commandment is that which they, may their memory be blessed, said (Shevuot 6b) that these appearances of ailments that we said do not render impure until they appear deeper than the skin. And it is not that they actually be deeper to the touch, but rather that they appear so with the vision of the eye - similar to the appearance of sunny areas that appear deeper than the shade to viewers. And that which they said (Mishnah Negaim 6:1) that the measure of tsaraat is like [the size of] a Cilician bean - meaning to say that if those appearances like this size appear in the skin of a man, it is called tsaraat. And that measure is a rectangular surface on the skin that holds six hairs across and is six [hairs] long, which in arithmetic is thirty-six hairs. If it [only held] five hairs in its width - even [if] its length was an ell - that is not tsaraat; as we need six hairs. **Every** place that " baheret " is stated in the Torah, the law is the same for the four appearances. And there are three signs of impurity: a white hair; raw flesh; and spreading. How is this? If someone had a se'et or an adjunct or a baheret develop on him - when the priest sees him, he says to him immediately that he is definitively impure. If he did not have a white hair, nor raw skin, he should quarantine him seven days. And if [during that time] the ailment spread, he likewise renders him definitive - since spreading is also a sign of impurity, as we said. [If] none of these signs of impurity develop on him during the week of the first quarantine, he quarantines him during the second week. If one of these three signs of impurity develop on him [then], he renders him definitively impure; and if not, he renders him pure. As there is no quarantining for tsaraat of the skin of flesh [for] more than two weeks. And if afterwards from when he purified him, one of the three signs of impurity develop on him, he also renders him impure immediately; as these three signs of impurity always render impure - whether at the beginning, or after the quarantines. [Regarding] an ailment of tsaraat that was very white like white wool or snow, and afterwards dimmed and returned to be like the appearance of the membrane of an egg or like the lime of the sanctuary, this is not a sign of purity at all. But rather, behold, it is actually in its state of impurity as at the beginning until it dims beyond the white of the membrane of an egg. And then it is called a shiny spot and it is pure. **And** if you will ask - if so, what is that which is stated in the Torah (Leviticus 13:6), "and behold, the ailment dimmed [...] the priest shall render him pure"; your answer is that this is stated about the ailment dimming beyond the membrane of an egg. But with the membrane of an egg and above it, this is not [considered] dimming, as it is still included in the appearances of impurity. And that which is stated (Leviticus 13:6), "and the ailment did not spread in the skin, the priest shall render him pure," instructs that any time it did not spread at all and none of the other signs of impurity that we said developed - even though it did not dim, but rather stayed in its hue - since it did not spread, he is pure. **And** the places in a person that do not become impure on account of tsaraat; the laws of the measures of how much raw skin, spreading and also white hair [are required to] render impure; the laws of the ailments of the head and the beard - and its substance is that it is the

ספר החינוך Sefer HaChinukh

shedding of their hair from its roots and the place become empty, and this is a scab (netek), which is no less than the size of a split bean (kegris); the laws of how we shave them and the signs of its impurity and its purity; the law of that which they said that all become impure with ailments, and even a one-day old child and slaves, but not gentiles nor a resident stranger; the law of that which they said that all are fit to see the ailments but the purity and impurity is in the hand of the priest, how is this - an Israelite sage sees it [for] a priest who does not know how to see it, and he says to the priest [to] say, impure, and he says, "Impure," or he says [to] say pure, and he says, "Pure"; and the rest of its details are elucidated in Tractate Negaim (see Mishneh Torah, Laws of Defilement by Leprosy 10). **And** the laws of tsaraat are practiced by males and females at all times when there are expert priests seeing them. So, does it appear from the words of Rambam, may his memory be blessed, (Mishneh Torah, Laws of Defilement by Leprosy 11:6). And even though it is impossible to bring a sacrifice now, he will bring a sacrifice when the Temple is built and it will be possible to bring a sacrifice with the purification from his tsaraat. Any anyone who developed tsaraat and did not act act according to the Torah that is written about the metsora, but rather took the thing [as being] by way of happenstance, and did not concern himself with coming to the priest and showing it to him, has violated this positive commandment. And truthfully his punishment should be that his tsaraat should cling to him forever. But God, may He be blessed, will do good to the good, and he will be healed. And I have already written above [in] the Order of Bayom HaShemini in commandment 159 about the impurity of the eight swarming creatures (Sefer HaChinukh 159) that Ramban, may his memory be blessed, does not count all of the laws of the impurities - such as the impurity of carcasses, swarming creatures, food and drink, the menstruant, the woman who has given birth, the zavah, the zav, semen, the tsaraat of a man, a house or a garment, the impurity of a corpse and the impurity of the sprinkling water and its purification - in the tally of the commandments. And he wrote clear proofs about this matter, that draw all hearts that listen to them, in his Book of the Commandments (on Sefer HaMitzvot LaRambam, Mitzvot Ase 96). But with all of this, we will not swerve in the tally from the path of Rambam, may his memory be blessed; as we set out at the beginning of the structure.

מצוה קע

שלא לגלח שער הנתק - שלא לגלח שער הנתק, שנאמר)ויקרא יג לג(ואת הנתק לא יגלח, כלומר אותו שער שעל מקום הנתק לא יגלח. ולשון ספרא)ויקרא ט ז(מנין לתולש סימני טמאה מתוך נתקו שעובר בלא תעשה, שנאמר)שם(ואת הנתק לא יגלח. והענין שיכיר הכהן סימני הטמאה בשערות. **משרשי** המצוה. לרמז שיסבל כל אדם איזה צער ואי זה ענש שיענישהו השם ברוך הוא ולא יבעט בהם. ואל יחשב שיהיה יכלת בידו לבטל אותם ולהעלימם מן הבריות, רק יש לו לבקש תחינה מאת האל ברוך הוא שירפא מחץ מכותיו. וזה השרש יספיק גם כן ללאו דלא יקוץ בהרתו שבסדר כי תצא)מצוה תקפד(. **מדיני** המצוה. מה שאמרו זכרונם לברכה)נגעים י ה(כיצד מגלחים את הנתק? מגלח חוצה לו ומניח שתי שערות סמוך לו כדי שיהיה מכיר הפשיון. ומה שאמרו גם כן)בספרא שם ד(שהתגלחת כשרה בכל אדם שנאמר והתגלח ומן הסתם משמע בכל אדם. ומה שאמרו שאין חיב עד שיגלח כל הנתק בתער, ויתר פרטיה מבארים במסכת נגעים]הל' טומאת צרעת פ"ין[. **ונוהגת** בזכרים ונקבות בכל מקום ובכל זמן שיש]בדור[כהן חכם לראות הנגעים. ועובר עליה וגלח את הנתק, לוקה.

Mitzvah 170

To not shave the hair of the scab: To not shave the hair of the scab (netek), as it is stated (Leviticus 13:33), "but the scab, he shall not shave" - meaning to say that hair that is on the place of the scab, he shall not shave. And the language of Sifra, Tazria, Parashat Nega'im, Chapter 9:7 is "From where [do I know] that one who detaches the signs of impurity from within his scab, that he violates a negative commandment? As it is stated, 'but the scab, he shall not shave.'" And the matter is that the priest recognize the signs of impurity in the hairs. **It** is from the roots of the commandment to hint that every person should tolerate whatever pain and whatever punishment God, blessed be He, punishes him and not rebel against them. And he should not think that there will be ability in his hand to negate them and to hide them from the creatures. Rather, he should request grace from God, blessed be he - that He should heal the crushing of his afflictions. And this root will also suffice for the negative commandment that he should not cut off his baheret that is in the Order of Ki Tetseh (Sefer HaChinukh 584). **From** the laws of the commandment is that which they, may their memory be blessed, said (Mishnah Negaim 10:5), "How does one shave the scab? He shaves outside of it and leaves two hairs adjacent to it, so that he will recognize the expansion. And that which they also said (Sifra, Tazria, Parashat Nega'im, Chapter 9:4) that the shaving is proper by any man, as it is stated, "and he shall be shaved" - and undifferentiated [as it is], it implies by any man. And that which they said that one is not liable until he shaves the entire scab with a razor. And the rest of its details are elucidated in **Tractate** Negaim (see Mishneh Torah, Laws of Defilement by Leprosy 10). **And** it is practiced by males and females in every place and at all times that there is a priest that has the wisdom to [recognize these] ailments. And one who transgresses it and shaves the scab is lashed.

מצוה קעא

הנהגת המצרע וכל מטמאי אדם בפריעה ופרימה - שיתנהג המצרע כמשפט הכתוב בפרשה, שנאמר)ויקרא יג מה(בגדיו יהיו פרומים וראשו יהיה פרוע, וכן כל שאר הטמאים גם כן צריכים להודיע את עצמן. ולשון ספרא)ויקרא יב ט(טמא מת ובועל נדה וכל המטמאין את האדם מנין תלמוד לומר וטמא טמא יקרא. והקריאה היא שיעשה בגופו ענין שיכר לבני אדם בו שהוא טמא ויסורו ממנו. **משרשי** המצוה. שיקח דמיון בנפשו בהרחקתו מבני אדם כי בסבת החטא ירחק האדם מכל טוב, למען ישוב מדרכו הרעה. וזהו אמרם זכרונם לברכה)ערכין טז ב(הוא הבדיל בלשון הרע בין איש לאשתו, ובין אדם לחברו, ולפיכך מחוץ למחנה אהלו. ולכן ראוי שיקרא לכל אדם שיסורו ממנו. וכלל גדול בכל הדברים במדה שאדם מודד בה מודדים לו)סוטה ח ב(. ופרוש דבר זה לא ידעוהו רבים, כי יחשבו לפרש דבר זה אצל השם יתברך בדגמת גמול בני אדם, שכל אחד ישלם את חברו גמול כפי הטובה שעשה עמו או כפי הרעה, ולא כן הענין אצל השם ברוך הוא חלילה כי אין עם השם ברוך הוא כי אם טובה וחסד ורחמים לעולם, ובכל עת ובכל שעה טובו מוכן אל כל הראוי לקבלו ולא ינום ולא יישן שומר ישראל)תהלים קכא ד(. ומה שאמרו זכרונם לברכה)שוטה שם(אצלו ברוך הוא במדה שאדם מודד בה מודדין לו, הכונה לומר כי לפי מעשה האדם אם לטובה אם להפך, יתכן לקבלת הגמול, כי לעולם באותו הענין שישים כל מחשבותיו ויעשה מעשיו, בדוגמתו ממש תמשך עליו הברכה או ההפך. **וכן** אמר הכתוב)איכה ג לג(כי לא ענה מלבו ויגה בני איש. וכתיב גם כן)תהלים ה ה(כי לא אל חפץ רשע אתה וגו'. כלומר שהשם יתברך לא יחיב בריה מחפצו בחיוב, כי האל הטוב חפץ בטוב לעולם. אבל האדם הוא שמחיב את עצמו בנטותו מן הישר ויסיר מגופו ההכנות המכשירות אותו לקבל הטובה. והמשל על זה, ההולך על דרך ישר ופנוי מאבנים ומכל דבר המכשיל ויש לדרך גדר קוצים מכאן ומכאן ועבר אחד ונתחכך בגדר ונכוה, באמת אין לומר על האיש הזה שהשם חפץ בכויתו, אבל הוא הגורם כי לא נזהר ללכת בישר. וכמו כן בעל החטא מדת הדין תחיבנו על חטאו על

כל פנים, ואין לומר עליו שהאל הטוב יחפץ בחיובו, אבל בהמנע ממנו הטוב מצד חטאו]ימשך[ימצא אליו הרע, וכעין דבר זה אמרו זכרונם לברכה)ב"ר פנ"א ג(אין דבר רע יורד מלמעלה. **וכלל** דברינו כי כל המקרה הרע המתחדש באדם, הוא פעלה המתחדשת באדם בהסתרת פני השם יתברך מן האיש, כלומר שהשם יתברך מסיר שמירתו מעליו מצד חטאו עד שיקבל הענש הראוי לו לפי החטא, ואז יצוה מלאכיו לשמרו כאשר בתחלה, וכמו שכתוב)דברים לא יז(והסתרתי פני מהם והיה לאכל ומצאוהו רעות רבות וצרות ואמר ביום ההוא הלא על כי אין אלהי בקרבי מצאוני וגו')דברים לא יז(. וכתב חכם אחד)כוזרי ד ג(ידענו כי השם אחד, והשנוי יבוא מהמקבלים, והשם לא ישנה מעשיו, כי כלם הם בחכמה. **מדיני** המצוה. מה שאמרו זכרונם לברכה)מגילה ח ב(אין בין מצרע מסגר למצרע מחלט אלא פריעה ופרימה ותגלחת ראש וצפרים, כלומר שהמסגר אינו פורע ופורם. ופרוש פורע גדול השעד, ופורם שיקרע בגדיו. והטהור מתוך הסגר פטור מתגלחת וצפרים, והטהור מתוך החלט חיב בתגלחת וצפרים, אבל טמאת שניהם שוה לכל דבר. ועניני טמאתן במה וכיצד, ואם אסורין בשאלת שלום, ואם הן מתרין לשנות בעודן בטמאתן, ואם אסורין לספר ולכבס, ואם מתרין ברחיצה ובסיכה ובנעילת הסנדל ובתשמיש המטה, ודין המצרעת כיצד דינה והנהגתה, ויתר פרטיה מבארים בנגעים]שם[. **ונוהגת** בכל זמן שיהיו לנו כהנים וחכמים שיודעים הנגעים שראויין לטהר ולטמא. ועובר על זה ולא עשה בעצמו כמשפט הזה, בטל עשה זה.

Mitzvah 171

The practice of wildness and rending of a metsora and all who render a person impure: That a metsora act like the statute written in the section of the Torah, as it is stated (Leviticus 13:45), "his clothes shall be rent, his head shall be wild." And likewise, all other impure ones must let themselves be known. And the language of Sifra, Tazria, Parashat Nega'im, Chapter 12:9 is "One who is impure from a dead body, one who has intercourse with a menstruant and all who render a person impure - from where [do I know they are included? Hence] we learn to say, '"impure, impure," he shall call out' (Leviticus 13:45)." And the calling is that he should do a matter in his body that people will recognize about him that he is impure and veer away from him. **It** is from the root of the commandment that he take his distancing from people as an example for his soul. As a person is distanced from all good as a result of sin, in order that he will repent from his evil way. And this is [the meaning] of their, may their memory be blessed saying (Arakhin 16b), "With evil speech, he separated a man from his wife and a man from his fellow. And therefore, his tent is

ספר החינוך Sefer HaChinukh

outside of the camp." And therefore, it is fitting that he should call to every man that they veer away from him. And the general principle in all things is "With the measure that a man measures, [so] will he be measured" (Sotah 8b). And many do not know the understanding of this thing. As they think to explain this thing with God, may He be blessed, modeled on the recompense of men - that each one will recompense his fellow according to the good that he did by him, or according to the bad [that he did]. But the matter is not like this with God, blessed be He, - God forbid. As there is always only kindness and mercy with God, blessed be He; and His goodness is ready at every instant and every hour for all who are fitting to receive it. And 'the Guardian of Israel does not slumber and does not sleep.' [Rather] the intention of that which they, may their memory be blessed said about Him, blessed be He, "With the measure that a man measures, [so] will he be measured," is to say that according to the action of a man - whether for the good or the opposite - will he be set to receive recompense. As always in the same manner that a person sets his thoughts and does his actions - in that exact mold - will blessing or its opposite be drawn to him. **And** so, does the verse state, "For He does not oppress from His heart, nor bring grief to man" (Lamentations 3:33). And it is also written, "For You are not a God who desires wickedness, etc." (Psalms 5:5) - meaning to say that God, may He be blessed, does not obligate liability to any creature from His desire for the liability, as the good God always desires good. Rather, it is a man who makes himself liable in his moving from righteousness; and [so] removes from himself the preparations that allow him to receive the good. And the parable for this is the one who walks on a straight path that is free of stones and from anything that makes one stumble, but there is a hedge of thorns from this [side] and from that [side]. And one went and rubbed the hedge and was hurt - truthfully, one cannot say about this man that God desired his hurt. [Rather,] he was the cause, since he was not careful to walk straight. And so too, with one who sins, it is the attribute of justice that makes him liable for his sin regardless. And one cannot say that the good God desired his liability. [Rather,] in his preventing himself from the good, from the angle of his sin, did evil become [drawn] found to him. And similar to this thing did they, may their memory be blessed, say - "No evil thing descends from Above" (Bereshit Rabbah 51:3). **And** the general principle of our words is that every bad event that happens to a man is an action that happens to a man by God, may He be blessed, hiding His face from the man

- meaning to say, that God, may He be blessed, removes His guarding from upon him, from the angle of his sin, until he receives the fitting punishment according to his sin. And then He commands His angels to guard him, as at first. And [it is] as it is written (Deuteronomy 31:17), "And I will hide My face from them and they will be for food, and many evils and troubles will find them; and they will say on that day, 'It is because our God is not among us, they found us, etc.'" And one sage wrote, "We know that God is one and the change [only] comes from the recievers. And God will not change His deeds, as they are all with wisdom" (Sefer Kuzari 4:3). **From** the laws of the commandment is that which they, may their memory be blessed, said (Megillah 8b), "There is no difference between a quarantined metsorah and a definitive metsorah except renting and wildness, [...] shaving and [offering] birds" - meaning to say that the quarantined one does not become wild and rent. And the explanation of becoming wild is the growing of hair; and of rending is that he tears his clothes. And the one who is pure [after] the quarantine is exempt from shaving and birds, but the one who is pure [after being] definitive is obligated about shaving and birds. But the impurity of both of them is the same in everything. And the matters of their impurity and how it is; whether they are prohibited in inquiring about [others'] welfare; whether they are permitted to study [Torah] while they are still in their impurity; whether they are forbidden to get a haircut and to wash clothing; whether they are permitted in bathing, anointing, the wearing of shoes and sexual relations; the law of a metsoraat (a woman that contacts tsaraat), how is her law and her practice; and the rest of its details are elucidated in Negaim (see Mishneh Torah, Laws of Defilement by Leprosy 10). **And** [it] is practiced at all times that we have priests and sages that know the ailments, that are fitting to render pure and to render impure. And one who transgresses it and does not do like this statute for himself has violated this positive commandment.

מצוה קעב

מצות ענין נגעי בגדים - לעשות בנגע בגדים כמשפט הכתוב בפרשה. שנאמר (ויקרא יג מו) והבגד כי יהיה בו נגע וגו'. ומצוה זו כוללת כל דיני צרעת בגדים איך יטמאו ואיך לא יטמאו, ומה מהם צריך הסגר או קריעה או שריפה ורחיצה וטהרה. **משרשי** המצוה. שרצה האל בטובו הגדול ליסרנו כאשר ייסר איש את בנו (דברים ח ה). כי זה הענין איננו בטבע, אבל מופת הוא באמה הקדושה למען ילמדו ויקחו מוסר בהשתנות הכלים

ספר החינוך Sefer HaChinukh

המיחדים לתשמישם, והם הבגדים של צמר ופשתים, כי בהם רב תשמיש בני אדם, וישובו מתוך כך מדרכם הרעה טרם תזרח הצרעת גם בגופם. **מדיני** המצוה. מה שאמרו זכרונם לברכה (ספרא תזריע יג א) שאין מטמא בנגעים אלא בגדי צמר ופשתים בלבד ושעור טמאתן כגריס כשעור באדם. ושלשה סימני טמאה יש בהם (נגעים ג ז) ירקרק, אדמדם, פשיון. פרוש ירקרק ירק שבירקין ככנף הטואס. ואדמדם אדם שבאדמים כמו הזהורית. ודיני הפשיון (שם יא ז) ודין ירק שפשה אדם, או אדם שפשה ירק, ודין כל כלי ראוי להתטמא שאמרו זכרונם לברכה (שם יא) שהוא מטמא בנגעים אף על פי שאינו מטמא במדרס הזב, כמו קלעים של ספינה והפרכת ושבכית של שבכה ומטפחות סופרים והאבנט ורצועות מנעל וסנדל שיש בהן רחב כגריס וכל כיוצא בהן. ואין צריך לומר שאר הכלים כגון כרים וכסתות. ויתר פרטיה מבארים בטהרות. והרב מהן במסכת נגעים [הלכות טומאת צרעת פי"ב]. **ונוהגת** בבגדי זכרים ונקבות. והעובר עליה ולא התנהג בענין זה כדין הכתוב בפרשה, בטל עשה.

Mitzvah 172

The commandment of the matter of ailments of clothing: To act with ailments of clothing like the statute written in the section of the Torah, as it is stated (Leviticus 13:47), "And the garment that has an ailment in it, etc." And this commandment includes all of the laws of the tsaraat of clothing: how they become impure and how they do not become impure; which ones of them require quarantine, or tearing or burning, or washing and purification. **It is from the roots of the commandment** that God wanted in His great goodness to chasten us, 'like a man chasten his child.' As this matter is not natural, but [rather] a sign with the holy people, in order that they learn and take rebuke in the changing of the items that are particularly for their use - and they are clothes of wool and flax, as most usage of people is with them - and they repent through this from their evil way, before the tsaraat breaks out also in their bodies. **From** the laws of the commandment is that which they, may their memory be blessed, said (Sifra, Tazria, Parashat Nega'im, Chapter 13:1) that only clothes of wool and flax alone become impure with aliments; and the measure of their impurity is a split bean, like the measure in a person. And there are three signs of impurity with them (Mishnah Negaim 3:7): deep green; deep red; and spreading - the understanding of deep green is green among the greens, like the wing of a peacock; and of deep red is red among the reds, like crimson fabric. And the laws of spreading (Mishnah Negaim 11:7); the law of green that spread red or red that spread green; the law that all [cloths] are fitting to become impure - as they, may their memory be blessed, said (Mishnah Negaim 11:11) that it becomes impure with ailments, even though it does not become impure as the base (midras) of a zav - like sails of a ship, a partition, the decorative piece of a hairnet, scribes' hankerchiefs, a belt, the laces of a shoe or of a sandal that has the width of a split bean, and similar to them, and there is no need to say other [cloths] like bedspreads and pillows; and the rest of its details are elucidated in [the Order] of Tahorot, and most of them are in Tracate Negaim (see Mishneh Torah, Laws of Defilement by Leprosy 12). **And** [it] is practiced with the clothes of males and females. And one who transgresses it and does not act in this matter like the law that is written in [this] section of the Torah has violated a positive commandment.

מצוה קעג

מצות הטהרה מן הצרעת שתהיה במינים ידועים - להיות הטהרה מן הצרעת. בין צרעת אדם או בגד או בית, בעץ ארז ואזוב ושני תולעת ושתי צפרים ומים חיים, ושיעשה בהן כל מה שכתוב בענין שנאמר (ויקרא יב ב) זאת תהיה תורת המצרע וגו' כל הפרשה. ושלשת מינין של טהרה הזכרו בתורה. ואלו הן מים, וזה המין של מים יכלל טהרת כל טמא, כלומר שאי אפשר לכל טמא לעלות מטמאה כי אם במים. והמין השני מי נדה, והוא המין של הטהרה המיחד בטמאת מת. והמין השלישי, עץ ארז ואזוב ושני תולעת ושתי צפרים ומים חיים. וזה המין מיחד לצרעת. קצת רמז בעניני טהרתו של מצרע בדברים אלו הודיעונו חכמים על צד הפשט. שאמרו זכרונם לברכה (פסיקתא דרב כהנא יד) שהענין הוא לקבע בנפשו של מצרע, שאם היה טרם בא עליו החלי גבה לב כמו הארז על דרך משל שהוא אילן גבוה, ישפיל עצמו כאזוב, נאמרו בטעם צפרים (ערכין טז ב) הוא עשה מעשה פטיט, כלומר שהרבה דברים בלשון הרע, לפיכך יקריב צפרים שהם מצפצפים תמיד. ובשני התולעת איני יודע ונזכר שאמרו זכרונם לברכה עליו דבר. ואפשר גם כן שהוא רמז שישפיל עצמו ויהיה הרמז מצד השם של תולעת. **ובטעם** המים שיטהרו כל טמא אחשב על צד הפשט כי הענין הוא כדי שיראה האדם את עצמו אחר הטבילה כאלו נברא באותה שעה, כמו שהיה העולם כלו מים טרם היות בו אדם, וכמו שכתוב (בראשית א ב) ורוח אלהים מרחפת על פני המים. ויתן אל לבו בדמיון כי כמו שנתחדש בגופו יחדש גם כן פעלותיו לטוב, ויכשיר מעשיו וידקדק בדרכי השם ברוך הוא. ועל כן אמרו חכמים שלא תכשר הטהרה במים שבכלי רק במים חיים או מכנסין שהן על קרקע ולא בכלי. מכל מקום כדי לתת אל לבו במחשבה כאלו העולם כלו מים, והוא נתחדש בעלותו מהן, כמו שאמרנו. ואם יהיו

המים בכלי או אפילו עברו על כלי, לא יתכן הענין הזה שאמרנו אל מחשבת הטובל. כי יש גבול אל כל אשר הוא בכלי שהוא מעשה ידי אדם, ועל כן לא יחשב בטבלו בכלי כאילו כל העולם מים כאשר בתחלה, ושהוא נתחדש לשעתו. והשומע ישמע והחדל יחדל)יחזקאל ג כז(. **מדיני** המצוה. מה שאמרו זכרונם לברכה)נגעים יד א(כיצד מטהרין את המצרע? מביא מזרק של חרש שהוא חדש ונותן לתוכו רביעית מים חיים הראויין לקדש אותם למי חטאת. ושעור זה)סוטה טז ב(מדברי סופרים. ומביא שתי צפרים חיות טהורות לשם טהרת המצרע, שנאמר)ויקרא יד ד(ולקח למטהר. ושוחט את הברורה)פי, מובחרת(שבשתיהן על המים שבכלי חרש וממצא עד שיהיה הדם נכר במים, וחופר וקובר הצפור השחוטה בפניו, ודבר זה קבלה מפי השמועה. ונוטל עץ ארז, ומצותו שיהא ארכו אמה ועביו כרביע כרע מכרעי המטה. ואזוב שאין לו שם לוי לא יהא פחות מטפח. ושני תולעת משקלו שקל, ואם טעמו פסלו כצביעת התכלת שנפסלו בטעימה. וכל השעורין)עירובין ד א(הלכה. ולוקח עם שלשתן הצפור החיה. וארבעת מינין אלה מעכבין זה את זה)מנחות כז א(. ועץ ארז ואזוב שנתקלפו פסולין, וכורך האזוב עם הארז בלשון של זהורית, ומקיף להם ראשי אגפים וראש הזנב של]ה[צפור החיה, וטובל ארבעתן במים שבכלי ובדם שעליהן, ומזה שבע פעמים על גב ידו של מצרע ומשלח הצפור. וכיצד משלחה?)קידושין נז ב(עומד בעיר וזורקה חוץ לחומה ואינו הופך פניו לאהלים ולא לעיר אלא למדבר, שנאמר)שם יד נג(אל מחוץ לעיר אל פני השדה. שלחה וחזרה חוזר ומשלחה, אפילו מאה פעמים. **ואחר** כך מגלח הכהן את המצרע, וכיצד מגלחו? מעביר תער על בשרו הנראה, ואפילו בית השחי ובית הערוה ושאר כל הגוף עד שיעשה כדלעת, שנאמר)שם שם ט(את כל שערו. אם כן למה נאמר ראשו וזקנו וגבות עיניו? לרבות כל כיוצא בהן ולמעט שער שבתוך החטם לפי שאינו נראה. ואחר כך מכבס בגדיו וטובל ויטהר בכך מלטמא בביאה ומלטמא במשכב ומושב ויכנס לפנים מן החומה. ומונה שבעת ימים, והוא אסור בשבעת הימים אלו בתשמיש המטה, שנאמר מחוץ לאהלו מלמד שאסור בתשמיש המטה, אבל מצורעת מתרת בתשמיש המטה. כל שבעת הימים אלו עדין הוא אב הטמאה ומטמא אדם וכלים במגע ואינו מטמא במשא, שהרי הוא אומר)שם ט(והיה ביום השביעי וגו' וכבס בגדיו, מלמד שהיה מטמא בגדים. וכשם שהיה מטמא בגדים במגע, כך מטמא אדם במגע, שכל המטמא אדם מטמא בגדים, ושאינו מטמא אדם אינו מטמא בגדים.)כלים א א(וביום השביעי מגלחו הכהן תגלחת שניה כתגלחת ראשונה, ומכבס בגדיו וטובל ויטהר מלטמא אחרים, והרי הוא ככל טבולי יום ואוכל במעשר, העריב שמשו אוכל בתרומה, הביא כפרתו אוכל בקדשים. שחיטת הצפור והתגלחת וההזאה ביום, ושאר כל מעשיו בין ביום בין בלילה. ואלו באנשים וכל השאר אפילו נשים, ואלו בכהנים וכל השאר אפילו על ידי ישראל. ואותו כהן שטמאו מצוה)לטהרו, שנאמר( )שם יג

Sefer HaChinukh

נט) לטהרו או לטמאו. ויתר פרטיה במסכת נגעים. **ונוהגת** טהרה זו בכל מקום ובכל זמן שיש כהן חכם בנגעים, כן פרש הרמב"ם זכרונו לברכה, (וכן ראיתי בספרא) ועובר עליה ולא עשאה כמשפט, בטל עשה.

Mitzvah 173

The commandment of purification from tsaraat that it be with certain species: That purification from tsaraat - whether tsaraat of a person, a garment or a house - be with cedar wood, hyssop, wool dyed red, two birds and living water, and that he do with them everything that is written about the matter, as it is stated (Leviticus 14:2), "This is the law of the metsora, etc." to the end of the section. And three types of purifications are mentioned in the Torah, and these are them: Water, and this type, by water, includes the purification of every impurity - meaning to say it is impossible for any impure thing to emerge from impurity without water; and the second type is sprinkling water, and that is the type that is specific for the impurity of a dead body; and the third type, the cedar wood, hyssop, wool dyed red, two birds and living water, and it is the type that is specific for tsaraat. The Sages informed us of a bit of a hint in the matters of the purification of the metsora with these things. As they, may their memory be blessed, said (Pesikta D'Rav Kahanna 14) that the matter is to fix in the soul of the metsora that if, before the illness came to him, he was haughty-hearted like the cedar - by way of metaphor, since it is a tall tree - he should lower himself like the hyssop. It is said about the reason of the birds (Arakhin 16b) [that] he did an act of chattering - meaning to say, he spoke many words of evil speech - therefore, he must sacrifice birds that constantly chirp. And with the wool dyed red (shani tolaat), I do not know or remember anything that they, may their memory be blessed, said about it. And it is possible that it is also a hint that he should lower himself; and it would be a hint from its name [as it is called,] worm (tolaat). **And** about the reason that water purifies everything impure, I would think on the side of the simple understanding that it is in order that a man see himself with the immersion as if he is created at that time, [just] like the whole world was water before man was upon it - as it is written (Genesis 1:2), "and the spirit of God floated upon the face of the waters." And through this comparison, he place upon his heart that [just] like he is renewed in his body, he also renew his actions for the good, fix his actions and be exacting in the way of God, blessed be He. And therefore the Sages said that the purification is not fit with

ספר החינוך Sefer HaChinukh

water that is in a vessel, but rather only with living water - or collected [water], which is on the ground and, in any case, not in a vessel - in order to place in his heart the thought as if the world was entirely water, and [that] he is renewed with his emerging from them, as we said. But if the water was in a vessel - or even if it passed through a vessel - this matter that we said would not be set in the thought of the one immersing. As there is a limit to all that is in a vessel, which is the creation of the hands of man. And therefore, when he immerses in a vessel, he will not think as if the whole world is water like at the beginning [of Creation], and that he is renewed at that time. 'And the one who accepts, will accept; and the one who refrains will refrain.' **From** the laws of the commandment is that which they, may their memory be blessed, said (Mishnah Negaim 14:1), "How does one purify the metsora? He would bring a new earthenware pitcher and place within it a reviit of living water," with which it would be fitting to consecrate the sprinkling water - and that measure is [rabbinic] (Sotah 16b) - "and he would bring two wild birds" that are pure, for the sake of the purification of the metsora; as it is stated (Leviticus 14:4), "and it shall be taken for the one being purified." He slaughters the clarified (meaning, choice) of the two of them upon the water in the earthenware vessel and squeezes until the blood is recognizable in the water. And he digs and buries the slaughtered bird before him - and this is a tradition from what was heard. He takes cedar wood - and its commandment is that it be an ell long and its width be like a quarter of a foot of the feet of a bed; and not less than a handbreadth of hyssop that does not have an adjunct name; wool dyed red, the weight of which is a shekel, and if he mixed [its color], he disqualified it, like the dying of the aquamarine, which is disqualified by mixing. And all the measures are a law [from Moshe at Sinai] (Eruvin 4a). And he takes the living bird with the three of them; and the four species impede one another (Menachot 27a); and cedar wood or hyssop that have been peeled are disqualified. He ties the hyssop to the cedar wood with a strip of crimson fabric and surrounds them with the tips of the wings and the tip of the tail of the living bird. And he dips the four of them in water that is in the vessel and in the blood that is [in] it; "and sprinkles seven times on the back of the hand of the metsora." And he sends away the bird. And how does he send it away? If he is standing in the city, he throws it out of the wall (Kiddushin 57b). "He does not face the sea nor the city, but the desert, as it is stated (Leviticus 14:53), 'to outside the city toward the field'"(Mishnah

Negaim 14:2). [If] he sent it and it comes back, he again sends it away - even a hundred times. **And** afterwards, the priest shaves the metsora. And how does he shave him? He passes the razor over his visible flesh - and even [on] the underarm and the pubic area and all the rest of the body - until he becomes [smooth] like a gourd, as it is stated (Leviticus 14:9), "all of his hair." If so, why does it state, "his head, his beard, and his eyebrows?" To include everything that is like them and to exclude hair that is in the nose, since it is not seen. And afterwards he washes his clothes and immerses, and is purified with this from passing on impurity from his resting and sitting [upon something]; and he can come inside the [city] wall. And he counts seven days; and during those seven days, he is prohibited in sexual relations, as it is stated, "outside of his tent" - teaching he is forbidden in sexual relations. But a metsora'at is permitted in sexual relations. All of these seven days, he is still a source of impurity and renders a person and vessels impure with touch, but he does render impure with carrying - as behold it states (Leviticus 14:9), "And it shall be on the seventh day, etc. and he shall wash his clothes" - teaching that he was rendering clothes impure. And [just] like he was rendering clothes impure, so [too] was he rendering a man impure with touch - since all that renders a person impure, renders clothes impure; and all that does not render a person impure, does not render clothes impure (Mishnah Kelim 1:1). And on the seventh day, the priest shaves him a second [time] like the first shaving. And [the metsora] washes his clothes and immerses and is purified from rendering others impure. And behold he is like all who have immersed during the day, and can eat from the tithe; when his sun sets, he can eat from the priestly tithe; [and] when he brings his atonement, he can eat from consecrated foods. The slaughter of the bird, the shaving and the sprinkling are during the day, but all the other procedures are whether during the day or during the night. These [three things] are with men, but all the rest are even with women. These are with priests, but all the rest are even through an Israelite. And it is a commandment for the same priest who rendered him impure [to render him pure, as it is stated (Leviticus 13:59)], "to render him pure or to render him impure." And the rest of its details are in Tractate Negaim. **And** this purification is practiced in every place and at all times that there is a priest that is wise about ailments. So did Rambam, may his memory be blessed, explain (and so did I see in Sifra). And one who transgresses it and did not do it like its statute, has violated a positive commandment.

<u>מצוה קעד</u>

מצות תגלחת מצרע ביום השביעי - שיגלח המצרע את כל שערו והיא הטהרה השניה כמו שאמרו זכרונם לברכה בנגעים)יד ג(שנאמר והיה ביום השביעי יגלח את כל שערו וגו', ואמרו זכרונם לברכה)שם ד(שלשה מגלחין ותגלחתן מצוה הנזיר והמצרע והלוים. ולוים צריכים תגלחת כמצרע, וזה היה במדבר. **משרשי** המצוה. קצת מן הטעם שאמרנו למעלה)מצוה קעג(במים כדי שיראה האדם כאלו היום נברא והיום מתחיל שערו לצמח ויחדש מעשיו לטוב, כי בהיות האדם מנקה מכל שער אז ינקה יפה מכל לכלוך, ולכן ראוי לו לעלותו מטמאת צרעתו לעשות בעצמו מעשה הנקיות בכל כחו, כדי שינקה מעשיו גם כן בכל כחו ויהפכם מרעה לטובה ולהכשיר. **מדיני** המצוה. מה שאמרו זכרונם לברכה)סוטה טז א(כיצד הוא הגלוח? מעביר תער על כל בשרו הנראה, ואפילו בית השחי ובית הערוה וכל שאר הגוף עד שיעשה]ו[כדלעת, שנאמר את כל שערו. וכשהוא מגלח בשתי התגלחות אינו מגלח אלא בתער, ואם גלח שלא בתער או שהניח שתי שערות, לא עשה כלום. ויתר פרטיה במסכת נגעים]הלכות טומאת צרעת פ"י[. **ואמר** הרמב"ם זכרונו לברכה בזו המצוה)עשה קיא(וזהו לשון המעתיק ואבאר עתה מה הסבה אצלנו בתגלחת מצרע מצוה בפני עצמה והבאת קרבנותיו מצוה בפני עצמה, ולא עשינו כן בנזיר)מצוה שעז(, אבל שמנו תגלחתו והבאת קרבנותיו מצוה אחת, וזהו שהמצרע אין קשר לתגלחתו עם הבאת הבאת קדבנותיו, ותכלית המגעת מתגלחתו בלתי התכלית המגעת מהבאת קרבנותיו. וזהו שהמצרע טהרתו תלויה בתגלחתו, ובפרק ששי מנזיר)מד ב(אמרו מה בין נזיר למצרע? אלא שזה טהרתו תלויה בימיו, כלומר הנזיר, ומצרע טהרתו תלויה בתגלחתו, וכשיגלח המצרע ותשלם תגלחתו השניה טהר מלטמא בשרץ, כמו שהתבאר בסוף נגעים)יד ג(וישאר מחסר כפורים עד שיביא קרבנותיו כשאר מחסרי כפורים כמו שנתבאר שם. **והוא** תכלית תגלחתו טהרתו מלטמא בשרץ, הביא קרבנותיו או לא הביא, ותכלית הבאת קרבנותיו תשלום כפרתו כשאר מחסרי כפרה, כלומר זב והזבה ויולדת. וכבר קדם לנו לשון מאמרם)כריתות ח ב(ארבעה מחסרי כפרה, ושם נתבאר שהנזיר אינו מחסר כפרה, אבל המלאכה ההיא בכללה כמו התגלחת והבאת הקרבן יתירו לו שתית היין, ולא יספיק האחד מהם בלתי האחר, ותגלחת קשורה בקרבן והקרבן תלוי בתגלחת, ובקבוצם תגיע התכלית באחת והוא שיתרו לו הדברים שהיו נמנעים ממנו בימי נזרו. ובפרק ששי מנזירות)מו ב(אמרו, גלח על הזבח ונמצא פסול תגלחתו פסולה וזבחיו לא עלו לו. והנה התבאר שהתגלחת היא מתנאי הזבח, והזבח מתנאיה. **ובתוספתא**)נזיר פ"ב(נתבאר כמו כן שהנזיר שכלו לו ימיו אסור לגלח ולשתות יין ולטמא למתים עד שיעשה המלאכה ההיא כלה, והיא תגלחת טהרה כמו שהתבאר בפרק ששי מנזיר)מה א ב(והוא שיגלח פתח אהל מועד, וישליך שערו תחת הדוד, ויקריב הקרבנות

כפי מה שבא בכתוב, ואתה תמצאם בסוף המצות)עשין קיא(יקראו הבאת הקרבנות תגלחת ובבאור אמרו בפרוש המשנה)שם יא ב(הריני נזיר ועלי לגלח נזיר, ירצה לומר בזה שיביא קרבנות נזיר ויקריבם בעדו. הנה התבאר לך שהתגלחת נופלת על הבאת הקרבנות. והטעם בזה, היותה חלק מהם כמו שבארנו, ובקבוצם יוסר דין הנזירות וישתה הנזיר יין, אמנם תגלחת טמאה היא מדקדוק, פרוש מענין המצוה ולא מצוה בפני עצמה, כמו שבארנו במה שקדם, עד כאן. **ונוהגת** בזכרים ונקבות בכל מקום ובכל זמן שיש כהנים חכמים גדולים ראויים להורות בצרעת. והעובר עליה ולא גלח בטל עשה, והוא טמא.

Mitzvah 174

The commandment of shaving the metsora on the seventh day: That the metsora shave all of his hair - and that is the second purification, as they, may their memory be blessed, said in Negaim (Mishnah Negaim 14:3) - as it is stated (Leviticus 14:9), "And it shall be on the seventh day and he shall shave all of his hair, etc." And they, may their memory be blessed, said (Mishnah Negaim 14:4), "Three shave, and their shaving is a commandment: the nazirite; the metsora; and the Levites." And the Levites require [the same] shaving as the metsora, and it was in the wilderness (after the Exodus). **A** little of the reason that we said above about the water (Sefer HaChinuch 173) is from the roots of the commandment: So that a man appears as if he was created today, and today his hair starts growing and he start his actions for the good. As when a man is cleansed from all [the] hair, he is properly cleansed from all dirt. And therefore in order to emerge from the impurity of his tsaraat it is fitting for him to, himself, do an act of cleansing with all of his might; so that he also cleanse his actions with all of his might and change them from evil to good and to make them fit. **From** its laws is that which they, may their memory be blessed, said (Sotah 16a), "How is the shaving? He passes the razor over his visible flesh - and even [on] the underarm and the pubic area and all the rest of the body - until he becomes [smooth] like a gourd, as it is stated (Leviticus 14:9), 'all of his hair.'" And when he shaves the two shavings, he only shaves with a razor. But if he shaved not with a razor - or he left two hairs - [it is as if] he has not done anything. And the rest of its details are in Tractate Negaim (see Mishneh Torah, Laws of Defilement by Leprosy 10). **And** Rambam, may his memory be blessed, said regarding this commandment (Sefer HaMitzvot LaRambam, Mitzvot Ase 111) and this is the language of the transcriber: And I will now elucidate

ספר החינוך Sefer HaChinukh

what is the reason for us [that] the shaving of the metsora is a commandment on its own and the bringing of his sacrifices is a commandment on its own, and we did not do this with the nazirite (Sefer HaChinukh 377), but rather placed his shaving and the bringing of his sacrifices as one commandment. And that is that there is no connection between the shaving and the bringing of sacrifices of the metsora; and the purpose that comes from his shaving is not the purpose that comes from his sacrifices. And that is [because] the purification of the metsora is dependent upon his shaving: And in the sixth chapter of Nazir 44b, they said, "What is [the difference] between a nazarite and a metsora? Rather the purification of this one is dependent upon his day - meaning the nazirite - and the the purification of the metsora is dependent upon his shaving. And [so] when the metsora shaves and completes his second shaving, he is pure from giving off the impurity like a swarming creature, as is elucidated at the end of Mishnah Negaim 14:3. And [then] he remains lacking his atonement until he brings his sacrifices, like the rest of those that lack atonement, as is elucidated there. **And** that is that the purpose of his shaving is his purification from giving off impurity like a swarming creature - whether he brought his sacrifices or he did not bring [them]. But the purpose of his bringing his sacrifices is the completion of his atonement, like the rest of those lacking in atonement - meaning to say, the zav, the zavah and the woman who has given birth. And the language of their statement has already preceded us, "There are four who are lacking atonement" (Keritot 8b). And there it is elucidated that the nazirite is not lacking atonement, but [rather] the procedure in its entirety - the shaving and the bringing of the sacrifice - [is what] permit him in drinking wine. And the one will not suffice without the other; and [so] the shaving is connected with the sacrifice and the sacrifice is connected with the shaving. And with their combination, the purpose comes at once - and that is that the things from which he was prevented during the days of his naziriteship will be permitted to him. And in the sixth chapter of Nazir 46b, they said "If he shaved over the sacrifice, and the sacrifice was found disqualified, his shaving is disqualified, and his sacrifices did not count for him." Behold, it is elucidated that the shaving is from the conditions of the sacrifice, and [that] the sacrifice is from its conditions. **And** in Tosefta Nazir 2, it is likewise elucidated that the nazirite who completed his days is forbidden to shave, drink wine and to become impure to the dead, until he does the complete procedure. And that is the shaving of purification, as is elucidated in the sixth chapter of Nazir 45; and that is that he shaves at the opening of the Tent of Meeting, throw his hair under the cauldron and offer the sacrifices that come in the verse. And you will find (at the end of the commandments) [in most places], that they call the bringing of [these] sacrifices, "shaving." And in the elucidation they said, in explaining the Mishnah (Nazir 11b) [that states that one who says,] "Behold, I am a nazirite, and it is upon me to shave as a nazarite," [that] he means to say with this that he will bring the sacrifices of [another] nazarite and he will sacrifice them for him. Behold, it has been elucidated to you that the shaving [also means] the bringing of sacrifices. And the reason for this is their being a part of them, as we explained. And in their combination, the law of naziriteship is removed and the nazirite may drink wine. Moreover, the shaving of impurity (if a nazirite becomes impure) is from the detail[s] - the understanding of which is, from the substance - of the commandment, and not a commandment on its own, as we explained in what preceded (Sefer Ha Mitzvot LaRambam, Mitzvot Ase 93). To here [are his words]. **And** [it] is practiced by males and females in every place and at all times when there are great wise priests that are fitting to give rulings about tsaraat. And one who transgresses it and does not shave has violated a positive commandment, and is [still] impure.

מצוה קעה

מצות טבילה לטמאים - שנטבל במי מקוה ואז נטהר מאיזה מין ממיני הטמאות שנטמאנו בו, שנאמר (ויקרא יד ט) ורחץ את בשרו. ובאה הקבלה מים שכל בשרו עולה בהן, ושערו חכמים (עירובין ד ב) שהן ארבעים סאה, וזהו שעור מקוה. ומן התורה בין שיהיו המים שאובין או שהמשיכו אותן מן המעינות או מן הגשמים הכל כשר, שהתורה אמרה מקוה מים מכל מקום, אבל חכמים פסלו כל מקוה שמימיו שאובין, ולא עוד אלא אפילו עברו בכלי שלם בעת שממשיכין אותן לתוך החפירה, פסלוהו. וזה השעור של ארבעים סאה, בעינן במי מקוה אפילו להטביל בו מחט, לדעת קצת מפרשים אבל במים נובעין, כלומר מים היוצאים ממעינות, אין להם שעור כלל, אלא כל זמן שיתכסה האדם כל גופו בהן ביחד או שיתכסו בו הכלים הטמאים ביחד, ראוי לטבל בו. **וכתב** הרמב"ם זכרונו לברכה (בסהמ"צ עשה קט) ואין כונתנו באמרנו שהטבילה מצות עשה שיהיה מצוה על כל טמא שיטהר על כל פנים, כמו שחיב כל מי שיתכסה בכסות שיעשה ציצית, וכן כל מי שיש לו גג שחיב לעשות לו מעקה, אבל הענין הוא שהודיעתנו התורה שמי שירצה להטהר מטמאה לא יתכן לו זה אלא בטבילה במים, וצותנו לקבל

הענין ולעשותו כן כשנרצה להטהר, אבל אם ירצה להשאר בטמאתו ולא יכנס למחנה שכינה זמן רב, הרשות בידו. תוספת ומכל מקום אין זה ממדת החסידים ואנשי מעשה להיותם מטמאים בטמאתם, כי הטמאה מאוסה, והטהרה אהובה, ונפשו של אדם מתעלה ומזדככת בטהרה, עד כאן. ולשון ספרא)אחרי מות ה ג(ורחץ את בשרו, יכול גזרת מלך? תלמוד לומר ואחר יבוא אל המחנה, כלומר שאין האדם מצוה להטהר, אבל כשירצה להטהר, מצוה עליו לעשות זה המעשה לטהרתו. **משרשי** מצוה הזו של טהרת המים מה שכתבנו למעלה בראש הסדר)מצוה קעג(להשיב את הילדים כפשטן של דברים כדרך הפשטנים עד שיגדלו ויבינו את אשר יבינו. ועוד נאמר בענין, שיש בטבילה רמז אל הטובל שינקה נפשו מכל חטא, כמו שטבע המים לנקות כל דבר המתכבס בהן. **מדיני** המצוה. מה שאמרו זכרונם לברכה)מקואות א ח(שמי מקוה ראויים להטהר בהם מכל טמאה, כגון נדה וזבה ושאר כל הטמאות של אדם וכלים חוץ מטמאת זב לבד, לפי שהכתוב פרש בו לבד מים חיים לטהרתו, פרוש מים נובעים. וכן מה שאמרו זכרונם לברכה)יבמות עד ב(שאף על פי שטבילת קצתם ביום לא תשלם טהרתם עד הערב השמש, כמו שכתוב)שם יא לב(במים יובא וטמא עד הערב וטהר, ושצריך לטבל גופו מגלה, כלומר שנוגע לשטח המים כלו, כלומר, שלא יהא שום דבר חוצץ בין כל הגוף והמים, ואם טבלו בבגדיהם בדיעבד עלתה להם טבילה, מפני שהמים באין בהן, וגם הנדה בדין זה דיעבד ומתרת לבעלה, והוא שלא יהיו הבגדים מהדקים יותר מדאי. וכל חיבי טבילות טבילתן ביום חוץ מנדה ויולדת שטבילתן בלילה, ובעל קרי טובל והולך מתחלת הלילה עד הערב השמש. **ודיני** חציצה שאמרו זכרונם לברכה)עירובין ד ב(כי דבר תורה אם היה דבר חוצץ חופה את רב האדם או רב הכלי, לא עלתה להם טבילה, והוא שיקפיד האדם בדבר, אבל אם אינו מקפיד, עלתה לו טבילה, ואם הדבר החוצץ אינו אלא על מעוטו, אפילו מקפיד עלתה לו טבילה דין תורה, אבל מדברי סופרים שכל דבר החוצץ ואפילו כל שהוא אם מקפיד עליו לא עלתה לו טבילה, **גזרה** מעוטו משום רבו שהוא אסור מן התורה כשמקפיד, ואם היה דבר החוצץ חופה רבו, אף על פי שאינו מקפיד, לא עלתה לו טבילה, גזרה רב שאינו מקפיד משום רב המקפיד שאסור דבר תורה. נמצא לפי זה שאם היה דבר חוצץ על מעוטו ואינו מקפיד, עלתה לו טבילה אפילו מדרבנן, דהשתא יש בדבר תרתי לטיבותא. **ודיני** מקואות רבים, ודין מים שאובין בכמה פוסלין המקוה, וכיצד, ובאיזה כלי יקראו המים שאובין, שאלו שאבוה בכלי נקוב כמוציא רמון, אין אלו נקראים מים שאובין, שאין עליו תורת כלי מעתה. ואפילו סתמו הנקב סתימה שאינה יפה כגון שנתנו בו אבן או פרי לפי שעה שאינו סותמו סתימה יפה שעדין ישארו בו נקבים וסדקים בכונס משקה, גם בזה שמעתי ממורי שלא תקרא שאובה וראויה לטבל בה. **ודין** חקק הכלי עד שלא קבעו או קבעו ואחר כך חקקו, וכמה חקק ראוי לפסל, והחלוק שבין כלי חרס לשאר כלים, שכלי חרס אינו

פוסל עד שיהיה החקק כדי לקבל רביעית, וכלי עץ פסול בכל שהוא. ומה שאמרו (שבת יד א) שאין המקוה נפסל לא בשנוי הריח ולא בשנוי הטעם אלא בשנוי מראה בלבד, וכל דבר שאין עושין בו מקוה, לכתחלה פוסל את המקוה בשנוי מראה, כגון היין והחלב והדם ומי כל פרות גם כן, אבל נפלו מהם למקוה ולא שנו מראיו, אינם פוסלין, דדוקא במים שאובין גזרו ואמרו דשלשה לגין מהן פוסלין, אבל לא מי פרות עד שישתנה מראה המים בעבורן (עי' מקואות ז ה). ודיני חציצות רבים. וסוף הדברים, הכלל הצריך אלינו זהו, מדין תורה (ב"ק פב א) היתה צריכה כל אשה לעין כל גופה סמוך לטבילתה שלא יהא דבר חוצץ בגופה ודיה, ועזרא ובית דינו תקנו שתהא חופפת בכל מקום שער שבה במים חמים ומסרקת או מפספסת שערותיה בידיה או במסרק אם יש לה יפה יפה, כדי שאם היו שערותיה נקשרים תתיר אותם, ובנות ישראל החמירו על עצמן לשטף כל גופן בחמין, וכל המשנה ממנהגן ימתח על העמוד (עי' מכות כב ב). **וחפיפה** זו צריכה סמוך לטבילה, כלומר שלא תתעסק בדבר אחר בינתים. ומכל מקום אם נזדמנה לאשה טבילה בלילי שבת ויום טוב התירו אפילו לכתחלה שתהא חופפת ביום וטובלת בלילה, וכן מפני חשש שיכנסו המים בכל מקום שבגופה אמרו חכמינו זכרונם לברכה (נדה סז א), שצריכה האשה לעמד בשעת טבילה בענין שתהא נראית כאורגת וכמינקת את בנה שעומד תחת הדד, וצריכה להזהר גם כן בטבעות שבידה והצמידים אם הם מהדקים לטלם מידיה בשעת טבילה, וכן הרצועות שבראשה להתירן, ותדיח את פיה ושניה, שאף על פי שכל המקומות שבבית הסתרים אין צריכין שיבואו בהם מים, צריכין הם להיותם ראויים לביאת מים, ומעשה היה (שם סו ב) באשה שטבלה ונמצא לה עצם בין שיניה והצריכוה חכמים טבילה אחרת. טבלה ונמצא עליה שום דבר חוצץ כגון בצק או זפת או דם יבש וכיוצא בהן, מכל הדברים שמנו חכמים שחוצצין אפילו כטפת חרדל, כל זמן שמקפדת עליו ודרכה להעבירו, לא עלתה לה טבילה, ואפילו היה הדבר החוצץ תחת הצפרן ואפילו כנגד הבשר, מכיון שמקפדת, חוצץ. ולפיכך נהגו בנות ישראל לטל צפרנן בשעת טבילה. ויתר רבי פרטיה של דיני חציצות ודיני מקואות וטבול יום, מבארים במסכת מקואות ובמסכת טבול יום. **ונוהגת** מצוה זו של טבילה בכל מקום ובכל זמן בזכרים ונקבות, שמצוה עליהם כשירצו להטהר מטמאתן שיטבלו במים כענין שאמרנו במים ראויין, ושלא יהא בהן דבר חוצץ, ויתר הענינים שכתבנו. אבל מכל מקום אין המצוה שיטהרו עצמן על כל פנים אם רצו להשאר בטמאתן, אלא אם כן בא לכנס למקדש או לאכל קדשים, וזהו בזמן הבית, כי אז בזמן ההוא אם עשה כן, בטל עשה זה, מלבד החיוב שעליו באכלו קדש בטמאה והכנסו למקדש, כמו שכתבנו למעלה (מצוה קסז).

Mitzvah 175

The commandment of immersion for the impure: That we

ספר החינוך Sefer HaChinukh

should immerse in the waters of a mikveh (ritual bath) and then become pure from any type of the types of impurity with which we have become impure, as it is stated (Leviticus 14:9), "and he shall wash his flesh." And the tradition came about it, [that it is] water in which all of his flesh can go. And the Sages estimated this as forty seah (Eruvin 4b), and that is the measure of a mikveh. And from the Torah - whether the water is drawn, or it is pulled from the springs or from rain water - it is all fit. But the Sages disqualified any mikveh, the water of which is drawn. And not only that, but rather even if the water passed through a whole vessel at the time that it was flowing into the pit, they disqualified it. And this measure of forty seah regarding the waters of a mikveh is even to immerse a needle, according to some commentators. But with gushing water - meaning to say, water that comes out of springs - it does not have a measure at all. Rather, any time that all of his body together is covered by it, or that the impure vessels are covered together by it, it is fit to immerse in it. **And** Rambam, may his memory be blessed, wrote (Sefer Hamitzvot LaRambam, Mitzvot Ase 109), "And our intention in writing that immersion is a positive commandment is not that it is a commandment upon everyone impure to become purified regardless, like anyone who is covered by a cloak must make fringes (tsisit), and so [too,] all who have a roof are obligated to make a parapet for it. [Rather,] the matter is that the Torah informed us that one who wants to become pure from his impurity will not have a possibility to do this without immersion in water. And [so] it commanded us to accept the matter and to do it like this when we want to become pure. But if one wants to stay in in his impurity and not to enter the encampment of the Divine Presence for a long time, the option is in his hand." An addition: But nonetheless it is not from the trait of piety and men of [good] action to be defiled in their impurity - as impurity is disgusting, and purity is beloved. And the soul of a person is elevated and purified with purity. To here [is the addition]. "And the language of Sifra, Achrei Mot, Section 5:3 is '"And wash his flesh" - perhaps it is a decree of the King? [Hence] we learn to say, "and after, he may come to the encampment."' [This is] meaning to say that a person is not commanded to purify himself. [Rather,] if he wants to purify himself, it is a commandment upon him to do this procedure for his purification." **What** I wrote above at the beginning of this Order (Sefer HaChinukh 173) is from the roots of this commandment of the purification of the water; to answer the children - according to the simple understanding of things, in the way of those that seek the simple understanding - until they grow up and understand that which they will understand. And we shall also say about the matter that there is a hint in immersion to the one immersing that he clean his soul from all sin, just like the nature of water is to clean every thing that is washed in it. **From** the laws of the commandment is that which they, may their memory be blessed, (Mishnah Mikvaot 1:8) said that the waters of the mikveh are fitting to purify in them from any impurity, such as [that of] the menstruant, the zavah and the other types of impurity of men and vessels - except for only a zav, since Scripture made explicit only for it [that] living waters are his purification - the understanding of which is gushing water. And also that which they, may their memory be blessed, said (Yevamot 74b) that even though the immersion of some of them is during the day, their purification is not completed until the sunset, as it is written (Leviticus 11:32), "it shall come in water and be impure, until the night and it shall become pure." And he needs to immerse his body revealed - meaning to say, that all of it is [in contact] with the water, meaning that there not be anything separating between all of the body and the water. But if he immersed in his clothes, the immersion counted for him, ex post facto - since the water goes into them. And the menstruant is also [included] in this law, ex post facto, and is permitted to her husband - and that is so long as the clothes are not extremely tight. And the immersion of all of those obligated to immerse is during the day, except for the menstruant and the woman that has given birth, such that their immersion is during the night. And one impure from a seminal emission may immerse from the beginning of the night and on, until the sunset [of the next day]. **The** laws of separations [from the water] that they, may their memory be blessed, said (Eruvin 4b) is that it is the word of the Torah if there was something separating, covering most of the person or the vessel, the immersion would not count for them - and that is when the person is concerned about the thing. But if he is not concerned, the immersion counts. But if the thing that separated was only on its lesser part, the immersion counts for him from Torah writ, even if he is concerned about it. But [rabbinically, with] anything - even the smallest amount - that separates that he is concerned about, his immersion does not count; [as a] decree of its lesser part, on account of its majority, which is forbidden from the Torah when he is concerned. And if the thing that separated covered most of him - even if he is not concerned - his immersion does not count;

ספר החינוך Sefer HaChinukh

[as a] decree of the majority about which he is not concerned, on account of the majority about which he is concerned, which is forbidden from Torah writ. It comes out that if there was something on his lesser part and he is not concerned, the immersion counted for him - even rabbinically - as now there are two advantages to the thing. **And** the laws of mikvaot are many. And [there is] the law of drawn water - how much disqualifies the mikveh and how it is [that it is disqualified]; and with which vessel is the water called drawn water - as if one drew it with a vessel that has a hole the size of a pomegranate, it is not called drawn. As from then, it no longer has the status of a vessel. And even if he filled the hole with a filling that is not proper, which still leaves holes or cracks when the liquid enters [it] - such as if he placed a stone of a fruit in it temporarily - I have heard from my teacher that this is not called drawn, and [so, it is] fitting to immerse in it. **And** the law of carving out a vessel before he fixed it [in the ground], or if he fixed it and afterwards carved it out; and how much carving out is [needed] to disqualify - and the difference between an earthenware vessel and other vessels, as an earthenware vessel is not disqualified until it be carved out enough to hold a reviit, whereas a wooden vessel [is disqualified] with the smallest amount. And that which they said (Shabbat 14a) that a mikveh is not disqualified with a change of smell or a change of taste, but rather only with a change of appearance. And any [liquid] from which we do not make a mikveh from the outset - such as wine, milk, blood and also the juice of any fruit - disqualifies the mikveh with a change in appearance. But if some of it fell into [the mikveh] and it did not change its appearance, it is not disqualified. As it is only with drawn water that they decreed and said that three log disqualifies. But fruit juice does not [disqualify] until the appearance of the water changes from their mixing [in] (see Mishnah Mikvaot 7:5). **And** the law of separations are many. But the end of the things is the general principle that we require, [which] is this: From Torah writ (Bava Kamma 82a), any woman should have [only] needed to inspect all of our body proximate to her immersion - so that there not be anything separating on her body, and that would suffice for her. But Ezra and his court ordained that she scrub in hot water any place she has hair, and comb or loosen her hair with her hands - or a comb, if she has one - very well; such that if her hair was knotted, she would undo them. And the daughters of Israel were stringent upon themselves to cleanse all of their bodies with hot water. And anyone who differs

ספר החינוך Sefer HaChinukh

from their custom should be stretched on the pole [to be whipped] (see Makkot 22b). **And** this scrubbing needs to be proximate to her immersion - meaning to say that she not be involved in anything in between. And nonetheless if the immersion of a woman happened to be on Shabbat or a holiday, they permitted even from the outset that she scrub during the day and immerse at night. And likewise the Sages, may their memory be blessed, said (Niddah 67a) that on account of the concern that water should enter onto all parts of here body, a woman needs to stand at the time of the immersion in such a way that she appear like a weaver or one nursing her child standing under her breast. And she also needs to be careful about rings on her hand and bracelets - and if they are tight, she must take them off her hands at the time of immersion; and so [too,] to untie the bands on her hair, and to rinse her mouth and teeth. As even though water does not need to come into any of the hidden places, they need be fit for the water to come in. And there was a case (Niddah 66b) of a woman who immersed and a bone was found between her teeth, and the Sages required her another immersion. If she immersed and then something else separating was found upon her, such as dough or tar or dry blood and what is similar to them from all of the things that the Sages enumerated as separating - even it if is as small as a mustard seed, so long as she is concerned about it and her way is to remove it - her immersion did not count for her. And even if the thing was under the fingernail, and even if it was [impressed on] the flesh - since she is concerned - it is [considered to be] separating. And therefore, the daughters of Israel have been accustomed to cut their nails at the time of immersion. And the rest of its many details of the laws of separations and the laws of mikvaot and one who has immersed on that day are elucidated in Tractate Mikvaot and and in Tractate Tevul Yom. **And** this commandment of immersion is practiced in every place and at all time by males and females. As it is a commandment upon them when they want to become pure from their impurity that they immerse in water, like the matter that we said about fitting waters, and that there not be something separating upon them and the rest of the matters that we wrote. But nonetheless the commandment is not that they purify themselves regardless if they want to stay in their impurity, unless they came to enter the Temple or to eat consecrated foods. And [the latter] is at the time of the Temple. As then - at that time - if one did like that, he [would have] violated this positive commandment, besides the liability that is upon him in his eating the holy in impurity and his entering the Temple, as we wrote above (Sefer HaChinukh 167).

מצוה קעו

מצות קרבן מצרע כשיתרפא מצרעתו - שיקריב כל מצרע קרבן כשירפא מחליו, והוא שלש בהמות אחת לעולה ואחת לחטאת ואחת לאשם ועוד לג שמן. ואם הוא עני, כבש אחד לאשם ועשרון סלת ולג שמן ושתי תורים או שני בני יונה, האחד חטאת והאחד עולה, שנאמר)ויקרא יד י(וביום השמיני יקח שני כבשים תמימים וכבשה אחת, וכתב בפרשה שאחר זה)שם כא(ואם דל הוא וגו'. וזה המצרע נקרא מחסר כפרה עד שיקריב זה הקרבן. וארבעה מחסרי כפרה הן)כריתות ח ב(זה שאמרנו וזב, וזבה, ויולדת. והענין שנקראו מחסרי כפרה הוא לומר שכל אחד מהם אף על פי שטהר מטמאתו וטבל והעריב שמשו ביום השביעי, עדין הוא חסר כפרה זו ואינו יכול לאכל בקדשים עד שיקריבנה ביום השמיני. ואל יקשה עליך למה אנו מונין קרבן כל אחד מארבע אלה מצוה אחת ולא נכללו כלן במצוה אחת, שנאמר שיקריבו ארבעה מחסרי כפרה ואחר כך יהיו מכפרין, כמו שאנו אומרים בטהרת מי מקוה שיטבל כל טמא ואחר כך יטהר, ואין אנו מחלקים בעניני הטמאות לחשב טהרת כל אחת מצוה, כי הענין הוא מפני שקרבנות ארבעה אלה אינם שוים, ונמצא שהדבר שישלים כפרתו של אחד מהם לא ישלים כפרת האחר, ולכן ימנו כל אחד מצוה, מה שאין כן במי מקוה שהטהרה שוה בכלם, כן תירץ הרמב"ם זכרונו לברכה.)בספר המצות עשה עז(.**משרשי** ענין הקרבן, כתבנו למעלה)מצוה צה(על צד הפשט, כי בו דמיון להשפיל יצר הגוף החוטא ולהגדיל מעלת הנפש, ולכן המצרע חיב בו, כי הצרעת לא יהיה באדם רק מצד המשכו אחר תאוות הגוף או בדבור או במעשה, וראוי להתיסר. **מדיני** המצוה. מה שאמרו זכרונם לברכה)נדרים לה ב(שכל מחיבי קרבן אין מקריבים אחרים קרבנן אלא מדעתן, חוץ ממחסרי כפרה שאין צריכים דעת בעלים, ומפני כן אמרו)שם(שאדם מביא קרבן על בניו ובנותיו הקטנים אם היו מחסרי כפרה ומאכילן בזבחים. ויתר פרטיה מבארים בהרבה מקומות בגמרא, ועקר בזבחים בפרק שני, וערכין פרק שני, ובסוף נגעים וקנין]ה' מחוסרי כפרה פ"ד[. **ונוהגת** בזמן הבית בזכרים ונקבות. והעובר עליה ולא הקריב קרבנו בזמנו, בטל עשה.

Mitzvah 176

The law of the commandment of a metsora when he is healed from his tsaraat: That every metsora bring up a sacrifice when he is healed from his illness. And that is three beasts - one for a burnt-offering, one for a sin-offering and one for a guilt-offering - and also a log of oil; and if he is poor, a lamb for the guilt-offering, a tenth of a log of oil and two doves or two young pigeons - one for the sin-offering and one for the burnt-offering. As it is stated (Leviticus 14:10), "And on the eighth day he shall take two unblemished male lambs and one female lamb." And it is written in the section that is after this (Leviticus 14:21), "And if he is poor, etc." And this metsora is called, 'one lacking atonement,' until he sacrifices this sacrifice. And there are four lacking atonement (Keritot 8b): this one that we said; the zav; the zavah; and the woman who has given birth. And the substance of [their being] called lacking atonement is to say that each one of them - even though he is pure from his impurity, immersed and his sun set for him on the seventh day - is still lacking this atonement and he cannot eat the consecrated foods until he sacrifices them on the eighth day. And let it not be difficult upon you why we count the sacrifice of each one of these four as a [distinct] commandment, and do not group them all as one commandment - that we say that the four who are lacking atonement offer a sacrifice, and afterwards they will be atoned; as we say about the purification of the waters of the mikveh, that any impure one immerse, and afterwards he will be pure - and we do not distinguish among the types of impurity to count each one as a commandment. As the matter is because the sacrifices of these four are not the same, and it comes out that the thing that completes the purification of one of them does not complete the purification of the other. And therefore, they counted each one a [distinct] commandment. [But this] is not the case with the waters of the mikveh, as the purification is the same with all of them. So, answered Rambam, may his memory be blessed (in Sefer HaMitzvot LaRambam, Mitzvot Ase 77). I have written above (Sefer HaChinukh 95), from the angle of the simple meaning from the roots of the matter of the sacrifice, that there is a resemblance [to the animal], to lower the impulse of the body of the sinner and to enlarge the level of the soul. And hence the metsora is liable for it, as tsaraat is only in a man from the angle of his being pulled after the desires of his body - in word or deed - and [so,] he is fitting to be afflicted. **From** the laws of the commandment is what they, may their memory be blessed, said (Nedarim 35b) that all others may not offer a sacrifice for one who is liable a sacrifice without his consent - except for those lacking atonement, which do not require the consent of the owners. And because of this, they said (Nedarim 35b) that a man may bring a sacrifice for his young sons or daughters if they were lacking atonement, and [then] feed them from sacrifices. And the rest of its details are elucidated in many places in the Gemara, but mainly in Zevachim in the second chapter and Arakhin [in] the sixth chapter and at the end of Negaim and Kinin (see Mishneh Torah, Laws of Offerings for Those with Incomplete Atonement 4). **And** [it] is practiced at the time of the [Temple] by males and females. And one who transgresses it and does not sacrifice his sacrifice at its time has violated this positive commandment.

מצוה קעז

מצות ענין טמאת בית שיהיה בו נגע - לטמא בית מנגע. כלומר שנעשה בבית שיהיה בו צרעת כמשפט הכתוב בפרשה, כמו שנאמר)ויקרא יד לה(ובא אשר לו הבית וגו'. כמו שכתוב שם, ושנחזיק מי שנכנס לבית בטמא, כמו שכתוב בפרשה)שם מו(והבא אל הבית יטמא וגו'. ומצוה זו כוללת כל עניני טמאת הבית איזה צריך הסגר או הריסה בקצת הקירות או בכלן. וזה הענין של צרעת ההווה באבנים שמעתי שאיננו דבר טבעי, אבל הוא ענין מופתי)עי' רמב"ן עה"ת שם יד לה(. יבא לפעמים לבתי ישראל להוכיחם כי מאהבת השם אותם יודיעם מוסרו במה שהוא חוץ לגופם כדי שיחזרו בתשובה טרם יתחיבו לענש אותם בגופם. וכן היה הענין שאם לא עשה תשובה יתפשט הנגע גם בבגדיו, לא הרגיש עדין, יתפשט גם בגופו. ועוד אמרו זכרונם לברכה)ויק"ר פי"ז ו(כי בתחלה כשכבשו הארץ הביא השם יתברך בקצת בתים נגע צרעת לטובתם כדי שיהרסו הבית ויתגלה להם מטמון שטמנו שם האמוריים, ואף על פי שהיה אפשר להודיעם זה על ידי נביא מבלי נגע, ידוע הוא שהאל יעשה נסים לבני אדם דרך סתר כמו שכתבנו למעלה. **מדיני** המצוה. מה שאמרו זכרונם לברכה)נגעים יד ג(ששעור נגעי בתים כשני גריסין זה בצד זה, ושלשה סימני טמאה בבית ירקרק אדמדם ופשיון, וכלן מפרשים בכתוב. ושני המראות מצטרפין זה עם זה לשעור שני גריסין, וכל השעורין הלכה למשה מסיני. וכשיראה נגע בבית, אפילו חכם שיודע שהוא נגע, לא יגזר ויאמר נגע נראה לי אלא כנגע כי לכהן נתן לטמא ולטהר נגעים ולא לאדם אחר. ואין בית אפל מטמא בנגע לפי שאין פותחין בו חלונות לראות בו נגע, שנאמר)שם לה(נראה לי, ופרשו רבותינו זכרונם לברכה)ספרא אחוי ה יא(לי ולא לאורי. שמא תאמר יראה את הנגע בנר, הראיה בנר אינה שלמה, ולפיכך בית אפל אינו מטמא לעולם בנגע. **וכן** אין הבית מטמא בנגע עד שיהא בו ארבע אמות על ארבע אמות או יותר, שאין קרוי בית בפחות מכן, והתורה אמרה בית, וכן בעינן שיהא לו ארבעה כתלים ובנוי על הארץ באבנים ועצים ועפר. שנאמר)שם מה(את אבניו ואת עציו ואת כל עפר, והלבנים והשיש אינן חשובים כאבנים. וירושלים וחוצה לארץ גם כן אין בהם דין טמאת בתים, שנאמר)שם לד(בבית ארץ אחזתכם. וחוצה לארץ אינה אחזה, וירושלים גם כן לא נתחלקה לשבטים, ולפיכך אינה בכלל אחזתכם. ויתר פרטיה בנגעים

ספר החינוך Sefer HaChinukh

[הלכות טומאת צרעת פי"ד]. **ונוהגת** בבית של זכר או נקבה בארץ, ובכל זמן שיש כהנים ראויים לדבר. והעובר עליה, בטל עשה.

Mitzvah 177
The commandment of the matter of the impurity of a house that has an ailment: To render an ailing house impure; meaning to say that we do with a house that has tsaraat according to the statute that is written in the section of the Torah, as it is stated (Leviticus 14:35), "And the one who the house is his shall come, etc.," as it is written there; and that we assume one who entered the house [to be] impure, as it is written (Leviticus 14:46), "And the one who entered the house [..] shall be impure, etc." And this commandment includes all of the matters of the impurity of houses - which one requires quarantine or destruction of some of the walls or all of them. And I have heard (see Ramban on Leviticus 14:35) that this matter of tsaraat existing in stones is not a natural matter, but rather a miraculous matter, [and] it sometimes comes to the houses of Israel to rebuke them. As it is from God's loving them that He afflicts them with something outside of their bodies, so that they will repent before they are liable for [Him] to punish them with their bodies. And so was the matter, that if one did not repent, the aliment would also spread to his clothes; if he still did not sense it, it would also spread to his body. And they, may their memory be blessed, said (Vayikra Rabbah 17:6) that at the beginning when they conquered the land, God, may He be blessed, brought the ailment of tsaraat to some of their houses for their good, in order to destroy the house and reveal the buried treasure that the Amorites buried there. And even though it was possible to inform them [of] this through a prophet without an ailment, it is known that God will do miracles for people in a hidden way, as we wrote above. **From** the laws of the commandment is that which they, may their memory be blessed, said (Mishnah Negaim 14:3), that the measure of the ailments of houses is like two gris (split beans), one next to the other. And there are three signs of impurity in the house: deep green; deep red; and spreading, and all of them are explicit in Scripture. And two appearances combine, one with the other, for the measure of two gris. And all measures are a law of Moshe from Sinai. And when one sees an appearance in a house - even if he is a sage who knows that it is an ailment - he does not decree and say, "An ailment has appeared to me," but rather, "[Something] like an ailment has appeared to me." As it is for a

priest to render ailments impure and pure, and not for another man. And a dark house cannot become impure from an ailment, as we do not open up [new] windows with which to see the ailment, as it is stated (Leviticus 14:35), "appeared to me" - and our Rabbis, may their memory be blessed, explained (Sifra, Metzora, Section 5:11), "to me," and not "to my light." And lest you say, he should see the ailment with a candle, sight with a candle is not complete. And therefore, a dark house is never rendered impure by an ailment. **And** likewise, a house cannot be rendered impure until there are four square ells or more in it; as less than this is not called a house - and the Torah stated, "house." And so [too,] it must be in a way that it has four walls and is built on the ground, with stones, wood and dirt, as it is stated (Leviticus 14:45), "its stones, its wood, and all of its dirt." And bricks and marble are not considered [to be] like stones. And Jerusalem, and outside the Land [of Israel] as well, do not have the law of impurity of houses, as it is stated (Leviticus 14:34), "upon a house in the land of your holding." And outside the Land is not a holding; and Jerusalem was also never divided for the tribes - and therefore it is not included in "your holding." And the rest of its details are in Negaim (see Mishneh Torah, Laws of Defilement by Leprosy 14). **And** it is practiced in the house of a male or female in the Land [of Israel], at any time that there are priests fitting for the thing. And one who transgresses it has violated a positive commandment.

מצוה קעח

מצות ענין טמאת זב להיות טמא ומטמא - שיהא הזב טמא ומטמא את אחרים, שנאמר (ויקרא טו ב ג) איש איש כי יהיה זב מבשרו וגו' וזאת תהיה טמאתו וגו'. ובא הפרוש מבשרו כלומר, זב מפי האמה, וכמו שדרשו זכרונם לברכה כי יהיה זב (עפ"י ד"ו) יכול זב מכל מקום יהא טמא? תלמוד לומר מבשרו ולא כל בשרו. אחר שחלק הכתוב בין בשר לבשר זכיתי לדון דין טמא בזב וטמא בזבה, מה זבה מן המקום שהיא מטמאה, וכו'. **וענין** זיבה הוא שיוצא מן האדם מפי האמה כעין לחה ואין לו ביציאתו תאוה ולא הנאה. ואמרו זכרונם לברכה (נדה לה ב) שהוא דומה למי בצק של שעורים, וכמו כן דומה ללבן ביצה המוזרת, ושכבת זרע אינו כן, כי הוא ידמה ללבן ביצה שאינה מוזרת, וזהו החלוק בהן להכיר בין זה לזה. **וצוה** הכתוב שכל מי שיקרה בו. ענין זה שיצא ממנו זיבה שיהא טמא ומטמא עד שיטהר, ובא הפרוש, שאינו טמא משום ראית פעם אחת לבד אלא בשתי ראיות, כלומר שיזוב ממנו אותו ענין שתי פעמים בין סמוכין או חלוקין, ובלבד שיהיו ביום אחד ושלא יזוב בפעם אחת ממש, ואין לו שעור (שם מ א) אלא אפילו כל

שהוא. וזהו אמרם זכרונם לברכה)מגילה ח א(מנה הכתוב שתים וקרא טמא, שלש וקרא טמא, הא כיצד? שתים לטמאה ושלש לקרבן, כלומר שאף על פי שהוא טמא בשתים, לא יתחיב להביא קרבן בטהרתו עד שלש. ומכל מקום אם ראה ראיה אחת ארכה כשלש ראיות שנמצא מתחלתה ועד סופה כשתי טבילות ושני ספוגין, הרי זו נחשבת כשלש ראיות ומביא קרבן. **משרשי** המצוה. לפי שהשם ברוך הוא הרחיקנו מאד מן המותרות וצונו להיות קדושים וישרים בענין המאכל והמשתה ובכל שאר עניני האדם, ואין ספק כי ענין הזיבה יקרה באדם בצאתו מדרך הישר בהתמדה במאכליו ושקויו, ויגדל בגופו מתוך כך אותו המותר הסרוח המאוס והטמא, וכמו שאמרו זכרונם לברכה)קידושין ב ב(דרכה דמיכלא יתירא לאתויי לידי זיבה. והודיעתנו התורה שהאדם שיהיה בו כן, נקרא טמא, והטמאה שם כולל כל דבר נמאס ונאלח. ובהרחיקנו מזה, נקנה בנפשנו מדת הישר וההשויה בכל דעתינו ובכל כחנו. ומזה הענין הוא שאינו טמא בראיה אחת, לפי שלא נתחזקה בגופו אותה הלחה כל כך, והמעוט הזה איננו הוראה, להיותו מרגל הרבה לצאת מדרך הישר, וכיון שכן, אין ראוי לטמאו במועט, כי האדם בנוי בענין שאי אפשר לו בשום צד להנצל שלא לצאת מקו הישר כלום, אבל בצאתו הרבה אז יקרא אשם וראוי להיותו טמא. ואף על פי שאמרו זכרונם לברכה)שם ב ב(בשבעה דרכים בודקין את הזב במאכל ובמשתה, בקפיצה, במשא, בחלי, במראה, בהרהור. כלומר, ואם ארע לו מפני זה אינו טמא, לא תסתר טענתנו זאת בזה, כי הענין הוא שיש לנו לבדק אם נהיתה הזיבה בו בדרך מקרה של פעם אחת ואין לטמאו בה, או נהיתה בו חזקה בגופו מתוך הרגל רע שהרגל פעמים רבות וראוי לטמאו. וכן כתב הרמב"ן זכרונו לברכה)בפי' לתורה ויקרא טו יא(וזה לשונו וטעם טמאת הזוב מפני היותו חלי כרכד מן החלאים הנדבקים, עד כאן. ואלו נהיה מצד המקרה, כלומר מאחת מן הדרכים הידועים, לא יהיה חלי נדבק ואין ראוי לטמאו. וזאת הבדיקה אין עושין אותה כי אם בראיה שניה, לפי שאין טמאת זיבה אלא בשתי ראיות, כמו שאמרנו, שכן בא לנו הפרוש האמתי. **דיני** המצוה. מה שאמרו זכרונם לברכה שהזב מטמא המשכב והמושב והמרכב בחמשה דרכים, ואלו הן עומד, יושב, שוכב, נתלה, נשען. ופרוש מרכב הוא אותו הלוח שהוא ככלי העשוי לרכיבה הנקרא ארצון)רש"י ויקרא טו ט(שאין לומר שיהא אותו שיושבין עליו, דאם כן, הינו מושב וזה דבר ברור. ויתר פרטים רבים מבארים במסכתא הבנויה על זה והיא מסכת זבים]הלכות מטמאי משכב ומושב פ"ז[. **ונוהג** ענין זה, שבעל זיבה נקרא טמא, בכל מקום ובכל זמן, אבל עכשיו בעונותינו, שאין לנו מקדש ולא טהרות, אין לנו לחשב טמאת הזב במצוה נוהגת, לפי שאין לנו לעשות בענין הזיבה שום דבר, ובזמן הבית נוהג להביא עליה קרבן. והעובר עליה ונכנס למקדש או אכל קדש קדם שיטהר, בטל עשה מלבד שיש עליו ענש, כמו שכתוב למעלה)מצוה קסז(.

ספר החינוך Sefer HaChinukh

Mitzvah 178

The commandment of the matter of impurity of a zav (one with a discharge) to be impure and to render impure: That a zav be impure and render others impure, as it is stated (Leviticus 15:2-3), "when there be any man with a discharge from his flesh, etc." And the explanation comes, "from his flesh," is meaning a flow from the orifice of the member. And [it is] as they, may their memory be blessed, expounded, "'When there be a discharge' - it is possible, a discharge from any place would be impure. [Hence,] we learn to say, 'from his flesh' and not all of his flesh. Once Scripture has distinguished between flesh and flesh, I have merited to learn out the law of impurity with a zav and with a zavah. Just like a zavah is from the place that she become impure, etc." **And** the content of discharge is that which issues as a type of fluid from a man from the orifice of the member and he has no desire or pleasure from its emission. And they, may their memory be blessed, said (Niddah 35b) that it is similar to barley dough and, likewise, similar to the white of an addled egg; but semen is not like this, since it is similar to the white of an egg that is not addled. And that is the difference between them to distinguish between this and that. **And** Scripture commanded that anyone to whom this matter happens, that issues a discharge, be impure and render impure, until he is purified. And the explanation comes that he is not impure on account of one appearance alone, but rather for two appearances - meaning to say that this matter flow from him twice - whether they are proximate or distant, so long as they are on one day and that they not flow exactly at one time. And it has no measure, but rather even the smallest amount [is impure] (Niddah 40a). And this is their, may their memory be blessed, saying (Megillah 8a), "The verse enumerated two and it called [it] impure, three and called [it] impure. How is this? Two for impurity and three for a sacrifice" - meaning to say that even though he is impure with two, he is not obligated to bring a sacrifice with his purification until [there were] three. And nonetheless if he [experienced] an appearance as long as three appearances, which is found to be from its beginning to its end like two immersions and two wiping downs, behold it is considered like three appearances, and he brings a sacrifice. **It** is from the roots of the commandment [that it is] since God, blessed be He, distanced us greatly from the excesses and commanded us to be holy and righteous regarding food and drink and in all other matters of man. And there is no doubt that the matter of a discharge happens to a person from his constantly leaving the straight path

ספר החינוך Sefer HaChinukh

in his foods and drinks. And that putrid, disgusting and impure excess develops in his body, from this. And it is like they, may their memory be blessed, said (Kiddushin 2b), "It is the way of excessive drinking to lead to discharge." And the Torah informed us that a man who has this in him is called impure; and impurity is a general name for anything disgusting and vile. And in our distancing, ourselves from this, we acquire the trait of righteousness and balance in all of our dispositions and in all of our abilities. And it is from this matter that he is not impure from one appearance. As that fluid has not [yet] become so strong in his body. And [so,] this small amount is not an indication of his being very habituated to leave the straight path. And since that is so, it is not fitting to render him impure with a small amount - as a person is built in a way that it is impossible for him to prevent himself from not leaving the straight line at all. But in his leaving it much, he will then be called guilty; and it is fitting that he should be impure. And even though they, may their memory be blessed said (Mishnah Zavim 2:2), "There are seven ways a zav is examined: with regard to food; drink; a load; a jump; illness; a sight; or [improper] thoughts" - meaning to say if it happened to him because of this, he is not impure - our argument is not contradicted by this. As the matter is that we need to examine if his discharge was by way of a one-time event and he should not be made impure for that; or whether it has become strong in his body from a bad habit to which he has become accustomed many times, and [so,] it is fitting to render him impure. And so, did Ramban, may his memory be blessed, write (in Ramban on Leviticus 15:11) and this is his language: "And the reason for the impurity of the discharge is because of its being a heavy illness, from the contagious illnesses." To here [are his words]. And if it were from the angle of an event - meaning to say from one of the [seven] well-known ways - it would not be a contagious disease, and it would not be fitting to render him impure. And we only do this inspection with the second appearance, as there is no impurity of discharge without two appearances, as we said. As so did the true explanation come to us. **The** laws of the commandment [includes] that which they, may their memory be blessed, said that the zav imparts impurity to the [place of] sitting, laying and riding in five ways, and these are them: standing, sitting, laying, hanging from and leaning. And the understanding of riding is that it is that board which is a vessel that is made for riding (to hold on to it) that is called artson (Rashi on Leviticus 15:9). As we cannot say that we sit upon it - as if so, it would be [the same as] sitting - and this is an obvious thing. And the rest of its many details are elucidated in the tractate that is built upon it, and that is Tractate Zavim (see Mishneh Torah, Laws of Those Who Defile Bed or Seat 7). **And** this matter that one with a discharge is called impure is practiced in every place and at at all times. But now - due to our iniquities - that we do not have a Temple or pure objects, we should not count the impurity of a zav as a commandment that is practiced; since we do not have anything to do regarding the matter of a discharge. But at the time of the [Temple], he practices the bringing of a sacrifice for it. And one who transgresses it and goes into the Temple or eats holy [foods] before he has become purified has violated this commandment - besides that he has a punishment for it, as we wrote above (Sefer HaChinukh 167).

מצוה קעט

מצות קרבן זב כשיתרפא מזובו - להקריב הזב קרבן אחר שיתרפא מזובו, שנאמר)ויקרא טז יג יד(וכי יטהר הזב מזובו וגו' וביום השמיני יקח לו שתי תורים וגו'. והקרבן ההוא הוא שתי תורים או שני בני יונה, אחד לחטאת ואחד לעולה, והוא נקרא מחסר כפרה עד שיקריבהו. **משרשי** המצוה. מה שכתבנו למעלה)מצוה צה(, כי ענין הקרבן לרמז להשפלת יצר הגוף המתאוה ולעלות נפש השכל, ולכן כשנתרפא הזב ראוי לו להכיר רע תאותו, ולהישיר גופו בכל כחו ובענין הקרבן יתחיל לקחת מוסר. **מדיני** המצוה. מה שאמרו זכרונם לברכה)נדרים לה ב(שקרבן מחסר כפרה אינו צריך דעת בעלים, כמו שכתבנו למעלה)מצוה קעו(. ויתר פרטיה מבארים במקומות שכתבנו למעלה בקרבן מצרע. **ונוהגת** בזמן הבית. והעובר עליה ולא הקריב קרבן בטל עשה, והוא מחסר כפרה, וחבל על רישיה אי מאית וישא עונו בגופו.

Mitzvah 179

The commandment of the sacrifice of the zav when he is healed from his discharge: That the zav offer his sacrifice after he is healed from his discharge, as it is stated (Leviticus 16:13-14), "When the zav is purified from his discharge, etc. And on the eighth day, he shall take two doves, etc." And this sacrifice is two doves or two young pigeons - one for a sin-offering and one for a burnt-offering. And he is called, 'lacking atonement,' until he offers it. **That** which I have written above (Sefer HaChinukh 95), that the matter of the sacrifice is to hint to the lowering of the impulse of the desiring body and raise up the intellectual soul, is from the roots of the commandment. And hence when the zav is healed, it is fitting for him to recognize the evil of his desire and to straighten out his body with all of his strength. And with the matter of the sacrifice, he will begin to take instruction. **From** the laws of the commandment is that which they, may their memory be blessed, said (Nedarim 35b) that a sacrifice of one lacking atonement does not need the consent of the owners, as we wrote above (Sefer HaChinukh 176). And the rest of its details are elucidated in the places we wrote above with the sacrifice of the metsora. **And** [it] is practiced at the time of the [Temple]. And one who transgresses it and does not offer a sacrifice has violated a positive commandment and is lacking atonement. And [it is] a pity on his head if he dies and he carries his iniquity on his body.

מצוה קפ

מצות ענין טמאת שכבת זרע שהוא טמא ומטמא - להיות שכבת זרע טמא ומטמא, שנאמר)ויקרא טו טז(ואיש כי תצא ממנו שכבת זרע. **משרשי** המצוה. לפי שענין זה לא יקרה רק מצד מחשבות התאוות הגופניות, הודיעתנו התורה השלמה כי הגוף נקרא טמא בהן, כי עקר היותו בעולם אינו רק להבין במשכלות ולעבד בוראו, לפיכך כשיקרה בו אותו דבר שמראה בו הטיתו אל התאוה החמרית ראוי לעמד יום אחד בטמאתו כדי שתתנקה מחשבתו יפה ואחר כך יטהר. **מדיני** המצוה. מה שאמרו זכרונם לברכה)נדה מג ב(ששעורו לנוגע בכעדשה ולרואה הקרי בכל שהוא, ואחד רואה קרי באונס או ברצון טמא, וזרע של קטן אינו מטמא, וזרע אדם אינו מטמא אלא לבן, וכל זרע שאין האדם מרגיש בו לא בתחלה ולא בסוף, אינו טמא, והמהרהר בלילה וראה ששמש בחלום ועמד ומצא בשרו חם, אף על פי שלא ראה שכבת זרע, טמא. ויתר פרטיה מבארים במסכת זבים]ה' מחוסרי כפרה פ"א[. **ונוהגת** טמאת שכבת זרע בכל מקום ובכל זמן, אבל עכשין בעונותינו, שאין לנו לא מקדש ולא קדשים, אין אנו צריכין להזהר בענין הטמאה. ואף על פי כן עזרא תקן טבילה לבעלי קריין כדי שיהיו נקיים וטהורים יותר במחשבתן ולא יהיו בני אדם מצויין עם נשותיהן כתרנגולין. ובזמנו לא היה אדם מתפלל ושונה בתורה עד אחר טבילה. ובזמן הזה פסקו בגמרא)ברכות כב א(דבטלוה חכמים לטבילותא. ואין אדם נמנע מעתה מלהתפלל ולשנות גם להניח תפלין בשביל קרי, ואפילו לנטילותא, דהיינו הדחת הגוף בתשעה קבין מים, גם כן בטלו, ועכשו לא יטבלו ולא ידיחו כלל. ואמנם בעל נפש המטהר לקריו גם היום מדה טובה ומשבחת היא לו ותבוא עליו ברכה. ויודע דרך הטהרה ורב טובה, יחזיק בה.

ספר החינוך Sefer HaChinukh

Mitzvah 180

The commandment of the matter of the impurity of semen, which is impure and renders impure: That semen be impure and render impure, as it is stated (Leviticus 15:16), "And if semen come out from a man." **It** is from the roots of the commandment [that] since this matter only happens from the angle of thoughts of physical desires, the perfect Torah informed us that the body is called impure with them. As the essence of his being in the world is only to understand ideas and to serve his Creator. Hence when that thing that shows about him [that he is] leaning to physical desire, happens to him; it is fitting to stop in his impurity for a day, in order that he cleans his thoughts properly, and then become pure. **From** the laws of the commandment is that which they, may their memory be blessed, said (Niddah 43b) that the measure for one who touches [it] is like [the size of] a lentil, and for one who [experiences] the emission is with the smallest amount. And it is one, whether he [experiences] the emission accidentally or volitionally, he is impure. And the seed of a young child does not render impure. And red seed does not render impure, but rather [only] white. And any seed that a man does not feel - not at the beginning and not at the end - is not impure. And one who has [improper] thoughts at night, and saw in a dream that he had sexual relations and got up and found his flesh [to be] warm, is impure - even though he did not [knowingly experience] semen. And the rest of its details are elucidated in Tractate Zavim (see Mishneh Torah, Laws of Offerings for Those with Incomplete Atonement 1). **And** the impurity of semen is practiced in every place and at all times. But today that - due to our sins - we have neither a Temple nor consecrated things, we do not need to be careful about the matter of impurity. And nonetheless, Ezra and his court ordained immersion for those with an emission, so that they be cleaner and purer in their thoughts, and that men not be found with their wives [constantly] like chicken. And in his time, no man would pray or study Torah until after immersion. But at this time, they ruled in the Gemara (Berakhot 22a) that the Sages rescinded [the law of this] immersion. And from [then], no man prevents himself from praying or studying - also placing tefillin - because of an emission. And they also rescinded taking [of waters] - which is rinsing the body with nine kav of water. And [so] now, they do not immerse, nor rinse [off] at all. And nonetheless, a soulful person who purifies himself from his emission also today [is exhibiting] a good and praiseworthy trait, and a blessing will come to him. And one who knows the way of purity and much good should hold on to it.

מצוה קפא

מצות ענין טמאת נדה שטמאה ומטמאה - להיות הנדה טמאה ומטמאה אחרים. שנאמר (ויקרא טו יט) וכל הנוגע בה יטמא עד הערב. **שרש** המצוה וקצת פרטיה, נכתב כמנהגנו בלאו דנדה בם אחרי מות (מצוה רז) בעזרת השם. **ונוהגת** בכל מקום ובכל זמן. והעובר עליה ולא התנהג עמה בטמאה, וכן היא שנהגה בעצמה מנהג טהרה בטל עשה זה מלבד הענש שיש בה, כמו שנכתב למטה בעזרת השם.

Mitzvah 181

The commandment of the matter of the impurity of the menstruant, that is impure and renders impure: That the menstruant be impure and render others impure, as it is stated (Leviticus 15:19), "and anyone who touches her shall be impure until the evening." **We** will write the root of the commandment and a little of its details - as per our custom - in the negative commandment of the menstruant in the Order of Achrei Mot (Sefer HaChinukh 207), with God's help. **And** [it] is practiced in every place and at all times. And one who transgresses it and does not act with her [according to her] impurity - and likewise if she, herself, acts [according to] the practice of purity (and not impurity) - has violated this positive commandment, besides the punishment that there is with it, as we shall write below with God's help.

מצוה קפב

מצות ענין טמאת זבה שטמאה ומטמאה - להיות הזבה טמאה ומטמאה, שנאמר (ויקרא טו כה) ואשה כי יזוב זוב דמה ימים רבים וגו'. רמז שרש המצוה כתבתיו ביולדת (מצוה קסו) כי ענין הרחוק מהן וטמאתן, מפני המחלה שבהן שמזקת הרבה בני אדם וכל שכן השוכב אותן, כי לפי רב קרבתו עמהן, ההזק יותר. **מדיני** המצוה. מה שאמרו זכרונם לברכה (נדה עב ב) שאחד עשר יום הם שהם בין נדה לנדה. כלומר שהאשה נעשית בהם זבה, כך היא הלכה למשה מסיני. ופרוש הדבר כך הוא שכל אשה בעת שתראה דם בתחלת ראיתה תקרא נדה. וענין הנדות כך דינו שאם תראה יום אחד דם, או אפילו שבעה ימים רצופים, כל זמן שתפסק הדם ביום השביעי מבעוד יום, טובלת לערב, דהינו הלילה שמחרתו יום שמיני לתחלת ראיתה. ואחר טבילתה טהורה לבעלה. ואחר שבעת ימי הנדות אם תראה דם בתוך אחד עשר יום אחר השבעה, יקרא אותו הדם דם זיבה, ודינו כן,

שאם תראה ממנו יום אחד, בין שתראה בתחלת הלילה או בסוף היום, משמרת יום אחד כנגדו וטובלת, וטהורה לבעלה לערב. וטבילתה אפילו ביום משתנץ החמה, וזאת היא זיבה קטנה. וכן אם תראה דם שני ימים ותפסק בשלישי, דינה כמו כן לשמר יום אחד, ובכן יספיק לה אפילו לשני ימים ותטהר. וזאת גם כן תקרא זבה קטנה. ואם תראה דם בתוך אחד עשר יום אלו שלשה ימים רצופים, תקרא זבה גדולה וצריכה לישב שבעה ימים נקיים ואחר כך טובלת וטהורה לבעלה. ואחר אחד עשר יום אלו אם תראה, חוזרת לתחלת נדות ויש לה שבעה ימים כדין נדה, כמו שאמרנו למעלה. וכן יהיה הדבר לעולם, שאחר הנדות יש לה אחד עשר יום שבהן נעשית זבה. ואחר שעברו אותן האחד עשר יום אינה נעשית זבה לעולם עד שיעברו עליה שבעה ימי נדות. **ומפני** שכבר טעו בזה אחרים וחשבו שהחשבון הוא שתמנה שבעה ימים של נדות ואחד עשר יום של זיבות, ושבע של נדות, ואחד עשר של זיבות, וכן לעולם, הארכתי בענין לומר שאינו כן, אלא לעולם אין ימי זיבה אלא אחד עשר יום אחר שבעה של נדות ולא אחר כך לעולם עד שתחזר לתחלת הנדות. רצוני לומר שאם תעמד ולא תראה אחר האחד עשר יום אפילו שנה, אין לה דין זבה עד שיעברו עליה שבעת ימי נדות. **ויתר** פרטיה במסכת זבים ובמסכת נדה גם כן קצת מדיני זיבה [י"ד סימן קפ"ג]. ובלאו דנדה בסדר אחרי מות (מצוה רז) נכתב בעזרת השם מה שנהוג היום בענינים אלה. והעובר על מצוה זו והוא מקל בענינים אלו ובענין טמאתה, בטל עשה זה, מלבד הענש שהשוכב עמה הוא בכרת, כמו שנכתב בלאו דנדה בעזרת השם.

Mitzvah 182

The commandment of the matter of the impurity of the zavah (woman with an irregular discharge), that is impure and renders impure: That the zavah be impure and render impure, as it is stated (Leviticus 15:25), "And a woman who discharges a discharge of her blood many days, etc." I have written a hint of the root of the commandment with the woman that has given birth (Sefer HaChinukh 166) - that the matter of distancing from them and their impurity is because of the illness that they have, which hurts many people; and all the more so, one who lays with her. As the hurt is greater, according to the greatness of the closeness. **From** the laws of the commandment is that which they, may their memory be blessed, said (Niddah 72b) that there are eleven days between [one] menstruation (niddah) and [another] menstruation - meaning to say, that she becomes a zavah upon them. This is a law of Moshe from Sinai. And the explanation of the matter is like this: That every woman at the time that she [experiences] blood, at the beginning of her [experiencing] it, is called a 'menstruant.' And the

ספר החינוך Sefer HaChinukh

law of the matter of the menstruant is like this: That if she [experiences] blood one day, or even seven consecutive days - so long as the blood stops on the seventh day while it is still day - immerses at night; which is the night, the morrow of which is the eighth from the beginning of her experiencing [it]. And after her immersion, she is pure for her husband. But after the seven days of menstruation, if she [experiences] blood within the eleven days after the seven, that blood is called, 'blood of discharge,' and its law is [as follows]: That if she [experience] it for one day - whether she [experiences] it at the beginning of the night or the end of the day - she watches one day corresponding to it and immerses, and she is pure for her husband in the evening. And her immersion is even during the day, from when the sun rises. And this is called a 'small zavah.' And so [too,] if she [experiences] blood two days and stops on the third, her law is likewise to watch one day. And this is sufficient for her - even for two days - and she is purified. And this is also called a 'small zavah.' But if she [experiences] blood during these eleven days [over] three consecutive days, she is called a 'big zavah,' and needs to sit [out] seven clean days. And afterwards, she immerses and is pure for her husband. And after these eleven days, if she [experiences blood], she goes back to the beginning of menstruation; and she has seven days [to be] like the law of the menstruant, as we said above. And so is the matter always - that after [the days of] menstruation, she has eleven days in which she [can] become a zavah. And after those eleven days pass, she never becomes a zavah until the seven days of menstruation have passed. **And** because others have already erred in this - and thought that the equation is that she count seven days of menstruation and afterwards eleven day of discharge, and seven of menstruation and eleven of discharge and so on, forever - I have spoken at length about this matter, to say that it is not like that. Rather, there are never days of discharge besides [the] eleven days after the seven of [actual] menstruation; and never afterwards until she returns to the beginning of [actual] menstruation. I mean to say that if she stops and does not [experience blood] after the eleven days - even [for] a year - she does not have the status of a zavah, until seven days of menstruation pass over her. **And** the rest of its details are in Tractate Zavim, and a few of the laws of discharge are also in Tractate Niddah (see Tur, Yoreh Deah 183). And in the negative commandment of the menstruant in the Order of Achrei Mot (Sefer HaChinukh 207), we will write, with God's help, that which is practiced today. And one who transgresses this

Sefer HaChinukh

commandment and is lenient in these matters and in the matter of impurity has violated this positive commandment; besides the punishment of the one who lays with her, which is with excision, as we will write in the negative commandment of the menstruant, with God's help.

מצוה קפג

מצות קרבן זבה כשתתרפא מזובה - שתקריב הזבה קרבן כשתתרפא מזובה, והוא שתי תורים או שני בני יונה, שנאמר (ויקרא טו כח כט) ואם טהרה מזובה וגו'. וביום השמיני תקח לה שתי תורים. **שרש** מצוה זו. וקצת פרטיה כעין מה שכתבנו למעלה בקרבן הזב. וכתב הרמב"ם זכרונו לברכה (ספר המצוות עשה עה) כי מפני כן נחשב לשתי מצוות שתי קרבנות אלו של זב ושל זבה, ואף על פי שהם קרבן אחד ממש, מה שלא עשינו כן בשאר קרבנות הרבה, שאין אנו חוששין למנות מצוה בפני עצמה כל קרבן וקרבן בשביל חלוק המביאים אותן כל זמן שהקרבן אחד, לפי שטמאתן של אלו אינה שוה כלל, שהאיש מטמא בלבן והאשה מטמאה באדם, ובהפך לא יטמא זה ולא זה. וכיון שהם חלוקים כל כך ראוי למנותם לשתי מצוות. ואין דומה ענין זה כלל לענין מצרע ומצרעת שהוא נחשב למצוה אחת, שהצרעת דבר שוה בכלן. והביא ראיה קצת לדבריו ממה שאמרו בכריתות (ח ב) ארבעה מחסרי כפרה, ואלו הן הזב והזבה והיולדת והמצרע, הרי שחשבו זב וזבה, בשנים לפי שחלוקים בחלין, ומצרעת ומצרע כאחת לפי שהחלי שוה בשניהם. **ונוהגת** בזמן הבית. והעוברת ולא תקריב קרבנה כשתתרפא מזובה, בטלה עשה זו, מלבד שהיא מחסרת כפרה.

Mitzvah 183

The commandment of the sacrifice of the zavah when she is healed from her discharge: That the zavah offer her sacrifice after she is healed from her discharge - and it is two doves or two young pigeons, as it is stated (Leviticus 16:28-29), "And if she is purified from her discharge, etc. And on the eighth day, she shall take two doves, etc." **And** the root of this commandment and some of its details are similar to what we have written above (Sefer HaChinukh 179) about this sacrifice. And Rambam, may his memory be blessed, wrote (Sefer HaMitzvot LaRambam, Mitzvot Ase 75) that because of [the following] did we consider these two sacrifices of the zav and the zavah as two commandments, even though they are totally [the same] sacrifice - which we have not done with many other sacrifices, as we are not concerned to count each and every sacrifice as a commandment of its own, because of the distinction of who brings them, so long as it is one sacrifice: Because the impurity of these is not the same at all - as the man becomes impure with white and the woman becomes impure with red. And with the opposite, [neither] becomes impure, neither this [one] nor that [one]. And since they are so different, it is fitting to count them as two commandments. And this matter is not at all similar to the metsora and the metsoraat, which is considered one commandment - as tsaraat is the same thing for all of them. And he brought a bit of a proof for his words, from that which they said in Keritot 8b, "There are four who are lacking atonement and these are them: the zav; the zavah; the woman who gave birth; and the metsora." Behold they counted zav and zavah as two, because they are different in their illnesses; but metsora and metsoraat as one, because the illness is the same in both of them. **And** it is practiced at the time of the [Temple]. And one who transgresses and does not bring her sacrifice when she is healed from her discharge has violated this positive commandment, besides that she is lacking atonement.

מצוה קפד

שלא יכנסו הכהנים בכל עת במקדש וכל שכן זרים - שלא יכנסו הכהנים בכל עת אל המקדש אלא בעת העבודה. שנאמר)ויקרא טז ב(ואל יבא בכל עת. ויזהיר בכאן כהן גדול מהכנס בבית קדשי הקדשים ואפילו ביום הכפורים אלא בזמן העבודה,]וכן יכנס באזהרה]זו[כהן הדיוט מהכנס בהיכל כל השנה אלא בזמן העבודה ע"פ ד"ו[ויהיה באור ענין המניעה לומר שכל כהן לא יכנס במקום שהוא ראוי אלא בזמן שהוא ראוי להכנס בו, דהינו בשעת העבודה. ולשון ספרא, ואל יבא בכל עת זה יום הכפורים, אל הקדש לרבות שאר ימות השנה, מבית לפרכת להזהיר על כל הבית. יכול כל הבית במיתה? תלמוד לומר אל פני הכפרת אשר על הארון ולא ימות, הא כיצד? אל פני הכפרת במיתה, ועל שאר כל הבית באזהרה. ובגמרא מנחות אמרו זכרונם לברכה)כז, ב(על ההיכל בארבעים. **משרשי** המצוה. שיקבעו המשרתים בנפשותם גדלת המקום ומעלתו ותהיה יראתו תמיד על פניהם. **מדיני** המצוה. מה שאמרו זכרונם לברכה)כלים פ"א מ"ט(שכהן גדול אינו נכנס לקדש הקדשים אלא ביום הכפורים שנכנס ארבע פעמים ולא יותר, שאם נכנס חמישית חיב מיתה בידי שמים וכהן הדיוט נכנס בהיכל לעבודה בכל יום, וכל הנכנס להיכל שלא לצרך עבודה בין כהן גדול בין כהן הדיוט כגון שיכנס אפילו להשתחוות לוקה, ואינו חיב מיתה, שנאמר אל פני הכפרת ולא ימות, על קדש הקדשים במיתה ועל שאר הבית בלאו. זהו דעת הרמב"ם)ביאת מקדש פ"ב ה"ד(זכרונו לברכה בלאו הזה. וכבר כתבתי למעלה)מצוה קמט, קנ(דעת הרמב"ן זכרונו לברכה שאמר, שהכניסה בבית שלא לעבודה בפרוע ראש וקרוע בגדים מעלה היא

מדבריהם, ואם כן לדעתו כל שנכנס להשתחוות אפשר שאינו במלקות כלל, ואסור זה דאל יבא יהיה בביאה ריקנית לגמרי, לפי שזה זלזול לכבוד הבית להכנס בו חנם. ויתר פרטיה מבארים במנחות ובספרא]הלכות ביאת מקדש פ"ב[. **ונוהגת** בזמן הבית בכהנים. ואפילו עכשיו שלא בזמן הבית אמרו זכרונם לברכה)מגילה כח א(שמזהרים אנו שלא להכנס למקדש, ודרשו הדבר מדכתיב)שם כו לא(והשמותי את מקדשיכם. ולא אמר מקדשיכם אשים שממה, דמשמע קדשתן עליהן אפילו כשהן שוממין וכיון שכן, יש לי למנות אסור זה בכלל אסורין הנוהגין היום.

Mitzvah 184

That the priests not enter at any time into the Temple - and all the more so, non-priests: That the priests not enter at any time into the Temple, bur rather only at the time of the service, as it is stated (Leviticus 16:2), "and let him not come at any time." And with this, the high priest is warned not to come into the house of the holy of holies - and even on Yom Kippur - except at the time of the service. [And likewise brought into (this) warning is a common priest from entering the sanctuary all of the year except at the time of the service (according to the Venice edition)]. And the elucidation of the matter of the prevention is to say that any priest not enter into any place that is fitting, except at the time that is fitting to enter it - which is the time of service. And the language of Sifra, Achrei Mot, Section 1:8, 10 is "'And let him not come at any time' - that is Yom Kippur; 'to the holy' - to include the other days of the year. 'Within the partition' - maybe for all of the sanctuary, [the punishment is] death. [Hence] we learn to say, 'before the ark cover which is on the ark, that he not die.' Behold, how is this? 'Before the ark cover' [is punishable] by death; (if he enters) the other parts of the sanctuary, (he is only in transgression of) a warning. And in the Gemara Menachot 27b, they, may their memory be blessed, said, about the chamber that it is with forty [lashes]. **It** is from the roots of the commandment that the servants fix the greatness of the place and its loftiness in their souls, and that its awe always be upon their faces. **From** the laws of the commandment is that which they, may their memory be blessed, said (Mishnah Kelim 1:9) that the high priest only enter the Holy of Holies on Yom Kippur, when he enters four times and not more. As if he enters a fifth, he is liable for death by the hands of the Heavens. And a common priest may enter the chamber for the service every day. But anyone who enters the chamber not for the sake of the service - whether a high priest or a common priest, such as one who enters even to bow down - is

Sefer HaChinukh ספר החינוך

lashed, but he is not liable for death. As it is stated 'Before the ark cover [...], that he not die' - for the Holy of Holies, he is liable for death; for the other parts of the sanctuary, (he is only in transgression of) a negative commandment. This is the opinion of Rambam, may his memory be blessed, about this negative commandment (Mishneh Torah, Laws of Admission into the Sanctuary 2:4). And I have already written the opinion of Ramban, may his memory be blessed, above (Sefer HaChinukh 149, 150), who said that entrance to the sanctuary, not for service, with wild [hair] and torn clothes is a rabbinic embellishment. And if so, according to his opinion, it is possible that anyone who entered to bow down is not [punished] with lashes at all; and this prohibition of "he shall not come" would only be in a completely empty coming - as such would be a disparagement to the honor of the [Temple], to enter into it for nothing. And the rest of its details are elucidated in Menachot and Sifra (see Mishneh Torah, Admission into the Sanctuary 2). **And** [it] is practiced at the time of the [Temple] by the priests. And even today - not at the time of the [Temple] - they, may their memory be blessed, said (Megillah 28a) that we are warned not to enter the Temple [grounds]. And they expounded the matter, from that which is written (Leviticus 26:31) "and I will make your sanctuaries desolate," and it did not state, "your sanctuaries will I make a desolation." As it is implied that their holiness is [still] upon them, even when they are desolate. And since that is so, I should count this prohibition among the prohibitions that are observed today.

מצוה קפה

מצות עבודת יום הכפורים - שיעשה כהן גדול כל מעשה יום הכפורים על סדר הקרבנות והודויין ושלוח השעיד ושאר העבודה כמו שכתוב בפרשה, שנאמר (ויקרא טז ג) בזאת יבא אהרן אל הקדש וגו' כל הפרשה. **משרשי** המצוה. שהיה מחסדי האל על בריותיו לקבע להם יום אחד בשנה לכפרה על החטאים עם התשובה שישובו שאלו יתקבצו עונות הבריות שנה בשנה, תתמלא סאתם לסוף שנתים או שלש או יותר ויתחיב העולם כליה, ועל כן ראה בחכמתו ברוך הוא לקיום העולם לקבע יום אחד בשנה לכפרת חטאים לשבים. ומתחלת בריאת העולם (ב"ר פ"ב ג) יעדו וקדשו לכך, ואחר שיעדו האל ברוך הוא אותו היום לכפרה נתקדש היום וקבל כח הזכות מאתו יתעלה עד שהוא מסיע בכפרה, וזהו אמרם זכרונם לברכה בהרבה מקומות (יומא פה ב) ויום הכפורים מכפר, כלומר שיש כח ליום הכפורים בעצמו לכפר בעברות קלות. **מדיני** המצוה. מה שאמרו רבותינו זכרונם לברכה (יומא ע,

Sefer HaChinukh ספר החינוך

א) שביום הזה היו מקריבין תמיד בשחר ותמיד בין הערבים כסדר כל יום ויום, ומקריבין מוסף היום פר ואיל ושבעה כבשים הכל עולות, ושעיר לחטאת ונעשה בחוץ והוא נאכל לערב. ועוד מקריבין יתר על זה פר בן בקר לחטאת והוא נשרף ואיל לעולה ושניהם משל כהן גדול, ואיל הבא משל צבור האמור בפרשה זו הוא האיל האמור בחמש הפקודים בכלל המוסף, והוא הנקרא איל העם. ועוד מביאין משל צבור שני שעירי עזים, אחד היו מקריבין חטאת והוא הנשרף והשני שעיר המשתלח. נמצאו כל הבהמות הקרבין ביום הצום, מלבד שעיר המשתלח שהוא אינו קרב, חמש עשרה, שני תמידין ופר, ושני אילים, ושבעה כבשים כלן עולות, ושני שעירי חטאת, אחד נעשה בחוץ ונאכל לערב והשני נעשה בפנים ונשרף. ועוד פר בן בקר לחטאת. עבודת כל חמש עשרה בהמות אלו הקרבות ביום זה אינה אלא בכהן גדול בלבד, אחד כהן המשוח בשמן המשחה או המרבה בבגדים. ואם היתה שבת אף מוסף אין מקריב אותו אלא כהן גדול. וכן שאר העבודות של יום כגון הקטרת של כל יום והטבת הנרות הכל בכהן גדול נשוי שנאמר (שם יא) וכפר בעדו ובעד ביתו, ביתו זו אשתו. **ויתר** כל העבודות וחליפת בגדים מבגדי לבן לבגדי זהב ומבגדי זהב לבגדי לבן, וחמש טבילות שהיה טובל ביום זה ועשר פעמים שמקדש ידיו ורגליו, וענין ההפרשה שמפרישין אותו קדם ליום הצום שבעה ימים, והכבוד שהיו נוהגין בו, והודויין שהיה אומר, וכל שאר דיני יום זה הכל במסכתא הבנויה על זה והיא מסכת יומא [הלכות עבודת יוה"כ פ"א]. **ונוהגת** כל מצוה זו בזמן הבית. ועכשיו בעונותינו שאין לנו לא מקדש ולא כהן גדול ולא בגדי שרד ולא קרבנות, נהגו כל ישראל לעבד ביום זה בתפלות ובתחנונים, וכמו שכתוב (הושע יד ג) ונשלמה פרים שפתינו'.

Mitzvah 185

The commandment of the service of Yom Kippur: That the high priest do all the procedure of Yom Kippur, with the order of the sacrifices, the confessions, the sending away of the goat and the rest of the service, as it is written in the section of the Torah - as it is stated (Leviticus 16:3), "With this shall Aharon enter the Holy, etc." until the end of the section. **It** is from the roots of the commandment that it was from the kindnesses of God towards His creatures to fix one day in the year for the atonement of sins, with the repentance that they repent. As if the iniquities of the creatures would accumulate year by year, their measure would be full at the end of two or three years or more, and the world would be liable for destruction. And therefore He, blessed be He, saw in His wisdom - for the survival of the world - to fix one day a year for the atonement of sins for penitents. And from the beginning of the

ספר החינוך Sefer HaChinukh

creation of the world (Bereshit Rabbah 2:3), He designated it and sanctified it for this. And since God, blessed be He, designated that day for atonement, the day was sanctified and received the power of merit from Him, may He be elevated, to the point that it aids atonement. And this is [the meaning] of their, may their memory be blessed, saying in many places (Yoma 85b), "Yom Kippur atones" - meaning to say that there is power in Yom Kippur, itself, to atone for light sins. **From** the laws of the commandment is that which they, may their memory be blessed, said (Yoma 70a) that on that day they would offer the daily morning sacrifice and the daily afternoon sacrifice according to the order of each and every day. And they would offer the additional (musaf) sacrifice of the day - a bull and a ram and seven sheep, all burnt-offerings, and a goat for a sin-offering, and it was processed outside, and eaten in the evening. And they would further offer beyond this, a young bull for a sin-offering, and it was burnt; a ram for a burnt-offering - and they were both of the high priest's; and the ram that came from that of the community that is stated in this section, and it is the ram stated in the Book of Numbers as part of the additional service, and it is called the 'ram of the people.' And they would also bring two male goats from that of the community - one they would offer as a sin-offering and it was burnt, and the second was the goat sent away (the scapegoat). All of the beasts that would be offered on the day of the fast - besides the goat sent away, which was not offered - come out to fifteen: two daily ones; a bull; two rams; seven sheep - all of them burnt-offerings; two goats for sin-offerings, one was processed outside and eaten in the evening, and the second was processed inside and burned; and also a young bull for a sin-offering. All fifteen of the beasts that were offered on this day were only [offered] by the high priest anointed by the anointing oil or who [simply] had more [officiating] garments. And if it was Shabbat, only the priest would offer the additional [offering]. And likewise the other procedures of the day, such as the incense of every day and the arrangement of the lights - all was [done] by a married high priest, as it is stated (Leviticus 16:11), "and he shall atone for himself and for his home" - [the meaning of] his home is his wife. **And** the rest of all of the procedures: the change of garments from the white garments to the gold garments, and from the gold garments to the white garments; the five immersions that he would immerse on this day; the ten times he would sanctify his hands and feet; the matter of separating. that they would separate him seven days before the fast day; the honor that they would [show] him; the confessions that he would say; and all the rest of the laws of this day - it is all in the tractate that is built upon it, and that is Tractate Yoma (see Mishneh Torah, Laws of Service on the Day of Atonement 1). **And** all of this commandment is practiced at the time of the [Temple]. And now that - due to our iniquities - we have neither a Temple nor a high priest, neither serving garments nor sacrifices, all of Israel has been accustomed to serve on this day though our prayers and supplications. And [it is] as it is written (Hoshea 14:3), "and we shall pay the bulls of our lips."

מצוה קפו

שלא לשחט קדשים חוץ לעזרה - שלא לזבח קדשים חוץ לעזרה וזה יקרא שוחט בחוץ, שנאמר)ויקרא יז ג ד(אשר ישחט שור או כשב או עז וגו' ואל פתח אהל מועד לא הביאו וגו' דם שפך ונכרת. ואין האזהרה לנו מזה הכתוב כי הכתוב הזה לא יפרש כי אם הענש, וקימא לן)סנהדרין נו ב(לא ענש אלא אם כן הזהיר. ואמרו רבותינו זכרונם לברכה שהאזהרה בזה נלמדה בהקש כדאיתא בגמרא זבחים שאמרו זכרונם לברכה שם)קו, א(השוחט והמעלה בחוץ חיב על השחיטה וחיב על העליה. פרוש עליה שריפה באש. והקשו שם, בשלמא העלאה כתיב ענש וכתיב אזהרה, ענש ואל פתח אהל מועד לא הביאו ונכרת, אזהרה השמר לך פן תעלה עולותיך)דברים יב יג(, כדרבי אבין דאמר רבי אבין אמר רבי אלעא כל מקום שנאמר השמר, פן, ואל, אינו אלא מצות לא תעשה, אלא שחיטה בשלמא ענש כתיב ואל פתח אהל מועד וגו', אלא אזהרה מנא לן? ואחר יגיעה רבה אמרו שם, כי הכתוב אמר שם תעלה ושם תעשה, מקיש עליה לעשיה)כריתות ג, ב(מה עליה ענש והזהיר אף עשיה ענש והזהיר. פרוש עשיה תכלל הכל בין זביחה בין שריפה. **משרשי** המצוה. לפי שהשם ברוך הוא קבע מקום לישראל להביא שם קרבנותם ולהכין שם לבבם אליו, ומתוך קביעות המקום והגדלתו ויראתו אל לב בני אדם, נפשם מתפעלת שם לטוב, והלבבות מתרככים ונכנעים לקבל שם מלכות שמים שלמה, על כן מנענו השם יתברך מעשות מעשה הקרבנות רק במקום ההוא כדי שתהא כפרה שלמה לנו. וכלל הדברים כי כל אשר צונו לטוב לנו, כמו שכתבנו, כי האל חפץ בטובת בריותיו בטובו הגדול, ואמר כי מי שיקריב חוץ לאותו המקום הנבחר דם יחשב לו. והענין הוא כי השם לא התיר לבני אדם בשר בעלי חים רק לכפרה או לצרכי בני אדם, כגון מזון או רפואה או כל דבר שיש בו שום צרך בני אדם, אבל להמיתם מבלי שום תועלת כלל יש בדבר השחתה ונקרא שופך דם. ואף על פי שאינו כשפיכות דם האדם למעלת האדם ופחיתות הבהמה, מכל מקום שפיכות דם יקרא, מאחר שלא התירו הכתוב לשפכו ללא תועלת, ועל כן אמר סתם שהוא כשפיכות דם אחר שהוא שופך דמה במקום שלא

ספר החינוך Sefer HaChinukh

נצטוה לשחטה, ואין באותה שחיטה תועלת כלל, אבל יש בדבר נזק שעבר על מצות בוראו, ולכן ענשו הכתוב בכרת. **דיני** המצוה. כגון מה שאמרו זכרונם לברכה (זבחים שם) שאם שחט בחוץ אף על פי שהעלה בפנים חיב, לפי שהשחיטה והעליה בכל אחד לאו בפני עצמו ולאו דעליה בסדר ראה אנכי' (מצוה תלט). ואין אדם חיב אלא על שחיטת קדשים הראוים לקרב על המזבח, אבל השוחט בחוץ אחד מאסורי מזבח הרי זה פטור שנאמר (ויקרא יז ד) לפני משכן יי, כל שאינו ראוי לבוא אל משכן השם, אין חיבין עליו. ויתר פרטיה מבארים בפרק שלשה עשר מזבחים [ה' מעשה הקרבנות פרק י"ט]. **ונוהג** אסור זביחה בחוץ בכל מקום ובכל זמן, שאפילו השוחט בהמה היום לשם קדשים חיב, והכי אמרינן בגמרא במסכת זבחים (קז, ב) במעלה בחוץ בזמן הזה רבי יוחנן אומר חיב, וכן הלכה. והעובר עליה ושחט קדשים בחוץ במזיד חיב כרת. ואף על פי שלא העלה אותן, מעת ששחטן חיב, וכן אמרו זכרונם לברכה (שם קו ב) חיב על השחיטה וחיב על העליה. ואם עבר ושחט בשוגג, חיב להביא חטאת קבועה בזמן הבית.

Mitzvah 186
Not to slaughter consecrated animals outside of the [Temple] yard: Not to sacrifice consecrated animals outside of the [Temple] yard - and that is called 'those slaughtered outside' - as it is stated (Leviticus 17:3-4), "that slaughters an ox or sheep or goat, etc. And does not bring it to the opening of the Tent of Meeting, etc., he has shed blood and shall be cut off." And the warning (negative commandment) does not come to us from this verse, as this verse only expresses the punishment. And it is established for us, [that] He does not punish unless he warned (Sanhedrin 56b). And our Rabbis, may their memory be blessed, said that we learn the warning for this with an inferential comparison, as it is [found] in the Gemara, Zevachim 106a. As there, they, may their memory be blessed, said, "One who slaughters and brings up outside is liable for the slaughter and liable for the bringing up" - the understanding of bringing up is burning with fire. And they challenged there, "Bringing up is fine, the punishment is written, and the warning is written - the punishment, 'And does not bring it to the opening of the Tent of Meeting [...] and shall be cut off'; the warning, 'guard yourself lest you bring up your burnt-offering' (Deuteronomy 12:13), like Rabbi Avin, as Rabbi Avin said, 'Every place that it is stated, "guard," "lest" or "not," it is nothing but a negative commandment'; but slaughter, it is fine that the punishment is written, 'And to the opening of the Tent of Meeting, etc.,' but from where is the warning?" And after great effort, they said there that

ספר החינוך Sefer HaChinukh

since Scripture states (Deuteronomy 12:14), "there you shall do, and there you shall bring up," it compares bringing up and doing: Just like bringing up, it punished and warned; so too doing, it punished and warned - and the understanding of doing includes everything, whether slaughter or burning. **It is from the roots of the commandment** [that it is] since God, blessed be He, fixed a place for Israel to bring their sacrifices there and to prepare their hearts to Him there. And from the fixing of the place and its aggrandizement and its awe in the hearts of people, their souls are moved there for the good; and the hearts are softened and humbled to fully accept the kingdom of the Heavens there. Therefore, God, may He be blessed, prevented us from doing the procedure of the sacrifices except in that place, so that the atonement for us be complete. And the principle of the matter is that all that He commanded us is for our good, as we have written - as God wants the good of His creatures in His great goodness. And [so] He said that it is considered blood upon whoever sacrifices outside of that chosen place. And the matter is that God only permitted the meat of animals to people for atonement or the needs of people, such as food or healing or anything that has some need for people. But to kill them without any benefit at all is destruction and called, 'spilling blood.' And even though it is not like spilling the blood of man, due to the loftiness of man and the lowness of beasts, nonetheless, it is [still] called, 'spilling blood,' as Scripture did not permit it, to spill it without benefit. And therefore, it stated undifferentiatedly that it is like the spilling of blood, since he is spilling its blood in a place that he was not commanded to slaughter, and there is no benefit to this slaughter at all. [Rather] there is damage in the thing, as he transgressed the commandment of his Creator. And so, the verse punishes him with excision. **The laws of the commandment:** For example, that which they, may their memory be blessed, said (Zevachim 106a) that if he slaughtered outside - even though he brought up inside - he is liable, since with both the slaughter and bringing up, each one is a negative commandment by itself; and the negative commandment of bringing up is in the Order of Reeh Anokhi (Sefer HaChinukh 439); and a person is only liable for the slaughter of consecrated animals that are fitting to bring on the altar, but one who slaughters outside, one of those prohibited on the altar, behold, he is exempted, as it is stated (Leviticus 17:4), "in front of the tabernacle of the Lord" - anything that is not fitting to go to the tabernacle, we are not liable for it; and the rest of its details are elucidated in the thirteenth chapter of Zevachim (see Mishneh Torah, Laws of Sacrificial Procedure 19). **The** prohibition of sacrificing outside is practiced in every place and at all times, as even one who slaughters a beast for the sake of consecrated animals today is liable. And so, do we say in the Gemara, Tractate Zevachim 107b, about one who brings up [a sacrifice] at this time, "Rabbi Yochanan says, 'He is liable'" - and that is the law. And one who transgresses it and slaughters consecrated animals outside volitionally is liable excision. And even though he did not bring them up - from the time that he slaughtered them, he is liable. And so, did they, may their memory be blessed, say (Zevachim 106b), "He is liable for the slaughter and liable for the bringing up." And if he transgressed and slaughters inadvertently, he is liable to bring a fixed sin-offering at the time of the [Temple].

מצוה קפז

מצות כסוי הדם - לכסות הדם אחר זביחת חיה או עוף. שנאמר)ויקרא יז יג(אשר יצוד ציד חיה או עוף אשר יאכל ושפך את דמו וכסהו בעפר. **משרשי** המצוה. לפי שהנפש תלויה בדם כמו שאמרנו באסור דם)מצוה קמח(, ולכן ראוי לנו לכסות הנפש ולהסתירו מעין רואיו טרם נאכל הבשר כי גם בה נקנה קצת אכזריות בנפשנו לאכל הבשר, והנפש נשפך לפנינו. ובבהמות לא נצטוינו כך, לפי שדם הבהמות ניתן לקרבן לכפרה על נפשותינו ואי אפשר לכסותו. ואחר שכן לא רצתה התורה לחלק לנו בין מקדשין לחלין. ואם גם במין העופות יש מהן קרב לגבי מזבח מועט הוא, ולדבר מועט לא תחוש התורה לעולם, ומפני כן חיבתנו בכסוי דם העופות בכלן. **מדיני** המצוה. כגון מה שאמרו זכרונם לברכה)חולין פג, ב(שכסוי הדם נוהג בכל עוף ובכל חיה במזמן ובשאינו מזמן, ולא נאמר אשר יצוד אלא בהווה וכו'. ונוהג בחלין אבל לא במקדשין, ונוהג בכוי מפני שהוא ספק אם מן חיה או בהמה ואין מברכין בכסויו מספק. ודם הנתז ושעל הסכין חיב לכסות בשאין דם אלא הוא, אבל יש דם כלל שלא הוא אינו צריך דכתיב ושפך את דמו וכסהו בעפר, פרושו ואפילו מקצת דמו)שפ פג ב(. וצריך המכסה לתן עפר למטה ולמעלה וכל עפר בעולם שהוא דק בכדי שאין היוצר צריך לכתשו)שם כח, א(ראוי לכסות. וכן כל מה שנקרא עפר אף על פי שאינו עפר ממש, מכסין בו כגון זהב שחוק שנקרא עפר, שנאמר)איוב כח ו(ועפרות זהב לו. ומי שראה חברו ששחט ולא כסה חיב הוא לכסות, שנאמר במצוה זו)ויקרא יז יד(ואמר לבני ישראל ודרשו זכרונם לברכה)שם פו, פז א(מצוה זו על כל בני ישראל. ויתר פרטיה בחלין בפרק כסוי הדם]י"ד סי' כ"ח[. **ונוהג** בכל מקום ובכל זמן, בזכרים ונקבות. והעובר עליה ולא כסה דם חיה ועוף בטל עשה.

ספר החינוך Sefer HaChinukh

Mitzvah 187
The commandment of covering the blood: To cover the blood after slaughtering a [wild] animal or fowl, as it is stated (Leviticus 17:13), "who hunts game, an animal or a bird that is to be eaten, and spills its blood, he must cover it with dirt." **It is from the roots** of the commandment [that it is] because the soul is dependent upon the blood, as we said about the prohibition of blood (Sefer HaChinuch 148). And therefore, it is fitting for us to cover the soul and to hide it from the eye of its seers, before we eat the meat. As we acquire a bit of cruelty in our souls when we eat the meat, and the soul is spilled in front of us. And with [domesticated] beasts, we were not commanded so, since the blood of beasts is given for a sacrifice of atonement for our souls, and it is impossible to cover [that]. And since it is so, the Torah did not want to differentiate for us between consecrated ones and non-sacred ones. And even while in the species of fowl, there are some of them that are offered on top of the altar, [they are] few. And the Torah never concerns itself with a lesser thing. And because of that, the Torah obligated us about covering the blood of all fowl. **From** the laws of the commandment is, for example, that which they, may their memory be blessed, said (Chullin 83b) that covering of the blood is practiced with every bird and with every animal - whether it was at hand or it was not at hand. "Who hunts" is only stated for what is common, etc. And it is practiced with non-sacred animals, but not with consecrated ones. And it is practiced with the koy, because it is a doubt whether it is a type of animal or beast; but we do not recite a blessing on its covering, due to the doubt. And blood that splattered and that is on the knife is obligated in covering when there is no blood besides it. But if there is any blood besides it, he does not need [to do so], as it is written, "he must cover it with dirt" - its understanding is even some of its blood (Chullin 83b). And the one who covers it must put dirt below and above [it]. And any dirt in the world that is fine enough that a potter does not need to pound it, is fitting to cover [it] (Chullin 28a). And likewise, we [may] cover with all that is called dirt - even though it is not actually dirt, such as shaved gold, which is called dirt (dust), as it is stated (Job 28:6), "and it has gold dirt." And one who saw his fellow slaughter but not cover is obligated to cover; as it is stated about this commandment (Leviticus 17:14), "and I say to the Children of Israel" - and they, may their memory be blessed, elucidated, "this commandment is to all of the Children of Israel (Chullin 86-87a). And the rest of its details are in Chullin in the

chapter [entitled] Kisui Hadam (see Tur, Yoreh Deah 28). **And** [it] is practiced in every place and at all times by males and females. **And** one who transgresses it and does not cover the blood of an animal or a bird has violated a positive commandment.

מצוה קפח

שלא להתחתן באחת מכל העריות - שלא להתעדן [נתעדן] באחת מכל העריות. והן קרובות ואשת איש ונדה, ואפילו בלא ביאה כגון חבוק ונשוק וכל הדומה לאלו הפעלות הרעות שמעמיקין בהן בעלי הזמה ההולכים אחרי ההבל ויהבלו, שנאמר (ויקרא יח ו) איש איש אל כל שאר בשרו לא תקרבו לגלות ערוה. ופרשו, כאלו אמר לא תעשה שום קריבה שהיא הגורמת והמביאה האדם לגלות ערוה. וכן דרשו זכרונם לברכה (ספרא אחרי יג טו וכא) לא תקרבו לגלות, אין לי אלא שלא יגלה מנין שלא יקרב? תלמוד לומר ואל אשה בנדת טמאתה לא תקרב, אין לי אלא נדה בבל [תקרב ובל] תגלה, מנין לכל העריות? תלמוד לומר לא תקרבו לגלות, ושם נאמר (שם כט) ונכרתו הנפשות העושות, שמא תאמר יהיו חיבים כרת על הקריבה לבד? תלמוד לומר העושות ולא הקרבות. **ונכפל** הלאו באסור זה באמרו (שם כו) ולא תעשו מכל התועבות, שיכלל כל ענינים אלה שהם תועבת השם יתברך, כלומר שהעושה אותן ירחק מן הטובה ומסיר מעליו השגחת השם ברוך הוא. וזהו פרוש תעוב השם יתברך בכל מקום לפי מה ששמעתי. וגם כן מה שכתוב בסוף הענין כי את כל התועבות האל עשו אנשי הארץ אשר לפניכם (יח כז) ואקוץ בם (כ כג). הענין לומר, שהמדה מגנה מאד, וכל דבר רע ומאוס ביותר יכנה הכתוב כאלו השם יתברך שונא אותו, והכל על ענין שאמרנו וכעין מה שאמרו זכרונם לברכה (מכילתא יתרו יט יח) בכל מקום כדי לשבר (לשכך) את האזן מה שהיא יכולה לשמע. ולשון ספרא (שם ח ח) כמעשה ארץ מצרים וכמעשה ארץ כנען וגו, יכול לא יבנו בנינים כמותם? תלמוד לומר ובחקתיהם לא תלכו', לא אמרתי אלא בחקים החקוקים להם ולא בנינותיהם. ושם נאמר מה היו עושין? האיש נושא איש ואשה נושאת אשה, ואשה נשאת לשני אנשים. **משרשי** הרחקת הזמה כתבתי בפרשת וישמע יתרו בלאו דלא תנאף (מצוה לה) מה שידעתי. וזאת המצוה גם כן מאותו השרש היא, שנמנעו מלהתקרב עם הערוה שום קרבה, לפי שידוע כי הקרבה סבה אל גלוי ערוה, ימשכו (ימצאו) כמה תקלות וכמה הפסדין כמו שכתבתי שם. ואמנם אותו הטעם יספיק באשת איש, אבל בקרובות עדין צריכין אנו לטעם אחר, ובאזהרת ערות אם (לקמן מצוה קצ) נכתב בו מה שנדע בעזרת השם. **מדיני** המצוה. מה שאסרו חכמים זכרונם לברכה (אבות ג, יג ואבות דרבי נתן פ"ב) בזה לגדר, והוא שלא יקרץ אדם בידיו וירמז בעיניו לאחת מן העריות, ושלא לשחק עמהם כלל, ואפילו להריח בשמים שעליהם אסרו, ושלא להביט בנשים כלל ואפילו בפני כלה

בכונת הנאה, ואפילו באצבע קטנה שלהן אסרו להסתכל, חוץ מאשתו של אדם שמתר לו להביט ביפיה ואפילו בעודה נדה מפני שהיא מתרת לו לאחר זמן, וחזקה בישראל שיצרו מסור בידו בכגון דבר זה שתלוי בזמן. ודוקא במקום מגלה שבה התירו להסתכל בעודה נדה, אבל לא במכסה כדי שלא ילבשנו יצר הרע. **ואמרו** רבותינו זכרונם לברכה גם כן,)בדכות כד, א(שאסור להסתכל אפילו בשערה של אשה האסורה לו ואפילו לשמוע קולה לכונה שיהנה בה אסור, ואפילו להסתכל בבגדי צבע של אשה, כלומר בבגדים נאים שדרכן לעשותן מבגדים צבועים אסור להסתכל בהן כל זמן שמכיר האשה הלובשת אותן, לפי שמתוך ראית המלבוש יבוא להרהר בה. והרחיקו גם כן שלא לשאל בשלום אשת איש כלל ואפילו על ידי בעלה)קידושין ע ב ובתוס' שם ד"ה אין שואלין(. **ורבוי**)ורבו(פרטי הרחוקין שהזהירו עליהן בענין זה. אבל כלל הדבר הוא שלא יעשה האדם שום דבר בעולם המביאו לידי הרהור בנשים, לא במעשה ולא בדבור ולא שום רמז לקרב דעת האשה הקלה עם דעתו, אלא באשתו לבד. וכענין זה היה מוכיח הנביא אנשי דורו באמרו להם)ירמיהו ה ח(איש אל אשת רעהו יצהלו. כלומר, לפי דרכם שנראה כאלו אינם מתכונים לכך ירמזו לנשי רעיהם רמיזות של נאוף ומגביהים קולם בענין שישמעו אותן הנשים ויתעורר יצרם אל אהבת הנואף. ואין באפשר להגיד פרטי הענינים שידע האדם לעשות לקרב אליו דעת האשה שהיא קלה, ולכן הזכירו זכרונם לברכה מהם קצת, ובשאר יזהר כל אחד ואחד לשמר עצמו לפי מה שימצא את גופו, כי השם יראה ללבב)שמואל א טז ז(. **ומכל** מקום, לפי הדומה מכל מה שהזהירו זכרונם לברכה אין אדם רשאי לזוז ממוסרם הטוב, ואף על פי שהוא מוצא עצמו חשוך התאוה קצת, לא יאמר כיון שאני מוצא עצמי כן מה אכפת לי אם אסתכל בנשים, כי יודע אני בעצמי שלא יתעורר יצרי בכך, שהרבה אמרו כן ונכשלו. ועל זה רמזו זכרונם לברכה)סוכה נב, א(באמרם כי היצר בתחלה חלש מאד, והולך ומתחזק על האדם הרבה. ואתה בני הזהר על זה מאד ואל יבטיחך יצרך, ואם אלף ערבים יתן לך. וזה שאתה מוצא קצת מעשים בגמרא מראים סותרים דברי אלה, כלומר שאפילו במה שאסרו רבותינו זכרונם לברכה בנשים לא היו קצת מהן חוששין אין זה סתירה כלל לדברי, דבמקום מצוה הוא דוקא שהיו מקילין קצת, כמו שמצינו)ברכות כ, א(ברבי יוחנן דהוה יתיב אשערי טבילה כדי שיסתכלו בו הנשים וילדו בנים נאים כמותו, והוא לא היה מסתכל בהן חלילה. ורבי)כתובות יז, א(ורב אחא דהוה נקיט כלתא אכתפיה למצוה שהיה עושה כן כדי לשמחה, וקצת ענינים כיוצא באלו. **ועוד** שהם זכרונם לברכה היו כמלאכים שלא היה עסקם אפילו שעה קלה כי אם בתורה ובמצות, והיתה מפרסמת כונתם לכל העולם כשמש ולא היו מרגישים הרגש רע בשום דבר מרב דבקותם בתורה ובמצות, אבל אנחנו עכשו אין לנו לפרץ אפילו גדר קטן בענינים אלו כלל, אלא לשמר כל ההרחקים שהודיעונו זכרונם לברכה בפרט, ובמה שלא

הזכירו הם יש על כל אחד ואחד לעשות כפי מה שימצא את גופו מוכן כמו שאמרנו שאם הוא מוצא את עצמו שצריך גדר אף על המתר יגדר עצמו, כמו שמצינו)קדושין פא, ב(אחד מן החכמים שאמר הזהרו בי מפני בתי. ואף על פי שמתר לאדם להתיחד עם בתו, כמו שנכתב בעזרת השם, לפי שענין זה קשה מאד ויצר הרע חזק בו. **על** כן צריך כל אדם להרבות בשמירה. ואם יחשב האיש בפגעו באשה נאה כי גיהנם פתוח בין ריסי עיניה, ובאש תמיד תוקד כל הקרב אליה ויחזיר כל מחשבותיו אל הדברים האלה לא תהיה לו לפוקה. ואמרו זכרונם לברכה)ברכות ה, א(שאם אין כח בידו להמית היצר ולהרחיק מחשבתו ממנו שיקרא קריאת שמע או יעסק בתורה, והודיעונו שעל כל פנים ימות בכך, כמו שאמרו זכרונם לברכה)קידושין לא א(, שאם אבן הוא נמוח, ואם ברזל הוא מתפוצץ, שנאמר)ירמיהו כג כט(הלא כה דברי כאש וגו'. **ועוד** אמרו רבותינו זכרונם לברכה)שם פ, ב(במצוה זו שאסור להתיחד עם כל העריות דבר תורה, בין זקנה בין ילדה, שהיחוד לגלות ערוה הוא גורם, חוץ מן האם עם בנה והאב עם בתו והבעל עם אשתו נדה שמתרין, חוץ מחתן שפרסה אשתו נדה קדם שיבעל, ומתר להתיחד עם הזכר ועם הבהמה שלא נחשדו ישראל על כך. כשארע מעשה אמנון ותמר)ע"ז לו, ב(גזר דוד ובית דינו על יחוד דפנויה. שמאי והלל גזרו על יחוד גויים. והתירו זכרונם לברכה)קדושין מא, א(להסתכל בפני פנויה למי שמסתכל בה לדעת שישא אותה לאשה אם תהיה נאה בעיניו. וגם אמרו שראוי לעשות כן, שלא ישא אדם עד שיראנה כדי שלא יבא לגרשה אחר כן אם תתגנה בעיניו. ויתר פרטי המצוה מבארים בהרבה מקומות בתלמוד בפזור]א"ה סימן כא[. **ונוהגת** בכל מקום ובכל זמן בזכרים ונקבות, שגם להן אסור להרהר אחר האנשים זולתי בבעליהן, שעליהם ראוי להן להמשיך כל חשקן וחפצן, וכן יעשו בנות ישראל הכשרות. ועובר עליה וקרב אל הערוה קרוב בשר כדי שיהנה ממנה, במזיד ובהתראה לוקה. ואם עבר על שאר הדברים שאסרו זכרונם לברכה להרחקה, כגון השחוק וקלות ראש, והתרו בו ולא נמנע, היו מכין אותו מכת מרדות. והרמב"ן זכרונו לברכה כתב)בספר המצות ל"ת שנג(שלא נמנה לאו זה דקריבה במנין הלאוין, שכל הרחקת הקריבה, דרבנן היא. והראיה מה שאמרו זכרונם לברכה)ירושלמי סנהדרין ז ז(, אמד רבי יוסי ברבי בון היא בל תקרב היא בל תגלה, כלומר שאין בקריבה לאו, אלא לאו דגלוי. ויתר ראיותיו רבות בספרו במצוה שמ"ז)עי' ל"ת שנג(.

Mitzvah 188

To not marry one of all the sexual prohibitions: To not indulge [we not indulge] in one of all of the [women forbidden by] sexual prohibitions - and they are the [close] relatives, a married woman and a menstruant - and even without intercourse, such as hugging and kissing and all that is similar to these evil acts that licentious

ספר החינוך Sefer HaChinukh

ones, 'that go after vanity and become vanity,' develop expertise about. As it is stated (Leviticus 18:6), "Any man shall not approach any of his own flesh, to reveal nakedness" - and its understanding is as if it stated, "Do not do any approaching, which is what causes and brings a person to reveal nakedness." And so did they, may their memory be blessed expound (Sifra, Achrei Mot, Chapter 13:15, 21), "'Shall not approach to reveal' - I only have not to reveal. From where [do I know] not to approach? [Hence] we learn to say, 'And to a woman in the impurity of her menstruation you shall not approach' (Deuteronomy 18:19). I only have a menstruant with 'do not [approach' and 'do not] reveal.' From where [do I know] for all sexual prohibitions? [Hence] we learn to say, 'do not approach to reveal.'" And there it is said, "'And the souls that do, will be cut off' (Deuteronomy 18:29) - lest you say they will be liable for excision with approaching alone. [Hence] we learn to say, 'that do,' and not 'that approach.'" **And** the negative commandment of this prohibition was repeated in its stating, "and you shall not do from any of [these] abominations" (Leviticus 18:26), which includes all of these matters which are an abomination to God, may He be blessed. [This] means to say, that one who does them distances himself from the good and removes from himself the providence of God, blessed be He. And this is the understanding of the abominable to the Lord, may He be blessed, in every place, according to that which I have heard. And also, that which is written at the end of the matter, "for all of these abominations did the people of the land that were before you do" (Leviticus 18:27), "and I was disgusted with them" (Leviticus 20:23). And the matter is to say that the trait is very disgusting. And every thing that is bad and very vile, Scripture describes as if God, may He be blessed, hates. And it is all according to the matter that we said; and similar to what they, may their memory be blessed, said in every place (Mekhilta d'Rabbi Yishmael 19:18:2), [it is] in order to break [to assuage] the ear to that which it can hear. And the language of Sifra, Achrei Mot, Section 8:8 is "'Like the deed of the land of Egypt and like the deed of the land of Canaan, etc.' (Leviticus 18:27) - perhaps they should not build or plant as they do? [Hence] we learn to say, 'and in their statutes you shall not walk.' I have only said those statutes which were instituted for them, and not their buildings. What did they do? A man would wed a man, and a woman, a woman; and a woman would wed two men." **I** have written in the Parsha of Vayishma Yitro in the negative commandment of "You shall not commit adultery" (Sefer

ספר החינוך Sefer HaChinukh

HaChinukh 35) that which I have known about the root of distancing from licentiousness. And this commandment is also from that root - that we were prevented from approaching the sexual prohibition with any approach. As it is known that approaching is the cause of the revealing of nakedness (sexual transgression) - [which, in turn] draws (finds) several mishaps and several losses, as I wrote there. However, that reason will [only] suffice for a married woman. But for relatives, we still need another reason. And in the warning (prohibition) of the nakedness of the mother (Sefer HaChinukh 190), we shall write that which we shall know about it. **From** the laws of the commandment is that which they, may their memory be blessed, said (Avot 3:13; Avot D'Rabbi Natan 2) about this for a fence, and that is that a man not motion with his hand nor hint with eyes to one of the sexual prohibitions, nor to joke with them at all. And it is even forbidden to smell perfume that is on them; and not to gaze at women at all, and even at a bride - with the intention to derive pleasure. And they forbade to stare even at their small finger. [This is] besides the wife of a man, as it is permitted for him to gaze at her beauty, and even while she is still menstruant, as she will be permitted to him later. And there is an assumption about an Israelite that his impulse is given over to his hand (under control) in an example like this, that is dependent upon time. And it is specifically at the revealed places upon her that they permitted to stare while she is still a menstruant, but not at the covered [places] so that his evil impulse not cover (overcome) him. **And** our Rabbis, may their memory be blessed, also said (Berakhot 24a) that it is forbidden to stare even at the hair of a woman that is forbidden to him. And even to hear her voice with the intention to derive pleasure from it is forbidden. And even to stare at the colored clothes of a woman - meaning to say, beautiful clothes, the way of which is to make them from colored fabric - is forbidden, so long as he knows the woman that wears them, since by seeing the garment, he will come to have improper thoughts about her. And they also distanced [us] that we should not ask about the welfare of a married woman at all, and even through her husband (Kiddushin 70b and Tosefot s.v. ein shoelin). **And** there are many details of the distancings that they warned about this matter, but the general principle of the matter is that a man should not do anything in the world that brings him to improper thoughts about women - not in action, not in speech and not with any hint to bring close the weak mind of a woman to his mind - except for only his wife. And like this matter did the prophet

ספר החינוך Sefer HaChinukh

rebuke the men of his generation, in his saying to them (Jeremiah 5:8), "each one is neighing at his neighbor's wife" - meaning to say, according to their way that they appear as if they do not intend this, they hint to the wives of their neighbors hints of adultery, and raise their voices in such a way that these women should listen to them and their impulse be aroused towards love of the adulterer. And it is not from the possible to say [all of] the details of the matters that a man will know to do to bring the mind of a woman, which is weak, close to him. And therefore they, may their memory be blessed, [only] mentioned a few of them. But with the rest, each and every one should be careful to guard himself according to what he finds with his person, 'as the Lord sees to the heart.' **And** in any case, according to what appears from all that they, may their memory be blessed, have warned us, a man is not permitted to budge from their good teaching. And even if he finds himself a little devoid of desire, he should not say, "Since I find myself so, what do I care if I stare at women, since I know about myself that my impulse will not be aroused by this" - as many have said like this and stumbled. And about this, they, may their memory be blessed, hinted when they said (Sukkah 52a) that the impulse is very weak at first and continues to [grow until it] greatly overpower a man. And you, my son, be very careful about this and do not let your impulse promise you [that it will not overpower you], even if it gives you a thousand pledges. And that which you find a few stories in the Gemara that appear to contradict these words of mine - meaning to say that a few of them were not concerned about even that which our Rabbis, may their memory be blessed, forbade with women - this is not a contradiction to my words at all. As they were only a little lenient in the place of a commandment, as we found with Rabbi Yochanan who would sit at the gates of the [place of] immersion in order that the women would stare at him and give birth to sons as beautiful as he (Berakhot 20a), but he did not stare at them, God forbid; and Rebbi, and Rav Acha, who would take a bride on his shoulders for a commandment, as he did this in order to have her rejoice (Ketuvot 17a); and a few matters similar to this. **And** also as they, may their memory be blessed, were like angels, as they had no other occupation - even for a short time - beside Torah and the commandments; and their intention was famous to the whole world like the sun; and they would not feel any evil feeling about anything, due to their great clinging to the Torah and the commandments. But we now should not even breach a small fence

ספר החינוך Sefer HaChinukh

in these matters at all, but rather guard all of the ditancinings that they, may their memory be blessed, informed us [about] in particular. And regarding that which they did not mention, each and every one should do according to that which he finds his person ready, as we said. As if he finds about himself that he needs a fence even about the permissible, he should fence himself - as we found (Kiddushin 81b) one of the Sages who said, "Be careful with me because of my daughter," even though it is permitted for a man to isolate himself with his daughter, as we will write with God's will - since this matter is very difficult, and the evil impulse about it is strong. **Therefore**, every man should increase his guarding. And if upon running into a beautiful woman, a man will think that Gehinnom is open between her eyelids and that any who approaches her will burn in a perpetual fire, and review his thoughts about these things, 'it will not be a cause of stumbling for him.' And they, may their memory be blessed, said (Berakhot 5a) that if [he] does not have the power in his hand to kill the impulse and to distance its thought from him, he should recite the reading of Shema or involve himself with Torah [study]. And they informed us that it will die with this in any event - as they, may their memory be blessed, said (Kiddushin 31a), "If it is a stone it will dissolve, and if it is iron, it will explode, as it is stated (Jeremiah 23:29), 'Is My word not thus, like fire, etc.'" **And** our Rabbis, may their memory be blessed, also said (Kiddushin 80b) about this commandment that it is forbidden to isolate oneself with all of the Torah-level sexual prohibitions - whether old or young - as isolation brings to revealing nakedness. [This is the case] except for a mother with her son, a father with his daughter and a husband with his wife who is a menstruant - who are permitted, except for a groom whose wife has become menstruant before he has intercourse. And it is permissible to isolate oneself with a male and with a beast, as Israelites are not suspected about this. And when the story of Amnon and Tamar occurred, David and his court decreed [to forbid] isolation with a single woman (Avodah Zarah 36b). Shammai and Hillel decreed [to forbid] isolation with [gentiles]. And they, may their memory be blessed, permitted (Kiddushin 41a) to stare at a single woman by one who stares to know if he he will marry her as a wife if she is beautiful in his eyes. And they also said that it is fitting to do so, that a man not marry until he see her; so that he not come to divorce her afterwards, if she become unsightly in hie eyes. And the rest of the details of the commandment are elucidated in many scattered places in the

Talmud (see Tur, Even HaEzer 21). **And** [it] is practiced in every place and at all times by males and females; as it is forbidden for them as well to have improper thoughts about men besides their husbands. As it is fitting for them to draw all of their yearning and desire towards [their husbands]; and so, do the proper daughters of Israel do. And one who transgresses it and approaches a sexual prohibition with approaching of the flesh, in order that he derive pleasure from it, is lashed when warned and volitional. And if he transgressed on the remaining things that they, may their memory be blessed, forbade as a distancing - such as laughing and light-headedness - and they warned him but he did not prevent himself [from it], they would strike him with lashes of rebellion. And Ramban, may this memory be blessed, wrote (on Sefer HaMitzvot LaRambam, Mitzvot Lo Taase 353) that we should not count this negative commandment of approaching in the tally of the negative commandments, as all distancing of approaching is rabbinic. And the proof is that which they, may their memory be blessed, said (Talmud Yerushalmi Sanhedrin 7:7), "Rabbi Yose beRebbi Bon said, 'It is "do not approach," it is "do not reveal"'" - meaning to say, that there is no negative commandment of approaching besides the negative commandment of revealing. And the rest of his many proofs are in his Book of Commandments 347 (it should say 353).

מצוה קפט

שלא לגלות ערות אב - שלא יגלה אדם ערות אביו. כלומר, שלא ישכב אותו משכבי אשה. שנאמר)ויקרא יח ז(ערות אביך לא תגלה. וזאת האזהרה נוספת בשוכב את אביו על האזהרה הכוללת משכב זכור בכל אדם, שנאמרה)לקמן מצוה רט(במקום אחר, כמו שנאמר)שם כב(ואת זכר לא תשכב משכבי אשה. וכן אמרו זכרונם לברכה בסנהדרין)נד, א(ערות אביך לא תגלה, אביך ממש. ושאלו שם האי מואת זכר לא תשכב משכב נפקא, והשיב המשיב כדי לחיבו שתים, וכדרב יהודה דאמר רבי יהודה גוי הבא על אביו חיב שתים. ושם בארו ואמרו, מסתברא מלתיה דרב יהודה בישראל ובשוגג ובקרבן. והאי דקאמר גוי, לישנא מעליא נקט, כלומר שלא רצה להזכיר הענין המגנה בישראל כיון שאפשר להעמידו בגוי שאף הן מצוין בעריות, אבל הוא הדין בישראל שחיב שתים באביו. כלומר, שאם שכב אותו בשוגג, חיב להביא שתי חטאות. ענין האזהרה זו נגלה הוא, אין להאריך בשרשה, כי הכעור הגדול הזה ראוי להרחיקו מבני אדם ולענש עליו העובר ענש גדול, ולכן יחיבנהו בסקילה. **מדיני** המצוה. מה שאמרו זכרונם לברכה)יבמות, נג, ב(שהחיוב הוא בהכנסת העטרה מיד ולא קדם

לכן. והוא הדין בכל העריות שהחיוב בהן בהכנסת העטרה מיד, חוץ מן הבא על השפחה שהחיוב בה בגומר ביאתו. ויתר פרטיה, בסוף הסדר נודיע מקומן עם פרטי שאר כל העריות בעזרת השם [א"ה שם]. **ונוהגת** אסור זה בכל מקום ובכל זמן. והעובר על זה ושכב את אביו, מכיון שהכניס ראש העטרה במזיד ויש עדים והתראה נסקל, בשוגג מביא שתי חטאות בזמן הבית. אחד משום לאו דאביו ואחד משום לאו דזכר.

Mitzvah 189

To not reveal the nakedness of the father: That a man not reveal the nakedness of his father - meaning to say that he not lay with him, the layings of a woman, as it is stated (Leviticus 18:7), "The nakedness of your father [...] you shall not reveal." And this warning (negative commandment) about one who lays with his father is in addition to the general warning of laying with males about all men (Sefer HaChinukh 209), as it is stated (Leviticus 18:22), "And with a male you shall not lay, the layings of a woman." And so, did they, may their memory be blessed, say in Sanhedrin 54a, "'The nakedness of your father [...] you shall not reveal' - your actual father." And they asked there, "That is extracted from, 'And with a male you shall not lay, the laying.'" And the one who answered, answered, "So as to make him liable for two [prohibitions], and it is like Rav Yehudah, as Rav Yehudah said, 'A gentile who has intercourse with his father is liable for two.'" And there they elucidated and said, "It is likely that the word of Rav Yehudah is with an Israelite, and inadvertent and with a sacrifice, and that which he said, 'a gentile,' is [because] he took a euphemistic expression." [This is] meaning to say that he did not want to mention this disgraceful matter with an Israelite, since it was possible to establish it with a gentile; as they are also commanded about sexual prohibitions, but the law is the same with an Israelite - that he is liable for two with his father, meaning that if he lay with him inadvertently, he is liable to bring two sin-offerings. The substance of this matter is revealed to all. There is no reason to be lengthy about its root, as it is fitting to distance this great ugliness from people, and to punish one who transgresses it [with] a great punishment. And therefore, it made him liable for stoning. **From** the laws of the commandment is that which they, may their memory be blessed, said (Yevamot 53b) that the liability is with the insertion of the corona immediately, but not before then. And the law is the same for all of the sexual prohibitions, that the liability with them is with the insertion of the corona immediately

- except for one who has relations with a maidservant, [for] which the liability is with the completion of his intercourse. And we will inform the place of the rest of its details together with the rest of all the sexual prohibitions at the end of the Order, with God's help (see Tur, Even HaEzer 21). **And** this prohibition is practiced in every place and at all times. And one who transgresses this and lays with his father volitionally with witnesses and a warning is stoned from when he inserts the head of the corona; inadvertently, he brings two sin-offerings at the time of the [Temple] - one on account of the negative commandment of 'his father, and one on account of the negative commandment of 'a male.'

מצוה קצ

שלא לגלות ערות אם - שלא יגלה הבן ערות האם, שנאמר)ויקרא יח ז(אמך היא לא תגלה ערותה. בטעם אסור הקרובות כתב הרמב"ם זכרונם לברכה)מורה נבוכים ח"ג מט(שהענין הוא לפי שהתורה תרחיק המשגל מבני אדם לבד מה שצריך לפריה ורביה או למצוה, ולכן אסרה לנו התורה הקרובות, לפי שהכשלון ימצא בהן יותר מפני שהן מצויות אצלו תמיד. והרמב"ן זכרונו לברכה)בפי' עה"ת אחרי יח ו(אמר כי הטעם הזה חלוש מאד שיחיב הכתוב כרת על אלה מפני המצאם אצלו תמיד, ויתיר מצד אחר שישא אדם אחד מאה נשים אם ירצה או אלף, ואמר הוא זכרונו לברכה, וזה לשונו, אבל כפי הסברא כי יש בענין סוד מיסודות היצירה דבוק בנפש, והוא מכלל סוד העבור שכבר רמזנו לו, עד כאן. ואני ראיתי להרמב"ם זכרונו לברכה)שם(שכתב עוד טעם אחר בענין, על צד הפשט לדעתי אמר, כי תרחיק התורה שלא יעז פניו האדם לבוא על האשה שראוי לנהוג בה כבוד, וידחק לפרש רבן על הצד הזה, כלומר, מטעם מדת הבשת, הכל כמו שבא בספרו, יאריך הענין אם באנו לכתב הכל. **מדיני** המצוה. מה שאמרו זכרונם לברכה)סנהדרין נד, א(, שאסור האם הוא אפילו היתה אנוסת אביו, שהרי מכל מקום אמו היא, וכן מה שאמרו)שם נג, א(שהבא על אמו שהיא אשת אביו, כלומר, שלא היתה אנוסתו חיב שתים משום אמו ומשום אשת אביו, ואין חלוק בזה בין שבא עליה בחיי אביו לאחר מותו, דלעולם אשת אביו נקראת, וחיב בה שתים, כמו שאמרנו. וכן מה שאסרו רבותינו זכרונם לברכה)יבמות כא, א(, לגדר אסור זה של אם, אם אמו, כלומר זקנתו, וכן אם זקנתו, עד מעלה מעלה אפילו אלף דור אם יהיה באפשר לראותן כלן אסורות מדברי סופרים. וכן אסרו לגדר האם אם אביו שהיא זקנתו מצד אב, וכן אם זקנתו עד מעלה מעלה לעולם, וכן אסרו לגדר זה של אם אם אבי אביו בלבד, ואם אבי אמו בלבד. ויש שפרשו)רש"י יבמות שם ד"ה ד' נשים(, שגם אלו אסורות למעלה לעולם. ואם תשאל למה יתפשט האסור עד למעלה בראשונות כדעת הראשון יותר מבשתי אלו האחרונות? הטעם

ספר החינוך Sefer HaChinukh

לפי שהראשונות תקרבנה אל אסור האם, שהוא עקר האסור, שהרי יש בהן זקנה אסורה, דהינו אם האם ואם האב, ועל כן ראוי לגזר בהן אפילו עד למעלה, אבל בשתי אלו האחרונות אין בהן זקנה אסורה, וכיון שאין הענין מתקרב לאמות שהוא עקר האסור, ראו (אמרו) זכרונם לברכה, כי די לנו שנגזר בשתי אלו לבד ודברי פי חכמים חן (קהלת י יב). ואלו שאסורות מדרבנן נקראות שניות, כלומר, שהן שניות לאותן עריות שאסרה התורה. ונוהג אסור זה בכל מקום ובכל זמן. ועובר על זה ושכב עם אמו, במזיד חיב כרת, ובעדים נסקל. בשוגג חיב להביא חטאת קבועה בזמן הבית. ואם שכב עם אחת מן השניות לוקה מכת מרדות. וזאת מן העריות שנצטוו עליה כל בני העולם בכלל, אבל חלוק יש בין ישראל לשאר האמות בענין השניות, כי ישראל גדרו גדר בענין השניות, אבל שאר האמות אין אסור עליהן אלא האם לבד.

Mitzvah 190

To not reveal the nakedness of the mother: That a son not reveal the nakedness of the mother, as it is stated (Leviticus 18:7), "it is your mother, do not reveal her nakedness." About the reason for relatives, Rambam, may his memory be blessed, wrote (Guide for the Perplexed 3:49) that the matter is because the Torah distanced sexuality from people besides that which is needed for being fruitful and multiplying, or for the commandment. Therefore, the Torah forbade [close] relatives to us - as stumbling is found with them more, since they are always found (proximate). And Ramban, may his memory be blessed, said (Ramban on Leviticus 18:6) that this reason is very weak - that the Torah should make one liable for excision for one of these because of their being always found near him; and from another side, permit a man to marry one hundred women - or a thousand - if he wants. [Rather,] he, may his memory be blessed, said - and this is his language: "But according to logic, there is a matter of a secret from the foundations of creation this is implanted in the soul, and it is included in the 'secret of intercalation' (a play on words that can also mean conception), that we have already hinted to." To here [are his words]. And I have seen that Rambam, may his memory be blessed, wrote another reason about the matter (Guide for the Perplexed 3:49): From the angle of the simple understanding - according to my opinion - did he say [it is] because the Torah distanced [it], that he should not be brazen-faced to have intercourse with the woman that he is to treat with honor. And he pushes [it] to explain most of [the sexual prohibitions] from this angle, meaning to say on

ספר החינוך Sefer HaChinukh

account of the trait of shame - all as it appears in his book; the matter would be [too] lengthy if we came to write it all. **From** the laws of the commandment is that which they, may their memory be blessed, said (Sanhedrin 54a) that the prohibition of the mother is even if she was raped by his father, as behold she is his mother in any event. And so [too,] that which they said (Sanhedrin 53a) that one who has intercourse with his mother that is the wife of his father - meaning that she was not raped by him - is liable for two, on account of his mother and on account of the wife of his father. And there is no distinction in this whether he had intercourse in his father's lifetime or after his death, as she is always called the wife of his father, and [so] he is liable for two, as we said. And so [too,] that which our Rabbis, may their memory be blessed, forbade (Yevamot 21a) as a fence of this prohibition of the mother, the mother of his mother - meaning to say, his grandmother - and likewise the mother of his grandmother, going way back even to a thousand generations if it was possible to see them all; they are all forbidden by the words of the [Rabbis]. And so [too] they forbade the mother of his father - meaning to say, his grandmother from the father's side - as a fence for the mother, and likewise the mother of his grandmother, going way back. And so [too,] they forbade just the mother of the father of his father, and just the mother of the father of his mother only, as a fence of this [prohibition] of the mother. And there are some (Rashi on Yevamot 21a s.v. dalet nashim) that explained that these are also forbidden way back. And if you ask why the prohibition extends way back with the first ones - according to the first opinion - more than with these last two; the reason is because the first ones approach the prohibition of the mother which is the main prohibition, as behold they have a forbidden grandmother, which is the mother of the mother or the mother of the father. And therefore is it fitting to decree about them even going way back. But with these last two, they do not have a forbidden grandmother. And since the matter does not approach the mothers which is the main prohibition, they, may their memory be blessed saw (said) that it is enough that we decree with these two alone. And 'the words of the Sages are grace.' And these that are forbidden rabbinically are called secondary ones - meaning to say, they are secondary to those sexual prohibitions that were prohibited by the Torah. **And** this prohibition is practiced in every place and at all times. And one who transgresses this and lays with his mother volitionally is liable for excision, and is stoned if there are witnesses; inadvertently, he is liable to bring a fixed sin-offering at the time of the [Temple]. And if he laid with one of the secondary ones, he is struck with lashes of rebellion. And this is from the sexual prohibitions that all people of the world were prohibited more generally. But there is a distinction between Israel and the rest of the nations regarding the secondary ones; as Israel made a fence regarding the secondary ones, but [with] the rest of the nations, only the mother alone is forbidden to them.

מצוה קצא

שלא לגלות ערות אשת אב ואף על פי שאינה אמו - שלא לגלות ערות אשת אב ואף על פי שאינה אמו. שנאמר)ויקרא יח ח(ערות אשת אביך לא תגלה. **משרשי** המצוה. מה שכתבנו בענין הקרובות)לעיל מצוה קצ(. ועוד יש לנו לומר, כי הטעם בזה לפי שיהיה בדבר קלון אצל אביו. וכבר כתבנו במצות כבוד אב)מצוה לג(התועלת הנמצא לנו בכבוד האבות. **מדיני** המצוה. מה שאמרו זכרונם לברכה)סנהדרין נג, א(, שאשת אביו אסורה מן התורה בין מן הארוסין פרוש מן הקדושין, בין מן הנשואין, בין בחיי אביו ואפילו גרשה, בין אחרי מותו. וכן מה שאסרו)יבמות כא, א(לגדר אסור זה, אשת אבי אביו. כלומר אשת זקנו אף על פי שאינה זקנתו. וכן אסרו גם כן אשת אבי זקנו, וכן אשת אבי אם זקנו. וכן עד מעלה מעלה אפילו עד יעקב. ואסרו גם כן לגדר אסור זה אשת אבי אמו בלבד. והטעם, לפי שעקר אסור זה הוא מצד אבות דהינו אשת אב, על כן החמירו זכרונם לברכה יותר בצד האבות, ואמרו שיהא אסור למעלה עד לעולם. ובצד האם לא גזרו אלא באשת אבי אמו לבד, והוא כעין החילוק שכתבנו למעלה באסור האם. ויתר פרטיה הם במקומות שנכתב למטה בסוף הסדר)מצוה ריא( ]א"ה שם[. וזאת מן העריות שנצטוו עליה כל בני העולם בכלל, אבל חלוק יש בין ישראל לשאר האמות, שבשאר האמות אין נקראת אשת אביו אלא על ידי בעילה, ובישראל אפילו בקדושין, וכן בענין השניות שאין אסור שניות באמות כמו שאמרנו. **ונוהג** אסור זה בכל מקום ובכל זמן. ועובר עליה ושכב את אשת אביו במזיד חיב כרת, ובעדים ובהתראה נסקל, בשוגג חיב להביא חטאת קבועה בזמן הבית. ואם שכב עם אחת מן השניות היה לוקה מכת מרדות.

Mitzvah 191

To not reveal the nakedness of the wife of the father, even though she is not his mother: To not reveal the nakedness of the wife of the father, even though she is not his mother, as it is stated (Leviticus 18:8), "The nakedness of the wife of your father you shall not reveal." **What** we wrote (above, Sefer HaChinukh 190) regarding the [close] relatives is from the roots of the

ספר החינוך Sefer HaChinukh

commandment. But we should also say that the reason for this is because there would be a disgrace to the father in the matter. And we have already written in the commandment of honoring the father (Sefer HaChinukh 33), the benefit that is found for us with honoring the parents. **From** the laws of the commandment is that which they, may their memory be blessed, said (Sanhedrin 53a) that the wife of his father is forbidden by Torah writ, whether [she is his wife by virtue of] betrothal - the understanding of which is kiddushin (designation) - or from marriage; whether in the lifetime of his father and even if he divorced her, or after his death. And so [too,] that which they forbade (Yevamot 21a) the wife of his father's father - meaning to say the wife of his grandfather - even though she is not his grandmother, to make a fence for this prohibition. And so [too,] did they also forbid the wife of the father of his grandfather and so [too,] the wife of the father of the mother of his grandfather, and likewise going way back, even to Yaakov. And they also forbade just the wife of the father of his mother, as a fence for this prohibition. And the reason is because the essence of this prohibition is from the side of the father - meaning the wife of the father. Therefore they, may their memory be blessed, were more stringent with the side of the fathers and said that it be forbidden going way back forever; but from the side of the mother they only decreed just with the wife of the father of the mother. And this is similar to the distinction that we wrote above with the prohibition of the mother. And the rest of its details are in the places that we will write below (Sefer HaChinukh 211) at the end of the Order (see Tur, Even HaEzer 21). And this is from the sexual prohibitions that all people of the world were prohibited more generally. But there is a distinction between Israel and the rest of the nations - as with the rest of the nations, [one] is only called the wife of the father by way of intercourse, but with Israel, even by way of designation; and likewise regarding the secondary ones, as there is no prohibition of the secondary ones among the nations, as we said. **And** this prohibition is practiced in every place and at all times. And one who transgresses it and lays with the wife of his father volitionally is liable for excision, and is stoned if there are witnesses and a warning; inadvertently, he is obligated to bring a fixed sin-offering at the time of the [Temple]. And if he laid with one of the secondary ones, he is struck with lashes of rebellion.

מצוה קצב

שלא לגלות ערות אחותו בכל צד שהיא אחותו - שלא לגלות ערות אחות, בין שהיא אחות מאב לבד לבין שהיא אחות מאם לבד, ובין שהיא אחות מאנוסת אביו ובין שהיא אחות מאם מן הזנות, בכל צדדין אלו נקראת אחות, וחיבין עליה, שנאמר (ויקרא יח ט) ערות אחותך בת אביך או בת אמך מולדת בית או מולדת חוץ. ואם תאמר אם כן מה זה שנאמר בתורה (שם יא) ערות בת אשת אביך לא תגלה ולמה היה צריך זה המקרא, והלא משום אחותו חיב עליה? באמת זה המקרא לא נאמר אלא כדי שישים בת אשת האב כשתהיה אחותו ערוה בפני עצמה, וכמו שנכתב למטה במקומו (לקמן מצוה קצו). ונמצא (יבמות כב, ב) שהבא על אחותו שהיא בת נשואת אביו שחיב שתים, משום ערות אחותו ומשום ערות בת אשת אביו. ואם בא עליה בשוגג חיב להביא שתי חטאות. **משרשי** אסור הקרובות. כתבנו בערות אם (לעיל מצוה קצ) מה שידענו בהם [א"ה שם]. **מדיני** המצוה. כגון מה שאמרו זכרונם לברכה (סוטה מג, ב), דדוקא בת אשת אביו שהיא אחותו, כלומר, שהולידה אביו, היא אסורה עליו, אבל בת אשת אביו שאינה אחותו, כגון שאשת אביו היה [היתה] לה בת מאיש אחר, זו אינה אסורה כלל אלא מתר לו לאדם לשא אותה לכתחלה, ולא גזרינן אטו אחותו שאין כאן מקום לגזרה כלל. **ונוהגת** בכל מקום ובכל זמן. והעובר עליה ושכב את אחותו במזיד חיב כרת לבד. כלומר [שאין בה מיתת בית דין, אבל בעדים והתראה בית דין מלקין אותן כדין כל חיבי כרתות שלוקין] (שאפילו בעדים והתראה אין בדבר אלא חיוב כרת לבד), ובשוגג מביא חטאת קבועה. וזאת מן העריות שנצטוו עליהם כל בני העולם בכלל, אבל חלוק יש בה בין ישראל לשאר האמות, שבשאר האמות אין אסור עליהם אלא אחותם מאם לבד, ובישראל בין מאם בין מאב. **וכלל** זה יהיה בידך בכל מה שנצטוו האמות שכל זמן שהם תחת ידינו, עלינו לעשות דין בהם בעברם על מצותם. וכבר כתבתי למעלה בסדר וישמע יתרו (מצוה כו) בלאו דלא יהיה שהדין שלהם לעולם היא מיתה בין מזידין בין שוגגין, ושאין צריכין התראה, אבל שני עדים או הודאת פיהם צריכין. ומן הדומה שאף על פי שהם אינם כשרים להעיד על ישראל ראויים היו להעיד זה על זה, וכן הורה זקן (רמב"ם פ"ט הל' מלכים הי"ד).

Mitzvah 192

To not reveal the nakedness of his sister, from any angle that she is his sister: To not reveal the nakedness of his sister - whether she is a sister only from the father or whether she is a sister only from the mother; whether she is a sister from a woman raped by his father, or whether she is a sister from a mother from infidelity. From all of these angles, she is called his sister, and [he] is liable for her, as it is stated (Leviticus 18:9), "The nakedness of your

ספר החינוך Sefer HaChinukh

sister - the daughter of your father or the daughter of your mother, whether born into the household or born outside." And if you shall say, "If so, what is this that is stated in the Torah (Leviticus 18:11), 'The nakedness of the daughter of the wife of your father, who has born into your father's household'; and what was the need for this verse, is he not liable for her on account of [her being] his sister" - this verse was truthfully only stated to make the daughter of the wife of the father when she is his sister, a sexual prohibition on its own, and as we will write below in its place (below, Sefer HaChinukh 196). And it comes out that one who has intercourse with his sister, who is the daughter from the marriage of his father, is liable for two: on account of the nakedness of his sister and the nakedness of the daughter of the wife of his father. (Yevamot 22b). And if he has intercourse with her inadvertently, he is liable for two sin-offerings. **We** have written in the sexual prohibition of the mother (Sefer HaChinukh 190) that which we have known about the roots of the prohibition of relatives (see Tur, Even HaEzer 21). **From** the laws of the commandment is, for example, that which they, may their memory be blessed, said (Sotah 43b) that only the daughter of his father who is his sister - meaning to say, who was conceived by his father - is forbidden to him. But the daughter of his father's wife who is not his sister - such as when the wife of his father had a daughter from another man - is not forbidden to him at all. Rather, it is permitted for a man to marry her at the outset, and we do not decree because of his sister - as there is no place for a decree here at all. **And** [it] is practiced in every place and at all times. And one who transgresses it and lays with his sister volitionally is only liable for excision, meaning to say [that there is no death penalty of the court. **But** with witnesses and a warning, the court lashes him, like the law of all those who are liable for excision, that they are lashed] (that even with witnesses and a warning, there is nothing in the matter besides excision alone). And inadvertently, he brings a fixed sin-offering. And this is from the sexual prohibitions that all people of the world were prohibited more generally. But there is a distinction between Israel and the rest of the nations; as with the rest of the nations, there is no prohibition except with their sister from the mother alone, but with Israel it is whether from the mother or the father. **And** [let] this principle be in your hand about all that the [other] nations were commanded: that so long as they are under our hands, it is upon us to judge them when they transgress their commandments. And I have already written above in the Order of Vayishma Yitro in the negative commandment of 'there shall not be' (Sefer HaChinukh 26) that their judgement is always with the death penalty - whether they are volitional or inadvertent - and that they do not need a warning. But they do need two witnesses or the admission of their [own] mouths. And it appears that even though they are not fit to testify about an Israelite, they are fitting to testify one about the other - and so did the elder instruct (Mishneh Torah, Laws of Kings and Wars 9:14).

<u>מצוה קצג</u>

שלא לגלות ערות בת הבן - שלא לגלות ערות בת הבן, שנאמר (ויקרא יח י) ערות בת בנך וגו' לא תגלה. ולפי הדומה כי האסור הוא בין שהבן כשר או אפילו ממזר בנו הוא מכל מקום, ובין שבת הבן גם כן כשרה או אפילו ממזרת. **שרש** אסור הקרובות, כתבתיהו באסור ערות אם (מצוה קצ). **מדיני** המצוה. מה שאסרו זכרונם לברכה (יבמותכב, א) לגדר אסור זה, והיא בת בת בנו בלבד, וכן בת בן בנו בלבד. ויש אומרים, שאין הפסק לאסורים אלו לעולם כי כל יוצאי ירכו של אדם אסרו עליו עד סוף כל הדורות. ויתר פרטיה, בסוף הסדר (מצוה ריא) תראה היכן הם [א"ה שם]. ונוהג אסור זה בכל מקום ובכל זמן. ועובר עליה ושכב את בת בנו במזיד ויש עדים חיב שרפה, כמו שאמרו זכרונם לברכה בסנהדרין (עה, א) ואם אין עדים חיב כרת, בשוגג מביא חטאת קבועה בזמן הבית, ואם שכב את בת בת בנו וכן כל שאר השניות לוקה מכת מרדות.

Mitzvah 193

To not reveal the nakedness of the daughter of the son: To not reveal the nakedness of the daughter of the son, as it is stated (Leviticus 18:10), "The nakedness of the daughter of your son, etc. do not reveal." And according to what appears, the prohibition is whether the son is fit or even if he is a mamzer - he is his son regardless - and whether the daughter of the son is fit or even if she is a mamzeret. **I** have written in the sexual prohibition of the mother (Sefer HaChinukh 190) about the root of the prohibition of relatives. **From** the laws of the commandment is that which they, may their memory be blessed, forbade (Yevamot 22a) as a fence for this prohibition - and that is just the daughter of the daughter of his son and, likewise, just the daughter of the son of his son. And some say that there is no end to these prohibitions ever, since they forbade a man all that 'come out from his thigh' for all generations. And you will see where the rest of its details are at the end of the Order (Sefer HaChinukh 211) (see Even HaEzer 21).

And this prohibition is practiced in every place and at all times. And one who transgresses it and laid with the daughter of his son volitionally - and there are witnesses - is liable for burning, as they, may their memory be blessed, said in Sanhedrin 75a; and if there are no witnesses, he is liable for excision; inadvertently, he brings a fixed sin-offering at the time of the [Temple]. And if he laid with the daughter of the daughter of the son and all the other secondary ones, he is struck with lashes of rebellion.

מצוה קצד

שלא לגלות ערות בת הבת - שלא לגלות ערות בת הבת. שנאמר)ויקרא יח י(או בת בתך לא תגלה ערותן כי ערותך הנה. כל דיניה כדין בת הבן, ושניות לה גם כן בת בת בתו, וכן בת בן בתו. ויש שאומרין, שאין להם הפסק לעולם.

Mitzvah 194

To not reveal the nakedness of the daughter of the daughter: To not reveal the nakedness of the daughter of the daughter, as it is stated (Leviticus 18:10) "or the daughter of your daughter, you shall not reveal, as it is your nakedness." All of its laws are like the law of the daughter of the son; and the ones secondary to her are also the daughter of the daughter of daughter and, likewise the daughter of the son of the daughter. And some say that there is no end to [the generations of] these prohibitions ever.

מצוה קצה

שלא לגלות ערות הבת - שלא לגלות ערות הבת, וזאת לא נתבארה בלשון התורה שיאמר הכתוב ערות בתך לא תגלה. ומפני כן לא בא עליה כתוב מפרש לפי שאין צרך בו, דכיון שאסרה התורה בת הבן ובת הבת שהן רחוקות ממנה, אין צריך לומר שהיא אסורה דקל וחמר הוא. ועוד למדוה זכרונם לברכה מגזרה שוה, דאי מקל וחמר גרידא הוה ילפינן לה לא היה אדם נדון עליה, דקימא לן)סנהדרין עו, א(אין עונשין מן הדין. **משרשי** המצוה. כתבנו למעלה)מצוה קצ(מה שיכלנו דרך כלל בכל העריות. **דיני** מצוה זו, כלומר, איך למדוה זכרונם לברכה ומאי זה כתוב? בגמרא יבמות הוא, שאמרו שם)ג, א(בתו מאנוסתו עקר אסורא מדרשא אתיא, דאמר רבא אמר ליה רב יצחק בר אבדימי אתיא הנה הנה אתיא זמה זמה כלומר, שהכתוב אמר בבת הבן ובבת הבת ערותך הנה, ואמר באסור אשה ובתה ובת בנה ובת בתה לשון הנה, כמו שכתוב בסוף הפרשה)ויקרא יח יז(שארה הנה, מה להלן מפרש שנאסרה בתה, שהרי בפרוש נכתבה שם, אף כאן שאסר הכתוב בת בנו, הוא הדין לבתו, אף על פי שלא פרשה הכתוב,

דגמרינן לה בגזרה שוה זו. ועוד למדו זכרונם לברכה מכח גזרה שוה זו באי זו מיתה נדון הבא על בתו או על בת בנו ובת בתו, ואף על פי שאין משפט המיתה כתוב במקרא של ערות אשה ובתה ובת ובת בתה, למדוה זכרונם לברכה ממנו אחר שנלמד בו ממקום אחר, ומאי זה מקום אחר נלמד בו? ממה שכתוב)שם כ יד(ואיש אשר יקח את אשה ואת אמה זמה היא באש ישרפו אותו ואתהן. ואמרו זכרונם לברכה)סנהדרין עה, ב(מה התם באשה ואמה, דכתיב בהו זמה בשרפה, אף הכא באשה ובתה ובת בנה ובת בתה, דכתיב בהו שארה הנה זמה היא נדון בשרפה. ומעתה אחר שמצאנו כי משפט אשה ובתה ובת בנה ובת בתה בשרפה מכח גזרה שוה זו דזמה זמה, יש לנו ללמד גם כן כי משפט הבא על בתו ובת בנו ובת בתו בשרפה, לפי שכבר למדנו ממנו אסור על בתו בגזרה שוה דהנה הנה, וכיון שלמדנו ממנו דבר אחד, נלמד ממנו עוד כל שאר הדינין שבו, ונאמר שמשפט הבא על בתו גם כן בשרפה. ועל כיוצא בזה, יאמרו בגמרא)יבמות עה, ב(דון מינה ומינה כלומר, כשנלמד כתוב אחד מחברו, לא לדבר אחד שבו לבד נלמדהו אלא לכל משפטיו נלמדהו ממנו. ואף על פי שאותן משפטים שבו אינם כמשמעותו של כתוב בעצמו אלא שנלמדם מכתובים אחרים, אף על פי כן כל מה שיש בו בין מגופיה דקרא בין שנלמד בו ממקום אחר נלמד ממנו. ואמרו זכרונם לברכה בגמרא כריתות)ה, א(אל תהי גזרה שוה קלה בעיניך, שהרי בתו מאנוסתו, אחד מגופי תורה היא ולא למדה הכתוב אלא בגזרה שוה, אתיא הנה הנה אתיא זמה זמה, כלומר, שבשתי גזרות שוות אלו למדנו אסורה ומשפטה, וכמו שפרשנו. אבל בתו מנשואתו מפרש הוא במקרא מדכתיב)שם יח יז(ערות אשה ובתה ואין חלוק בין שהיא בתו ובתה או מאיש אחר, וזה מדבר בנשואה מדכתיב אשה דמשמע לשון אישות, וכתיב נמי)שם(לא תקח, וקיחה משמע גם כן דרך אישות, אבל גבי בתו מאנוסתו ובת בנו ובת בתו לא כתיב אלא לא תגלה, וכתב הרמב"ם זכרונו לברכה)בספר המצוות ל"ת שלו(הבט אמרם זכרונם לברכה לא למדה הכתוב, ולא אמרו ולא למדנוה, לפי שאלה הענינים כלם הם קבלה מהשליח עליו השלום, שמסר הפרוש אל הזקנים, וזה אמרם על זה גוף תורה. והביאו לרב זכרונו לברכה לכתב דבר זה העקר הקבוע לו, שאין בחשבון תרי"ג המצות אלא מה שמפרש בכתוב, או מה שיאמרו זכרונם לברכה עליו בפרוש שהוא מן התורה, אבל לא כל מה שנלמד בשלש עשרה מדות. וכבר סתר הרמב"ן זכרונו לברכה)בשרשיו לספר המצוות שרש ב'(ענין זה בראיות ברורות. **דיני** המצוה בסוף הסדר)מצוה ריא(נכתב מקומן עם כל העריות בכלל]א"ה שם[. **ונוהג** אסור זה בכל מקום ובכל זמן. והעובר על זה ושכב את בתו מאנוסתו במזיד ויש עדים נדון בשרפה, בלא עדים חיב כרת. בשוגג חיב חטאת קבועה. ואם שכב את בתו מנשואתו חיב שתי חטאות, אחת משום בתו, ואחת משום ערות אשה ובתה, שאין חיוב ערות אשה ובתה אלא בנשואי הראשונה, שהרי בפרוש כתב בהן לא תקח, בין במקום האזהרה

עליהן בין במקום הענש, ולשון קיחה משמע לן לשון נשואין. ומפני כן אמרו זכרונם לברכה (יבמות צז, א) כי מדין התורה הוא, שאם אנס אדם אשה מתר היה לשא בתה, אלא שחכמים זכרונם לברכה גדרו גדר ואסרו הדבר, ואמרו (שם) שמי שנאף אשה אסור לשא אחת מן השבע נשים קרובותיה הידועות כל זמן שהזונה קימת, מפני שהזונה באה לבקר אותן, והוא מתיחד עמה ולבו גס בה ויבוא לידי עברה שיבעל הערוה, ולא עוד אלא אפילו נטען (פי' נחשד) על אשה הרי זה לא ישא אחת מקרובותיה עד שתמות זו שנטען עליה. ומכל מקום אם כנסה לזו שקרובה לאותה שזנתה עמו אין מצריכין אותו להוציאה. ועוד אמרו זכרונם לברכה (קדושין יב, ב) בענין זה, שכל מי שנטען על ערוה או שיצא לו שם רע עמה, לא ידור עמה במבוי אחד ולא יראה באותה השכונה. אנס אביו או בנו או אחיו אשה או פתה אותה, הרי זו מתרת לו לשא אותה, שלא נאסרו אלא דרך אישות, ולא החמירו זכרונם לברכה גם כן לעשות גדר לאחר משום זנות של קרובו.

Mitzvah 195

To not reveal the nakedness of the daughter: To not reveal the nakedness of the daughter, and this is not elucidated in the language of the Torah, that the verse would state, "The nakedness of your daughter you shall not reveal." And because of [the following] did a verse not come about it explicitly, since there is no need for it: As since the Torah forbade the daughter of the son and the daughter of the daughter which are more distant than she, there is no reason to say that she is forbidden - as it is an a fortiori argument (kal vachomer). And they, may their memory be blessed, also learned it from a inferential comparison (gezearah shavah). **As** if we had only extracted it with an fortiori argument, no one would have ever been judged for it - as it is established for us (Sanhedrin 76a) [that] 'we do not punish from an inference.' **We** have written above (Sefer HaChinukh 190) from the roots of the commandment, that which we were able about all of the sexual prohibitions more generally. **The** laws of this commandment - meaning to say how did they, may their memory be blessed, learn it and from which verse - are in the Gemara Yevamot. As there (Yevamot 3a) they said, "The main prohibition of his daughter from a woman he raped, comes by interpretation (drasha), as Rava said [that] Rav Yitzḥak bar Avdimi said to [me], 'This prohibition comes [by means of an inferential comparison between] "their" (hena) and "their"; it comes [by an inferential comparison of] "licentiousness" and licentiousness - meaning to say, that the verse states with the son's daughter and the daughter's daughter, "it is their nakedness"; like it is written at the end of the section (Leviticus 18:17), "their flesh." Just like over there, it is explicit that her daughter is forbidden; so too here, wherein the verse prohibits the daughter of his son, the law is the same for his daughter even though the verse did not explain it - as we learn it from this inferential comparison. And they, may their memory be blessed, also learned with which death one who has intercourse with his daughter or with the daughter of his son or the daughter of his daughter is judged, from the strength of this inferential comparison. They, may their memory be blessed, learned it from it, after it was learned about it from another place. And from what other place was it learned about it? From that which is written (Leviticus 20:14), "And a man that takes a woman and her mother, it is licentiousness; with fire shall they be burnt, him and them." And they, may their memory be blessed, said (Sanhedrin 75b) [that] just like there, with a woman and her mother, about them which is written, "licentiousness," it is with burning; so too here, with a woman and her daughter or the daughter of her son or the daughter of her daughter, about them which is written, "their flesh, it is licentiousness," he is judged with burning. And from now, since we found that the judgement of one who has intercourse with a woman and her daughter or the daughter of her son or the daughter of her daughter is with burning - since we have already learned the prohibition of his daughter from it by the inferential comparison of "their, their"; we can further learn from all of the other laws in it, and say that the judgement of one who has intercourse with his daughter is also with burning. And about that which is similar to this, they say in the Gemara (Yevamot 78b), "Infer from it and from it" - meaning to say, when we learn one verse from its fellow, we do not learn it for only one thing about it, but rather we learn it for all its laws from it. And [this is the case] even when those laws that are with it are not like the understanding of that verse itself, but rather learned from other verses. Nonetheless, we learn from everything that is in it - whether from the verse itself or whether it is learned from another place. And they, may their memory be blessed, said in the Gemara Keritot 5a, "Let not an inferential comparison (gezara shava) be light in your eyes; as behold, his daughter from a woman he raped is one of the [important] bodies of Torah, and Scripture only taught it through a gezara shava - it comes by 'their, their'; 'licentiousness, licentiousness.'" [This is] meaning to say that we learned its prohibition and its judgement from these two inferential

ספר החינוך Sefer HaChinukh

comparisons, as we explained. But his daughter from a woman he married is explicit in Scripture, as it is stated (Leviticus 18:17), "The nakedness of a woman and her daughter" - and there is no distinction whether she is his daughter and her daughter, or from another man. And this is speaking about a married woman, since it is written, "woman" (eeshah, which is also the word for wife), which implies the language of marriage (eeshut). And it is also written "you shall not take" - and taking also implies through marriage. But regarding his daughter from a woman he raped or the daughter of her son or daughter of her daughter, only, "you shall not reveal," is written. And Rambam, may his memory be blessed, wrote (in Sefer HaMitzvot LaRambam, Mitzvot Lo Taase 336), "Observe their, may their memory be blessed, saying 'The verse did not teach it,' and they did not say, 'We did not learn it' - since all of these matters are a transmission from the messenger (Moshe), peace be upon him, who transmitted the understanding [of the Torah] to the elders. And that is [the meaning] of their saying, 'body of Torah,' about this." And [this] brought the rabbi, may his memory be blessed, to write this as a fixed major principle for himself - that only what is explicit in the verse or that which they, may their memory be blessed, said explicitly that it is from the Torah, is in the tally of the six hundred and thirteen commandments, but not that which we learn from the thirteen hermeneutic principles. And Ramban, may his memory be blessed, already contradicted this with clear proofs (in Sefer HaMitzvot LaRambam, Root 2). **We** will write the place of the laws of the commandment at the end of the Order, with all of the sexual prohibitions more generally (see Tur, Even HaEzer 21). **And** this prohibition is practiced in every place and at all times. And one who transgresses it and volitionally lays with his daughter from a woman he raped, and there are witnesses, is judged with burning; without witnesses, he is liable for excision; inadvertently, he is liable for a fixed sin-offering. And if he laid with his daughter from a woman he married, he is liable for two sin-offerings - one on account of 'his daughter' and one on account of "the nakedness of a woman and her daughter." As the liability for "the nakedness of a woman and her daughter" is only with marriage of the first one, as behold it is explicitly written, "you shall not take" - whether in the place of the warning about them or whether in the place of the punishment - and the language of taking implies the language of marriage for us. And on account of this, they, may their memory be blessed, said (Yevamot 97a) that it is from the law of the Torah that if a man raped a woman, it would have been permitted to marry her daughter [from another man], except that the Sages, may their memory be blessed, made a fence and forbade the thing. And they said (Yevamot 97a) that one who has adultery with a woman is forbidden to marry one of her seven [delineated] relatives so long as the unfaithful woman is alive, because the unfaithful woman comes to visit them and [so] he will isolate himself with her; and [since] his heart is coarse with her, he will come to a sin, as he will have intercourse with the sexual prohibition. And not only that, but even one who is claimed (the explanation of which is suspected) about a woman, behold this one shall not marry one of her relatives until the one who he is claimed about dies. However, if he [married] this one who is a relative of the one with which he was licentious, we do not require him to remove (divorce) her. And they, may their memory be blessed, also said about this matter (Kiddushin 12b) that anyone, who is claimed about a sexual prohibition or that a bad name went out about him with her, shall not live in the same passage with her and not be seen in the same neighborhood. [If it was] his father or his son or his brother that raped a woman or seduced her, behold he is permitted to marry her - as only by way of marriage are they forbidden. And they, may their memory be blessed, were also not stringent to make a fence for another because of the licentiousness of his relative.

מצוה קצו

שלא לגלות ערות אחותו מן האב והיא בת אשת אביו - שלא לגלות ערות בת אשת אביו כשתה'יה אחותו. כלומר שהיא בת אביו, שאלו בת אשת אביו שאינה אחותו כבר אמרנו למעלה)מצוה קצב(שמתר לשא אותה לאשה לכתחלה, אלא פרושו, בת אשת אביו והיא אחותו, שנאמר)ויקרא יח יא(ערות בת אשת אביך לא תגלה. וכבר כתבתי למעלה בערות אחות, שהלאו הזה בא כדי שישים אחותו מנשואת אביו ערוה בפני עצמה, וכעין מה שאמרנו באמו)מצוה קצ(, שאם היא אשת אב חיב בה שתים משום אם ומשום אשת אב. והראיה מה שאמרו זכרונם לברכה ביבמות)כב, ב(תנו רבנן הבא על אחותו, והיא בת אשת אביו, חיב משום אחות ומשום בת אשת אביו. רבי יוסי ברבי יהודה אומר אינו חיב אלא משום אחותו בלבד. מאי טעמיהו דרבנן אמרי מכדי כתיב ערות אחותך בת אביך וגו', ערות בת אשת אביך מולדת אביך למה לי, שמע מנה לחיבו משום אחותו ומשום בת אשת אביו. נמצא שהשוכב עם אחותו שהיא מאנוסת אביו אין בה אלא לאו אחד, והשוכב עם אחותו שהיא מנשואת אביו יתחיב שני לאוין, ובשוגג חיב

Sefer HaChinukh ספר החינוך

להביא שתי חטאות. ומשפטי השם צדקו, כי אחר שתרחיק התורה קרבת האחות ראוי להחמיר באותה שהיא אחות גמורה, רוצה לומר מן הנשואין, כי היא נקראת אחות אמה [אמת]. וכענין זה כתב הרמב"ן זכרונו לברכה (אחרי מות יח ט). **דיני** המצוה. בסוף הסדר (מצוה ריא) תראה היכן הם [א"ה שם]. **ונוהג** אסור זה בכל מקום ובכל זמן. והעובר על זה ושכב את אחותו מנשואת אביו במזיד חיב כרת, בשוגג מביא שתי חטאות, כמו שאמרנו.

Mitzvah 196

To not uncover the nakedness of his sister from the father, and she is the daughter of the wife of the father: To not uncover the nakedness of the daughter of the wife of the father when she is his sister - meaning to say, that she is the daughter of his father. As if she was the daughter of the wife of his father that is not his sister, we have already said above (Sefer HaChinukh 192) that he is permitted to marry her from the outset. Rather, the understanding [of the prohibition] is that it is the daughter of the wife of his father and she is his sister, as it is stated (Leviticus 18:11), "The nakedness of the daughter of your father [...] you shall not reveal." And I have already written above regarding the nakedness of the sister that this negative commandment comes in order to make his sister from the wife of his father a sexual prohibition by itself - and similar to what I wrote about his mother (Sefer HaChinukh 190): that if she is the wife of the father, he is liable with her for two - on account of the mother and on account of the wife of the father. And the proof is from that which they, may their memory be blessed, said in Yevamot 22b, "The Sages learned, 'He who has intercourse with his sister who is the daughter of his father's wife, is liable on account of his sister and on account of the daughter of his father's wife.' Rabbi Yose beRebbi Yehudah says, 'He is liable only on account of his sister alone.' What is the reason for the opinion of the rabbis? They said, 'How is it? Since it is written in the Torah, "The nakedness of your sister, the daughter of your father, etc." (Leviticus 18:9), for what do I need, "The nakedness of the daughter of the wife of your father, who has born into your father's household," (Leviticus 18:11)? We understand from this, [that] it is to make him liable on account of his sister and on account of the daughter of his father's wife.'" It comes out that there is only one negative commandment with one who lays with his sister who is from a woman that his father raped; but one who lays with his sister from a woman that his father married is liable

Sefer HaChinukh ספר החינוך

for [the transgression of] two negative commandments - and [so] if inadvertent, he is obligated to bring two sin-offerings. And 'the judgments of God are righteous': Since the Torah distanced the sister, it is fitting to be stringent with the one that is his full sister - meaning to say from marriage, as she is called the [true] sister (of her mother). And like this matter did Ramban, may his memory be blessed, write (Ramban on Leviticus 18:9). **And** at the end of the Order (Sefer HaChinukh 211), we will see where the laws of the commandments are (see Tur, Even HaEzer 21). **And** this prohibition is practiced in every place and at all times. And one who transgresses it and laid volitionally with his sister from a woman that his father married is liable for excision; inadvertently, he is liable two sin offerings, as we said.

מצוה קצז

שלא לגלות ערות אחות אב - שלא לבוא על אחות האב, שנאמר)ויקרא יח יב(ערות אחות אביך לא תגלה וגו'. **משרשי** העריות כתבנו מה שידענו)לעיל קצ(. **מדיני** המצוה. כגון מה שאמרו זכרונם לברכה)יבמות נד, ב(שאסור אחות אב, בין שהיא אחות לאביו מן האב בלבד או מן האם לבד, ובין שהיא אחותו מן הנשואין בין מן הזנות, שכל אחת מאלו מכל מקום אחות אביו נקראת. ואין כאן מקום לשניות. **דיני** המצוה. בסוף הסדר תראה מקומן]א"ה שם[. **ונוהג** אסור זה בכל מקום ובכל זמן. והעובר עליה ושכב את אחות אביו במזיד חיב כרת, בשוגג מביא חטאת קבועה.

Mitzvah 197

To not reveal the nakedness of the sister of the father: To not have intercourse with the sister of the father, as it is stated (Leviticus 18:12), "The nakedness of the sister of your father you shall not reveal, etc." **We** have written what we know of the roots of sexual prohibitions (Sefer HaChinukh 190). **From** the laws of the commandment is, for example, that which they, may their memory be blessed, said (Yevamot 54b) that the prohibition of the sister of the father is whether she is the sister of his father from the father only or from the mother only; whether she is the sister from marriage or whether from licentiousness - as each one of these is called his sister regardless. And there is no room for secondary [prohibitions] here. **You** will see the place of the laws of the commandment at the end of the Order (see Tur, Even HaEzer 21). **And** this prohibition is practiced in all places and at all times. And one who transgresses it and lays with the sister of his father

ספר החינוך Sefer HaChinukh

volitionally is liable excision; inadvertently, he brings a fixed sin-offering.

מצוה קצח

ערות אחות אמך לא תגלה - שלא לבוא על אחות אם, שנאמר (ויקרא יח יג) ערות אחות אמך לא תגלה וגו'. כל ענינה, כמו אחות אב (מצוה קצז).

Mitzvah 198
The nakedness of the sister of your mother you shall not reveal: To not have intercourse with the sister of the mother, as it is stated (Leviticus 18:13), "The nakedness of the sister of your mother you shall not reveal, etc." All of its content is like the sister of the father (Sefer HaChinukh 197).

מצוה קצט

ערות אחי אביך לא תגלה - שלא לבוא על אחי האב ומן הדומה שאין הפרש בין שיהיה אחי אביו מן האב או מן האם, בין מן הנשואין בין מן הזנות, שנאמר (ויקרא יח יד) ערות אחי אביך לא תגלה, ואחי אביו נקרא מכל מקום. ואף על פי שהבא על כל זכר חיב משום ואת זכר לא תשכב וגו', זה הלאו הוא נוסף במי שבא על אחי אביו, ואם יהיה שוגג יתחיב עליו שתי חטאות משום לאו דבא על הזכר, ולאו דבא על אחי אביו, וכמו שאמרנו גם כן באביו (במצוה קפט). ובגמרא סנהדרין אמרו זכרונם לברכה (נד, א) הבא על אחי אביו חיב שתים לדברי הכל. **ונוהג** אסור זה בכל מקום ובכל זמן. והעובר עליה ושכב עם אחי אביו שניהם נסקלים, השוכב והנשכב, אם שניהם מזדין ובעדים והתראה, ואם אין עדים שניהם בכרת, ובשוגג חיב האחד שתי חטאות כמו שאמרנו, שהבא על אחי אביו שחיב שתי חטאות, והאחד חטאת אחד.

Mitzvah 199
The nakedness of the brother of your father you shall not reveal: To not have intercourse with the brother of the father. And it is from what appears that there is no difference whether he is the brother of his father from the father or from the mother, whether he is from marriage or whether from licentiousness; as it stated (Leviticus 18:14), "The nakedness of the brother of your father you shall not reveal" - and he is called the brother of his father regardless. And even though [a man] who has intercourse with any male is liable on account of "and with a male you shall not lay, etc.," this negative commandment is in addition [to that] for the one that has intercourse with the brother of his father. And if he

was inadvertent, he is liable for two sin-offerings - on account of the negative commandment of the one who has intercourse with the male, and [on account of] the negative commandment of one who has intercourse with the brother of his father - and as we said also with his father (Sefer HaChinukh 189). And in the Gemara Sanhedrin 54a, they, may their memory be blessed, said, [that] one who has intercourse with the brother of his father is liable for two, according to the words of all. **And** this prohibition is practiced in all places and at all times. And [in the case of] one who transgresses it and laid with the brother of his father, both of them are stoned - the layer and the one who is lain with - if they are both volitional and [it occurred] with witnesses and a warning; if there are no witnesses they are both [liable] for excision. And when inadvertent, one is liable for two sin-offerings - as we said, that one who has intercourse with the brother of his father is liable for two sin-offerings - and one is liable one sin-offering.

מצוה ר

ערות אשת אחי אביך לא תגלה - שלא לבוא על אשת אחי האב, וזאת נקראת בכתוב דודתו לפי שהיא אשת דודו, שנאמר (ויקרא יח יד) אל אשתו לא תקרב דודתך היא. ואזהרה זו היא מכיון שנתארסה לדודו, כלומר, שנתקדשה לו, ואין צריך לומר אחר שנשאת לו, ובין בחיי דודו ואפילו גרשה, ובין אחר מיתתו (יבמות צז א). **משרשי** המצוה. כתבנו למעלה (מצוה קצ). **דיני** המצוה. כגון מה שאמרו זכרונם לברכה (יבמות נד, ב), שאחי אביו נקרא לענין אסור זה של אשתו כשהוא אחי אביו מצד אב, אבל אחי אביו מצד אם אינו באסור זה של אל אשתו לא תקרב מדין תורה, אלא שחכמים גדרו גדר ואסרו אפילו אשת אחי אביו מצד אם, כדי להרחיקנו הרבה שלא לגע לאסור תורה. וכן אסרו גם כן אשת אחי אמו, בין שהוא אחיה מצד אב לבד או מצד אם לבד, ואף על פי שאשת אחי אמו אינה אסורה כלל דבר תורה, מפני שאסרה התורה אשת אחי אביו מצד אב שנקרא דודו, הוסיפו הם באסור לגדר כל אחד מאלו הדומים לו. **ונוהג** אסור זה בכל מקום ובכל זמן. והעובר עליה ושכב את אשת אחי אביו מצד אב בחיי דודו במזיד ויש עדים, מיתת שניהם בחנק, שכן הוא הדין הבא על אשת איש בחנק, ואם שכב אותה אחרי מות דודו, במזיד חיב כרת, ואם יש עדים לוקה, בשוגג מביא חטאת קבועה, כמו שידוע לנו דכל שבזדונו כרת בשגגתו חטאת. ואם שכב את אשת אחי אביו מצד אם, או את אשת אחי אמו, בין מצד אב או מצד אם, במזיד מכין אותו מכת מרדות, בשוגג פטור.

ספר החינוך Sefer HaChinukh

Mitzvah 200
The nakedness of the wife of the brother of your father, you shall not reveal: Not to have intercourse with the wife of the brother of your father. And this one is called his aunt (dodah) in Scripture, since she is the wife of his uncle (dod), as it is stated (Leviticus 18:14), "to his wife you shall not approach, she is your aunt (dodah)." And this warning is from when she was betrothed to his uncle - meaning to say, she was designated for him - and there is no need to say, after she married him. And [this is the case] whether [it is] in the lifetime of his uncle and even after he divorced her, or whether after his death (Yevamot 97a). **We** have written above about the roots of the commandment (Sefer HaChinukh 190). **The** laws of the commandment: For example, that which they, may their memory be blessed, said (Yevamot 54b) that he is called the brother of his father regarding this prohibition of his wife when he is the brother of his father from the father's side. But the brother of the father from the mother's side is not [included] in this prohibition of "to his wife you shall not approach" by Torah writ. However, the Sages made a fence and forbade even the wife of the brother of his father from the mother's side, in order to distance us greatly so as not to touch a prohibition of the Torah. And likewise, they also forbade the wife of the brother of his mother - whether she is a sister from the father's side alone or from the mother's side alone. And even though the wife of the brother of his mother is not forbidden at all from Torah writ; since the Torah forbade the wife of the brother of his father from the side of the father - who is called, 'his uncle' - they added upon the prohibition to make a fence with all of these that are similar to it. **And** this prohibition is practiced in every place and at all times. And [in the case of] one who transgresses it and laid with the wife of the brother of his father from the father's side during the lifetime of his uncle volitionally - and there were witnesses - the death of both of them is with strangulation, as this is the law of the one who has intercourse with a married woman, with strangulation. And if he laid with her volitionally after the death of his uncle, he is liable for excision; and if there are witnesses, he is lashed; inadvertently, he brings a fixed sin-offering - as it is well-known to us that with anything for which there is excision if volitional, its inadvertent transgression is with a sin-offering. And if he laid with the wife of the brother of his father from the mother's side or the wife of the brother of the mother - whether from the father's side of from the

mother's side - we strike him with lashes of rebellion when volitional, and he is exempt when inadvertent.

מצוה רא

ערות כלתך לא תגלה - שלא לבוא על אשת הבן, שתהיה אשתו מן הארוסין, וכל שכן מן הנשואין, בין בחייו ואפילו גרשה, בין אחר מותו, בכל ענין זה נקראת אשת בנו, ואסורה עליו, שנאמר)ויקרא יח טו(ערות כלתך לא תגלה. ומן הדומה שהחיוב אפילו בבן ממזר, בנו הוא מכל מקום, אבל בן שפחה ונכרית אין זה נקרא בנו לשום דבר. **שרש** אסור העריות, כתבנוהו)מצוה קצ(. **מדיני** המצוה. כגון מה שאסרו זכרונם לברכה)יבמות כא, ב(לגדר זה כלת בנו, וכן כלת בן בנו עד סוף העולם, ואסרו גם כן כלת בתו בלבד. והטעם כעין מה שאמרנו למעלה, לפי שהאסור בא בכתוב בכלתו גזרו הם בכל הכלות הבאות מחמת הבן, וגזרו)מחמת( ]בכלת[בתו בלבד, ודי לנו בכך, ואלו נקראות שניות. **ונוהג** אסור זה בכל מקום ובכל זמן. והעובר עליה ושכב את כלתו במזיד ויש עדים והתראה בסקילה, ואם אין עדים בכרת, בשוגג מביא חטאת קבועה. ואם שכב את כלת בנו או בן בנו עד סוף העולם או כלת בתו, מכין אותו מכת מרדות.

Mitzvah 201

The nakedness of your daughter-in-law you shall not reveal: To not have intercourse with the wife of the son, which is his wife from the betrothal - and all the more so from the marriage - whether during his lifetime and even after he divorced her, or whether after his death. In any manner [above], she is called the wife of his son and she is forbidden to him, as it is stated (Leviticus 18:15), "The nakedness of your daughter-in-law you shall not reveal." And from that which appears, the liability is even with a son that is a mamzer - he is his son regardless. But the son from a maidservant or from a gentile is not called "his son" for anything. **We** have written the root of the prohibition (Sefer HaChinukh 190). **From** the laws of the commandment is, for example, that which they, may their memory be blessed, forbade (Yevamot 21b) - to make a fence for this - the daughter-in-law of his son and likewise the daughter-in-law of the son of his son, to the end of the world. And they also forbade only the daughter-in-law of his daughter. And the reason is similar to that which we said above - since the prohibition came in the verse about his daughter-in-law, they decreed about all daughters-in-law that come on account of the son; and they decreed with [the daughter-in-law of] the daughter only, and that is enough for us with that. And these are called secondary [prohibitions]. **And** this prohibition is practiced in every place and at all times. And one who transgresses it and laid with his daughter-in-law volitionally - and there are witnesses and a warning - is [punished] with stoning; and if there are no witnesses, with excision; inadvertently, he brings a fixed sin-offering. And if he laid with the daughter-in-law of his son or the son of his son, to the end of the world - or the daughter-in-law of his daughter, we strike him with lashes of rebellion.

מצוה רב

ערות אשת אחיך לא תגלה - שלא לבוא על אשת אחיו, שנאמר (ויקרא יח טז) ערות אשת אחיך לא תגלה. ואחד אחיו מאביו לבד או מאמו לבד, ובין מן הנשואין ובין מן הזנות אשתו ערוה עליו, שאחיו נקרא מכל מקום. ומכיון שארסה נקראת אשת אח ואסורה, וכל שכן אחר שנשאה, ובין בחיי אחיו ובין אחר מותו היא אסורה עליו משום אשת אח, חוץ מאשת אח שלא הניח בן שהתורה צותה על זו בפרוש שישאנה האח, וזאת היא מצות יבום כמו שנפרש בעזרת השם (מצוה תקצח). **ונוהג** אסור זה בכל מקום ובכל זמן. והעובר עליה ושכב את אשת אחיו חיב כרת אם היה מזיד, ואם שגג חיב להביא חטאת קבועה. וזה יהיה אחר מות אחיו ונשארו לו בנים, או אחר שגרשה, שאלו בחייו בעודה תחתיו, ידוע הוא שדין השוכב את אשת אחיו (צ"ל אשת איש) מיתתו בחנק. ואין באסור אשת אח מקום לאסור שניות.

Mitzvah 202

The nakedness of the wife of your brother you shall not reveal: To not have intercourse with the wife of your brother, as it is stated (Leviticus 18:16), "The nakedness of the wife of your brother you shall not reveal." And it is one whether it is his brother from only his father or only his mother; and whether it is from marriage or whether from licentiousness - his wife is a sexual prohibition for him, since he is called, "his brother," regardless. And from when he betrothed her, she is called, "the wife of his brother," and is forbidden - and all the more so after he marries her. And it is whether it is in the lifetime of his brother or whether after he died, that she is forbidden to him on account of "the wife of the brother." [This is] except for the wife of the brother that did not leave a child, as the Torah commanded explicitly about that, that the brother should marry her. And that is the commandment of levirate marriage, as we will explain with God's help (Sefer HaChinukh 598). **And** this prohibition is practiced in every place and at all times. And one who transgresses it and laid with the wife of his brother is liable excision if he was volitional; and if he was inadvertent, he is obligated to bring a fixed sin-offering. And this is after the death of his brother and he left children, or after he divorced her. As if it was in his life when she is still [with] him, it is well-known that the law of the one who lays with the wife of his brother (it should say, with a married woman) [is that] his death is with strangulation. **And** there is no room to prohibit secondary [prohibitions] with the prohibition of the wife of the brother.

מצוה רג

ערות אשה ובתה לא תגלה - שלא לגלות ערות אשה ובתה, שנאמר (ויקרא יח יז) ערות אשה ובתה לא תגלה. ובא הפרוש שאין החיוב אלא כגון שנשא האחת תחלה, ואחר כך כשבא על השניה הוא מתחיב, אבל אם לא נשא אחת מהן לא יתחיב עליהן, לפי שכתוב בהן לשון אישות וקיחה, דמשמע על ידי נשואין דהכי משמע לן לשון קיחה בכל מקום לשון נשואין אבל חכמים גזרו גדר ואמרו, שאם נאף אדם עם אשה אסור לשא בתה כל השבע נשים קרובותיה כל זמן שהזונה קימת, מפני שהזונה באה לבקר אותן ולבו גס בה ושמא יבוא לידי עבירה. **ונוהג** אסור זה בכל מקום ובכל זמן. והעובר עליה ושכב את אשה ואת בתה שניהם נשרפין, הוא ואותה ששכב [עמה] אחרונה, שאין לראשונה חטא שהרי בהתר נשאה, ואם בא על השניה אחר מיתת אשתו הראשונה הרי אלו בכרת, ואין בהן מיתת בית דין, שנאמר במקום אחר בסדר קדושים תהיו (כ יד) באש ישרפו אתו ואתהן. ופרש רבי אליעזר בסנהדרין (סו, ב) באש ישרפו אותו ואחת מהן, דהינו האחרונה, כמו שאמרנו. ודוקא כששתיהן קימות שכן בא הפרוש אבל כשאין שתיהן קימות אין שם שריפה, אלא שהן בחיוב כרת במזיד, ובשוגג מביא חטאת קבועה. ורבי עקיבא מפרש שם, אותו ושתיהן, וכגון שנשא השתים באסור, וימצא זה כשנשא הבת ואמה ואם אמה. ושם מתבאר במאי פליגי.

Mitzvah 203

The nakedness of a woman and her daughter, you shall not reveal: To not reveal the nakedness of a woman and her mother, as it is stated (Leviticus 18:17), "The nakedness of a woman and her daughter, you shall not reveal." And the explanation came that the liability is only in such a case that he married one first; and then when he had intercourse with the second, he becomes liable. But if he did not marry one of them, he does not become liable for them. [This is] since an expression of marriage is written about them - "taking," which implies through marriage. As so is it understood to us, that the expression of taking is an expression of marriage in every place. But the Sages decreed a fence and said

Sefer HaChinukh ספר החינוך

that if a man has adultery with a woman, it is forbidden to marry her daughter - [even] all of her seven [delineated] relatives - so long as the unfaithful woman is alive. [This is] because the unfaithful woman comes to visit them and [so] he will isolate himself with her; and [since] his heart is coarse with her, he will perhaps come to a sin. **And** this prohibition is practiced in every place and at all times. And [in a case of a man] who transgresses it and laid with a woman and with her daughter, both of them are burnt - he and the one he laid with last. As the first one has no sin, since [it was] permitted [for] him [to] marry her. And if he had intercourse with the second after the death of his first wife, behold they are [punished] with excision and they do not [receive] a death penalty of the court. As it is stated in another place in the Order of Kedoshim Tehiyu (Leviticus 20:14), "they shall be burned with fire, he and them (ethen)." And Rabbi Eliezer explained in shall be burned with fire, he and' one of Sanhedrin 66b, "'They them (echat mehen)" - which is the later one, as we said. But that is only when both of them are alive - as so came the explanation. But when both of them are not alive, there is no burning there. Rather, they are [punished] with a liability for excision when volitional; and he brings a fixed sin-offering when inadvertent. However, Rabbi Akiva explains there, "He and both of them" - for example that he [was] forbidden to marry both of them, and this is found when he married a daughter, her mother and the mother of her mother. And what they disagree about is explained there.

מצוה רד

ערות אשה ובת בנה - שלא לגלות ערות אשה ובת בנה. וכבר אמרנו שאסור זה הוא לעולם בנשואי הראשונה, שנאמר)ויקרא יח יז(את בת בנה לא תקח. **מדיני** המצוה. מה שאסרו זכרונם לברכה)יבמות כא, א(לגדר זה בת בן בנה, והיא מכלל השניות, כמו שאמרנו, שכל שאסורה מדברי סופרים תקרא שניה. וכן אסרו אם אם אבי אשתו בלבד. **ונוהג** אסור זה בכל מקום ובכל זמן. והעובר עליה ושכב אשה ובת בנה בנשואי הראשונה, שניהם נשרפים בחיי הראשונה, ואם מתה הראשונה שניהם בכרת במזיד, בשוגג מביאים חטאת קבועה. ואם שכב את השניה לוקה מכת מרדות מדרבנן.

Mitzvah 204

The nakedness of a woman and the daughter of her son: To not reveal the nakedness of a woman and the daughter of her son. And we have already said that this prohibition is always with marriage to the first one (as a condition), as it is stated (Leviticus 18:17), "the daughter of her son [...] you shall not take." **From** the laws of the commandment is that which they, may their memory be blessed, forbade (Yevamot 21a) the daughter of the son of her son as a fence for this - and it is included in the secondary [prohibitions]. As everything the prohibition of which is from the words of the [Rabbis] is called a secondary prohibition. And so [too,] did they forbid only the mother of the mother of the father of his wife. **And** this prohibition is practiced in every place and at all times. And [in the case of] one who transgresses it and volitionally laid [with] a woman and the daughter of her son, with the marriage of the first one - in the lifetime of the first - both of them are burned; but if the first one died, both of them are [punished] with excision. If it was inadvertent, they bring a fixed sin-offering. And if he laid with the secondary [prohibition], he is struck with rabbinic lashes of rebellion.

מצוה רה

שלא לגלות ערות אשה ובת בתה - שלא לגלות ערות אשה ובת בתה. וכבר אמרנו שאסור זה בנשואי הראשונה שנאמר)ויקרא יח יז(ואת בת בתה לא תקח וכו'. ולשון קיחה משמע לן לשון נשואין. **מדיני** המצוה. מה שאסרו זכרונם לברכה לגדר זה בת בת בתה בלבד, ואם אם אם אשתו בלבד, ואם אב אם אשתו בלבד. כלל הענין של אסור אשה ובתה ובת בנה ובת בתה, כי התורה תאסר לאדם מלשא שש קרובות של אשתו מלבד האחות, שלש למעלה, דהינו אמה ושתי זקנותיה, ושלש למטה דהינו בתה ובת בתה ובת בנה, וחכמים הוסיפו עליהן גם כן לגדר שש אחרות, ארבע למעלה ושתים למטה, כי כן יאות הענין להיות בהכרח, כי שתי הזקנות גוררות ארבע אחרות לגדר להן, אבל בת בנה ובת בתה אי אפשר להן לגדר אלא שתים כמותן, והאם והבת אין להוסיף עליהן לגדר, שהרי יש נשים אסורות מן התורה למטן ולמעלן עין בדבר כי כן הוא בהכרח. **ונוהגת** בכל מקום ובכל זמן. והעובר עליה ושכב אשה ובת בתה שניהם נשרפים בחיי ראשונה, ואם מתה ראשונה שניהם בכרת במזיד, ובשוגג מביאין חטאת קבועה. ואם שכב את השניות היו מכין אותו מכת מרדות.

Mitzvah 205

To not reveal the nakedness of a woman and the daughter of her daughter: To not reveal the nakedness of a woman and the daughter of her daughter. And we have already said that this prohibition is always with marriage to the first one (as a condition), as it is stated (Leviticus 18:17), "the daughter of her daughter you shall not take." And the expression of taking is understood by us

Sefer HaChinukh

to be an expression of marriage. **From** the laws of the commandment is that which they, may their memory be blessed, forbade - as a fence to this - only the daughter of her daughter of her daughter, and only the mother of the mother of the mother of his wife, and only the mother of the father of the mother of his wife. The general rule of the matter of the prohibition of a woman and her daughter or the daughter of her son or the daughter of her daughter is that the Torah forbids a man from marrying six relatives of his wife besides the sister: three above, which are her mother and her two grandmothers; and three below, which are her daughter, the daughter of her daughter and the daughter of her son. And the Sages also added six others upon them as a fence - four above and two below. As the matter is proper to be like this perforce - as the two grandmothers drag along four others as a fence for them, whereas it is impossible for the daughter of her son and the daughter of her daughter to have [anyone] besides the two corresponding to them as a fence. And there is nothing to add upon the mother and the daughter, as behold there are women below them and above them [already] forbidden from the Torah. **And** this prohibition is practiced in every place and at all times. And [in the case of] one who transgresses it and volitionally laid [with] a woman and the daughter of her daughter - in the lifetime of the first - both of them are burned; but if the first one died, both of them are [punished] with excision. And if it was inadvertent, they bring a fixed sin-offering. And if he laid with the secondary [prohibitions], they would strike him with rabbinic lashes of rebellion.

מצוה רו

ערות אשה ואחותה - שלא לבוא על שתי אחיות. כלומר, שלא ישא אדם שתי אחיות ביחד ולא אפילו זו אחר זו בחיי הראשונה ואפילו גרשה לראשונה שנאמר (ויקרא יח יח) ואשה אל אחותה לא תקח לצרר לגלות ערותה עליה בחייה. פרוש, ואשה עם אחותה ביחד, לא תקח, לצרר לשון צרה, כלומר שלא תעשה האחת צרה לחברתה. בחייה, בא ולמד שאפילו גרשה לראשונה לא ישא אחותה, וזהו לשון בחייה כלומר, כל זמן שהיא בחיים אבל אחר מות האחת אין ספק שמתר לשא האחרת, והינו מה שאמר הכתוב בחייה. וכן השוכב דרך זנות עם האחות אחר שנשא הראשונה או קדשה, גם כן בכלל האסור, כי בנשואי הראשונה הקפידה תורה (יבמות צז א). **משרשי** המצוה, ענין העריות כתבנו למעלה (מצוה קצ) מה שידענו. ועוד אומר לי לבי בענין זה שאסר הכתוב לשא שתי אחיות, כי אדון השלום

יחפץ בשלום כל בריותיו, וכל שכן בשלום אותן בריות שהטבע והשכל מחיבין להיות שלום ביניהם ולא קטטה ותחרות תמיד כל היום. **מדיני** המצוה. מה שפרשו זכרונם לברכה)יבמות נד, ב(שאחות אשתו נקראת בין אחותה מאמה בין אחותה מאביה, בין מן הנשואין, בין מן הזנות. ופרשו גם כן, שהאסור יחול מכיון שיקדשנה, וכדמשמע לן לשון קיחה באשה לעולם, כמו שאמרנו. וכן מה שאסרו זכרונם לברכה לגדר אסור זה אחות זקוקתו, פרוש זקוקתו כגון מי שהיה לו אח ומת ולא הניח בנים, שהוא חיב לשא אשתו מן התורה או לחלץ לה, כמו שבא המצוה בכתוב בפרוש)מצוה תקצז תקצט(וזאת האשה שהיא זקוקה לאח, כלומד, שהיא ברשות האח לשא אותה אם ירצה, כי מן השמים הקנוה לו, תקרא זקוקתו. ואסרו זכרונם לברכה)שם מא, א(מלשא אחותה, מכיון שהיא זקוקה אליו, אף על פי שלא קדשה ולא עשה בה שום ענין. **וכן** אסרו עליו)שם מ, א(גם כן לגדר זה אחות חלוצתו, כלומר, אפילו אחר שחלץ לה, אסרו עליו מלשא אחותה, כמו שאסר הכתוב אחות גרושתו, כמו שפרשנו, כן אסרו גם כן אחות חלוצתו, שהחליצה כעין גט היא. ומכל מקום אסור אחות חלוצתו ואפילו אחות זקוקתו קימא לן אלבא דהלכתא דמדרבנן הוא, כי התורה לא אסרה כי אם אחות נשואתו או ארוסתו אבל הזקוקה לו, אף על פי שמן השמים הקנוה לו אין אחותה בכלל אסור תורה, אלא שהם זכרונם לברכה אסרוה לו שלא לגע לאסורא דאוריתא. ומפני שאסור זה הוא מדבריהם, כמו שאמרנו, הקלו בענין קצת לפעמים, עד שאמרו זכרונם לברכה)שם מא, א(כי אחד מן היבמין שקדש אחות יבמתו שאומרים לו, המתן אל תגרשנה ואל תשאנה עד שייבם אחיך או יחלץ ליבמה זו הזקוקה לכלכם. חלץ לה אחיו או יבמה או שמתה היבמה הרי זה יכנס ארוסתו. אבל אם מתו האחים כלם מוציא את ארוסתו בגט ויבמתו בחליצה. ואם מתה ארוסתו, בין שמתה קדם מיתת האחין בין שמתה לאחר מיתתם, חזרה היבמה להתרה, רצה חולץ רצה מיבם. ובמצות יבום נכתב עוד מעט בענינים אלה)מצוה תקצח(, כמנהגנו בעזרת השם, שאין כאן מקומן. **ונוהגת** אזהרה זו בכל מקום ובכל זמן. והעובר עליה ושכב עם האחות, בין על ידי נשואין, בין דרך זנות, בחיי הראשונה במזיד חיב כרת, ואם יש עדים והתראה לוקה, בשוגג מביא חטאת קבועה. ואם שכב עם אחות זקוקתו או אחות חלוצתו היה לוקה מכת מרדות דרבנן. ומכל מקום, אין אשתו דהינו האחות שנשא ראשונה אסורה עליו מפני נשואי שניה או)זמתה(מפני שזנתה, אלא אשתו מתרת לו, וזאת השנית תלך לה)יבמות צד א(. ואפילו נשאה על ידי חפה וקדושין אינה צריכה ממנו גט, שאין קדושין תופסין בעריות להצריכן גט, אבל מכל מקום מתחיב העושה בהן מעשה הקדושין, שהתורה אמרה לא תקח, ומשמע לשון קדושין, ואף על גב דאם עבר ולקח, כלומר, שקדש, לא מהני ליה כלומר, שאינה לקוחתו לשום דבר ואינה צריכה ממנו גט, מכל מקום נתחיב בכך כמו שאמרנו. **וזה** הדין אינו באחיות לבד, אלא אף בכל שאר העריות הוא,

Sefer HaChinukh ספר החינוך

שאם נשאן בחזקת התר ונמצאו עריות שאינן צריכות גט מן הטעם שאמרנו, שאין קדושין תופסין בעריות. וכן אם נשא או עבר ונאף עם אחת מן השש נשים שאמרנו למעלה (מצוה רב) שהן עריות עליו מן התורה מחמת אשתו, אינן אוסרות אשתו עליו אלא ילכו להן בלא גט ותשאר אשתו מתרת לו, כמו שאמרנו, זולתי באחות ארוסתו שהחמירו חכמים ואסרו אף הראשונה מפני השניה, שאמרו זכרונם לברכה (שם צד, ב) שאם ארס אדם אשה, כלומר, שקדשה ואחר כך נשא אחותה, ששתיהן אסורות עליו וצריכות ממנו גט (עי' רמב"ם גירושין פ"י הל' ט, י). ומפני מה אמרו כן ולא אמרו שישא הראשונה והשנית תלך לה בלא גט כמו שכתוב למעלה, לפי שחשו חכמים שמא יאמרו הבריות אחר שלא היה בראשונה אלא קדושין לבד, כי באותן קדושין היה שום תנאי, ועל כן נשא השנית ובדין נשאה, ולפיכך הצריכו בה גט, ואחר שהצריכו באחרונה גט מפני זה החשש שאמרנו, היו צריכים לאסר גם כן ארוסתו הראשונה כדי שלא יאמרו הבריות נשא אחות גרושתו.

Mitzvah 206

The nakedness of a woman and her sister: To not have intercourse with two sisters, meaning to say that a man not marry two sisters together - and not even this one after that one - during the lifetime of the first one; and even if he divorced the first one, as it is stated (Leviticus 18:18), "And a woman upon her sister shall you not take to be a rival, to reveal her nakedness upon her during her life." The explanation is a woman and her sister together, "shall you not take to be a rival," [which] is an expression of rivalry - meaning to say that he should not make one the rival of her friend; "during her life" comes to teach that even [if] he divorced the first, he shall not marry her sister - and that is [the meaning of] the expression, "during her life," meaning to say all the time that she is alive. But after the death of one, there is no doubt that it is permitted to marry the other. And that is what the verse stated, "during her life." And likewise, if he lays in the way of licentiousness with the sister after he married the first one or designated her, is also included in the prohibition; as the Torah was concerned about the the marriage of [only] the first one. **The matter of the sexual prohibitions is from the roots of the commandment, [about which] we wrote that which we knew above (Sefer HaChinukh 190). And also my heart tells me about this matter that Scripture forbade to marry two sisters, that the Master of peace wants peace [for] all of his creatures and, all the more so, those creatures that nature and intellect obligate to have peace between them - and not constant quarrel and competition the whole**

ספר החינוך Sefer HaChinukh

day. **From** the laws of the commandment is that which they, may their memory be blessed, said (Yevamot 54b) that she is called the sister of his wife, whether she is the sister from her mother or the sister from her father; whether from marriage or whether from licentiousness. And they also explained that the prohibition comes into force from when he designates her, and as the expression of taking of a woman is always understood by us, as we said. And also, that which they, may their memory be blessed, forbade the sister of his bound one, as a fence for this prohibition. And the understanding of his bound one is such a case as one who has a brother and he dies and does not leave children, such that he is obligated by the Torah to marry his wife or to release her, as it appears explicitly in the written commandment (Sefer HaChinukh 597, 599). And that is the woman that is bound to the brother, meaning to say that she is in the domain of the brother to marry her if he wants. Since she is acquired by him from the Heavens, she is called, "his bound one." And they, may their memory be blessed, forbade (Yevamot 41a) him from marrying her sister from when she is bound to him, even though he did not designate her and did not do any action. **And** likewise, they also forbade him (Yevamot 40a) as a fence for this, the sister of his released one (chalitsato); meaning to say, they forbade him form marrying her sister, even after he released her. Just like Scripture forbade the sister of his divorcee, as we explained; so too did [the Sages] also forbid the sister of his released one - since release is similar to a bill of divorce. And nonetheless, it is established for us on the legal level that the prohibition of the sister of his released one - and even the sister of his bound one - is rabbinic. As the Torah only forbade the sister of a woman that he married or betrothed. But the sister of a woman bound to him - even if [the latter] was acquired by him from the Heavens - is not included in the Torah prohibition. Rather, [it is] they, may their memory be blessed, that prohibited her, so as not to touch the Torah prohibition. And since this prohibition is [only] rabbinic, as we said, they were sometimes a little lenient in that matter - to the point that they, may their memory be blessed, said (Yevamot 41a) that we say to one of the brothers required for levirate marriage who designated the sister of [this] levirate wife, "Wait. Do not divorce her and do not marry her until your brother performs levirate marriage or releases this levirate wife that is bound to all of you." [If] his brother released her or performed levirate marriage, or [if] the levirate wife dies, he can [marry] his betrothed. But if all of the [other] brothers die, he

ספר החינוך Sefer HaChinukh

divorces his betrothed with a bill of divorce, and his levirate wife with release (chalitsah). And if his betrothed dies - whether she died before the death of the brothers or whether she died after their death - the levirate wife comes back to be permitted [to him]. If he wants, he releases [her]; if he wants, he performs levirate marriage. And in the commandment of levirate marriage, we will write a little further about these matters (Sefer HaChinukh 498) - as is our custom - with God's help; as here is not its place. **And** this warning (negative commandment) is practiced in every place and at all times. And one who transgresses it and volitionally laid with the sister - whether by way of marriage, or by way of licentiousness - during the lifetime of the first, is liable for excision; and he is lashed, if there are witnesses and a warning; inadvertently, he brings a sin-offering. And if he laid with the sister of his bound one or the sister of his released one, he is struck by rabbinic lashes of rebellion. And nonetheless, his wife - that is the sister that he married first - is not forbidden to him, because of the marriage to the second or (her licentiousness) because he was licentious with her. Rather, his wife is permitted to him, and this second one should go away (Yevamot 94a). And even if he married [the second] with 'a canopy and designation,' she does not require a bill of divorce from him - as designation is not effective with sexual prohibitions, to have her require a bill of divorce. But nonetheless one who does an act of designation (kiddushin) with them makes himself liable, as the Torah stated, "you shall not take" - which implies a language of designation. And even though if he transgressed and took, meaning designated, [her], it does not help him - meaning, she is not 'taken' by him for any matter, and [so] she does not require a bill of divorce from him - nonetheless, he becomes liable with this, as we said. **And** this law is not only with sisters, but rather also with all the other sexual prohibitions: that if he marries them with the assumption [that they are] permitted and they turn out to be sexual prohibitions, they do not require a bill of divorce from the reason that we said - that the designation is not effective with sexual prohibitions. And likewise, if he married or transgressed and was adulterous with one of the six women that we said above (Sefer HaChinuch 205) are sexual prohibitions for him - on account of his wife - from Torah writ, they do not prohibit his wife to him; but rather they should go away without a bill of divorce. And his wife remains permitted to him, as we said. [This is the case] except with the sister of his betrothed, wherewith the Sages were stringent and forbade even the first one, because of the second one. As they, may their memory be blessed, said (Yevamot 94b) that if a man betroths a woman - meaning to say, he designates her - and afterwards marries her sister, both of them are forbidden to him and [both] require a bill of divorce from him (Mishneh Torah, Laws of Divorce 10:9, 10). And because of what did they say this, and they did not say that he [stays] married to the first one and the second one goes away without a bill of divorce, as we wrote above? Because the Sages were concerned, lest the creatures say since there was only designation alone with the first one, that there was some condition in that designation - and as a result, he married the second; and he married her legally. And therefore, they required a bill of divorce for her. And since they required a bill of divorce for the later one - because of the concern that we said - they needed to also forbid his first betrothed; so that the creatures not say, he married the sister of the woman he divorced.

מצוה רז

שלא לבוא על אשה נדה - שלא לבוא על אשה בעת שהיא נדה, שנאמר)ויקרא יח יט(ואל אשה בנדת טמאתה לא תקרב. וזמן נדותה נמשך שבעה ימים, דכתיב)שם טו יט(שבעת ימים תהיה בנדתה. ובין שתראה פעם אחת בהן או שופעת כל השבעה נדה היא)נדה עג א(. וכל זמן שלא תטבל אף אחר השבעה היא נדה לעולם, כי בימים וטבילה תלה הכתוב, שנאמר בטמאים ורחצו במים. ואמרו זכרונם לברכה, בנין אב לכל טמא, שהוא בטמאה עד שיטבל)עי' רבינו בחיי מצורע טו יט(. וכן גם כן דרשו זכרונם לברכה)שבת סד, ב(תהיה בנדתה תהא בנדתה עד שתבוא במים. **ועניין** הנדות הוא, כי יש בנשים ענין שיזוב דם מהן דרך ערותן בכל חדש וחדש שני ימים או שלשה או יותר עד שבעה. וצוה הכתוב, דבין שיזוב הדם ממנה יום אחד לבד או אפילו כל השבעה יהיה הדין שוה בהן, שאם זב כל שבעה ופסק מבעוד יום בשביעי, טובלת לערב שהוא לילה שמחרתו יום שמיני וטהורה. וכן אם לא זב אלא יום אחד מכל השבעה ואפילו דם טפה כחרדל מצפה שבעת ימים, ולערב שהוא ליל שמיני טובלת וטהורה לבעלה. **משרשי** הנדה. כתבתי בפרשת זאת תהיה על ענין זבה)מצוה קסו קפב(מה שידעתי. וכלל הענין כי השם יתברך ירחיק מעמו אשר בחר כל טמאה וכל לכלוך וכל נזק, גם כן אמרתי שם מה יהיה הענין לפי הדומה שהחליאן השם יתברך לנשים בחלי זה. **מדיני** המצוה. מה שאמרו זכרונם לברכה)נדה לב, א(שהאשה מטמאה בנדה ואפילו ביום לדתה, מה שאין הדין כן בזבה שאין האשה מטמאה בזיבה עד עשרה ימים, ודבר זה מפי השמועה. וכל הנשים בכלל אסור זה ואפילו שפחות כנעניות, מכיון שהן בכלל המצות הרי הן

כישראליות לענין זה)ספרא מצורע ה א(. אבל)שם לד, א(הנשים של אמות העולם מן התורה אינן בכלל אסור נדות וזיבות, אלא מדרבנן, שגזרו עליהן בין בזכרים בין בנקבות שיהיו כזבין לכל דבריהם. וזה שאמרו בגמרא)עבודה זרה לו, ב(, שהבא על הגויה חיב עליה משום נשג"ז, פרוש, נדה, שפחה, גויה, זונה. וזה החיוב אינו אלא מדרבנן באיש ישראל, אבל באיש כהן)תמורה כט, ב(חיב עליה מדאוריתא משום זונה, ולוקה עליה. **ומה** שאמרו זכרונם לברכה גם כן)נדה יט, א(שחמשה מראות דמים הן שטמאה התורה, ושאר מראות הדמים טהורים, הענין הוא, לפי שחכמים ידעו בחכמתן שכל דם שאינו מאותן חמשה מראות, אינו בא ממקום טמא, כי מקום ידוע באשה שהדם הבא ממנו בלבד טמא הוא הנקרא מקור, ובלשון חכמים קרוי חדר. ובימיהם היו בקיאים בכל חכמה, היו הנשים מראות דמן לחכמים ומטהרין אותן או מטמאין לפי מה שהן, ובאותן הימים היו כל הנשים נוהגות בדין תורה לנדות ולזיבות, שהזבה היתה יושבת שבעה ימים נקיים, והנדה טובלת בליל שמיני, ואפילו שופעת כל שבעה, מכיון שפסק הדם בשביעי מבעוד יום. ומשרבו הצרות נתמעט לבן של חכמים ויודעי התורה ולא רצו לסמך בדעתן לדון מראות הדמים בכלל, ולפיכך עכשו בזמן הזה כל שיש בו מראה אדמומית כלל או מראה שחרות, בין שהוא עמק הרבה או כהה, כלומר, שאינו עמק טמא, אבל הירוק והלבן, אף על פי שהוא עבה כמו דם הרי זה טהור. ונאמנת)שם כ, ב(אשה לומר כמראה זה ראיתי ואבדתיו ואם אמרה ירוק או לבן היה מטהרין לה. **וכשבא** רבי וראה שנתמעטה החכמה בעולם ואין החכמים בקיאין במראות הדמים, וכי הנשים היו נוהגות בדין תורה שהיו מונות ימי הנדה לנדה, וימי זיבה לזיבה, חשש לדבר שמא לפעמים תראה האשה דם שהוא מן התורה טהור, ומפני שלא תמצא חכם שיכיר בו, תחוש לו מן הספק ותשב עליו, ואם אתה מנהיגה בדין תורה הרי שתהיה מונה מאותו יום שתתחיל לראות שבעה ימים, ובליל שמיני אף על פי ששפעה כל שבעה, אם פסקה ביום שביעי, טובלת לערב, כמו שאמרנו למעלה. ונמצא לפעמים שבאים עליה לידי אסור כרת, כי יש לחוש שמא כל הדם שראתה כל ששה ימים הוא דם טהור ושל יום השביעי היה דם טמא, והיא התחילה למנות שבעת ימי נדות מיום ראשון שראתה והיה לה להתחיל ולמנותם מיום שביעי כי הוא התחלת נדותה, שהיה דם טמא. ועל ידי טעות זו באה לטעות הרבה פעמים מנדה לזבה ומזבה לנדה, שתהא סבורה להיות בימי נדות ותהא בימי זיבות. לפיכך עמד רבי ותקן)שם סו, א(שכל אשה שרואה יום אחד תשב ששה ימים נקיים, וכן אם ראתה שני ימים תשב גם כן ששה נקיים. שכל זמן שאינה רואה יותר משני ימים, כשהיא יושבת עליהן ששה ימים נקיים אין בהן מקום ספק מעתה, שאם אותן הימים שניהם בימי נדה הם לסוף שבעה טהורה היא, ואם שניהן בימי זיבה הם לא היתה צריכה אלא יום אחד, ואפילו הראשון בימי זיבה והשני בימי נדה אין בכך כלום, שהרי היא יושבת אחר מכן ששה נקיים,

והאחד מאותן ששה נקיים עולה לאותו יום של זיבה, ואף על פי שכלן בימי נדה הן, שהלכה היא ימי נדה שאינה רואה בהן עולים לימי זיבה. ואם ראתה שלשה ימים, תיקן הוא שתהא יושבת שבעה נקיים, מפני שיש לחוש שכל השלשה בימי זיבה היו, והרי היא זבה גדולה שצריכה לישב שבעה נקיים מדין תורה. **זאת** היתה תקנתו של רבי. ועם תקנה זו לא נשאר שום ספק בענין. ואחר תקנה זו הוסיפו עוד בנות ישראל והחמירו על עצמן)שם סו, א(שאפילו רואות טיפת דם כחרדל, כלומר אפילו בראיה אחת, היו יושבות שבעה נקים, שלא רצו לחלק בין רואה דם יום אחד או שנים לרואה שלשה ימים. ואין ענין החמרא שהחמירו הם משום דם מועט כחרדל, כי מדין תורה אין חלוק לענין ימי נדות בין דם מועט לדם מרבה, כי לעולם צריכה לישב שבעת ימים רצופים, כמו שאמרנו. אבל החמרא היא שעשו עצמן כזבות אפילו בראיה אחת. וחמרא זו שקבלו על עצמן היא מזכרת בהרבה מקומות בתלמוד. ונראה מתוך כך, שחכמים ראו חמרתן טובה וצריכה, והודו לדבריהם. **ונמצא** שכל הנשים היום, אפילו בראיה אחת דינן כזבות גדולות וצריכות לספר שבעה ימים נקיים, וכן כל אשה שמצאה כתם במקום שראוי לחוש לו, אף על פי שהכתמים מדרבנן)שם נח ב(, כי מן התורה אין אשה מתטמאה עד שתרגיש בעצמה דם טמאתה, שנאמר)ויקרא טו יט(דם יהיה זבה בבשרה. כלומר, שתרגיש אותו, אף על פי כן כבר החמירו חכמים על הכתמים והצריכו ספירת שבעה עליהם והפסק טהרה. ולפיכך אם מצאה כתם כשעור האוסר במקום שראוי לחוש בו, צריכה לישב עליו גם כן שבעה נקיים. ומאימתי האשה מונה שבעה ימים נקיים? ממחרת יום שפסק הדם לגמרי. כיצד, ראתה שני ימים או שלשה בודקת עצמה תדיר, אם פסק הדם ביום שני או ביום שלישי אפילו בשחרית, אינה מונה שבעה מאותו יום שפסק הדם בו, אלא למחר בודקת עצמה פעם אחרת ומתחלת לספר שבעה מאותו היום. ובמה דברים אמורים? שראתה שני ימים או שלשה או עוד, אבל אם לא ראתה אלא יום אחד אף על פי שבאותו היום בדקה עצמה והפסיקה בטהרה אינה מונה מיום המחרת, שחזקת היום הראשון כלו טמא, והחזק מעין פתוח כל אותו היום, וחוששין שמא דמיה חזרו לה לאחר בדיקתה ושפעה כל הלילה, ואין יום שני זה לראיתה מן המנין, ואפילו בדקה עצמה מבערב חוששין שמא עם סלוק ידיה ראתה, אלא אם כן היו ידיה בין עיניה כל בין השמשות)עי' רמב"ם איסורי ביאה פ"ו ה"כ(, כלומר, שבדקה עצמה והניחה העד בפנים מבעוד יום ועמד שם בין השמשות עד הלילה ולא מצאה עליו דם כלל, בענין זה אפשר שנאמר שתתחיל למנות מיום המחרת. והמוצאה כתם, אין מחמירין בה כל כך שנצריך אותה יום הפסק טהרה מלבד היום שמצאה בו הכתם, כמו שאמרנו ברואה יום אחד לבד, אלא ודאי מכיון שבדקה עצמה אחר שמצאה הכתם ומצאה טהור, מונה שבעה נקיים חוץ מאותו יום שמצאה הכתם, כלומר, שמתחלת מנינה למחרתו של יום שמצאה בו הכתם, כדין אשה שראתה דם שני ימים או שלשה, כמו שאמרנו

למעלה. כל שבעה ימים)שם סח, ב(צריכה האשה בדיקה לכתחלה בכל יום ויום, ובדיעבד אם בדקה יום ראשון בלבד, שהוא מחרת יום שהפסיקה, ושוב לא בדקה אפילו עברו עליה כמה ימים אחר השבעה בודקת עצמה בשעת טבילה ודיה, שכבר הפסיקה בטהרה קדם לכן. לא בדקה עצמה ביום באשון אלא ביום הפסקה בלבד, ליום שביעי בודקת עצמה ודיה וטובלת בליל שמיני. לא בדקה עצמה לא ביום ראשון ולא ביום שביעי, אפילו בדקה בליל שמיני, אף על פי שהפסיקה בטהרה מקדם לכן, אין עולין לה כלל אותן שבעה ימים שעברו, מכיון שלא בדקה בהן לא בתחלה ולא בסוף. וצריכה למנות מעת שבדקה שבעה ימים נקיים. ואפשר שעקר דבר זה מכיון שהתורה צותה)שם כח(וספרה לה ואחר תטהר. ומכיון שלא בדקה לא בתחלה ולא בסוף אין כאן ספירה. **ובדיקה** זו צריכה האשה לעשותה בצמר גפן נקי הנקרא בלעז קוטון או בצמר לבן נקי ורך או בבגד פשתן ישן שמחמת ישנו הוא רך, וכלן יהיו לבנים, כדי שיהא נכר יפה בהן כל מראה אדמימות)נדה יז א(. ואלה הבגדים שבודקת בהן, נקרא בתלמוד עדים. וכשבודקת, צריכה להכניס העד בכל חורין וסדקין שבאותו מקום, ואם מצאה עליו אחר כן שום מראה אדם טמאה. כל בדיקה שאינה עשויה כך אינה בדיקה, אפילו הכניסה העד באותו מקום ולא בדקה בחורין ובסדקין, אינה בדיקה יפה, שאין זה קרוי אלא קנוח, וכל שכן שאין שנוי חלוקה עולה לה לבדיקה. שבעה ימים נקיים אלו צריכין שיהיו רצופים שלא תפסק טמאה ביניהם, אפילו ישבה לה כל הימים ולא ראתה, וביום השביעי אפילו מבערב ראתה, הרי זו סותרת כל מנינה וצריכה לספר אחר כך שבעה ימים נקיים רצופין. **ודיני** שעורי הכתם)שם נח, ב(ובאיזה ענין תולה בכתם או אינה תולה, ומי שיש לה מכה באותו מקום אם תולה בה דמיה עד שתחיה המכה, וענין קטנה שנבעלה והדם שותת ממנה מה דינה)שם סד ב(, ודם בתולים שדנו אותו חכמים כדם נדה)שם סה ב(, ודיני הוסתות רבים, ודין פרישה מן האשה סמוך לוסתה שהיא העונה, כלומר, אותו היום או אותו הלילה שהיא רגילה לראות בהן אסורה בתשמיש, מדכתיב)שם לח(והזרתם את בני ישראל מטמאתם, ובא הפרוש, שיפרשו מנשותיהן סמוך לוסתן, אבל אחר שעברה עונת הוסת מתרין לשמש. וענין ההרחקה מן האשה שצוו זכרונם לברכה)שבת יא, א(בענין הנדות כדי שלא יכשל אדם בעברה, והוא שלא יאכל אדם עם אשתו נדה בקערה אחת, ולא יושיט דבר מידו לידה)שם יג א(, ולא ידבר עמה דברים של הרגל עברה, וכיוצא בדברים אלו. **וענין** טבילתן שהצריכו אותן חכמים לטבל בלילה, ואף על פי שטבילת הזבה אפילו ביום מדין תורה, והן כלן היום כזבות, אף על פי כן אמרו חכמים שטבילת כלן בלילה משום סרך בתה, וכמו שמפרש הענין בגמרא)נדד סז, ב(. ובמקום דוחק, כגון שדלתות מדינה ננעלות בלילה וכיוצא בזה, התירו לטבל אפילו ביום, ומכל מקום אסורה לשמש עד הלילה, שמא תראה ותסתר כל מנינה ונמצא שבא על הטמאה, לפי שטהרתה תלה הכתוב בימים וטבילה.

ספר החינוך Sefer HaChinukh

ונוהג אסור זה בכל מקום ובכל זמן. ועובר עליה ושכב את הנדה במזיד, מכיון שהערה בה חיב כרת, בשוגג מביא חטאת קבועה. ובן הנדה אינו נקרא ממזר אלא ולד פגום. ובלאו דלא יבא ממזר נבאר זה בעזרת השם בסדר כי תצא (מצוה תסה).

Mitzvah 207

To not have intercourse with a menstruant woman: To not have intercourse with a woman when she is menstruant, as it is stated (Leviticus 18:19), "And to a woman in menstrual impurity, you shall not approach." And the time of her menstruation continues for seven days, as it is written (Leviticus 15:19), "seven days shall she be in her menstruation." And whether she [experiences blood] once during them or gushes all seven, she is a menstruant (Niddah 73a). And the entire time that she does not immerse (in a mikveh) - even after the seven - she is [considered] a menstruant; since the verse made it dependent upon days and immersion, as it is stated with impure people (Leviticus 15:18), "and they shall wash in water." And they, may their memory be blessed, said [that it is] a constructive paradigm (binyan av) to any impure one, that he is with his impurity until he immerses (see Rabbenu Bachya on Leviticus 15:19 in the name of the Geonim). And likewise, they, may their memory be blessed, also expounded (Shabbat 64b), "'Shall she be in her menstruation' - she shall be in her menstruation until she goes into water." **And** the content of menstruation is that there is a matter with women, such that blood flows from them through their nakedness (vagina) two or three days or more - up to seven - each and every month. And Scripture commanded that the law is the same with them whether the blood flows from her for one day only or even all of the seven. As if it flows all seven and stopped on the seventh while [it was] still day, she immerses in the evening, which is the night the morrow of which is the eight day, and is pure. And likewise, if it only flowed one day of all of the seven - and even blood that is a drop the size of a mustard seed - she observes [herself] seven days and immerses in the evening, which is the night of the eighth, and is pure for her husband. **I** have written that which I know from the roots of the menstruant in Parashat Zot Tehieh (Sefer HaChinukh 166, 182). And the general principle of the matter is that God, may He be blessed, distanced all impurity, all dirt and all damage from His people that He chose. And there I also said what appears to be the substance of God's, may He be blessed, making women sick with

ספר החינוך Sefer HaChinukh

this illness. **From** the laws of the commandment is that which they, may their memory be blessed, said (Niddah 32a) that a woman becomes impure as a menstruant even on the day of her birth; whereas the law is not like this with a zavah - as a woman does not become impure with a discharge until ten days [of age]. And this thing is by way of the heard tradition. And all women are included in this prohibition, and even Canaanite (gentile) maidservants - since they are included in the commandments, they are like Israelitesses for this matter (Sifra, Metzora Parashat Zavim, Section 5:1). But the women of the [other] nations of the world are not included in the prohibition of menstruation and discharge from Torah writ, but rather [only] rabbinically. As they decreed about them - whether males or whether females - that they be like a zav for all their matters (Niddah 34a). And that which they said in the Gemara (Avodah Zarah 36b) that one who has intercourse with a gentile woman is liable because of her on account of nashgaz (the acrostic of the four prohibitions about to be named) - the explanation of which is a menstruant, a maidservant, a gentile woman and an unfaithful woman (zonah). And this liability is only rabbinic for an Israelite. But for a man who is a priest, he is liable because of her from Torah writ on account of an unfaithful woman (Temurah 29b); and he is lashed because of her. **And** that which they, may their memory be blessed, said (Niddah 19a) that there are five appearances of blood that the Torah made impure and the rest of the appearances of blood are pure - its content is [that it is] because the Sages knew in their wisdom that every blood that is not of those five appearances is not from an impure place. As there is a specific place in a woman, that only blood which comes from it is impure - it is called the source. And in the language of the Sages, it is called, "the room." And in their days, [since] they were experts in every wisdom, all the women were accustomed to practicing the law of the Torah for menstruation and discharge; such that a zavah would sit [out] for seven clean days, and a menstruant would immerse on the night of the eighth - and even if she was gushing all of the seven - since the blood stopped on the seventh while [it was] still day. And from when the troubles multiplied, the hearts (understanding) of sages and those that know the Torah shrunk and they did not want to rely on their opinions to judge appearances of blood at all. And therefore, now at this time, anyone who has [a spot that has] an appearance that is at all red or an appearance of black - whether it is deep or light, meaning, that it is not deep - is impure. But green and white - even if it is thick -

behold, it is pure. And a woman is believed to say, "I saw an appearance like this and I lost it." And if she said [it was] green or white, we render her pure (Niddah 20b). **And** when Rebbe arrived and saw that wisdom shrunk in the world, and that the Sages were [no longer] expert in appearances of blood, and that the women were acting in accordance with the law of the Torah, and were counting the days of menstruation for menstruation and the days of discharge for discharge, he was concerned about the thing. [As] sometimes a woman will [experience] blood which is pure [according to] the Torah, but because she will not find a sage who would recognize it, she would be concerned about it [based on] the doubt and sit [out] for it. And if you have her practice the Torah law, behold she will count seven days from that day that she starts [experiencing] the blood, and on the night of the eighth - even if she was gushing all of the seven - if the blood stopped on the seventh, she will immerse in the evening, as we said above. And it will come out that sometimes we would come to a prohibition of excision because of her - as we should be concerned that all of the blood that she [experienced] on the [first] six days was pure blood, and [only that] of the seventh was impure blood. And [so] she began to count the seven days of menstruation from the first day that she [experienced] it, whereas she should have started to count from the seventh, as that is the beginning of her menstruation, since [only] it was impure blood. And from this mistake, she will come to err many times from menstruation to discharge and from discharge to menstruation - that she will figure that she is in the days of menstruation whereas she is [actually] in the days of discharge. Therefore, Rebbe rose and ordained (Niddah 66a) that every woman that [experiences blood] one day, sit [out] six clean days, and likewise if she [experienced] two days, she also sits six clean ones. When she sits six clean days for them, there is no longer any room for doubt: As if both of those days were in the days of menstruation, she will be pure at the end of seven days. And if they are in the days of discharge, there was only a need to wait one day. And even if the first was in the days of discharge and the second was in the days of menstruation, there is no [problem] with this - as behold, she sits after this six clean days, and one of those six clean days counts for that day of discharge. And even though all of them were in the days of menstruation, the law is that days of menstruation in which she does not [experience blood] count for the days of discharge. And if she [experienced blood] three days, he ordained that she sit seven clean days, as we should

ספר החינוך Sefer HaChinukh

be concerned that all of the three days are in the days of discharge, and behold she [would be] a big zavah, which requires sitting seven clean [days] from Torah law. **That** was the ordinance of Rebbe, and with that ordinance, no doubt in the matter remained. And after that ordinance, the Daughters of Israel added [to it] further and were stringent upon themselves (Niddah 66a), such that even if they [experienced] a drop of blood like a mustard seed - meaning to say even with one appearance - they would sit [out] seven clean days, as they did not want to differentiate between [experiencing] blood one or two days, and [experiencing it] three days. And the matter of the stringency about which they were stringent is not on account of the blood being little as a mustard seed, as from the law of the Torah, there is no distinction between a little blood and much blood - as she always needs to sit seven consecutive days [regardless], as we said. [Rather,] the stringency is that they made themselves to be like a zavah even with one appearance. And this stringency that they took upon themselves is mentioned in many place in the Talmud; and it appears from this that the Sages saw their stringency as good and needed, and they conceded to the words of [the Daughters of Israel]. **And** it comes out that all women today are like a big zavah and need to count seven clean days, even with one appearance; and likewise, any woman that found a [blood] stain in a place that it is fitting to be concerned about it. Even though stains are rabbinic (Niddah 58b) - as from Torah writ, a woman does not become impure until she feels impure blood herself, as it is stated (Leviticus 15:19), "blood flowing in her flesh," meaning that that she feels the impure blood in herself - nonetheless, the Sages were already stringent about stains and required the counting of seven [clean days] and a break of purity (hefsek tahara) for them. And therefore, if she found a stain of the size that forbids in a place that it is fitting to be concerned about it, she also needs to sit seven clean days for it. And from when does a woman count her seven clean days? From the morrow of the day that the blood stopped completely. How is this? If she [experienced blood] for two or three days, she checks herself constantly. If the blood stopped on the second day or on the third day - even in the morning - she does not count her seven from that day in which the blood stopped, but rather she checks herself another time on the morrow and begins to count seven from that day. And what are these words speaking about? When she [experienced blood] two days or three or more. But if she only [experienced it] one day - even though she checked herself on that day and she had a break of purity, she does not count from the next day. As there is an assumption that the first day will be completely impure and the source is assumed to be open that whole day, and [so,] we are concerned lest her blood came back to her after her checking, and she was gushing the whole night. And [so] this second day from her [experiencing blood] is not from the number [of clean days]. And even if she checked herself from the evening, we are concerned lest with the removal of her hands [to check], she [experienced blood. This is] except if her hands were between her 'eyes' all of the twilight (bein hashmashot) - meaning to say that she checked herself and left the [checking cloth] inside while it was still day and it stayed there all of the twilight until the night - and she did not find blood on it at all. In such a way, it is possible that we should say that she starts counting from the next day (see Mishneh Torah, Laws of Forbidden Intercourse 6:20). **And** we are not so stringent with one who finds a stain to require her a day of a break of purity besides the day upon which she found the stain, as we said about one who [experienced blood] only one day. Rather, certainly since she checked herself after she found the stain and found it pure, she counts seven clean ones besides that day that she found the stain. [This is] meaning to say that she counts her tally from the morrow of the day upon which she found the stain, like the law of a woman who [experienced] blood two or three days, as we said above. From the outset, a woman needs an examination on each and every day of all seven days (Niddah 68b). But ex post facto, if she only checked on the first day - which is the morrow of the day she stopped [bleeding] - and she did not check again, even if several days after the seven passed, she checks herself at the time of immersion; and that is enough for her, as she already had a pause of purity before then. [If] she did not check herself on the first day, but rather only on the day of her stopping alone (the day before the first day), she checks herself on the seventh day; and that is enough for her, and [so] she immerses on the night of the eighth. [If] she did not check herself, neither on the first day nor on the seventh day - even if she checked herself on the night of the eighth - even though she made a pause of purity before then (before the first day), those seven days that passed do not count for her at all. As she did not check during them, not at the beginning and not at the end, and she needs to count seven clean days from the time that she checked. And it is possible that the essence of this matter is because the Torah commanded (Leviticus 15:28), "and she shall count for herself [...] and she shall

ספר החינוך Sefer HaChinukh

become pure." And since she did not check - not at the beginning and not at the end - there is no counting here. **And** a woman needs to do this examination with cotton, which is called coton in the vernacular, or with clean and soft wool or with an old flax garment that is soft because of its oldness. And they all should be white, so that any appearance of redness be properly recognized upon it (Niddah 17a). And these cloths that she checks with are called, "witnesses," in the Talmud. And when she checks, she needs to insert the witness into all of the holes and cracks that are in that place. And if she found any appearance of red on it afterwards, she is impure. Any examination that is not done like this is not an examination. Even if she inserts the witness into that place, but she did not check in the holes and cracks, it is not a proper examination, as that is only called a wiping - and all the more so does a change of her cloak not count for her as an examination. These seven clean days need to be consecutive, such that impurity not intervene between them. Even if she sat all of the days and she did not [experience blood], but on the seventh day [towards] the evening, she [experienced blood] - behold, this breaks up her whole count, and she needs to count seven consecutive clean days afterwards. **And** the laws of the measure of the stain (Niddah 58b), and in which case it is attributed to a stain [from something else] and in which case it is not attributed [to it]. And one who has a wound in that place, if she attributes it to it until the wound heals. And the matter of what is the law of a girl minor who has had intercourse and has blood flow from her (Niddah 64b). And the blood of virginity (breaking the hymen), that the Sages determined to be like menstrual blood (Niddah 65b). And the many laws of the regular times, and the law of separation before her regular time, which is the [menstrual] period - meaning to say that day or that night that she is accustomed to [experiencing blood] upon it - is forbidden for sexual relations. [This is] from that which it is written (Leviticus 15:31), "And you shall separate the Children of Israel from their impurity," and the epalanation came that they should separate from their wives before their regular times. But after the period of the regular time has passed [without blood], they are permitted in sexual relations. And the matter of the distancing from the wife that they, may their memory be blessed, commanded (Shabbat 11a) regarding the matter of menstruation, in order that a man not stumble in sin - and it is that a man should not eat with his menstruant wife from the same tray, nor pass a thing from his hand to her hand (Shabbat 13a), nor speak to her about things that often cause sin nor similar to these things. **And** the matter of their immersion that the Sages required them to immerse at night. And even though the immersion of a zavah is even during the day by Torah writ and they are all today like a zavah; nonetheless the Sages said that the immersion of all of them is at night, because of the dragging of her daughter (who will misconstrue the law), and as the topic is explained in the Gemara (Niddah 67b). And in a place of duress - for example that the gates of the city are closed at night, and similar to this - they permitted to immerse even during the day. But nonetheless, she is forbidden to have sexual relations until the night, lest she [experience blood before then] and break up her whole count; and it [would] come out that he had intercourse with an impure woman - as Scripture made her purity dependent on days and immersion. **And** this prohibition is practiced in every place and at all times. And one who transgresses it and volitionally laid with a menstruant is liable excision from when he inserts himself in her; inadvertently he brings a fixed sin-offering. And the son of a menstruant (who was conceived while she was impure), is not called a mamzer, but rather a defective offspring. And we shall elucidate this in the negative commandment of "a mamzer shall not enter" in the Order of Ki Tetseh (Sefer HaChinukh 465), with God's help.

www.ingramcontent.com/pod-product-compliance
Lightning Source LLC
Chambersburg PA
CBHW070123080526
44586CB00015B/1532
* 9 7 8 1 6 1 7 0 4 6 5 3 7 *